Rechtsfragen des individuellen Auskunftsrechts des Aktionärs nach dem Gesetz zur Unternehmensintegrität und Modernisierung des Anfechtungsrechts

Schriften zum Wirtschafts- und Medienrecht, Steuerrecht und Zivilprozeßrecht

Herausgegeben von Jürgen Costede
und Gerald Spindler

Band 40

PETER LANG
Frankfurt am Main · Berlin · Bern · Bruxelles · New York · Oxford · Wien

Matthias Lack

Rechtsfragen des individuellen Auskunftsrechts des Aktionärs nach dem Gesetz zur Unternehmens-integrität und Modernisierung des Anfechtungsrechts

PETER LANG
Internationaler Verlag der Wissenschaften

Bibliografische Information der Deutschen Nationalbibliothek
Die Deutsche Nationalbibliothek verzeichnet diese Publikation in der Deutschen Nationalbibliografie; detaillierte bibliografische Daten sind im Internet über <http://www.d-nb.de> abrufbar.

Zugl.: Göttingen, Univ., Diss., 2008

D 7
ISSN 1614-2071
ISBN 978-3-631-58972-4

www.peterlang.de

Für meine Eltern und Angelika

Vorwort

Die vorliegende Arbeit wurde im Wintersemester 2006/2007 der Juristischen Fakultät der Georg-August Universität zu Göttingen vorgelegt und von dieser im Wintersemester 2008/2009 als Dissertation angenommen. Sie befindet sich auf dem Stand der Rechtsprechung und Literatur vom 31. Dezember 2006. Nach dem 31. Dezember 2006 ergangene Rechtsprechung und erschienene Literatur wurde soweit als möglich im Rahmen einer Aktualisierung berücksichtigt.

Ich danke Herrn Prof. Dr. Gerald Spindler für die Betreuung der Dissertation und die Erstellung des Erstgutachtens. Besonders danke ich auch Herrn Prof. Dr. Reinhard Marsch-Barner für die rasche Erstellung des Zweitgutachtens.

Darüber hinaus gilt mein herzlicher Dank dem Arbeitskreis Wirtschaft und Recht im Stifterverband für die Deutsche Wissenschaft für das großzügige mir gewährte Stipendium, das es mir erlaubt hat, mich vollständig auf die Erstellung der Dissertation zu konzentrieren.

Meiner lieben Frau Angelika danke ich für ihr ausdauerndes Verständnis und ihre uneingeschränkte Unterstützung während meiner gesamten Ausbildung. Ganz besonders danke ich schließlich auch meinen Eltern, die meine Leistungen immer mit großer Anerkennung gefördert und mir gleichzeitig bei der Wahl und der Gestaltung meines Studien- und Ausbildungswegs jegliche Freiheit gewährt haben. Sie haben mir nicht nur finanziellen Rückhalt gegeben, sondern mich vor allem durch liebevollen und zugleich pragmatischen Zuspruch motiviert und unterstützt. Für die bedingungslose Unterstützung danke ich meinen Eltern und Angelika von ganzem Herzen und widme ihnen diese Arbeit.

München, im Frühjahr 2009 Matthias Lack

Inhaltsübersicht

Inhaltsverzeichnis

Abbildungsverzeichnis

§ 1 Einleitung und Gang der Untersuchung

Am 1. November 2005 ist das Gesetz zur Unternehmensintegrität und Modernisierung des Anfechtungsrechts (UMAG) vom 22. September 2005 in Kraft getreten.[1] Für das auch heute noch von unverändert großer praktischen Relevanz geprägte Auskunftsrecht des Aktionärs brachte das UMAG mit § 131 Abs. 2 S. 2, Abs. 3 S. 1 Nr. 7 AktG direkte Änderungen auf dessen tatbestandlicher Seite. Doch nicht nur diese tatbestandliche Seite war Ansatzpunkt für Änderungen, auch die andere Seite der prozessualen Flankierung des Auskunftsrechts durch die Anfechtungsklage wurde in Teilbereichen modifiziert.

Für die Umsetzung des 10-Punkte-Programms der Bundesregierung zur Verbesserung der Unternehmensintegrität und des Anlegerschutzes ist das UMAG ein wesentlicher Baustein,[2] der die Reform des deutschen Aktienrechts, mit Blick vor allem auf die börsennotierten Publikumsgesellschaften und die dort auftretenden Problemstellungen, unter Zugrundelegung der durch die Regierungskommission Corporate Governance[3] entwickelten Empfehlungen nach der Einsetzung der *Cromme-Kommission* und der Verabschiedung des Transparenz- und Publizitätsgesetzes[4] weiter vorantreiben soll.[5] Das UMAG bildet das vorläufig letzte Glied in der Kette der Änderungen des Aktiengesetzes durch den Gesetzgeber[6] unter dem Einfluss der letzten zehn Jahre, in denen eine besondere Dynamik des deutschen Aktienrechts in legislatorischer, aber auch judikativer wie rechtstatsächlicher[7] Hinsicht zu verzeichnen war.[8]

Geprägt ist das UMAG von der Vorstellung des Gesetzgebers, den im deutschen Aktienrecht aufgetretenen Fehlentwicklungen,[9] vor allem – aber nicht nur – bei börsennotierten Publikumsgesellschaften, entgegenzutreten. Auf die in der Praxis geäußerten Wehklagen hinsichtlich der rechtlichen Grundlagen für das System der deutschen Aktiengesellschaft soll reagiert werden. Immer noch seien räuberische Anfechtungsklagen der sog. Berufskläger[10], die vordringlich auf Informationsmängel und deren Untergruppe der Auskunftsrechtsverletzung gestützt würden, nicht nennenswert zurückgedrängt worden. Ungenügende Eigentümerkontrolle, abzuleiten aus der bereits auf niedrigem Niveau befindlichen Stimmrechtsausübung, sei ebenso ein Problem für deutsche Aktiengesellschaften wie die zunehmende Tendenz hin zu ausufernden und langatmigen Hauptversammlungen ohne wesentlichen Erkenntnisgewinn.

---

1 UMAG v. 22.9.2005, BGBl. I, S. 2802 ff.

2 Vgl. Pressemitteilung des Bundesministeriums der Justiz v. 25.2.2003 (abrufbar unter www.bmj.de, zuletzt abgerufen am 10.1.2009).

3 Regierungskommission „Corporate Governance", BT-Drucks. 14/7515, Rn. 1 ff.

4 Mit der Einsetzung der *Cromme-Kommission* am 6.9.2001 und der Verabschiedung des TransPuG v. 19.7.2002, BGBl. I, S. 2681 ff., wurden bereits zwei erste Schritte zur Umsetzung der Empfehlungen der Regierungskommission „Corporate Governance" getan.

5 Begr. RegE UMAG, BT-Drucks. 15 /5092, S. 10.

6 Vgl. nur das StückAG v. 25.3.1998, BGBl. I, S. 590 ff., das KonTraG v. 27.4.1998, BGBl. I, S. 786 ff. und das NaStraG v. 18.1.2001, BGBl. I, S. 123 ff.

7 Seit 1990 ist die Zahl der Aktiengesellschaften, vor allem aufgrund des Gesetzes zur sog. „Kleinen AG" v. 2.8.1994, BGBl. I, S. 1961 ff., und der Boomphase während der Zeit der New Economy 1997 bis 2000, von 2118 auf gut 16.000 umsatzsteuerpflichtige Aktiengesellschaften (inkl. ca. 30 KGaA) im Jahr 2005 gestiegen, vgl. *Hansen*, Der deutsche Aktienmarkt, AG-Sonderheft 10/1996, S. 35 f., sowie *Lutter*, in: Handelsblatt Wirtschaftslexikon, 2006, S. 120.

8 *Seibert*, AG 2002, S. 417 (417 ff.); *Zöllner*, AG 1994, S. 336 (336 ff.).

9 Vgl. Seite 63 zu den Missständen in Zusammenhang mit dem Auskunftsrecht des Aktionärs.

10 Mit umfangreichen Nachweisen und Beispielen zum Phänomen der räuberischen Aktionäre vgl. *Jahn*, BB 2005, S. 5 (6); vgl. auch *Timm*, in: Timm, Mißbräuchliches Aktionärsverhalten, 1990, S. 1 (1 ff.) mit einigen ausgewählten Fallgestaltungen und Beispielen missbräuchlicher Aktionärsklagen.

Schließlich wurde auch das System der Legitimation zur Teilnahme an der Hauptversammlung durch „Hinterlegung" der Aktien als veraltet kritisiert.

Diese Kritikpunkte im Blick, finden sich im UMAG inhaltlich drei Regelungskernbereiche mit genau auf die Auflösung dieser Probleme zugeschnittenen Modifizierungen der bisherigen Regelungskomplexe.

Einen ersten – in dieser Untersuchung auszublendenden – Schwerpunkt setzt der Gesetzgeber dabei bei der Modifizierung des Haftungssystems der Organmitglieder und des Rechts der Sonderprüfung.[11]

Zusätzlich zu diesem Schwerpunktkernbereich lassen sich die Regelungskernbereiche der Änderung der Vorbereitung und Durchführung der Hauptversammlung einerseits, sowie der Modifizierungen im Recht der Anfechtungsklage andererseits ausmachen. Diese beiden letztgenannten Regelungskernbereiche sollen in ihrer Schnittmenge der tatbestandlichen Voraussetzungen des Auskunftsrechts des Aktionärs und dessen prozessualer Flankierung durch die Anfechtungsklage einen wesentlichen und vom Gesetzgeber herausgehobenen[12] Ansatzpunkt hinsichtlich der Unterbindung missbräuchlicher Anfechtungsklagen bilden.

Für die nachfolgende Untersuchung ist der Untersuchungsgegenstand auf die beiden letztgenannten Regelungskernbereiche des UMAG und die dort angeordneten Neuregelungen rund um das individuelle Auskunftsrecht[13] des Aktionärs zu beschränken. Dabei stehen der kleine Teil des individuellen Auskunftsrechts des Aktionärs und die in unmittelbarem Zusammenhang mit diesem stehenden Rechtsbefehle sowohl auf tatbestandlicher Seite wie auf der Seite der prozessualen Flankierung im Vordergrund.[14] Wenngleich es sich bei der Frage- und Redezeitbeschränkung des § 131 Abs. 2 S. 2 AktG und dem Auskunftsverweigerungsrecht des § 131 Abs. 3 S. 1 Nr. 7 AktG zusammen mit den Vorschriften um die prozessuale Flankierung bezogen auf das Auskunftsrecht, vor allem der § 243 Abs. 4 S. 1 und 2 AktG und dem neuen Freigabeverfahren gemäß § 246a AktG, nur um einen Ausschnitt des Regelungskomplexes UMAG handeln mag, ist es doch dieser Teil, der einen nicht unerheblichen Anteil zur Vermeidung missbräuchlicher Anfechtungsklagen beitragen soll. Es gibt daneben auch Neuregelungen, die nicht unmittelbar, aber in ihren Schnittpunkten mit dem Auskunftsrecht in Zusammenhang stehen, mittelbare Auswirkungen haben und daher ebenfalls an gegebener Stelle in die Untersuchung mit einbezogen werden.

---

11 Begr. RegE UMAG, BT-Drucks. 15 /5092, S. 10; zur Haftung und Aktionärsklage nach dem UMAG vgl. *Spindler*, NZG 2005, S. 865 (865 ff.); *Schütz*, NZG 2005, S. 5 (5 ff.) je m. w. N.

12 Begr. RegE UMAG, BT-Drucks. 15 /5092, S. 10.

13 Im Zentrum der Untersuchung steht das allgemeine individuelle Auskunftsrecht des Aktionärs in der Hauptversammlung. Denn die anderen spezialgesetzlichen individuellen Auskunftsansprüche des Aktionärs, §§ 131 Abs. 1 S. 4, 293 g Abs. 3, 319 Abs. 3 S. 4, 320 Abs. 4 S. 3, 326 AktG, § 64 Abs. 2 UmwG, stellen nur Klarstellungen des sich aus § 131 Abs. 1 S. 1 AktG ergebenden allgemeinen Auskunftsanspruchs dar. Insoweit gilt die Qualifizierung des allgemeinen Auskunftsanspruchs aus § 131 AktG entsprechend, vgl. *Decher*, in: GroßK AktG, 4. Aufl. 2001, § 131 Rn. 35, 289. Zurückgekommen werden soll auf solche Auskunftsrechte aber bspw. dann, wenn sich im konkreten Zusammenhang Fragestellungen auftun. Beispielsweise bei der Frage nach der Anwendbarkeit der Neuregelung des § 131 Abs. 3 Nr. 7 AktG auf diese Auskunftsrechte, da die Anwendbarkeit der Auskunftsverweigerungsrechte des § 131 Abs. 3 AktG dort teilweise umstritten ist, vgl. dazu *Ebenroth*, S. 62 f.; *Krieger*, in: Münch Hdb GesR, Band 4, 3. Aufl. 2007, § 70 Rn. 48 m. w. N.

14 Auf tatbestandlicher Seite sind dies die Frage- und Redezeitbeschränkung gemäß § 131 Abs. 2 S. 2 AktG und die Neuregelung eines Auskunftsverweigerungsrechts bei Vorab-Information gemäß § 131 Abs. 3 S. 1 Nr. 7 AktG. Neuregelungen zur prozessualen Flankierung durch die Anfechtungsklage finden sich in § 243 Abs. 4 S. 1 und 2, 245 Nr. 1, 246a AktG.

Die Arbeit soll Anwendungsfragen zum neuen Auskunftsrecht des Aktionärs sowie dessen prozessualer Flankierung beleuchten und dabei auch, wenngleich nur so weit als nötig, auf die rechtspolitische Diskussion eingehen.[15] Die verfassungs- und gesetzeskonforme Umsetzung der Regelungsziele des UMAG wird ein wesentlicher Teil der Untersuchung sein. An problematischen Punkten wird eine zwischen börsennotierten und nicht börsennotierten Aktiengesellschaften differenzierende Betrachtung erfolgen und auf die bestehenden Unterschiede in der Realstruktur solcher in ihrer Rechtsform gleichen, der Rechtswirklichkeit aber doch unterschiedlichen Aktiengesellschaften, eingegangen.[16]

In der gebotenen Kürze ist zuletzt der Gang der Untersuchung zu skizzieren. So werden in einem ersten Teil die historischen, verfassungsrechtlichen und normzwecktheoretischen Grundlagen des Auskunftsrechts gemäß § 131 AktG der Untersuchung vorangestellt, da sich im Verlaufe der Arbeit, insbesondere für die Interpretation der Neuerungen durch das UMAG, Argumentationsansätze und -hilfen ergeben. Im Anschluss hieran zeigt die Arbeit die Missstände des bisherigen aktienrechtlichen Auskunftsrechts gemäß § 131 AktG auf und erarbeitet die Zwecksetzung des UMAG in Hinblick auf auskunftsrechtsbezogene Neuregelungen, die im zweiten Teil der Untersuchung bei der normzwecktheoretischen Argumentation immer wieder heranzuziehen sein wird.

In ihrem zweiten (Haupt-)Teil befasst sich die Untersuchung mit den im Vordergrund stehenden Neuerungen des individuellen Auskunftsrechts gemäß § 131 AktG, d. h. die §§ 131 Abs. 2 S. 2, Abs. 3 S. 1 Nr. 7 AktG werden dargestellt, und es wird versucht, die von ihnen aufgeworfene Menge an Detailfragen zu bewältigen.

Der dritte (Haupt-)Teil der Untersuchung nimmt vordringlich die Neuerungen der prozessualen Flankierung des Auskunftsrechts durch die Anfechtungsklage in den Blick und bezieht dabei auch den besonderen Anwendungsfall des Freigabeverfahrens in die Betrachtung mit ein.

Abgerundet wird die Untersuchung durch einen Ausblick auf die in der Europäischen Union gegenwärtig vorhandenen Tendenzen bei der Entwicklung einer Mindestharmonisierung der Aktionärsrechte, die auch das Auskunftsrecht erfassen soll, sowie auf das Auskunftsrecht in der Societas-Europaea-Aktiengesellschaft.

---

15 Zur rechtspolitischen Diskussion vgl. zum RefE UMAG v. 28.1.2004 statt aller Stellungnahmen die DAV-Stellungnahme RefE UMAG, NZG 2004, S.555 (555 ff.); und aus der Literatur *Diekmann/Leuering*, NZG 2004, S. 249 (249 ff.); *Hemeling*, AG 2004, S. 262 (262 f.); *Seibert/Schütz*, ZIP 2004, S. 252 (252 ff.); *Hirschberger/Weiler*, DB 2004, S. 1137 (1137 ff.); *Kinzl*, NZG 2004, S. 701 (701 ff.); *Meilicke/Heidel*, DB 2004, S. 1479 (1479 ff.); *Martens*, AG 2004, S. 238 (238 ff.); *Kuthe*, BB 2004, S. 449 (449 ff.); *Wilsing*, ZIP 2004, S. 1082 (1082 ff.); *Weißhaupt*, WM 2004, S. 705 (705 ff.); *Mutter/Topf*, AG-Report 2004, S. 259 (259 f.); zum RegE UMAG vgl. statt aller Stellungnahmen die DAV-Stellungnahme RegE UMAG, ZIP 2005, S. 774 (774 ff.); und aus der Literatur *Gantenberg*, DB 2005, S. 207 (207 ff.); *Jahn*, BB 2005, S. 5 (5 ff.); *Holzborn/Bunnemann*, BKR 2005, S. 51 (51 ff.).

16 Bei der Darstellung der rechtstatsächlichen Bedeutung des Auskunftsrechts und der aufgetretenen Fehlentwicklungen wird, wie in der gesamten Arbeit, wegen der wirtschaftlichen Bedeutung und der dominierenden Präsenz in der Wahrnehmung durch die Öffentlichkeit, zwar ein besonderes Augenmerk auf die börsennotierte Aktiengesellschaft gelegt, daneben aber auch stets die nicht börsennotierte Aktiengesellschaft im Auge behalten.

§ 2 Historische Grundzüge und verfassungsrechtliche Einordnung des Auskunftsrechts gemäß § 131 AktG

A. Vom kollektivrechtlich verstandenen Auskunftsrecht unter Geltung des HGB 1897 zum heutigen Auskunftsrecht des § 131 AktG

Das Auskunftsrecht des Aktionärs als „Aktionärsrecht" zeigt sich in seiner heutigen Ausgestaltung als Ergebnis einer langen Metamorphose. Zu Beginn der Entwicklung stand das Auskunftsrecht als kollektiv ausgestaltetes Auskunftsrecht der Generalversammlung. Ein Individualrecht des einzelnen Aktionärs auf Auskunftserteilung fand zu diesem Zeitpunkt keine Zustimmung. Erst das Aktiengesetz von 1937 kannte ein individuelles Auskunftsrecht des Aktionärs. § 112 AktG 1937 war der erste wichtige Schritt hin zu einem Auskunftsrecht als individuellem, gerichtlich uneingeschränkt überprüfbarem und durchsetzbarem Auskunftsanspruch des einzelnen Aktionärs. Diese Entwicklung mündete schließlich in der Kodifizierung des § 131 AktG im Rahmen der Aktienrechtsreform 1965. Für Verständnis und Auslegung des aktuellen Auskunftsrechts in der Diskussion ist die historische Entwicklung des Auskunftsrechts ein wichtiger Anhaltspunkt, weshalb sie in der gebotenen Kürze dargestellt werden soll.

I. Das Auskunftsrecht unter Geltung des HGB 1897 und des kollektivrechtlichen Ansatzes des Reichsgerichts

Ein Informationsrecht in der Form eines individuellen Auskunftsrechts des Aktionärs kannte das auf Aktiengesellschaften anwendbare Handelsgesetzbuch vom 10. Mai 1897 nicht.[17] Das Fehlen einer ausdrücklichen Anspruchsgrundlage hinderte die Rechtsprechung und Literatur indes nicht, dem Aktionär in der Generalversammlung ein Fragerecht dergestalt zuzugestehen, in der Generalversammlung Fragen an den Vorstand und Aufsichtsrat zu stellen und damit ein individuelles Aktionärsrecht zu begründen.[18] Einschränkungen erfuhr dieses Fragerecht, sobald durch die Beantwortung ein höheres Interesse der Gesamtheit verletzt werden konnte[19] und eine Schädigung der Gesellschaft möglich erschien.[20] Gefordert wurde dabei schon unter Geltung des HGB 1897, dass die Auskunft für den Beschluss der Generalversammlung erforderlich sein musste.[21] Das so verstandene Fragerecht des einzelnen Aktionärs war weder ganz noch durch Mehrheitsbeschluss entziehbar. Lediglich das Einschränkungsmerkmal der Schädigung der Gesellschaft durch die Erteilung der geforderten Auskunft konnte demnach eine Auskunftsverweigerung durch die Verwaltung rechtfertigen.[22]

In seiner Entscheidung vom 22. April 1913[23] ordnete das Reichsgericht mit einer Änderung seiner „*eigenen*" Rechtsprechungslinie[24] das Auskunftsrecht des Aktionärs grundlegend neu.

---

[17] *Eckardt*, in: Geßler/Hefermehl/Eckardt/Kropff, AktG, 1974, § 131 AktG Rn. 3; *Decher*, in: GroßK AktG, 4. Aufl. 2001, § 131 Rn. 1; *Deuss*, S. 9.

[18] *Deuss*, S. 9; *Horrowitz*, JW 1916, S. 887 (887).

[19] *Decher*, in: GroßK AktG, 4. Aufl., 2001, § 131 Rn. 1; *Pinner*, JW 1916, S. 988 (990).

[20] Insbesondere bei der Verfolgung eigensüchtiger Interessen des Aktionärs sollte die Auskunft verweigert werden können, so wenn beispielsweise mit der Auskunft Geschäftsgeheimnisse erlangt werden sollten oder das Auskunftsverlangen sachlich unbegründet war, *Pinner*, JW 1916, S. 988 (990).

[21] *Horrowitz*, JW 1916, S. 887 (887).

[22] *Deuss*, S. 9.

[23] RG, Urt. v. 22. 4.1913 - RGZ 82, S. 182 ff., bestätigt durch RG, Urt. v. 16.6.1922 - RGZ 105, S. 40 (42), ausführlicher Fundstellennachweis bzgl. kritischer, wie zustimmender Stimmen bei *Joussen*, AG 2000, S. 241 (241) Fn. 4, 5 und 6.

Soweit der Aktionär eine Frage, die ohne Verletzung der Gesellschaftsinteressen beantwortet werden konnte, vom Vorstand nicht beantwortet bekam, hatte er einen Antrag an die Generalversammlung zu stellen, und diese hatte in der Folge über die Fragestellung zu beschließen. Nach dem Reichsgericht lag es damit in der Kompetenz der Generalversammlung, mit einer Mehrheitsentscheidung über den Antrag eines Aktionärs auf Auskunftserteilung zu entscheiden.[25] Eine Rechtspflicht des Vorstandes zur Beantwortung der Frage eines einzelnen Aktionärs wurde vom Reichsgericht abgelehnt. Vielmehr betrachtete das Reichsgericht die Beantwortung der Frage als Ausdruck des Anstandes und der Kulanz des Vorstandes gegenüber dem einzelnen Aktionär.[26] Wurde eine Auskunft vom Vorstand dennoch erteilt, musste sie – wie auch sonst – jedoch wahrheitsgemäß sein.[27] Entschied die Generalversammlung, eine Frage nicht zu stellen, und lehnte sie den Antrag des Aktionärs ab, hatte dieser keine weiteren Möglichkeiten zur Durchsetzung[28] und musste die Entscheidung akzeptieren.[29]

Insgesamt verstand das Reichsgericht das Auskunftsrecht als Kollektivrecht der Generalversammlung und lehnte ein Individualrecht des Aktionärs auf Auskunftserteilung ab.[30]

Diese Entscheidung des Reichsgerichts hat in der Literatur teilweise heftigen Widerstand erfahren.[31] Ansatzpunkt war zum einen die Annahme des Reichsgerichts, aus der gesetzlichen Nichtregelung des individuellen Auskunftsrechts als Sonderrecht abzuleiten, dass der Gesetzgeber ein individuelles Auskunftsrecht nicht anerkennen wolle.[32] Denn nach Ansicht der Literatur war es sehr wohl möglich, aus dem Sinn und Zweck eines Rechts und dem Gesamtzusammenhang mit anderen Rechten ein individuelles Auskunftsrechts herzuleiten, wenn Sinn und Zweck des Rechts ergeben, dass es jedem Aktionär zustehe und nicht durch die Mehrheit entzogen werden können soll.[33] Der Zusammenhang des Auskunftsrechts mit anderen Rechten wurde aus der den Gesellschaftsorganen obliegenden Erläuterungspflicht hinsichtlich der Bi-

---

24 Vgl. dazu RG, Urt. v. 13.10.1894 - RGZ 34, S. 57 (58) und diesbezüglicher Beurteilung des Urteils durch die Literatur *Horrowitz*, JW 1916, S. 887 (887), Fn. 1; dafür, dass ein Auskunftsrecht als Individualrecht zu Unrecht auf RG, Urt. v. 13.10.1894 - RGZ 34, S. 57 f. gestützt wurde, dazu *Deuss*, S.10 f.

25 Die Argumentation des Reichsgerichts knüpfte an die Nichtexistenz einer Regelung des Auskunftsrechts des einzelnen Aktionärs in Form eines Sonderrechts als Anspruchsgrundlage an. Die fehlende Anspruchsgrundlage für ein individuelles Auskunftsrecht und die Regelung von Individualrechten in insgesamt nur begrenzter Anzahl durch den Gesetzgeber des HGB 1897 sei Ausdruck der grundlegend restriktiven Einstellung des Gesetzgebers gegenüber Individualrechten des Aktionärs. Ferner stünde das Wesen der Aktiengesellschaft als einer durch Gesetz und Satzung verfassungsgegliederten Körperschaft einer kollektivrechtlichen Ausgestaltung näher. Die „willkürliche" Ausdehnung der Individualrechte durch Anerkennung eines individuellen Auskunftsrechts des Aktionärs ohne gesetzliche Grundlage sei damit nicht zu vereinbaren. Darüber hinaus würde mit der Verpflichtung der Verwaltung auf Auskunft gegenüber einem einzelnen Aktionär die Möglichkeit der Anfechtbarkeit der gefassten Beschlüsse auf den Plan treten, damit dem einzelnen Aktionär ein „Mittel gegeben die Verwaltung lahm zu legen" und so dem Missbrauch dieses Rechts die Tür geöffnet, vgl. RG, Urt. v. 22. April 1913 - RGZ 82, S. 182 (187 f.).

26 RG, Urt. v. 22.4.1913 - RGZ 82, S. 182 (186).

27 *Hellwig*, in: FS Budde, 1995, S. 265 (268).

28 RG, Urt. v. 22.4.1913, RGZ 82 - S. 182 (186).

29 Ausnahmen wurden nur für den praktisch schwer nachweisbaren Fall zugelassen, dass die Verweigerung der Auskunft einen Missbrauch des Mehrheitsrechts und einen Verstoß gegen die guten Sitten darstellte, *Horrowitz*, JW 1916, S. 887 (889).

30 In diesem Sinne schon OLG Colmar, Urt. v. 25.2.1913 - LZ 1914, Sp. 405 und dem Reichsgericht folgend auch OLG Celle, Urt. v. 3.11.1915 - OLGE 32, S. 113.

31 Statt vieler *Horrowitz*, JW 1916, S. 887 (887 ff.); *Pinner*, JW 1916, S. 988 (988 ff.); weitere Nachweise bei *Joussen*, AG 2000, S. 241 (241), dort auch zu den Beifall spendenden Stimmen in der Literatur.

32 *Pinner*, JW 1916, S. 988 (990).

33 *Pinner*, JW 1916, S. 988 (990).

lanz gegenüber jedem Aktionär abgeleitet.[34] Diese Erläuterungspflicht solle eine sachgemäße Debatte und Abstimmung in der Generalversammlung ermöglichen. Das Debattier- und Abstimmungsrecht könne, als Sonderrecht des einzelnen Aktionärs, weder durch den Gesellschaftsvertrag noch die Generalversammlung entzogen werden. Die Literatur folgerte aus dem Bestehen des Sonderrechts der Debatte konsequenterweise das Bestehen eines individuellen Auskunftsrechts bezüglich jeder rechtlich zulässigen, d. h. die Gesellschaft nicht schädigenden, Auskunft.[35] Ein etwaiges Missbrauchspotenzial sei, zumal Missbrauchspotenzial auch bei anderen Rechten vorhanden sein könne, hinzunehmen und rechtfertige allein nicht die Beseitigung eines individuellen Auskunftsrechts als Aktionärssonderrecht.[36]

II. Erstmalige Verankerung des Auskunftsrechts des Aktionärs durch das Aktiengesetz 1937

Nachdem diese von der Literatur aufgeworfene Kritik an der fehlenden Ausgestaltung des Auskunftsrechts als Individualrecht schon Eingang in die Entwürfe des Reichsjustizministeriums zur Aktienrechtsreform 1931 von 1930/31 gefunden hatte, wurden dennoch erst während der Aktienrechtsreform 1937 mit § 112 AktG 1937 ein individueller, gesetzlicher Auskunftsanspruch des Aktionärs installiert und damit die Hauptversammlungsrechte unter Verlagerung der Rechte auf die Verwaltung beschränkt.[37]

§ 112 Abs. 1 AktG 1937 eröffnete jedem einzelnen Aktionär, ohne Rücksicht auf den Umfang seines Aktienbesitzes und eines Stimmrechts,[38] ein Auskunftsrecht in der Hauptversammlung. Das vom Reichsgericht statuierte Auskunftsrecht der Generalversammlung als Kollektivrecht wurde letztlich durch ein individualrechtlich ausgestaltetes Auskunftsrecht des Aktionärs abgelöst, das die Angelegenheiten der Gesellschaft gemäß § 112 Abs. 1 S.1 AktG 1937 zum Gegenstand der Auskunftspflicht machte.[39]

Materiellrechtlich setzte das Auskunftsrecht einen Zusammenhang des Auskunftsersuchens mit dem jeweiligen Gegenstand der Verhandlung voraus.[40] Die Vorschriften der §§ 128, 132 AktG 1937 über den notwendigen Mindestinhalt des Geschäftsberichts und der Bilanzierungsvorschriften für die Gewinn- und Verlust-Rechnung konnten den Auskunftsanspruch weder einschränken noch konkretisieren.[41] Denn *ratio legis* dieser Offenlegungsvorschriften waren die Regelung des Verhältnisses der Gesellschaft zur Öffentlichkeit[42] und die

---

34 Vgl. §§ 256, 263, 264, 274 Abs. 2 HGB.

35 Das Recht auf Debatte sei ein Zubehör des Stimmrechts des Aktionärs, das Recht auf Auskunft ein Zubehör des Rechts auf Debatte und deshalb das Auskunftsrecht wesentlicher Bestandteil der Aktionärsrechte, vgl. *Horrowitz*, JW 1916, S. 887 (888).

36 *Pinner*, JW 1916, S. 988 (990).

37 *Semmler*, S. 13.

38 Damit ging die Aktienrechtsreform 1937 über die von der Literatur geäußerte Kritik hinaus, denn diese sah das Auskunftsrecht als notwendigen Bestandteil des Stimmrechts an, vgl. Nachweise bei Fn. 35.

39 Darunter waren gem. § 112 Abs. 1 S. 2 AktG 1937 auch die Beziehungen zu einem Konzernunternehmen zu fassen.

40 *Würdinger*, S. 153. Die Voraussetzungen für einen solchen Zusammenhang sollten nicht zu streng angesetzt werden, BGH, Urt. v. 7.4.1960 - BGHZ 32, S. 159 (164 f.). Ein Zusammenhang mit Angelegenheiten der Gesellschaft oder die Erforderlichkeit der Auskunft für die Beurteilung eines Punktes der Tagesordnung wurde daher nicht verlangt, vgl. *Schmidt/Meyer-Landrut*, in: GroßK AktG, 2. Aufl. 1961, § 112 Anm. 3

41 BGH, Urt. v. 7.4.1960 - BGHZ 32, S. 159 (162); *Schmidt/Meyer-Landrut*, in: GroßK AktG, 2. Aufl. 1961 , § 112 Anm. 3.

42 BGH, Urt. v. 7.4.1960 - BGHZ 32, S. 159 (162).

Aufstellung von Mindestanforderungen hinsichtlich allgemeiner Publizität.[43] Dem Auskunftsrecht wurde stattdessen die Funktion beigemessen, dem Aktionär eine richtige Beurteilung der Lage der Gesellschaft und der Geschäftsführung zu ermöglichen, um eine sachgerechte Ausübung seines Stimmrechts zu gewährleisten.[44] Letztendlich wurde das Auskunftsrecht aufgrund der nur geringen tatbestandlichen Einschränkungen des § 112 AktG 1937 in seiner Wirkung wesentlich gestärkt.

Kontraproduktiv zu dieser Stärkung des Auskunftsrechts erwies sich indes die Regelung der Auskunftsverweigerungsgründe in § 112 Abs. 3 AktG 1937. Die Verweigerung einer nach den Grundsätzen einer gewissenhaften und getreuen Rechenschaft zu erteilenden[45] Auskunft war demnach möglich, soweit überwiegende Belange der Gesellschaft oder eines beteiligten Unternehmens oder der „gemeine Nutzen von Volk und Reich“[46] es forderten. Diese Anknüpfung der Auskunftsverweigerungsgründe an eine Generalklausel mit unbestimmten Rechtsbegriffen erschwerte die praktische Handhabung erheblich und provozierte Auslegungsschwierigkeiten.[47] Ein noch größeres Hindernis statuierte jedoch der Wortlaut des § 112 Abs. 3 S. 2 AktG 1937 und die dort getroffene Zuständigkeitsanordnung. Der Vorstand war berufen, über die Auskunftsverweigerung nach „billigem Ermessen“ zu entscheiden. Die h. M. folgerte hieraus, die Ausübung des Vorstandsermessens sei nur im Falle eines Ermessensmissbrauchs anfechtbar.[48] Es bestehe eine bindende Wirkung der Ermessensausübung für die Gerichte, weshalb für diese lediglich eine auf Missbrauchsfälle beschränkte objektiv-sachliche Nachprüfbarkeit der Auskunftsverweigerung möglich sei.[49] Am Grundsatz, dass eine tatsächlich erteilte Auskunft der Wahrheit entsprechen musste, wurde dadurch aber nicht gerüttelt.[50] Dennoch erhob die Verlagerung der Entscheidung weg von der Generalversammlung hin zum Vorstand diesen, trotz der in diesen Fällen in der Regel bestehenden Interessenswidersprüche, zum „Richter in eigener Sache“.[51] In Kombination mit der nur eingeschränkten Überprüfbarkeit durch die Gerichte erwies sich das Auskunftsrecht in der Folge als *lex imperfecta* ohne Sicherungsmaßnahmen zu seiner Durchsetzung.

Die fehlende Überprüfbarkeit der Vorstandsentscheidung war indes nicht die einzige prozessual hoch gesteckte Hürde. Im Rahmen der Beschlussanfechtungsklage wurde für deren

---

43 *Schmidt/Meyer-Landrut*, in: GroßK AktG, 2. Aufl. 1961, § 112 Anm. 3.

44 *Würdinger*, Aktienrecht, S. 153.

45 § 112 Abs. 2 AktG 1937 findet heut noch in § 131 Abs. 2 AktG mit identischen Wortlaut seine Entsprechung.

46 Die nationalsozialistisch geprägte Umschreibung des „gemeinen Nutzens von Volk und Reich“ sollte durch die Wendung „das gemeine Wohl“ ersetzt werden, *Schmidt/Meyer-Landrut*, in: GroßK AktG, 2. Aufl. 1961, § 112 Anm. 7.

47 *Schmidt/Meyer-Landrut*, in: GroßK AktG, 2. Aufl. 1961, § 112 Anm. 7.

48 Das Reichsgericht hat insofern in konsequenter Verfolgung dieser Ansicht in seiner Entscheidung vom 16.6.1944 eine sachliche Berechtigung des Richters zur Nachprüfung der Ermessensentscheidung und deren etwaige Ersetzung durch eigene Ermessenserwägungen des Gerichts abgelehnt RG, Urt. v. 16.6.1944 - DR 1945, S. 89 (89); *Barz*, in: FS Möhring, 1995, 153 (154); insbesondere auch *Joussen*, AG 2000, S. 241 (242) m. w. N.

49 Nur für den Fall der offensichtlich unbegründeten und willkürlichen Ablehnung der Beantwortung einer Frage wurde dem Gericht eine Prüfungsmöglichkeit zugestanden, da die Ermessensausübung in diesen Fällen nicht das Ergebnis einer pflichtgemäßen Ermessensausübung gewesen sein könne, RG, Urt. v. 16.6.1944 - DR 1945, S. 89 (89).

50 *Schmidt/Meyer-Landrut*, in: GroßK AktG, 2. Aufl. 1961, § 112 Anm. 10.

51 BGH, Urt. v. 7.4.1960 - BGHZ 32, S. 159 (167 f.); *Eckardt*, in: Geßler/Hefermehl/Eckardt/Kropff, AktG, 1974, § 131 AktG Rn. 8; *Gessler*, DB 1957, S. 1254 (1257); *Joussen*, AG 2000, S. 241 (243) m. w. N.; *Papst*, BB 1956, S. 149 (150) „gesetzliche Fehlkonstruktion“.

Erfolg darüber hinaus die Ursächlichkeit der Auskunftsrechtsverletzung für das Zustandekommen des Beschlusses gefordert.[52]

Schließlich wurde die Attraktivität der Anfechtungsklage für den rechtsschutzsuchenden Aktionär mit § 199 Abs. 4 und 6 AktG 1937 weiter herabgesetzt. Die Möglichkeit höherer Streitwerte durch ein Abstellen auf die gesamten, im einzelnen Fall bestehenden Verhältnisse und insbesondere die Berücksichtigung des Interesses der Gesellschaft an der Aufrechterhaltung des angefochtenen Beschlusses nach billigem Ermessen des Gerichts gemäß § 199 Abs. 6 AktG[53] erhöhten die potenzielle Kostenlast für klagende Aktionäre, konnten bei Erfolglosigkeit der Anfechtungsklage den finanziellen Ruin bedeuten und vor der Erhebung auch begründeter Anfechtungsklagen abschrecken.[54] § 199 Abs. 4 AktG 1937 zwang darüber hinaus den Aktionär, durch Auferlegung einer Sicherheitsleistungspflicht, durch faktische Vorwegfinanzierung das Insolvenzrisiko der Gesellschaft zu tragen, wenn die Gesellschaft ihrerseits glaubhaft machte, dass ihr wegen fahrlässig oder vorsätzlich unbegründeter Anfechtung durch den Aktionär ein Ersatzanspruch nach § 200 Abs. 2 AktG oder nach bürgerlichem Recht zusteht.

Obwohl die Neuregelung des § 112 AktG 1937 die Rechte der Aktionäre erweiterte, wurde dem Aktionär durch die erhöhten Anforderungen bei der prozessualen Durchsetzung die Besserstellung im selben Atemzug wieder genommen und das Auskunftsrecht als individuelles Aktionärsrecht in seiner Wirksamkeit erheblich zurückgeschnitten.[55]

III. Das Auskunftsrecht nach der Aktienrechtsreform 1965

Der Gesetzgeber hat die durch die Aktienrechtsreform 1937 verursachten Fehlentwicklungen erkannt[56] und seiner im Jahre 1965 vorgenommenen Reform[57] zugrunde gelegt, seine Priorität aber auf eine gesellschafts- und wirtschaftspolitische Neuordnung gerichtet.

Ziel der Reform war, den Aktionär in dem für ihn erforderlichen Maße über die Lage des Unternehmens und die erwirtschafteten Erträge zu unterrichten.[58] Die Aktie sollte als Anlageform für breitere Schichten der Gesellschaft attraktiver gemacht werden, um auf diesem Wege dem durch stetiges Wachstum der Wirtschaft hervorgerufenen Kapitalbedarf einer industrialisierten Gesellschaft gerecht zu werden. Die Bedeutung des Informationsrechts und das vom Gesetzgeber unterstellte Bedürfnis einer besseren Information des Aktionärs zeigt sich in der

---

52 Selbst wenn eine Hauptversammlungsmehrheit auch ohne Antwort zustande gekommen wäre, sollte dies nicht ohne weiteres ausreichen, um die mangelnde Ursächlichkeit zu beweisen. Es sei nicht auszuschließen, dass eine der Wahrheit entsprechende Auskunft die Hauptversammlung zu einer anderen Auffassung veranlasst haben könnte, wenn diese Auskunft ein ungünstigeres Licht auf die Verwaltung und Geschäftsführung werfen konnte, vgl. RG, Urt. v. 12.6.1941 - RGZ 167, S. 151 (167); *Joussen*, AG 2000, S. 241 (243) m. w. N.; kritisch *Barz*, BB 1957, S. 1253 (1256); *Klauss*, BB 1957, S. 732 (735).

53 Anders noch § 4 ff. ZPO.

54 *Deuss*, S. 143; *Kübel*, AG 1958, S. 28 (28 f.); *Joussen*, AG 2000, S. 241 (244).

55 *Barz*, in: FS Möhring, 1975, S. 153 (155).

56 Begr. RegE AktG 1965, abgedr. bei *Kropff*, S. 15.

57 Das Aktiengesetz 1965 entsprach weitestgehend dem Regierungsentwurf v. 13.6.1960, vgl. RegE AktG v. 13.6.1960, BT-Drucks. 3/1915, S. 2 ff., den der dritte Bundestag nicht bis zum Ende seiner Wahlperiode umsetzen konnte, der aber nach den Neuwahlen in unveränderter Form erneut durch die Bundesregierung eingebracht wurde, vgl. RegE AktG v. 3.2.1962, BT-Drucks. 4/171, S. 2 ff., nach den Beratungen die Fassung des RegE AktG v. 12.4.1965, BT-Drucks. 4/3296, S. 3 ff. erhielt und schließlich, abgesehen von kleineren Änderungen, als AktG 1965, BGBl. I, S. 1089 ff. in Kraft trat.

58 Begr. RegE AktG 1965, abgedr. bei *Kropff*, S. 15.

nach der schon 1959 vorgenommenen Reform der Vorschriften über die Gliederung der Gewinn- und Verlust-Rechnung[59] nunmehr vorgenommenen Reform des Fragerechts des Aktionärs und vor allem darin, dass daneben Bestimmungen zur allgemeinen Publizität[60] geschaffen wurden.

Die Neufassung des Auskunftsrechts durch den Gesetzgeber und seine Ausgestaltung als individuellen, durchsetzbaren Anspruch auf Erteilung der erforderlichen Auskunft zeigt beispielhaft die durch den Gesetzgeber vollzogene Kehrtwende, weg von einer Fokussierung der Betrachtung auf das Verhältnis der Stellung der Hauptversammlung zum Vorstand,[61] hin zu einer Ausrichtung der Aktiengesellschaft auf die Bedürfnisse des individuellen Mitglieds.[62] Den einzelnen Aktionären soll eine „*Teilnahme am Leben der Gesellschaft*" ermöglicht, „*die Ausübung ihrer* [der Aktionäre] *Rechte*"[63] effizienter ausgeformt werden, und die „*Rechtsstellung der einzelnen Aktionäre*"[64] im Rahmen der Reform herausgehoben werden. § 131 AktG hält dazu zunächst an dem Auskunftsanspruch als individuellem Aktionärsrecht[65] fest und objektiviert diesen, mit Blick auf die gerichtliche Nachprüfung, indem die Auskunft zur sachgemäßen Beurteilung des Gegenstandes der Tagesordnung erforderlich sein muss.[66] Mit diesem zusätzlichen Tatbestandsmerkmal sollen „*Missbräuche des Auskunftsrechts*" verhindert und „*ein ordnungsgemäßer Ablauf der Hauptversammlung*" ermöglicht werden.[67] Daneben wurden, um zu mehr Rechtssicherheit zu gelangen, erstmals die Auskunftsverweigerungsgründe in materieller Hinsicht durch Schaffung einer enumerativen Regelung in § 131 Abs. 3 AktG konkretisiert.[68] Die entscheidende Neuerung des Aktiengesetzes 1965 betraf aber die nun mögliche gerichtliche Nachprüfung der Verweigerung einer Auskunft. Nicht mehr der Vorstand entscheidet nach pflichtgemäßem Ermessen, sondern dies wurde in die Kompetenz der Gerichte verlagert.[69] Damit wurde das Auskunftsrecht des Aktionärs zu einem echten Anspruch auf Auskunft, dessen gerichtliche Erzwingung im Verfahren der freiwilligen Gerichtsbarkeit von § 132 AktG ermöglicht wird.[70]

Auch dieser neu gefasste § 131 AktG blieb aber hinter den in der Praxis teilweise geforderten Punkten, wie beispielsweise Quoren für Auskunftsverlangen und Anfechtungsklagen,

---

59 Gesetz über Kapitalerhöhung aus Gesellschaftsmitteln und über Gewinn- und Verlustrechnung v. 23.12.1959, BGBl. I, S. 789 ff.

60 In Form der Vorschriften über die Gliederung der Jahresbilanz, den Inhalt des Geschäftsberichts und die Publizität der Konzerne.

61 So im Wesentlichen das Verständnis noch unter Geltung des HGB 1897 und des AktG 1937, vgl. Seite 29 ff.; *Mülbert,* Aktiengesellschaft, Unternehmensgruppe und Kapitalmarkt, 1996, S. 62.

62 Begr. RegE AktG 1965, abgedr. bei *Kropff,* S. 14.

63 Begr. RegE AktG 1965, abgedr. bei *Kropff,* S. 15.

64 Begr. RegE AktG 1965, abgedr. bei *Kropff,* S. 15.

65 *Kubis,* in: MüKo AktG, 2. Aufl. 2004, § 131 Rn. 3 m. w. N.

66 § 131 Abs. 1 S.1 AktG; vgl. *Semler,* in: Münch Hdb GesR, Bd. 4, 3. Aufl. 2007, § 37 Rn. 6 ff., 11 ff. und die dort ausgewiesene umfangreiche Rspr. zur Erforderlichkeit der Information.

67 Begr. RegE AktG 1965, abgedr. bei *Kropff,* S. 185.

68 Begr. RegE AktG 1965, abgedr. bei *Kropff,* S. 185.

69 Das Gericht überprüft jetzt die Berechtigung zur Auskunftsverweigerung in vollem Umfang unter Zugrundelegung objektiver Kriterien, heute ganz h. M., statt aller *Kubis,* in: MüKo AktG, 2. Aufl. 2004, § 131 Rn. 94 m. w. N.; OLG Düsseldorf, Beschl. v. 17.7.1991 - WM 1991, S. 2148 (2152); *Eckardt,* in: Geßler/Hefermehl/Eckardt/Kropff, AktG, 1974, § 131 AktG Rn. 8; *Hüffer,* AktG, 8. Aufl. 2008, § 131 Rn. 25; Raum für eine Ermessensentscheidung des Vorstandes lässt diese Regelung nicht mehr, a. A. noch *Wilhelmi,* NJW 1968, S. 731 (732 f.).

70 Die bislang notwendige Leistungsklage im ordentlichen Zivilverfahren wurde damit obsolet.

Schadensersatzpflicht bei unbegründeten Anfechtungsklagen bei Vorsatz oder grober Fahrlässigkeit u. a.,[71] zurück.

Die jüngsten Änderungen rund um das Auskunftsrecht bringt nunmehr das Gesetz zur Unternehmensintegrität und Modernisierung des Anfechtungsrechts (UMAG) vom 1. November 2005.[72] Dabei wurde, um auftretenden Fehlentwicklungen entgegenzutreten, nicht bloß die materielle Ausgestaltung des Auskunftsrechts überarbeitet. Die das Auskunftsrecht prozessual flankierende Anfechtungsklage gemäß § 243 Abs. 1 AktG erfuhr ebenso wesentliche Modifizierungen. Dadurch aufgeworfene Rechtsfragen sollen im Folgenden Gegenstand der Untersuchung sein.

B. Verfassungsrechtliche Einordnung des Auskunftsrechts

I. Das Auskunftsrecht als verfassungsrechtlich garantiertes Aktionärsrecht

Die Frage nach der verfassungsrechtlichen Einordnung des Auskunftsanspruchs ist insofern von Bedeutung, als in der Diskussion um Inhalt und Grenzen des Auskunftsrechts verfassungsrechtliche Fragestellungen eine nicht unerhebliche Stellung einnehmen. Aktienbesitz und Eigentumsrecht i. S. v. Art. 14 GG sind in ihrem Zusammenspiel der Ausgangspunkt für die verfassungsrechtliche Beurteilung.

Das Privateigentum i. S. v. Art. 14 GG wird vom Bundesverfassungsgericht als Gewährung eines Freiheitsraums im vermögensrechtlichen Bereich verstanden. Gekennzeichnet ist es in seinem rechtlichen Gehalt durch Privatnützigkeit, d. h. es bildet mit der Zuordnung zu einem Rechtsträger[73] die Grundlage für die Nutzung durch diesen im Rahmen eigenverantwortlicher privater Initiativen sowie Interessen und zeichnet sich durch die Verfügungsbefugnis über den Eigentumsgegenstand aus.[74] Art. 14 GG postuliert einen Eigentumsbegriff, der sich vom zivilrechtlichen Eigentumsbegriff in seiner Ausdehnung unterscheidet, indem er neben der im Zivilrecht gewährleisteten Berechtigung an Sachen auch jedes private Vermögensrecht erfasst.[75] Dem Sacheigentum, dem Grundeigentum im Speziellen, wird im Schrifttum für die Auslegung des Art. 14 GG wegen der umfangreichen Judikatur eine „*Leitbildfunktion*" konstatiert.[76] Anders als beim (Sach- bzw.) Grundeigentum mit seinen übersichtlichen (inneren) Strukturen ist die Struktur des Aktieneigentums jedoch weitaus komplexer, und ein einfacher Vergleich mit dem Sacheigentum i. S. v. § 903 BGB ist nicht möglich. Die damit einhergehenden Schwierigkeiten bei der Beurteilung des verfassungsrechtlichen Gehalts des Aktieneigentums, und damit der verfassungsrechtlichen Einordnung des Auskunftsrechts, provozieren in der Rechtswissenschaft immer wieder Auseinandersetzungen und tragen zur

---

71 Ausführlich dazu *Joussen*, AG 2000, S. 41 (245 ff.).

72 Den vorgenommenen Änderungen des Auskunftsrechts durch das BiRiLiG v. 19.12.1985, BGBl. I, S. 2355 (2390), und das Bankbilanzrichtlinie-Gesetz v. 30.11.1990, BGBl. I, S. 2570 (2575), die die Einführung von §§ 131 Abs. 1 S. 3, Abs. 3 S. 1 Nr. 6 und Abs. 4 S. 3 AktG zur Folge hatten, wird weitgehend nur klarstellende Funktion zugemessen, vgl. *Decher*, in: GroßK AktG, 4. Aufl. 2001, § 131 Rn. 3.

73 BVerfG, Urt. v. 8.7.1976 - BVerfGE 42, S. 263 (294).

74 BVerfG, Urt. v. 7.8.1962 - BVerfGE 14, S. 263 (276); BVerfGE, Beschl. v. 27.4.1999 - BVerfGE 100, S. 289 (301).

75 Grundlegend dazu *Wolff*, in: FS Kahl, 1923, S. 2 ff.; BGH, Beschl. v. 10.6.1952 - BGHZ 6, S. 270 (278); *Bryde*, in: GG-Komm, 5. Aufl. 2000, Art. 14 Rn. 11 m. w. N.; *Leisner*, in: Isensee/Kirchhof, HdB StaatsR, Bd. VI, 2. Aufl. 2001, § 149 Rn. 73 ff.

76 Zur Rspr. vgl. nur BVerfG, Urt. v. 18.12.1968 - BVerfGE 24, S. 367 ff.; *Depenheuer*, in: v. Mangoldt/Klein/Starck, 5. Aufl. 2005, Art. 14 Rn. 114; *Wieland*, in: Dreier GG, 1996, Art. 14 Rn. 31.

Rechtsunsicherheit bei. Ursprung der Schwierigkeiten ist die Verfassung selbst. Unmittelbar konkrete Regelungen hinsichtlich der Wirtschaftsverfassung und Wirtschaftsgestaltung in ihren multiplen Ausprägungen stellt diese gerade nicht ausdrücklich bereit.[77]

Der Unterschied zwischen dem Sacheigentum und dem Aktieneigentum ist im Rahmen jeder Beurteilung des Aktieneigentums am Maßstab des Art. 14 GG zu berücksichtigen. Wobei die in Art. 14 GG angelegte Aufteilung in herrschaftsrechtliche und vermögensrechtliche Elemente auch dem durch die Aktie erworbenen gesellschaftsrechtlichen Anteilseigentum an Aktiengesellschaften entnommen werden kann.[78] Einigkeit besteht dahingehend, dass jedenfalls das vermögensrechtliche Element, verkörpert durch die aus der Gesellschafterstellung mit der Aktie erwachsenden vermögensrechtlichen Ansprüche auf Beteiligung am Bilanzgewinn, gegebenenfalls den Bezug junger Aktien bei Kapitalerhöhungen und die Teilnahme am Liquidationserlös, vom Schutzbereich des Art. 14 Abs. 1 GG erfasst wird und eigentumsrechtlich geschützt ist.[79]

Genau hier besteht nun der entscheidende Problempunkt des Auskunftsrechts des Aktionärs gem. § 131 Abs. 1 S. 1 AktG. Als mitgliedschaftsrechtliches Verwaltungsrecht ohne „unmittelbaren" vermögensrechtlichen Aspekt ist das für die Zuordnung zum Schutzbereich des Art. 14 Abs. 1 S. 1 GG notwendige vermögensrechtliche Element dem Auskunftsrecht nicht ohne weiteres zu entnehmen und daher eine verfassungsrechtliche Zuordnung zu Art. 14 Abs. 1 GG mit Begründungsaufwand verbunden.[80]

1. Anteilseigentum nach dem Bundesverfassungsgericht – Individualisierung der Aktionärsstellung als Grundlage?

Das Bundesverfassungsgericht versteht unter dem von Art. 14 GG erfassten Anteilseigentum ein *„in seinem mitgliedschaftsrechtlichen und vermögensrechtlichen Element gesellschaftsrechtlich vermitteltes Eigentum"*.[81] Denn die Mitgliedschaft in dem gesellschaftsrechtlichen Verband führt zu einer Einbindung des einzelnen Aktionärs in Entscheidungszusammenhänge, hinsichtlich derer er – trotz seiner Teilhabe – seinen Willen, anders als beim Sacheigentum gemäß § 903 AktG, nicht alleine durchsetzen kann. Das Anteilsrecht des Aktionärs ist aufgrund seiner gesellschaftsrechtlichen Vermittlung einem freien Gebrauch nicht zugänglich.[82] Der Aktionär wird in der Aktiengesellschaft vielmehr darauf verwiesen, seine eigentumsspezifischen Verfügungsbefugnisse über die Wahrnehmung seiner mitgliedschaftsrechtlichen Rechte wahrzunehmen, ein unmittelbares Tätigwerden scheidet aufgrund der strukturellen gesellschaftsrechtlichen Organisation der Aktiengesellschaft aus. Lediglich die Veräu-

---

77 BVerfG, Beschl. v. 1.7.1954 - BVerfGE 4, S. 7 (17); BVerfG, Urt. v. 11.6.1958 - BVerfGE 7, S. 377 (400); BVerfG, Urt. v. 7.8.1962 - BVerfGE 14, S. 263 (276 ff.); BVerfG v. 1.3.1979 - BVerfGE 50, S. 290 (338).

78 BVerfG, Urt. v. 7.8.1962 - BVerfGE 14, S. 263 (276); BVerfG, Urt. v. 7.5.1969 - BVerfGE 25, S. 371 (407); BVerfG v. 1.3.1979 - BVerfGE 50, S. 290 (341f.); *Papier*, in: Maunz/Dürig, GG Kommentar, Bd. II, Art. 14 Rn. 195; *Depenheuer*, in: v. Mangoldt/Klein/Starck, 5. Aufl. 2005, Art. 14 Rn. 142.

79 BVerfG, Urt. v. 7.8.1962 - BVerfGE 14, S. 263 (276); BVerfG, Urt. v. 7.5.1969 - BVerfGE 25, S. 371 (407); BVerfG, Beschl. v. 27.4.1999 - BVerfGE 100, S. 289 (302); *Ebenroth/Koos*, BB 1995, Beilage 8, S. 1 (3); *Leisner*, in: Isensee/Kirchhof, Hdb StaatsR, Bd. VI, 2. Aufl. 2001, § 149 Rn. 112 ff.; *Papier*, in: Maunz/Dürig, GG Kommentar, Bd. II, Art. 14 Rn. 195; *Zöllner/Hanau*, AG 1997, 206 (207).

80 Unter Verweis auf RG, Urt. v. 30.3.1926 - RGZ 113, S. 188 (196) und RG, Urt. v. 13.12.1927 - RGZ 119, S. 248 (258) zum Mehrstimmrecht *Claussen*, AG 1996, S. 481 (493); dazu auch *Zöllner/Hanau*, AG 1997, S. 206 (207).

81 BVerfG, Urt. v. 1.3.1979 - BVerfGE 50, S. 290 (342); kritisch *Papier*, ZGR 1979, S. 444 (462 f.); *Zöllner/Noack*, AG 1991, S. 157 (158) m. w. N.

82 *Depenheuer*, in: v. Mangoldt/Klein/Starck, Bonner GG, 5. Aufl. 2005, Art. 14 Rn. 143.

ßerung und Belastung des Rechts, also die Nutzung des Vermögenswertes des Anteilsbesitzes als solchem, steht dem Anteilseigner primär und unmittelbar zu.[83] Andere, einem Eigentümer typischerweise zugewiesenen, Rechte kann der Aktionär nur mittelbar über die Gesellschaftsorgane, insbesondere die Hauptversammlung, wahrnehmen. In der Folge fallen Rechtsinhaberschaft und ihr freier Gebrauch mit der Verantwortung für diesen Gebrauch, anders als beim Unternehmer-Eigentümer, durch die Vermittlung auseinander.[84] Dieser Unterschied und die damit einhergehende Beschränkung des individuellen Willens sind im Anteilseigentum wesensmäßig angelegt. Deshalb ist die Position des Aktionärs mit der eines Unternehmer-Eigentümers[85] oder eines Sacheigentümers nicht ohne weiteres vergleichbar.

Diese Begründung des Bundesverfassungsgericht in seinem Urteil vom 1. März 1979 lässt nach Ansicht mancher, wichtig für die Begründung eines verfassungsrechtlichen Schutzes des Auskunftsrechts, eine Interpretation dahingehend zu, es gehe von einer individualistisch geprägten Rechtsstellung der Aktionäre in der Aktiengesellschaft aus, indem es den Aktionär als Einzeleigentümer versteht, der sich mit einer Einlage an einem Unternehmen beteiligt und im Wege eines „*Durchgriffs*“[86] auch Inhaber und damit mittelbar Berechtigter hinsichtlich der Bestandteile des Gesellschaftsvermögens sei.[87] Das Bundesverfassungsgericht spalte durch eine gesellschaftsrechtliche Mediatisierung das Unternehmenseigentum in einen von der Gesellschaft und gleichzeitig von den Aktionären gehaltenen Anteil auf und schaffe eine Identität beider Eigentumssubstanzen.[88] Jedenfalls zweideutig sind die Ausführungen des Bundesverfassungsgerichts auch in seiner letzten Entscheidung zum Grundrechtsschutz des Aktionärs im Zusammenhang mit dessen Auskunftsrecht. Dort wurde die Information des Aktionärs als notwendig „*für die Wahrnehmung seiner mitgliedschaftlichen Rechte*“ bei der Mit-Herrschaft über „*seine Gesellschaft*“ bezeichnet, um dem Aktionär gleichzeitig das Recht einzuräumen, sich ein „*Bild über das Unternehmen, an dem er beteiligt ist*“ zu machen, soweit es um die Wahrnehmung der „*Dispositionsfreiheit über den Eigentumsgegenstand, die das Grundrecht schützt*“, geht.[89]

Ihre Grundlage hat diese Interpretation des Aktionärs als „Eigentümer der Gesellschaft“ nach *Schön*[90] im Postulat der „*Folgerichtigkeit*“[91]. Im Wege staatlicher Gesetzgebung im Gesellschaftsrecht seien demnach die Rechte der Gesellschafter in einen Zustand des Gleichgewichts zu bringen, um die Fortsetzung der im Alleineigentum zunächst begründeten herrschafts- und vermögensrechtlichen Elemente „*in vermittelter Form im Anteilseigentum*“[92] zu gewährleisten. Der Aktionär soll damit vor einer nicht notwendigen Einschränkung in seinem ursprünglichen (Allein-)Eigentum durch seine Mitgliedschaft in dem Personenverband geschützt werden. Vor diesem Hintergrund seien die aus dem Anteilseigentum resultierenden

---

83 BVerfG, Urt. v. 1.3.1979 - BVerfGE 50, S. 290 (342); *Depenheuer*, in: v. Mangoldt/Klein, Bonner GG, 5. Aufl. 2005, Art. 14 Rn. 143; *Kimminich*, in: Bonner Kommentar, Art. 14 Rn. 38, 65. EL 1992; *Papier*, in: Maunz/Dürig, GG Kommentar, Bd. II, Art. 14 Rn. 195.

84 *Suhr*, S. 83 ff.

85 Hierzu vgl. *Issing*, in: Issing/Leisner, Kleineres Eigentum, 1976, S. 37.

86 *Leisner*, in: Isensee/Kirchhof, Hdb StaatsR, Bd. VI, 2. Aufl. 2001, § 149 Rn. 116.

87 BVerfG, Urt. v. 1.3.1979 - BVerfGE 50, S. 290 (342); BVerfG, Beschl. v. 20.9.1999 - AG 2000, S. 74 (74); BVerfG, Beschl. v. 20.9.1999 - AG 2000, S. 72 (72).

88 Vgl. *Ebenroth/Koos*, BB 1995, Beilage 8, S. 1 (3).

89 BVerfG, Beschl. v. 20.9.1999 - AG 2000, S. 74 (74).

90 *Schön*, in: FS Ulmer, 2003, S. 1359 (1367 f.).

91 Zum Gebot der Folgerichtigkeit für den Bereich des Steuerrechts zuletzt BVerfG v. 6.3.2002 - DStR-E 2002, S. 349 (362 f.).

92 *Schön*, in: FS Ulmer, 2003, S. 1359 (1367f.); kritisch *Mülbert*, Aktiengesellschaft, Unternehmensgruppe und Kapitalmarkt, 2. Aufl. 1996, S. 64 „Urzustand“.

„mitgliedschaftsrechtlichen als auch vermögensrechtlichen Elemente"[93] zu deuten. Neben den vermögensrechtlichen Ansprüchen stehen danach die mitgliedschaftsrechtlichen Rechte des Aktionärs im Sinne der Mitverwaltungsrechte zur Ermöglichung einer Mit-Herrschaft bei der Leitung der Gesellschaft unter verfassungsrechtlichem Schutz.[94]

Demnach habe die Einordnung des herrschaftsrechtlichen Elements und damit des Auskunftsrechts als Mitverwaltungsrecht in den Schutzbereich des Art. 14 Abs. 1 GG seine Rechtfertigung in der Tatsache, dass der Aktionär Eigentümer der im Gesellschaftsvermögen gebundenen Vermögensgüter ist und ihm nach der konzeptionellen Ausgestaltung des Eigentumsrechts eine Mit-Herrschaft hinsichtlich dieser Vermögenswerte zustehen muss.

2. Verbandsrechtlicher Ansatz – fehlende verfassungsrechtliche Relevanz des Auskunftsrechts?

Einen anderen Anknüpfungspunkt für die Bewertung der Stellung des Aktionärs in der Aktiengesellschaft mit Konsequenzen für die Einordnung des Auskunftsrechts in verfassungsrechtlicher Hinsicht wählt dagegen eine verbandsrechtlich orientierte Ansicht.[95] Eine Beurteilung des Aktieneigentums könne nicht ausgehend von dem ursprünglich bestehenden Alleineigentum erfolgen, sondern müsse in der Mitgliedschaft des Aktionärs in einem zweckbezogenen Personenverband ihren Ausgang nehmen.[96]

Nur die Mitgliedschaft in diesem Personenverband stellt nach dieser Ansicht die vom Schutzbereiche des Art. 14 GG erfasste Vermögensposition dar.[97] Dem Aktionär können die mitgliedschaftlichen Verwaltungs- und Vermögensrechte nur bezogen auf die Gesellschaft als Verbands- und Vermögensträger gewährt werden. Ein *„Durchgriff"*[98] auf die der Gesellschaft zugeordneten Vermögenswerte kann nicht hergeleitet werden.[99] Grundlegend hierfür ist die zivilrechtlich geprägte Ansicht der verselbstständigten juristischen Person als alleiniger Eigentümerin des Gesellschaftsvermögens einerseits und der bloß mit Mitgliedschaftsrechten ausgestatteten Gesellschafter andererseits, die nach zivilrechtlicher Dogmatik nur Eigentum an der Aktie als Wertpapier haben. Eigentumsposition des Aktionärs gem. Art. 14 Abs. 1 S. 1 GG in dem so verstandenen Sinne ist die, zum Zeitpunkt ihrer Entstehung im Rahmen der Gründung oder durch einen Beitritt entstehende, Mitgliedschaft als Verwaltungs- und Vermögensrecht mit dem durch Gesetz und Gesellschaftsvertrag bestimmten Rahmen.[100]

a. *Verfassungsrechtliche Irrelevanz des Auskunftsrechts?*

Die Einordnung des Auskunftsrechts als mitgliedschaftlichen Herrschaftsrecht bedeutet aber selbst nach dieser Ansicht nicht eine fehlende verfassungsrechtliche Bedeutsamkeit des Auskunftsrechts. Denn auch nach dem verbandsrechtlich geprägten Verständnis des Aktieneigen-

---

93 BVerfG, Urt. v. 7.8.1962 - BVerfGE 14, S. 263 (276).

94 BVerfG, Urt. v. 7.8.1962 - BVerfGE 14, S. 263 (276); BVerfG, Beschl. v. 27.4.1999 - BVerfGE 100, S. 289 (302); *Papier*, in: Maunz/Dürig, GG Kommentar, Bd. II, Art. 14 Rn. 195; *Stumpf*, NJW 2003, S. 9 (11).

95 *K. Schmidt*, Gesellschaftsrecht, 4. Aufl. 2002, S. 547 ff.; *Mülbert*, Aktiengesellschaft, Unternehmensgruppe und Kapitalmarkt, 2. Aufl. 1996, S. 69 ff.; *ders.*, in: GroßK AktG, 4. Aufl. 1999, Vor §§ 118-147 Rn. 196 ff.

96 *Schmidt-Aßmann*, in: FS Badura, 2004, S. 1009 (1019).

97 *Mülbert*, in: GroßK AktG, 4. Aufl. 1999, Vor §§ 118-147 Rn. 188.

98 *Leisner*, in: Isensee/Kirchhof, Hdb StaatsR, Bd. VI, 2. Aufl. 2001, § 149 Rn. 116.

99 *Mülbert*, in: GroßK AktG, 4. Aufl. 1999, Vor §§ 118-147 Rn. 188; *Bälz*, S. 130.

100 *Mülbert*, in: GroßK AktG, 4. Aufl. 1999, Vor §§ 118-147 Rn. 188.

tums fällt jedenfalls das vermögensrechtliche Element des Aktieneigentums in den Schutzbereich des Art. 14 GG.[101] Genau diese aus der Mitgliedschaft resultierenden vermögensrechtlichen Positionen sind der Anknüpfungspunkt für die grundrechtliche Beurteilung des Auskunftsrechts. Auch das Bundesverfassungsgericht hat richtigerweise klargestellt, dass eine Trennung zwischen Mitgliedschaftsrecht und Vermögensrecht nicht denkbar ist,[102] vielmehr das Vermögensrecht durch das Mitgliedschaftsrecht erst vermittelt werde[103] und mithin eine Art Wechselbeziehung beider zueinander bestehe.[104] Die Mitverwaltungsrechte dienen dem Aktionär zur sachgerechten Wahrnehmung seiner vermögensrechtlichen Interessen, mit genau den Einschränkungen, die das Gesetz und der Gesellschaftsvertrag zum Zeitpunkt des Eintritts in die Aktiengesellschaft per Aktienerwerb festschreiben.[105] Diese untrennbare Verbindung der Vermögensrechte mit den Mitverwaltungsrechten liefert den entscheidenden Anknüpfungspunkt für die verfassungsrechtliche Beurteilung des Auskunftsrechts als Mitverwaltungsrecht. Denn wenn die Mitverwaltungsrechte zur Wahrung der verfassungsrechtlich gewährleisteten Vermögensrechte des Aktionärs dienen, indem sie die einzige Möglichkeit für den Aktionär sind, bei der Nutzung und Verwendung des von ihm in die Aktiengesellschaft investierten Kapitals mitzusprechen,[106] dann berührt jede Einschränkung dieser Mitgliedschaftsrechte in letzter Konsequenz die vermögensrechtliche Position des Aktionärs in der Aktiengesellschaft und führt grundsätzlich zu einer Inhalts- und Schrankenbestimmung der durch Art. 14 GG geschützten Eigentumsposition des Aktionärs.[107]

Aufgrund der vorhandenen Interdependenz zwischen unbestritten verfassungsrechtlich geschütztem Vermögensrecht und dem Auskunftsrecht als Mitverwaltungsrecht ist auch nach der verbandsrechtlich orientierten Ansicht Letzteres von der Eigentumsgarantie des Art. 14 GG erfasst.[108]

Dieser Ansicht ist letztlich zu folgen. Denn eine Individualisierung der Aktionärsstellung postuliert letzten Endes den Aktionär als (wirtschaftlichen) Alleineigentümer der Aktiengesellschaft.[109] Dabei würde die Stellung der Gesellschaft als juristische Person des Privatrechts und selbstständigen Vermögensträger, die verfassungsrechtlich über Art. 19 Abs. 3 GG geschützte Trägerin der Grundrechte aus Art. 2 Abs. 1 und 14 Abs. 1 S. 1 GG ist,[110] missachtet. Eine Begründung von Eigentum oder Miteigentum der Aktionäre kann es an verselbstständigten juristischen Personen, ebenso wie an natürlichen Personen, nicht geben.[111] Soweit man den

---

101 Vgl. dazu Seite 38 ff.; BVerfG, Urt. v. 7.8.1962 - BVerfGE 14, S. 263 (276); BVerfG, Urt. v. 7.5.1969 - BVerfGE 25, S. 371 (407); BVerfG, Beschl. v. 27.4.1999 - BVerfGE 100, S. 289 (302); *Ebenroth/Koos*, BB 1995, Beilage 8, S. 1 (3); *Leisner*, in: Isensee/Kirchhof, Hdb StaatsR, Bd. VI, 2. Aufl. 2001, § 149 Rn. 112 ff.; *Papier*, in: Maunz/Dürig, GG Kommentar, Bd. II, Art. 14 Rn. 195; *Zöllner/Hanau*, AG 1997, S. 206 (207).

102 BVerfG, Urt. v. 7.8.1962 - BVerfGE 14, S. 263 (285); BVerfG, Urt. v. 7.5.1969 - BVerfGE 25, S. 371 (407).

103 BVerfG, Urt. v. 1.3.1979 - BVerfGE 50, S. 290 (342).

104 So der BGH, Urt. v. 16.11.1981 - BGHZ 82, S. 188 (192) unter Bezugnahme auf das BVerfG.

105 *Mülbert*, in: GroßK AktG, 4. Aufl. 1999, Vor §§ 118-147 Rn. 188.

106 BGH, Urt. v. 16.11.1981 - BGHZ 82, S. 188 (192); *Mülbert*, in: GroßK AktG, 4. Aufl. 1999, Vor §§ 118-147 Rn. 151; *Zöllner/Hanau*, AG 1997, S. 206 (207).

107 BGH, Urt. v. 16.11.1981 - BGHZ 82, 188 (192); *Bälz*, S. 130; *Ebenroth/Koos*, BB 1995, Beilage 8, S. 1 (3)

108 BVerfG, Beschl. v. 20.9.1999 - AG 2000, S. 72 (72); BVerfG, Beschl. v. 20.9.1999 - AG 2000, S. 74 (74); wie hier *Bälz*, S. 130; *Jung*, JZ 2001, S. 1004 (1012) m. w. N.

109 Kritisch zu Recht *Mülbert*, in: GroßK AktG, 4. Aufl. 1999, Vor §§ 118-147 Rn. 188; *ders.* Aktiengesellschaft, Unternehmensgruppe und Kapitalmarkt, 2. Aufl. 1996, S. 64.

110 BVerfG, Urt. v. 1.3.1979 - BVerfGE 50, S. 290 (352); *Isensee*, in: Isensee/Kirchhof, Hdb StaatsR, Bd. V, 2. Aufl. 2000, § 118 Rn. 1; *Depenheuer*, in: v. Mangoldt/Klein/Starck, Bonner GG, 5. Aufl. 2005, Art. 14 Rn. 141.

111 Zutreffend *Jäger*, Aktiengesellschaft, 2004, S. 704.

Aktionär zum Inhaber des Gesellschaftsvermögens macht, mithin einen „Durchgriff" auf das hinter der selbstständigen juristischen Person stehende personale Substrat vornimmt, steht dies im Widerspruch zur Grundrechtssubjektivität der Aktiengesellschaft, ihrem Eigentum am Gesellschaftsvermögen[112] und wird den Eigenheiten des Mitgliedschaftsrechts nicht gerecht.[113] Es gilt insoweit das Trennungsprinzip[114], das rechtlich zwischen der juristischen Person und den hinter ihr stehenden Personen differenziert. Eine Identität der Eigentumssubstanzen wäre ohne dogmatisch schwierige Abgrenzung der Eigentumssphären nicht denkbar.[115]

Dem kann auch nicht entgegengehalten werden, ein Verweis des Aktionärs auf sein Mitgliedschaftsrecht würde den Aktionär in die Gefahr einer „*Verdünnung seiner herrschafts- und vermögensrechtlichen Befugnisse*" bringen und sei nicht mehr geeignet einen Anspruch des Aktionärs auf Fortsetzung des Alleineigentums im verbandsrechtlich verfassten Miteigentum zu gewährleisten.[116] Richtigerweise entsteht die Mitgliedschaft und damit das Anteilsrecht mit verschiedensten gesellschaftsrechtlichen Einschränkungen durch Gesetz oder Satzung im Zeitpunkt der Entstehung der Mitgliedschaft und zeigt damit schon eine von Anbeginn an vorhandene „*innere Schwäche*".[117] Allerdings führt dies nicht dazu, dass ein verfassungsrechtlicher Schutz der vermögensrechtlichen oder der mitgliedschaftsrechtlichen Befugnisse des Aktionärs unterbleibt[118] oder Eingriffe in beliebiger Weise erfolgen könnten. Zuzustimmen ist zwar dem Anliegen, das Aktienrecht durch die gesellschaftsrechtliche Mediatisierung nicht beliebig der Möglichkeit wirtschafts- oder sozialpolitisch motivierter Gesetzgebung zu öffnen, die den Interessen der Aktionäre zuwiderlaufen.[119] Allerdings ist auch dies, auf Grund der verfassungsrechtlichen Absicherung im Rahmen der verbandsrechtlichen Ansicht, nicht zu befürchten.

b. *Auswirkungen der verbandsrechtlichen Ansicht im Rahmen der Auslegung*

Vielmehr ist damit lediglich eine andere Gewichtung bei der verfassungsrechtlichen Auslegung im Zusammenhang mit dem Auskunftsrecht verbunden. So muss bei einer Einordnung des Aktionärs (nur) als Verbandsmitglied in Abwägungsfragen dem Interesse der Aktiengesellschaft als selbstständigem Träger von Rechten und Pflichten eine eigene selbstständige und hoch zu bewertende Position verschafft werden, denn der Verbandswille überwiegt die Summe individueller Willensentscheidungen.[120]

Dass die Interessen der Gesellschaft selbst, die nicht notwendig mit solchen der Aktionäre konform gehen,[121] auch nach dem Bundesverfassungsgericht eine Rolle spielen, hat dieses in seiner Entscheidung „Scheidemandel II"[122] eigens betont. Eine lediglich dienende Funktion

---

112 Zu Recht *Bälz*, S. 130; *Leisner*, in: Isensee/Kirchhof, Hdb StaatsR, Bd. VI, 2. Aufl. 2001, § 149 Rn. 116.
113 *Mülbert*, in: GroßK AktG, 4. Aufl. 1999, Vor §§ 118-147 Rn. 188.
114 Hierzu vgl. *Flume*, in: FS Kegel, 1987, S. 147 (159 f.); *Isensee*, in: Isensee/Kirchhof, Hdb StaatsR, Bd. V, 2. Aufl. 2000, § 118 Rn. 3.
115 *Ebenroth/Koos*, BB 1995, Beilage 8, S. 1 (3) Fn. 24.
116 So aber *Schön*, in: FS Ulmer, 2003, S. 1359 (1369).
117 BVerfG, Urt. v. 1.3.1979 - BVerfGE 50, S. 290 (352); *Mülbert*, Aktiengesellschaft, Unternehmensgruppe und Kapitalmarkt, 2. Aufl. 1996, S. 64.
118 Vgl. Seite 38 ff.
119 *Schmidt-Aßmann*, in: FS Badura, 2004, S. 1009 (1020).
120 *Schmidt-Aßmann*, in: FS Badura, 2004, S. 1009 (1019).
121 Zu den unterschiedlichen Interessenrichtungen vgl. *Ebenroth/Koos*, BB 1995, Beilage 8, S. 1 (9 ff.) m. w. N.
122 BVerfG, Beschl. v. 20.9.1999 - AG 2000, S. 72 (72) unter Verweis auf BVerfG, Urt. v. 1.3.1979 - BVerfGE 50, S. 290 (342).

der Gesellschaft, ohne eigene Interessen des Unternehmens gegenüber den Aktionären,[123] entspricht nicht dem Charakter der Gesellschaft als selbstständigem Träger von Rechten und Pflichten.

Für die Annahme einer allein dienenden Funktion streitet auch nicht die vom Bundesverfassungsgericht den Eigengesellschaften öffentlicher Träger abgesprochene Grundrechtsfähigkeit aufgrund des staatlichen Charakters der Anteilseigner.[124] Richtig ist zwar, dass das Bundesverfassungsgericht die Grundrechtsfähigkeit juristischer Personen nur annimmt, „*wenn insbesondere der Durchblick* [diese Formulierung ist zu beachten][125] *auf die hinter den juristischen Personen stehenden Menschen es als sinnvoll und erforderlich erscheinen lässt*“[126]. Gerade die Formulierung „Durchblick“ anstatt „Durchgriff“ trifft die Sache in ihrem Kern. Gilt es doch, eine Prüfung der Anwendbarkeit der Grundrechte ihrem Wesen nach auf die juristische Person als gekorenem Grundrechtsträger unter Zuhilfenahme eines teleologischen „Durchblicks“ auf die hinter ihr stehenden natürlichen Personen, als die Grundrechte vermittelnden geborenen Grundrechtsträger, vorzunehmen[127] und nicht die Gesellschaft mittels eines Durchgriffs zu einem bloßen Treuhänder hinsichtlich der Grundrechte der Mitglieder zu machen.[128] Ein tatsächlicher „Durchgriff“ auf das personale „Fundament“, der die juristische Person als eigenständige Konstruktion vernachlässigen würde, soll im Rahmen des Art. 19 Abs. 3 GG gerade nicht erfolgen.[129] Steht die Grundrechtsfähigkeit nach diesem „Röntgenbild“ fest, gilt vielmehr wieder das Trennungsprinzip, und die juristische Person erscheint als eigenständiges Rechtskonstrukt mit eigenen grundrechtlich geschützten Interessen.[130]

Dieses Ergebnis lässt sich anhand einer praktischen Überlegung belegen. Ein übergeordnetes Gesellschaftsinteresse ist notwendige Voraussetzung für eine Bündelung der vielen Individualinteressen zur bestmöglichen Austarierung der damit potenziell auftretenden Pflichtenkollisionen beim Vorstand.[131] Bei einer Eigengesellschaft öffentlicher Träger dagegen sind nur öffentliche Interessen in gleicher Ausrichtung denkbar. Eine Pflichtenkollision ist nicht zu befürchten und eine „Flucht ins Privatrecht“[132] zu vermeiden. Dies zeigt, dass ein übergeordnetes Unternehmensinteresse bei Eigengesellschaft öffentlicher Träger nicht notwendig, es aber in Gesellschaften mit multipler (privater) Anteilseigner- und damit zugleich Interessenstruktur eine Notwendigkeit für die Praxis ist, zumal das Bundesverfassungsgericht selbst von dessen Vorhandensein ausgeht.[133] Dem Unternehmensinteresse einer Gesellschaft kann und

---

123 I. d. S. *Schön*, in: FS Ulmer, 2003, S. 1359 (1375).
124 So indes *Schön*, in: FS Ulmer, 2003, S. 1359 (1375).
125 Missverständlich anders mit „Durchgriff“ in BVerfG, Beschl. v. 2.5.1967 - BVerfGE 21, S. 362 (368 f.); BVerfG, Beschl. v. 31.10.1984 - BVerfGE 68, S. 193 (206); BVerfG, Beschl. v. 14.4.1987 - BVerfGE 75, S. 192 (196).
126 BVerfG, Beschl. v. 8.7.1962 - BVerfGE 61, S. 82 (101).
127 *Rüfner*, in: Isensee/Kirchhof, Hdb StaatsR, Bd. V, 2. Aufl. 200, § 116 Rn. 66.
128 *Isensee*, in: Isensee/Kirchhof, Hdb StaatsR, Bd. V, 2. Aufl. 200, § 118 Rn. 5.
129 *Rüfner*, in: Isensee/Kirchhof, Hdb StaatsR, Bd. V, 2. Aufl. 200, § 116 Rn. 32.
130 *Isensee*, in: Isensee/Kirchhof, Hdb StaatsR, Bd. V, 2. Aufl. 200, § 118 Rn. 3, 5; a. A. *Schön*, in: FS Ulmer, 2003, S. 1359 (1375).
131 Siehe Seite 54.
132 BVerfG, Beschl. v. 7.6. 1977 - BVerfGE 45, S. 63 (79 f.), das Betriebe, die gänzlich öffentliche Aufgaben wahrnehmen und vollständig in der Hand eines Trägers öffentlicher Gewalt sind, nur als „eine besondere Erscheinungsform, in der öffentliche Verwaltung ausgeübt wird“ bezeichnet.
133 Vgl. nur BVerfG, Beschl. v. 20.9.1999 - AG 2000, S. 72 (73).

muss aufgrund Art. 19 Abs. 3 GG, soweit der dort verankerte Grundrechtsschutz der juristischen Person reicht, eine eigenständige Bedeutung zugemessen werden.[134]

II. Zwischenergebnis

Das Auskunftsrecht des Aktionärs ist, bei Zugrundelegung beider Ansätze[135] von Art. 14 GG erfasst. Vorzugswürdig ist allerdings der Weg der verbandsrechtlich orientierten Ansicht.

Diese – hier unabhängig von kapitalmarktrechtlichen Nuancierungen bezüglich der Stellung des Aktionärs in der Aktiengesellschaft – ist in ihrer dogmatisch überzeugenderen Konsequenz der Herleitung des verfassungsrechtlichen Eigentumsschutzes des Auskunftsrechts als Mitverwaltungsrecht einer individualistisch geprägten Ansicht überlegen. Die Rekurrierung auf eine individualistisch geprägte Stellung der Aktionäre stellt durch die damit einhergehende Aufspaltung und Zuordnung des Gesellschaftsvermögens, sowohl zur Aktiengesellschaft als auch zu den Aktionären, den Schutz des Art. 14 GG beiden in gleicher Weise zur Verfügung und missachtet die Gesellschaft als eigenständige juristische Person des Privatrechts.

Bei der verbandsrechtlichen Orientierung ist die Interdependenz zwischen mitgliedschaftsrechtlichen und vermögensrechtlichen Elementen entscheidend und hieraus die Anwendbarkeit des Art. 14 GG auf das Auskunftsrecht abzuleiten. Der vom Bundesverfassungsgericht geforderte Freiheitsraum für den Aktionär als Grundrechtsträger im vermögensrechtlichen Bereich und die Gewährleistung einer eigenverantwortlichen Lebensgestaltung[136] wird auch nach der nicht am Leitbild des „Alleineigentums“ des Aktionärs orientierten Ansicht als Verbands*mitglied* sichergestellt. Die (beschränkten) mitgliedschaftsrechtlichen Rechte und vermögensrechtlichen Ansprüche des Aktionärs sind dabei nicht nur Grundlage des Auskunftsanspruchs, sondern beschränken ihn, sowohl gegenständlich als auch inhaltlich.

---

[134] So auch *Ebenroth/Koos*, BB 1995, Beilage 8, S. 1 (10).

[135] Vgl. Seite 36 ff. und Seite 38 ff.

[136] BVerfG, Urt. v. 18.12.1968 - BVerfGE 24, S. 367 (389).

§ 3 Normzweck und Rechtsnatur des aktienrechtlichen Auskunftsrechts

A. Normzweck

In § 131 AktG findet sich der Aktionär als Teilnehmer der Hauptversammlung wieder, dem durch das Verwaltungsrecht des § 131 AktG[137] im Zusammenspiel mit § 118 Abs. 1 AktG in Ergänzung der Publizitätsvorschriften die Informationen verschafft werden sollen, die notwendig sind, um alle Umstände zu kennen, die für eine sinnvolle und sachgerechte Ausübung seiner ihm in der Hauptversammlung oder als hauptversammlungsbezogene Rechte zustehenden Mitgliedschaftsrechte entscheidend sein können.[138] Zuvorderst, wenngleich nicht ausschließlich, steht dabei das Stimmrecht des Aktionärs auf der Hauptversammlung, zu dessen sinnvoller Ausübung mit Hilfe des § 131 AktG vorbereitend eine ausreichende Informationsbasis geschaffen werden können soll.[139] Daneben dient das Auskunftsrecht dazu, eine informierte Entscheidung über die Wahrnehmung der Anfechtungsbefugnis[140] oder der übrigen Minderheitenrechte treffen zu können.[141] Das Auskunftsrecht besteht daher unabhängig von der Höhe des Anteilsbesitzes[142] oder dem Erfordernis einer Beschlussfassung zu einem Tagesordnungspunkt[143] und steht auch den nicht stimmberechtigten Aktionären zu[144]. Auf die Frage, inwieweit das Auskunftsrecht eine kapitalmarktdimensionale Komponente aufweist und insoweit dem Aktionär als Kapitalanleger dient, ist unten zurückzukommen.[145] Die Bedeutung des Auskunftsrechts als dem Recht, das in zeitlicher Hinsicht der Ausübung der anderen Verwaltungs- und Vermögensrechte[146] in seiner Ausübung vorausgeht und das damit als „Hilfsrecht" erscheint,[147] wird besonders deutlich, wenn man sich in Erinnerung ruft, dass eine sachgemäße Wahrnehmung der aus der Mitgliedschaft folgenden Rechte nur basierend auf einer umfassenden Information durch die Gesellschaft erfolgen kann.[148]

[137] *Hüffer*, AktG, 8. Aufl. 2008, § 11 Rn. 3 und § 131 Rn. 1.

[138] BayObLG v. 9.9.1996 - ZIP 1996, S. 1945 (1947); *Decher*, in: GroßK AktG, 4. Aufl. 2001, § 131 Rn. 5; Begr. RegE AktG 1965, abgedr. bei *Kropff*, S. 184.

[139] *Butzke*, HV AG, 4. Aufl. 2001, G Rn. 1; *K. Schmidt*, Informationsrechte, 1984, S. 23 f.; *Schaaf*, Praxis der HV, 2. Aufl. 1999, Rn. 598; *Zöllner*, in: KölnKomm AktG, 1985, § 131 Rn. 2; *Hüffer*, AktG, 8. Aufl. 2008, § 131 Rn. 1 m. w. N.

[140] Vgl. § 245 AktG.

[141] *Zöllner*, in: KölnKomm AktG, 1985, § 131 Rn. 2; *Hüffer*, AktG, 8. Aufl. 2008, § 131 Rn. 1.

[142] BGH, Urt. v. 15.2.1992 - BGHZ 119, S. 1 (17); BayObLG, Beschl. v. 8.5.1974 - AG 1974, S. 224 (225); *Semler*, in: Münch HdB GesR; Bd. 4, 2. Aufl. 1999, § 37 Rn. 1; *Hüffer*, AktG, 8. Aufl. 2008, § 131 Rn. 3; *Meilicke/Heidel*, DStR 1992, S. 72 (73).

[143] *Kubis*, in: MüKo AktG, 2. Aufl. 2004, § 131 Rn. 1; *Decher*, in: GroßK AktG, 4. Aufl. 2001, § 131 Rn. 85 m. w. N. in Fn. 105; *Bälz*, S. 22.

[144] Bspw. bei stimmrechtslosen Aktien (§§ 139 ff. AktG), noch ausstehender Einlage (§ 134 Abs. 2 AktG) oder Vorliegen eines der Gründe des § 136 AktG, unstr. vgl. zur h. M. schon *Deuss*, S. 28 f.; *Ebenroth*, S. 10 f.; und statt aller *Decher*, in: GroßK AktG, 4. Aufl. 2001, § 131 Rn. 85 m. w. N. in Fn. 105 und Rn. 176; *Meilicke/Heidel*, DStR 1992, S. 72 (73); *Hüffer*, AktG, 8. Aufl. 2008, § 131 Rn. 3.

[145] Vgl. Seite 58 ff.

[146] Vgl. dazu *Hüffer*, AktG, 8. Aufl., 2008, § 11 Rn. 3 ff.

[147] BGH, Urt. v. 5.10.1992 - BGHZ 119, S. 305 (317); zum Auskunftsanspruch als Hilfsrecht vgl. im Ganzen *Bälz*, S. 71 ff. m. w. N.

[148] *Becker*, S. 671.

B. Die Rechtsnatur des Auskunftsrechts

I. Mitgliedschaftlich

Das Auskunftsrecht ist Ausfluss der Mitgliedschaft des Aktionärs in der Gesellschaft[149] und damit ein mitgliedschaftliches Recht.[150] Konsequenterweise kann das Auskunftsrecht als mit der Aktie verbundenes Mitverwaltungsrecht nicht ohne die Aktie übertragen werden[151] und verbleibt auch im Falle des Nießbrauchs beim Aktionär.[152]

Trifft man eine verbandsrechtliche Unterscheidung zwischen Mitverwaltungsrechten und Vermögensrechten,[153] so zeigt sich aufgrund der Notwendigkeit der Auskunftserteilung für die Willensbildung bei der Stimmabgabe in der Hauptversammlung seine überwiegend mitverwaltungsrechtliche Natur. Insgesamt ist die vermögensrechtliche Komponente des Auskunftsrechts aber nicht vollständig ausgeblendet, denn die Mitgliedschaft in der Aktiengesellschaft führt unweigerlich zu Vermögensrechten des Aktionärs. Der vermögensrechtliche Aspekt des Auskunftsrechts steht insofern nicht neben der Mitgliedschaft[154], sondern folgt aus ebendieser. Dem Auskunftsrecht kann deshalb ein „mittelbarer" vermögensrechtlicher Aspekt nicht abgesprochen werden.[155]

II. Individuell

Der Auskunftsanspruch aus § 131 AktG gehört bei dogmatischer Kategorisierung zwischen kollektiven und individuellen Informationsrechten zu den individuellen Informationsrechten.[156] Maßgeblich für eine Einordnung bei den individuellen oder kollektiven Informationsrechten ist, wer Träger, d. h. Gläubiger des Auskunftsanspruchs, ist. Da das Auskunftsrecht jedem einzelnen Aktionär als solchem und nicht der Hauptversammlung im Ganzen oder der Gesellschaft selbst zusteht,[157] begründet es ein subjektives Recht des jeweiligen Gesellschafters. Es handelt sich um ein sog. Individualrecht des Aktionärs. Kollektive, der Gesellschaft selbst zustehende, Informationsrechte (sog. Berichtspflichten)[158] zeichnen sich hingegen dadurch aus, dass das Auskunftsrecht aus Informationspflichten des Vorstands gegenüber der Aktiengesellschaft oder einem Organ der Aktiengesellschaft abgeleitet wird. Sie ergeben sich mithin nicht aus der Mitgliedschaft des einzelnen Gesellschafters, sondern sind Korrelat der Organverantwortlichkeit der Leitungsorgane. Im Gegensatz hierzu geht das Auskunftsrecht als individuelles Informationsrecht untrennbar mit der Mitgliedschaft des Aktionärs einher.[159]

---

149 *Hüffer*, AktG, 8. Aufl. 2008, § 131 Rn. 2 m. w. N.; *Decher*, in: GroßK AktG, 4. Aufl. 2001, § 131 Rn. 5.

150 *K. Schmidt*, Gesellschaftsrecht, 4. Aufl. 2002, S. 557.

151 *Zöllner*, in: KölnKomm AktG, 1985, § 131 Rn. 16; *Hüffer*, AktG, 8. Aufl. 2008, § 131 Rn. 2 m. w. N.

152 *Eckardt*, in: Geßler/Hefermehl/Eckardt/Kropff, AktG, 1974, § 131 AktG Rn. 20; *Teichmann*, ZGR 1972, S. 1 (13).

153 *Hüffer*, AktG, 8. Aufl. 2008, § 11 Rn. 3 f.; *Kraft/Kreutz*, Gesellschaftsrecht, 11. Aufl. 2004, S. 53; differenzierende Systematik bei *K. Schmidt*, Gesellschaftsrecht 4. Aufl. 2002, S. 558 unter Hinweis auf weitere Einteilungen S. 558, Fn. 47.

154 Zutreffend *Hüffer*, AktG, 8. Aufl. 2008, § 131 Rn. 2 m. w. N.

155 Vgl. dazu schon Seite 38 ff.

156 *Kubis*, in: MüKo AktG, 2. Aufl. 2004, § 131 Rn. 4; *K. Schmidt*, Informationsrechte, 1984, S. 20f.; *Hüffer*, AktG, 8. Aufl. 2008, § 131 Rn. 2 m. w. N.; zum Ganzen auch *Bälz*, S. 67 ff.

157 *K. Schmidt*, Informationsrechte, 1984, S. 21, 27f.; *Kubis*, in: MüKo AktG, 2. Aufl. 2004, § 131 Rn. 3; so auch schon *Netter*, S. 43.

158 Wie z. B. § 90 AktG.

159 Vgl. Seite 44 sowie *Wilde*, ZGR 1998, S. 423 (463).

Der individuelle Charakter des Auskunftsrechts gibt dem Aktionär die Dispositionsbefugnis hinsichtlich der Beantwortung seines Auskunftsersuchens einerseits und schließt damit andererseits eine Disposition der Hauptversammlung über das Auskunftsrecht aus.[160]

Bedeutung erlangt das Auskunftsrecht als individuelles Informationsrecht in seiner faktischen Funktion als Vehikel für den Minderheitenschutz[161], da *in praxi* meist nur (private) Kleinanleger auf die Geltendmachung des Anspruchs angewiesen sein werden. Für einen Mehrheitsgesellschafter, meist Großaktionäre oder institutionelle Anleger, wird das Auskunftsrecht grundsätzlich keine bedeutende Rolle spielen.[162] Diese haben aufgrund ihrer starken Stellung in der Aktiengesellschaft meist die Option, ohne Geltendmachung des Auskunftsrechts Einsicht in die für ihre Entscheidung notwendigen Informationsquellen der Gesellschaft zu erlangen.

Die Einordnung des Auskunftsrechts als individuelles Mitgliedschaftsrecht verführt zu dem Schluss, die Zielrichtung des Auskunftsanspruchs dahin einzuschränken, allein das Informationsbedürfnis des einzelnen Aktionärs solle durch die Auskunftserteilung befriedigt werden.[163] Dies stünde indes im Widerspruch zu den Vorschriften der §§ 131 Abs. 4 S. 1, 132 Abs. 3 S. 1 i. V. m. 99 Abs. 5 S. 3 AktG und der vom Gesetzgeber vorgesehenen Konzentrierung des Auskunftsanspruchs auf die Hauptversammlung.[164] Das Auskunftsrecht dient daher neben der Befriedigung des individuellen Informationsinteresses auch der Unterrichtung der Hauptversammlung als Organ und damit der kollektiven Willensbildung.[165] Es ist insgesamt als Individualrecht des einzelnen Aktionärs einzuordnen, soll aber nach seiner normtheoretischen Zielrichtung auch die Meinungsbildung aller Aktionäre auf der Hauptversammlung beeinflussen.

III. Eigennützig

Unter Eigennützigkeit versteht man, dass dem Aktionär keine Verpflichtung obliegt, das Auskunftsrecht vorrangig in den Dienst der Gesellschaft zu stellen.[166] Die Eigennützigkeit des Auskunftsrechts ist nicht deswegen abzulehnen und das Auskunftsrecht als der Gesellschaft dienend anzusehen,[167] weil § 131 AktG ein Regel-/ Ausnahmeverhältnis für den Ausgleich der widerstreitenden Interessen zwischen dem Informationsinteresse des Aktionärs und dem Gesellschaftsinteresse aufstellt.[168] Der Aktionär kann sich stattdessen bei der Ausübung an seinen eigenen Interessen als Mitglied des Verbandes orientieren. Anderenfalls würde die Aus-

---

160 *Kubis*, in: MüKo AktG, 2. Aufl. 2004, § 131 Rn. 3.

161 Die generelle Einordnung des Auskunftsrechts als Minderheitenrecht scheitert an der Unabhängigkeit des Auskunftsrechts von der Beteiligungshöhe des einzelnen Aktionärs.

162 *Baums*, Gutachten F, 2000, S. 131 f.

163 So wohl *Simon*, AG 1996, S. 540 (541).

164 Vgl. § 131 Abs. 1 S. 1 AktG „*in der Hauptversammlung*“; *Kubis*, in: MüKo AktG, 2. Aufl. 2004, § 131 Rn. 3.

165 *Zöllner*, in: KölnKomm AktG, 1985, § 131 Rn. 3, 81; *Semler*, in: Münch HdB GesR; Bd. 4, 2. Aufl. 1999, § 37 Rn. 2; *Franken/Heinsius*, in: FS Budde, 1995, S. 213 (217); *Kubis*, in: FS Kropff, 1997, S. 171 (180 ff.).

166 *Hüffer*, AktG, 8. Aufl. 2008, § 131 Rn. 2 a. E.; *Nitschke/Bartsch*, AG 1969, S. 95 (99 f.).; a. A. *Zöllner*, in: KölnKomm AktG, 1985, § 131 Rn. 4.

167 So aber *Wohlleben*, S. 32 f., sowie *Zöllner*, in: KölnKomm, 1985, § 131 Rn. 4.

168 Für Eigennützigkeit auch KG, Beschl. v. 24.8.1995 - ZIP 1995, S. 1585 (1587); LG München I, Urt. v. 16.4.1986 - AG 1987, S. 185 (186); *Nitschke/Bartsch*, AG 1969, S. 95 (99 f.).; *Hüffer*, AktG, 8. Aufl. 2008, § 131 Rn. 2 a. E.

kunftsverweigerung wegen Rechtsmissbrauchs als Ausnahme zur Regel erhoben.[169] Damit setzt die Ausübung des Auskunftsrechts auf der Tatbestandsseite keine Berücksichtigung oder gar die Darlegung verbandsrechtlicher Interessenwahrung durch den Aktionär voraus, es liegt vielmehr an der Gesellschaft solche Tatsachen der Interessenwahrung der Gesellschaft als Einwendung gegen das Auskunftsverlangen vorzutragen. Eine andere Sichtweise und die Einordnung der Gesellschaftsinteressen schon beim anspruchsbegründenden Tatbestand des Auskunftsrechts würde zu einer Verteilung der Darlegungs- und Beweislast führen, die in erheblichen praktischen Schwierigkeiten münden würde.[170] Die hier dargelegte Ansicht blendet das Interesse der Gesellschaft nicht zur Gänze aus, sondern berücksichtigt es in angemessener Weise als Begrenzung des Auskunftsrechts im Rahmen des § 131 Abs. 3 AktG. Soweit diese Begrenzung nicht ausreicht, ist für eine mögliche Einschränkung ein Rückgriff auf die Begrenzung durch die mitgliedschaftliche Treupflicht des Aktionärs – den allgemeinen Rechtsmissbrauchsgedanken – möglich.[171]

IV. Grundsätzlich fehlende Satzungsdisponibilität

Das Auskunftsrecht steht nur so weit zur Disposition der Satzung und wegen des Nachrangprinzips[172] daher auch zur Disposition der Geschäftsordnung[173], als dies gemäß § 23 Abs. 5 S. 1 AktG zugelassen ist. Grundsätzlich ist dem Auskunftsrecht daher ein zwingender Charakter zuzumessen.[174] Dies gilt auch nach der Reform durch das UMAG noch, soweit es alleine um das Auskunftsrecht als solches geht. Die bislang bestehende strenge gesetzliche Regelung wird aber durch § 131 Abs. 2 S. 2 AktG zu Gunsten einer Satzungsdisponibilität hinsichtlich der zusammengefassten zeitlichen Ausübung des Frage- und Rederechts unter dem Vorbehalt der Angemessenheit geöffnet. Gerade diese Grenzen der neuen Satzungsdisponibilität werfen vielfach Problemkreise auf und sind im Verlaufe der Untersuchung noch eingehend zu beleuchten.[175]

C. Das Auskunftsrecht unter dem Einfluss des Sonderrechts der börsennotierten Aktiengesellschaft

I. Auslegung aktienrechtlicher Normen vor dem Hintergrund einer kapitalmarktaktiven Aktiengesellschaft

Das herkömmliche, meist nicht zwischen börsennotierten und nicht börsennotierten Aktiengesellschaften unterscheidende, Aktienrecht wird durch das auf börsennotierte Aktiengesellschaften zugeschnittene und an das Aktienrecht grenzende (europäisch geprägte) Rechtsgebiet des Kapitalmarktrechts in seinem Verständnis und seiner Entwicklung immer deutlicher be-

---

169 *Nitschke/Bartsch*, AG 1969, S. 95 (100).

170 Zutreffend *Kubis*, in: MüKo AktG, 2. Aufl. 2004, § 131 Rn. 4.

171 In diesem Sinne auch *K. Schmidt*, Informationsrechte, 1984, S. 24; *Hüffer*, AktG, 8. Aufl. 2008, § 131 Rn. 2 a. E, 33 ff.

172 Eine Geschäftsordnung der Hauptversammlung gemäß § 129 Abs. 1 S. 1 AktG kann nicht einen weiteren Gestaltungsspielraum haben, als er für die Satzung der Aktiengesellschaft besteht, vgl. zum Nachrangprinzip *Hüffer*, AktG, 8. Aufl. 2008, § 129 Rn. 1b.

173 Vgl. § 129 AktG.

174 *Hüffer*, AktG, 8. Aufl. 2008, § 131 Rn. 2a; *Semler*, in: Münch Hdb GesR, Bd. 4, 3. Aufl. 2007, § 37 Rn. 1.

175 Vgl. ausführlich Seite 105 ff.

einflusst. Bereits *Lutter* folgerte aus dem starken Ausbau des Kapitalmarktrechts[176] das Bestehen eines allgemeinen Rechtsprinzips im Sinne einer Unterwerfung der börsennotierten Aktiengesellschaft unter zusätzliche Regeln und Grundsätze nicht nur an der Börse, sondern auch in dem sie konstituierenden Gesellschaftsrecht, und damit die Einkehr kapitalmarktrechtlicher Erklärungsansätze im überkommenen Aktienrecht.[177] Die Ausstrahlung des Kapitalmarktrechts auf kapitalmarkt-aktive Aktiengesellschaften und die Unterschiede in der Realstruktur der jeweiligen Aktiengesellschaft führen in der Folge zu einem immer differenzierter ausgestalteten Sonderrecht[178] der börsennotierten Aktiengesellschaft.[179] Das Kapitalmarktrecht tritt dabei nicht einfach neben das Aktienrecht, sondern modifiziert selbiges, indem bei der Auslegung aktienrechtlicher Rechtssätze kapitalmarktrechtlichen Zielen und Zwecken besondere Bedeutung beigemessen wird.

Die Folgen des Einflusses kapitalmarktrechtlicher Elemente stellen sich für das Auskunftsrecht auf zwei unterschiedlichen Ebenen dar. Einerseits eröffnet der erhöhte Einfluss kapitalmarktrechtlicher Regelungen die Fragestellung nach dem Verhältnis des Auskunftsrechts gemäß § 131 AktG zu kapitalmarktrechtlichen Rechtsbefehlen im Bereich der Schnittmenge beider Regelungskomplexe. Andererseits ist eine kapitalmarktrechtliche Interpretation verbandsrechtlicher Elemente und damit auch des Auskunftsrechts gemäß § 131 AktG in allen seinen tatbestandlichen Voraussetzungen in Betracht zu ziehen.

II. Das Verhältnis des Auskunftsrechts zu kapitalmarktrechtlichen Rechtsbefehlen

Es kommt für das vorliegend zu untersuchende Auskunftsrecht zu der Frage seines Verhältnisses als aktienrechtlicher Norm zu originär kapitalmarktrechtlichen Normen und wie eine Auflösung dieses Verhältnisses in der Schnittmenge beider Rechtsbefehle erfolgen kann.

1. Absolutes Exklusivitätsdogma zu Gunsten der kapitalmarktrechtlichen Vorschriften im Verhältnis zu Rechtsbefehlen des Aktienrechts?

Möglich erscheint, Konflikte innerhalb der Schnittmenge des Informationssystems der börsennotierten Aktiengesellschaft bei sich widersprechenden Rechtsbefehlen, mit einem strikt automatisierten, absoluten Vorrang zu Gunsten kapitalmarktrechtlicher Rechtsbefehle zu lösen.[180]

---

176 Da sich Deutschland einer Internationalisierung der Aktionärsstruktur, der zunehmenden Bedeutung institutioneller Anleger und der Diskussion um Leitlinien der Unternehmensführung und den Shareholder-Value nicht länger entziehen konnte, wurde ein stetiger Ausbau des Kapitalmarktrechts notwendig, um der börsennotierten Aktiengesellschaft einen strukturierten Rahmen im Umfeld des Kapitalmarktes zu geben, so dass die Finanzierung deutscher Aktiengesellschaften weiter gewährleistet werden konnte und sie in ihrer Funktion als Kapitalsammelbecken erhalten blieb, dazu *Seibt*, in: VGR 2000, 2001, S. 37 (39 f.) m. w. N.

177 *Lutter*, in: FS Zöllner, 1998, S. 363 (372).

178 Das Sonderrecht der börsennotierten Aktiengesellschaft beschränkt sich dabei auf den am § 3 Abs. 2 AktG orientierten Begriff der börsennotierten Aktiengesellschaft und damit auf Aktiengesellschaften deren Aktien zum amtlichen Handel (§§ 30 ff. BörsenG) oder dem geregelten Markt (§§ 49 ff. BörsenG) zugelassen sind, und ist nicht auch auf den Freiverkehr (§ 57 BörsenG) zu erstrecken, *Carl*, in: Spahlinger/Wegen, Internationales Gesellschaftsrecht, 2005, Rn. 1507; a. A. *Seibt*, in: VGR 2000, 2001, S. 37 (38).

179 *Lutter*, in: FS Zöllner, 1998, S. 363 (376 ff.); *Hommelhoff*, ZGR 2000, S. 748 (769 ff.); *Seibt*, in: VGR 2000, 2001, S. 37 (37 ff.).

180 So wohl *Schwark/Geiser*, ZHR 161 (1997), S. 739 (745); *Seibt*, in: VGR 2000, 2001, S. 37 (43 f.); *Schiessl*, in: VGR 1999, 2000, S. 57 (66 ff.); *ders.* AG 1999, S. 442 (448).

Ein Erklärungsansatz für ein Exklusivitätsdogma des Kapitalmarktes könnte aus einem Vergleich mit der börsennotierten US-amerikanischen *Corporation* abgeleitet werden. In den Vereinigten Staaten sind die auf dem *Securities Exchange Act of 1934* basierenden *SEC-Rules* für eine *Corporation* die maßgeblichen Vorschriften für die Aktionärsinformation. Sie gehen als höherrangiges Recht im Wege der Normenhierarchie den Gesellschaftsrechten der jeweiligen Einzelstaaten im Rang vor.[181] Überträgt man die Wertung des amerikanischen Rechts auf die Problemstellung des Verhältnisses der Rechtsbefehle des Kapitalmarkts zum Auskunftsrecht des § 131 AktG als aktienrechtliche Norm, würden die *SEC-Rules* den kapitalmarktrechtlichen Vorschriften entsprechen, und ein Vorrang des Kapitalmarktrechts vor diesem Hintergrund wäre möglich.

Die Lösung des Harmonisierungsproblems der Vorschriften des Aktien- und Kapitalmarktrechts durch die Annahme eines strengen Exklusivitätsdogmas, das die kapitalmarktrechtlichen Vorschriften als *lex specialis* zu den verbandsrechtlichen Rechtsbefehlen des Aktienrechts einordnet, erweist sich als nicht uneingeschränkt zustimmungsfähig. Soweit ein Rangverhältnis den Vorrang des Kapitalmarktrechts begründen soll, steht dem ein fehlendes normhierarchisches Gefälle zwischen Kapitalmarktrecht und Aktienrecht entgegen. Beispielhaft wird immer wieder auf den Fall des Verhältnisses von § 15 WpHG zu § 131 AktG zurückgegriffen.[182] Beide Vorschriften stehen indes, wie alle Vorschriften des Kapitalmarkt- und Aktienrechts, auf der gleichen Ebene der Bundesgesetze und damit normhierarchisch nebeneinander.[183] Die Rekurrierung auf ein kraft Normenhierarchie bestehendes Rangverhältnis, vergleichbar dem US-amerikanischen Recht, kann insofern nicht überzeugen.

Ein streng verstandenes Vorrangverhältnis innerhalb des Überlagerungsbereichs führt in der Folge ferner zu dem ungewünschten Ergebnis, dass bei eingreifender Verpflichtung, um beim Beispiel zu verbleiben, zur Ad-hoc-Mitteilung, eine Auskunftserteilung im Rahmen des § 131 AktG in jedem Fall ausgeschlossen wäre. Das gemäß Art. 14 Abs. 1 GG verfassungsrechtlich garantierte Auskunftsrecht des einzelnen Aktionärs würde in diesen Fällen unreflektiert ausgeschlossen, und damit würden verfassungsrechtliche Bedenken geschürt.

Ein fehlendes strenges Exklusivitätsverhältnis der Rechtsbefehle wird teilweise mit einem teleologischen Aspekt begründet. Dieser Ansatz basiert auf der richtigen Annahme, die Schutzrichtung des Kapitalmarktrechts sei in der institutionellen Funktionsgewährleistung der Kapitalmärkte, insbesondere der allokativen Kapitalmarkteffizienz, als primären Anliegen des Kapitalmarktrechts zu sehen.[184] Das Aktienrecht der börsennotierten Aktiengesellschaft sei indes vom Gedanken des Individualschutzes des Aktionärs als Verbandsmitglied geprägt. Unter Heranziehung dieser unterschiedlichen Zwecksetzung des jeweiligen Rechtsgebiets wird daher ein Vorrangverhältnis abgelehnt.[185] Diese Argumentation übersieht aber, dass den kapitalmarktrechtlichen Informationspflichten auch ein Individualbezug nicht gänzlich abgesprochen werden kann.[186] Entscheiden sich diese doch neben dem primär bezweckten Schutz

---

181 *Eisenberg*, Corporations and other business organizations, 9. Aufl. 2005, S. 258 ff.; *Weißhaupt*, Der Konzern 2004, S. 474 (477).

182 Vgl. ausführlich dazu *Schorling*, S. 149 ff.

183 Mit diesem Hinweis schon *Lutter*, in: FS Zöllner, 1998, S. 363 (371 Fn. 39); zutreffend auch *Weißhaupt*, Der Konzern 2004, S. 474 (477).

184 Vgl. zur Debatte *Assmann*, in: GroßK AktG, 4. Aufl. 1992, Einl. AktG Rn. 357 ff.; *ders.*, ZBB 1989, S. 49 (61 ff.); *Hopt*, in: FS Heinsius, S. 289 (303 f.); *Hommelhoff*, ZGR 2000, S. 748 (771) je m. w. N.

185 So *Weißhaupt*, Der Konzern 2004, S. 474 (477).

186 *Hirte*, ZHR 167 (2003), S. 8 (17), in Zusammenhang mit kapitalmarktrechtlich zu interpretierenden Berichtspflichten; wie hier und zum Folgenden *Hommelhoff*, ZGR 2000, S. 748 (772).

der Allgemeinheit der Anleger gerade auch für einen Schutz des individuellen Anlegers. Sie sollen mit der bezweckten Transparenz und Publizität auch den bereits investierten Anleger zu einer steten Überprüfung seines bereits getätigten Investments befähigen und ihm als einzelnen, individuellen Anleger bei der Vorbereitung der Investitionsentscheidung dienen. Nur bei einer entsprechenden Informationsgrundlage kann der Aktionär seine Privatautonomie bei der Entscheidung zur Vornahme eines Anlageinvestments eigenverantwortlich treffen.[187] Nur wenn der abstrakte Anlegerschutz in der Lage ist, den individuellen Anleger zu schützen, wird ein umfassender abstrakter Anlegerschutz möglich. Andernfalls wird ein abstrakter Anlegerschutz zwar gewährleistet, aber dem einzelnen Aktionär als Individualanleger der Schutz versagt, was in letzter Konsequenz, aufgrund eines möglichen Schadens wegen fehlender Information, ein Absinken der Investitionsbereitschaft zu Folge hätte. Mit dem Ziel eines effektiven Kapitalmarktes wäre dies nicht vereinbar.[188] Folglich weisen sowohl Kapitalmarktrecht als auch Aktienrecht in ihrem dogmatischen Grundsystem bei Informationstatbeständen einen Individualbezug auf. Konsequenterweise kann und muss das Auskunftsrecht in der börsennotierten Aktiengesellschaft rechtssystematisch mit dem Kapitalmarktrecht in Bezug gesetzt werden.

Einem grundsätzlich gleichberechtigten Nebeneinander der Rechtsgebiete steht dies nicht entgegen. Denn der Individualbezug als Grundkonzept kapitalmarktrechtlicher Informationspflichten tritt neben den institutionellen Schutz.

2. Rechtssystematisch-abgleichende Interpretation innerhalb der Schnittmenge des Kapitalmarktrechts und aktienrechtlicher Rechtsbefehle

Gerade dieses gleiche rechtsdogmatische Grundkonzept macht an Stelle einer strengen Vorranglösung eine Auflösung der Gegensätzlichkeiten bei sich widersprechenden gleichrangigen Rechtsbefehlen im Kapitalmarkt- und Aktienrecht mit Hilfe einer segmentierenden Lösung möglich.[189] Die Rechtsgebiete des Kapitalmarktrechts und des Aktienrechts werden im Wege einer rechtssystematisch-abgleichenden Interpretation aufeinander bezogen und in ihren Schnittmengen ausgeglichen. Dabei sind einerseits die Realstruktur der jeweiligen Aktiengesellschaft und andererseits die Auswirkungen des Kapitalmarktrechts bei der Interpretation des Normzwecks der zur Diskussion stehenden Norm zu berücksichtigen. Die normzweckorientierte Auslegung hat insgesamt im Lichte der überlagernden Norm des jeweils anderen Rechtsgebiets zu erfolgen.

Die Segmentierung in börsennotierte und nicht börsennotierte Aktiengesellschaften führt auf diese Weise zu einer teleologischen Auslegung der aktienrechtlichen (verbandsrechtlichen) Vorschriften – und damit auch des § 131 AktG –, die die Rechtswirklichkeit der Realstruktur einer börsennotierten Aktiengesellschaft und die Einwirkungen des im Publizitätsbe-

---

[187] *Hommelhoff,* ZGR 2000, S. 748 (772) m. w. N.

[188] Verfehlt wäre es aber, aufgrund des informationellen Individualschutzes im Kapitalmarktrecht zu der Annahme zu gelangen, der Aktionär solle vor individuellen Anlagefehlentscheidungen bewahrt werden. Die Gegenansicht folgert bei einem Individualschutz den Schutz vor Fehlinvestitionen und leitet eine Ungleichbehandlung innerhalb verschiedener Bevölkerungsschichten bei der Investitionsentscheidung als Argument für einen nur institutionellen Schutz des Kapitalmarktrechts ab, *Kübler,* AG 1977, S. 85 (87 f.); *Assmann*, in: GroßK AktG, 4. Aufl. 1992, Einl. AktG Rn. 357 ff. Soweit die Anlageentscheidung auf zutreffender Information und Tatsachengrundlage beruht und die privatautonome Entscheidung des Aktionärs deshalb gewährleistet ist, muss dieser sich vielmehr an seiner Anlageentscheidung festhalten lassen, *Hommelhoff,* ZGR 2000, S. 748 (772).

[189] *Hommelhoff,* ZGR 2000, S. 748 (773); im Ergebnis auch *Weißhaupt,* Der Konzern 2004, S. 474 (477).

reich auch individualrechtlichen Interessen dienenden Kapitalmarktrechts[190] bei der Lösung des Harmonisierungsproblems innerhalb des Überlagerungsbereiches beider Rechtsgebiete angemessen berücksichtigt. Beide Regelungsbereiche werden auf diese Weise, soweit eine Überlagerung vorhanden ist, sachgerecht harmonisiert, ohne dabei mit der vorschnellen Berufung auf nicht vorhandene normhierarchische Rangverhältnisse den Blick auf das Wesentliche, die notwendige Berücksichtigung der jeweiligen Besonderheiten in der Realstruktur einer börsennotierten Aktiengesellschaft und der Ausstrahlung des Kapitalmarktrechts im entsprechenden Segment, bei der Auslegung des verbandsrechtlichen Normzwecks, zu verstellen.

Die Lösung des Harmonisierungsproblems liegt daher nicht in einem absolut verstandenen Rangverhältnis, sondern vielmehr in einer konsequenten Orientierung am Gebot einer teleologischen Auslegung.

Für das Verhältnis kapitalmarktrechtlicher Rechtsbefehle zum verbandsrechtlichen Auskunftsrecht des § 131 AktG bedeutet dies eine jeweils im konkreten Fall vorzunehmende Auslegung des Normzwecks unter Beachtung der Realstruktur der Gesellschaft oder der kapitalmarktrechtlichen Vorschrift, deren Wirkungsmechanismus es durch eine teleologische Reduktion bzw. Extension der Tatbestandsmerkmale des Auskunftsrechts zu integrieren gilt.[191] Informationen, die aufgrund kapitalmarktrechtlicher Informationstatbestände bereits bekannt sind, könnten bspw. eine Begrenzung des Auskunftsrechts durch Ablehnung der Erforderlichkeit der Auskunft rechtfertigen. Andererseits könnten sensible Informationen eine Verpflichtung nach § 15 WpHG auslösen und so eventuell ein Auskunftsverweigerungsrecht nach § 131 Abs. 3 AktG bewirken.[192]

Dies ändert indes nichts an der Tatsache, dass Informationen, die sich noch nicht aus dem Kapitalmarktinformationssystem ergeben, aber „nur" die eigenverantwortliche Anlageentscheidung des Aktionärs beeinflussen und gerade aus diesem Grund eingefordert werden, vom Sinn und Zweck des § 131 AktG erfasst sind und beantwortet werden müssen, soweit die begehrte Auskunft in Zusammenhang mit einem konkreten Punkt der Tagesordnung steht und erforderlich ist.

Man kommt auf diesem Weg einer teleologischen Auslegung zwar ebenfalls zu einer Verdrängung des Auskunftsrechts durch das Kapitalmarktrecht, aber dies nur durch teleologische Auslegung innerhalb des Überlagerungsbereiches und nicht pauschal durch einen Verweis auf ein (nicht) bestehendes Rangverhältnis im Sinne eines Vorrangs des Kapitalmarktrechts.

3. Europäisch-kapitalmarktrechtlicher Ansatz

Einen anderen Ansatz verfolgt *Hirte* für den Bereich der europäisch beeinflussten Informationspflichten des Gesellschaftsrechts. Er folgert eine – von ihm selbst aber als nicht zwingend bezeichnete – tatbestandliche Spezialität des Vorrangs der kapitalmarktrechtlich zu interpretierenden Berichtspflichten, als besondere Kategorie von Informationspflichten, aus einem europäisch-kapitalmarktrechtlichen Ansatz.[193] Die vorwiegend auf Europarecht fußenden nationalen Berichtspflichten des Gesellschaftsrechts für börsennotierte Aktiengesellschaften

---

[190] Vgl. dazu Seite 47 f.

[191] Zum Beispiel des § 15 WpHG vgl. nur *Decher*, in: GroßK AktG, 4. Aufl. 2001, § 131 Rn. 326 ff.

[192] Vgl. dazu *Decher*, in: GroßK AktG, 4. Aufl. 2001, § 131 Rn. 326 ff.

[193] Hierzu und zum Folgenden *Hirte*, ZHR 167 (2003), S. 8 (14 ff.) m. w. N.; zu Letzterem vgl. auch Seite 196 f.

seien nach diesem Verständnis dem § 131 AktG vorgelagert und führten zu dessen tatbestandlichem Ausschluss. Ebenso könnten die nicht europarechtlich veranlassten Anwendungsfälle der Berichtspflichten, aufgrund der Erstreckung europäischer Maßstäbe durch den Gesetzgeber auch auf diese Fallkonstellationen, europäisch-kapitalmarktrechtlich determiniert werden. Die Grundlage sei einerseits in der Hinwendung zum Aktionär als Verbandsmitglied und Kapitalanleger und der damit verbundenen Absage an ein Verständnis des Aktionärs als reinem Verbandsmitglied zu sehen, andererseits in der vom europäischen Gesetzgeber erkannten fehlenden Einflussnahmemöglichkeit bei einem konkret zu fassenden Hauptversammlungsbeschluss durch den einzelnen (Klein-)Aktionär einer börsennotierten Aktiengesellschaft.

Leitet *Hirte* aus einem europäisch-kapitalmarktrechtlich orientierten Ansatz schon für kapitalmarktrechtlich zu interpretierende Berichtspflichten des Gesellschaftsrechts als grundsätzlich verbandsrechtlichen Rechtsbefehlen eine verdrängende Wirkung innerhalb ihres Anwendungsbereiches gegenüber dem Auskunftsrecht des § 131 AktG ab, wäre diese im Wege eines Erst-Recht-Schlusses für originär kapitalmarktrechtliche Rechtsbefehle anzunehmen. Auf dieser Linie läge auch die Auffassung eines *„(im Zweifel)"* gegebenen *„Vorrangs"* von § 15 WpHG als ausdrücklich kapitalmarktrechtlicher Vorschrift.[194]

Soweit nach dem Ansatz *Hirtes* der Schluss gezogen wird, eine tatbestandliche Spezialität des Kapitalmarktrechts aus der (überwiegend) auf Europarecht zurückgehenden Inkorporation kapitalmarktrechtlicher Rechtsbefehle ableiten zu können, ist dem zu widersprechen. Allein die Tatsache, dass eine Norm ihren Ursprung in einer europäischen Richtlinie hat, befähigt nicht dazu, hieraus einen Vorrang in Form eines normhierarchischen Rangverhältnisses im nationalen Recht anzunehmen, bleiben doch Normen des Kapitalmarktrechts auch in diesem Fall dem Aktienrecht gleichrangiges Bundesrecht. Zudem ist aufgrund der verschiedenen Schutzzwecke lediglich eine Ergänzung des verbandsrechtlichen Informationsrechts aus § 131 AktG durch die kapitalmarktrechtlichen Vorab-Informationen anzunehmen, nicht jedoch seine vollständige Verdrängung.[195] Maßgeblich, ob eine „Verdrängung" des aktienrechtlichen Auskunftsrechts auch durch kapitalmarktrechtliche Informationspflichten erfolgt, ist nicht der pauschale Verweis auf ein nicht bestehendes Spezialitätsverhältnisses, sondern allein die Abgrenzung nach den Kriterien des nicht erforderlichen Auskunftsbegehrens nach Wiederholung des Informationsinhalts gegenüber dem zulässigen Auskunftsbegehren nach dem Informationsgehalt.[196]

Eine Verdrängung des Auskunftsrechts ist nur durch eine modifizierende Interpretation seiner Tatbestandsmerkmale und nicht im Sinne eines absoluten Vorrangs des Kapitalmarktrechts denkbar. *Hirte* selbst spricht beispielsweise von einem Vorrang des § 15 WpHG *„im Zweifel"* und zeigt damit, dass ein in jedem Fall anzunehmender Vorrang ohne Rücksicht auf die Besonderheiten des jeweiligen Falles bei einem Eingreifen des § 15 WpHG nicht gemeint sein kann.[197]

---

[194] So schon für § 15 WpHG *Hirte*, in: Das Zweite Finanzmarktförderungsgesetz in der praktischen Umsetzung, 1996, S. 47 (54 ff.); *ders.*, ZHR 167 (2003), S. 8 (17); a. A. *Schorling*, S. 95 ff.[195] Zutreffend *Weißhaupt*, S. 239 f.

[196] Zu dieser Abgrenzung vgl. Seite 189 ff.; *Weißhaupt*, S. 239 f.

[197] *Hirte*, ZHR 167 (2003), S. 8 (17).

III. Zwischenergebnis

Das Auskunftsrecht als (kapitalmarktrechtlich interpretierter) verbandsrechtlicher Rechtsbefehl und die Rechtsbefehle des Kapitalmarktrechts stehen in einer Wechselbeziehung zueinander und ergänzen sich gegenseitig im Gesamtsystem der Informations- und Publizitätspflichten zu Gunsten des Aktionärs. Im Rahmen einer segmentierenden Lösung ist mit einer rechtssystematisch-abgleichenden Interpretation innerhalb der Schnittmenge des Auskunftsrechts mit sich überschneidenden kapitalmarktrechtlichen Rechtsbefehlen eine teleologische Auslegung des Normzwecks des Auskunftsrechts unter Berücksichtigung der Realstruktur sowie den Auswirkungen des Kapitalmarktes vorzunehmen. Ein absolutes Exklusivitätsdogma zu Gunsten der kapitalmarktrechtlichen Rechtsbefehle besteht nicht.

Die Notwendigkeit der Unterscheidung der börsennotierten von der nicht börsennotierten Aktiengesellschaft wird bei dieser Betrachtung aufgrund der unterschiedlichen Realstruktur und der bei börsennotierten Aktiengesellschaften vielfältigen Ausstrahlung des Kapitalmarktrechts besonders deutlich. Eine Entwicklung hin zu einem Sonderrecht der börsennotierten Aktiengesellschaft hat gerade erst begonnen und wird sich auch im Rahmen des § 131 AktG zukünftig weiter fortsetzen. Dabei wird in börsennotierten Aktiengesellschaften das Auskunftsrecht gemäß § 131 AktG für den Aktionär als Kapitalanleger in seiner Bedeutung aufgrund eines sich immer ausdifferenzierter präsentierenden Kapitalmarktinformationssystems zurückgedrängt werden. Denn die mit der besonders hohen kapitalmarktrechtlichen Informationsdichte einhergehende Kontrolle des Kapitalmarktes kommt auch dem einzelnen Anlegeraktionär zugute und kann in manchen Bereichen eine teleologische Reduktion des Auskunftsrechts in börsennotierten Aktiengesellschaften im Wege einer abgleichend-systematischen Norminterpretation legitimieren.

Nicht börsennotierte Unternehmen hingegen unterliegen einem derart ausdifferenzierten Informationssystem nicht. Eine entsprechende rechtssystematisch-abgleichende Auslegung des Auskunftsrechts muss infolge der anders ausgestalteten Realstruktur und des niedrigeren Informationsniveaus innerhalb der nicht börsennotierten Aktiengesellschaft diese Unterschiede entsprechend berücksichtigen.

IV. Interpretation des Auskunftsrechts unter kapitalmarktrechtlichem Einfluss?

1. Die Stellung des Aktionärs in der börsennotierten Aktiengesellschaft als Ausgangspunkt

Die dem Aktionär zuzuerkennende Information richtet sich nach seinem Informationsbedürfnis, dieses wiederum ist eng verbunden mit der Stellung des Aktionärs in der Aktiengesellschaft und der damit benötigten Informationsdichte für eine sachgemäße Wahrnehmung der dem Aktionär zustehenden Rechte. Der Gesetzgeber des Aktiengesetzes 1965 wollte jede Regelung daran gemessen sehen, ob sie der Stellung des Aktionärs als „wirtschaftlichem Eigentümer" des Unternehmens gerecht wird.[198] Unter Zugrundelegung dieser Prämisse folgert der Gesetzgeber für den Auskunftsanspruch, dass der Aktionär als „wirtschaftlicher Eigentümer" vor seiner Stimmabgabe im Rahmen der Beschlussfassung über alle seine Entscheidung beeinflussenden Faktoren und Angelegenheiten informiert werden muss.[199] Der Gesetzgeber

---

[198] Begr. RegE AktG 1965, abgedr. bei *Kropff*, S. 14.

[199] Begr. RegE AktG 1965, abgedr. bei *Kropff*, S. 15; *Schäffer*, BB 1958, S. 1253 (1253).

betont damit die Bedeutung der Rechtsstellung des Aktionärs bei der Beurteilung des Auskunftsanspruchs, wenngleich er eine nicht besonders präzise Formulierung gewählt hat. Denn der Auskunftsanspruch ist nicht bloß ein Mittel zur Vorbereitung der Stimmrechtsausübung, sondern dient der sachgemäßen Ausübung der insgesamt aus der Mitgliedschaft hervorgehenden Rechte des Aktionärs.[200]

a. *Der Aktionär als „wirtschaftlicher Eigentümer" – Treuhänder und Treugeber*

Für die Auslegung des Inhalts und Umfangs des Auskunftsrechts wurde daraufhin auf die Figur des Aktionärs als „wirtschaftlichen Eigentümer" des Unternehmens[201] bzw. der Gesellschaft[202] rekurriert und der Vorstand als Treuhänder der treugebenden Aktionäre eingestuft,[203] der das (fremde) Vermögen der Aktionäre verwaltet und insofern rechenschaftspflichtig sei.[204]

Beides überzeugt nicht. Zunächst ist ein bei der Beschreibung des „wirtschaftlichen Eigentums" des Aktionärs an den Gegenständen des Gesellschaftsvermögens hergestellter Vergleich mit dem sachenrechtlichen Eigentum i. S. v. § 903 BGB nicht möglich.[205] Die Formulierung des Gesetzgebers legt zwar auf den ersten Blick eine von Art. 14 Abs. 1 S. 1 GG gedeckte Berechtigung des Aktionärs an den gesellschaftsrechtlich gebundenen Vermögensgütern i. S. e. Anteilseigentums des Aktionärs am Unternehmen selbst nahe,[206] wäre damit aber auch derselben Kritik ausgesetzt.[207] Aus der Gesetzesbegründung ist vielmehr zu erkennen, dass der Gesetzgeber eine Einordnung des Aktionärs nach bürgerlich-rechtlichen Gesichtspunkten gar nicht vornehmen wollte.[208] Leitorientierung des Gesetzgebers bei Schaffung des AktG 1965 ist vielmehr die Frage gewesen, welche Einschränkungen der Aktionär in seiner eigentumsrechtlich geschützten Position zu ertragen hat.[209]

Ebenfalls nicht überzeugend ist die Einordnung des Aktionärs als Treugeber im Verhältnis zu den Vorstandsmitgliedern[210] und als Treuhänder im Verhältnis zur Minderheit.[211] Nach dieser Ansicht steht, ausgehend von einer ökonomischen Theorie des Kapitalgesellschaftsrechts, nicht der Verband als solcher im Zentrum der Betrachtung, sondern die natürliche Person als

---

200 Vgl. Seite 43; Begr. RegE AktG 1965, abgedr. bei *Kropff*, S. 184 f.; *Bälz*, S. 41.

201 Statt aller nur *Acher*, BB 1960, S. 428 (429); *Nitschke/Bartsch*, AG 1969, S. 95 (98); *Budde/Steuber*, AG 1996, S. 542 (543).

202 Statt aller nur OLG Düsseldorf, Beschl. v. 22.7.1986 - ZIP 1986, S. 1557 (1558); *Henn*, BB 1982, S. 1185 (1185); *Meilicke/Heidel*, DStR 1992, S. 72 (72); *Bälz*, S. 42 m. w. N.

203 *Raiser*, ZHR 153 (1989), S. 1 (12 f.); *Grundmann*, Der Treuhandvertrag, 1996, S. 269; *Merkt*, S. 259; *Mülbert*, in: GroßK AktG, 4. Aufl. 1999, Vor §§118-147 Rn. 191 m. w. N. der selbst aber ein Treuhandverhältnis zwischen Aktionär und Vorstandsmitgliedern ablehnt, vgl. Rn. 194 f.

204 Statt aller *Acher*, BB 1960, S. 428 (429); *Ebenroth*, S. 4; *Budde/Steuber*, AG 1996, S. 542 (543); *Schön*, in: FS Ulmer, 2003, S. 1359 (1378); *Bälz*, S. 42 m. w. N.

205 Zur fehlenden Vergleichbarkeit vgl. schon Seite 35; ausführlich dazu statt aller *Bälz*, S. 42 ff. m. w. N.

206 *Hengeler/Kreifels*, in: Hengeler (Hrsg.), Beiträge zur Aktienrechtsreform, 1959, S. 11 (16).

207 Zur Kritik vgl. Seite 38 ff.; zum Ganzen insbesondere auch *Mülbert*, Aktiengesellschaft, Unternehmensgruppe und Kapitalmarkt, 1996, S. 62 ff.

208 Zur Einordnung des Begriffs „wirtschaftliches Eigentum" als bloßem Schlagwort ohne Bedeutung schon *Hengeler/Kreifels*, in: Hengeler (Hrsg.), Beiträge zur Aktienrechtsreform, 1959, S. 11 (16); *Mülbert*, in: GroßK AktG, 4. Aufl. 1999, Vor §§ 118-147 Rn. 189 *„Leerformelcharakter"*.

209 Begr. RegE AktG 1965, abgedr. bei *Kropff*, S. 14.

210 *Mülbert*, in: GroßK AktG, 4. Aufl. 1999, Vor §§118-147 Rn. 191 m. w. N.

211 *Dorpalen*, ZHR 102 (1936), S. 1 (19 ff.); *Mülbert*, in: GroßK AktG, 4. Aufl. 1999, Vor §§118-147 Rn. 191 m. w. N.

Individuum.[212] Nur diese Individuen seien zu ökonomischem Handeln befähigt, und die Kapitalgesellschaft biete ihnen die Grundlage, ihre Rechtsbeziehungen untereinander ihren Bedürfnissen bestmöglich anzupassen, um ihnen zu „*dienen*"[213] und günstige Synergieeffekte zu erzielen.[214] Eine so verstandene Stellung des Aktionärs steht bereits dem vom Gesetz vorgesehenen verbandsrechtlich orientierten Organisationsmodell der Aktiengesellschaft entgegen. Zudem wäre der Aktionär aufgrund bestehender vertraglicher Treupflicht an die Berücksichtigung der Interessen seiner Mitgesellschafter gebunden,[215] was nicht erklären könnte, weshalb er zur Wahrnehmung eigener, eventuell entgegengesetzter, Interessen mit eigennützigen Rechten ausgestattet ist.[216] Letztlich wären bei Annahme eines Treuhandverhältnisses vielfältige Pflichten des Vorstandes gegenüber jedem einzelnen Aktionär die Folge und damit zwingend eine Kollision dieser Pflichten verbunden.[217] Möglicherweise könnte diese Pflichtenkollision durch die Pflicht des Vorstandes, den Kurswert der Aktien und damit den durch die Marktkapitalisierung bezifferten Wert des Unternehmens stetig zu steigern gelöst werden.[218] *Mülbert* hat indes nachgewiesen, dass bei Zugrundelegung realer Kapitalmärkte eine so verstandene Maximierung des Unternehmenswertes aufgrund der nur beschränkt übereinstimmenden Interessen der Aktionäre nicht „*im einmütigen Interesse aller Aktionäre*" liegt.[219]

Vorzugswürdig ist es, den nicht notwendig identischen Individualinteressen der Aktionäre mit einem traditionellen verbandsrechtlichen Verständnis und dem Bezug auf ein überindividuelles, am Gesellschaftszeck orientiertes Unternehmensinteresse als Mittel zur „Bündelung" der Individualinteressen Rechnung zu tragen.[220] Dies gilt vor allem dann, wenn man bedenkt, dass jedem Aktionär der Erwerb von Aktienanteilen freisteht und jeder Aktionär beim Erwerb der Mitgliedschaft durch die Aktien um die konkrete Ausgestaltung des Unternehmenszwecks weiß. Damit kann jeder Aktionär selbst entscheiden, ob dieser Unternehmenszweck die von ihm individuell verfolgten Interessen in adäquater Weise widerspiegelt. Darüber hinaus entbehrt eine sich von dem verbandsrechtlichen Modell teilweise distanzierende treuhandvertragliche Konstruktion auch der erforderlichen Notwendigkeit. Loyalitätspflichten des Vorstandes gegenüber der Gesellschaft können durch ihre Stellung als Organmitglieder bestimmt werden und etwaig bestehende Lücken im Rahmen des Aktionärsschutzes auch ohne treuhandvertragliche Konstruktionen gefüllt werden, so dass vom verbandsrechtlichen Modell nicht abgewichen werden muss.[221]

212 *Eidenmüller*, JZ 2001, S. 1041 (1042).

213 *Schön*, in: FS Ulmer, 2003, S. 1359 (1375).

214 Die Aktiengesellschaft wird nach dieser Ansicht als ein Bündel von Verträgen verstanden, die nur noch den vermögensrechtlichen Interessen der Aktionäre zu dienen bestimmt ist, indem mit den Verträgen eine genau justierte Zuordnung von Handlungsrechten und Pflichten statuiert wird, vgl. *Eidenmüller*, JZ 2001, S. 1041 (1042 f.); *Schön*, in: FS Ulmer, 2003, S. 1359 (1369).

215 So *Grundmann*, Der Treuhandvertrag, 1996, S. 273 ff., 458 ff.

216 Vgl. *Mülbert*, in: GroßK AktG, 4. Aufl. 1999, Vor §§118-147 Rn. 193.

217 *W. Müller*, in: FS Semler, 1993, S. 195 (209).

218 Davon ausgehend das amerikanische Schrifttum, statt aller *Easterbrook/Fischel*; The Economic Structure of Corporate Law, 1991, S. 28 ff.; *Mülbert*, in: GroßK AktG, 4. Aufl. 1999, Vor §§118-147 Rn. 194 m. w. N.

219 *Mülbert*, Aktiengesellschaft, Unternehmensgruppe und Kapitalmarkt, 1996, S. 135 f.

220 In diesem Sinne auch *Mülbert*, in: GroßK AktG, 4. Aufl. 1999, Vor §§118-147 Rn. 194.

221 Überzeugend *Mülbert*, in: GroßK AktG, 4. Aufl. 1999, Vor §§118-147 Rn. 195 m. w. N. zu dem Schrifttum, das selbst bei einer Verfechtung von treuhänderischen Vertragsbeziehungen die Haftung des Vorstandes nicht an diesen ausrichtet.

b. *Verbandsrechtlicher Ansatz mit kapitalanlageorientierten Zügen*

Die soeben dargestellten Schwächen in der Beschreibung der Rechtsstellung des Aktionärs mit Hilfe des „wirtschaftlichen Eigentums“ bzw. der Rolle des Aktionärs als Treuhänder und Treugeber führen dazu, einen verbandsrechtlichen Ansatz zugrunde zu legen und weiterzuentwickeln.

Der Aktionär ist primär als Verbandsmitglied und Mitglied der Hauptversammlung als Organ der Aktiengesellschaft einzuordnen. Die gesetzgeberische Intention gibt aber Veranlassung, die Aktionärsstellung nicht auf die verbandsrechtliche Stellung zu reduzieren.[222] Leitmotiv des AktG 1965 war der Publikumsaktionär und die auf diesen ausgerichtete organisatorische Ausgestaltung der Aktiengesellschaft.[223] Der Gesetzgeber wollte die normtypische Publikums-AG – mit breit gestreutem Anteilsbesitz – in ihrem Wesen als Kapitalsammelbecken verbessern, die Aktie als Anlageform einer breiten Masse zur Eigentumsbildung zugänglich machen und damit den Kapitalmarkt insgesamt stärken.[224] Dieses Ziel vor Augen, hat er den Vermögensschutz des Aktionärs in Form von Anleger- und Minderheitenschutzregeln „auf Kosten“ der Mitverwaltungsrechte präzisiert. Indem der Gesetzgeber die Mitwirkung des Aktionärs bei der Willensbildung der Aktiengesellschaft mit der Regelung des § 119 AktG in besonderer Weise ausschloss,[225] zeigte er bereits eine kapitalmarktrechtliche Orientierung der Aktiengesellschaft, ausgerichtet auf die möglichst effektive und attraktive Aufnahme des aus der Bevölkerung kommenden Kapitals. Mit einer Gemengelage verbandsrechtlich bestandsbezogener sowie vermögensbezogener Schutzregelungen wird eine Doppelstellung des Aktionärs als Verbandsmitglied einerseits und Kapitalanleger andererseits im Aktiengesetz angelegt.[226] Dies liegt auf einer Linie mit der vom Bundesverfassungsgericht im Feldmühle-Urteil begonnenen Konzentration auf die vermögensrechtlichen Interessen des Aktionärs als Kapitalanleger.[227]

Mit Einführung der Regelungen zum Squeeze-Out gemäß §§ 327a ff. AktG hat der Gesetzgeber erneut gezeigt, dass eine nur auf die Rechtsstellung des Aktionärs als Verbandsmitglied fokussierte Auslegung des aktienrechtlichen Regelungskomplexes nicht seinem heutigen Verständnis des Aktionärs auch als Kapitalanleger gerecht würde.[228] In seiner Gesetzesbegründung[229] stützt er sich auf die von den Kleinaktionären mit ihrem finanziellen Engagement primär verfolgten Vermögensinteressen.[230] Insgesamt wird der von Kleinaktionären bei einer Aktieninvestition auf die vermögensrechtliche Komponente gelegte Schwerpunkt ihrer Investitionsinteressen betont und darauf abgestellt, dass es den Kleinaktionären aufgrund tatsächli-

---

222 Zum Ganzen und zum Folgenden ausführlich *Mülbert,* Aktiengesellschaft, Unternehmensgruppe und Kapitalmarkt, 2. Aufl. 1996, S. 97 ff., 154 ff.

223 *Kübler,* ZHR 131 (1958), S. 255 ff.

224 *Hengeler/Kreifels*, in: Hengeler (Hrsg.), Beiträge zur Aktienrechtsreform, 1959, S. 11 (17); *Reinicke*, in: Hengeler (Hrsg.), Beiträge zur Aktienrechtsreform, 1959, S. 117 (117).

225 *Mülbert*, in: GroßK AktG, 4. Aufl. 1999, Vor §§118-147 Rn. 199.

226 *Mülbert,* in: FS Ulmer, 2003, S. 433 (433 ff.); anders statt vieler *Bayer,* in: Hommelhoff/Lutter/Schmidt/Schön/Ulmer, Corporate Governance, 2002, S. 137 (139 f.).

227 BVerfG, Urt. v. 7.8.1962 - BVerfGE 14, S. 263 (283); fortgesetzt von BVerfG, Beschl. v. 27.4.1999 - BVerfGE 100, S. 289 ff., und BVerfG, Beschl. v. 23.8.2000 - NJW 2001, S. 279 ff.

228 *Vetter,* AG 2002, S. 176 (177); *Mülbert*, in: FS Ulmer, 2003, S. 433 (435); ablehnend *Tröger*, NZG 2002, S. 211 (213); *Bayer*, NJW 2000, S. 2609 (2615).

229 Vgl. Begr. RegE eines Gesetzes zur Regelung von öffentlichen Angeboten zum Erwerb von Wertpapieren und von Unternehmensübernahmen, BT-Drucks. 14/7034, S. 32.

230 Dabei nimmt er ausdrücklich Bezug auf den sog. Moto-Meter-Beschluss des Bundesverfassungsgerichts, vgl. BVerfG, Beschl. v. 23.8.2000 - NJW 2001, S. 279 ff.

cher Mehrheitsverhältnisse nicht möglich ist, kursrelevanten Einfluss auszuüben. Grundlage dieser gesetzgeberischen Wertungen sind *auch* – neben den relativierten verbandsrechtlichen – die anlegerbezogenen Komponenten des Aktionärs in der Aktiengesellschaft. Damit orientierte sich der Gesetzgeber an der vom Bundesgerichtshof eingeschlagenen Linie in seiner Rechtsprechung zum Ausschluss der Anfechtungsklage bei abfindungswertbezogenen Informationsmängeln,[231] die der Gesetzgeber im Rahmen des UMAG mit der Einführung des § 243 Abs. 4 S. 2 AktG n. F. positivrechtlich aktiviert.[232] Die neue Linie in Rechtsprechung und Gesetzgebung verlangt dem Aktionär die Duldung des Verlusts der Mitgliedsrechte aufgrund eines nur formalen Fehlers im Rahmen des gefassten Beschlusses ab, setzt sich damit über rückständige, strikt verbandsrechtlich interpretierte Grundaussagen hinweg und öffnet diese für eine kapitalmarktrechtlich orientierte Interpretation.[233] Letztlich ist auch die Einführung des Freigabeverfahrens gemäß § 246a AktG n. F. durch das UMAG Ausdruck der Anerkennung dieser Grundkonzeption. Dem Aktionär wird auch hier die (endgültige) Duldung eines Rechtsverstoßes des Hauptversammlungsbeschlusses gegen Kompensation seiner vermögensrechtlichen Interessen gemäß § 246a Abs. 4 AktG n. F. abverlangt.

Für kapitalanlegerorientierte Züge streitet schließlich die Rechtswirklichkeit. Heute ist der auf das Auskunftsrecht typischerweise angewiesene (Klein-)Aktionär einer kapitalmarktaktiven Aktiengesellschaft meist eine natürliche Person mit marginalem Aktienbesitz, die keine unternehmerischen, sondern kapitalanleger- und renditeorientierte Ziele verfolgt. Die von Kleinaktionären aufgebauten Depots dienen oftmals nur der Vermögensbildung, Altersvorsorge oder rein spekulativen Absichten und verfolgen den Zweck einer möglichst ertragreichen Anlage des investierten Kapitals. Aus Sicht des Kleinaktionärs sind die gehaltenen Aktien jederzeit gegen Aktien mit höheren Renditeaussichten austauschbar, ohne dass er sich an das Unternehmen als „unternehmerisch tätiger Aktionär" gebunden oder ihm verpflichtet fühlt. Das Bild des typischen Kleinaktionärs in einer börsennotierten Aktiengesellschaft beschränkt sich vor allem auf seine an eigenen Vorstellungen ausgerichteten Kapitalanlageinteressen und deckt sich nicht mehr mit dem typischen Bild des unternehmerischen Aktionärs, der andere Zielsetzungen als die bloße Renditemaximierung verfolgen wird. In seiner *hybriden* Rechtsstellung verliert die verbandsrechtliche Komponente für die Kleinaktionäre einer börsennotierten Aktiengesellschaft daher weitgehend an Bedeutung, und kapitalanlegerbezogene Elemente, bezogen auf die Vermögensinteressen des Aktionärs, gewinnen die Oberhand.[234] Deutlich wird dies, wenn man sich vor Augen hält, dass die Ausübung des Stimmrechts von Kleinaktionären als typisch verbandsrechtliches Recht für die Beschlussfassung in der Hauptversammlung aufgrund der geringen Anteile in aller Regel keine Auswirkung hat und Einfluss auf die Unternehmenspolitik nicht mit einigermaßen bedeutendem Gewicht ausgeübt werden kann.[235]

Dass durch die kapitalmarktrechtliche Komponente aber das verbandsrechtliche Grundverständnis nicht vollständig verdrängt werden sollte, zeigt ein Blick auf die Vorschriften zur Anfechtung von Hauptversammlungsbeschlüssen gem. § 243 Abs. 1 AktG. Wollte man den

---

231 BGH, Urt. v. 18.12.2000 - BGHZ 146, S. 179 (179 ff.), bestätigt durch BGH, Urt. v. 29.1.2001 - ZIP 2001, S. 412 (412 ff.).

232 Vgl. zu § 243 Abs. 4 S. 2 AktG ausführlich Seite 208 ff.

233 Vgl. dazu Seite 52 ff.; zutreffend *Vetter*, AG 2002, S. 176 (177) m. w. N.; *Mülbert*, in: FS Ulmer, 2003, S. 433 (435).

234 So auch das BVerfG, das Kleinaktionäre börsennotierter Aktiengesellschaften primär als Kapitalanleger versteht, BVerfG, Beschl. v. 27.4.1999 - BVerfGE 100, S. 289 (305) unter Bezugnahme auf BGH, Urt. v. 9.11.1992 - BGHZ 120, S. 141 (151).

235 BVerfG, Beschl. v. 27.4.1999 - BVerfGE 100, S. 289 (305).

Aktionär als reinen Kapitalanleger, ohne verbandsrechtlichen Charakter einstufen, so dürfte ein Anfechtungsrecht in der heute gegebenen Form nicht vorgesehen werden. Statt der umfassenden Vernichtung des Hauptversammlungsbeschlusses wäre ein reiner Anlageaktionär – so jedenfalls bei einer börsennotierten Aktiengesellschaft – auf die Möglichkeit der Veräußerung seines Gesellschaftsanteils im Wege eines sog. „exit“ über die Börse zu verweisen, sobald er der Ansicht ist, die Rentabilität seines Investments sei durch den Beschluss gefährdet.

aa. Differenzierung zwischen börsennotierten und nicht börsennotierten Aktiengesellschaften

Eine Unterscheidung zwischen börsennotierten und nicht börsennotierten Aktiengesellschaften für die Anwendung eines so verstandenen Aktionärsleitbildes ist zwar nicht zwingend notwendig, aber vorzugswürdig.[236] Der Squeeze-Out gemäß § 327a ff. AktG wurde von der Börsennotierung der Aktiengesellschaft oder dem Erwerb der 95-%-Mehrheit im Wege eines Pflicht- oder Übernahmeangebots freilich nicht abhängig gemacht. Dennoch hatte der Gesetzgeber bei Schaffung der Vorschriften gerade den Kleinaktionär einer börsennotierten Aktiengesellschaft und damit einen kapitalmarktrechtlichen Kontext im Blick.[237] Auch der Bundesgerichtshof und der Gesetzgeber[238] knüpften den Ausschluss der Anfechtungsklage bei abfindungswertbezogenen Informationsmängeln oder das Freigabeverfahren gemäß § 246a AktG n. F. nicht an die Voraussetzung des Vorliegens einer börsennotierten Aktiengesellschaft. Allerdings war auch hier die börsennotierte Aktiengesellschaft Leitbild der getroffenen Wertungen. Eine schnelle und einigermaßen zuverlässige Bestimmung der Angemessenheit einer angebotenen Abfindung für die Aktionäre unter Zuhilfenahme des Börsenkurses ist nämlich in der Regel nur bei börsennotierten Aktiengesellschaften realistisch.[239] Ferner spricht die Rechtswirklichkeit für eine entsprechende Differenzierung. Primäres Anlageobjekt für eine Kapitalanlage ist heute die börsennotierte Aktiengesellschaft. Nur sie gewährleistet aufgrund der Fungibilität der Gesellschaftsanteile eine flexible und an den jeweiligen Bedürfnissen und Risikogruppen orientierte Tätigkeit als Kapitalanleger, dem die jederzeitige Option offen steht, im Wege eines „exit“ über die Börse Gewinne zu realisieren oder Verluste zu begrenzen.

bb. Ausschluss der Eigenschaft als Kapitalanleger bei einer Beteiligung von über fünf Prozent?

Nach *Mülbert* kann bei der Beurteilung des Leitbildes des Aktionärs nicht die vom Gesetzgeber vorgesehene 5-%-Grenze im Rahmen der Squeeze-Out Regelung des § 327a Abs. 1 S. 1 AktG übergangen werden. Soweit ein Aktionär eine über fünf Prozent des Grundkapitals liegende Beteiligung innehat, könne von einer Konzentration auf den Schutz seiner Vermögensinteressen unter gleichzeitiger Herabsetzung der mitgliedschaftlichen Bestandsinteressen nicht gesprochen werden. Für diese (Groß-)Aktionäre sei das Leitbild des *„hybriden Aktionärs“* vom Gesetzgeber nicht gewollt.[240] Dieser Ansatz ist mit der Einführung des § 246a AktG n. F. ohne eine entsprechende 5-%-Grenze in seiner Absolutheit nicht mehr richtig. Vielmehr zeigt

---

236 Anders *Vetter*, AG 2002, S. 176 (176); *Mülbert*, in: FS Ulmer, 2003, S. 433 (435).

237 Ein Squeeze-Out ist meist (nur) für kapitalmarktorientierte Gesellschaften mit breit gestreutem Anteilsbesitz ein interessantes Instrument.

238 Eine entsprechende Beschränkung wurde weder in § 243 Abs. 4 S. 2 AktG noch in § 246a AktG aufgenommen.

239 *Luttermann*, BB 2001, S. 382 (384).

240 *Mülbert*, in: FS Ulmer, 2003, S. 433 (450).

der Gesetzgeber, dass auch bei einer Beteiligung von über fünf Prozent kapitalanlegerbezogene Elemente nicht vollständig ausgeschlossen sein sollen. Denn § 246a AktG n. F. setzt mit der endgültigen Eintragung auch die mit mehr als fünf Prozent beteiligten Aktionäre auf den Schutz ihrer Vermögensinteressen zurück. Die 5-%-Grenze ist nur noch insoweit von Bedeutung, als bei Kleinaktionären die anlegerbezogenen Elemente noch stärker ausgeprägt sind als bei Großaktionären, für die unternehmerische Interessen und damit die verbandsrechtliche Komponente entsprechendes Gewicht haben. Ausgeschlossen sind anlegerbezogene Elemente aber auch bei Letzteren nicht.

Folgerichtig ist bei der Auslegung des Inhalts und der Grenzen des Auskunftsrechts bei börsennotierten Aktiengesellschaften von einer – nicht nur für den Kleinaktionär – an der Beteiligungshöhe zu orientierenden, mehr oder weniger stark ausgeprägten, *„hybriden, verbands- und anlegerbezogene Elemente umfassenden Rechtsstellung des Aktionärs“*[241] auszugehen.

2. Kapitalmarktrechtliche Interpretation des Auskunftsrechts in börsennotierten Aktiengesellschaften

Die eben dargestellte Rechtstellung des Aktionärs mit ihren notwendig verbandsrechtlichen, aber auch kapitalanlegerbezogenen Elementen wirft konsequenterweise die Frage auf, ob es Sinn und Zweck des Auskunftsrechts gemäß § 131 AktG ist, den Aktionär aufgrund dieser Zwitterstellung über § 131 AktG *auch* in seiner Funktion als Kapitalanleger zu erfassen, und ob dies im Rahmen der Auslegung des § 131 AktG berücksichtigt werden muss.[242]

Der Auskunftsanspruch des § 131 Abs. 1 S. 1 AktG erfasst börsennotierte wie nicht börsennotierte Aktiengesellschaften, ohne dabei die besonderen kapitalmarktrechtlichen Anforderungen an eine börsennotierte kapitalmarkt-aktive Aktiengesellschaft ausdrücklich zu berücksichtigen. Das Gebot der rechtssystematisch-abgleichenden Interpretation[243] gebietet, die besondere Realstruktur der börsennotierten Aktiengesellschaft im kapitalmarktrechtlichen Umfeld und die dort vorhandenen besonderen Wirkungsmechanismen bei der Auslegung aktienrechtlicher Normen grundsätzlich entsprechend zu berücksichtigen. Denn nicht nur eine folgerichtige Anwendung der zur Verfügung stehenden aktienrechtlichen Regelungen auf die tatsächlichen Gegebenheiten muss gewährleistet werden, sondern es versteht sich vielmehr, dass auch neue Entwicklungen in der Rechtswirklichkeit bei der Auslegung des Regelungskomplexes Einfluss ausüben können und müssen. Das (Aktien-)Recht darf einer tatsächlich fortschreitenden Entwicklung nicht mit geschlossenen Augen gegenübertreten. Die Rechtswirklichkeit und die mit ihr einhergehende Ausstrahlung des Kapitalmarktrechts auf das Aktienrecht ist Veranlassung dafür, bei der Interpretation des Auskunftsrechts gemäß § 131 AktG als aktienrechtlichem Rechtsbefehl ohne ausdrücklichen Kapitalmarktbezug den Besonderheiten im Rahmen der Anwendung auf kapitalmarkt-aktive Aktiengesellschaften mit einer kapitalmarktdimensionalen Sichtweise Rechnung zu tragen soweit dies geboten erscheint.

Auf dieser Grundlage wird teilweise gefordert, der Rolle des Aktionärs in einer börsennotierten Aktiengesellschaft dadurch gerecht zu werden, dass ihm im Rahmen des § 131 AktG

---

[241] Ausführlich zum Begriff *Mülbert,* Aktiengesellschaft, Unternehmensgruppe und Kapitalmarkt, 2. Aufl., 1996; *ders.,* in: GroßK AktG, 4. Aufl. 1999, Vor §§118-147 Rn. 199.

[242] Vgl. *Hopt*, Der Kapitalanlegerschutz im Recht der Banken, 1975, S. 309 (334).

[243] *Larenz/Canaris*, Methodenlehre der Rechtswissenschaft, 3. Aufl. 1995, S. 145 ff.

auch die Bewertung seiner Investition ermöglicht wird[244] und ihm als Ausfluss seines aus der Mitgliedschaft abgeleiteten Vermögensrechts ein Auskunftsrecht in seiner Eigenschaft als Kapitalanleger zuzugestehen ist.[245] Dies soll den Aktionär in die Lage versetzen, seine Anlageentscheidung hinsichtlich der individuell verfolgten lang-, oder kurzfristigen Anlageziele auf ihre Richtigkeit zu prüfen und mit anderen Anlageprodukten zu vergleichen.

Für eine kapitalmarktorientierte Interpretation des Auskunftsrechts wird, neben dem nahen Bezug zur Rechtstatsächlichkeit, auch die Öffnung des Aktienrechts bei kapitalmarkt-aktiven Aktiengesellschaften durch den Gesetzgeber im Rahmen des KonTraG und KapAEG[246] ins Feld geführt. Der Gesetzgeber wollte hierdurch den börsennotierten Aktiengesellschaften bei ihrer Finanzierung über nationale wie internationale Kapitalmärkte behilflich sein und den Erwartungen der internationalen Investoren entsprechen. Die Wettbewerbsfähigkeit deutscher börsennotierter Aktiengesellschaften auf dem weltweiten Finanzparkett sollte gestärkt werden.[247] Seitdem wird vertreten, eine kapitalmarktorientierte Interpretation der Rechtsbefehle und Rechtsinstitute des herkömmlichen Aktienrechts bei börsennotierten Aktiengesellschaften sei spätestens seit dieser Öffnung angezeigt.

Wird das Auskunftsrecht in diesem Sinne zusätzlich zu seinem gesellschaftsrechtlichen Anteil kapitalmarktorientiert interpretiert, erfasst es auch diejenigen Informationen, die der Aktionär in seiner Eigenschaft als Kapitalanleger für eine sachgerechte Aktienanalyse und Unternehmensbewertung benötigt, um eigenverantwortliche Vermögensdispositionen treffen zu können.[248] Hierfür könnte zwar angeführt werden, dass der Aktionär sein (meist ohnehin nicht ausschlaggebendes) Stimmrecht und vor allem die Möglichkeit, weitere Aktien zu erwerben oder gehaltene Aktien zu veräußern, nur dann sinnvoll und sachgerecht wahrnehmen kann, wenn der Aktionär sich hinsichtlich der finanziellen Lage der Aktiengesellschaft ins Bild setzen und zukünftige Entwicklungen bestmöglich antizipieren kann.[249] Nach dieser Ansicht führt eine kapitalmarktdimensionale Interpretation des Auskunftsrechts bei börsennotierten Aktiengesellschaften mithin zu einer Berücksichtigung der Investitionsinteressen des Aktionärs und würde grundsätzlich die Information des Aktionärs in seiner Eigenschaft als Kapitalanleger hinsichtlich der Vermögens-, Finanz- und Ertragslage der Gesellschaft ermöglichen.[250]

---

[244] KG, Beschl. v. 26.8.1993 - ZIP 1993, S. 1618 (1619); KG, Beschl. v. 30.6.1994 - WM 1994, S. 1480 (1483); KG, Beschl. v. 24.8.1995 - ZIP 1995, S. 1585 (1587); KG, Beschl. v. 15.2.2001 - DB 2001, S. 1080 (1080 f.).

[245] Der Rspr. des KG zustimmend auch *Großfeld/Möhlenkamp*, ZIP 1994, S. 1425 (1426); *Hommelhoff*, ZGR 2000, S. 748 (768 ff.); *Mülbert*, in: GroßK AktG, 4. Aufl. 1999, §§118-147 Rn. 203; *Merkt*, S. 259 ff. (323); *Wenger*, ZIP 1993, S. 1622 (1622).

[246] RegE des KapAEG, BR-Drucks. 967/96, S.1 ff.; RegE KonTraG, BT-Drucks. 13/9712, S. 1 ff.

[247] Allg. Begr. RegE KonTraG, BT-Drucks. 13/9712, S. 11, und Begr. RegE des KapAEG, BR-Drucks. 967/96, S. 8 ff., *Hommelhoff*, ZGR 2000, S. 748 (768) m. w. N.

[248] So KG, Beschl. v. 26.8.1993 - ZIP 1993, S. 1618 (1619); KG, Beschl. v. 30.6.1994 - WM 1994, S. 1480 (1483); KG, Beschl. v. 24.8.1995 - ZIP 1995, S. 1585 (1587); KG, Beschl. v. 15.2.2001 - DB 2001, S. 1080 (1080 f.); hierzu vgl. ausführlich *Saenger*, DB 1997, S. 145 (145 ff.).

[249] So LG München I, Urt. v. 16.4.1986, AG 1987, S. 185 (186 ff.).

[250] In diesem Sinne auch KG, Beschl. v. 26.8.1993 - ZIP 1993, S. 1618 (1619); KG, Beschl. v. 30.6.1994 - WM 1994, S. 1480 (1483); KG, Beschl. v. 24.8.1995 - ZIP 1995, S. 1585 (1587); KG, Beschl. v. 15.2.2001 - DB 2001, S. 1080 (1080 f.); *Hommelhoff*, ZGR 2000, S. 748 (768 ff.); *Merkt*, S. 259 ff. (323); *Mülbert*, in: GroßK AktG, 4. Aufl. 1999, §§118-147 Rn. 203; *Wenger*, ZIP 1993, S. 1622 ff.; a. A. *Decher*, in: GroßK AktG, 4. Aufl. 2001, § 131 Rn. 15 ff.; *Hüffer*, ZIP 1996, S. 401 (405).

Eine so verstandene und auf die Rechtsprechung des Kammergerichts gestützte kapitalmarktdimensionale Interpretation des Auskunftsrechts bei börsennotierten Aktiengesellschaften überzeugt jedoch nicht. Zum einen spricht der Wortlaut des § 131 Abs. 1 S. 1 AktG eher für eine Konzentration des Auskunftsrechts auf dessen verbandsrechtliches Element und damit auf die Ausübung der Mitgliedschaftsrechte, insbesondere des Stimmrechts. Dieses auf die Ausübung der Mitgliedschaftsrechte beschränkte Verständnis ist auch deshalb vorzugswürdig, weil nach der Rechtsprechung des Kammergerichts der Schutz der Aktionäre als Kapitalanleger durch das Kapitalmarktrecht selbst, insbesondere durch die entsprechenden Organisations- und Offenlegungspflichten, wie beispielsweise der §§ 15, 21 ff. 33 WpHG oder der Sondervorschriften zur Rechnungslegung kapitalmarktorientierter Unternehmen[251], zunehmend ausgebaut und weiterentwickelt worden ist. Die mit der besonders hohen kapitalmarktrechtlichen Informationsdichte einhergehende Kontrolle des Kapitalmarktes kommt nämlich letztlich auch dem einzelnen Anlegeraktionär zugute und kann in manchen Bereichen sogar eine teleologische Reduktion des Auskunftsrechts in börsennotierten Aktiengesellschaften im Wege einer abgleichend-systematischen Norminterpretation legitimieren. Für die hier vertretene Ansicht spricht letztlich auch, dass es in erster Linie der im Rahmen des Bilanzrechts europaweit eingeführte Bilanzeid gemäß §§ 264 Abs. 2 S. 3, 297 Abs. 2 S. 4 HGB ist, der künftig eine zutreffende Darstellung der Vermögens-, Finanz- und Ertragslage der Gesellschaft gewährleisten soll. Gerade die Existenz dieser Vorschriften sowie die damit einhergehende hohe kapitalmarktrechtliche Informationsdichte spricht gegen ein materielles Bedürfnis des einzelnen Aktionärs daran, dass der Vorstand ergänzend verpflichtet ist, den einzelnen Aktionär in der Hauptversammlung in dessen Eigenschaft als Kapitalanleger bei seiner individuellen Anlageentscheidung zu unterstützen. Dies gilt umso mehr als ein deutlicher Hinweis auf eine entsprechende Verpflichtung des Vorstands keiner der Vorschriften zu entnehmen ist. Die neuen, den Kapitalanleger im Blick habenden Vorschriften legen vielmehr den Schluss nahe, dass der Gesetzgeber durch den Ausbau der Kapitalmarkttransparenz eine Verbesserung der Information für alle Kapitalmarktteilnehmer einschließlich der Gläubiger im Auge hat. Bei dem jetzigen Stand des Schutzes der Aktionäre als Kapitalanleger durch das Kapitalmarktrecht selbst ist eine erweiternde Auslegung des § 131 AktG zu Gunsten einer Funktion zur Bildung eigenverantwortlicher Anlageentscheidungen nicht (mehr) geboten.

Hinzuweisen bleibt darauf, dass die aus dem verbandsrechtlichen Verständnis abgeleiteten Beschränkungen selbst bei einer kapitalmarktorientierten Auslegung der Tatbestandsmerkmale des § 131 AktG nicht zur Gänze unterdrückt werden dürften.[252] Selbst wenn man dem Auskunftsrecht entgegen hier vertretener Ansicht eine Funktion zur Bildung eigenverantwortlicher Anlageentscheidungen seitens des Aktionärs zuspricht, muss die Grenze immer dort gezogen werden, wo kein konkreter Bezug zur sachgemäßen Beurteilung des Gegenstandes der Tagesordnung gegeben ist.[253] Von der Tagesordnung losgelöste Fragen des Aktionärs können nämlich selbst über eine kapitalmarktorientierte Interpretation nicht gerechtfertigt werden, selbst wenn man den Kleinaktionär vollständig auf seine Vermögensinteressen zurücksetzen würde. Denn damit würde seine ebenfalls (in geringstem Maße) vorhandene verbandsrechtliche Stellung vollständig negiert und die gesellschaftsrechtliche Herkunft des Auskunftsrechts bei seiner kapitalmarktrechtlichen Indienstnahme missachtet.

---

[251] Vgl. § 315a HGB.

[252] Vgl. *Hommelhoff*, ZGR 2000, S. 748 (768).

[253] Vgl. *Ebenroth/Wilken*, BB 1993, S. 1818 (1820); *Hüffer*, ZIP 1996, S. 401 (408); *Noack*, DZWiR 1994, S. 121 (122); *Saenger*, DB 1997, S. 145 (147); *Hommelhoff*, ZGR 2000, S. 748 (769); *Decher*, in: GroßK AktG, 4. Aufl. 2001, § 131 Rn. 16 f.

3. Zwischenergebnis

Eine erweiternde Auslegung des Auskunftsrechts gemäß § 131 Abs. 1 AktG bei börsennotierten Aktiengesellschaften aufgrund einer kapitalmarktdimensionalen Interpretation in dem Sinne, dass die Investitionsinteressen des Aktionärs den Umfang des Auskunftsrechts mitbestimmen und dem Aktionär daher in seiner Eigenschaft als Kapitalanleger ein Auskunftsrecht hinsichtlich der Vermögens-, Finanz- und Ertragslage der Gesellschaft zustünde[254], ist abzulehnen.

D. Zwischenergebnis

Das Auskunftsrecht des Aktionärs nach § 131 AktG gewährleistet zwingend – wenngleich § 131 Abs. 2 S. 2 AktG nunmehr Satzungsfreiheit in Teilbereichen einräumt – die Ausübung des durch Art. 14 Abs. 1 S.1 GG verfassungsrechtlich verbürgten eigennützigen mitgliedschaftlichen Individualrechts eines jeden Aktionärs in der Aktiengesellschaft auf Auskunft. Es soll dem Aktionär die Grundlage für eine sachgemäße Beurteilung der zur Abstimmung stehenden Tagesordnungspunkte schaffen und ihm zu einer zweckmäßigen Ausübung seiner aus der Mitgliedschaft erwachsenden Aufgaben und Rechte im Rahmen des Gesellschaftszwecks, insbesondere der Stimmrechtsausübung, verhelfen. Zustimmung zu dem Beschluss und seinem Inhalt sind insoweit Zielpunkte des Auskunftsrechts, um sachgerechte Beschlüsse der Hauptversammlung, basierend auf entsprechender Information durch die Verwaltung, hervorzubringen.

Daneben sind Konstellationen denkbar, in denen selbst bei falscher oder unzutreffender Information der Aktionäre ein bestimmter Beschluss ohnehin gefasst wird. Vor allem wenn ein Mehrheitsaktionär vorhanden ist. Dieser ist faktisch in der Lage, die für seine Entscheidung benötigten Informationen aufgrund seines Einflusses auch ohne Geltendmachung des Auskunftsrechts zu erlangen. Die Funktion der Information durch die Verwaltung verkommt für diesen zur Nebensache. Für die neben dem Mehrheitsgesellschafter existenten Minderheitsgesellschafter und (Klein-)Aktionäre spielt die Funktion der Information durch die Verwaltung zur Sicherstellung sachgerechter Hauptversammlungsbeschlüsse dann ebenfalls keine tragende Rolle. Ihre Stimmrechtsausübung wird den zu fassenden Beschluss entgegen den Mehrheitsinteressen des Mehrheitsgesellschafters weder verhindern noch ändern können.[255] Dabei darf aber nicht übersehen werden, dass in diesen Situationen auch dem Minderheitsgesellschafter noch Individual- und Minderheitsrechte[256] zustehen, hinsichtlich derer er noch Entscheidungen treffen kann. Das Auskunftsrecht verdichtet sich in dieser Konstellation auf die Funktion der Informationsgewinnung zur Vorbereitung einer Entscheidung für oder gegen die Wahrnehmung entsprechender Aktionärsrechte.

---

254 In diesem Sinne KG, Beschl. v. 26.8.1993 - ZIP 1993, S. 1618 (1619); KG, Beschl. v. 30.6.1994 - WM 1994, S. 1480 (1483); KG, Beschl. v. 24.8.1995 - ZIP 1995, S. 1585 (1587); KG, Beschl. v. 15.2.2001 - DB 2001, S. 1080 (1080 f.); *Hommelhoff*, ZGR 2000, S. 748 (768 ff.); *Merkt*, S. 259 ff. (323); *Mülbert*, in: GroßK AktG, 4. Aufl. 1999, §§118-147 Rn. 203; *Wenger*, ZIP 1993, S. 1622 ff.; a. A. wie hier *Decher*, in: GroßK AktG, 4. Aufl. 2001, § 131 Rn. 15 ff.; *Hüffer*, ZIP 1996, S. 401 (405).

255 Für solche Konstellationen wurde der nunmehr in § 243 Abs. 4 S. 1 AktG enthaltene § 243 Abs. 4 a. F. AktG geschaffen, der die Anfechtung durch die Minderheitsgesellschafter weiter offen hält, auch wenn der Mehrheitsgesellschafter eine Beeinflussung seiner Stimmrechtsausübung durch die unterbliebene oder falsche Auskunft als ausgeschlossen bezeichnet.

256 Wie bspw. die Anfechtung des Beschlusses (§ 243 AktG), ein Sonderprüfungsantrag (§ 142 AktG) oder Schadensersatzansprüche (§ 147 Abs. 1, 3 AktG).

Schließlich ist die Ansicht abzulehnen, nach der das Auskunftsrecht bei börsennotierten Aktiengesellschaften aufgrund einer kapitalmarktdimensionalen Interpretation eine Ausweitung seines Anwendungsbereiches erfährt, indem es (auch) durch die Investitionsinteressen des Aktionärs bestimmt wird.

§ 4 Missstände des bisherigen Auskunftsrechts gemäß § 131 AktG

A. Das Auskunftsrecht in der Hauptversammlung von Publikumsgesellschaften

Der dargestellte Normzweck des aktienrechtlichen Auskunftsrechts als Mittel zur Ausübung der Mitgliedschaftsrechte des Aktionärs hat dem Auskunftsrecht eine besonders exponierte Bedeutung in der heutigen Hauptversammlungspraxis insbesondere der börsennotierten Aktiengesellschaften mit Streubesitz verschafft. Das Aktiengesetz stattete den Aktionär mit Mitsprache-, Minderheits- sowie Individualrechten aus und kultivierte letzten Endes ein von den Aktionären als selbstverständlich vorausgesetztes Auskunftsrecht in der Hauptversammlung, von dem intensiv und allumfassend Gebrauch gemacht wird.[257] Die Bedeutung des Auskunftsrechts wird durch die mögliche Anfechtbarkeit des Hauptversammlungsbeschlusses gemäß § 243 Abs. 1 AktG im Falle der Verletzung des Auskunftsrechts noch erheblich gesteigert. Zwar stellte der Gesetzgeber den Aktionären mit § 132 AktG auch ein Auskunftserzwingungsverfahren zur Verfügung. Allerdings ließ das (Selbst-)Verständnis der Aktionäre von ihrer Stellung als „Eigentümer des Gesellschaftsvermögens" diese bei einer Verletzung des Auskunftsrechts vielfach sensibel reagieren und in letzter Konsequenz zum schneidigen Schwert der Beschlussanfechtungsklage greifen. Auf die mit einer Anfechtungsklage teilweise verbundenen problematischen Konsequenzen ist sogleich zurückzukommen.[258]

I. Das Auskunftsrecht als „missbrauchtes" Mitgliedschaftsrecht?

Soweit die Überschrift von einem „missbrauchten" Mitgliedschaftsrecht spricht, soll damit auf die durch tatsächliche Entwicklungen in der Struktur der Auskunftsverlangen hervorgegangenen Fehlentwicklungen und die dem Aktienrecht im Ganzen, dem Recht der Hauptversammlung und der Anfechtung von Hauptversammlungsbeschlüssen im Besonderen, anhaftenden hinderlichen Tendenzen im Zusammenhang mit § 131 AktG hingewiesen und nicht eine Eingrenzung auf die klassischen Missbrauchsfälle vorgenommen werden.[259]

Denn Aktionäre können mit ärgerlichen, unangenehmen, uninteressanten oder unpräzisen Fragen, einer unschönen Kritik am Vorstand oder einer zu langen Rededauer auch ohne die Verwirklichung eines klassischen Missbrauchstatbestandes in der Hauptversammlung agieren. Eine pauschale Klassifizierung der Rede- und Fragebeiträge auf der Hauptversammlung würde den vielfältigen Erscheinungen nicht gerecht, halten sich die meisten Auskunftsersuchen trotz solcher Tendenzen doch im Rahmen des § 131 Abs. 1 S. 1 AktG.

Es treten jedoch immer wieder zwei Aktionärsgruppen in Erscheinung, die entscheidenden Anteil an der negativen Entwicklung haben, indem sie das Auskunftsrecht für die Verfolgung eigener Zwecke institutionalisieren.

---

[257] Verschärft wurde dieses Verständnis durch die Formulierung des Gesetzgebers 1965, der den Aktionär als „wirtschaftlichen Eigentümer" bezeichnete. Hierzu und zu der oben bevorzugten Einordnung des Aktionärs als Verbandsmitglied vgl. Seite 52 ff., sowie *Decher*, in: GroßK AktG, 4. Aufl. 2001, § 131 Rn. 49.

[258] Vgl. Seite 64 ff. und Seite 67 ff.

[259] Zum Missbrauch des Auskunftsrechts sowie des Rederechts vgl. *Martens*, in: Timm, Mißbräuchliches Aktionärsverhalten, 1990, S. 63 (63 ff.) m. w. N.

1. Die Wahrnehmung durch den „kritischen“ Aktionär

Sogenannte „kritische“ Aktionäre[260] sind ein in unserer Zeit immer wieder auftretendes Erscheinungsbild. Ihre Motivation liegt weniger in der Erlangung eigener Vorteile. Vielmehr geht es darum, die Hauptversammlung zur Verbreitung ihrer politischen Ideologien zu instrumentalisieren und diese zu einem eigenen Forum für eine Debatte über gesellschaftspolitisch brisante Themenkreise[261] umzugestalten. Mittel zum Zweck ist dabei, nach Ablauf der umfänglich ausgeschöpften Redezeit, nicht selten der Rückgriff auf das allgemeine Auskunftsrecht des § 131 Abs. 1 S. 1 AktG.[262] Die eigenen gesellschaftspolitischen Interessen der Gruppe der „kritischen Aktionäre“ werden durch geschickte Fragestellung teils emotionalisiert dargestellt und in den Mittelpunkt gerückt. Durch geschickte Fragestellung gelingt es kritischen Aktionären immer wieder, die Debatte auf die angesprochenen gesellschaftspolitisch brisanten Themenkreise zu fokussieren und entsprechende Schwerpunkte zu setzen.

Grundsätzlich erheben auch diese Fragen Anspruch auf Beantwortung, soweit die Auskunft erforderlich i. S. v. § 131 Abs. 1 S. 1 AktG ist und nicht ein Grund vorliegt, die Auskunft durch den Vorstand gemäß § 131 Abs. 3 AktG zu verweigern. In Kombination mit dem stets über den Köpfen des Vorstandes schwebenden „Damoklesschwert“ der Anfechtungsklage im Falle unberechtigter Verweigerung des Auskunftsverlangens und der während der Hauptversammlung zügig zu treffenden rechtlichen Beurteilung der gestellten Frage, kommt es dadurch aber meist zu einer nicht unerheblichen Verlängerung der Hauptversammlung. Denn regelmäßig wird von den Vorständen lieber eine Frage beantwortet, als den Beschluss einem unkalkulierbaren Anfechtungsrisiko auszusetzen.

2. Die Wahrnehmung durch den „räuberischen“ Aktionär

Neben dieser Gruppe, aber auch teilweise aus dieser heraus, tritt eine zweite Gruppe von Aktionären auf Hauptversammlungen auf den Plan. Diese Gruppe von Aktionären, auch sog. „räuberische“ Aktionäre oder „Berufsopponenten“ genannt, rekrutiert sich zumeist aus einem kleinen Kreise grundsätzlich bekannter Aktionäre.[263] Ihren Antrieb finden sie in einer gesellschaftsfeindlichen Motivation mit dem Ziel, sich selbst durch eigennütziges Verhalten Vorteile, meist wirtschaftlicher Art, zu verschaffen.

Das von einer bestimmten Strategie geprägte Vorgehen der Aktionäre beginnt mit dem „Abklopfen“ der bekannt gemachten Tagesordnung auf anfechtungsträchtige Tagesordnungspunkte. Besonders geeignet sind, wegen der komplexen Zusammenhänge und der gegebenen-

---

260 Zu diesen gehören verschiedene Gruppierungen, die sich zum Teil unter dem „Dachverband der Kritischen Aktionäre“ zusammengeschlossen haben, vgl. dazu www.kritischeaktionaere.de (zuletzt abgerufen am 10.1.2009).

261 Bspw. Themenkreise wie Atomausstieg und Energiepolitik, Kinderarbeit, Gentechnik, Umweltschutz, Rüstungsfragen, Pharmaindustrie und Tierschutz u. a., hierzu und zu weiteren Themenkreisen vgl. die Jahresberichte des Dachverbandes der kritischen Aktionärinnen und Aktionäre der Jahre 2000 bis 2005, abrufbar unter http://kritischeaktionaere.de/Archiv/Jahresberichte/jahresberichte.html (zuletzt abgerufen am 10.1.2009).

262 Dazu *Trouet*, NJW 1986, S. 1302 (1302); *Lehmann*, in: Timm, Mißbräuchliches Aktionärsverhalten, 1990, S. 51 (57); *Martens*, Leitfaden, 3. Aufl. 2003, S. 6, 11 f.

263 *Baums/Vogel/Tacheva*, ZIP 2000, S. 1649 (1651) die allein in dem von ihnen untersuchten Zeitraum von 1980 bis 1999 eine Anzahl von 110 Anfechtungsklagen erhoben durch sechs bestimmte Personen (sog. „Berufskläger“) ermitteln konnten. Nach einer neueren Studie, vgl. *Baums/Keinath/Gajek*, ZIP 2007, S. 1629 (1636 f.), müssen heute – im Vergleich zur Erhebung aus dem Jahr 2000 – bereits 40 Personen den sog. „Berufsklägern“ zugerechnet werden.

falls nötigen Eintragung des Hauptversammlungsbeschlusses, Hauptversammlungen, auf denen Grundlagen- oder Strukturentscheidungen zur Entscheidung anstehen.[264]

In einem zweiten Schritt erwerben die Aktionäre meist kurzfristig vor der Hauptversammlung, sog. „*Eintagsaktionäre*“,[265] einen (marginalen) Anteil der Aktien des ins Visier genommenen Unternehmens.[266] Da bislang weder ein Mindestbesitzquorum[267] noch eine Mindestbesitzzeit zur Erhebung der Anfechtungsklage vom Aktiengesetz gefordert wurde, konnten die Aktionäre mit dem kurzfristigen Erwerb mindestens *einer* Aktie in den Genuss eines vollen Anfechtungsrechts kommen.[268]

Nächster Schritt ist die Ausnutzung der Hauptversammlung als Plattform zur Provokation von Anfechtungsgründen[269], um eine Grundlage für die Begründung der beabsichtigten Anfechtungsklage und damit den angestrebten Lästigkeitswert zu schaffen. Bekannt sind die Fälle, in denen die Aktionäre mit einer Vielzahl in ihrer Komplexität stetig steigenden Einzel- und Detailfragenfragen, meist in der Form umfassender Fragenkataloge,[270] in der Hauptversammlung an die Verwaltung herantreten[271] und sich dabei auf das allgemeine Auskunftsrecht

---

264 Zum ausgenutzten Mechanismus vgl. Seite 68 ff.

265 So bezeichnet *Trouet* die meist nicht langfristig investierten Aktionäre, vgl. *Trouet*, NJW 1986, S. 1302 (1302).

266 Es ist zu beobachten, dass oftmals bereits weit im Vorfeld und branchenübergreifend eine Beteiligung aufgebaut wurde, so dass ein entsprechender Erwerb einer Beteiligung gar nicht mehr notwendig wird; zu den Wirkungen der Neufassung des § 245 Nr. 1 AktG vgl. 204 ff.

267 Das Fehlen eines Mindestbesitzquorums ist der Grund dafür, weshalb in der Praxis meist lediglich *eine*, die Anfechtungsberechtigung vermittelnde, Aktie erworben wurde, vgl. *Baums*, Gutachten F, 2000, S. 153. Private Kleinanleger sind daher (ggf. über von ihnen gehaltene oder geleitete Prozessführungsgesellschaften) mit die häufigsten Anfechtungskläger im Untersuchungszeitraum von *Baums* zwischen 1980 und 1999, der in 106 von 126 Fällen nachgewiesen hat, dass private Kleinanleger als Anfechtungskläger auftraten, *Baums/Vogel/Tacheva*, ZIP 2000, S. 1649 (1651). Neuerdings konnte festgestellt werden, vgl. *Baums/Keinath/Gajek*, ZIP 2007, S. 1629 (1636), dass von der Gruppe der sog. „Berufskläger“ als professionellen Klägern insgesamt 450 (72 %) der der Untersuchung zugrunde liegenden 619 Klagen erhoben wurden, wobei mehr als die Hälfte der 619 Klagen von nur 11 Klägern bzw. den von ihnen gehaltenen oder geleiteten Prozessführungsgesellschaften erhoben wurden.

268 Dies dann, wenn sie zur Hauptversammlung erschienen und gegen den Beschluss Widerspruch zur Niederschrift erklärten, vgl. § 245 Nr. 1 AktG a. F., hierzu *Hirschberger/Weiler*, DB 2004, S. 1137 (1137); *Jäger*, NZG 2003, S. 1033 (1038); *Schindler/Witzel*, NZG 2001, S. 577 (577).

269 Neben der Schaffung von Anfechtungsgründen kam es auch vor, dass versucht wurde, im Wege des Auskunftsersuchens notwendige Informationen für einen bereits anhängigen Rechtsstreit zu sammeln, und bei dieser Gelegenheit zur Unterstützung der Anfechtungsklagen aufgefordert wurde, vgl. *Martens*, Leitfaden, 3. Aufl. 2003, S. 11.

270 Fragenkataloge mit einem Umfang von 100 Fragen und mehr sind nicht mehr nur eine seltene Ausnahme, vgl. schon OLG Frankfurt a. M., Beschl. v. 22.7.1983 - ZIP 1983, S. 1204 ff. zur Beurteilung eines Fragenkataloges zu 5.000 Einzelvorgängen, zu dessen Beantwortung 25.000 Einzelangaben notwendig gewesen wären, als missbräuchlich; und OLG Frankfurt a. M., Urt. v. 1.7.1998 - AG 1999, S. 231 (232) zu einem Fragenkatalog mit 1.000 Fragen. Vgl. auch *o. V.*, FAZ v. 11.2.2006, S. 15, wo von einer Vertreterin des „Vereins zur Förderung der Aktionärsdemokratie“ berichtet wird, die auf der außerordentlichen Hauptversammlung der Allianz AG am 8.2.2006 Auskünfte zu rund 100 Fragenkomplexen und einige hundert Einzelauskünfte verlangte, was von Beobachtern als Versuch der Provokation von Formfehlern interpretiert wurde, die als Grundlage für eine Anfechtung mit ihrer blockierenden Wirkung für die Umwandlung der Allianz AG in eine SE-AG dienen sollten. In der Tat wurden schließlich Anfechtungsklagen gegen die Verschmelzung der Allianz AG mit der Ras Holding unter gleichzeitiger Umwandlung in eine SE-AG erhoben, die letztlich durch Vergleich beendet wurden, vgl. *o. V.*, FAZ v. 2.8.2006, S. 19; sowie *Traichel*, FAZ v. 16.8.2006, S. 21.

271 Ob und wieweit der mit einer professionellen und umfangreichen Vorbereitung auf erfolgversprechende Tagesordnungspunkte verbundene finanzielle und zeitintensive Aufwand zu der Tatsache der meist marginalen Beteiligung aufgrund des Besitzes von nur einer oder wenigen Aktien in Widerspruch steht und mit den

– Fortsetzung nächste Seite –

des § 131 Abs. 1 S. 1 AktG stützen.[272] Im Rahmen des Anfechtungsverfahrens sind es nicht selten diese Detailinformationen, bei deren Erteilung sich der Vorstand fälschlicherweise auf ein Auskunftsverweigerungsrecht berufen hat oder die inhaltlich fehlerhaft erteilt wurden, die den durchschlagenden Anknüpfungspunkt für eine flankierende Begründung der Anfechtungsklage liefern.

Schließlich treten die Fragesteller gerne erst im letzten Drittel der Hauptversammlung auf, um den zu diesem Zeitpunkt schon unter zeitlichem Druck stehenden Vorstand zu einer ungenauen Antwort zu verleiten oder gar die Verschiebung des Zeitpunkts der Beschlussfassung auf einen unzumutbaren Zeitpunkt[273] zu riskieren bzw. aufgrund der Anordnung des Schlusses der Debatte durch den Versammlungsleiter erst gar nicht mehr berücksichtigt zu werden[274] und im Ergebnis einen weiteren Anfechtungsgrund zu provozieren.

Bei alledem achten diese Aktionäre stets darauf, dass immer die Gesellschaft Gegenstand der Diskussion ist und der Bezug zu einem konkreten Tagesordnungspunkt erhalten bleibt.[275] In ihrem äußeren Verhalten sind sie daher nur schwer greifbar. Die gesetzlich vorgesehenen Auskunftsverweigerungsfälle des § 131 Abs. 3 AktG greifen in den meisten Fällen zu kurz und sind selten in der Lage, das Stellen von Fragen ohne Unsicherheit bezüglich des Entstehens eines Anfechtungsgrundes zu unterbinden.[276]

Zusammenfassend wird das Auskunftsrecht von dieser Gruppe von Aktionären nicht zur sachgerechten Wahrnehmung der Mitgliedsrechte, sondern zur zielgerichteten Provokation einer angreifbaren Entscheidung seitens des Vorstands eingesetzt, um Anfechtungsgründe vor allem in Form von Informationsmängeln zu schaffen und den damit einhergehenden, monetär bezifferbaren Lästigkeitswert mit eigennütziger Zielrichtung abzuschöpfen.[277] Berufsopponenten werfen sich den „Deckmantel" der Ausübung von Aktionärsrechten über und handeln in einer dem Normzweck des Auskunftsrechts widerstrebenden Art, hinter der das Bild eines Missbrauchs des Aktionärsrechts aufscheint, der aber *in praxi* nur schwer nachweisbar ist.

Interessen des Aktionärs aus seiner geringen finanziellen Beteiligung eigentlich nicht vereinbar erscheint, ja meist sogar unverhältnismäßig sein wird, ist mehr als fraglich.

272 Dazu und zum folgenden *Martens,* Leitfaden, 3. Aufl. 2003, S. 11 ff.; *Baums,* Gutachten F, 2000, S. 56; *Krieger,* ZHR 163 (1999), S. 343 (358); *Joussen*, AG 2000, S. 241 (248); *Decher*, in: GroßK AktG, 4. Aufl. 2001, § 131 Rn. 52 m. umf. N.; anschaulich zum Ablauf der Hauptversammlung der Daimler-Benz AG 1998 *Herdt,* Börsen-Zeitung v. 22.9.1998, S. 1.

273 Vgl. hierzu auch Seite 107 ff.

274 So geschehen im Fall der Verschmelzungshauptversammlung der Karstadt AG mit der Schickedanz-Gruppe. Diese dauerte bis nach 23.00 Uhr, und es wurden über 300 Fragen gestellt. Die Berufsopponenten hatten sich erst spät am Abend zu Wort gemeldet und damit die Nichtberücksichtigung aufgrund der Anordnung des Schlusses der Debatte provoziert und ihre Anfechtungsklagen (auch) auf eine daraus hergeleitete Verfahrensrüge gestützt, vgl. *Schiessl*, in: VGR 1999, 2000, S. 57 (59).

275 Es droht ansonsten der Vorwurf der Sachfremdheit und damit die Verweigerung der Auskunft als nicht erforderlich i. S. v. § 131 Abs. 1 S. 1 AktG.

276 Selbst bei beharrlichem Bestehen auf der Beantwortung einer Frage kann vom Versammlungsleiter nicht mit Hilfe eines daraus abgeleiteten Auskunftsverweigerungsrechts reagiert werden. Die diametral zu den Interessen der Gesellschaft und der Mehrheit der Aktionäre verlaufende Motivation solcher Aktionäre kann ebenso keinen geeigneten Anknüpfungspunkt für ein Auskunftsverweigerungsrecht bilden. Nur in beschränktem Maße ist eine Beurteilung dieser Motivation in rechtlicher Hinsicht möglich, zum Ganzen vgl. *Martens*, Leitfaden, 3. Aufl. 2003, S. 12.

277 *Decher*, in: GroßK AktG, 4. Aufl. 2001, § 131 Rn. 52 m. w. N.

II. Konsequenz der aufgezeigten Fehlentwicklungen

1. Die Gefahr missbräuchlicher Anfechtungsklagen

Die Ausgestaltung des Auskunftsrechts vor Inkrafttreten des UMAG[278] und dessen Zweckentfremdung zur Vorbereitung und/oder Untermauerung einer von sog. „Berufsopponenten"[279] angestrebten Anfechtungsklage begünstigte die Instrumentalisierung der Anfechtungsklage zur Erreichung eigensüchtiger Ziele[280] durch punktgenaue Ausnutzung des geschaffenen Lästigkeitswertes für die Gesellschaft.[281]

a. *Tatsächliche Entwicklung der auf Auskunftsrechtverletzung gestützten Anfechtungsklagen*

Schon der Gesetzgeber des Jahres 1884 hegte die Befürchtung „*erpresserische*[r] *und chikanöse*[r] *Anfechtungsklagen*".[282] Bis heute beschäftigten, nach einem ersten Bekanntwerden „räuberischer" Anfechtungsklagen 1912,[283] derartige Anfechtungsklagen und die mit ihnen verbundenen Problemstellungen unablässlich die juristische Fachwelt.[284] Denn trotz erfolgter Eingriffe der Rechtsprechung zur Verhinderung missbräuchlicher Anfechtungsklagen[285] tauchen immer wieder gleichartige Fälle auf, die letztendlich ein Bedürfnis nach einem gesetzgeberischen Tätigwerden zur Verhinderung solcher Klagen wecken.[286]

---

278 Zum 1.11.2005.

279 Zu diesem Erscheinungsbild vgl. soeben Seite 64 ff.

280 Vgl. OLG Köln, Urt. v. 18.5.1988 - WM 1988, S. 1021 f. Es ging hier um einen Aktionär mit einem Beteiligungswert von DM 1.000 dem im Zuge seiner auf eine Auskunftsrechtsverletzung gestützten Anfechtungsklage ein Abfindungsbetrag von DM 1,5 Mio. seitens der Aktiengesellschaft gezahlt wurde.

281 Zwar wird nicht mehr offen die Rücknahme der Klage gegen Zahlung eines bestimmten Betrages angeboten, es sind aber ausgefeiltere Ansätze aufgetaucht, von denen einer herausgegriffen werden soll, um die Kreativität der „Berufsopponenten" besonders deutlich zu machen. Die Durchführung der Hauptversammlung wird durch eine Eigengesellschaft des „Berufsopponenten" betreut und durchgeführt. Diese Eigengesellschaft soll der betroffenen Aktiengesellschaft Gewähr dafür bieten, dass Anfechtungsklagen nicht eingereicht werden. Für diese zusätzliche „Dienstleistung" wird allerdings eine erhöhte „Servicegebühr" von der Eigengesellschaft in Rechnung gestellt. Diese erhöhte „Servicegebühr" verkörpert den vorab von der betroffenen Aktiengesellschaft für den Fall der Erhebung von Anfechtungsklagen geschätzten Lästigkeitswert einer solchen Klage.

282 Allgemeine Begr. zum Entwurf eines Gesetzes betreffend die KGaA und AG (1884), abgedruckt bei *Schubert/Hommelhoff*, Hundert Jahre modernes Aktienrecht, ZGR-Sonderheft 4, 1985, S. 404, 467.

283 Auf dem 31. Deutschen Juristentag 1912 kamen erstmals Fälle ans Tageslicht, in denen sich selbst Juristen die Rücknahme oder den Verzicht auf eine Anfechtungsklage monetär haben vergüten lassen. Sie zeigten schon damals die Grundzüge der Verhaltensweisen „räuberischer" Aktionäre, vgl. Verhandlungen des 31. Deutschen Juristentages, 1913, III. Bd., S. 444 f.

284 Vgl. zu diesem Problemkreis das ausführliche *Baums*-Gutachten für den 63. Deutschen Juristentag, *Baums*, Empfiehlt sich eine Neuregelung des aktienrechtlichen Anfechtungs- und Organhaftungsrechts, insbesondere der Klagemöglichkeiten von Aktionären? Gutachten F: Abteilung Wirtschaftsrecht zum 63. Deutschen Juristentag, 2000; zu missbräuchlichem Aktionärsverhalten mit einem Überblick vgl. auch *Keil*, ZIP 1989, S. 1500 (1500 ff.); zu neueren Tendenzen in Zusammenhang mit dem Abkauf von Anfechtungsklagen vgl. *Kiethe*, NZG 2004, S. 489 (489 ff.).

285 Vgl. nur BGH, Urt. v. 22.5.1989 - BGHZ 107, S. 296 (308 ff.); BGH, Beschl. v. 25.9.1989 - NJW 1990, S. 322 (322 f.); BGH, Urt. v. 18.12.1989 - ZIP 1990, S. 168 (168 ff.); BGH, Beschl. v. 2.7.1990 - BGHZ 112, S. 9 (30); BGH, Urt. v. 29.10.1992 - AG 1991, S. 102 (104); BGH, Urt. v. 14.10.1991 - NJW 1992, S. 569 (569 ff.); BGH, Urt. v. 14.5.1992 - NJW 1992, S. 2821 (2821); OLG Stuttgart, Beschl. v. 13.3.2002 - AG 2003, S. 456 (457).

286 Zu den instruktiven Fällen der Verschmelzungshauptversammlungen von ThyssenKrupp und DaimlerChrysler, beide aus 1998, sowie der Karstadt AG mit der Schickedanz-Gruppe aus 1999 und der Verschmelzungs-

– FORTSETZUNG NÄCHSTE SEITE –

Der Zusammenhang des Auskunftsrechts mit Anfechtungsklagen wurde in seiner nicht nur theoretischen, sondern vor allem praktischen Bedeutung schon von *Zöllner*[287] dargetan und durch eine rechtstatsächliche Erhebung *Baums'*[288] bestätigt. Die Untersuchung *Baums* konnte schon für den Zeitraum von 1980 bis 1999 eine Rüge der Verletzung des allgemeinen Auskunftsrechts gemäß § 131 AktG in 87 von 192 untersuchten Anfechtungsfällen (45 %) feststellen.[289]

Die Verletzung des allgemeinen Auskunftsrechts i. S. v. § 131 AktG, als Bestandteil des genuin verbandsrechtlichen Informationssystems der Aktiengesellschaft, ist nach diesem Befund, obwohl das Informationssystem der Aktiengesellschaft stetigen Ausbau erfuhr und die Informationsanforderungen, insbesondere für börsennotierte Aktiengesellschaften, vor allem auf kapitalmarktrechtlicher Basis erhöht wurden, unverändert einer der „beliebtesten" Anfechtungsgründe. Dass das immer umfassender ausgestaltete Informationssystem[290] – im Besonderen bei den börsennotierten Aktiengesellschaften – und ein durch Schaffung entsprechender Berichtspflichten auch vor der Hauptversammlung erreichter hoher Informationsstandard im Zusammenhang mit Grundlagen- und Strukturentscheidungen, die Anzahl der auf das Auskunftsrecht gestützten Anfechtungsklagen nicht signifikant senken konnte,[291] indizierte bereits eine Fehlentwicklung.

b. Die Hebelwirkung der Anfechtungsklage als neuralgischer Punkt

Entscheidender Hebel[292] für das von Berufsopponenten ausgenutzte und zu einem Lästigkeitswert führende Erpressungspotenzial einer Anfechtungsklage ist bei eintragungsbedürftigen Beschlüssen die mögliche (faktische) Registersperre und der dadurch verursachte Zeitverlust bei der Umsetzung der beschlossenen (Sanierungs-)Maßnahme.

Das Gesetz fordert einerseits, zum Schutz der Anleger vor unumkehrbaren Folgen eines eingetragenen aber rechtswidrigen Beschlusses, in besonderen Fällen ein sog. Negativattest gem. § 16 Abs. 2 UmwG.[293] Bei der Anmeldung beim Registergericht ist von der Verwaltung

---

hauptversammlung der Hoechst AG mit Rhone Poulenc unter Abspaltung des Chemiegeschäfts auf die Celanese AG, ebenfalls aus 1999, vgl. ausführlich *Schiessl*, in: VGR 1999, 2000, 57 (57 ff.); zu ThyssenKrupp auch *Joussen*, AG 2000, 241 (248 ff.); allen Hauptversammlungen war gemeinsam, dass die Zustimmung zur jeweiligen Strukturmaßnahme besonders hoch lag (über 97 % bei ThyssenKrupp und sogar über 99 % in den anderen Fällen) und trotzdem Anfechtungsklagen, vornehmlich auf Informationsmängel gestützt, eingingen, die im Fall der Hoechst AG durch ein Unbedenklichkeitsverfahren gemäß § 16 Abs. 3 UmwG beseitigt und in den anderen Fällen durch Vergleich beendet wurden.

287 *Zöllner*, Reformbedarf im Aktienrecht, 1994, S. 147 (151); *ders.*, AG 2000, S. 145 (152).

288 Dazu schon ausführlich die Studie „Rechtstatsachen zur Beschlusskontrolle im Aktienrecht", *Baums/Vogel/Tacheva*, ZIP 2000, S. 1649 (1653).

289 Weitere Anfechtungsgründe aus dem Bereich der Informationspflichtverletzung waren Rügen – gestützt auf eine Verletzung des Vorstandsberichts gemäß § 181 Abs. 4 AktG, § 203 AktG in 43 von 192 Fällen (22 %), auf die Verletzung der Berichte nach dem UmwG in 24 von 192 Fällen (13 %), u. a. im einstelligen Prozentbereich, vgl. dazu *Baums/Vogel/Tacheva*, ZIP 2000, S. 1649 (1653). Auch nach der neuesten empirischen Untersuchung *Baums'* bildet nach wie vor die Verletzung des allgemeinen Auskunftsanspruchs gemäß § 131 AktG die am häufigsten vorgetragene Rüge, vgl. ausführlich *Baums/Keinath/Gajek*, ZIP 2007, S. 1629 (1641).

290 Vgl. dazu *Baums/Keinath/Gajek*, ZIP 2007, S. 1629 (1641); *Decher*, in: GroßK AktG, 4. Aufl. 2001, § 131 Rn. 20 ff.

291 Dazu insgesamt *Baums/Keinath/Gajek*, ZIP 2007, S. 1629 (1629 ff.).

292 Ausführlich dazu *Baums*, Gutachten F, S. 155 ff.; *Schiessl*, in: VGR 1999, 2000, S. 57 (62 f.).

293 Neben der Verschmelzung nach § 16 Abs. 2 UmwG aufgrund einer Verweisung gilt dies auch für die Spaltung gemäß § 125 UmwG, die Vermögensübertragung gemäß § 176 Abs. 1 UmwG und den Formwechsel

– FORTSETZUNG NÄCHSTE SEITE –

zu erklären, dass Anfechtungsklagen gegen die Beschlüsse nicht oder nicht fristgemäß erhoben oder erhobene Anfechtungsklagen rechtskräftig abgewiesen oder zurückgenommen worden sind. Diesen Hebel hat der Gesetzgeber durch Schaffung einer Überwindungsmöglichkeit der Registersperre im Rahmen der §§ 319 Abs. 6, 327e Abs. 2 AktG oder § 16 III UmwG[294] zu entschärfen versucht, diesen Weg aber zugleich an hohe und meist nur schwer erfüllbare rechtliche Voraussetzungen geknüpft.[295]

Greift eine Registersperre *ipso iure* mit der Anhängigkeit einer Anfechtungsklage gegen den eintragungsbedürftigen Beschluss[296] nicht Platz, liegt es im Ermessen des Registergerichts, im Falle eines erhobenen Widerspruchs oder einer anhängigen Anfechtungsklage von Amts wegen eine Aussetzung der für die Wirksamkeit notwendigen Eintragung gemäß § 127 FGG anzuordnen oder aber die Eintragung vorzunehmen.[297] *In praxi* überwiegt die Aussetzung des Eintragungsverfahrens gemäß § 127 FGG bis zum Ablauf der Anfechtungsfrist gemäß § 246 Abs.1 AktG oder der Entscheidung des Prozessgerichts über eine anhängige Anfechtungsklage.[298] Die fehlende tatbestandliche Anwendbarkeit des Spruchrichterprivilegs gemäß § 839 Abs. 2 BGB ist dabei der Hauptgrund für die restriktive Grundeinstellung der Registerrichter.[299] Daher kann es trotz fehlender Registersperre kraft Gesetzes grundsätzlich auch in diesen Konstellationen doch zu einer sog. *faktischen*[300] Registersperre kommen. Eine Problemlösung über ein Freigabeverfahren war bislang nicht vorgesehen.[301]

Schließlich trug auch die Regelung des § 243 Abs. 4 AktG a. F. ihren Teil zum Lästigkeitswert einer erhobenen Anfechtungsklage bei. § 243 Abs. 4 AktG a. F. sollte die Anfechtungsklage als wirksames Instrument zu Gunsten der Minderheitsgesellschafter erhalten, indem den Gesellschaften der Gegenbeweis für die Unerheblichkeit der Auskunftsrechtsverletzung, bezogen auf den gefassten Beschluss, erschwert wurde.[302]

Diese Hebel werden von den „räuberischen" Aktionären zielgerichtet ausgenutzt, um für die Gesellschaften notwendige Maßnahmen zu blockieren, obwohl eine schnelle Umsetzung der durchzuführenden Maßnahmen oftmals notwendig und von besonders herausragender

---

gemäß § 198 Abs. 3 UmwG sowie entsprechend bei der Eingliederung gemäß § 319 Abs. 5 AktG und dem Squeeze-Out gemäß § 327 e Abs. 2 AktG.

294 Ggf. i. V. m. einer Verweisungsnorm des UmwG (§§ 125, 176 Abs. 1, 198 Abs. 3 UmwG).

295 Vgl. dazu Seite 242 ff.

296 Darunter fallen beispielsweise Satzungsänderungen (§ 181 Abs. 1 S. 1, Abs.3 AktG), Maßnahmen der Kapitalbeschaffung und -herabsetzung (§§ 182 ff. AktG, 237 ff. AktG) oder auch Unternehmensverträge (§ 294 Abs. 1 S. 1, Abs. 2 AktG).

297 BGH, Beschl. v. 2.7.1990 - DB 1990, S. 1762 (1762 ff.); *K. Schmidt*, Gesellschaftsrecht, 4. Aufl. 2002, S. 866.

298 *Schiessl*, in: VGR 1999, 2000, S. 57 (63); *Baums*, Gutachten F, 2000, S. 158 ff.; *Noack*, ZHR 2000, S. 274 (288); *Schwarz*, ZRP 2000, S. 330 (331).

299 Zu § 839 Abs. 2 BGB in diesem Zusammenhang vgl. *Papier*, in: MüKo-BGB, 3. Aufl. 1997, § 839 Rn. 326; für die Anfechtungsklage *Baums*, Gutachten F, 2000, S. 154; *Hirschberger/Weiler*, DB 2004, S. 1137 (1137); *Schmid*, ZGR 1997, S. 493 (494); *Spindler*, NZG 2005, S. 825 (829) m. w. N.; dem nicht durch das Spruchrichterprivileg des § 839 Abs. 2 BGB geschützten Registerrichter wurde deshalb in diesem Zusammenhang von den Anfechtungsklägern gelegentlich die Geltendmachung von Amtshaftungsansprüchen für den Fall der Nichtaussetzung gemäß § 127 FGG in Aussicht gestellt.

300 Hervorhebung durch den Verfasser.

301 Zu den Änderungen durch das UMAG siehe unten Seite 242 ff.; zur bislang diskutierten, hier aber nicht weiter zu untersuchenden, analogen Anwendung des § 16 Abs. 3 AktG vgl. *Marsch-Barner*, in: Kallmeyer, UmwG, 3. Aufl. 2006, § 16 Rn. 55; *Hirte*, DB 1993, S. 77 (77 ff.).[302] Zu den mit dem UMAG einhergehenden Neuerungen des § 243 Abs. 4 AktG vgl. S. 208 ff.

Bedeutung ist. So schaffen die Anfechtungskläger, meist (Kleinst-)Aktionäre, einen enormen Lästigkeitswert der Anfechtungsklage, da die mit ihnen teilweise verbundene Handlungsunfähigkeit der Gesellschaft nicht unerhebliche betriebswirtschaftliche Schäden verursachen kann. Werden beispielsweise Maßnahmen zur Umsetzung einer Fusion, da bis zur Beendigung der Anfechtungsklagen über den Maßnahmen das „Damoklesschwert" der Unwirksamkeit schwebt mit welcher vom Vorstand stets zu rechnen ist, „auf Eis gelegt" und vorerst zurückgestellt, können angestrebte Synergieeffekte erst mit zeitlicher Verzögerung ausgeschöpft werden. Die Anfechtung und die damit verursachte verzögerte Umsetzung des angestrebten Zeitplans führen daher nicht selten zu einer Atmosphäre der Unsicherheit innerhalb des Unternehmens sowie bei Kunden, Lieferanten, Investoren und Analysten.[303] Dieses Klima der Unsicherheit kann so weit führen, dass manche Unternehmen sogar in eine ernst zu nehmende Existenzgefährdung geraten. Ein Beispiel hierfür aus jüngerer Zeit ist die Sanierung des KarstadtQuelle-Konzerns aus dem Jahr 2004. Diese stand geraume Zeit vor dem Scheitern. Entscheidend für die lange Blockade der Sanierung waren angedrohte Anfechtungsklagen von (sechs) opponierenden Kleinstaktionären gegen die von der Hauptversammlung beschlossene und für die Sanierung unumgängliche Kapitalerhöhung.[304] Die damit einhergehende Unsicherheit der Durchführbarkeit der Maßnahme für externe Banken als Kreditfinanzierer war das entscheidende Problem, welches die Sanierung beinahe verhindert hätte. Denn die Banken weigerten sich, Aktien zu zeichnen, solange Anfechtungsklagen zu befürchten sind.[305] Kommt es nicht zu einer Existenzgefährdung, bleiben ein angeschlagenes Image einer beispielsweise abgespaltenen Gesellschaft an der Börse oder ein nicht geplanter, ungünstiger Zeitpunkt der Eintragung der Maßnahme in das Handelsregister, verbunden mit sinkenden Kursen als negativer Reaktion des Kapitalmarktes, möglich. Denkbar sind letztlich, sich durch den reflexartigen Kursverlust erhöhende Refinanzierungskosten für das Unternehmen und eine mit diesem Wertverlust der Aktienanteile einhergehende Schädigung sämtlicher Aktionäre der Gesellschaft.

Ziel und Zweck „räuberischer" Aktionäre ist es letztendlich, diesen Lästigkeitswert monetär zu heben. Dies geschieht durch Vergleichszahlungen, verbunden mit der „Gegenleistung" der Aufgabe des geführten Anfechtungsrechtsstreits und der dann möglichen Eintragung des umzusetzenden Beschlusses. Die Unternehmen zahlten dabei teilweise erklecklich hohe Vergleichssummen für die Erledigung der Rechtsstreitigkeiten,[306] die im Verhältnis zu den mit der Blockierung der umzusetzenden Maßnahmen einhergehenden finanziellen Einbußen meist das weitaus geringere Übel sind.

---

303 *Schiessl*, in: VGR 1999, 2000, S. 57 (63) auch zum Folgenden.

304 Der Hauptversammlungsbeschluss hatte die notwendige Kapitalerhöhung mit einer Mehrheit von 99,76 % beschlossen, wogegen sechs Kleinaktionäre Widerspruch zu Protokoll erhoben, vgl. zu diesem Fall *o. V.*, FAZ v. 24.11,2004, S. 15; *o. V.*, FAZ v. 25.11.2004, S. 19; *Jahn*, FAZ, v. 25.11.2004, S. 24; *o. V.*, FAZ v. 26.11.2004, S. 15; *o. V.*, FAZ v. 27.11.2004, S. 17.

305 Vgl. die Nachweise in Fn. 304.

306 Die Vergleichswerte bewegten sich nach der rechtstatsächlichen Erhebung *Baums* bis 1999 zwischen DM 1 Mio. und DM 17,2 Mio. in der Spitze, vgl. *Baums/Vogel/Tacheva*, ZIP 2000, S. 1649 (1655); in 2006 zahlte bspw. die Allianz AG, um die Verschmelzung mit der Ras Holding unter gleichzeitiger Umwandlung in eine SE-AG zeitnah umsetzen zu können, eine Million Euro an 13 Anfechtungskläger, vgl. *o. V.*, FAZ v. 2.8.2006, S. 19, sowie *Traichel*, FAZ v. 16.8.2006, S. 21. Ausführlich zur Verfahrensbeendigung durch Vergleich bis zum Jahr 2007 neuerdings *Baums/Keinath/Gajek*, ZIP 2007, S. 1629 (1643 ff.).

Unter Ausnutzung der im Erpressungspotenzial mündenden strukturellen Defizite pervertieren die „Berufsopponenten“ das Auskunfts- wie das Anfechtungsrecht in seiner Bedeutung und den ihnen beigemessenen Zwecken.[307]

c. *Zwischenergebnis*

Die Frage, ob die Drohung mit oder die schon erhobene Anfechtungsklage aufgrund einer Verfolgung berechtigter Anlegerinteressen legitimiert ist oder es sich tatsächlich um sog. „Berufsopponenten“ handelt, ist so alt wie die Anfechtungsklage selbst und lässt sich nicht immer eindeutig und zweifelsfrei beantworten. Denkbar sind auch Konstellationen, in denen Aktionäre in lauterer Weise berechtigte Anlegerinteressen wahrnehmen und nicht pauschal mit dem Verdikt der „Missbräuchlichkeit“ gebrandmarkt werden dürfen.

Unterschätzt werden dürfen „Berufsopponenten“ aber auch nicht, hatte doch Schätzungen zufolge schon jede dritte Aktiengesellschaft bereits Auseinandersetzungen mit den sog. „räuberischen“ Aktionären.[308] Die Häufigkeit der Geltendmachung einer Verletzung des Auskunftsrechts gemäß § 131 AktG ist dabei besonders auffällig.

Zuzugeben ist, dass in den meisten Fällen die erhobenen Anfechtungsklagen ein Scheitern der zu treffenden Maßnahmen zwar nicht zur Folge hatten.[309] Von der im Endeffekt (meist) fehlenden Auswirkung der erhobenen Anfechtungsklagen für die zu treffende Maßnahme auf die fehlende Relevanz „räuberischer Aktionäre“ zu schließen wäre indes fahrlässig. Denn diese Tatsache hat ihren Grund nicht zuletzt (auch) in den von den Unternehmen teilweise gezahlten hohen Vergleichssummen für die Erledigung der Rechtsstreitigkeiten.

Obwohl missbräuchliche Anfechtungsklagen nicht mehr so im Rampenlicht der Rechtsprechung stehen wie vor einigen Jahren, zeigen die regelmäßig auftauchenden Fälle, dass sich das Phänomen „räuberischer Aktionäre“ nicht erledigt hat. Das Streben nach eigener Gewinnmaximierung und die Verlockung, ein Recht zu einem persönlichen Vorteil nutzen zu können, werden auch zukünftig, soweit ein dem einzelnen Aktionär zustehendes Recht mit Blockadewirkung besteht, zu dessen „bestmöglicher“ Ausnutzung führen.

---

[307] Ein weiteres Beispiel aus jüngerer Zeit bietet der Fall der Leica Camera AG, die fünf, teilweise nur mit wenigen Aktien beteiligten, Kleinaktionären gegenüberstand, die gegen die Beschlüsse der Hauptversammlung vom 31.5.2005, die zur Rettung des angeschlagenen Traditionsunternehmens unumgänglich waren, mit einer Anfechtungsklage vor dem Landgericht Limburg vorgingen, vgl. Ad-hoc-Meldung der Leica Camera AG vom 15.7.2005. In dieser Hauptversammlung wurde mit einer überwiegenden Mehrheit von jeweils mehr als 90 % den von Vorstand und Aufsichtsrat vorgeschlagenen Kapitalmaßnahmen zugestimmt. Wie im Wesentlichen im elektronischen Bundesanzeiger vom 20. April 2005 bekannt gemacht, handelte es sich hierbei um die Herabsetzung des Grundkapitals in vereinfachter Form, die Erhöhung des Grundkapitals gegen Bareinlagen sowie die Schaffung eines genehmigten Kapitals, vgl. Presseinformation Leica Camera AG v. 15.4.2005. Anfechtungskläger waren unter anderem die (einschlägig bekannten) Peter Eck, die Leasing- und Handelsservice Heinrich GmbH (Hettstatt) und die EO Investors GmbH (Düsseldorf), vgl. Vergleichsdokument der Leica Camera AG v. 5.8.2005. Die Leica Camera AG hat sich am 5. August 2005 mit den Anfechtungsklägern nach dem typischen Muster sog. „Berufsopponenten“ außergerichtlich geeinigt und die Anfechtungsklagen durch Vergleich beendet. (alle Dokumente sind abrufbar unter www.leica-corporate.de/investor_relations/financial_reports/2005/index.html, zuletzt abgerufen am 10.1.2009).

[308] *Knappmann*, Manager-Magazin v. 26.11.2004, abrufbar unter www.manager-magazin.de/geld/geldanlage/0,2828,329714,00.html (zuletzt abgerufen am 10.1.2009).

[309] *Zöllner*, AG 2000, S. 145 (147).

2. Das Problem der zeitlichen Dauer der Hauptversammlung

Das Auftreten der „kritischen“ wie der „räuberischen“ Aktionäre in der Hauptversammlung hat neben der Gefahr missbräuchlicher Anfechtungsklagen eine negative Entwicklung der Hauptversammlungswirklichkeit deutscher Publikumsaktiengesellschaften herbeigeführt. Mit der stetig ansteigenden Zahl an Rednern und angebrachten Fragen[310] hat sich die durchschnittliche Hauptversammlungsdauer einer großen Hauptversammlung nicht nur unerheblich verlängert, sondern ebenso die Hauptversammlungsqualität gelitten.

Mit einer Maximaldauer von bis zu 12 Stunden bei den DAX-Unternehmen in 2005 und einer maximalen Hauptversammlungsdauer von sogar 23 Stunden bei der, allerdings auf zwei Tage angesetzten, Verschmelzungshauptversammlung der im Tech-DAX notierten T-Online AG[311] gelangt die Hauptversammlung an ihre zeitlichen Grenzen. Trotz des relativ niedrig liegenden Durchschnitts[312] in allen Börsensegmenten mussten in den letzten drei Hauptversammlungssaisons vor Inkrafttreten des UMAG immer wieder Hauptversammlungen mit besonders langer Dauer von deutlich über sechs Stunden selbst bei kleineren Aktiengesellschaften beobachtet werden.[313]

Neben mehrfachen Wortmeldungen einzelner Diskussionsteilnehmer, die in der Regel zu durchschnittlich 30 Diskussionsbeiträgen führen,[314] spielt dabei die Ausübung des Fragerechts eine besondere Rolle. Auffällig ist das stetig steigende Begehren nach immer mehr Detailwissen, auch von Seiten sachorientierter Anleger. Dies trotz – oder gerade wegen – eines heute besser ausgestalteten Informationssystems der Aktiengesellschaft und der von internationalen Kapitalanlegern eingeforderten stärkeren Publizität im Rahmen der Investor Relations.[315] Zusammen mit den Diskussionsbeiträgen nahm die Wahrnehmung der Frage- und Rederechte durch die Aktionäre oftmals mindestens die Hälfte der insgesamt für die Hauptversammlung benötigten Zeitspanne ein.[316] Dieser Entwicklung konnte der Versammlungsleiter nur mit den ihm bislang zur Verfügung stehenden Ordnungsmitteln[317] entgegentreten. Letztes Mittel, um eine ausufernde Fragestellung durch die Aktionäre zu unterbinden, war allein die Anordnung

---

310 Als Beispiel sei nur die Hauptversammlung der DaimlerChrysler AG herausgegriffen. Waren es dort 1999 noch 179 Fragen, so sind 2005 schon 346 Fragen gestellt worden. In 1999 traten 24 Redner auf, 2005 waren es bereits 41. Beide Zahlen haben sich seither nahezu verdoppelt, vgl. Anhang Abb. 1.

311 In der auf zwei Tage für den 28./29.4.2005 angesetzten Hauptversammlung wurde die Verschmelzung der T-Online AG auf die Deutsche Telekom AG beschlossen. Zu solchen, grundsätzlich anders strukturierten, Fusionsversammlungen, die oftmals auf zwei Tage angesetzt wurden, vgl. *Martens*, Leitfaden, 3. Aufl. 2003, S. 14 f.

312 Hierzu vgl. die Statistik der Schutzgemeinschaft der Kapitalanleger e.V. für die durchschnittliche Hauptversammlungsdauer die Jahre 2003-2008, Anhang Abb. 2.

313 Vgl. hierzu die Statistiken der Schutzgemeinschaft der Kapitalanleger e.V. für die Jahre 2003 bis 2005, Anhang Abb. 6, 7 und 8. Auch für die Jahre 2006 bis 2008 nach Inkrafttreten des UMAG zeigen die Statistiken der Schutzgemeinschaft der Kapitalanleger e.V. weiterhin Hauptversammlungen mit einer Dauer von deutlich über 10 Stunden, vgl. Abb. 3, 4 und 5.

314 *Martens*, Leitfaden, 3. Aufl. 2003, S. 15.

315 Mit dem Begriff Investor Relations wird der zielgerichtete und an den Bedürfnissen der Kapitalanleger ausgerichtete Einsatz von Kommunikationsinstrumenten umschrieben, mit dessen Hilfe mögliche Marktwiderstände zwischen Kapitalangebot und Kapitalnachfrage überwunden werden sollen, vgl. *Pohle*, Publizitätsverhalten und Investor Relations, 1995, S. 69 (69); *Serfling/Großkopff/Röder*, AG 1998, S. 272 (272 f.); *Kubis*, in: MüKo AktG, 2. Aufl. 2004, § 131 Rn. 5.

316 Bei der auf zwei Tage einberufenen Hauptversammlung der Thyssen AG vom 3./4.12.1998 beanspruchte die Ausübung und die folgende Beantwortung von Auskunftsersuchen 90 % der insgesamt 23,5 Stunden dauernden Hauptversammlung, vgl. ausführlich *Joussen*, AG 2000, S. 241 (248 f.).

317 So standen bspw. die generelle Beschränkung der Redezeit, Wortentzug, Saalverweis oder die Anordnung des Schlusses der Debatte zur Verfügung.

des Schlusses der Debatte.[318] Dem Versammlungsleiter blieb für die zeitliche Organisation und Strukturierung der Hauptversammlung nur die Redezeitbeschränkung. Da der Ablauf der Redezeit die Stellung von Fragen nicht verhindern konnte, verwundert es kaum, dass es gängige Praxis war, das Rederecht vollständig bis zur letzten Sekunde auszuschöpfen, im Anschluss erst Fragen vorzutragen und hinter der Maske des Fragerechts durch geschickt gewählte Fragen den eigenen Vortrag fortzusetzen.[319]

Daneben spielt die Angst des Vorstandes vor der Anfechtung der gefassten Beschlüsse mit den oben skizzierten Folgen eine Rolle. Um die Anfechtbarkeit zu vermeiden werden Fragen von der Verwaltung mit Ausdauer, Geduld und Präzision, sozusagen „anfechtungsfest", zu beantworten versucht.[320] Ein Rückgriff auf die von § 131 Abs. 3 AktG zur Verfügung gestellten Auskunftsverweigerungsrechte oder gar die Berufung auf Rechtsmissbrauch durch den Aktionär erfolgt in nur wenigen Ausnahmefällen. Auch wenn mit Blick auf die Gefahr der Anfechtbarkeit ein „dem Gebot des sichersten Weges" folgendes Handeln des Vorstandes verständlich und ratsam ist, führt dies, bei den nicht selten komplexen Einzelfragen opponierender Aktionäre, zu einer hohen Beanspruchung des Vorstandes und seines Back-Offices. Es konnte daher in letzter Zeit der Trend beobachtet werden, vorsichtshalber eine Einberufung der Hauptversammlung auf zwei Versammlungstage[321] zu veranlassen, wenn „schwierige und anfechtungsträchtige" Hauptversammlungen anstanden. Die Anfechtungsklagen wurden dadurch aber nicht zurückgedrängt,[322] sondern stattdessen die ohnehin hohen Kosten für eine Hauptversammlung weiter in die Höhe getrieben.[323]

Schließlich wird von Vorstandsmitgliedern manchmal versucht, Fragen zu nutzen, um sich selbst in den Mittelpunkt der Diskussion zu stellen und „Werbung in eigener Sache" zu machen. Dies hängt auch damit zusammen, dass die Hauptversammlungspublizität in der Praxis wegen des mit ihr verbundenen, meist großen Interesse der Wirtschaftspresse und der Analysten – jedenfalls bei börsennotierten Aktiengesellschaften – zur Pflege der „Investor Relations" genutzt wird. Unternehmen versuchen daher teilweise schon im Wege eines *self-restraint* durch Straffung und zeitliche Kürzungen bei den Vorstandsvorträgen zu einer Straffung der Hauptversammlung zu gelangen.[324]

---

318 *Martens*, Leitfaden, 3. Aufl. 2003, S. 17.

319 Selbst wenn dieses Verhalten als rechtsmissbräuchlich eingestuft wird, so *Kubis*, in: MüKo AktG, 2. Aufl. 2004, § 131 Rn. 124, kommt es wegen des unberechenbaren Anfechtungsrisikos nur äußerst selten zum Entzug des Fragerechts. Zur bisherigen Rederechtsbeschränkungsmöglichkeit und zur Beschränkung des Fragerechts vgl. ausführlich Seite 107 ff.

320 *Zöllner*, AG 2000, S. 145 (152).

321 Aus dem Jahr 2005 finden sich die Hauptversammlung der Deutschen Telekom AG und die der T-Online AG, in der die Verschmelzung der T-Online AG auf die Deutsche Telekom beschlossen wurde. In 2005 wurde auch die Hauptversammlung der Wella AG für den 13./14.12.2005 einberufen, um einen Squeeze-Out durch den beherrschenden Mehrheitsgesellschafter Procter & Gamble Holding GmbH & Co Operations oHG zu beschließen und den am 8.6.2004 beschlossenen Beherrschungs- und Gewinnabführungsvertrag zu bestätigen, um damit den 14 erhobenen Anfechtungsklagen gemäß § 244 S. 1 AktG den Boden zu entziehen.

322 Nur ein Beispiel für eine zweitägige Hauptversammlung, die Anfechtungsklagen, gestützt vor allem auf Informationsmängel und beendet nach dem üblichen Muster durch Vergleich, nicht verhindern konnte, bildet die Hauptversammlung der Hoechst AG vom 15./16.6.1999, dazu *Schiessl*, in: VGR 1999, 2000, S. 57 (58) und Seite 68 Fn. 286.

323 So fallen neben den zweitägigen Beraterhonoraren sowie den übrigen typischen Kosten vor allem Mietzahlungen für eine Örtlichkeit zur Abhaltung der Hauptversammlung (diese muss bei großen Aktiengesellschaften in der Regel mehrere Tausend Aktionäre fassen können) besonders ins Gewicht.

324 *Seibert*, WM 2005, S. 157 (160).

3. Das Problem verblassender Qualität der Hauptversammlung

Die von einigen Aktionären massenweise gestellten Fragen haben indes nicht nur entscheidende Auswirkungen auf die Dauer der Hauptversammlung. Auch qualitativ nimmt die Hauptversammlung durch die Ausweitung komplexer Fragestellungen und als Folge der zunehmenden Dauer Schaden. Nicht selten ist beispielsweise nach dem Vortrag der Fragen durch den „Vielfrager" so viel Zeit verstrichen,[325] dass selbst bei ordnungsgemäßer Beantwortung der Fragen durch die Verwaltung ein Zusammenhang für die Mehrheit der Hauptversammlungsteilnehmer zu den gestellten Fragen nurmehr mit Schwierigkeiten oder gar nicht mehr hergestellt werden kann.

Die eine qualitativ hochwertige Hauptversammlung nicht mehr gewährleistende Struktur einer durchschnittlichen Hauptversammlung großer Publikumsgesellschaften kann durch eine zeitliche Einteilung in drei große Teile beschrieben werden.[326]

In einer ersten Phase nach Beginn der Hauptversammlung, meist um 10.00 Uhr, treten die vom Versammlungsleiter nach vorne auf die Rednerliste gesetzten Repräsentanten von Aktionärsvereinigungen und Investmentgesellschaften auf. Aufgrund ihrer Professionalität orientieren sich diese Aktionäre bei der Ausübung des Frage- und Rederechts mit zumeist sachdienlichen und diskussionsfördernden Beiträgen an der wirtschaftlichen Lage der Gesellschaft. Gegen 14.00 Uhr sind nach Abschluss dieser ersten Phase grundsätzlich alle wichtigen und diskussionswürdigen Punkte angesprochen und in der Regel vom Vorstand ausführlich beantwortet. Nunmehr kommt oftmals die Zeit der „kritischen" und „räuberischen" Aktionäre, die sich von gesellschaftsfremden Motiven leiten lassen oder mit ihren Beiträgen gesellschaftspolitische Themen in den Vordergrund rücken wollen.[327] Privat motivierte und nicht mehr auf die unternehmerische Gesamtheit als solche gerichtete Interessen der Aktionäre, verbunden mit einer wissentlichen Provokation der Mehrheit, oder dem Versuch der Ausnutzung des Auskunftsrechts zu gesellschaftsschädlichen Zwecken stehen im Vordergrund.[328] Ein effektiver Erkenntnisnutzen oder ein weiteres Argumentationsmuster für die zu fassenden Beschlüsse durch die Hauptversammlung ist nur in wenigen Fällen das Ergebnis dieser Beiträge. Abgeschlossen wird die Debatte von den in der dritten und letzten Phase zu Wort kommenden Aktionären. In der weit überwiegenden Zahl der Fälle haben die qualitativ oft fraglichen Beiträge keinerlei Bedeutung mehr für die zu fassenden Beschlüsse[329] und zögern die Dauer der Hauptversammlung weiter hinaus. Nicht selten treten „Berufsopponenten" erst in diesem letzten Abschnitt auf und spekulieren aufgrund der fortgeschrittenen Zeit auf Ungenauigkeiten des Vorstandes, der Unzumutbarkeit der Beschlussfassung oder der Anordnung des Schlusses der Debatte ohne eigene Berücksichtigung, um so Anfechtungsgründe zu provozieren.

4. Das Problem sinkender Präsenzquoten

Die eben dargestellten Folgen der Fehlentwicklungen des Auskunftsrechts machen die Hauptversammlung zunehmend unattraktiv und erklären, wenn auch nicht alleine,[330] ansatzweise ein

325 *Trouet*, NJW 1986, S. 1302 (1306) spricht von Antworten die aufgrund der Fülle von Fragen erst zwei (!) Stunden nach der gestellten Frage gegeben werden können.

326 Ausführlich hierzu und zu Folgendem *Martens*, AG 2004, S. 238 (239 f.).

327 Zu diesen beiden Gruppen siehe Seite 64 f. und Seite 64 ff.

328 *Martens*, AG 2004, S. 238 (239).

329 *Martens*, AG 2004, S. 238 (239), der diesen Beiträgen bestenfalls einen Unterhaltungswert zuspricht.

330 Von einer Darstellung der außerhalb des Auskunftsrecht wurzelnden wohl bedeutenderen Probleme für die Präsenzquote deutscher Aktiengesellschaften, wie der oftmals wegen der schwindenden Attraktivität des

– FORTSETZUNG NÄCHSTE SEITE –

weiteres Problem der Hauptversammlung deutscher Aktiengesellschaften. Die letzte Hauptversammlungssaison des Jahres 2005 vor Inkrafttreten des UMAG zeigte erneut eine sinkende Tendenz der Hauptversammlungspräsenz bei börsennotierten Aktiengesellschaften gegenüber der Hauptversammlungssaison 2004.[331] Nachdem der Präsenzdurchschnitt aller DAX-30-Unternehmen im Jahr 2003 erstmals die 50-Prozent-Marke unterschritten hatte (49,14 %)[332], konnte dieser einsetzende Trend auch in den Jahren 2004 (45,44 %) und 2005 (44,98 %) nicht gestoppt werden. Erst nach Inkrafttreten des UMAG kam es im Jahr 2006 (49,43 %) zu einer ersten Gegenreaktion.[333] Dabei klaffte schon 2005 eine nicht übersehbare Lücke zwischen den drei am besten besuchten Hauptversammlungen des Jahres 2005 der Deutsche Postbank AG (78,37 %), der Deutschen Post AG (74,19 %) und der Metro AG (67,40 %) und den Schlusslichtern der Präsenzstatistik[334] für 2005, der Continental AG (23,55 %), der Deutsche Bank AG (25,47 %) und der e.on AG (26,09 %).[335] Richtet man den Blick auf die Präsenzwerte der aufgeführten Aktiengesellschaften, zeigt sich, dass sich die Gesellschaften grundsätzlich im oberen bzw. unteren Präsenzbereich wiederfinden.[336] Eine Erklärung findet dies grundsätzlich in der Anteilseignerstruktur und dem nicht zu leugnenden Zusammenhang mit der Beteiligung eines oder mehrerer Großaktionäre.[337] Letztlich zeigte sich denn auch im Jahr 2005 bei Unternehmen mit mehr als 80 Prozent der Anteile in Streubesitz eine weitaus schlechtere Hauptversammlungspräsenz von durchschnittlich nur 39,80 %.[338] Auffallend ist, dass bis 2005 nur die

---

Depotstimmrechts nicht mehr vorgenommenen Stimmrechtsausübung der meisten Sparkassen und Volksbanken für ihre Kunden, vgl. *Kubis*, in: MüKo AktG, 2. Aufl. 2004, § 118 Rn. 19 m. w. N., oder der Tatsache der Internationalisierung der Aktionärsstruktur, vgl. zu beidem *Wadewitz,* Börsen-Zeitung v. 9.6.2005, S. 9, die dazu führt, dass immer mehr ausländische Investoren ihre Stimmrechte aufgrund der mit der Ausübung verbundenen zu hohen Kosten und einem enormen Zeitaufwand verfallen lassen, wird hier abgesehen.

331 Vgl. Anhang Abb. 9.

332 Im Jahr 1998 lag dieser Durchschnittswert laut einer Statistik der Deutsche Schutzvereinigung für Wertpapierbesitz e.V. (abrufbar unter http://www.dsw-info.de/uploads/media/HV-Praesenz08.pdf, zuletzt abgerufen am 10.1.2009) noch bei 60,95 % und im Jahr 1999 immerhin noch bei 56,36 %. Wie die Statistik der Schutzgemeinschaft der Kapitalanleger e.V. (vgl. Anhang Abb. 9) zeigt, sank die Hauptversammlungspräsenz daraufhin weiter (im Jahr 2000 auf 52,04 %, im Jahr 2001 blieb sie annähernd konstant bei 52,47 % und sank daraufhin im Jahr 2002 wieder auf 50,91 %).

333 Diese setzten sich im Jahr 2007 (56,12 %) und schließlich auch im Jahr 2008 (57,65) fort. Der anhaltende Abwärtstrend konnte vorerst gestoppt werden. Inwiefern sich dies auf die Änderungen des Aktienrechts durch das UMAG zurückführen lässt, ist noch nicht vollständig absehbar, von einer deutlichen Trendwende zu sprechen scheint noch verfrüht.

334 Eine traurige Rekordmarke setzte die Infineon Technologies AG noch im Jahr 2004 mit mageren 17,59 %, vgl. insgesamt die Statistik der Schutzgemeinschaft der Kapitalanleger e.V. für die Jahre 2000 bis 2008, vgl. Anhang Abb. 9.

335 Diese Lücke konnte zwar auch nach Inkrafttreten des UMAG weder in 2007 noch in 2008 verringert werden, dennoch zeigte sich insgesamt eine leicht positive Tendenz, die sich illustrativ an den Präsenzen der drei am besten besuchten Hauptversammlungen der Jahre 2007 (BMW AG (77,80 %), Fresenius Medical Care KGaA (73,84 %) und Metro AG (73,34 %)) und 2008 (Metro AG (80,57 %), BMW AG (75,23 %) und Fresenius Medical Care KGaA (73,28 %)) sowie den drei Schlusslichtern für 2007 (Daimler AG (39,19), Siemens AG (41,00 %) und Allianz SE (42,49 %)) bzw. 2008 (Deutsche Bank AG (33,20 %), Allianz SE (40,17 %) und Daimler AG (42,45 %)) ablesen lässt; vgl. insgesamt Anhang Abb. 9.

336 Vgl. Anhang Abb. 9.

337 So hat beispielsweise die BMW AG die Familie Quandt als Großaktionär, Großaktionär der Deutsche Post AG ist der Bund über die KfW-Bankengruppe, und die Metro AG hat die Großaktionäre Haniel und Schmidt-Ruthenbeck sowie Prof. Dr. Otto Beisheim.

338 Pressemitteilung der Deutschen Schutzgemeinschaft für Wertpapierbesitz e.V. vom 7.7.2005, abrufbar unter www.dsw-info.de/Hauptversammlungspraesenzen_sin.538.0.html (zuletzt abgerufen am 10.1.2009).

Deutsche Post AG in den Jahren 2003 bis 2005 wenigstens im Drei-Jahres-Mittel eine über 75 % liegende Präsenzquote aufweisen konnte.[339]

Der Höhepunkt der Präsenzen wird im Allgemeinen gegen 13.00 Uhr erreicht. Danach verlassen die meisten Aktionäre die Hauptversammlung, erteilen aber in der Regel Vollmacht zu Gunsten des Stimmrechtsvertreters der Gesellschaft, so dass die Hauptversammlungspräsenz in der Folge faktisch nur um wenige Zehntel-Prozentpunkte sinkt, obwohl es tatsächlich zu einer Entleerung der Hauptversammlung kommt. Gegen Ende der Hauptversammlung kurz vor der Beschlussfassung sind im Vergleich zu Beginn meist nur noch wenige Aktionäre anwesend.[340] Zurückzuführen ist dies sicherlich *auch* auf die in der zweiten und dritten Phase der Hauptversammlung auftretenden Aktionäre.[341]

Sinkende bzw. niedrige Hauptversammlungspräsenzen sind nicht nur ein unbefriedigendes Faktum, sondern können den Unternehmen erhebliche praktische Schwierigkeiten bereiten. Geringe Präsenzen ermöglichen eine Machtübernahme in der Aktiengesellschaft durch Erlangung der für unternehmerische Entscheidungen notwendigen Mehrheit schon mit einem unter der 30-Prozent-Regelung des §§ 35 Abs. 2 S. 1 WpÜG i. V. m. 29 Abs. 2 WpÜG für ein Pflichtangebot liegenden Beteiligung.[342] Damit werden Unternehmen ohne schützenden Großaktionär und kleiner Hauptversammlungspräsenz ein leichtes Ziel für Übernahmen durch Private-Equity-Investoren, Hedge-Fonds oder konkurrierende Unternehmen. Zusätzlich erhebt sich die Gefahr von Zufallsmehrheiten und der Durchsetzung eines wirtschaftlichen oder politischen Kurses entgegen den wirtschaftlichen Interessen der Aktionärsmehrheit.

B. Das Auskunftsrecht in der Hauptversammlung einer personalistisch geprägten Aktiengesellschaft

Im Unterschied zu den Hauptversammlungen großer (nicht) börsennotierter Publikumsgesellschaften ist der Ablauf der Hauptversammlungen kleiner, nicht börsennotierter Aktiengesellschaften weitaus weniger von den eben dargestellten Problemen gekennzeichnet. Trotz der einzuhaltenden aktienrechtlichen Vorschriften sind diese Hauptversammlungen wegen des abgegrenzten Gesellschafterkreises in ihrer Durchführung eher mit den Gesellschafterversammlungen einer GmbH vergleichbar. Insbesondere bei einem familiären Bezug innerhalb der Aktiengesellschaft oder einer langjährigen Bekanntschaft der Gesellschafter ist ein unkomplizierter, reibungsloser und unspektakulärer Ablauf ohne strenge Formalia die Regel. Obwohl § 131 AktG nicht zwischen börsennotierten und nicht börsennotierten oder „kleinen" und „großen" Aktiengesellschaften unterscheidet, lässt schon diese personalistische Struktur der Aktiengesellschaft in den allermeisten Fällen die dargestellten Probleme nicht in der entsprechenden Schärfe hervortreten. Zwar kann sich auch in diesen Gesellschaften ein Aktionär auf § 131 Abs. 1 S. 1 AktG berufen. Es besteht aber mangels Publikumswirkung weder eine Plattform für die Verbreitung gesellschaftspolitischer Ansichten, noch wird grundsätzlich ein den typischen „räuberischen Aktionär" kennzeichnendes eigennütziges Vermögensinteresse

339 Dennoch schaffte die Deutsche Post AG eine Präsenz von über 75 % zuletzt im Jahr 2003, vgl. Anhang Abb. 9.

340 Die DaimlerChrysler AG gibt insoweit bei Ende ihrer regelmäßig über 10 Stunden dauernden Hauptversammlung eine Aktionärszahl von ca. 300-500 Aktionären zum Zeitpunkt der Beschlussfassung an, obwohl im Jahr 2005 zu Beginn noch 8.400 Aktionäre teilnahmen, vgl. Anhang Abb. 1.

341 Dazu Seite 72 ff.

342 Diese Mehrheit wäre bei den Gesellschaften mit geringer Hauptversammlungspräsenz im Jahr 2005 (bspw. der Continental AG) schon mit einer Beteiligung von deutlich unter 20 Prozent erreichbar gewesen.

vorhanden sein. Dies liegt an den in der Regel gleichförmig verlaufenden Aktionärsinteressen mit den Gesellschaftsinteressen an einem wirtschaftlichen Erfolg mit dem Zweck der Kapitalwertmaximierung der eigenen Beteiligung. Ausnahmen bestätigen allerdings die Regel, und so ist in den vergangenen Jahren auch bei Gesellschaften mit kleinem Aktionärskreis die Neigung mancher Aktionäre gewachsen, notwendige Maßnahmen aus gesellschaftsfeindlicher Motivation heraus zu blockieren, um sich einen eigenen Vorteil zu verschaffen.[343]

C. Zusammenfassung

Die Entwicklung des Auskunftsrechts gemäß § 131 AktG führte vor allem in den großen Publikumsgesellschaften zu deutlichen Fehlentwicklungen, die mit dem eigentlichen Normzweck des Auskunftsrechts nur schwer zu rechtfertigen sind. Kleine personalistisch ausgestaltete Aktiengesellschaften sind nicht in demselben Ausmaß betroffen, sehen sich in jüngster Vergangenheit aber ebenfalls, wenn auch bislang nur sehr vereinzelt, mit eigennützig operierenden Aktionären konfrontiert. Die sich nicht mehr am Bild eines *„loyalen, uneingeschränkt dem Gesellschaftsinteresse verpflichteten Aktionär"*[344] orientierenden Aktionäre sind in ihrer Erscheinungsform der „räuberischen Aktionäre" die größte Belastung für die Unternehmen. Teilweise provozierte, leicht nachweisbare Auskunftsrechtsverletzungen in Kombination mit einem nicht unerheblichen Erpressungspotenzial der Anfechtungsklage machen das Auskunftsrecht des § 131 Abs. 1 S. 1 AktG bislang zu einem dankbaren Anfechtungsgrund, dessen Aufnahme in die Begründung sich zur Substantiierung des eigenen Vortrages stets lohnt, um eine (weitere) Flanke für den Angriff auf den gefassten Hauptversammlungsbeschluss zu eröffnen. Nicht selten lieferte gerade die Geltendmachung einer Auskunftsrechtsverletzung in der Vergangenheit die schlagkräftigste Begründung der Anfechtungsklage. Um genau dies zu vermeiden, werden von den Unternehmen bereits im Vorfeld anfechtungsträchtiger Hauptversammlungen kostenintensive Maßnahmen ergriffen, deren Nutzen oftmals den Einsatz der Mittel nur schwer rechtfertigen kann. So werden Back-Offices mit einer Vielzahl an externen (Rechts-) Beratern und internen Mitarbeitern eingerichtet und sogar Hauptversammlungen in einem Probelauf durchgespielt, um den Vorstand und auch das Back-Office auf eventuell auftretende schwierige Passagen der Hauptversammlung vorzubereiten.[345] So entstehen nicht nur bedeutende Honorarforderungen seitens der Berater, sondern mit der Einbindung interner Mitarbeiter im Rahmen der Vorbereitung und Abwicklung der Hauptversammlung werden auch erhebliche Kapazitäten innerhalb der Unternehmen gebunden.

Querulatorisch agierenden Aktionäre, die durch eine unangemessen lange Inanspruchnahme des Frage- und Rederechts die Hauptversammlung mit ihren Inhalten überziehen und es zweckwidrig für die „Umgestaltung der Hauptversammlung" zu einem Podest für publizistische Selbstdarstellungen und einer Plattform für die Verfolgung gesellschaftspolitisch brisanter Themen institutionalisieren, missachten letztendlich die Stellung der Hauptversammlung als Organ. Diese Gruppe, die regelmäßig nur eine Minderheit der erschienenen Aktionäre ausmacht, blockiert durch ihre extensive Ausübung vor allem des Fragerechts zeitliche Kontingente für die Erörterung inhaltlich interessanter und für die Mehrheit der Aktionäre wichtiger Gesellschaftsangelegenheiten und beeinträchtigt die inhaltliche Qualität der Hauptversammlung.

---

343 *Ek*, Leitfaden, 2005, S. 3.
344 *Martens*, Leitfaden, 3. Aufl. 2003, S. 20.
345 *Schiessl*, in: VGR 1999, 2000, S. 57 (62 f.).

Die aufgezeigten Missstände lassen die Hauptversammlung insgesamt zu einem unbeweglichen, qualitativ fraglichen, kostenintensiven, ineffizienten und nicht auf das Notwendige konzentrierten Konstrukt[346] verkommen und fördern im gleichen Atemzug die Ausnutzung des als Aktionärsrecht installierten Auskunftsrechts zu unlauteren Zwecken. Im Puzzlespiel eines attraktiven Wirtschaftsstandortes mag dies nur ein Aspekt für ausländische Beobachter sein. Gerade die Tatsache, dass Zustände wie in Deutschland im Ausland wenig bekannt sind, lässt insbesondere ausländische Investoren mit teilweiser Verwunderung, aber auch Unverständnis nach Deutschland blicken und nicht selten (im Zusammenspiel mit anderen Faktoren) von einer Wahl des deutschen Aktienrechts und damit des Standortes Deutschland Abstand nehmen.[347] Im internationalen Wettbewerb der Rechtsordnungen um Anleger können diese Missstände – beispielsweise bei einer grenzüberschreitenden Fusion – den (letzten) Ausschlag für die Wahl einer ausländischen Rechtsform anstatt der deutschen Aktiengesellschaft (als Obergesellschaft) geben, wenn man damit die aufgezeigten Schwierigkeiten umschiffen kann. Denn der Einfluss von Effizienz und Optik der Hauptversammlung bei Investitionsentscheidungen im international-globalen Wettbewerb der Gesellschaftsrechte um Investoren und Anleger darf nicht unterschätzt werden und wird in Zukunft noch erheblich an Bedeutung gewinnen.[348] Je einfacher und berechenbarer eine Organisationsstruktur für den Investor zu handhaben und je weniger sie mit unkalkulierbaren Risiken außerhalb des Einflussbereichs des Investors belastet ist, desto eher wird er sich letztlich bei seiner Investition für die Wahl dieser Gesellschaftsstruktur entscheiden.

Dieser Befund bezieht sich indes nur auf die Veranstaltung und Durchführung der Hauptversammlung, die in ihrer jetzigen Ausgestaltung aufgrund der aufgezeigten Missstände jedenfalls bei börsennotierten Aktiengesellschaften eine effiziente Corporate Governance nicht widerspiegeln kann, nicht hingegen auf die Hauptversammlung als Organ der Aktiengesellschaft, als das sie notwendiger Bestandteil einer deutschen Corporate Governance ist. Eine materielle wie prozessuale Neuorientierung im Rahmen des Auskunftsrechts zur Vermeidung weiterer und vor allem zum Abbau der schon vorhandenen Fehlbildungen war nach diesem Befund unumgänglich. Neben der Modernisierung des Auskunftsrechts in materieller Hinsicht war als Kehrseite der Medaille auch die prozessuale Flankierung des Auskunftsrechts durch die Anfechtungsklage zu überdenken.

Mit den durch das UMAG geschaffenen Neuregelungen in beiderlei Hinsicht versucht der Gesetzgeber die aufgezeigten Problemkernpunkte in Angriff zu nehmen und einer Lösung zuzuführen. Im Folgenden beschränkt sich die Untersuchung auf das Auskunftsrecht des Aktionärs in der Hauptversammlung nach der Neufassung des § 131 AktG sowie die Neuerungen im Zusammenhang mit der Anfechtungsklage als entscheidendem Rechtsbehelf bei Geltendmachung einer Auskunftsrechtsverletzung. Die anderen spezialgesetzlichen individuellen

---

346 Dazu, dass dies auch mit dem Gedanken einer effektiven Corporate Governance nur schwer zu vereinbaren ist, vgl. *Kremer*, in: Ringleb/Kremer/Lutter/v.Werder, DCGK-Komm, 3. Aufl. 2008, Rn. 230 ff.

347 Selbst wenn das Standortargument für viele Fallgestaltungen herhalten muss, hat es hier seine Berechtigung. Wie wichtig ein sich an internationalen Standards orientierendes Aktienrecht für die Vermeidung von Standortnachteilen ist, hat schon *Lehmann* auf dem 34. DJT im Jahr 1926 richtig erkannt: „[...] *Von zwei geldgebenden Staaten hat derjenige einen Vorsprung im internationalen Finanzierungsgeschäft, der die meisten Möglichkeiten und Bequemlichkeiten der Gründung von Aktiengesellschaften kennt.* [...] *Ähnlich liegt es bei den geldgebenden Ländern, zu denen Deutschland heute gehört. Hier besteht* [...] *ein gewisses Bedürfnis, sich Rechtsformen der geldgebenden Ländern anzunähern, um den ausländischen Kapitalisten bei einer Emission diejenigen Reize bieten zu können, die ihnen die Emissionen des eigenen Landes oder anderer Länder geben können.*" in: Verhandlungen des 34. DJT 1926, S. 258 (262).

348 So auch *Hemeling*, AG 2004, 262 (263).

Auskunftsansprüche des Aktionärs, wie beispielsweise §§ 131 Abs. 1 S.4, 293 g Abs. 3, 319 Abs. 3 S.4, 320 Abs. 4 S. 3, 326 AktG, § 64 Abs. 2 UmwG, stellen lediglich Klarstellungen des sich aus § 131 Abs. 1 S. 1 AktG ergebenden allgemeinen Auskunftsanspruchs dar,[349] so dass insofern die Qualifizierungen im Rahmen des allgemeinen Auskunftsanspruchs aus § 131 Abs. 1 S. 1 AktG entsprechend gelten.[350] Zurückgekommen werden muss auf das Verhältnis zu den speziellen Auskunftsrechten aber im Rahmen der Neuregelung des § 131 Abs. 3 S. 1 Nr. 7 AktG. Denn die Anwendbarkeit der Auskunftsverweigerungsrechte des § 131 Abs. 3 AktG ist dort teilweise umstritten.

Damit sind die Grundlagen als Ausgangsposition für die weitergehende Untersuchung der Modifizierungen der materiellen Komponente des Auskunftsrechts sowie dessen prozessualer Absicherung durch das UMAG gelegt. Im Folgenden sollen diese Neuerungen analysiert und kritisch hinterfragt sowie Lösungsansätze für aufgeworfene Problemstellungen erarbeitet werden.

349 Begr. RegE UMAG, BT-Drucks. 15 /5092, S. 17.
350 *Decher*, in: GroßK-AktG, 4. Aufl. 2001, § 131 Rn. 35, 289.

§ 5 Der Gesetzeszweck des UMAG bei den auskunftsrechtsbezogenen Neuregelungen

A. Die fallgruppenorientierte Charakterisierung missbräuchlichen Aktionärsverhaltens

Die soeben dargestellten Fehlentwicklungen veranlassten den Gesetzgeber bei der Reform des Aktienrechts durch das UMAG, einen seiner Schwerpunkte auf die Unterbindung der missbräuchlichen Ausübung des Anfechtungsrechts durch opponierende (Kleinst-) Aktionäre zu legen. Er anerkennt die mit der missbräuchlichen Ausübung des Anfechtungsrechts teilweise einhergehende Handlungsunfähigkeit der Gesellschaften, die zu betriebs- und gesamtwirtschaftlichen Schäden führen und deren Hinnahme allein mit dem Rechtsschutzinteresse des Einzelnen nicht mehr begründet werden kann.[351] Einerseits möchte der Gesetzgeber mit den vorgenommenen Modifizierungen des geltenden Anfechtungsrechts die Anfechtungsklage als bedeutendes Schutzinstrument der Aktionäre bewahren und andererseits im selben Atemzug den Missbrauch dieses Aktionärsrechts eindämmen.[352]

Soweit das Auskunftsrecht seinen Teil zu den aufgezeigten Fehlentwicklungen beiträgt, setzt der Gesetzgeber zur Erreichung dieses Ziels an drei neuralgischen Punkten des Auskunftsrechts an. Zum Ersten wird den Gesellschaften mit § 131 Abs. 2 S. 2 AktG eine weiterreichende Satzungsautonomie im Bereich des § 131 AktG eingeräumt, um erstmals die Möglichkeit einer Begrenzung des Auskunftsrechts in der Hauptversammlung zu eröffnen. Zum Zweiten schafft der Gesetzgeber mit § 131 Abs. 3 S. 1 Nr. 7 AktG eine Verbindungslinie zwischen den in der Hauptversammlung zu erteilenden Informationen und den schon im Vorfeld der Hauptversammlung zur Verfügung gestellten Informationen. In einem dritten Schritt münden die gesetzgeberischen Bemühungen in der Anpassung der prozessualen Flankierung des Auskunftsrechts durch die Anfechtungsklage, um dem möglichen Missbrauch, auch vor dem Hintergrund der vom Auskunftsrecht eingenommenen, besonders exponierten Stellung, einen Riegel vorzuschieben.[353]

Die oben bereits herausgearbeitete Verflechtung des Anfechtungsmissbrauchs mit dem Auskunftsrecht als oftmals entscheidendem Anknüpfungspunkt entsprechender Klagen lässt die Folgerung zu, dass eine Beschränkung der *ratio* der Missbrauchsverhinderung auf die Regelungen der prozessualen Anfechtungsfragen eine verkürzte Interpretation ohne entsprechenden Weitblick wäre. Stattdessen wollte der Gesetzgeber den Missbrauchsverhinderungsgedanken ebenso den materiellen, hauptversammlungsbezogenen Neuerungen des Auskunftsrechts zugrunde legen. So bezieht sich der Gesetzgeber in seiner Begründung ausdrücklich auf die Rechtsprechung des Bundesverfassungsgerichts,[354] „*wonach die Gerichte nach Art. 14 Abs. 1 GG gehalten sind, auch einer missbräuchlichen Handhabung des Fragerechts durch die Aktionäre entgegenzutreten*“[355]. Schon das Merkmal der Erforderlichkeit in § 131 Abs. 1 S. 1 AktG, eingefügt mit dem Aktiengesetz 1965, sollte „*Missbräuche des Auskunftsrechts*

---

[351] Begr. RegE UMAG, BT-Drucks. 15 /5092, S. 17.

[352] Begr. RegE UMAG, BT-Drucks. 15 /5092, S. 10; vgl. dazu auch *Göz/Holzborn*, WM 2006, S. 157 (160) m. w. N.

[353] Begr. RegE UMAG, BT-Drucks. 15 /5092, S. 17.

[354] BVerfG, Beschl. v. 20.9.1999 - AG 2000, S. 74 (75).

[355] Begr. RegE UMAG, BT-Drucks. 15 /5092, S. 17.

verhindern.[356] Anknüpfend hieran sollen mit dem UMAG nunmehr die hervorgetretenen Lücken im System der Unterbindung des Missbrauchs des Auskunftsrechts zur Verfolgung gesellschaftsfeindlicher Interessen weitestgehend geschlossen werden.[357]

Der Missbrauchsgedanke muss daher allgemein bei der Auslegung und Fortbildung auch der hauptversammlungsbezogenen Neuregelungen des Auskunftsrechts in allen Ebenen Eingang finden und ist nicht nur auf den Ausschnitt der prozessualen Regelungen von Anfechtungsfragen im Zusammenhang mit dem Auskunftsrecht zu reduzieren.[358] Insgesamt können die Neuregelungen im Zusammenhang mit dem Auskunftsrecht daher als nicht abschließende Charakterisierung solcher Fallgruppen verstanden werden, die missbräuchliches Aktionärsverhalten kennzeichnen.[359] Dem kann nicht entgegengehalten werden, dass die rechtsmissbräuchliche Wahrnehmung eines Rechts ohnehin schon ohne Rückgriff auf eine ausdrückliche gesetzliche Regelung die Versagung der Geltendmachung seiner Rechtsfolgen oder entsprechender Rechtswirkungen rechtfertigt, da damit eine rechtshindernde bzw. rechtsvernichtende Einwendung entstünde.[360] Denn der Nachweis von rechtsmissbräuchlichem Verhalten bei der Beurteilung der Wahrnehmung von Aktionärsrechten erweist sich *in praxi* nicht selten als kompliziertes, einzelfallgeprägtes Feld, meist ohne gesicherten Rechtsboden für die Rechtsanwender.[361] Die fallgruppenorientierte Charakterisierung eines missbräuchlichen Aktionärsverhaltens durch eine gesetzliche Präzisierung der wichtigsten Anwendungsfälle macht den Nachweis des Rechtsmissbrauchs in diesen Fällen entbehrlich, erleichtert die praktische Handhabung derartiger Fallkonstellationen erheblich und leistet damit einen wichtigen Beitrag zu Rechtssicherheit und Rechtsklarheit bei der konkreten Anwendung des Rechtsbefehls.[362]

B. Dualer Normzweck der hauptversammlungsbezogenen Neuregelungen – Konzentrationsmaxime und Beschleunigungsgrundsatz

Die Charakterisierung missbräuchlichen Aktionärsverhaltens benennt nur den einen verwirklichten Grundgedanken des Gesetzgebers. Für die hauptversammlungsbezogenen Neuregelungen verfolgt der Gesetzgeber neben diesem noch einen zweiten, grundlegenden Gedanken.

Der Gesetzgeber legt es mit der zu Gunsten der Hauptversammlung eingerichteten Satzungsautonomie gemäß § 131 Abs. 2 S. 2 AktG bewusst in die Hände der Aktionäre, die Hauptversammlung *„zu einer straffen, auf die wesentlichen strategischen Entscheidungen konzentrierten Plattform zu machen, die dann auch wieder mehr an inhaltlichem Gewicht und Attraktivität für Aktionäre mit ernstzunehmenden Stimmanteilen gewinnen könnte“*[363]. Zusätzlich soll durch § 131 Abs. 3 S. 1 Nr. 7 AktG ein Entlastungseffekt erzielt werden, indem typische Standardfragen aus der Hauptversammlung heraus in deren Vorfeld verlagert werden

---

356 Dazu schon Seite 34 und Begr. RegE AktG 1965, abgedr. bei *Kropff*, S. 185. Wenngleich konstatiert werden muss, dass dies dem Gesetzgeber nur bedingt gelang, wie die gezeigte tatsächliche Entwicklung des Auskunftsrechts zeigt, vgl. dazu Seite 63 ff.

357 Begr. RegE UMAG, BT-Drucks. 15 /5092, S. 17.

358 Für § 131 Abs. 3 S. 1 Nr. 7 AktG den Normzweck der Missbrauchsverhinderung ablehnend *Seibert*, WM 2005, S. 157 (161), vgl. dazu Seite 172 f.

359 Zutreffend *Weißhaupt*, ZIP 2005, 1766 (1766).

360 Vgl. Palandt-*Heinrichs*, 68. Aufl. 2009, § 242 Rn. 41; *Roth*, in: MüKo BGB, 5. Aufl. 2007, § 242 Rn. 197 m. w. N.

361 Dazu *Puszkajler*, in: Verhandlungen 63. DJT, 2000, S. O 108.

362 *Weißhaupt*, ZIP 2005, 1766 (1766).

363 Begr. RegE UMAG, BT-Drucks. 15 /5092, S. 17.

können und auf diese Weise Platz geschaffen wird für eine gehobene inhaltliche Diskussion zu wichtigen unternehmenspolitischen und strategisch entscheidenden Themenkomplexen. Die Orientierungshilfe für das zeitliche Leitbild einer *„normalen Hauptversammlung, in der keine tiefgreifenden unternehmensstrukturellen Maßnahmen zu erörtern sind"* von vier bis sechs Stunden[364] zeigt ebenso wie die vorgenannten Maßnahmen, dass der Gesetzgeber, in Kenntnis um die Probleme der Dauer und Qualität der Hauptversammlung – insbesondere in börsennotierten Aktiengesellschaften –, das Regelungsziel einer zeitlichen Straffung und Effizienzsteigerung der Hauptversammlung vor Augen hatte.

Hieraus ist der zweite Grundgedanke des Gesetzgebers für hauptversammlungsbezogene Neuregelungen abzuleiten. Geprägt werden diese Vorschriften von dem Gedanken der Statuierung einer Konzentrationsmaxime wie eines Beschleunigungsgrundsatzes, die diesen Regelungen implizit zugrunde liegen.[365] Die Hauptversammlung soll auf ein zeitliches Maß zurückgeführt werden, das ihre Durchführung in angemessener und zumutbarer Zeit sowie in effizienter und inhaltlich überzeugender Weise ermöglicht. Die (zeitliche) Fokussierung soll die Hauptversammlung insgesamt mit einem Mehr an inhaltlicher Qualität versehen und im Ergebnis die Diskussionskultur anheben, um die Attraktivität der Hauptversammlung auch für diejenigen Aktionäre wieder gewährleisten zu können, die der Hauptversammlung – trotz ihrer bedeutenden Stimmanteile – (auch) aufgrund der dargelegten Fehlentwicklungen fernblieben.[366] Ziel ist es daher, einerseits die Effizienz und andererseits vor allem die in der breiten (internationalen) Öffentlichkeit wahrgenommene Optik der Hauptversammlung nachhaltig zu verbessern und dadurch die Aktiengesellschaft im internationalen Wettbewerb der Gesellschaftsrechte besser zu positionieren. Gerade die im Fall einer Satzungsregelung i. S. v. § 131 Abs. 2 S. 2 AktG eröffnete zeitliche Strukturierungsmöglichkeit und die mit § 131 Abs. 3 S. 1 Nr. 7 AktG eröffnete Möglichkeit der Fokussierung auf bedeutende unternehmenspolitische Entscheidungen durch konsequente Nutzung der Verlagerung typischer Standardfragen aus der Hauptversammlung heraus müssen vor diesem Hintergrund gesehen und ausgelegt werden. Zutreffenderweise ist von einem *„Gebot der Hauptversammlungseffizienz"*[367], insoweit Oberbegriff für die Konzentrationsmaxime und den Beschleunigungsgrundsatz, als Leitlinie und Orientierungsmaßstab für die Auslegung und Fortentwicklung der hauptversammlungsbezogenen Rechtsbefehle, neben dem auch diesen Neuregelungen zugrunde liegenden Missbrauchsverhinderungsgedanken, auszugehen.

Die Konkretisierung des Gebots der Hauptversammlungseffizienz ist eine konsequente Anknüpfung des Gesetzgebers an die Intention des Aktiengesetzes 1965. Dieses wollte mit dem *„zusätzlichen Erfordernis"* der Erforderlichkeit der Auskunft für die sachgemäße Beurteilung des Tagesordnungspunktes auch einen *„ordnungsgemäßen Ablauf der Hauptversammlung"*[368] ermöglichen. Der Gesetzgeber entwickelt diesen in seiner Wirkung nicht durchgreifenden Ansatz unter Anpassung an die tatsächlichen Gegebenheiten mit dem Grundsatz der Hauptversammlungseffizienz nunmehr fort.

---

364 Begr. RegE UMAG, BT-Drucks. 15 /5092, S. 17.
365 *Weißhaupt*, ZIP 2005, S. 1766 (1766).
366 Begr. RegE UMAG, BT-Drucks. 15 /5092, S. 17.; dazu auch *Seibert*, WM 2005, 157 (160).
367 Mit dieser treffenden Formulierung *Weißhaupt*, ZIP 2005, S. 1766 (1766).
368 Dazu schon Seite 34 und Begr. RegE AktG 1965, abgedr. bei *Kropff*, S. 185.

C. Differenzierung zwischen börsennotierter und nicht börsennotierter Aktiengesellschaft?

Der Gesetzgeber hat in keiner seiner auskunftsrechtsbezogenen Neuregelungen eine ausdrückliche Unterscheidung zwischen börsennotierten und nicht börsennotierten Aktiengesellschaften vorgenommen, obwohl er primär die aufgezeigten Probleme der börsennotierten Aktiengesellschaften im Auge hatte.[369] Obwohl die rechtstatsächliche Bedeutung des Auskunftsrechts in börsennotierten Aktiengesellschaften oder nicht börsennotierten Publikumsgesellschaften in den meisten Fällen immer noch erheblich von der personalistisch geprägter Aktiengesellschaft mit überschaubarem Aktionärskreis abweicht und der Gesetzgeber bei einzelnen Neuregelungen gerade die Schwierigkeiten und Missstände bei börsennotierten Aktiengesellschaften im Blick hat, ändert dies an der für alle Aktiengesellschaften geltenden Ziel- und Zweckrichtung der Neuregelungen grundsätzlich nichts. Denn sowohl nicht börsennotierte Publikumsgesellschaften als auch nicht börsennotierte personalistisch geprägte Aktiengesellschaften sind nicht vollkommen von negativen Fehlentwicklungen verschont geblieben,[370] so dass sowohl die fallgruppenorientierte Charakterisierung missbräuchlichen Aktionärsverhaltens als auch das Gebot der Hauptversammlungseffizienz grundsätzlich als Leitlinie der Auslegung, unabhängig von der Börsennotierung oder Größe, allgemeine Geltung beansprucht. Die Problemstellung verlagert sich insofern auf die jeweils in Frage stehenden Rechtsbefehle und deren spezifische Anwendung auf börsennotierte und nicht börsennotierte Aktiengesellschaften. Es können sich, unter Beachtung beider Regelungsziele, aufgrund der rechtstatsächlichen Unterschiede börsennotierter und nicht börsennotierter Aktiengesellschaften in ihrer Realstruktur und dem Ablauf ihrer jeweiligen Hauptversammlungen verschiedene Auslegungsvarianten des einzelnen Rechtsbefehls ergeben. Die Unterschiede werden nicht selten sogar dazu zwingen, durch eine entsprechende Auslegung innerhalb des in Frage stehenden Tatbestandes der jeweiligen Erscheinungsform gerecht zu werden, um eine rechtsfehlerfreie Anwendung des Rechtsbefehls zu gewährleisten.

D. Zwischenergebnis

Es hat sich gezeigt, dass die *ratio* der Missbrauchsverhinderung allgemein bei der Auslegung und Fortbildung aller auskunftsrechtsbezogenen Neuregelungen Geltung beansprucht, auch die hauptversammlungsbezogenen Neuerungen vor diesem Hintergrund zu betrachten sind und sie sich nicht bloß auf den Teil der prozessualen Regelungen von Anfechtungsfragen basierend auf dem Auskunftsrecht konzentrieren soll. Im Ergebnis wird typisches Missbrauchsverhalten durch den Aktionär in nicht abschließender Weise zur Erleichterung des Nachweises und der praktischen Handhabung entsprechender Problemstellungen charakterisiert.

Neben diesem Missbrauchsgedanken gelangt man für die hauptversammlungsbezogenen Neuregelungen der §§ 131 Abs. 2 S. 2, Abs. 3 S. 1 Nr. 7 AktG zu einem zweiten, die Auslegung prägenden Grundgedanken des Gesetzgebers. Das Gebot der Hauptversammlungseffizienz soll durch eine Beschleunigung und Konzentration eine Straffung der Hauptversammlung bewirken, diese auf die wesentlichen und entscheidungsrelevanten Themenkomplexe fokussieren und die aufgetretenen Fehlentwicklungen weiter zurückdrängen.

---

[369] *Seibert*, WM 2005, 157 (161) zum Merkmal der Angemessenheit im Rahmen des § 131 Abs. 2 S. 2 AktG.

[370] Vgl. Seite 63 ff.

Diese Ergebnisse gelten für die börsennotierte ebenso wie für die nicht börsennotierte Aktiengesellschaft. Den rechtstatsächlichen Unterschieden zwischen börsennotierten und nicht börsennotierten Aktiengesellschaften in ihrer Realstruktur und dem Ablauf ihrer jeweiligen Hauptversammlungen ist jedoch bei der Auslegung des einzelnen Rechtsbefehls Rechnung zu tragen.

§ 6 Modifizierungen des Auskunftsrechts durch das UMAG – Insbesondere die tatbestandlichen Neuregelungen des § 131 AktG

Im Vordergrund der Neuerungen des UMAG zum Auskunftsrecht stehen die Regelungen der § 131 Abs. 2 S. 2, Abs. 3 S. 1 Nr. 7 AktG, die den tatbestandlich materiellen Kern des Auskunftsrechts modifizieren. Doch auch andere, nicht unmittelbar in § 131 AktG angesiedelte Änderungen des Aktiengesetzes können Ausstrahlungswirkung auf das Auskunftsrecht entfalten und dürfen deshalb nicht ohne weiteres übergangen werden. Im Folgenden konzentriert sich die Untersuchung deshalb, neben den in den Vordergrund zu stellenden ausdrücklich auskunftsrechtsbezogenen Neuerungen, auch auf ebendiese mittelbaren Auskunftsrechtsbezug aufweisende Änderungen.

A. Auskunftsberechtigter und Auskunftsverpflichteter

I. Der (individuelle) Aktionär als Auskunftsberechtigter

Der Auskunftsanspruch des § 131 AktG steht dem Wortlaut des § 131 Abs. 1 S. 1 AktG zufolge *„jedem Aktionär* [...] *in der Hauptversammlung"* zu. Der Gesetzgeber zeigt damit, dass sich die Aktionärseigenschaft und das Recht zur Teilnahme an der Hauptversammlung für die Auskunftsberechtigung zu einem Doppeltatbestand im Rahmen des § 131 Abs. 1 S. 1 AktG zusammenfügen sollen und beide Elemente als tatbestandliche Voraussetzungen der Auskunftsberechtigung kumulativ zu erfüllen sind.[371] Das Teilnahmerecht vermittelt dem Aktionär das Auskunftsrecht[372] und verschafft ihm so den Charakter eines hauptversammlungsbezogenen Aktionärsrechts.

1. Aktionärseigenschaft und Teilnahmerecht als kumulative Voraussetzungen des Auskunftsrechts

Wer Inhaber des Auskunftsrechts sein kann, ist hinsichtlich der Aktionärseigenschaft durch die Formulierung *„jedem"* in § 131 Abs. 1 S. 1 AktG weit gefasst. Diese ohne Einschränkung vorgenommene Zuweisung der Auskunftsberechtigung an jedes Mitglied der Aktiengesellschaft spiegelt den Willen des Gesetzgebers wieder, bei der Begründung der Aktionärseigenschaft einen Mindestbesitzanteil grundsätzlich nicht zur Voraussetzung zu erheben.[373] Eine einzige Aktie reicht deshalb zur Begründung der Auskunftsberechtigung aus, selbst wenn der Aktionär, in Fällen gefestigter Mehrheitsverhältnisse, regelmäßig nicht in der Lage sein wird, mit einer geringen Beteiligung auf das Zustandekommen eines zu fassenden Hauptversammlungsbeschlusses Einfluss auszuüben.

Formal ist bei der Beurteilung als Aktionär die Inhaberschaft am Wertpapier maßgebend bzw. auch derjenige, unabhängig von seiner materiell-rechtlichen Berechtigung auskunftsberechtigt, der aufgrund seiner Eintragung im Aktienregister gemäß § 67 Abs. 2 AktG gegen-

---

[371] *Semler*, in: Münch Hdb GesR, Bd. 4, 3. Aufl. 2007, § 37 Rn. 2; *Kubis*, in: MüKo AktG, 2. Aufl. 2004, § 131 Rn. 9.

[372] *Luther*, in: FS Möhring, 1975, S. 221 (239).

[373] Allg. Meinung, ausdrücklich die Begr. RegE AktG 1965, abgedr. bei *Kropff*, S. 185; vgl. statt vieler BGH, Urt. v. 15.2.1992 - BGHZ 119, S. 1 (17); BayObLG, Beschl. v. 8.5.1974 - AG 1974, S. 224 (225); *Franken/Heinsius*, in: FS Budde, 1995, S. 213 (224); *Hüffer*, AktG, 8. Aufl. 2008, § 131 Rn. 3; *Kubis*, in: MüKo AktG, 2. Aufl. 2004, § 131 Rn. 99 m. w. N.; a. A. LG Berlin, Beschl. v. 17.1.1990 - AG 1991, S. 34 (35) unter Berufung auf das OLG Frankfurt, Urt. v. 15.4.1986 - AG 1986, S. 233 (233 f.).

über der Aktiengesellschaft als Aktionär gilt.[374] Auf die Stimmberechtigung des Aktionärs in der Hauptversammlung kommt es nicht an.[375] *E contrario* erschließt sich hieraus, dass selbst bei einem Recht zur Anwesenheit in der Hauptversammlung[376] keine Auskunftsberechtigung besteht, wenn die Aktionärseigenschaft nicht gegeben ist.[377]

Genauso ist umgekehrt eine Auskunftsberechtigung zu verneinen, wenn zwar die Aktionärseigenschaft bejaht werden kann, aber das Recht auf Teilnahme nicht ordnungsgemäß wahrgenommen und die von der Satzung geforderten formellen Voraussetzungen für eine Zulassung des Aktionärs zur Teilnahme an der Hauptversammlung nicht erfüllt wurden. Denn als hauptversammlungsbezogenes Aktionärsrecht ist das Auskunftsrecht an die formell ordnungsgemäße Wahrnehmung des Teilnahmerechts gebunden. Anderes gilt, wenn es durch die Zulassung des Aktionärs zur Hauptversammlung, trotz bekannter etwaiger Versäumnisse seinerseits, zu einer „Heilung" der Versäumnisse kommt. Mit der Zulassung lebt die Auskunftsberechtigung letztlich wieder auf, wenn der Aktionär nicht nur noch als Gast zur Hauptversammlung zugelassen wird, denn Letzteres vermag an der fehlenden Auskunftsberechtigung nichts mehr zu ändern.

Schließlich bleibt noch darauf hinzuweisen, dass i. d. R. auch die Bevollmächtigung zur Ausübung des Stimmrechts gemäß § 134 Abs. 3 S. 1 AktG die Ausübung des Auskunftsrechts umfasst und der Bevollmächtigte[378] oder der sog. Legitimationsaktionär (§ 129 Abs. 3 AktG) auskunftsberechtigt ist.[379] Denn das Auskunftsrecht hat keinen höchstpersönlichen Charakter und ist deshalb einer Ausübung durch Dritte grundsätzlich zugänglich, wenn diese für den Aktionär an der Hauptversammlung teilnehmen.[380] Mit der Ablehnung einer kollektiven Ausgestaltung des Auskunftsrechts ist schließlich denknotwendig eine Auskunftsberechtigung der Hauptversammlung als Organ der Aktiengesellschaft ausgeschlossen und auch nicht neben einem Auskunftsrecht des Aktionärs oder aufgrund eines gefassten Hauptversammlungsbeschlusses zuzulassen.[381] Schließlich verbleibt das Auskunftsrecht auch bei Nießbrauch, Genussrechten, Gewinnschuldverschreibungen oder Wandelschuldverschreibungen beim Aktionär und begründet keine Auskunftsberechtigung des jeweiligen Inhabers.[382]

2. Auswirkungen der Modifizierung des § 123 AktG

Im Folgenden soll – in der gebotenen Kürze – Stellung zu den für den Doppeltatbestand der Auskunftsberechtigung wichtigen, neuen Anforderungen des § 123 AktG an eine korrekte Hauptversammlungslegitimation durch den Aktionär bezogen werden.

---

374 *Decher*, in: GroßK AktG, 4. Aufl. 2001, § 131 Rn. 85.

375 Vgl. die Nachweise in Fn. 144.

376 Spezialgesetzliche Regelungen sehen insoweit §§ 44 Abs. 1 Nr. 2 KWG, 83 Abs. 1 Nr. 5 VAG vor, vgl. zum Teilnahmerecht Dritter *Hüffer*, AktG, 8. Aufl. 2008, § 118 Rn. 16 m. w. N.

377 *Kubis*, in: MüKo AktG, 2. Aufl. 2004, § 131 Rn. 11.

378 Bei einem Rückgriff des Aktionärs auf Stimmrechtsvertreter der Gesellschaft gemäß § 134 Abs. 3 S. 3 AktG ist eine Verpflichtung dieser zur Auskunftseinholung indes abzulehnen, vgl. Regierungskommission „Corporate Governance", BT-Drucks. 14/7515, Rn. 124.

379 Schon LG Heilbronn, Beschl. v. 6.3.1967 - AG 1967, S.81f (81f.) m. zust. Anm. *Henn*; *Kubis*, in: MüKo AktG, 2. Aufl. 2004, § 131 Rn. 12 m. w. N.; *Saenger*, NJW 1992, S. 348 (350).

380 *Hüffer*, AktG, 8. Aufl. 2008, § 131 Rn. 4 und vgl. § 118 Rn. 14, § 129 Rn. 12 zu den Bevollmächtigten und Legitimationsaktionären.

381 *Ebenroth*, S. 15 f.; *Hüffer*, ZIP 1996, 401 (405); *Kubis*, in: MüKo AktG, 2. Aufl. 2004, § 131 Rn. 15 m. w. N.

382 Grundlegend Teichmann, ZGR 1972, S. 1 (13); *Semler*, in: Münch Hdb GesR, Bd. 4, 3. Aufl. 2007, § 37 Rn. 2.

Bislang konnte eine Satzung das Recht zur Teilnahme an der Hauptversammlung, neben der Anmeldung zur Hauptversammlung, gemäß § 123 Abs. 2 S. 1, Abs. 4 AktG a. F. von der Hinterlegung von Aktien gemäß § 123 Abs. 2, 3 AktG a. F. abhängig machen. Mit der Neufassung des § 123 AktG nimmt der Gesetzgeber nunmehr Abstand von der auf das 19. Jahrhundert zurückgehenden Möglichkeit der tatsächlichen Hinterlegung der Aktien als Grundform der Hauptversammlungslegitimation.[383] Diese ist in der heutigen Praxis ohnehin überholt und unüblich, weil sie in den meisten Fällen – jedenfalls bei nahezu allen börsennotierten Aktiengesellschaften – bereits durch eine urkundenlose Verwahrkette, verbunden mit der Vorlage einer Bankbescheinigung, ersetzt wurde.[384] § 123 Abs. 2 S. 1 AktG gibt den Gesellschaften jetzt die Möglichkeit, kraft Satzungsregelung eine formlose Anmeldung als Voraussetzung für die Teilnahme an der Hauptversammlung oder für die Stimmrechtsausübung zu fordern. Zurück geht diese Änderung auf eine Empfehlung der Regierungskommission Corporate Governance.[385] Insgesamt soll den in der Praxis aufgekommenen Missverständnissen im Zusammenhang mit der „Hinterlegung" der Aktien der Boden entzogen und die Hauptversammlungslegitimation an international im Vordringen befindliche Standards angepasst werden.[386]

a. Das neue Grundmodell für den Legitimationsnachweis

§ 123 AktG orientiert sich bei seiner Änderung der für die Hauptversammlungslegitimation entscheidenden Abs. 2 bis 4 an dem bislang schon geltenden Regelungsmodell, d. h. eine Regelung über die Anmeldung von Aktionären zur Hauptversammlung sieht das Gesetz selbst nicht vor, sondern legt nur für den Fall entsprechender, auf § 123 Abs. 2 S. 1 AktG gestützter, Satzungsregelungen einzuhaltende Mindeststandards zum Schutz der Aktionäre fest.[387] Die formlose Anmeldung muss dann gemäß § 123 Abs. 2 S. 3 AktG eine Sieben-Tage-Frist einhalten.[388] Der zu erbringende Berechtigungsnachweis ist bei Namensaktien unproblematisch aus dem Aktienregister zu entnehmen, § 67 Abs. 1 AktG, weshalb sich die Regelung des § 123 Abs. 3 AktG auf Inhaberaktien beschränken konnte und dabei die Art der Erbringung

---

383 *Noack/Zetzsche*, WM 2004, S. 1 (1); *Seibert*, WM 2005, S. 157 (157); *Wilsing*, ZIP 2004, S. 1082 (1085); zum heute nur noch in geringem Maße ausgeprägten Umlauf realer Aktienurkunden vgl. auch *Einsele*, WM 2001, S. 7 (7 ff.); sowie *Ganzer/Borsch*, AG 2003, S. 269 (269 ff.).

384 Aufgrund technischer Probleme und anfallender Kosten bei der Hinterlegung wurde in der Praxis von den Gesellschaften in der Einladung zur Hauptversammlung zwar ein oder mehrere Kreditinstitute als Hinterlegungsstellen aufgeführt, zugleich aber im Rahmen der Satzung die Hinterlegung als ordnungsgemäß anerkannt, wenn die Aktien mit Zustimmung der Hinterlegungsstelle bei einem (anderen) Kreditinstitut bis zum Ablauf der Hauptversammlung gesperrt gehalten wurden, vgl. *Wilsing*, ZIP 2004, S. 1082 (1085) m. w. N.

385 Regierungskommission „Corporate Governance", BT-Drucks. 14/7515, Rn. 104

386 Die tatsächliche Handhabung der Hinterlegung mit dem Hilfsmittel der „Sperrung" (vgl. Fn. 384) führte vor allem bei ausländischen Aktionären zu Verwirrung und Missverständnissen, da nicht selten mit dem Begriff „Sperrvermerk" eine – tatsächlich nicht vorhandene – rechtliche Beschränkung der Handelbarkeit verbunden wurde und insbesondere institutionelle Anleger von einer Stimmrechtsausübung absahen, um ihre Anlagetätigkeit jederzeit flexibel auf Marktänderungen anpassen zu können, vgl. dazu den Bericht des BMJ über die Entwicklung der Stimmrechtsausübung in börsennotierten Aktiengesellschaften in Deutschland seit Inkrafttreten des Namensaktiengesetzes am 25.1.2001 aus dem Jahr 2003/2004 (abrufbar unter www.bdi-online.de/Dokumente/BMJ.pdf, zuletzt abgerufen am 10.1.2009); ferner *Spindler*, NZG 2005, S. 825 (827) m. w. N.; *Noack/Zetzsche*, WM 2004, S. 1 (6); *Wilsing*, ZIP 2004, S. 1082 (1085) m. w. N; *Wand/Tillmann*, AG 2006, S. 443 (447).

387 Begr. RegE UMAG, BT-Drucks. 15 /5092, S. 13.

388 Gesetzlich zulässig ist gemäß § 123 Abs. 2 S. 3 Hs. 2 AktG auch eine in der Satzung vorgesehene kürzere Frist. Eine in der Satzung vorgesehene längere Frist ist indes unzulässig, *Holzborn/Bunnemann*, BKR 2005, S. 51 (53); *Schütz*, NZG 2005, S. 5 (8); *Spindler*, NZG 2005, S. 825 (827).

des Berechtigungsnachweises weitgehend in die Hände des Satzungsgebers legt.[389] Zum Schutz der Aktionäre handelt es sich bei § 123 Abs. 3 S. 2 AktG nicht um eine satzungsdispositive Regelung, weshalb der Berechtigungsnachweis bei börsennotierten Aktiengesellschaften jedenfalls durch einen in Textform (§ 126b BGB) erstellten besonderen Nachweis des Anteilsbesitzes durch das depotführende Institut[390] immer ausreichend ist. Man kann dieses Modell daher als das neue unabdingbare gesetzliche Grundmodell der Hauptversammlungslegitimation bezeichnen.[391] Im Ergebnis passt der Gesetzgeber die Regelungen zur Anmeldung an die ohnehin verbreitete Praxis an.

b. *Einführung eines Record-Date-Prinzips*

Die bedeutendere Neuerung durch das UMAG findet sich in § 123 Abs. 3 S. 3, 4 AktG in Form der gesetzlichen Verankerung des nicht satzungsdispositiven[392] sog. *Record Date* für den Bezug des geforderten Nachweises bei börsennotierten Aktiengesellschaften auf den 21. Tag vor der Hauptversammlung.[393] Das international gängige[394] *Record-Date*-Prinzip führt für alle Aktionäre, deren Aktienerwerb erst nach dem verbindlichen Stichtag erfolgte, aus Gründen der Rechtssicherheit bei der Handhabung depotgeführter Aktien börsennotierter Aktiengesellschaften im heutigen Massengeschäft,[395] zu einem Teilnahme- und Stimmrechtsausschluss. Nach dem *Record-Date*-Prinzip führt der Erwerb der Aktien innerhalb der 21 Tage zwischen der Nachweiserstellung und der Durchführung der Hauptversammlung zu einem Entfall des Teilnahmerechts, und die Konnexität des Auskunftsrechts mit dem Teilnahmerecht bewirkt, dass dem Erwerber mangels Teilnahmerecht die Auskunftsberechtigung ebenfalls zu versagen ist. Man gelangt konsequenterweise zu der Fragestellung, ob bei fehlender Auskunftsberechtigung des Erwerbers der Veräußerer eine Auskunftsberechtigung geltend machen kann. Materiell berechtigter Aktionär ist nach der Veräußerung aber der Erwerber, der Veräußernde verliert seine Aktionärsstellung. Letztlich führen daher die doppeltatbestandliche Anknüpfung des Auskunftsrechts an die Aktionärsstellung *und* ein Teilnahmerecht dazu, auch dem Veräußerer die Auskunftsberechtigung zu versagen. So wird dem Erwerber das Recht zur Teilnahme an der Hauptversammlung aus Gründen der Rechtssicherheit abgesprochen, und dem Veräußerer fehlt nach der Veräußerung grundsätzlich die für seine Auskunftsberechtigung notwendige Aktionärsstellung, so dass eigentlich keiner von beiden kumulativ die Voraussetzungen des Doppeltatbestandes erfüllen kann.

Das mögliche Brachliegen des Auskunftsrechts vermeidet in diesen Fällen § 123 Abs. 3 S. 4 AktG. Für das Recht zur Teilnahme an der Hauptversammlung und der Ausübung des Stimmrechts wird, vergleichbar der Regelung des § 67 Abs. 2 AktG,[396] auf die sich der Ge-

---

[389] Für nicht börsennotierte Aktiengesellschaften i. S. v. § 3 Abs. 2 AktG besteht für die Legitimation der Aktionäre Satzungsfreiheit gemäß § 23 Abs. 5 S. 2 AktG, und die Beschränkungen des § 123 Abs. 3 S. 2, 3 AktG finden keine Anwendung. Es verbleibt für diese bei den bisherigen Möglichkeiten, so dass auch ein Hinterlegungserfordernis möglich ist, egal ob dieses bisher schon vorgesehen wurde und nunmehr aufrechterhalten werden soll oder neu vorgesehen wird, Begr. RegE UMAG, BT-Drucks. 15 /5092, S. 13; *Simon/Zetzsche*, NZG 2005, S. 369 (371); *Arnold*, AG-Report 2005, S. 527 (528).

[390] D. h. Kreditinstitute oder Finanzdienstleistungsinstitute i. S. v. § 1 Abs. 1 und Abs. 1a KWG.

[391] So auch die Begr. RegE UMAG, BT-Drucks. 15 /5092, S. 13.

[392] Begr. RegE UMAG, BT-Drucks. 15 /5092, S. 14.

[393] Hierzu vgl. ausführlich *Noack*, in: VGR 2004, 2005, S. 37 (42 f.) m. w. N.

[394] *Wilsing*, ZIP 2004, S. 1082 (1086); *Noack/Zetzsche*, AG 2002, S. 651 (656) m. w. N.

[395] Begr. RegE UMAG, BT-Drucks. 15 /5092, S. 13 f.

[396] § 67 Abs. 2 AktG stellt nicht nur eine widerlegliche Vermutung und trotz seines Wortlautes „gilt“ auch keine Fiktion der Aktionärsstellung dar. Vielmehr handelt es sich richtigerweise um eine unwiderlegliche Ver-

– FORTSETZUNG NÄCHSTE SEITE –

setzgeber ausdrücklich bezieht,[397] eine unwiderlegliche Vermutung der Aktionärsstellung im Verhältnis zur Gesellschaft formuliert, falls der Nachweis i. S. d. § 123 Abs. 3 S. 3 AktG erbracht wurde.[398] Dies beruht auf der Überlegung, dass der Legitimationsnachweis zum Stichtag in aller Regel, wie die Eintragung im Rahmen des § 67 Abs. 2 AktG auch, die Rechtslage korrekt wiedergeben wird. So ist bei § 67 Abs. 2 AktG denn auch derjenige auskunftsberechtigt, der noch eingetragen ist, materiell seine Berechtigung aber schon verloren hat.[399] Im Unterschied zu § 123 Abs. 3 S. 4 AktG wird aber die Aktionärsstellung von § 67 Abs. 2 AktG ohne Einschränkung unwiderleglich vermutet.[400] Der Wortlaut des § 123 Abs. 3 S. 4 AktG lässt dagegen nur eine Vermutung der Aktionärseigenschaft für die Teilnahme an der Hauptversammlung oder die Ausübung des Stimmrechts im Verhältnis zur Aktiengesellschaft, mithin für versammlungsbezogene Rechte, zu. Gemäß § 123 Abs. 3 S. 4 AktG gilt somit der Veräußerer im Verhältnis zur Gesellschaft für die Teilnahme an der Hauptversammlung bis zu deren Beendigung als Aktionär, wenn er den statutarischen Berechtigungsnachweis ordnungsgemäß erbracht hat. § 123 Abs. 3 S. 4 AktG versieht den Veräußerer im Ergebnis mit der für den Doppeltatbestand des Auskunftsrechts notwendigen Aktionärsstellung und einem entsprechenden Teilnahmerecht für die Hauptversammlung und fixiert diesbezüglich eine unwiderleglichen Vermutung, um eine rechtssichere Vorbereitung der Hauptversammlung zu gewährleisten. Die kumulativ notwendigen Voraussetzungen für eine Auskunftsberechtigung werden damit in der Person des Veräußerers erfüllt.

Diese Konstruktion über eine unwiderlegliche Vermutung der Aktionärsstellung hinsichtlich des Rechts zur Hauptversammlungsteilnahme im Verhältnis zur Gesellschaft führt zwar zu einem Auseinanderfallen der Auskunftsberechtigung und der tatsächlichen Aktionärsstellung, findet seine Rechtfertigung jedoch darin, dass anderenfalls eine Auskunftsberechtigung weder dem Erwerber noch dem Veräußerer zustehen würde. Hierfür spricht nicht zuletzt auch, dass § 123 Abs. 3 S. 4 AktG dem Veräußerer ja auch das Stimmrecht belässt, zu dessen sinnvoller und sachgerechter Wahrnehmung das Auskunftsrecht nach seiner *ratio legis* auch und gerade dienen soll.

c. *Zwischenergebnis*

Im Falle eines Aktienerwerbs nach dem maßgeblichen Stichtag des *Record-Date*-Prinzips verbleibt das Auskunftsrecht, wie das Teilnahme- und Stimmrecht, aus Rechtssicherheitsgründen für die folgende Hauptversammlung beim Veräußerer. Dem Erwerber, als materiell Berechtigtem, steht ein Auskunftsrecht wegen des Ausschlusses seines Teilnahmerechts (noch) nicht zu. Frühestens in der nächsten Hauptversammlung kann der Erwerber sodann von seinem Teilnahme- und Stimmrecht Gebrauch machen.

---

mutung, h. M. vgl. OLG Zweibrücken, Beschl. v. 3.12.1996 - AG 1997, S. 140 (140); *Bayer*, in: MüKo AktG, 3. Aufl. 2008, § 67 Rn. 39; *Hüffer*, AktG, 8. Aufl. 2008, § 67 Rn. 13; *Spindler*, ZGR 2000, S. 420 (423) m. w. N.

397 Begr. RegE UMAG, BT-Drucks. 15 /5092, S. 14.

398 Begr. RegE UMAG, BT-Drucks. 15 /5092, S. 13 f.

399 Vgl. Seite 88 und Nachweise in Fn. 374.

400 Die Vermutungswirkung des § 67 Abs. 2 AktG erfasst alle mitgliedschaftlichen Rechte und Pflichten, d. h. insbesondere den Dividendenanspruch aber auch das Teilnahmerecht, das Antrags- und Stimmrecht, das Auskunftsrecht und das Anfechtungsrecht, vgl. dazu *Bayer*, in: MüKo AktG, 3. Aufl. 2008, § 67 Rn. 43; *Hüffer*, AktG, 8. Aufl. 2008, § 67 Rn. 12 ff. je m. w. N.

II. Der auskunftsberechtigte Aktionär als Teilnehmer eines Aktionärsforums

Wie eben dargestellt, ist grundsätzlich jeder Aktionär als Mitglied der Aktiengesellschaft auskunftsberechtigt und mit dem mitgliedschaftlichen Informationsanspruch des § 131 AktG ausgestattet, soweit er ein Recht zur Teilnahme an der Hauptversammlung hat.[401] Mit der Neuregelung des § 127a AktG sieht der Gesetzgeber eine Erleichterung der Kontaktaufnahme von Aktionären zur gemeinsamen Ausübung ihrer Rechte, d. h. Anträge bzw. Verlangen nach dem AktG zu stellen oder eine gemeinsame Stimmrechtsausübung vorzunehmen, durch die Schaffung eines virtuellen „Treffpunktes" in Form des (Internet-)Aktionärsforums[402] vor. Vor diesem Hintergrund der Neuregelung des § 127a AktG fragt sich, ob damit Folgeprobleme im Zusammenhang mit der Auskunftsberechtigung des an einem Aktionärsforum beteiligten Aktionärs entstehen könnten und wie solch etwaig vorhandene Probleme aufzulösen wären.

1. Zwecksetzung und Anwendungsbereich des § 127a AktG

Das Aktionärsforum gemäß § 127a AktG soll vor allem Aktionäre einer börsennotierten Aktiengesellschaft,[403] die sich mit einer fortschreitenden Internationalisierung der Aktionärsstruktur und einem sich ausbreitenden Streubesitz der Aktienanteile konfrontiert sehen, unterstützen und die bislang vorhandenen Defizite der Kommunikation der Aktionäre untereinander ausräumen, indem durch eine kostengünstig mögliche Nutzung der Internettechnologie die Kontaktaufnahmemöglichkeit erleichtert wird.[404] Das Aktionärsforum kann plastisch mit einem elektronischen „schwarzen Brett" verglichen werden, das Kleinaktionäre aus der Anonymität hervortreten lassen können soll, indem ihnen eine Kontaktmöglichkeit für einen Zusammenschluss zur vereinfachten Wahrnehmung ihrer Rechte zur Seite gestellt wird, um auf diese Art das bislang bestehende Kommunikationsdefizit zu beseitigen.[405] Der Ursprung des bisherigen Kommunikationsdefizits ist bei Namensaktien in der fehlenden allgemeinen Einsichtsmöglichkeit eines Aktionärs in das Aktienregister auszumachen.[406] Bei Inhaberaktien liegt es primär an der fehlenden Bekanntheit solcher Aktionäre, die ohne wesentliche Beteiligung i. S. v. § 21 WpHG sind.[407] Auch die Einsicht in die Teilnehmerverzeichnisse der Hauptversammlungen ist für eine Kontaktaufnahme nicht ausreichend, denn es wird nur der, gemessen an der tatsächlich vorhandenen Anzahl der am Grundkapital beteiligten Aktionäre einer börsennotierten Aktiengesellschaft, geringe Anteil der tatsächlich zur Hauptversammlung erschienenen Aktionäre verzeichnet. Schließlich erschwert die mögliche „Verschleie-

---

[401] Vgl. dazu Seite 87 ff.

[402] Im elektronischen Bundesanzeiger findet sich das freie Aktionärsforum seit dem 1.11.2005 im Teil „Gesellschaftsbekanntmachungen" unter www.ebundesanzeiger.de und kann ebenso über www.aktionaersforum.de oder www.unternehmensregister.de (alle zuletzt abgerufen am 10.1.2009) erreicht werden.

[403] Bei kleinen Aktiengesellschaften sind die Aktionäre in aller Regel namentlich bekannt, so dass die noch aufzuzeigende Problematik nicht in voller Schärfe hervortritt.

[404] Begr. RegE UMAG, BT-Drucks. 15 /5092, S. 15; dazu auch *Gantenberg,* DB 2005, S. 207 (210); *Seibert,* AG 2006, S. 16 (16 ff.); *ders.*, WM 2005, S. 157 (158); *Spindler*, NZG 2005, S. 825 (827 f.).

[405] Ausgangspunkt der Regelung des § 127a AktG war eine Empfehlung der Regierungskommission Corporate Governance, Regierungskommission „Corporate Governance", BT-Drucks. 14/7515, Rn. 131 und 248.

[406] Die Einsichtnahmemöglichkeit ist auf die eigenen Daten beschränkt (§ 67 Abs. 6 S. 1 AktG), dazu vgl. Regierungskommission „Corporate Governance", BT-Drucks. 14/7515, Rn. 130; *Noack*, NZG 2004, S. 297 (302) m. w. N.; *Seibert*, WM 2005, S. 157 (158).

[407] Dagegen ist über der 3-%-Grenze des § 21 WpHG eine Kontaktaufnahme aufgrund der Meldeverpflichtung grundsätzlich eher möglich. Dazu schon *Noack*, in: VGR 2004, 2005, S. 37 (48 f.).

rung“ der tatsächlichen Teilnehmer bei einer Stimmrechtsausübung durch Kreditinstitute oder Stimmrechtsvertreter der Gesellschaft eine Identifikation der Teilnehmer.[408]

Die systematische Stellung des § 127a AktG im Anschluss an die §§ 126, 127 AktG zeigt, dass vorwiegend die effiziente Wahrnehmung derjenigen Verwaltungsrechte gesteigert werden soll, für die das Gesetz mehrheitsabhängige Anträge vorsieht oder Schwellenwerte für ihre Ausübung verlangt.[409] Im Unterschied zum Referentenentwurf ist diese Abhängigkeit des Aktionärsrechts von einem Mindestanteilsbesitz oder einer Stimmrechtsquote aber nicht (mehr) ausdrücklich tatbestandliche Voraussetzung für § 127a Abs. 1 AktG.[410] Grundsätzlich reicht jede Form der gemeinsamen Rechtsausübung mit der Einschränkung, dass es sich um Antrag, Verlangen oder um einen Stimmrechtsvorschlag handelt.[411] Inwieweit bei nicht quorumsgebundenen Verwaltungsrechten ein Vorgehen nach § 127a Abs. 1 AktG sinnvoll ist, ist keine Frage des Anwendungsbereiches, sondern Gegenstand der Beurteilung des jeweiligen Verwaltungsrechts.

2. Problemstellung im Rahmen der Auskunftsberechtigung

Finden sich über § 127a AktG mehrere Aktionäre zusammen, um ihre Rechte gemeinsam auszuüben, und verlangt in der Folge ein Aktionär als Mitglied dieses Zusammenschlusses Auskunft zu einem Tagesordnungspunkt, sind zwei Grundkonstellationen denkbar und zu unterscheiden.

Einerseits ist ein Zusammenschluss von Aktionären unter Zuhilfenahme des § 127a AktG gerade zur Einforderung bestimmter Auskünfte auf der Hauptversammlung zu den gemäß § 124 Abs. 1 S. 1 AktG bekannt gemachten Tagesordnungspunkten denkbar. Eine Beschränkung der Aufforderungsmöglichkeit des § 127a AktG nur auf bestimmte Minderheitsrechte wurde nämlich gerade nicht vorgenommen.[412] Da es sich bei § 131 Abs. 1 S. 1 AktG um ein Verlangen eines Aktionärs handelt, könnte der Wortlaut des § 127a Abs. 1 AktG grundsätzlich auch auf dieses Aktionärsrecht passen. Ob die Initiierung eines Aktionärsforums gemäß § 127a AktG mit der Absicht des Zusammenschlusses zur gemeinsamen Rechtswahrnehmung in diesem Zusammenhang jedoch sinnvoll ist und damit zukünftig praxisrelevant sein wird – denn dieses Recht steht ohnehin jedem Aktionär unabhängig von seiner Beteiligungshöhe zu –, ist fraglich; darauf wird unten zurückzukommen sein.

Andererseits könnten sich Aktionäre unter Zuhilfenahme des Aktionärsforums i. S. v. § 127a AktG zur Erreichung des von § 122 AktG geforderten Quorums zusammenfinden, um die Einberufung der Hauptversammlung zu verlangen (§ 122 Abs. 1 AktG) oder die Tagesordnung um einen Tagesordnungspunkt zur Beschlussfassung ergänzen zu lassen (§ 122 Abs. 2 AktG). Verlangt der Aktionär in der nach § 122 Abs. 1, 127a AktG einberufenen Hauptversammlung Auskunft gemäß § 131 AktG, und hat er sich an dem durch § 127a AktG

---

408 Vgl. §§ 129 Abs. 2 S. 2, 134 Abs. 3 S. 3, 135 Abs. 4 S. 2 AktG, vgl. dazu *Siems*, ZGR 2003, S. 218 (226 ff.); *Gantenberg*, DB 2005, S. 207 (210), *Noack*, NZG 2004, S. 297 (302).

409 *Hüffer*, AktG, 8. Aufl. 2008, § 127a Rn. 1. Mögliche von § 127a AktG erfasste Rechte sind §§ 126, 127 AktG oder §§ 120 Abs. 1 S. 2, 122 Abs. 1 und 2, 137, 142 Abs. 2 S. 1, 147 Abs. 2, S. 2, Abs. 3, 148 Abs. 1 AktG. Einen Überblick zu absolut bzw. relativ zwingenden und zu variablen Minderheitsrechten, gibt *Semler*, in: Münch Hdb GesR, Bd. 4, 3. Aufl. 2007, Anh § 42 Teil I, II, III.

410 § 127a AktG weicht damit von der noch im RefE UMAG v. 28.1.2004, S. 5 vorgesehenen Fassung ab.

411 Begr. RegE UMAG, BT-Drucks. 15 /5092, S. 15 „*insbesondere*“; *Bungert*, in: VGR 2004, 2005, S. 59 (73 f.); *Seibert*, WM 2005, S. 157 (159); *Spindler*, NZG 2005, S. 825 (828).

412 Vgl. oben, und insbesondere die Nachweise in Fn. 411.

initiierten Zusammenschluss der Aktionäre zur Erreichung des nötigen Minderheitenquorums beteiligt, stellt sich die Frage, ob der Zusammenschluss der Aktionäre noch Auswirkungen auf das Auskunftsrecht des einzelnen Aktionärs haben kann. Gleiches gilt wenn der Aktionär Auskunft zu einem auf § 122 Abs. 2, 127a AktG zurückzuführenden Tagesordnungspunkt verlangt. Denn schon der Wortlaut des § 131 Abs. 1 S. 1 AktG[413] zwingt dazu, eine Zuordnung des Auskunftsersuchens zu einem bestimmten Tagesordnungspunkt zu fordern, und statuiert eine gesetzliche Auskunftspflicht nur im konkreten Kontext eines bestimmten Tagesordnungspunktes.[414] Die Zuordnung zu einem durch § 122 Abs. 2, 127a AktG „erzwungenen" Tagesordnungspunkt ist daher jederzeit möglich.[415] Trotz der Anordnung einer Generaldebatte bzw. der Zusammenfassung mehrerer Tagesordnungspunkte durch den Versammlungsleiter bliebe die aufgeworfene Fragestellung letztlich bestehen.

Beide Fallkonstellationen führen zu der Frage, ob sich für den Aktionär aus der sich aus § 127a AktG ergebenden Teilnahme an einem Zusammenschluss von Aktionären Auswirkungen auf seine Auskunftsberechtigung ableiten lassen. So fragt sich, ob der Aktionär selbst auskunftsberechtigt ist oder er möglicherweise den Zusammenschluss bei der Auskunftsforderung vertritt oder er selbst durch den Zusammenschluss zusätzlichen Beschränkungen unterworfen wird. Weiter sei beispielsweise der Fall angeführt, dass der Aktionär die von ihm gestellte Frage als noch nicht ausreichend beantwortet einstuft. Kann er aus eigener Kompetenz eine Nachfrage stellen, oder müsste hierüber der Zusammenschluss entscheiden? Könnte der Zusammenschluss die Beantwortung als ausreichend einstufen und eine Nachfrage ablehnen? Diese Frage lässt sich auch in umgekehrter Richtung stellen. Gegebenenfalls stellt sich also in beiden Konstellationen die Folgefrage, wer bei einer erteilten Auskunft darüber entscheiden soll oder muss, ob die Auskunft in hinreichendem Umfang befriedigend erteilt wurde oder ob die Beantwortung als ungenügend gerügt werden und nachgefragt werden soll.

3. Die Teilnahme des Aktionärs am Aktionärsforum gemäß § 127a AktG und ihre Auswirkungen

a. Rechtsform des Zusammenschlusses mehrerer Aktionäre über § 127a AktG

Entscheidend für eine Beurteilung der möglichen Auswirkungen auf das Auskunftsrecht des Aktionärs ist die rechtliche Einordnung und Ausformung des Zusammenschlusses mehrerer Aktionäre, nachdem sie mit Hilfe des § 127a AktG Kenntnis voneinander und von ihren gemeinsamen Zielvorstellungen erlangt haben. Sobald sich Aktionäre über das Aktionärsforum gefunden haben, um eine gemeinsame Rechtswahrnehmung zu initiieren, könnte es sich um einen verbandsrechtlichen Zusammenschluss der Aktionäre handeln. Eine Verbindung mehrerer zu einem, nach privatem Verbandsrecht zu beurteilenden, Zusammenschluss kann wegen

---

413 „[...] *des Gegenstandes der Tagesordnung erforderlich ist*".

414 BGH, Urt. v. 15.2.1992 - BGHZ 119, S. 1 (13 ff.); BayObLG, Beschl. v. 14.7.1999 - NZG 1999, S. 1218 (1219); *Kubis*, in: MüKo AktG, 2. Aufl. 2004, § 131 Rn. 37 m. w. N.

415 Selbst bei einem Aufruf mehrer Tagesordnungspunkte durch den Versammlungsleiter oder der Anordnung einer Generaldebatte, insoweit sind zwar alle (aufgerufenen) Tagesordnungspunkte Beurteilungsmaßstab der Erforderlichkeit, vgl. BayObLG, Beschl. v. 21.3.2001 - AG 2001, S. 424 (425), wäre der Aktionär aber jedenfalls auf Nachfrage des Versammlungsleiters verpflichtet, sein Auskunftsverlangen einem bestimmten Tagesordnungspunkt zuzuordnen, vgl. BGH, Urt. v. 15.2.1992 - BGHZ 119, S. 1 (14 f.); *Kubis*, in: MüKo AktG, 2. Aufl. 2004, § 131 Rn. 37 m. w. N. Ob die begehrte Auskunft zu einem Tagesordnungspunkt zuzuordnen ist, der mit Hilfe der §§ 122 Abs. 2, 127a AktG auf die Tagesordnung gesetzt wurde, würde sich mithin auch in solchen Fällen grundsätzlich nachvollziehen lassen.

eines fehlenden Rechtsformzwanges grundsätzlich in der gesellschaftsrechtlich zur Verfügung gestellten Rechtsform zulässig sein. Entscheidend für eine Einordnung in das vorhandene System des privaten Verbandsrechts ist insofern der Wille der an dem Zusammenschluss beteiligten Aktionäre. Schließen sich mehrere Aktionäre, nachdem sie sich über § 127a AktG gefunden haben, zusammen, kommt grundsätzlich nur eine personengesellschaftsrechtliche Ausgestaltung der Verbindung in Form einer GbR in Frage.[416] Auch im Zusammenhang mit den beiden hier interessierenden Fallgestaltungen – einerseits des Aufforderns anderer Aktionäre zu der Ausübung des Auskunftsrechts in bestimmter Weise und andererseits der Möglichkeit des § 122 Abs. 1, 2 AktG als Anknüpfungspunkt –[417] könnte es sich bei dem Zusammenschluss der Aktionäre um eine GbR gemäß § 705 BGB handeln. Denn die §§ 705 ff. BGB ermöglichen eine flexible Ausgestaltung des Zusammenschlusses, angepasst an die oft sehr unterschiedlichen Erfordernisse der Zwecksetzung und Bedürfnisse der Beteiligten in der Praxis.[418] Da sich ein solcher Zusammenschluss immer nur auf die nächste Hauptversammlung beziehen würde, läge meist eine Gelegenheitsgesellschaft vor. Denn ihre Durchführung würde jeweils nur den einzelnen Vorhaben der § 122 Abs.1, 2, 131 AktG dienen, damit einen zeitlich begrenzten Zweck aufweisen und wäre folglich nicht auf einen langfristigen Bestand angelegt.[419]

In beiden Konstellationen konstitutive Grundvoraussetzung für die Einordnung als GbR ist auch hier der Zusammenschlusses zur Verfolgung eines gemeinsamen, erlaubten, dauernden oder vorübergehenden, auch ideellen, irgendwie auf vermögenswerte Leistungen gerichteten Zwecks mit Rechtsbindungswillen.[420]

aa. § 131 Abs. 1 S. 1 AktG als Anknüpfungspunkt des Zusammenschlusses basierend auf dem Aktionärsforum gemäß § 127a Abs. 1 AktG

Soweit in dem Aktionärsforum gemäß § 127a AktG zur gemeinsamen Ausübung des Auskunftsrechts gemäß § 131 AktG hinsichtlich eines bestimmten Tagesordnungspunktes in bestimmter und gezielter Weise aufgefordert wird, ist fraglich, ob sich aus dem darauf folgenden Zusammenfinden der Aktionäre eine Zweckvergemeinschaftung und damit eine GbR i. S. d. §§ 705 ff. BGB ableiten ließe. Entscheidend ist, ob die Verfolgung eines gemeinsamen Zwecks darin erkannt werden kann, dass ein Verlangen nach Auskunft in der Hauptversammlung gemeinsam gestellt werden soll.

Die Teilnehmer des Aktionärsforums müssen einen gemeinsamen Zweck ins Auge fassen und dessen Förderung für jeden Teilnehmer verbindlich als Rechtspflicht ausgestalten wollen. Nur wenn kumulativ beide Tatbestandsmerkmale erfüllt wären, könnte man zu einer GbR gelangen. Möglich ist, einen gemeinsamen Zweck daraus abzuleiten, dass die Aktionäre ihr jeweiliges Auskunftsrecht zur Erlangung von Auskünften in einem bestimmten Umfang ein-

---

416 Eine andere Gesellschaftsform wäre möglich, wenn ausdrücklich etwas anderes vereinbart wurde. Dafür, dass Gesellschafterkonsortien grundsätzlich personengesellschaftlich organisierte Verbindungen sind, vgl. *Noack*, Gesellschaftervereinbarungen, 1994, S. 47

417 Zu diesen beiden Problemstellungen vgl. Seite 93 ff.

418 Grundlage der Anpassungsfähigkeit einer GbR ist ihre, aufgrund grundsätzlich dispositiv ausgestalteter Rechtsbefehle innerhalb der §§ 705 ff. BGB, nicht zwingend angeordnete Organisationsstruktur, vgl. *Ulmer*, in: MüKo BGB, 4. Aufl. 2004, vor § 705 Rn. 34 ff.; *Noack*, Gesellschaftervereinbarungen, 1994, S. 47, je m. w. N.

419 Zur Unterscheidung der Gelegenheitsgesellschaften von den Dauergesellschaften vgl. *Ulmer*, in: MüKo BGB, 4. Aufl. 2004, vor § 705 Rn. 86 ff. m. w. N.

420 BGH, Urt. v. 2.6.1997 - BGHZ 135, S. 387 (389); Palandt-*Sprau*, 68. Aufl. 2009, § 705 Rn. 20.

setzen, um durch umfassende Information die Wahrnehmung ihrer Aktionärsrechte – insbesondere der vermögensrechtlich geprägten – bestmöglich zu gewährleisten. Der Gesetzgeber selbst geht davon aus, dass es sich bei der Wahrnehmung der Aktionärsrechte nach dem Aktiengesetz um die legitime Verfolgung von Vermögensinteressen handelt,[421] womit (auch) wirtschaftliche Interessen der Aktionäre tangiert werden. Zweck des Zusammenschlusses könnte dann die Koordinierung[422] der einzelnen Auskunftsverlangen und eine Absprache dahingehend sein, bestimmte Fragenkomplexe „abzuarbeiten". Die Zurverfügungstellung des eigenen Auskunftsrechts zu diesem Zweck wäre im Rahmen der Zweckförderungspflicht insoweit der Beitrag i. S. v. § 705 BGB eines jeden teilnehmenden Aktionärs.[423] Kategorisch eine GbR auszuschließen ist daher nicht möglich.

(1) Außen-GbR?

Es könnte sich um eine Außen-GbR handeln, wenn die Aktionäre ihr jeweiliges Auskunftsrecht gebündelt durch die GbR wahrnehmen lassen wollen. Eine rechtsfähige Außen-GbR als selbstständige Trägerin von Rechten und Pflichten,[424] könnte am Rechtsverkehr jedenfalls in der Hauptversammlung teilnehmen und würde durch ihre geschäftsführenden Gesellschafter gemäß § 714 BGB vertreten.

Allerdings dürfte die Bildung einer Außengesellschaft bürgerlicher Rechts alleine mit dem Zweck der Ausübung des Auskunftsrechts gemäß § 131 AktG nahezu immer die Ausnahme bleiben. Denn es ist nicht ersichtlich, warum Aktionäre zur Ausübung des Auskunftsrechts auf die Konstruktion einer Außen-GbR zurückgreifen sollten, wenn doch eine Ausübung des Auskunftsrechts ohnehin für jeden Einzelnen – sogar unabhängig von seiner Beteiligungshöhe – möglich ist. Zwar könnte, indem der geschäftsführende Gesellschafter tätig würde, den Unsicherheiten bei der tatsächlichen Durchsetzung der Ausübung der Auskunftsrechte durch einzelne Gesellschafter vorgebeugt werden. Eine etwaige zeitliche Beschränkung des Frage- und Rederechts gemäß § 131 Abs. 2 S. 2 AktG träfe aber nunmehr die GbR selbst als Trägerin von Rechten und Pflichten. Würden indes alle Aktionäre einzeln in der Hauptversammlung mit einem Auskunftsverlangen an die Aktiengesellschaft herantreten, so stünde die begrenzte Frage- und Redezeit jedem einzelnen Aktionär zu und es könnte in der Summe entsprechend länger Auskunft verlangt werden, so dass bei Vorschaltung einer Außen-GbR Auskunftszeit verloren würde. Selbst wenn es künftig zulässig sein sollte, die Angemessenheit der Fragezeitbeschränkung an die Beteiligungshöhe zu knüpfen,[425] was hier noch dahingestellt bleiben kann, wird man durch die Ausstattung der GbR mit einer entsprechend hohen Beteiligungsquote an der Aktiengesellschaft zwar eine längere Auskunftszeit erhalten können, als sie jedem einzelnen Aktionär bei selbstständigem Auftreten zugesprochen werden würde. Insgesamt aber dürfte die Auskunftszeit regelmäßig unterhalb der Summe der den einzelnen Aktionären ansonsten zustehenden Einzelzeiten liegen. Da die auftretenden Nachteile nicht durch

---

[421] Begr. RegE UMAG, BT-Drucks. 15 /5092, S. 15.

[422] Bei den regelmäßig als GbR einzuordnenden Stimmbindungsvereinbarungen ist eine solche Koordination gewollt, *K. Schmidt*, Gesellschaftsrecht, 4. Aufl. 2002, S. 1710.

[423] Die Situation wäre insoweit vergleichbar mit der bei Stimmbindungsverträgen, die in der Regel ebenfalls zu einer GbR führen, vgl. *Semler*, in: Münch Hdb GesR, Bd. 4, 3. Aufl. 2007, § 38 Rn. 43; *Schröer*, in: MüKo AktG, 2. Aufl. 2004, § 136 Rn. 57.

[424] Grundlegend zur Rechtsfähigkeit einer Außen-GbR BGH, Urt. v. 29.1.2001 - BGHZ 146, S. 341 (344 ff.), und dem folgend BGH, Beschl. v. 18.2.2002 - NJW 2002, S. 1207 (1207 ff.); vgl. auch *Schücking*, in: Münch Hdb GesR, Bd. 2, 2. Aufl. 2004, § 3 Rn. 10 ff. m. w. N.

[425] Vgl. dazu Seite 137 ff.

entsprechende Vorteile kompensiert werden, wird ein Rechtsbindungswille zur Bildung einer Außen-GbR zu dem Zweck, durch sie Auskunft von der Aktiengesellschaft zu erlangen, in den allerseltensten Fällen angenommen werden können.

(2) Innen-GbR?

Ließe sich aber ein Wille der Teilnehmer des Aktionärsforums dahingehend ermitteln, dass wenigstens schuldrechtliche Abreden hinsichtlich der Auskunftsverlangen getroffen werden sollen, bliebe die Möglichkeit einer Innen-GbR ohne Gesamthandvermögen[426] bestehen. Gesetzlicher Regelfall der §§ 705 ff. BGB ist insofern zwar die Außengesellschaft.[427] Nimmt die Gesellschaft aber nicht am Rechtsverkehr teil und fehlen dahingehende Vertretungsregelungen im Gesellschaftsvertrag, oder soll ein gesamthänderisch gebundenes Gesellschaftsvermögen von den Gesellschaftern nicht angelegt werden, ist nach der Rechtsprechung[428] und der Literatur[429] eine bloße Innengesellschaft denkbar. Die schuldrechtlichen Beziehungen der Gesellschafter werden in diesen Fällen nicht von einer organisationsrechtlichen Komponente überlagert. Ob eine solche sog. Innengesellschaft[430] gewollt ist, richtet sich nach dem konkret (auch konkludent) vereinbarten Vertragsinhalt im Einzelfall.

Dennoch wird ein Rechtsbindungswille zur Begründung einer GbR auch hier regelmäßig die Ausnahme bleiben. Denn Vorteile aus der Bildung einer Innengesellschaft erwachsen dem einzelnen Aktionär in der Regel auch hier nicht. Ihm steht ein Auskunftsrecht ohnehin, grundsätzlich unabhängig von der Höhe seiner Beteiligung, zu. Naheliegender ist daher die Annahme einer lediglich informellen Verhaltensabstimmung hinsichtlich des Auskunftsverlangens gemäß § 131 AktG der Aktionäre untereinander, ohne dabei rechtliche Verpflichtungen auch nur in Form schuldrechtlicher Abreden eingehen zu wollen.

Lediglich die Einführung des § 131 Abs. 2 S. 2 AktG und die mit diesem Rechtsbefehl mögliche einheitliche Beschränkungsmöglichkeit der Frage- und Redezeit[431] könnte im konkreten Fall nach der Auslegung des Willens der Teilnehmer des Aktionärsforums bei ihrem Zusammenschluss etwas anderes ergeben. Dies dann, wenn der gemeinsame Zweck dahin gehen soll, dass jeder Gesellschafter in den Fällen der Auskunftsrechtsbeschränkung rechtlich dazu verpflichtet sein soll, sein ihm zustehendes „Zeitkontingent" hinsichtlich des Auskunftsrechts auszunutzen, um die entsprechend vereinbarten Fragenkomplexe abzuarbeiten, die ein einzelner aufgrund der zeitlichen Einschränkung nicht würde stellen können, um so, trotz zeitlicher Begrenzungen der Frage- und Redezeit, eine umfassende Auskunft zu Gunsten des Zusammenschlusses der Aktionäre zu erlangen. Allerdings ist zu bedenken, dass selbst bei Beschränkung der Frage- und Redezeit auf wenige Minuten ein geübter Aktionär in der Regel seinem Informationsbedürfnis entsprechend viele Fragen wird stellen und durch die Möglichkeit von Nachfragen seine begehrte Information präzisieren können. Dem Willen des Aktio-

---

426 Vgl. dazu *Ulmer*, in: MüKo BGB, 4. Aufl. 2004, § 705 Rn. 275 ff.; zu dem Streit, ob eine Innengesellschaft Gesamthandvermögen haben kann, vgl. *K. Schmidt*, Gesellschaftsrecht, 4. Aufl. 2002, S. 1697 m. w. N.

427 *Schücking*, in: Münch Hdb GesR, Bd. 2, 2. Aufl. 2004, § 3 Rn. 10 m. w. N.

428 RG, Urt. v. 20.2.1941 - RGZ 166, S. 160 (163); BGH, Urt. v. 14.2.1954 - BGHZ 12, S. 308 (314 f.); BGH, Urt. v. 13.6.1994 - BGHZ 126, S. 226 (234 ff.) je. m. w. N.

429 *K. Schmidt*, Gesellschaftsrecht, 4. Aufl. 2002, S. 1288 ff.; *Ulmer*, in: MüKo BGB, 4. Aufl. 2004, § 705 Rn. 275 ff. m. w. N.

430 Dabei wird regelmäßig auf die für Stimmbindungsvereinbarungen gefundenen Rahmenbedingungen zurückgegriffen werden können, dazu *Noack*, in: VGR 2004, 2005, S. 144 ff.; *Spindler*, NZG 2005, S. 825 (828) m. w. N.

431 Zu Umfang und Grenzen der Begrenzung des Rede- und Fragerechts siehe ausführlich Seite 105 ff.

närs wird es nur sehr selten entsprechen, sich durch eine schuldrechtliche Abrede hinsichtlich der Ausübung seines ihm sowieso durch Art. 14 GG garantierten individuellem Aktionärsrecht rechtlich zu binden. Dies gilt vor allem deshalb, weil er sich der Gefahr der Pflichtverletzung dieser schuldrechtlichen Abreden aussetzen würde, die er bei einer bloß informellen Verhaltensabstimmung ohne rechtliche Verpflichtungen nicht tragen müsste.

bb. Möglicher Anknüpfungspunkt des § 122 Abs. 1 bzw. 2 AktG

Anders ist die Sachlage zu beurteilen, wenn sich die Aktionäre mit Hilfe des Aktionärsforums gemäß § 127a AktG zusammengefunden haben, um ein Minderheitsbegehren nach § 122 Abs. 1 oder Abs. 2 AktG durchzusetzen und die Einberufung der Hauptversammlung zu verlangen oder Gegenstände zur Beschlussfassung einer Hauptversammlung bekannt zu machen. Kann ein Rechtsbindungswille dahingehend festgestellt werden, dass sie untereinander an die Ausübung des Verlangens rechtlich gebunden sein sollen, ist das Vorliegen einer GbR denkbar.[432]

Der Zweck[433] einer solchen „Aktionärsminderheitsgesellschaft" ist auf die gemeinsame und einheitliche Ausübung des Verlangens gerichtet, und die zulässigerweise auf den Zweck zielenden Mitgliederpflichten gehören als Beiträge i. S. v. § 705 BGB zu den Zweckförderungspflichten in dieser „Verlangensgemeinschaft". Die Koordination der Mitgliedschaftsrechte im übergeordneten Verband der Aktiengesellschaft bezieht sich hier lediglich auf das gleichgerichtete Verhalten im Rahmen des Minderheitsverlangens. Durch diese Koordination mit Hilfe des Zusammenschlusses der einzelnen beteiligten Aktionäre soll der Einfluss der Minderheit auf die Gesellschaft gesichert und ausgebaut werden. So liegt der Zweck des Zusammenschlusses zur Einberufung der Hauptversammlung gemäß § 122 Abs.1 AktG oder des Ergänzungsverlangens gemäß § 122 Abs.2 AktG meist darin begründet, auf diesem Wege entgegen dem Willen des Vorstandes oder Aufsichtsrates ein Anliegen der Minderheit vor die Hauptversammlung zu bringen und durch Wahrnehmung der versammlungsbezogenen Aktionärsrechte, aber auch der ohne Beschlussfassung undenkbaren Anfechtungs- oder Nichtigkeitsklage, auf die Geschicke der Gesellschaft einzuwirken.[434] Insbesondere der Blick auf § 142 Abs. 2 AktG und dessen tatbestandliche Voraussetzung eines ablehnenden Hauptversammlungsbeschlusses für die gerichtliche Bestellung eines Sonderprüfers zeigt, dass ein Beschluss gegen den Willen der Verwaltung oftmals nur mit Hilfe der § 122 Abs.1 bzw. 2 AktG wird erwirkt werden können.[435] Für jeden Aktionär bringt die Einigkeit hinsichtlich dieses gemeinsamen Zwecks durch die Bündelung der Kräfte eine Verstärkung seines Einflusses in der Aktiengesellschaft und offenbart damit zeitgleich den eigenen wie den fremden Zweck.

Da die verfolgten Minderheitenrechte gerade nicht schon jedem Aktionär unabhängig von seiner Beteiligungshöhe zustehen, wie etwa das Auskunftsrecht, sind die Aktionäre zu deren Durchsetzung aufeinander angewiesen und werden daher einen entsprechenden Rechtsbindungswillen hinsichtlich der gegenseitigen Verpflichtung zur Mitwirkung bei der Umsetzung des Minderheitenrechts haben.

---

432 Zum möglichen Rückgriff auf die Rahmenbedingungen bei Stimmbindungsvereinbarungen vgl. *Noack*, in: VGR 2004, 2005, S. 144 ff.; *Spindler*, NZG 2005, S. 825 (828) m. w. N.

433 Vgl. zum Begriff BGH, Urt. v. 2.6.1997 - BGHZ 135, S. 387 (389); Palandt-*Sprau*, 68. Aufl. 2009, § 705 Rn. 20.

434 *Hüffer*, AktG, 8. Aufl. 2008, § 122 Rn. 1; *Werner*, in: GroßK AktG, 4. Aufl. 1993, § 122 Rn. 2.

435 *Werner*, in: GroßK AktG, 4. Aufl. 1993, § 122 Rn. 43.

Kommt es folglich zu schuldrechtlichen Abreden der Aktionäre dahingehend, sich rechtlich verbindlich an dem Zusammenschluss zu beteiligen, diesen gemeinsamen Zweck durch Zustimmung zu dem Minderheitsverlangen zu fördern, ohne die Aktienanteile selbst, die zur Erreichung des Quorums nötig sind, in ein Gesamthandvermögen zu übertragen, werden beide Tatbestandsmerkmale einer Innen-GbR, der gemeinsame Zweck und dessen Förderung als verbindlich ausgestaltete Rechtspflicht, erfüllt.[436] Im Ergebnis liegt dann eine Innen-GbR ohne Gesamthandvermögen vor.[437]

Die interessante Fragestellung, wann und wie eine solche Gesellschaft zustande kommt, ist für die hier zu klärende Fragestellung der Auswirkungen auf das Auskunftsrecht des § 131 AktG nicht entscheidend.[438] Denn die hier aufgeworfenen Fragestellungen in Zusammenhang mit dem Auskunftsrecht lösen sich schon bei der Betrachtung des Endes der Innengesellschaft in Form einer Gelegenheitsgesellschaft. Grundsätzlich endet diese bei Zweckerreichung oder der Unmöglichkeit der Zweckerreichung gemäß § 726 BGB.[439] Sobald die Hauptversammlung einberufen wurde bzw. der Gegenstand zur Beschlussfassung der Hauptversammlung gemäß § 122 Abs. 2, 124 Abs. 1 S. 2 AktG bekannt gemacht worden ist oder eine Ermächtigung des Gerichts gemäß § 122 Abs. 3 S. 1 AktG vorliegt,[440] wird der von der Innengesellschaft angestrebte Zweck erreicht. Folglich endet die hier angenommene (Gelegenheits-)Innen-GbR gemäß § 726 BGB[441] jedenfalls noch vor dem tatsächlichen Tag der Hauptversammlung. Im Fall der Verfehlung des Minderheitenquorums kann es, wegen Unmöglichkeit der Zweckerreichung, ebenfalls zu einer Auflösung kommen.[442] Da es aber weder zur Einberufung noch zu einer Bekanntmachung bestimmter Tagesordnungspunkte kommt und das Minderheitsverlangen nach §§ 122 Abs. 1 bzw. 2 AktG fruchtlos wäre, sind Auswirkungen auf das Auskunftsrecht von vornherein undenkbar.

b. *Folgerungen für die Auskunftsberechtigung in der Hauptversammlung*

Es bleibt festzuhalten, dass bei fehlender andersartiger Vereinbarung im Zusammenhang mit § 131 AktG mit Hilfe des Aktionärsforums gemäß § 127a AktG grundsätzlich nur von einer bloß informellen Verhaltensabstimmung ohne rechtliche Verpflichtungen auszugehen und ein

---

436 Die Situation ist insoweit vergleichbar mit der bei Stimmbindungsverträgen, die in der Regel ebenfalls zu einer GbR führen, vgl. dazu *Ballerstedt*, JuS 1963, S. 253 (262f.); *K. Schmidt*, Gesellschaftsrecht, 4. Aufl. 2002, S. 1710 m. w. N. zu Stimmrechtspools; *Semler*, in: Münch Hdb GesR, Bd. 4, 3. Aufl. 2007, § 38 Rn. 43; *Schröer*, in: MüKo AktG, 2. Aufl. 2004, § 136 Rn. 57.

437 So auch *Spindler*, NZG 2005, S. 825 (828) der die Bildung einer *„GbR zur gemeinsamen Antragsstellung"* im Allgemeinen bejaht. Die Wahl einer anderen Gesellschaftsform wäre bei entsprechendem Willen zwar möglich, aber wohl stets die Ausnahme.

438 Abgestellt werden könnte auf die Aufforderung im Aktionärsforum und deren Einordnung als bindende Willenserklärung oder bei entsprechender Gestaltung derselben als bloße *„invitatio ad offerendum"*, *Spindler*, NZG 2005, S. 825 (828).

439 *K. Schmidt*, Gesellschaftsrecht, 4. Aufl. 2002, S. 63 mit dem Hinweis, dass § 726 BGB nur auf diese Gesellschaftsform richtig passt.

440 In den soeben erörterten Konstellationen ist zu fordern, dass das Quorum bis zur Entscheidung über den Antrag, d. h. bis zur gerichtlichen Ermächtigung, oder bis zur Einberufung der Hauptversammlung durch den Vorstand besteht; zur h. M. vgl. *Hüffer*, AktG, 8. Aufl. 2008, § 122 Rn. 3a; *Kubis*, in: MüKo AktG, 2. Aufl. 2004, § 122 Rn. 7; *Semler*, in: Münch Hdb GesR, Bd. 4, 3. Aufl. 2007, § 35 Rn. 13; a. A. für § 122 Abs. 1 AktG *Werner*, in: GroßK AktG, 4. Aufl. 1993, § 122 Rn. 10.

441 *K. Schmidt*, Gesellschaftsrecht, 4. Aufl. 2002, S. 63.

442 Für eine automatische Auflösung muss eine „dauernde, offenbare und ausgemachte" Vereitelung des Zwecks vorliegen, RG, Urt. v. 4.6.1940 - RGZ 164, S. 129 (142); BGH, Urt. v. 23.5.1957 - BGHZ 24, S. 279 (293).

Rechtsbindungswille zur Begründung einer GbR abzulehnen ist, so dass es sich nicht um einen gesellschaftsrechtlich relevanten Zusammenschluss handelt. Denn jeder Aktionär kann mit dem ihm eigens zustehenden Auskunftsrecht grundsätzlich seine Informationsbedürfnisse angemessen befriedigen und würde durch einen rechtlich verbindlichen Zusammenschluss mehr Nachteile in Kauf nehmen, als ihm Vorteile entstünden. Bei einer Anknüpfung an § 131 AktG ist damit in der Regel eine Auskunftsberechtigung des einzelnen Aktionärs anzunehmen. Unproblematisch wäre aber auch der Fall der Begründung einer rechtsfähigen Außen-GbR. Denn hier ist die Gesellschaft selbst als Trägerin der Rechte und Pflichten auskunftsberechtigt.

In der Praxis wird der Weg des § 127a AktG hinsichtlich einer gemeinsamen Ausübung des Auskunftsrechts keine Rolle spielen. Sollte aber doch einmal eine Innengesellschaft anzunehmen sein, so ist in dieser Konstellation die Frage der Auskunftsberechtigung des Aktionärs problematisch. Im Grundsatz bleibt der Aktionär selbst auskunftsberechtigt. Es bietet sich insofern der Vergleich mit den Stimmbindungsverträgen an. Auch hier werden die Stimmrechte von den einzelnen Aktionären als Vertragspartner selbst wahrgenommen.[443] Da jeder handelnde Gesellschafter einer Innengesellschaft im Außenverhältnis immer nur für sich selbst auftritt und nicht für die Gesellschaft[444] und er vor allem Inhaber der Aktienanteile bleibt, steht ihm auch die Auskunftsberechtigung des § 131 AktG selbst zu. Gegenüber den übrigen Aktionären der Innengesellschaft ist der Auskunft suchende Aktionär zwar an seine Verpflichtungen gebunden, aber im Außenverhältnis keiner Beschränkung bei der Ausübung seiner Auskunftsberechtigung unterworfen. Damit trifft auch der Aktionär selbst im Außenverhältnis die Entscheidung darüber, ob eine Auskunft in ausreichendem Umfang erteilt wurde oder ob weitere Nachfragen notwendig sind. Ein Verstoß gegen die im Innenverhältnis bestehenden Abreden macht die Ausübung im Außenverhältnis jedenfalls nicht unwirksam.

Allerdings kann sich im Innenverhältnis, je nach getroffener Absprache, eine Pflicht des Aktionärs ergeben, bei den anderen Aktionären nachzufragen. Ansonsten könnte er seine ihm obliegenden Verpflichtungen, abgeleitet aus den der Innengesellschaft zugrunde liegenden schuldrechtlichen Abreden, verletzen und sich schadensersatzpflichtig machen. Eine Nachfrage wäre aber grundsätzlich möglich. Denn alle Teilnehmer des Zusammenschlusses haben sich verpflichtet, ihr Auskunftsrecht wahrzunehmen. Sie oder ihr Vertreter müssen mithin, um wiederum ihren Verpflichtungen nachzukommen, auf der Hauptversammlung erscheinen, da eine Ausübung des Auskunftsrechts ansonsten tatbestandlich nicht möglich wäre. Dennoch zeigt diese Konstellation in Kombination mit einer Nachfrageverpflichtung erneut, dass im Regelfall eine rechtliche Verpflichtung nicht gewollt sein wird, denn in der Praxis geht die Notwendigkeit eines Nachfragens mit enormen praktischen Schwierigkeiten einher.

Seit Inkrafttreten des UMAG sind, soweit ersichtlich, diese Konstellationen in der Praxis nicht aufgetreten. Die die Inanspruchnahme des § 127a AktG wird sich vorwiegend auf die an Schwellenwerte geknüpften Aktionärsrechte konzentrieren. Genau dort ist auch nach der Intention des Gesetzgebers die eigentliche Stoßrichtung des § 127a AktG verortet worden, um eine Verbesserung der Eigentümerkontrolle zu erreichen.[445] Nur hier besteht, da der einzelne Aktionär mit geringem Aktienbesitz bereits am Quorum scheitert, auch ein echtes Bedürfnis für ein Aktionärsforum i. S. v. § 127a AktG.

---

[443] *Schröer*, in: MüKo AktG, 2. Aufl. 2004, § 136 Rn. 57.
[444] *Schücking*, in: Münch Hdb GesR, Bd. 1, 2. Aufl. 2004, § 3 Rn. 44.
[445] Begr. RegE UMAG, BT-Drucks. 15 /5092, S. 15.

Zwar lässt sich für den Anknüpfungspunkt des § 122 Abs. 1 bzw. Abs. 2 AktG für den Zusammenschluss grundsätzlich auf eine GbR als Innengesellschaft ohne Gesamthandvermögen schließen, soweit eine rechtliche Bindung in diesen Fällen innerhalb des Zusammenschlusses aber nicht gewollt ist und damit auch keine GbR entsteht, ergeben sich indes keine Besonderheiten der Wahrnehmung des Auskunftsrechts gemäß § 131 AktG.

4. Zwischenergebnis

Zusammenfassend lässt sich feststellen, dass grundsätzlich in keiner der aufgezeigten Konstellationen Auswirkungen auf das Auskunftsrecht auftreten. Denn einerseits erlischt die GbR bei §§ 122 Abs. 1 und 2 AktG durch Zweckerreichung gemäß § 726 BGB bereits vor der Hauptversammlung. Andererseits entfaltet § 127a AktG im Zusammenspiel mit § 131 AktG als Anknüpfungspunkt schon keine Praxisrelevanz, da es sich regelmäßig nur um eine informelle Verhaltensabstimmung handeln wird. Sollte man doch einmal zu der Annahme einer GbR kommen, ist bei einer Außen-GbR diese selbst auskunftsberechtigt, bei einer Innen-GbR bleiben es indes die einzelnen Aktionäre.

5. Nicht börsennotierte Aktiengesellschaften

Zwar geht die Regierungsbegründung ausdrücklich von der Anwendbarkeit des § 127a AktG auch auf nicht börsennotierte Aktiengesellschaften aus.[446] Zu bedenken ist indes, dass sich bei nicht börsennotierten Unternehmen die Aktionäre meist ohnehin persönlich kennen werden. Falls eine persönliche Kenntnis nicht gegeben ist, wird ein Aufruf im Aktionärsforum aber in der Praxis nur äußerst selten weiterhelfen. Denn Aktionäre nicht börsennotierter Aktiengesellschaften werden in aller Regel davon ausgehen, dass ein Aufruf im Aktionärsforum wegen des begrenzten und überschaubaren Aktionärskreises dort nicht platziert werden wird, diese Aktionäre mithin von der Nutzlosigkeit der Suche schon *per se* ausgehen werden und das Aktionärsforum als Mittel für Nachforschungen zum Aktionärskreis mangels Eignung nicht nutzen werden.[447] Für die hier aufgeworfene Frage der Auswirkungen auf die Auskunftsberechtigung ergeben sich auch bei nicht börsennotierten Aktiengesellschaften keine anderen Folgerungen als die eben für börsennotierte Aktiengesellschaften dargestellten, falls ein Zusammenschluss der teilnehmenden Aktionäre zur gemeinsamen Rechtsausübung mit Hilfe des § 127a AktG erfolgt.

III. Auskunftsverpflichteter

Als Schuldner des Auskunftsanspruchs des Aktionärs ist die Aktiengesellschaft selbst anzusehen und nicht, wie der Wortlaut des § 131 Abs. 1 S. 1 AktG vermuten lassen könnte, der Vorstand,[448] weshalb die Konsequenzen bei fehlerhafter oder verweigerter Auskunft, sowohl in materieller als auch prozessualer Hinsicht, allein von der Aktiengesellschaft zu tragen sind.

---

[446] Begr. RegE UMAG, BT-Drucks. 15 /5092, S. 16.

[447] Das erkennt sogar der Gesetzgeber, Begr. RegE UMAG, BT-Drucks. 15 /5092, S. 16, der vor diesem Hintergrund die Einstufung eines der Öffentlichkeit zugänglich gemachten Aufrufs als rechtsmissbräuchlich nicht ausschließt.

[448] Allg. Meinung, *Decher*, in: GroßK AktG, 4. Aufl. 2001, § 131 Rn. 90; *Hüffer*, AktG, 8. Aufl. 2008, § 131 Rn. 5; *Kubis*, in: MüKo AktG, 2. Aufl. 2004, § 131 Rn. 16; *Luther*, in: FS Möhring, 1975, S. 221 (221); *Marsch-Barner*, in: Marsch-Barner/Schäfer, börsennotierte AG, 2. Aufl. 2009, § 34 Rn. 33; *Semler*, in: Münch Hdb GesR, Bd. 4, 3. Aufl. 2007, § 37 Rn. 5; unscharf *Meilicke/Heidel*, DStR 1992, S. 72 (74).

Die tatsächliche Erteilung der Auskunft bzw. ihre Verweigerung ist vom amtierenden[449] Vorstand als handelndem Organ der Aktiengesellschaft vorzunehmen.

Da es sich bei der Auskunftserteilung um eine Maßnahme der Geschäftsführung i. S. v. § 77 Abs. 1 S. 1 AktG handelt,[450] müsste die Entscheidung hinsichtlich des Ob und Wie der Beantwortung der Aktionärsfrage grundsätzlich einstimmig[451] vom Vorstand als Gesamtorgan getroffen werden.[452] Es ist auf den Hauptversammlungen aber gängige Praxis, die Beantwortung grundsätzlich vom Vorstandsvorsitzenden oder, wegen besonderer Sachnähe, dem ressortmäßig zuständigen Vorstandsmitglied vornehmen zu lassen.[453] Zulässig ist ebenso ein Rückgriff auf dritte Personen,[454] wobei es dem Vorstand überlassen bleibt, ob er selbst die Beantwortung der Aktionärsfrage wahrnehmen möchte oder ob er sie delegiert. Mit der Delegation der Antwortbefugnis gibt der Vorstand zu erkennen, dass er die Antwort als eigene anerkennen möchte und eine Zurechnung beabsichtigt, weshalb es sich insgesamt um eine zulässige Beantwortung *„vom Vorstand"* i. S. v. § 131 Abs. 1 S. 1 AktG handelt. Die Delegationsmöglichkeit des Vorstandes ist eine Ausnahme von dem, aus der Tatsache der Auskunftsverpflichtung der organschaftlich durch den Vorstand vertretenen Aktiengesellschaft abzuleitenden, Grundsatz der fehlenden Berechtigung und Verpflichtung dritter Personen zur Auskunftserteilung.[455] Kommt es in der Hauptversammlung hingegen doch einmal zur Auskunftserteilung durch Dritte ohne Vorab-Delegation, kann sich der Vorstand die erteilte Auskunft erkennbar (auch konkludent) zu Eigen machen und so eine zulässige Auskunft *„durch den Vorstand"* herbeiführen.[456] Nahe liegt dies jedenfalls dann, wenn der Vorstand der Äußerung des Dritten in der Hauptversammlung bewusst nicht widerspricht.[457]

---

449 Unabhängig davon, ob die von der Auskunft betroffenen Vorfälle in seine Amtszeit fallen oder nicht, *Kubis*, in: MüKo AktG, 2. Aufl. 2004, § 131 Rn. 17 m. w. N.

450 *Hüffer*, AktG, 8. Aufl. 2008, § 131 Rn. 7; *Luther*, in: FS Möhring, 1975, S. 221 (227).

451 Anderes gilt, wenn gemäß § 77 Abs. 1 S. 2 AktG die Satzung oder die Geschäftsführung des Vorstandes etwas anderes bestimmt.

452 Vgl. *Schlitt*, in: Semler/Volhard, ArbHdb HV, 2. Aufl. 2003, § 12 Rn. 95.

453 In der widerspruchslosen Hinnahme der Beantwortung durch das jeweilige Vorstandsmitglied ist dann ein zulässiges konkludentes „sich zu Eigen machen" der Ausführungen des auskunftgebenden Vorstandes durch den Gesamtvorstand zu sehen und der zu fassende Beschluss entbehrlich. Selbiges gilt, wenn der antwortende Vorstand die Antwort konform mit und in Kenntnis der Meinung der übrigen Vorstandsmitglieder erteilt, vgl. BGH, Urt. v. 23.11.1961 - BGHZ 36, S. 121 (127 ff.); *Kubis*, in: MüKo AktG, 2. Aufl. 2004, § 131 Rn. 17 m. w. N.

454 In Frage kommen dabei meist besonders qualifizierte, mit einer besonderen Nähe ausgestattete oder besonders sachkundige Mitarbeiter sowie der Aufsichtsrat des Unternehmens, aber auch externe Dritte wie z. B. Steuerberater, Wirtschaftsprüfer oder Rechtsanwälte. Zur Zulässigkeit der Einbindung Dritter vgl. RG, Urt. v. 12.6.1941 - RGZ 167, S. 151 (169); *Marsch-Barner*, in: Marsch-Barner/Schäfer, börsennotierte AG, 2. Aufl. 2009 , § 34 Rn. 34 m. w. N.

455 Hieraus erklärt sich insbesondere die nicht vorhandene Verpflichtung bzw. Berechtigung des Aufsichtsrats, vgl. zur Konstellation bei einem Aufsichtsratsvorsitzenden als Versammlungsleiter BVerfG, Beschl. v. 20.9.1999 - AG 2000, S. 74 (75), und anwesender Abschlussprüfer (§ 176 Abs. 2 S. 2 AktG). Den Forderungen nach der Einführung einer gesetzlichen Rede- und Auskunftspflicht des Abschlussprüfers wurde auch im Rahmen des UMAG nicht entsprochen, was auf einer Linie mit der Ansicht der diese Forderung ebenfalls ablehnenden Regierungskommission „Corporate Governance", BT-Drucks. 14/7515, Rn. 293, liegt.

456 Vgl. *Groß*, AG 1997, S. 97 (99); *Hüffer*, AktG, 8. Aufl. 2008, § 131 Rn. 6; *Decher*, in: GroßK AktG, 4. Aufl. 2001, § 131 Rn. 90 m. w. N. Hervorhebung durch den Verfasser.

457 *Ek*, Leitfaden, 2005, S. 127; *Schlitt*, in: Semler/Volhard, ArbHdb HV, 2. Aufl. 2003, § 12 Rn. 95.

B. Das Auskunftsverlangen als Tatbestandsvoraussetzung des § 131 AktG

Die Pflicht zur Auskunftserteilung ist gemäß § 131 Abs. 1 S. 1 AktG an ein in der Hauptversammlung zu äußerndes Auskunftsverlangen von Seiten des Aktionärs geknüpft.[458] Diese Hauptversammlungsgebundenheit auch des Auskunfts*verlangens*, die das Auskunftsrecht zu einem temporären Aktionärsrecht macht, folgt, obwohl § 131 Abs. 1 S. 1 AktG nur die Auskunfts*erteilung* *„in der Hauptversammlung"* *expressis verbis* fordert, aus dem untrennbaren Zusammenhang des Auskunfts*verlangens* und der Auskunfts*erteilung*.[459]

Das Verlangen hat der Aktionär vor Abschluss des jeweiligen Tagesordnungspunktes, d. h. soweit eine Beschlussfassung notwendig ist vor dieser, anzubringen,[460] muss es aber nicht begründen.[461] Wird aus Praktikabilitätsgründen eine Generaldebatte geführt, so können bis zum Zeitpunkt der abschließenden Beschlussfassung Auskunftsverlangen vorgebracht werden, auch wenn diese Tagesordnungspunkte betreffen, die bereits erörtert worden waren. Bereits angebrachte Auskunftsverlangen können vom Aktionär jederzeit – es handelt sich um sein Individualrecht – zurückgenommen werden.[462] Handelt es sich bei dem Begehren des Aktionärs schließlich nicht um ein „echtes" Auskunftsverlangen, sondern vielmehr um in Frageform vorgebrachte Behauptungen oder Suggestivfragen, kann eine Auskunftspflicht grundsätzlich abgelehnt werden.[463]

I. Adressat des Auskunftsverlangens

Die Kenntnis des Versammlungsleiters als Repräsentant der Gesellschaft, der die Frage an den Vorstand weiterleitet, von einem Auskunftsverlangen ist ausreichend.[464] Ist eine ausdrückliche Adressierung seitens des Aktionärs weder vorgenommen noch aus den Umständen zu entnehmen, dass das Verlangen an den Vorstand gerichtet sein soll, ist der Vorstand jedenfalls im Zweifel als Adressat gewollt.[465] Denn das Verlangen des Aktionärs ist bei laiengünstiger Auslegung dahin zu interpretieren, dass dessen Zulässigkeit gewollt ist, denn nur ein zulässiges Auskunftsverlangen vermag eine Auskunftspflicht zu begründen. Darüber hinaus fortbestehende Zweifel sind von der Versammlungsleitung auszuräumen. Zu adressieren ist das Verlangen an den Vorstand in deutscher Sprache.[466]

II. Vorbehalt der Mündlichkeit des Auskunftsverlangens nach Einführung des § 131 Abs. 2 S. 2 AktG?

Bisher wurde von der wohl h. M. vertreten, mangels einer ausdrücklichen gesetzlichen Regelung sei das Auskunftsverlangen mündlich wie schriftlich anbringbar, ein Vorbehalt der

---

458 Allg. Meinung, *Decher*, in: GroßK AktG, 4. Aufl. 2001, § 131 Rn. 105; *Hüffer*, AktG, 8. Aufl. 2008, § 131 Rn. 8; *Meilicke/Heidel*, DStR 1992, S. 72 (73); *Kubis*, in: MüKo AktG, 2. Aufl. 2004, § 131 Rn. 23 m. w. N.

459 *Butzke*, HV AG, 4. Aufl. 2001, G Rn. 29; *Meilicke/Heidel*, DStR 1992, S. 72 (73); *Ek*, Leitfaden, 2005, S. 128 m. w. N.; Hervorhebungen durch den Verfasser.

460 *Semler*, in: Münch Hdb GesR, Bd. 4, 3. Aufl. 2007, § 37 Rn. 23.

461 Allg. Ansicht, *Decher*, in: GroßK AktG, 4. Aufl. 2001, § 131 Rn. 100.

462 Ausführlich hierzu *Kubis*, in: MüKo AktG, 2. Aufl. 2004, § 131 Rn. 30 m. w. N.

463 Vgl. dazu *Luther*, in: FS Möhring, 1975, S. 221 (235 ff.); *Meyer-Löwy*, S. 99 f.

464 *Hüffer*, AktG, 8. Aufl. 2008, § 131 Rn. 8 m. w. N.

465 *Kubis*, in: MüKo AktG, 2. Aufl. 2004, § 131 Rn. 24.

466 Deutsch ist für eine Aktiengesellschaft mit Sitz in Deutschland die Verhandlungssprache, *Martens*, Leitfaden, 3. Aufl. 2003, S. 73; *Kubis*, in: MüKo AktG, 2. Aufl. 2004, § 118 Rn. 56 und § 131 Rn. 25.

Mündlichkeit bestehe nicht.[467] Eine andere Ansicht berief sich darauf, dass sich aus dem Schweigen des Gesetzes alleine keine tragfähige Grundlage ableiten lasse.[468] Vielmehr sei nur durch ein mündliches Auskunftsverlangen sichergestellt, dass alle Versammlungsteilnehmer Kenntnis von dem Auskunftsverlangen und seinem Inhalt erhielten, um auf dieser Grundlage dem Vortrag des Vorstandes bei der Beantwortung der Frage folgen zu können.[469] Der auch dem Auskunftsrecht innewohnende Zweck der kollektiven Willensbildung[470] würde bei schriftlichen Auskunftsbegehren nicht erfüllt.[471] Daher wird gefordert, in den Fällen schriftlicher Auskunftsverlangen die Zulässigkeit eines Auskunftsbegehrens davon abhängig zu machen, dass die Fragen vor ihrer Beantwortung der Hauptversammlung per Verlesung zur Kenntnis gegeben werden müssen.[472] Dies entspricht wiederum dem Erfordernis der Mündlichkeit, selbst wenn die Verlesung nicht eigens vom Aktionär vorgenommen wurde.

Die Unzulässigkeit schriftlicher Auskunftsbegehren wurde mithin schon bisher mit guten Gründen bejaht, wenngleich sich diese Mindermeinung bis heute nicht durchzusetzen vermochte. Der Mindermeinung wird nunmehr mit der Einführung durch § 131 Abs. 2 S. 2 AktG ein schlagkräftiges Argument zur Verfügung gestellt, das die bislang h. M. zu stürzen vermag. Denn soll § 131 Abs. 2 S. 2 AktG durch eine zeitliche Beschränkung des Frage- und Rederechts seinen Teil zur Straffung und Effizienzsteigerung der Hauptversammlung beitragen können, darf der Ansatzpunkt der Beschränkung nicht durch schriftliche Auskunftsbegehren unterwandert werden.[473] Dürfte der Aktionär seine Fragen (auch) schriftlich vorbringen, könnte die mögliche zeitliche Beschränkung, die eine mündliche Ausübung des Fragerechts denknotwendig voraussetzt, auf diese Art umgangen werden und die Regelung des § 131 Abs. 2 S. 2 AktG verlöre einen Gutteil ihres Regelungsgehalts. Das Auskunftsverlangen muss daher nach der Reform durch das UMAG unter den Vorbehalt der Mündlichkeit gestellt werden.

Damit scheidet es nunmehr erst recht aus, den Aktionär durch eine Regelung in der Satzung oder Geschäftsordnung dazu zu verpflichten, sein Verlangen in Schriftform vorzubringen und damit das mündliche Auskunftsrecht auszuschließen. Die h. M. stützte sich bei ihrer Argumentation bisher auf einen ansonsten vorliegenden Verstoß gegen § 23 Abs. 5 AktG,[474] neben den nunmehr das Argument tritt, dass eine Verpflichtung zu einem unzulässigen Verhalten dem Aktionär nicht auferlegt werden kann. Das während der Hauptversammlung stets mögliche mündliche Auskunftsverlangen führt dazu, dass eine Verpflichtung zur vorherigen

---

467 *Butzke*, HV AG, 4. Aufl. 2001, G Rn. 29; *Decher*, in: GroßK AktG, 4. Aufl. 2001, § 131 Rn. 98; *Semler*, in: Münch Hdb GesR, Bd. 4, 2. Aufl. 1999, § 37 Rn. 25, der diese Ansicht auch in der 3. Aufl. 2007 unter Rn. 24 noch aufrecht erhält; *Meilicke/Heidel*, DStR 1992, S. 72 (74); *Marsch-Barner*, WM 1984, S. 41 (42); *Hüffer*, AktG, 6. Aufl. 2004, § 131 Rn. 8 (dieser anders seit der 7. Aufl. 2006, § 131 Rn. 8); a. A. LG Köln, Beschl. v. 2.4.1990 - AG 1991, S. 38; *Kubis*, in: MüKo AktG, 2. Aufl. 2004, § 131 Rn. 27; *ders*, in: FS Kropff, 1997, S. 171 (187).

468 *Kubis*, in: MüKo AktG, 2. Aufl. 2004, § 131 Rn. 27.

469 LG Köln, Beschl. v. 2.4.1990 - AG 1991, S. 38.

470 Vgl. hierzu die Nachweise in Fn. 165.

471 *Kubis*, in: MüKo AktG, 2. Aufl. 2004, § 131 Rn. 27; *ders*, in: FS Kropff, 1997, S. 171 (180 ff.).

472 LG Köln, Beschl. v. 2.4.1990 - AG 1991, S. 38; *Volhard*, in: Semler/Volhard, ArbHdb HV, 2. Aufl. 2003, § 13 Rn. 18 m. w. N.

473 Dies erkennt auch *Hüffer*, der daraufhin die in der 6. Auflage 2004 vertretene Ansicht der kumulativen Möglichkeit schriftlicher wie mündlicher Auskunftsbegehren auf mündlich vorgebrachte Auskunftsbegehren beschränkt, vgl. *Hüffer*, AktG, 8. Aufl. 2008, § 131 Rn. 8; zutreffend nunmehr auch OLG Frankfurt a.M., Beschl. v. 19.9.2006 - NJW-RR 2007, S. 546 f.; so auch *Spindler*, in: K. Schmidt/Lutter, AktG, 2008, § 131 Rn. 21; unzutreffend hält *Semler*, in: Münch Hdb GesR, Bd. 4, 3. Aufl. 2007, § 37 Rn. 24 schriftliche Auskunftbegehren noch für zulässig.

474 *Decher*, in: GroßK AktG, 4. Aufl. 2001, § 131 Rn. 98 m. w. N.; *Meilicke/Heidel*, DStR 1992, S. 72 (72); *Semler*, in: Münch Hdb GesR, Bd. 4, 3. Aufl. 2007, § 37 Rn. 24.

Ankündigung grundsätzlich nicht besteht.[475] Es kann sich aber auch nach Einführung des § 131 Abs. 2 S. 2 AktG für den Aktionär weiterhin empfehlen, bei angestrebten komplizierten Detailfragen die Fragen (schon im Vorfeld) in schriftlicher Form vorzulegen, um damit dem Vorstand eine detaillierte und strukturierte Antwort zu erleichtern. Er muss diese Fragen aber in der Hauptverssammlung erneut mündlich anbringen.

Im Ergebnis ist der Aktionär auf mündlich vorgebrachte Auskunftsverlangen zu beschränken, während schriftlich angebrachte Fragen in Zusammenhang mit § 131 AktG, mangels tatbestandlichem Auskunftsverlangen, unbeachtlich sind.

C. Die Beschränkung des Auskunftsrechts durch § 131 Abs. 2 S. 2 AktG

Neben den formellen Erfordernissen an die Vorbringung eines Auskunftsverlangens ist das Auskunftsrecht des Aktionärs auf verschiedene Weise Beschränkungen unterworfen. Diese Einschränkung des auf die Hauptversammlung konzentrierten Auskunftsrechts der Aktionäre ist unumgänglich, da ansonsten bei unbegrenzter Ausübungsmöglichkeit durch die Aktionäre eine Abwicklung der Hauptversammlung in angemessener und zumutbarer Zeit gefährdet wäre.[476] Einerseits führen daher bereits die materiellen Tatbestandsvoraussetzungen des § 131 Abs. 1 S. 1 AktG, der *„Auskunft über Angelegenheiten der Gesellschaft“* sowie der Erforderlichkeit der Auskunft *„zur sachgemäßen Beurteilung des Gegenstandes der Tagesordnung“*, zu einer Beschränkung des Auskunftsrechts.[477] Andererseits kann das Auskunftsrecht auch durch Ordnungsmaßnahmen in der Hauptversammlung,[478] die Auskunftsverweigerungsgründe des § 131 Abs. 3 AktG[479] sowie immanente Beschränkungen[480] eine Einschränkung erfahren.

Im Folgenden soll sich die Untersuchung auf die durch das UMAG geschaffenen, das Auskunftsrecht einschränkenden Vorschriften beschränken und für die übrigen Einschränkung auf die angegebenen Fundstellen verwiesen werden. In den Vordergrund rücken damit das Auskunftsverweigerungsrechts des § 131 Abs. 3 S. 1 Nr. 7 AktG bei im Vorfeld der Hauptversammlung erteilten Informationen, auf das später zurückzukommen sein wird, sowie der nun zu erörternde § 131 Abs. 2 S. 2 AktG, der eine Ordnungsmaßnahme in Form einer Frage- und Redezeitbeschränkung in der Hauptversammlung durch die Eröffnung von Satzungsautonomie zu Gunsten der Hauptversammlung möglich macht.

---

475 *Meilicke/Heidel*, DStR 1992, S. 72 (73); *Semler*, in: Münch Hdb GesR, Bd. 4, 3. Aufl. 2007, § 37 Rn. 21.

476 So schon das BVerfG, Beschl. v. 20.9.1999 - AG 2000, S. 74 (75).

477 Zu beiden Einschränkungen vgl. *Meilicke/Heidel*, DStR 1992, S. 113 (114 f.); *Hüffer*, AktG, 8. Aufl. 2008, § 131 Rn. 11 und 12 ff.; *Kubis*, in: MüKo AktG, 2. Aufl. 2004, § 131 Rn. 33 ff. und 36 ff. je m. umf. N.

478 Zu den Leitungs- und Ordnungsmaßnahmen vgl. BVerfG, Beschl. v. 20.9.1999 - AG 2000, S. 74 (75); *Kubis*, in: MüKo AktG, 2. Aufl. 2004, § 119 Rn. 119 ff.; *Hüffer*, AktG, 8. Aufl. 2008, § 129 Rn. 22 f. je m. umf. N.

479 Zu den Auskunftsverweigerungsgründen vgl. *Hüffer*, AktG, 8. Aufl. 2008, § 131 Rn. 23 ff. m. w. N.; *Hefermehl*, in: FS Duden, 1977, S. 109 (109 ff.); *Kubis*, in: MüKo AktG, 2. Aufl. 2004, § 131 Rn. 94 ff. m. w. N.

480 Vgl. BayObLG, Beschl. v. 30.11.1995 - NJW-RR 1996, S. 679 (679 ff.); *Kubis*, in: MüKo AktG, 2. Aufl. 2004, § 131 Rn. 29, 83 ff.; *Spitze/Diekmann*, ZHR 158 (1994), S. 447 (467 ff.); *Hüffer*, AktG, 8. Aufl. 2008, § 131 Rn. 10.

I. Zuständigkeit für eine Frage- und Rederechtsbeschränkung

Der Streit um die Frage der Zuständigkeit für die Anordnung einer allgemeinen, d. h. für alle Versammlungsteilnehmer geltenden, Beschränkung der Redezeit – nicht der Fragezeit[481] – wurde von der ganz h. M. zu Gunsten einer Zuständigkeit des Versammlungsleiters entschieden.[482] Er trifft die verfahrensleitenden Maßnahmen und Ordnungsmaßnahmen aus eigenem Recht.[483] Mit der Regelung des § 131 Abs. 2 S. 2 AktG schließt sich der Gesetzgeber der bislang schon h. M. an und lässt keinen Zweifel an der Zuständigkeit des Versammlungsleiters für die Anordnung von Frage- und Rederechtsbeschränkungen mehr aufkommen. Ob eine Delegationsbefugnis des Versammlungsleiters für selbst zu treffende Maßnahmen zu Gunsten der Entscheidung durch die Hauptversammlung besteht, ist umstritten.[484] Für eine Delegationsmöglichkeit wurde bislang angeführt, gesetzliche oder sonstige anerkannte Regeln bestünden nicht, so dass ein Selbstorganisationsrecht der Hauptversammlung hinsichtlich ihres Ablaufs bestehe.[485] Bis zur Einführung des § 131 Abs. 2 S. 2 AktG mag dem noch gefolgt werden können. Nunmehr trifft § 131 Abs. 2 S. 2 AktG aber jedenfalls für die Frage- und Redezeitbeschränkung eine ausdrückliche Zuständigkeitsanordnung zu Gunsten des Versammlungsleiters. Dieses klare Wortlautargument in Kombination mit der besonderen Sachkenntnis sowie Objektivität des Versammlungsleiters[486] sprechen gegen eine Delegationsbefugnis. Letztlich wäre eine Entscheidungsfindung bei großen Hauptversammlung, wegen der vielfach differierenden Meinungen, meist auch mit einem nicht unerheblichem Zeitaufwand verbunden, was dem im Zusammenhang mit § 131 Abs. 2 S. 2 AktG zu beachtenden Gebot der Hauptversammlungseffizienz widerspricht und auch den Versammlungsleiter mit dem von ihm zu beachtenden Grundsatzes der Verfahrensökonomie[487] in Konflikt bringt. Die hier vertretene Versagung der Delegationsmöglichkeit zwingt aber nicht dazu, auch im Rahmen von § 131 Abs. 2 S. 2 AktG die Einholung eines unverbindlichen Meinungsbildes zu versagen,[488] wenngleich der Versammlungsleiter hiervon nur sparsam Gebrauch machen sollte, um seine Autorität und den geordneten Versammlungsverlauf nicht zu gefährden.[489]

---

481 Eine Beschränkung der Fragezeit war bis zur Einführung des § 131 Abs. 2 S. 2 AktG nach h. M. nicht möglich, vgl. dazu unten Seite 109 ff.

482 Das Reichsgericht hat in einer älteren Entscheidung noch eine Entscheidungsbefugnis der Hauptversammlung bejaht, RG, Urt. v. 2.11.1895 - RGZ 36, S. 24 (26); für eine alleinige Zuständigkeit der Hauptversammlung auch *Erman*, AG 1964, S. 101 (102); zur heute h. M. vgl. BGH, Urt. v. 11.11.1965 - BGHZ 44, S. 245 (247); *Butzke*, HV AG, 4. Aufl. 2001, D Rn. 59; *Max*, AG 1991, S. 77 (91); *Quack*, AG 1985, S. 145 (146); *Hennerkes/Kögel*, DB 1999, S. 81 (84); *Martens*, WM 1981, S. 1010 (1010, 1012); *Siepelt*, AG 1995, S. 254 (258 f.); *Stützle/Walgenbach*, ZHR 155 (1994), S. 516 (520 f.); *Kubis*, in: MüKo AktG, 2. Aufl. 2004, § 119 Rn. 151.

483 *Fischer*, in: Semler/Volhard, ArbHdb HV, 2. Aufl. 2003, § 11 Rn. 68; *Martens*, WM 1981, S. 1010 (1012); *Stützle/Walgenbach*, ZHR 155 (1994), S. 516 (520 f.).

484 Bejahend *Semler*, in: Münch Hdb GesR, Bd. 4, 3. Aufl. 2007, § 36 Rn. 40; *Martens*, WM 1981, S. 1010 (1012 f.); ablehnend *Fischer*, in: Semler/Volhard, ArbHdb HV, 2. Aufl. 2003, § 11 Rn. 127; *Dietrich*, NZG 1998, S. 921 (923); mit ablehnender Tendenz BGH, Urt. v. 11.11.1965 - BGHZ 44, S. 245 (249); *Hüffer*, AktG, 8. Aufl. 2008, § 129 Rn. 22.

485 *Semler*, in: Münch Hdb GesR, Bd. 4, 3. Aufl. 2007, § 36 Rn. 40.

486 *Mülbert*, in: GroßK AktG, Vor §§ 118-147 Rn. 90.

487 Hierzu vgl. *Martens*, Leitfaden, 3. Aufl. 2003, S. 79.

488 Dies war schon nach BGH, Urt. v. 11.11.1965 - BGHZ 44, S. 245 (248); *Bezzenberger*, ZGR 1998, S. 352 (360); *Martens*, WM 1981, S. 1010 (1012); *Kubis*, in: MüKo AktG, 2. Aufl. 2004, § 119 Rn. 115; *Semler*, in: Münch Hdb GesR, Bd. 4, 3. Aufl. 2007, § 36 Rn. 40, zulässig.

489 *Semler*, in: Münch Hdb GesR, Bd. 4, 3. Aufl. 2007, § 36 Rn. 40.

II. Bisherige Ordnungsmaßnahmen zur Beschränkung des Fragerechts einerseits und des Rederechts andererseits

Betrachtet man die Möglichkeiten der Beschränkung des Rederechts einerseits und des Fragerechts andererseits, wird dieses Bild von einer Art Trennungsgrundsatz geprägt. Hierzu zwingt die unterschiedliche Wertigkeit des Rederechts im Vergleich zum höherwertigen Fragerecht des Aktionärs, die eine entsprechende Trennung bei der Beurteilung der Zulässigkeit der jeweiligen Ordnungsmaßnahme verlangt. Die bislang vorgenommene Unterscheidung von Frage- und Rederecht, für die keine klaren Grenzlinien gezogen werden konnten, wird im Falle einer Satzungsregelung i. S. v. § 131 Abs. 2 S. 2 AktG für eine Frage- *und* Rederechtsbeschränkung partiell durchbrochen. Bevor aber auf die Neuerungen des § 131 Abs. 2 S. 2 AktG einzugehen ist, werden in der gebotenen Kürze die bis zum UMAG geltenden Grundsätze der Begrenzung des Rederechts wie des Fragerechts skizziert.

1. Die Beschränkung des Rederechts

Bereits vor Inkrafttreten des UMAG war es allgemeine Meinung und gängige Praxis, dass eine zeitliche Beschränkung des aus dem Teilnahmerecht gemäß § 118 Abs. 1 AktG abgeleiteten[490] und vom Auskunftsrecht zu unterscheidenden Rederechts des Aktionärs durch den Versammlungsleiter allgemein wie auch im Einzelfall möglich ist.[491] Die Beschränkungsmöglichkeit hält auch einer Überprüfung unter verfassungsrechtlichen Gesichtspunkten stand.[492] Sinn und Zweck einer Redezeitbeschränkung muss aber die Verhinderung einer übermäßigen Ausdehnung der Hauptversammlung sein, um ihre ordnungsgemäße Abwicklung und ihre Beendigung in zumutbarer Zeit, jedenfalls noch am selben (letzten) Tage der Einberufung, zu ermöglichen. Der Versammlungsleiter muss sich bei der Anordnung der Ordnungsmaßnahme von den Grundsätzen des Gleichbehandlungs- und Neutralitätsgebotes, der Erforderlichkeit und der Verhältnismäßigkeit leiten lassen. Verletzt er auch nur einen dieser Grundsätze, hat dies die Anfechtbarkeit der nachfolgend gefassten Beschlüsse zur Konsequenz.

Eine allgemeine Redezeitbeschränkung ist daher sachlich gerechtfertigt und vom Versammlungsleiter zwingend anzuordnen, wenn für ihn aufgrund der Anzahl an Wortmeldungen im konkreten Fall absehbar ist, dass eine Abwicklung der Hauptversammlung am Einberufungstag oder innerhalb der höchstzumutbaren Hauptversammlungsdauer, anders als durch eine Redezeitbeschränkung, nicht erreicht werden kann.[493] Begründet wird dies letzten Endes damit, dass ohne Beschränkungsmöglichkeit die Abwicklung der Hauptversammlung am Tag der Einberufung und die Berücksichtigung des Rederechts aller Aktionäre nicht zu gewährleisten wäre.[494] Entscheidend ist der Zeitpunkt, ab dem sich solche Umstände für den Versammlungsleiter offenbaren und eine objektive Gefährdung zwingender zeitlicher Grenzen der Hauptversammlung angenommen werden muss. Der Versammlungsleiter kann eine Redezeitbeschränkung schon von Anbeginn der Hauptversammlung vorsehen, wenn schon zu Be-

---

490 *Kubis*, in: MüKo AktG, 2. Aufl. 2004, § 119 Rn. 38 m. w. N.; *Grüner*, NZG 2000, S. 770 (771).

491 Statt aller vgl. *Hüffer*, AktG, 8. Aufl. 2008, § 129 Rn. 20, 22; *Mülbert*, in: GroßK AktG, Vor §§ 118-147 Rn. 152 m. w. N.; *Kuthe*; BB 2004, S. 449 (450); *Decher*, in: GroßK AktG, 4. Aufl. 2001, § 131 Rn. 110 ff.; *Stützle/Walgenbach*, ZHR 155 (1991), S. 516 (540); umfangreiche Nachweise bei *Martens*, Leitfaden, 3. Aufl. 2003, S. 57 ff.

492 BVerfG, Beschl. v. 20.9.1999 - AG 2000, S. 74 (75).

493 LG Köln, Urt. v. 6.7.2005 - AG 2005, S. 696 (699) m. w. N.; *Hennerkes//Kögel*, DB 1999, S. 81 (85); *Semler*, in: Münch Hdb GesR, Bd. 4, 3. Aufl. 2007, § 36 Rn. 48; *Stützle/Walgenbach*, ZHR 155 (1991), S. 516 (540).

494 *Fischer*, in: Semler/Volhard, ArbHdb HV, 2. Aufl. 2003, § 11 Rn. 121 m. w. N.

ginn der Hauptversammlung die angemeldeten Wortmeldungen die Befürchtung einer Überlänge rechtfertigen,[495] aber sie auch noch während des Laufes der Hauptversammlung verfügen, sobald deren Voraussetzungen vorliegen und sie bei Bedarf sogar, ohne dass damit ein Verstoß gegen das Gleichbehandlungsgebot des § 53a AktG begründet werden könnte, weiter abstufen.[496] Beschränkungen des Rederechts als Instrument allein zur zeitnahen und möglichst raschen Erledigung der Tagesordnung, wenige Stunden nach Beginn der Versammlung, kamen bisher aber nicht in Frage und waren ebenso unzulässig wie die rein vorsorgliche generelle Redezeitbeschränkung.[497]

Wo die zwingenden zeitlichen Grenzen einer Hauptversammlung anzusiedeln sind, die bei einer Redezeitbeschränkung ins Visier genommen werden müssen, wird unterschiedlich beurteilt.

Gegen die Annahme einer starren Mitternachtsgrenze und für eine Orientierung der Hauptversammlungsbeendigung lediglich an Zumutbarkeitsgesichtspunkten, abgeleitet aus den Rechten der Aktionäre sowie der Funktionsfähigkeit der Hauptversammlung, spricht, vor allem aufgrund praktischer Überlegungen, dass damit querulatorisch agierenden Aktionären die Möglichkeit und Motivation genommen wird, allein durch ein gegen Ende der Hauptversammlung kumuliertes Tätigwerden die 0.00-Uhr-Grenze zu sprengen, um Unwirksamkeitsgründe zu provozieren.[498] Von der Gegenmeinung wird zu Unrecht vorgebracht, diese Ansicht übersehe, dass die Hauptversammlung nach Mitternacht gerade nicht mehr an dem konkreten Tag, für den sie, unter Achtung des § 121 Abs. 3 S. 2 AktG, einberufen worden war, abgehalten wird. Denn obwohl „Zeit" i. S. v. § 121 Abs. 3 S. 2 AktG nur die Bekanntgabe des Beginns und nicht zwingend auch die Bekanntgabe des Endes der Hauptversammlung verlange,[499] folge aus der Angabe des Verhandlungstages doch denknotwendig, dass die Hauptversammlung nur an diesem Tag stattfindet.[500] Anders sei es den Aktionären nicht möglich, entsprechende Vorkehrungen für eine geordnete Teilnahme an der (mehrtägigen) Hauptversammlung zu treffen.[501] Zuzugeben ist, dass in Übereinstimmung mit dem BVerfG vom Grundsatz auszugehen ist, dass die Hauptversammlung in der Regel bis Mitternacht des Einberufungstages beendet sein sollte.[502] Dennoch ist kein zwingender Grund ersichtlich, als Sanktion die strenge (teilweise überzogene) Rechtsfolge der Nichtigkeit bei jeder (auch noch so geringen) Überschreitung der Mitternachtsgrenze anzunehmen, zumal die Dauer der Hauptversammlung nicht unter § 121 Abs. 3 S. 2 AktG subsumiert werden kann, was für die

---

495 LG Köln, Urt. v. 6.7.2005 - AG 2005, S. 696 (698f.) m. w. N.; *Hennerkes//Kögel*, DB 1999, S. 81 (85); *Hüffer*, AktG, 8. Aufl. 2008, § 129 Rn. 20 m. w. N.; *Volhard*, in: Semler/Volhard, ArbHdb HV, 2. Aufl. 2003, § 13 Rn. 9.

496 LG Köln, Urt. v. 6.7.2005 - AG 2005, S. 696 (699) m. w. N.; *Marsch-Barner*, in: Marsch-Barner/Schäfer, börsennotierte AG, 2. Aufl. 2009, § 34 Rn. 10 m. w. N.; *Stützle/Walgenbach*, ZHR 155 (1991), S. 516 (540).

497 LG Köln, Urt. v. 6.7.2005 - AG 2005, S. 696 (698f.); *Kubis*, in: MüKo AktG, 2. Aufl. 2004, § 119 Rn. 153; *Meilicke/Heidel*, DB 2004, S. 1479 (1480); *Butzke*, HV AG, 4. Aufl. 2001, D Rn. 59; nicht ganz so streng *Martens*, Leitfaden, 3. Aufl. 2003, S. 58.

498 In diesem Sinne zutreffend *Happ/Freitag*, AG 1998, S. 493 (495 f.); *Martens*, Leitfaden, 3. Aufl. 2003, S. 56f.; *ders.*, WM 1981, S. 1010 (1010) Fn. 3;*Grüner*, NZG 2000, S. 770 (772), *Würthwein*, in: Spindler/Stilz, AktG, 2007, § 241 Rn. 136.

499 *K. Schmidt*, in: GroßK AktG, 4. Aufl. 1996, § 241 Rn. 46; *Happ/Freitag*, AG 1998, S. 493 (495); *Kubis*, in: MüKo AktG, 2. Aufl. 2004, § 121 Rn. 34 m. w. N.

500 Vgl. *Kubis*, in: MüKo AktG, 2. Aufl. 2004, § 121 Rn. 34 m. w. N.

501 Daher wird gefordert, dass, soll der Folgetag ohne Verstoß gegen § 123 Abs. 3 S. 2 AktG ebenfalls genutzt werden können, dieser in der Bekanntmachung jedenfalls angeführt werden müsse, vgl. OLG Koblenz, ZIP 2001, S. 1095 (1096).

502 BVerfG, Beschl. v. 20.9.1999 - AG 2000, S. 74 (75).

Begründung einer Nichtigkeitsfolge gemäß § 241 Nr. 1 AktG jedoch notwendig wäre. Gerade die Gefahr, dass die Annahme einer absoluten und starren Mitternachtsgrenze ausgenutzt wird, um bewusst Unwirksamkeitsgründe zu schaffen, spricht auch aus Sicht der Praxis gegen eine absolut und starr verstandene Mitternachtsgrenze mit Nichtigkeitsfolge.[503] Anstatt formaljuristisch am konkreten Tag, für den die Hauptversammlung unter Achtung des § 121 Abs. 3 S. 2 AktG einberufen worden war strikt festzuhalten, ist die Zumutbarkeit der zeitlichen Länge in den Vordergrund der Betrachtung zu stellen, so dass bei übermäßiger Ausdehnung der Hauptversammlung und einer Überschreitung der grundsätzlich aus der Zumutbarkeit abzuleitenden Grenze von bis zu zwölf Stunden für eine Gesamtverhandlungsdauer[504] die Anfechtbarkeit danach gefasster Beschlüsse in Frage kommt. Eine so verstandene „zumutbare" Mitternachtsgrenze ohne starren und absoluten Charakter vermag entgegen anderer Ansichten[505] auch eine klare und ausreichende Vorgabe für eine zweckmäßige Strukturierung der Hauptversammlung durch den Versammlungsleiter unter zu Hilfenahme der Kontingentierung des Rederechts sein. Die sinnvolle Verteilung der, ohnehin nur beschränkt vorhandenen, Zeit unter Achtung des Gleichbehandlungsgrundsatzes wird, selbst bei fortgeschrittener Versammlungsdauer durch die Annahme des Grundsatzes der Beendigung bis Mitternacht gewährleistet, ohne dass aufgrund zumutbarer[506] Überschreitungen der Mitternachtsgrenze der Bestand gefasster Beschlüsse gefährdet wird.

2. Die Beschränkung des Fragerechts

Eine zeitliche Beschränkung des Auskunftsrechts wurde bislang überwiegend abgelehnt.[507] Denn das Fragerecht ist wesentlicher Bestandteil des gemäß Art. 14 Abs. 1 S. 1 GG verfassungsrechtlich geschützten Mitgliedschaftsrechts mit zentraler Bedeutung insbesondere für die sachgerechte und sinnvolle Ausübung des Stimmrechts. Maßnahmen des Versammlungsleiters, wie bspw. Redezeitbeschränkung und Schluss der Rednerliste, konnten und durften deshalb nicht dazu führen, dass der Aktionär auch in seinem Recht auf Information in der

---

503 Zutreffend die Nichtigkeitsfolge ablehnend *Würthwein*, in: Spindler/Stilz, AktG, 2007, § 241 Rn. 136; *Hüffer*, AktG, 8. Aufl. 2008, § 121 Rn. 17; *Butzke*, HV AG, 4. Aufl. 2001, D Rn. 57; *Happ/Freitag*, AG 1998, S. 493 (495 f.). Auch das BVerfG macht keine Vorgabe dahin, dass die Mitternachtsgrenze als absolut starre Grenze zu verstehen ist und es lässt sich der Entscheidung des BVerfG nichts dahin entnehmen, dass es als Sanktion eines (auch noch so kleinen) Verstoßes die Nichtigkeitsfolge gemäß § 241 Nr. 1 AktG fordern würde, vgl. BVerfG, Beschl. v. 20.9.1999 - AG 2000, S. 74 (75). Unzutreffend für einen Nichtigkeitsgrund i. S. v. §§ 121 Abs. 3 S. 2, 241 Nr. 1 AktG plädierend LG Stuttgart, Urt. v. 27.4.1994 - AG 1994, S. 425 (426); *Max*, AG 1991, S. 77 (90); *Mülbert*, in: GroßK AktG, 4. Aufl. 1999, Vor §§ 118-147 Rn. 131; *Linnerz*, NZG 2006, S. 208 (210); *Schaaf*, ZIP 1997, S. 1324 (1327); *Siepelt*, AG 1995, S. 254 (256); *Stützle/Walgenbach*, ZHR 155 (1991), S. 516 (517).

504 In der Literatur werden 10 bis 12 Stunden als Anhaltspunkt für die zulässige Höchstdauer ausgegeben, für 10 Stunden vgl. *Quack*, AG 1985, S. 145 (147); für 10 bis 12 Stunden vgl. *Butzke*, HV AG, 4. Aufl. 2001, D Rn. 56; *Hüffer*, AktG, 8. Aufl. 2008, § 129 Rn. 20; für 12 Stunden vgl. *Martens*, WM 1981, S. 1010 (1010); *Stützle/Walgenbach*, ZHR 155 (1994), S. 516 (541); zutreffend für im Einzelfall mehr als 12 Stunden vgl. *Max*, AG 1991, S. 77 (90).

505 *Kubis*, in: MüKo AktG, 2. Aufl. 2004, § 121 Rn. 34 m. w. N.

506 So ist es praktisch kaum einzusehen, wenn ansonsten einwandfrei gefasste (vielleicht sogar strukturrelevante) Beschlüsse einer ansonsten fehlerfrei abge- und verlaufenen Hauptversammlung allein aufgrund der Beendigung der Hauptversammlung wenige Minuten nach Mitternacht mit der Nichtigkeitsfolge belegt würden.

507 BGH, Urt. v. 11.11.1965 - BGHZ 44, S. 245 (252); OLG Stuttgart, Urt. v. 15.2.1995 - AG 1995, S. 234 (235). Vgl. aus der Lit. statt aller *Ek*, Leitfaden, 2005, S. 125; *Grüner*, NZG 2000, S. 770 (775); *Martens*, AG 2004, S. 235 (241); *Reichert*, in: HdB AG, 2004, § 5 Rn. 200 (je m. w. N.); a. A. *Mutter*, Auskunftsansprüche, 2002, S. 63.

Hauptversammlung, beispielsweise durch eine Anrechnung der Fragezeit auf die Redezeit,[508] eingeschränkt wird.[509] Lag ein Missbrauch des Auskunftsrechts nicht vor, konnte das Auskunftsrecht alleine bislang nur nach Anordnung des Schlusses der Debatte durch den Versammlungsleiter,[510] als *ultima ratio* zur Sicherstellung der ordnungsgemäßen Beendigung der Hauptversammlung,[511] ausgeschlossen und in zulässiger Weise eingeschränkt werden.

Damit wird zugleich das Problem der Rechtslage bis zum UMAG offenkundig. Dass das Fragerecht insgesamt einer Beschränkung unzugänglich war[512], eröffnete die Möglichkeit, auch nach Ablauf der Redezeit nahezu unbegrenzt Fragen zu stellen, soweit die begehrten Auskünfte zur sachgerechten Beurteilung des Tagesordnungspunktes erforderlich waren.[513] Dies machte es den opponierenden Aktionären leicht, jede Menge an Fragen in immer detaillierterer Ausformung zu stellen und auf Fehler der Verwaltung zu hoffen, die sodann mosaikartig zu einer Anfechtungsbegründung zusammengesetzt werden konnten. Es liegt auf der Hand, dass diese Rechtslage zu einer Umgehung der Rederechtsbeschränkung geradezu einlud und vor allem einschlägige Aktionärsgruppen durch geschickte Handhabung des Fragerechts diese Rechtslage auszunutzen wussten.

Begünstigt wurde dies vom (verständlichen) Verhalten der Verwaltung, eine sachliche Einschränkung des Fragerechts jeder Art und die damit einhergehende Gefahr der Anfechtbarkeit des Beschlusses zu vermeiden. Man berief sich deshalb *in praxi* nur sehr selten und nur in klaren Fallkonstellationen auf eine unzulässige Fortsetzung der Aktionärsrede in Form der Fragestellung. Eine zuverlässig planbare zeitliche Strukturierung der Hauptversammlung war, da im Vorfeld nur schwer überschaubar war, wie sich das Ausmaß der Wahrnehmung des Auskunftsrechts entwickeln wird, nur schwer bis gar nicht umsetzbar.

a. *Die Entscheidung des Bundesverfassungsgerichts vom 20.9.1999 als Grundlage für eine generelle Fragerechtsbeschränkung?*

Unter Berufung auf den Wenger/Daimler-Benz Beschluss des Bundesverfassungsgerichts vom 20.9.1999[514] hat sich aufgrund der bestehenden Schwierigkeiten eine Ansicht herausgebildet, die auch eine allgemeine Beschränkung des Fragerechts durch den Versammlungsleiter äquivalent zum Rederecht für zulässig erachtet, um eine Zeitverzögerung von unangemesse-

---

508 BGH, Urt. v. 11.11.1965 - BGHZ 44, S. 245 (252); *Kubis*, in: MüKo AktG, 2. Aufl. 2004, § 119 Rn. 159 m. w. N.; *Stützle/Walgenbach*, ZHR 155 (1991), S. 516 (542); toleranter *Decher*, in: GroßK AktG, 4. Aufl. 2001, § 131 Rn. 111; *Mutter*, Auskunftsansprüche, 2002, S. 63; mit dem zutreffenden Hinweis darauf, dass diese Vorgabe praktisch nur schwer umzusetzen war, *Arnold/Born*, AG-Report 2006, S. 352 (352).

509 BGH, Urt. v. 11.11.1965 - BGHZ 44, S. 245 (252); KG, Beschl. v. 24.8.1995 - ZIP 1995, S. 1585 (1589); *Hüffer*, AktG, 8. Aufl. 2008, § 129 Rn. 20; *Martens*, in: Timm, Mißbräuchliches Aktionärsverhalten, 1990, S. 63 (73); *Stützle/Walgenbach*, ZHR 155 (1991), S. 516 (541) m. w. N.; im Extremfall musste eine Reduzierung der Redezeit auf Null vorgenommen und die Aktionäre mussten auf die Möglichkeit von Auskünften verwiesen werden, vgl. *Martens*, Leitfaden, 3. Aufl. 2003, S. 63.

510 *Martens*, Leitfaden, 3. Aufl. 2003, S. 68 m. w. N.; a. A. *Zöllner*, in: KölnKomm AktG, 1985, § 119 Rn. 94, der eine Delegation der Kompetenz zur Anordnung des Schlusses der Debatte auf die Hauptversammlung vorschlägt.

511 *Martens*, Leitfaden, 3. Aufl. 2003, S. 68.

512 BGH, Urt. v. 11.11.1965 - BGHZ 44, S. 245 (252); OLG Stuttgart, Urt. v. 15.2.1995 - AG 1995, S. 234 (235); *Martens*, Leitfaden, 3. Aufl. 2003, S. 63; *Decher*, in: GroßK-AktG, 4. Aufl., 2001, § 131 Rn. 111; a. A. *Arnold*, AG-Report 2003, S. 329 (329); *Mutter*, Auskunftsansprüche, 2002, S. 63.

513 *Arnold/Born*, AG-Report 2006, S. 352 (352).

514 BVerfG, Beschl. v. 20.9.1999 - AG 2000, S. 74 (74) m. Anm. *Bork*, EwiR § 131 AktG 3/99, S. 1035 (1035 f.).

ner Länge zu verhindern.[515] Die Entscheidung des Bundesverfassungsgerichts zeige, dass abweichend von der h. L. und Rechtsprechung eine allgemeine Fragerechtsbeschränkung als zulässig eingestuft wird.[516]

In seinem Beschluss hat das Bundesverfassungsgericht eine Fragerechtsbeschränkung zugelassen, wenn für den Versammlungsleiter ersichtlich ist, dass die gestellten Fragen einzelner Aktionäre nicht auf Erkenntnisgewinn hinsichtlich eines zur Entscheidung anstehenden Tagesordnungspunktes gerichtet sind.[517] In seiner Begründung bezog es dabei auch Stellung zu den dem Auskunftsrecht immanenten Schranken der zeitlichen und gegenständlichen Beschränkungen. Sowohl der Beschränkung des Auskunftsrechts in zeitlicher Hinsicht auf den Tag der Hauptversammlung wie der Einschränkung in gegenständlicher Hinsicht auf die Gegenstände der Tagesordnung als auch den Auskunftsverweigerungsrechten i. S. v. § 131 Abs. 3 AktG konstatierte es die jeweilige verfassungsrechtliche Zulässigkeit als Inhalts- und Schrankenbestimmung i. S. v. Art. 14 Abs. 1 S. 2 GG. Hinzu komme schließlich, dass die Hauptversammlung in angemessener und zumutbarer Zeit, grundsätzlich spätestens bis Mitternacht,[518] abzuwickeln ist. Die damit nur beschränkt zur Verfügung stehende Zeit könne nur gerecht verteilt werden, wenn nicht einzelne Aktionäre durch missbräuchliches Verhalten zu Lasten der übrigen Aktionäre dieses beschränkte Zeitkontingent einseitig verbrauchen. Lediglich dann, wenn ein ordnungsgemäßer Ablauf der Hauptversammlung in angemessener und zumutbarer Zeit (auch) durch eine strikte Unterbindung missbräuchlichen Verhaltens erreicht wird, sei gewährleistet, dass die Hauptversammlung ihrer Aufgabe als Entscheidungsforum und „Sitz der Aktionärsdemokratie“ auch zukünftig nachkommen könne.[519] Das Bundesverfassungsgericht fordert letztlich die Zivilgerichte auf, im Rahmen einer Anfechtungsklage oder eines Auskunftserzwingungsverfahrens einer missbräuchlichen Handhabung des Rede- und – so ausdrücklich erwähnt – des *Frage*rechts[520] durch einzelne Aktionäre entschieden entgegenzutreten. Nur so sei auch der grundrechtlich verbürgte Schutz der mitgliedschaftlichen Aktionärsrechte der verbleibenden Aktionäre zu verwirklichen. Nur wenn auch diese die Möglichkeit haben, ihr Frage- und Rederecht unter Achtung des Gleichbehandlungsgrundsatzes (§ 53a AktG) wahrzunehmen, seien deren mitgliedschaftliche Aktionärsrechte nicht beeinträchtigt.[521]

b. *Unzulässigkeit der generellen Fragerechtsbeschränkung auch nach der Entscheidung des Bundesverfassungsgerichts vom 20.9.1999*

Der Ansicht, die bereits vor der Einführung des § 131 Abs. 2 S. 2 AktG durch das UMAG eine zeitliche Einschränkbarkeit des Auskunftsrechts kongruent einer Beschränkungsmöglichkeit des Rederechts *de lege lata* als zulässig beurteilte, ist abzulehnen. Denn in seiner Entscheidung bezieht sich das Bundesverfassungsgericht ausdrücklich nur auf die Inhaltsbeschränkung bei einer missbräuchlichen Wahrnehmung des Fragerechts und darauf, diesem im Interesse der Frage- und Redezeit anderer Hauptversammlungsteilnehmer entgegenzutreten.[522]

---

515 *Mutter*, Auskunftsansprüche, 2002, S. 63; vorsichtig *Arnold*, AG-Report 2003, S. 329 (329).
516 So insbesondere *Mutter*, Auskunftsansprüche, 2002, S. 63.
517 Hierzu und zu Folgendem vgl. BVerfG, Beschl. v. 20.9.1999 - AG 2000, S. 74 (75).
518 Hierzu vgl. schon Seite 108 f.
519 BVerfG, Beschl. v. 20.9.1999 - AG 2000, S. 74 (74).
520 Hervorhebung durch den Verfasser.
521 Vgl. insgesamt BVerfG, Beschl. v. 20.9.1999 - AG 2000, S. 74 (75).
522 BVerfG, Beschl. v. 20.9.1999 - AG 2000, S. 74 (75); *Martens*, AG 2004, S. 238 (242) Fn. 21; davon geht wohl auch der Gesetzgeber aus, vgl. Begr. RegE UMAG, BT-Drucks. 15 /5092, S. 17.

Für die allgemeine Zulässigkeit einer zeitlichen Fragerechtsbeschränkung lässt sich dem Beschluss indes nichts in der von *Mutter* reklamierten Deutlichkeit entnehmen. Es bleibt damit auch nach dem Beschluss des Bundesverfassungsgerichts grundsätzlich bei der unterschiedlichen Bewertung des Rederechts im Vergleich zum höherwertigen Fragerecht und der damit verbundenen Unzulässigkeit einer Gleichbehandlung von Frage- und Rederecht außerhalb des Anwendungsbereichs des § 131 Abs. 2 S. 2 AktG.[523]

c. *Treuepflicht und Rechtsmissbrauch als Grenzen des Auskunftsrechts*

Wenn auch eine zeitliche Beschränkung des Auskunftsrechts, parallel zu der Beschränkungsmöglichkeit beim Rederecht, (außerhalb von § 131 Abs. 2 S. 2 AktG) unzulässig ist, ist damit nicht zugleich gesagt, dass eine Einschränkung des Auskunftsrechts unter keinen anderen Umständen in Betracht käme. Denn es bestehen auch beim Auskunftsrecht, wie vom Bundesverfassungsgericht hervorgehoben,[524] immanente Schranken des Rechtsmissbrauchs.[525] Bei dem Versuch einer Kategorisierung lassen sich die formal übermäßige sowie die widersprüchliche Rechtsausübung oder die Verfolgung illoyaler, grob eigennütziger Zwecke unterscheiden.[526] Liegt Rechtsmissbrauch vor, sind eine Ausübung des Fragerechts tatbestandlich bereits ausgeschlossen und der Versammlungsleiter zum Einschreiten unter pflichtgemäßer Zuhilfenahme seiner Ordnungskompetenzen verpflichtet.[527] Die Treuepflicht der Aktionäre gegenüber der Aktiengesellschaft und der Gleichbehandlungsgrundsatz gemäß § 53a AktG rechtfertigt in solchen Fällen eine Beschränkung des individuellen Fragerechts und verpflichtet dazu, diese Beschränkung hinzunehmen.[528]

III. Die Beschränkung der Frage- und Redezeit gemäß § 131 Abs. 2 S. 2 AktG

Der Gesetzgeber erweiterte mit der Einführung des § 131 Abs. 2 S. 2 AktG die Satzungsautonomie insofern, als der Versammlungsleiter in der Satzung oder der Geschäftsordnung[529] zu einer angemessenen zeitlichen Beschränkung des Frage- und Rederechts ermächtigt werden und in der Satzung oder Geschäftsordnung[530] Näheres zu dieser Beschränkungsmöglichkeit

---

523 Vgl. zur h. M. statt aller *Ek*, Leitfaden, 2005, S. 124 m. w. N.; vgl. zu § 131 Abs. 2 S. 2 AktG sogleich Seite 112 ff.

524 BVerfG, Beschl. v. 20.9.1999 - AG 2000, S. 74 (74 f.).

525 Zum Rechtsmissbrauch in diesem Zusammenhang vgl. statt aller *Hüffer*, AktG, 8. Aufl. 2008, § 131 Rn. 33 m. w. N.

526 KG, Beschl. v. 24.8.1995 - ZIP 1995, S. 1585 (1589); eine Missbrauchsmöglichkeit des Auskunftsrechts bejahend BayObLG, Beschl. v. 8.5.1974 - AG 1974, S. 224 (225); zum Missbrauch des Auskunftsrecht vgl. *Marsch-Barner*, in: Marsch-Barner/Schäfer, börsennotierte AG, 2. Aufl. 2009, § 34 Rn. 55; *Steiner*, HV der AG, 1995, S. 99; *Hüffer*, AktG, 8. Aufl. 2008, § 129 Rn. 33f. je m. w. N.; eine Missbrauchsmöglichkeit gänzlich ablehnend *Heidel*, in: AnwK-AktR, 2. Aufl. 2007, § 131 AktG Rn. 43; *Meyer-Landrut*, in: FS Schilling, 1973, S. 235 (242 ff.); zu den herausgebildeten Fallgruppen vgl. *Decher*, in: GroßK AktG, 4. Aufl. 2001, § 131 Rn. 278 ff. m. w. N.; mit einer ausführlichen Übersicht zu den Fallgruppen vgl. *Geißler*, NZG 2001, S. 539 (542 ff.); sowie knapp *Hüffer*, AktG, 8. Aufl. 2008, § 131 Rn. 34.

527 BVerfG, Beschl. v. 20.9.1999 - AG 2000, 74 (74f.); *Reichert*, in: Hdb AG, 2004, § 5 Rn. 201.

528 *Hüffer*, AktG, 8. Aufl. 2008, § 129 Rn. 20.

529 Wenngleich eine Geschäftsordnung gemäß § 129 AktG wegen ihres geringen praktischen Nutzens ohnehin nur in wenigen Fällen existiert.

530 Der Satzungsändernde Beschluss bzw. der Erlass / die Änderung der Geschäftsordnung bedarf grundsätzlich einer Dreiviertelmehrheit des bei Beschlussfassung vertretenen Grundkapitals, vgl. §§ 179 Abs. 2 und 129 Abs. 1 S. 1 AktG; zu den Mehrheitserfordernissen des § 129 Abs. 1 S. 1 AktG, insbesondere bei der Änderung, für die nicht explizit ein bestimmtes Mehrheitserfordernis vorgegeben wird, vgl. i. d. S. *Hüffer*, AktG, 8. Aufl. 2008, § 129 Rn. 1d f.

bestimmt werden kann.[531] Die Neuregelung des Frage- und Rederechts wirft insbesondere Probleme im Zusammenhang mit der Bestimmung ihres Regelungsumfangs, ihrer verfassungsrechtlichen Zulässigkeit bzw. verfassungskonformen Auslegung, sowie ihrer praktischen Umsetzung und rechtlichen wie zweckmäßigen Beurteilung der neu eröffneten Gestaltungsmöglichkeiten auf, denen im Folgenden nachgegangen wird.

1. Bestimmung von Regelungsumfang und -zweck des § 131 Abs. 2 S. 2 AktG

Zunächst fällt auf, dass der Gesetzgeber mit der Regelung des § 131 Abs. 2 S. 2 AktG die (artifizielle) Trennung[532] zwischen beschränkbarem Rederecht und grundsätzlich unbeschränkbarem Fragerecht für deren Anwendungsbereich aufhebt, die Frage- und Redezeit also zusammennimmt[533] und sie insgesamt einer fakultativen Einschränkungsmöglichkeit durch den Versammlungsleiter unterstellt, soweit die Aktionäre ihrem Wunsch nach der Möglichkeit einer Zusammenfassung des Frage- und Rederechts und der gemeinsamen Beschränkung durch eine dem § 131 Abs. 2 S. 2 AktG entsprechende Ermächtigung Ausdruck verleihen. Vor diesem Hintergrund ist der Regelungsumfang, sowie der dem § 131 Abs. 2 S. 2 AktG zugrunde liegende Normzweck näher zu betrachten.

a. Regelungsumfang

Die Bestimmung des Regelungsumfangs des § 131 Abs. 2 S. 2 AktG verleitet bei strenger Wortlautinterpretation zu dem (Umkehr-)Schluss, eine Beschränkung des Frage- und Rederechts, in ihrer jeweils selbstständigen Ausprägung, sei künftig stets nur noch bei einer ausdrücklich vorgesehenen Ermächtigung i. S. v. § 131 Abs. 2 S. 2 AktG möglich.[534] Diese, im Sinne einer „Exklusivitätslösung" zu verstehende, Interpretation stünde jedoch in diametralem Gegensatz zu den bisher anerkannten Kompetenzen des Versammlungsleiters für die Beschränkung des Rederechts einerseits sowie – jedenfalls in Missbrauchsfällen – auch des Fragerechts andererseits.[535] Eine exklusive Interpretation, die sogar hinter die bisherige Rechtslage zurückgehen würde, ließe sich nur dann vertreten, wenn § 131 Abs. 2 S. 2 AktG vom Willen des Gesetzgebers geprägt ist, die bisherigen Grundsätze einer Kodifizierung zuzuführen und wegen des den beschränkenden Maßnahmen eigenen Eingriffscharakters für deren Anordnung immer eine Grundlage in Form einer dem § 131 Abs. 2 S. 2 AktG entsprechenden Ermächtigung zu Gunsten des Versammlungsleiters durch einen Beschluss der Hauptversammlung vorauszusetzen.

Eine so verstandene „Exklusivitätslösung" überzeugt nicht. Aufgrund der missverständlichen Formulierung des § 131 Abs. 2 S. 2 AktG, die selbst einen eindeutigen Hinweis nicht enthält, ist die ausdrückliche Bezugnahme des Gesetzgebers auf die bislang *„unumstrittene*

---

[531] Begr. RegE UMAG, BT-Drucks. 15 /5092, S. 17; *Hüffer*, AktG, 8. Aufl. 2008, § 131 Rn. 22a. Von der noch im RefE UMAG v. 28.1.2004, S. 5 vorgesehenen Ausgestaltung als Auskunftsverweigerungsrecht in § 131 Abs. 3 S. 1 Nr. 7 RefE-AktG, ohne Gestaltungsspielraum zu Gunsten der Hauptversammlung, nahm der Gesetzgeber, wohl auch wegen der berechtigten systematischen Kritik an einer Verortung als Auskunftsverweigerungsrecht, vgl. *Hemeling*, AG 2004, S. 262 (262), richtigerweise Abstand.

[532] *Hemeling*, AG 2004, S. 262 (262).

[533] *Mutter/Topf*, AG-Report 2004, S. 259 (260).

[534] So der DAV-Stellungnahme RegE UMAG, ZIP 2005, S. 774 (777); a. A. *Arnold/Born*, AG-Report 2006, S. 352 (353 f.); dazu auch *Bungert*, in: VGR 2004, 2005, S. 59 (82f.); *Hüffer*, AktG, 8. Aufl. 2008, § 131 Rn. 22b; *Spindler*, NZG 2005, S. 825 (826); *Schütz*, NZG 2005, S. 5 (11); *Weißhaupt*, ZIP 2005, 1766 (1766f.).

[535] Zu beidem vgl. Seite 107 ff.; zutreffend *Hüffer*, AktG, 8. Aufl. 2008, § 131 Rn. 22b.

und gängige Praxis“ der Beschränkung des Rederechts durch den Versammlungsleiter[536] zwar nur ein schwaches Argument für ein Fortbestehen der bisherigen Grundsätze. Denn selbst die Gesetzesbegründung spricht nicht eindeutig von der weiteren Anwendbarkeit bisheriger Grundsätze und ließe sich vielleicht auch im Sinne einer beabsichtigten Kodifizierung dieser interpretieren. Entscheidend gegen eine Exklusivitätslösung spricht letztlich aber, dass allein wegen der Schaffung des § 131 Abs. 2 S. 2 AktG die den Aktionären obliegende Treuepflicht bei der Wahrnehmung des Frage- und Rederechts gegenüber der Gesellschaft einerseits sowie die zeitlichen Grenzen der Hauptversammlung andererseits als insoweit entscheidende Anknüpfungspunkte für die bisher gezogenen Schranken nicht ohne weiteres obsolet werden, sondern ihren Charakter als allgemein geltende Grundsätze beibehalten. Um dem Versammlungsleiter die Einhaltung dieser Grenzen sachgerecht zu ermöglichen, soll § 131 Abs. 2 S. 2 AktG seinen Aktionsradius mittels Ordnungsmaßnahmen erweitern und nicht beschränken.

Die Richtigkeit dieses Verständnisses des Regelungsumfangs des § 131 Abs. 2 S. 2 AktG lässt sich für die Redezeitbeschränkung damit aufzeigen, dass diese zu einer ordnungsgemäßen, vom zeitlichen Umfang her zumutbaren Durchführung der Hauptversammlung unumgänglich sein kann, um sich der Drohung der Nichtigkeit bzw. Anfechtbarkeit außerhalb der Höchstverhandlungsdauer gefasster Beschlüsse erwehren zu können.[537] Gelangt eine Hauptversammlung an ihre zeitlichen Grenzen, muss es dem Versammlungsleiter deshalb auch bei fehlender Ermächtigung i. S. v. § 131 Abs. 2 S. 2 AktG möglich sein, die Hauptversammlung ordnungsgemäß zu Ende zu bringen. Dies zeigt, dass die aus der zeitlichen Beschränkung auf die Hauptversammlung des Rederechts folgenden und in der „Natur des Rederechts“ angelegten Schranken trotz der Neuregelung des § 131 Abs. 2 S. 2 AktG auch ohne eine Ermächtigung in der Satzung oder der Geschäftsordnung fortbestehen.

Dazu, dass neben § 131 Abs. 2 S. 2 AktG ferner die Grundsätze des Rechtsmissbrauchs, vor allem für das ansonsten nur unter strengen Voraussetzungen beschränkbare Fragerecht, anwendbar bleiben, zwingt schon die vor der Einführung des § 131 Abs. 2 S. 2 AktG getroffene Entscheidung des Bundesverfassungsgerichts.[538] Sieht dieses doch den Versammlungsleiter in der Pflicht, die übrigen Aktionäre vor Fragestellern oder Rednern, die missbräuchliche Beiträge leisten oder missbräuchliche, die Treuepflicht verletzende Fragen stellen, durch eine sachgerechte Wahrnehmung seiner Ordnungskompetenz zu schützen und eine Abwicklung der Hauptversammlung in zumutbarer und angemessener Zeit zu gewährleisten.[539] Vor allem der grundrechtliche Schutz des Fragerechts der übrigen Aktionäre gebietet in solchen Fällen ein Eingreifen des Versammlungsleiters.[540] Insgesamt wird der Versammlungsleiter vom Bundesverfassungsgericht dazu angehalten, bei einem missbräuchlichen Auskunftsverlangen[541] einzuschreiten, was schon damals ohne die Möglichkeit des § 131 Abs. 2 S. 2 AktG möglich war, so dass auch weiterhin davon auszugehen ist, dass auch ohne ausdrückliche Ermächtigung eine Pflicht zur Unterbindung besteht. Für diese Sicht spricht schließlich, dass es sich bei der dem Aktionär obliegenden Treuepflicht sowie dem Rechtsmissbrauchsgedanken um auch dem Aktienrecht allgemein zugrundeliegende Prinzipien handelt, deren Geltung nicht ohne weiteres durch eine Gesetzesänderung beseitigt wird. Es bleibt daher bei dem

---

536 Begr. RegE UMAG, BT-Drucks. 15 /5092, S. 17.

537 Vgl. hierzu bereits Seite 107 ff.

538 BVerfG, Beschl. v. 20.9.1999 - AG 2000, 74 (75); vgl. hierzu auch Seite 110 ff.

539 Vgl. dazu auch schon Seite 110 f.; BVerfG, Beschl. v. 20.9.1999 - AG 2000, 74 (75).

540 BVerfG, Beschl. v. 20.9.1999 - AG 2000, 74 (75).

541 Zu den Fallgruppen vgl. nur *Decher*, in: GroßK AktG, 4. Aufl. 2001, § 131 Rn. 278 ff. m. w. N.

Grundsatz, dass bei missbräuchlicher Wahrnehmung des Auskunftsrechts wie des Rederechts auch ohne Ermächtigungsgrundlage eine Beschränkung Platz greifen kann, da Rechtsmissbrauch, durch das Entstehen einer rechtshindernden bzw. rechtsvernichtenden Einwendung[542], selbst ohne Rückgriff auf eine spezialgesetzliche Ermächtigung, zur Versagung der Geltendmachung der aus dem Recht abgeleiteten Rechtsfolgen, oder der dem Recht entsprechenden Rechtswirkungen führt.

Im Ergebnis ist daher die Neuregelung des § 131 Abs. 2 S. 2 AktG nicht als Rechtsbefehl mit Ausschlussfunktion zu interpretieren.[543] § 131 Abs. 2 S. 2 AktG gibt der Hauptversammlung vielmehr optional die Möglichkeit, die bisher schon bestehenden Beschränkungsmöglichkeiten des Versammlungsleiters zu erweitern, ohne diese, bei obsoleter Ermächtigung, einzuschränken. Die zeitlichen Beschränkungsmöglichkeiten für das Rederecht und das Auskunftsrecht, insbesondere die Redezeitbeschränkung und die Missbrauchsschranke des Auskunftsrechts, bleiben mithin als „Grundmodelle der Beschränkungsmöglichkeiten" ohne wie auch neben einer Ermächtigung gemäß § 131 Abs. 2 S. 2 AktG zu Gunsten des Versammlungsleiters erhalten. Aus eigener Kompetenz kann der Versammlungsleiter auf die bisherigen Grundsätze der Beschränkung des Rederechts wie des Fragerechts zurückgreifen, wenn dies der ordnungsgemäßen Erledigung der Tagesordnung, unter Berücksichtigung der Rechte der Aktionäre, erforderlich ist.[544] Eine Beschränkung des Auskunftsrechts, ohne sich dabei auf eine Ermächtigung i. S. v. § 131 Abs. 2 S. 2 AktG stützen zu können, ist auch weiterhin unzulässig, wenn nicht der Rechtsmissbrauchsgedanke als Schranke der Rechtsausübung eine Einschränkung erlaubt. Der oben angedeutete Umkehrschluss, bei einer fehlenden Ermächtigung gemäß § 131 Abs. 2 S. 2 AktG sei eine Beschränkungsmöglichkeit stets abzulehnen, ist nach diesen Ausführung nicht möglich.

b. Regelungszweck

Die Anwendbarkeit der bisher anerkannten allgemeinen „Beschränkungsgrundsätze" neben § 131 Abs. 2 S. 2 AktG zeigt dessen wahren Regelungszweck. Ansatzpunkt des § 131 Abs. 2 S. 2 AktG ist die bislang ungünstige und teilweise künstlich anmutende Differenzierung[545] zwischen Frage- und Rederecht im oben dargestellten Sinne,[546] die jetzt durch eine optionale Eröffnung der, ansonsten unzulässigen, Zusammenfassung und Beschränkung der Frage- *und* Redezeiten durch Schaffung von Gestaltungsspielraum zu Gunsten des Satzungsgebers oder der Hauptversammlung ergänzt wird.[547]

Mit der möglichen Aufhebung der Differenzierung und der Zusammenfassung[548] der Frage- und Redezeiten sollen insbesondere die für die Praxis schwierig zu handhabenden Probleme beim Auseinanderhalten der Redezeit und der Fragezeit in Fällen geschickter Handhabung durch die Aktionäre und die damit durch die Furcht der Verwaltung vor einer Anfechtbarkeit der gefassten Beschlüsse bei fehlerhaftem Verhalten begünstigte Möglichkeit der Umgehung

---

542 Palandt-*Heinrichs*, 68. Aufl. 2009, § 242 Rn. 41; *Roth*, in: MüKo BGB, 5. Aufl. 2007, § 242 Rn. 197 m. w. N.

543 Zutreffend *Hüffer*, AktG, 8. Aufl. 2008, § 131 Rn. 22b; *Arnold/Born*, AG-Report 2006, S. 352 (354); *Fleischer*, NJW 2005, S. 3525 (3530); *Weißhaupt*, ZIP 2005, 1766 (1766 f.).

544 *Hüffer*, AktG, 8. Aufl. 2008, § 131 Rn. 22b; *Arnold/Born*, AG-Report 2006, S. 352 (354).

545 *Hemeling*, AG 2004, S. 262 (262).

546 Vgl. dazu Seite 107 ff.; *Priester*, DNotZ 2006, S. 403 (409 f.).

547 *Fleischer*, NJW 2005, S. 3525 (3530); *Weißhaupt*, ZIP 2005, 1766 (1766 f.).

548 *Fleischer*, NJW 2005, S. 3525 (3530) m. w. N.

der Redezeitbeschränkung entschärft werden. In der Hauptversammlung einen einheitlichen zeitlichen Rahmen für die Wahrnehmung des Frage- *und* Rederechts für die gesamte Dauer der Hauptversammlung, den einzelnen Tagesordnungspunkt oder auch einzelne Redner durch den Versammlungsleiter vorzugeben, ist nunmehr bei Vorliegen einer Ermächtigung gemäß § 131 Abs. 2 S. 2 AktG – aber auch nur dann[549] – möglich, um ein effektives Mittel für die zeitliche Strukturierung der Hauptversammlung zur Verfügung stellen zu können.[550] Ziel ist es, unter Orientierung am Gebot der Hauptversammlungseffizienz, eine zeitliche Straffung mit dem Ergebnis einer Fokussierung der Debatte auf die wesentlichen und wichtigen unternehmerischen Entscheidungen zu erreichen. Indem eine übermäßige und überbordende Ausübung des Auskunftsrechts unterbunden werden kann, soll letztlich auch die durch solche Auskunftsbegehren gefährdete Funktionsfähigkeit der Hauptversammlung aufrechterhalten werden.[551] Missbrauchsverhinderung und das Gebot der Hauptversammlungseffizienz stehen letztlich im Vordergrund des Regelungszwecks des § 131 Abs. 2 S. 2 AktG. In dem hier verstandenen Sinne findet die Neuregelung, worauf die Gesetzesbegründung richtigerweise hinweist, in der Rechtsprechung des Bundesverfassungsgerichts ihre Grundlage,[552] die in § 131 Abs. 2 S. 2 AktG vor dem Hintergrund der Abwicklung einer Hauptversammlung in angemessener und zumutbarer Zeit konsequent weiterentwickelt wird. § 131 Abs. 2 S. 2 AktG erschöpft sich daher nicht in der bloßen „Umsetzung" dieser Rechtsprechung, sondern verfolgt das Ziel, die Hauptversammlung auch künftig in die Lage zu versetzen, ihre Aufgabe als Entscheidungsforum und „*Sitz der Aktionärsdemokratie*"[553] zu erfüllen.

2. Verfassungsmäßigkeit der Neuregelung des Frage- und Rederechts gemäß § 131 Abs. 2 S. 2 AktG

Bevor sich die Arbeit mit den Fragen der Auslegung und Umsetzung des § 131 Abs. 2 S. 2 AktG beschäftigen kann, ist § 131 Abs. 2 S. 2 AktG verfassungsrechtlich einzuordnen, denn dies wird (auch) Auswirkungen auf die Auslegung des Rechtsbefehls entfalten. Problematisch ist die Neuregelung des § 131 Abs. 2 S. 2 AktG bei vorliegen einer entsprechenden Ermächtigung in verfassungsrechtlicher Hinsicht allerdings nur in Bezug auf die Einbeziehung des Fragerechts[554] in die Beschränkungsmöglichkeit.[555]

a. § 131 Abs. 2 S. 2 AktG als Eingriff in den Schutzbereich des Art. 14 Abs. 1 S. 1 GG

Das individuelle Auskunftsrecht des Aktionärs als mitgliedschaftsrechtliche Position ist trotz fehlender unmittelbarer vermögensrechtlicher Relevanz aufgrund der Wechselbeziehung der mitgliedschaftsrechtlichen Rechte und der vermögensrechtlichen Rechte vom Schutzbereich

---

[549] *Bungert* und *Priester* hätten eine bloße Gesetzesermächtigung bevorzugt, ohne eine ausdrückliche Satzungsregelung zu fordern, vgl. hierzu *Bungert*, in: VGR 2004, 2005, S. 59 (83); *Priester*, DNotZ 2006, S. 403 (410).

[550] Begr. RegE UMAG, BT-Drucks. 15 /5092, S. 17; Hervorhebung durch den Verfasser.

[551] *Hüffer*, AktG, 8. Aufl. 2008, § 131 Rn. 22a; Begr. RegE UMAG, BT-Drucks. 15 /5092, S. 17.

[552] Nach dem Bundesverfassungsgericht sind „[...] *die Gerichte nach Art. 14 Abs. 1 GG dazu gehalten* [...], *auch einer missbräuchlichen Handhabung des Fragerechts durch die Aktionäre entgegenzutreten, um eine Abwicklung der Hauptversammlung in angemessener und zumutbarer Zeit zu ermöglichen*", vgl. Begr. RegE UMAG, BT-Drucks. 15 /5092, S. 17, und BVerfG, Beschl. v. 20.9.1999 - AG 2000, 74 (74 f.).

[553] BVerfG, Beschl. v. 20.9.1999 - AG 2000, 74 (75).

[554] Zur Beschränkung des Rederechts vgl. Seite 107 ff.

[555] Verfassungsrechtliche Zweifel äußern *Martens*, AG 2004, S. 235 (241 f.); *Meilicke/Heidel*, DB 2004, S. 1479 (1480); *Weißhaupt*, WM 2004, S. 705 (707).

des Art. 14 Abs. 1 S. 1 GG erfasst.[556] Eine Unterscheidung dahingehend, ob das Auskunftsrecht nur dem Aktionär als Mitglied des Organs Hauptversammlung und der damit verbundenen Interessen dient oder ob der Aktionär vermögensrechtliche Interessen durch die Wahrnehmung seines Mitgliedschaftsrechts im jeweiligen Einzelfall verfolgt, ist insofern nämlich nicht mit letzter Sicherheit möglich.[557]

Diese untrennbare Verbindung beider Elemente der Mitgliedschaft führt denknotwendig zu der Annahme, dass die gesetzgeberische Entscheidung, das Auskunftsrecht als mitgliedschaftsrechtliche Position durch § 131 Abs. 2 S. 2 AktG einer Beschränkung zugänglich zu machen, auch die vermögensrechtliche Komponente und damit private Interessen der Aktionäre berührt. Nach Ablauf des vom Versammlungsleiter gesetzten zeitlichen Rahmens fehlt für eine weitere Wahrnehmung des Auskunftsrechts die Rechtsgrundlage.[558] Da dies unabhängig davon gilt, ob die durch den Aktionär begehrte Auskunft Relevanz für die Willensbildung der Hauptversammlung hat, ist es möglich, dass grundsätzlich relevante Informationen aufgrund Zeitablaufs nicht erteilt werden müssen. Dem Aktionär bleiben dann die, für eine sachgemäße Wahrnehmung der ihm zustehenden Rechte, notwendigen Informationen endgültig vorenthalten. Die Regelung des § 131 Abs. 2 S. 2 AktG formuliert daher einen den Schutzbereich des Art. 14 Abs. 1 S. 1 GG tangierenden Eingriff in das Anteilseigentum des Aktionärs mit eigentumsrechtlicher Relevanz.

b. § 131 Abs. 2 S. 2 AktG als Inhalts- und Schrankenbestimmung gem. Art. 14 Abs. 1 S. 2 GG

Einschränkungen der mitgliedschaftsrechtlichen Rechte können als Inhalts- und Schrankenbestimmung i. S. v. Art. 14 Abs. 1 S. 2 AktG eingeordnet werden,[559] soweit nicht eine Enteignung i. S. v. Art. 14 Abs. 3 AktG angenommen werden muss. Mit Blick auf die verfassungsrechtlichen Anforderungen für eine jeweilige Rechtfertigung des Eingriffs ist eine Klassifizierung der Regelung unumgänglich.

Bei der Einschränkung des Auskunftsrechts durch § 131 Abs. 2 S. 2 AktG würde es sich nach dem Bundesverfassungsgericht um eine Inhalts- und Schrankenbestimmung i. S. d. Art. 14 Abs. 1 S. 2 GG handeln, wenn durch die Regelung eine „*generelle und abstrakte Festlegung von Rechten und Pflichten durch den Gesetzgeber hinsichtlich solcher Rechtsgüter, die als Eigentum im Sinne der Verfassung zu verstehen sind*“[560] getroffen wird. Inhalts- und Schrankenbestimmungen legen vom Inkrafttreten des Gesetzes an in allgemeiner Form den Inhalt des Eigentums für die Zukunft fest und beschränken es in seiner Nutzungsmöglichkeit,[561] ohne es final zu entziehen.[562] Im Gegensatz hierzu läge im verfassungsrechtlichen Sinne eine Enteignung gemäß Art. 14 Abs. 3 GG vor, wenn der Eingriff auf „*die vollständige oder teilweise Entziehung konkreter, subjektiver Eigentumspositionen im Sinne des Art. 14 Abs. 1 S. 1 GG zur Erfüllung bestimmter öffentlicher Aufgaben gerichtet*“[563] wäre.[564]

---

556 Vgl. bereits Seite 35 ff.

557 *Ebenroth/Koos*, BB 1995, Beilage 8, S. 1 (6).

558 *Hüffer*, AktG, 8. Aufl. 2008, § 131 Rn. 22a.

559 Vgl. Fn. 107.

560 BVerfG, Beschl. v. 12.3.1986 - BVerfGE 72, S. 66 (76); BVerfG, Beschl. v. 19.6.1985 - BVerfGE 70, S. 191 (200).

561 BVerfG, Beschl. v. 12.3.1986 - BVerfGE 72, S. 66 (76).

562 BVerfG, Beschl. v. 2.3.1999 - NJW 1999, S. 2877 (2877 f.).

563 BVerfG, Beschl. v. 19.6.1985 - BVerfGE 70, S. 191 (199f.) m. w. N.

Legt man diese vom Bundesverfassungsgericht herausgebildeten Definitionen bei der Beurteilung des § 131 Abs. 2 S. 2 AktG zugrunde, zeigt sich, dass § 131 Abs. 2 S. 2 AktG eine Inhalts- und Schrankenbestimmung i. S. v. Art. 14 Abs. 1 S.2 GG und nicht eine am Maßstab des Art. 14 Abs. 3 GG zu messende Enteignung darstellt. Denn gestaltet der Gesetzgeber die Mitgliedschaftsrechte in der Aktiengesellschaft in einer bestimmten Weise aus, verbirgt sich dahinter nicht der Entzug von entgegenstehenden Rechts- oder Vermögenspositionen um der „*Erfüllung bestimmter öffentlicher Aufgaben*“[565] willen im Sinne der Enteignungsrechtsprechung des Bundesverfassungsgerichts.[566]

Vielmehr setzt der Gesetzgeber mit der Konkretisierung der mitgliedschaftlichen Rechte und Pflichten in abstrakt-genereller Weise den notwendigen Rahmen für die eigentumsrechtlichen Positionen der Aktionäre. Denn mitgliedschaftsrechtsbezogene Regelungen verfolgen nicht das Ziel, eine konkret-individuell wirkende und nur dann enteignenden Charakter aufweisende Maßnahme zu treffen. Stattdessen ist es das stetige Ziel des Gesetzgebers, die Aktiengesellschaft, vor dem Hintergrund einer globalisierten Weltwirtschaft und den daraus resultierenden neuen und sich rasch ändernden Anforderungen des Wettbewerbs der Rechtsordnungen[567], auf „aktuellstem Stand“ und damit attraktiv für Investoren zu halten. Denn die Wettbewerbsfähigkeit der Aktiengesellschaft steht in untrennbarem Zusammenhang mit ihrer Funktionsfähigkeit. Diese Funktionsfähigkeit wiederum kann nur durch abstrakt-generelle Regelungen aufrechterhalten werden, die einerseits die unternehmerischen Interessen der Aktiengesellschaft als Unternehmen und ihrer Bedeutung in gesamtwirtschaftlicher Hinsicht als Kapitalsammelbecken ebenso berücksichtigen wie deren gesellschaftliche Bedeutung als Teilhabemöglichkeit der Bevölkerung an den Investitionsgütern der Gesellschaft. Andererseits müssen die getroffenen Regelungen immer auch die Vermögensinteressen der Aktionäre innerhalb dieses komplexen Systems in angemessenen Ausgleich bringen.[568] Konkret-individuelle Regelungen sind hierzu nicht in der Lage und deshalb vom Gesetzgeber im Zusammenhang mit der Regelung von Mitgliedschaftsrechten in aller Regel nicht gewollt.

Schließlich zeigt auch das fehlende Kriterium der Finalität des Eigentumszugriffs auf das Anteilseigentum bei der Ausgestaltung und Konkretisierung gesellschaftsrechtlicher Mitgliedschaftsrechte, dass es sich bei Beschränkungen der Mitgliedschaftsrechte der Aktionäre um generell-abstrakt und nicht konkret-individuell wirkende Beschränkungen handelt.[569] Durch die Neuordnung der Mitgliedschaftsrechte präsentieren sich diese und die aus ihnen abgeleitete Eigentumsposition künftig vielmehr in anderer Gestalt, ein fixer Bezugspunkt, der die Annahme einer Enteignung rechtfertigen würde, ist nicht auszumachen.

Im Ergebnis handelt es sich auch bei der zeitlichen Einschränkbarkeit des Auskunftsrechts durch § 131 Abs. 2 S. 2 AktG um eine Inhalts- und Schrankenbestimmung, deren verfassungsrechtliche Zulässigkeit an Hand des Art. 14 Abs. 1 S.2 GG zu beurteilen ist. Dies gilt unabhängig davon, ob mit der Regelung die Intensität der Beeinträchtigung des Eigentums der Aktionäre vom Gesetzgeber in verfassungswidriger Weise überschritten oder die Grenzen verfassungsrechtlicher Zulässigkeit aus anderen Gründen nicht eingehalten wurden. Denn eine Inhalts- und Schrankenbestimmung, als qualitatives *aliud* mit einem sich von der Enteig-

---

564 Zu diesem sog. formalisierten Enteignungsbegriff vgl. *Burgi*, NVwZ 1994, S. 527 (528) m. w. N.
565 BVerfG, Beschl. v. 19.6.1985 - BVerfGE 70, S. 191 (199f.) m. w. N.
566 *Ebenroth/Koos*, BB 1995, Beilage 8, S. 1 (7).
567 Zum Wettbewerb der Rechtsordnungen vgl. ausführlich *Kieninger*, S. 1 ff.
568 *Ebenroth/Koos*, BB 1995, Beilage 8, S. 1 (7).
569 *Ebenroth/Koos*, BB 1995, Beilage 8, S. 1 (7).

nung unterscheidenden Regelungsgehalt kann auch bei Vorliegen eines verfassungsrechtlichen Verstoßes nicht in eine Enteignung umschlagen,[570] vielmehr bleibt sie eine (verfassungswidrige) Inhalts- und Schrankenbestimmung i. S. v. Art. 14 Abs. 1 S. 2 GG.

c. *Verfassungsrechtliche Rechtfertigung des Eingriffs gemäß Art. 14 Abs. 1 S. 2 GG*

Nachdem festgestellt wurde, dass es sich um eine Inhalts- und Schrankenbestimmung auf der Grundlage des Art. 14 Abs. 1 S.2 GG handelt, bleibt zu klären, ob der Gesetzgeber die von Art. 14 Abs. 1 S.2 GG gezogenen Schranken eingehalten hat. Da die Mitgliedschaft des Aktionärs in der Aktiengesellschaft und damit seine eigentumsrechtlich relevante Position durch das Sozialordnungsrecht wie das Gesellschaftsrecht begrenzt wird, ist die Mitgliedschaft und damit das Anteilsrecht bereits in unterschiedlichem Ausmaß Einschränkungen durch das Gesetz oder die Satzung unterworfen und zeigt eine ihm von Anbeginn an innewohnende Schwäche.[571] Dem Gesetzgeber steht deshalb bei der Regelung der mitgliedschaftlichen Rechtsbefehle zunächst grundsätzlich ein nicht unerheblicher Ermessensspielraum zu. Von diesem hat er in der Form der Regelung des § 131 Abs. 2 S. 2 AktG insofern Gebrauch gemacht, als er es in die Kompetenz der Aktionäre selbst legt, dem Versammlungsleiter das zusätzliche Ordnungsmittel der Einschränkung des Auskunftsrechts mit dem Ziel der Förderung der Diskussionskultur während der Hauptversammlung und der Gleichbehandlung der Aktionäre bei der Wahrnehmung ihrer Rechte zur Verfügung zu stellen.

Im Rahmen der Betätigung seines Ermessens genießt der Gesetzgeber allerdings keine unbeschränkte Gestaltungsfreiheit, vielmehr hat er das mit Art. 14 Abs. 1 S.1 GG grundgesetzlich anerkannte Privateigentum sowie alle übrigen Verfassungsnormen und insbesondere den verfassungsrechtlichen Grundsatz der Verhältnismäßigkeit zu beachten, und ferner die Interessen der Beteiligten gerecht und ausgewogen auszugleichen.[572] Die Schranken limitieren daher das weite, aber eben nicht unbegrenzte, Ermessen des Gesetzgebers insofern, als eine Inhalts- und Schrankenbestimmung, die *„grob sachwidrig ist und die Interessen der Beteiligten ohne Grund oder übermäßig“*[573] belastet unzulässig ist. Darüber hinaus darf die Konkretisierung des Anteilseigentums auch nicht zu einer Substanzentleerung desselben führen, d. h. dieses in einem solchen Maße seines Inhalts berauben, dass von ihm nur noch eine leere Hülse zurückbleiben würde und von Eigentum i. S. v. Art. 14 Abs. 1 S. 1 GG und seiner Privatnützigkeit in diesen Fällen praktisch nicht mehr gesprochen werden könnte und die gesellschaftsrechtlich vermittelte Verfügungsbefugnis des Aktionärs nicht mehr erkennbar wäre.[574]

Ausgehend von den eben dargestellten Grundsätzen ist vorliegend bei der verfassungsrechtlichen Beurteilung des § 131 Abs. 2 S. 2 AktG als Inhalts- und Schrankenbestimmung die Schranken-Schranke des verfassungsrechtlichen Verhältnismäßigkeitsgrundsatzes der entscheidende Anknüpfungspunkt.[575] Die getroffene Regelung muss, um die Verhältnismä-

[570] Grundlegend BVerfG, Beschl. v. 15.7.1981 - BVerfGE 58, S. 300 (320).

[571] BVerfG, Urt. v. 1.3.1979 - BVerfGE 50, S. 290 (342); *Mülbert*, Aktiengesellschaft, Unternehmensgruppe und Kapitalmarkt, 2. Aufl. 1996, S. 64.

[572] BVerfG, Urt. v. 23.11.1999 - BVerfGE 101, 239 (259) m. w. N.

[573] BVerfG, Urt. v. 1.7.1964 - BVerfGE 18, S. 121 (132).

[574] *Kempen*, Der Eingriff des Staates in das Eigentum, 1991, Rn. 124.

[575] Vgl. dazu *Pieroth/Schlink*, Staatsrecht II, 22. Aufl. 2006, Rn. 929 m. w. N.. Zur Geltung des Grundsatzes der Verhältnismäßigkeit vgl. auch *Larenz/Canaris*, Methodenlehre der Rechtswissenschaft, 3. Aufl. 1995, S. 243, 309; grundlegend bereits *Lerche*, S. 162 ff.

ßigkeit zu wahren, zur Erreichung eines legitimen Zwecks geeignet, erforderlich und überdies verhältnismäßig i. e. S., d. h. angemessen sein.

aa. Legitimer Zweck

Erste Voraussetzung für die verfassungsrechtliche Zulässigkeit der zeitlichen Einschränkung des Auskunftsrechts durch § 131 Abs. 2 S. 2 AktG ist, dass der Gesetzgeber mit der Schaffung des § 131 Abs. 2 S. 2 AktG einen legitimen Zweck verfolgt. Die mit dem UMAG verfolgten Regelungsziele[576] repräsentieren allesamt Zweckrichtungen, derer sich der Gesetzgeber, wegen seiner ihm zustehenden Einschätzungsprärogative bei der Beurteilung des schwierigen und komplexen Gesamtzusammenhangs, annehmen darf. Bei der Verfolgung seiner Ziele muss der Gesetzgeber die bedeutende Rolle der Aktiengesellschaft unter dem Aspekt ihrer gesamtwirtschaftlichen, gesellschaftlichen, insbesondere auch arbeitsmarktpolitischen Bedeutung im Auge behalten.[577] Wie bereits gezeigt, liegt es im allgemeinen öffentlichen Interesse, die Funktionsfähigkeit der Aktiengesellschaft, ebenso wie ihre Attraktivität als Rechtsform für eine Unternehmung, aufrechtzuerhalten. Der Gesetzgeber verfolgt mit § 131 Abs. 2 S. 2 AktG primär den Zweck, die Hauptversammlung durch eine Beschleunigungsalternative in ihrer Effizienz zu verbessern, missbräuchliches Aktionärsverhalten zu unterbinden und auf diesem Wege den bisher aufgetretenen Fehlentwicklungen, mit ihren schädlichen Auswirkungen für die Aktiengesellschaften,[578] entgegenzutreten.

Meilicke/Heidel bestreiten die Zulässigkeit der Annahme, die Straffung der Hauptversammlung zur Erreichung eines bestimmten zeitlichen Rahmens könne als berechtigter Schutzzweck angesehen werden, und begründen ihre ablehnende Haltung mit dem Erfordernis des Schutzes anderer (rechtlicher) Interessen, um eine an sich erforderliche Auskunft, deren Beantwortung von Relevanz für den Aktionär ist, verweigern zu können.[579] Da eine Hauptversammlung nur einmal im Jahr stattfinde, sei es den Aktionären wie der Verwaltung und den übrigen Teilnehmern zuzumuten, bis zur Erteilung der letzten zulässigerweise verlangten Auskunft auf der Hauptversammlung zu verbleiben.[580]

Dass es sich bei der Straffung der Hauptversammlung entgegen der Ansicht von *Meilicke/Heidel*[581] um ein im Rahmen der Interessenabwägung zu Gunsten der Aktiengesellschaft zu berücksichtigenden Schutzzweck handelt, lässt sich jedoch wie folgt begründen: Wie bereits gezeigt, führt die bisherige Ausgestaltung des Frage- und Rederechts zu erheblichen Fehlentwicklungen innerhalb des aktienrechtlichen Regelungssystems in Zusammenhang mit dem Auskunftsrecht. Überzogene Frage- und Redezeiten durch einzelne Aktionäre bringen in der Regel keinen besonderen Erkenntniswert und lassen die Diskussionskultur in der Hauptversammlung leiden.[582] Um die Akzeptanz der Hauptversammlung als Organ zu bewahren, diese in ihrer Bedeutung zu stärken und die Attraktivität deutscher Aktiengesellschaften zu steigern, ist es im Interesse der Aktiengesellschaften notwendig, die Hauptversammlung durch eine Straffung auf ihren wesentlichen Kern zurückzuführen und dadurch die sinnvolle Funktion einer physischen Zusammenkunft zu bewahren. Dass ein sachgerechtes Bedürfnis an

576 Vgl. dazu bereits Seite 81 ff.
577 Für § 131 Abs. 3 Nr. 3 AktG vgl. *Ebenroth/Koos*, BB 1995, Beilage 8, S. 1 (8).
578 Vgl. Seite 63 ff.
579 *Meilicke/Heidel*, DB 2004, S. 1479 (1480).
580 Vgl. *Meilicke/Heidel*, DB 2004, S. 1479 (1480). In diesem Sinne auch die Stellungnahme SdK, S. 11.
581 *Meilicke/Heidel*, DB 2004, S. 1479 (1480).
582 *Jahn*, BB 2005, S. 5 (8).

einer eindeutigen Begrenzungsmöglichkeit besteht, zeigt sich auch daran, dass bei börsennotierten Aktiengesellschaften als Publikumsgesellschaft mit vielen tausend Aktionären ohne Begrenzungsmöglichkeit nahezu immer eine Lahmlegung der Hauptversammlung denkbar ist, wenn jeder Aktionär von seinem Fragerecht Gebrauch machen würde.[583] Daran würde auch eine Einberufung auf mehrere Tage nichts ändern können.

Die Neuregelung ordnet sich letztlich dem generellen öffentlichen Interesse an funktionsfähigen und attraktiven Aktiengesellschaften unter, die bei bestmöglicher Nutzung ihrer Ressourcen, ihren Beitrag im Rahmen ihrer gesellschaftlichen, gesamtwirtschaftlichen und arbeitsmarktpolitischen Bedeutung leisten können sollen. Die Verfolgung dieses Zwecks durch eine flexiblere Gestaltung und Strukturierung der Beiträge und Fragen von Aktionären sowie die Förderung der inhaltlichen Qualität durch eine Anhebung der Diskussionskultur mit Hilfe einer straffer organisierten und mit einem sachbezogenen Zeitrahmen versehenen Hauptversammlung ist vor dem Hintergrund der bisher aufgetretenen Fehlentwicklungen legitim.[584]

bb. Geeignetheit und Erforderlichkeit

Die Regelung des § 131 Abs. 2 S. 2 AktG wird auch den zwei weiteren Voraussetzungen der Geeignetheit und der Erforderlichkeit gerecht.

Eine mögliche zeitliche Einschränkbarkeit des Auskunftsrechts fördert jedenfalls den Zweck[585], die aufgetretenen Fehlentwicklungen im Zusammenhang mit der Hauptversammlung zurückzudrängen und künftig zu vermeiden, jedenfalls aber zu entschärfen. Denn durch eine gezielte zeitliche Strukturierung des Ablaufs der Hauptversammlungsleiter ist es für den Versammlungsleiter einfacher, eine inhaltliche Fokussierung der Hauptversammlung auf die wesentlichen strategischen Punkte zu erreichen. Weiter gibt eine dem § 131 Abs. 2 S. 2 AktG entsprechende Ermächtigung dem Versammlungsleiter die Möglichkeit, oben charakterisierte Aktionärsgruppen,[586] ohne Rückgriff auf die äußeren Schranken des Missbrauchs, auf den Zeitablauf zu verweisen, und unterstützt auf diese Weise die Missbrauchsverhinderung. Damit sinkt insgesamt das Bedürfnis des Versammlungsleiters, auf die im konkreten Einzelfall jeweils schwierig zu beurteilenden äußeren Grenzen des Auskunftsrechts zurückgreifen und sich dabei auf eine anfechtungsträchtige Abgrenzung[587] einlassen zu müssen. Auch unter dem Gesichtspunkt der Geeignetheit ist § 131 Abs. 2 S. 2 AktG mithin verhältnismäßig.

Ferner ist ein gleich wirksames aber den Aktionär weniger belastendes Mittel zur Erreichung des Zwecks nicht auszumachen. Denn die dem Versammlungsleiter bislang verbliebenen Ordnungsmaßnahmen konnten die Fehlentwicklungen mangels Strukturierungsmöglichkeit und Rechtssicherheit bei der Ablehnung von Auskünften unter Bezugnahme auf die äußeren Schranken des Auskunftsrechts gerade nicht verhindern.[588] Ein genereller Ausschluss des Auskunftsrechts oder die Verlagerung auf eine Kontrollbehörde käme zwar ebenfalls in Fra-

---

583 *Mutter*, Auskunftsansprüche, 2002, S. 63.

584 In diesem Sinne auch *Weißhaupt*, ZIP 2005, 1766 (1768).

585 Dies bedeutet, „*dass der Zustand, den der Staat durch den Eingriff schafft, und der Zustand, in dem der verfolgte Zweck als verwirklicht zu betrachten ist, in einem durch bewährte Hypothesen über die Wirklichkeit vermittelten Zusammenhang stehen*“, vgl. *Pieroth/Schlink*, Staatsrecht II, 22. Aufl. 2006, Rn. 283.

586 Vgl. Seite 63 ff.

587 Gerade dies wurde von „räuberischen Aktionären“ ja immer wieder provoziert, vgl. Seite 64 ff.

588 Vgl. zu den Schwierigkeiten insgesamt Seite 63 ff.

ge,[589] wäre indes aber eine weiterreichende Einschränkung des Auskunftsrechts, als dies nun mit der Schaffung des § 131 Abs. 2 S. 2 AktG geschah, so dass im Ergebnis nichts gegen die Annahme der Erforderlichkeit angeführt werden kann.

cc. Angemessenheit

Schließlich fokussiert sich die Beurteilung der Verfassungskonformität ganz auf die Angemessenheit der Inhalts- und Schrankenbestimmung als äußerste Grenze. Bei der Beurteilung der Wahrnehmung der Ermessensausübung durch den Gesetzgeber sind zwei wesentliche Maßstäbe besonders zu beachten. Der Gesetzgeber hat die sich aus der besonderen Eigenart der Eigentumsart folgenden Eigentümlichkeiten zu berücksichtigen[590] und die Sozialgebundenheit des Eigentums in die Abwägung mit einfließen zu lassen.[591] Darüber hinaus spielt im Rahmen der Abwägung die Interessenpluralität in der Aktiengesellschaft,[592] aufgrund der Einordnung des Aktionärs als Verbandsmitglied und nicht als „wirtschaftlichem Eigentümer“,[593] eine Rolle. Man kann von einem *„aktienrechtlichen Gebot der praktischen Konkordanz“*[594] sprechen, wenn im Rahmen der Interessenabwägung auch ein angemessener Ausgleich zwischen den privaten Interessen der Aktionäre und den Unternehmensinteressen sowie der grundrechtlich geschützten Rechtsposition der Aktiengesellschaft zu verlangen ist.[595]

Bereits oben wurde dargelegt, dass der Aktionär im Unterschied zum Sacheigentümer oder Unternehmer-Eigentümer aufgrund der Einschränkung in seinem freien Gebrauch des Anteilseigentums eine mit dem Sacheigentümer nicht vergleichbare Stellung einnimmt.[596] Das Wesen des Anteilsrechts bringt es stattdessen mit sich, dass sich der Aktionär mit dem Erwerb der Aktienanteile den gesellschaftsrechtlichen Beschränkungen unterwirft und seine unmittelbaren eigentumsspezifischen Verfügungsbefugnisse nur mittelbar über die Ausübung seiner mitgliedschaftlichen Rechte verfolgen kann. Die eigentumsrechtlich relevante Position erlangt der Aktionär dabei aus der Strukturverfassung der Aktiengesellschaft, die aber selbst, als juristische Person, Eigentümerin des Gesellschaftsvermögens ist. Diese „innere Schwäche“ des Anteilsrechts und die Stellung des Aktionärs (nur) als Verbandsmitglied eröffnet es dem Gesetzgeber im Rahmen der zu treffenden Interessenabwägung, den Interessen der Gesellschaft als unmittelbarer Eigentümerin eine besondere Bedeutung zuzumessen und im gleichen Atemzug unter Abwertung der Aktionärsinteressen in deren Eigentumsposition einzugreifen.[597]

Die Beschränkungsmöglichkeit zu Lasten des Privateigentums unter Rückgriff auf eine Inhalts- und Schrankenbestimmung wird maßgeblich davon beeinflusst, wie ausgeprägt der soziale Bezug und die soziale Funktion des Eigentumsobjekts sind.[598] Bei der Fassung von In-

---

[589] Zu einem solchen Vorschlag *Schiessl*, in: VGR 1999, 2000, S. 57 (66 ff.) m. w. N. in Fn. 21 zur Diskussion um die Schaffung eines Reichs-Aktienamtes oder Aktienaufsichtsamtes in den 20er- bzw. 60er-Jahren.

[590] BVerfG, Urt. v. 7.8.1962 - BVerfGE 14, S. 263 (279).

[591] BVerfG, Urt. v. 1.3.1979 - BVerfGE 50, S. 290 (340 f.).

[592] *Hopt*, ZGR 1993, S. 543 (536 f.).

[593] Zu *Schön*, der eine bloß dienende Funktion des Unternehmens annimmt und ein eigenes Interesse des Unternehmens selbst ablehnt, vgl. Fn. 123, und zur hier vertretenen Ablehnung dieser Ansicht vgl. Seite 41 ff.

[594] *Hopt*, ZGR 1993, S. 543 (536 f.) m. w. N.

[595] *Ebenroth/Koos*, BB 1995, Beilage 8, S. 1 (9).

[596] Vgl. zum Ganzen Seite 36 ff.

[597] *Schmidt-Aßmann*, in: FS Badura, 2004, S. 1009 (1019); *Ebenroth/Koos*, BB 1995, Beilage 8, S. 1 (5).

[598] Entscheidend hierfür ist der Grundgedanke des Art. 14 Abs. 2 GG, vgl. BVerfG, Beschl. v. 12.1.1967 - BVerfGE 21, S. 73 (83); BVerfG, Urt. v. 1.3.1979 - BVerfGE 50, S. 290 (340 f.); *Henn*, Handbuch des Aktienrechts, 7. Aufl. 2002, Rn. 1509 m. w. N.

halts- und Schrankenbestimmungen durch den Gesetzgeber ermöglicht der erhöhte Sozialbezug des Anteilseigentums daher eine Ausgestaltung des Anteilseigentums unter Orientierung an dieser besonderen Bedeutung der Aktiengesellschaft, weshalb gegebenenfalls die Interessen der Aktiengesellschaft bei der Abwägung höher zu gewichten sein können. Aufgrund der bereits mehrfach angedeuteten besonderen Bedeutung der Aktiengesellschaft, sowohl für die gesellschafts-, gesamtwirtschafts- als auch arbeitsmarktspolitische Interessenverfolgung erfährt das Anteilseigentum eine besondere Sozialbindung.[599] Insofern erfüllen Aktiengesellschaften wichtige Aufgaben der Vermögens- und Beschäftigungspolitik[600], und es besteht ein besonderes öffentliches Interesse an der Funktionsfähigkeit der Rechtsform der Aktiengesellschaft.

Dies vorausgeschickt, zeigen sich für die Regelung des § 131 Abs. 2 S. 2 AktG keine schon gegen die Norm als solche sprechenden verfassungsrechtlichen Bedenken. Der Gesetzgeber hat bei Schaffung des § 131 Abs. 2 S. 2 AktG zwischen dem öffentlichen Interesse am Bestehen funktionstüchtiger Unternehmen und privaten Interessen der Aktionäre einen angemessenen Ausgleich geschaffen. Die Aktiengesellschaft droht aufgrund der eingetretenen Fehlentwicklungen im Zusammenhang mit dem Auskunftsrecht[601] an Attraktivität, insbesondere für ausländische Investoren, einzubüßen und damit einen Rückschritt bei der Wahrnehmung ihrer im öffentlichen Interesse bestehenden Aufgaben zu machen. Gerade auch die von, das Auskunftsrecht zu eigensüchtigen Zwecken nutzenden, „räuberischen Aktionären" ausgehende Gefahr der Blockade wichtiger Strukturentscheidungen durch erhobene Anfechtungsklagen und die damit einhergehende Beeinträchtigung der Funktionsfähigkeit der Gesellschaft schaffen ein besonderes öffentliches Interesse an einem Einschreiten des Gesetzgebers. Zwar wird durch die Einschränkung des Fragerechts nicht die Blockadewirkung selbst beseitigt, aber durch eine zeitliche Einschränkung des Auskunftsrechts kann der Versammlungsleiter den Aktionär nach Ablauf der Frage- und Redezeit, ohne eine Anfechtung der gefassten Beschlüsse fürchten zu müssen, auf den Zeitablauf verweisen.

Notwendig, aber auch ausreichend für die Annahme der Verhältnismäßigkeit ist, dass den Aktionären durch Setzung eines angemessenen zeitlichen Rahmens und der damit möglichen vernünftigen Diskussionskultur ein Auskunftsrecht im Grundsatz verbleibt. Bei einer börsennotierten Aktiengesellschaft ist dabei zu berücksichtigen, dass das Informationsniveau außerhalb der Hauptversammlung durch den Ausbau der sog. Investor Relations[602] sowie der gesetzlichen Publizitätspflichten ohnehin erheblich angehoben worden und eine entsprechende Beschränkung aufgrund der Vielzahl an Aktionären erst eine gleichberechtigte Ausübung der Aktionärsrechte ermöglicht.

Schließlich ist nicht zu beanstanden, wenn der Gesetzgeber bei der Schaffung des § 131 Abs. 2 S. 2 AktG für die Interessenabwägung auf den unbestimmten Rechtsbegriff der „Angemessenheit" zurückgreift. Denn die Verwendung eines unbestimmten Rechtsbegriffs ist im vorliegenden Zusammenhang notwendig und zulässig, um die Vielzahl von denkbaren Konstellationen erfassen zu können. Der Grundrechtsschutz wird dadurch nicht verkürzt. Vielmehr stellen unbestimmte und der Auslegung bedürftige Rechtsbegriffe sog. „Einbruchstellen"[603] für die Grundrechte in das Zivilrecht dar.[604] Die Grundrechte und die eben darge-

---

599 *Ebenroth/Koos*, BB 1995, Beilage 8, S. 1 (5).
600 *Henn*, Handbuch des Aktienrechts, 7. Aufl. 2002, Rn. 1509.
601 Vgl. ausführlich Seite 63 ff.
602 Zum Begriff der Investor Relations vgl. Fn. 315 und die dort aufgeführten Nachweise.
603 *Hüffer/Schmidt-Aßmann/Weber*, Anteilseigentum, S. 52 m. w. N.

stellten Grundsätze der Berücksichtigung der Eigentumsart und Sozialbindung des Eigentums, als Elemente einer objektiven Werteordnung mit Geltung für alle Rechtsbereiche[605] und damit auch für das Aktienrecht, sind im Rahmen der Auslegung des unbestimmten Rechtsbegriffs der Angemessenheit i. S. v. § 131 Abs. 2 S. 2 AktG zu berücksichtigen.

Das Vorhergehende hat gezeigt, dass gegen die Vorschrift des § 131 Abs. 2 S. 2 AktG als solche verfassungsrechtliche Bedenken nicht Platz greifen, sondern vielmehr eine Berücksichtigung der sich gegenüberstehenden Interessen im Rahmen der Auslegung des Begriffs der „Angemessenheit" verfassungskonforme Berücksichtigung finden müssen.

3. (Verfassungskonforme) Auslegung des Merkmals der „Angemessenheit" i. S. v. § 131 Abs. 2 S. 2 AktG bei börsennotierten Aktiengesellschaften

Nach diesem Befund der grundsätzlichen Verfassungskonformität der Regelung des § 131 Abs. 2 S. 2 AktG steht die Auslegung des unbestimmten Rechtsbegriffs der Angemessenheit der Frage- und Rederechtsbegrenzung im Vordergrund. Im Rahmen der verfassungskonformen Auslegung des Angemessenheitsbegriffs sind die durch Art. 14 GG gesetzten und eben dargestellten Anforderungen stets im Auge zu behalten.

Die Verwendung von unbestimmten Rechtsbegriffen durch den Gesetzgeber ist aufgrund der Weite solcher Bestimmungen mit der Notwendigkeit der Konkretisierung durch Rechtsprechung und Literatur verbunden. Im Folgenden soll daher der Versuch unternommen werden, dem Angemessenheitsbegriff für immer wiederkehrende Fallkonstellationen konkretere Konturen zu verleihen und erste Ausgestaltungsmöglichkeiten zu erörtern. Primär wird das Augenmerk, wegen ihrer besonderen Bedeutung und der Tendenz zu einem Sonderrecht der börsennotierten Aktiengesellschaft,[606] zunächst auf die börsennotierten Aktiengesellschaft gelegt. Da sich aber, soweit eine nicht börsennotierte Aktiengesellschaft in Betracht kommt, bei der Auslegung durchaus Unterschiede ergeben können, werden im Anschluss[607] auch die Auslegungsmöglichkeiten bei der nicht börsennotierten Aktiengesellschaft untersucht. Der Wortlaut des § 131 Abs. 2 S. 2 AktG erfasst insofern beide Formen der Aktiengesellschaften unterschiedslos.

Nach dem Gesetzgeber soll der Versammlungsleiter für das Frage- und Rederecht zusammengenommen einen zeitlichen Rahmen für den ganzen Hauptversammlungsverlauf, für den einzelnen Tagesordnungspunkt und für den einzelnen Redner setzen dürfen.[608] Wie dieses gesetzgeberische Ziel in angemessener Weise, unter Wahrung des Verhältnismäßigkeitsgrundsatzes, erreicht werden kann, wird im Folgenden dargestellt.

a. Notwendigkeit einer Konkretisierung der Angemessenheit für die Ermessensentscheidung des Versammlungsleiters

Nach der Vorgabe des § 131 Abs. 2 S. 2 AktG muss eine Begrenzung des Frage- und Rederechts stets angemessen sein. Die Umsetzung der Angemessenheitsgrenze ist, wird nichts „*Näheres*" i. S. v. § 131 Abs. 2 S. 2 Hs. 2 AktG in der Satzung bestimmt und damit auf eine

---

604 BVerfG, Beschl. v. 14.2.1973 - BVerfGE 34, S. 269 (279 ff.) st.Rspr.
605 BVerfG, Urt. v. 15.1.1958 - BVerfGE 7, S. 198 (205); BVerfG, Urt. v. 25.2.1975 - BVerfGE 39, S. 1 (41).
606 Dazu oben Seite 46 ff.
607 Vgl. Seite 154 ff.
608 Begr. RegE UMAG, BT-Drucks. 15 /5092, S. 17.

Generalermächtigung zurückgegriffen, in das Ermessen des Versammlungsleiters gestellt, der eine willkürfreie Festlegung der Frage- und Redezeit vornehmen muss, welche die Bedeutung der zu behandelnden Tagesordnungspunkte unter Achtung ihrer sachlichen Werthaltigkeit und der Anzahl der Wortmeldungen, sowie der Rechte der Aktionäre wie der Aktiengesellschaft, ermessensfehlerfrei bei der Entscheidung berücksichtigt.[609] Dies ist nicht gleichbedeutend damit, dass der Versammlungsleiter aufgrund der Ermessensentscheidung in jeder Hinsicht frei bei der Festsetzung der zeitlichen Beschränkung ist. Vielmehr bestehen auch hier äußerste Grenzen der Ermessensausübung, deren Konturen aber, da sich der Gesetzgeber weitgehend einer Konkretisierung enthalten hat, bislang noch nicht deutlich werden.

b. Ein normatives Stufensystem als Auslegungspostulat?

Gegen die gesetzgeberische Entscheidung der Zusammenfassung des Frage- und Rederechts wendet sich *Martens*.[610] Bei der Auslegung der Angemessenheit sei von einem normativen Stufenverhältnis zwischen Rederecht einerseits und Fragerecht andererseits auszugehen. Denn eine Beschränkung des Rederechts würde weit weniger in die Rechte des Aktionärs eingreifen. Der Versuch, mit der eigenen Rede eine argumentative Einflussnahme auf die übrigen Aktionäre zu erreichen, sei meist ohnehin nicht von Erfolg gekrönt. Bei einer Beschränkung des Fragerechts könnten dem Aktionär dagegen die für seine eigene Entscheidungsfindung relevanten Informationen verloren gehen. Die grundsätzliche rechtliche Bedeutung des Frage- und Auskunftsrechts, insbesondere für die Minderheitsaktionäre[611], gebiete es, dieser hohen Bedeutung des Auskunftsrechts bei der Auslegung des Angemessenheitsbegriffs besonderes Gewicht beizumessen.[612] *Martens* kommt damit zu Gunsten des Auskunftsrechts zu einer Art „strengen Vorrangprinzip“. Nach einem so verstandenen Vorrangprinzip wäre die Redezeitbeschränkung die primär einzusetzende Ordnungsmaßnahme. Eine Beschränkung des Auskunftsrechts wäre erst dann zulässig, wenn der Versammlungsleiter allein mit der Redezeitbeschränkung nicht mehr auskommt, um eine rechtzeitige Beendigung der Hauptversammlung innerhalb des rechtlich zulässigen Rahmens zu erreichen. Die Beschränkung des Auskunftsrechts sei nach dieser Ansicht eine *ultima ratio* und habe lediglich den Nutzen, die Leitungsbefugnisse des Versammlungsleiters zu erweitern, um sodann eine bislang auch bei der Gefahr einer rechtlich unzulässigen Überlänge nicht mögliche Fragezeitbeschränkung zu ermöglichen.[613]

Einem so zu verstehenden strengen Vorrangprinzip bei der Auslegung der Angemessenheit nach *Martens* ist zu widersprechen. Richtig ist zwar, dass dem Auskunftsrecht auch heute noch faktisch im Grundsatz eine höhere Bedeutung als dem Rederecht zukommt.[614] Dies steht

---

609 *Seibert*, WM 2005, S. 157 (160); *Weißhaupt*, ZIP 2005, S. 1766 (1768).

610 Vgl. hierzu und zum Folgenden *Martens*, AG 2004, S. 238 (242) „Konstruktionsfehler“.

611 Großaktionäre stehen meist in ständigem Kontakt mit der Unternehmensführung, sind deshalb in der Regel über alle wesentlichen Angelegenheiten informiert und weniger auf § 131 AktG angewiesen.

612 *Martens*, AG 2004, S. 238 (242 f.); so wohl – wenngleich sehr zurückhaltend – auch *Hüffer*, AktG, 8. Aufl. 2008, § 131 Rn. 22a.

613 *Martens*, AG 2004, S. 238 (243).

614 So auch LG München I, Urt. v. 14.10.1999 - AG 2000, S. 139 (139) mit Anm. *Bachmann*, EwiR § 131 AktG 1/00, S. 157 (157 f.); *Kubis*, in: MüKo AktG, 2. Aufl. 2004, § 118 Rn. 38 m. w. N.

aber der optionalen Ermöglichung der Zusammenfassung des Frage- und Rederechts ohne „*ultima-ratio*-Funktion" der Auskunftsrechtsbeschränkung nicht entgegen.[615]

Eine Auslegung i. S. e. *ultima ratio* würde nicht nur den ausdrücklichen Willen des Gesetzgebers missachten. Denn bei einer konsequenten Umsetzung des normativen Stufenmodells von *Martens* wäre eine Beschränkung des Fragerechts in der Regel von einer vorrangigen Beschränkung des Rederechts abhängig,[616] womit eine faktische Verkürzung des praktischen Anwendungsbereichs des § 131 Abs. 2 S. 2 AktG auf ein Minimum verbunden wäre. Mit dem Gebot der Hauptversammlungseffizienz ist die Restriktion der Zulässigkeit der Fragerechtsbeschränkung auf die Situation einer zeitlich unzulässigen Überlänge der Hauptversammlung ebenso nicht vereinbar. Die Auskunftsrechtsbeschränkung würde auf eine singuläre Ausnahmesituation zugeschnitten[617] und damit den größten Teil ihrer Wirkung verlieren. Dass gerade das, vom Gesetzgeber in den Vordergrund gerückte, Regelungsziel der Straffung und Effizienz der Hauptversammlung bei einer strikten Orientierung an einem normativen Stufenmodell nicht umgesetzt würde, spricht gegen die Annahme eines strengen Vorrangprinzips.

Zudem sind es gerade die praktischen Schwierigkeiten, die bislang eine randscharfe Abgrenzung der Wahrnehmung des Rederechts von der des Fragerechts nicht immer zweifelsfrei erlaubte. Anders als durch eine Zusammenfassung beider Aktionärsrechte lassen sich die praktischen Umsetzungs- und Abgrenzungsschwierigkeiten nicht in den Griff bekommen. Kommt es zu einer Anordnung des Versammlungsleiters hinsichtlich der Zusammenlegung der Fragezeit mit der Redezeit, entspricht es dem Bild des „mündigen Aktionärs", dass dieser selbst darüber befindet, ob er es vorzieht, innerhalb des ihm zustehenden Zeitkontingents das weniger wichtige Rederecht wahrzunehmen oder von seinem Auskunftsrecht Gebrauch zu machen. Überwiegen seine individuellen Gründe für eine Ausübung des Fragerechts und kann er in der von ihm beabsichtigten Weise Fragen wegen der Beschränkung nur unter Nichtwahrnehmung seines Rederechts stellen, so muss und kann er letztlich selbst entscheiden, ob er sein Rederecht der Fragemöglichkeit „opfern", einen Teil seines Fragerechts zu Gunsten einer Redemöglichkeit Preis geben möchte oder gegebenenfalls sogar ganz auf sein weniger gewichtiges Rederecht verzichtet. Die Gewichtung liegt zutreffenderweise in der Hand des einzelnen Aktionärs und wird nicht strikt vom Gesetz angeordnet.[618]

Die Ablehnung eines Vorrangprinzips ist schließlich auch vor dem Hintergrund des Art. 14 GG verfassungskonform. Durch die Zusammenlegungsmöglichkeit kommt es weder zu einer Substanzentleerung des Anteilsrechts, noch erscheint eine Zusammenlegung unverhältnismäßig. Denn das Auskunftsrecht wird dem Aktionär nicht vollständig entzogen, er hat lediglich eine autonome Entscheidung über den Umfang der möglichen Ausübung seines Aktionärsrechts zu treffen. Entscheidet er sich für eine Verkürzung der Fragezeit durch die Wahrnehmung seines Rederechts, reflektiert dies seine autonome Entscheidung bei der eigenverantwortlichen Gewichtung seiner Interessen, deren Folgen der Aktionär selbst zu verantworten hat.

---

615 In diesem Sinne auch *Marsch-Barner*, in: Marsch-Barner/Schäfer, börsennotierte AG, 2. Aufl. 2009, § 34 Rn. 12 f.; *Arnold/Born*, AG-Report 2006, S. 352 (354); a. A. wohl *Hüffer*, AktG, 8. Aufl. 2008, § 131 Rn. 22a.

616 Vgl. dazu *Martens*, AG 2004, S. 238 (242 f.).

617 In diesem Sinne aber gerade *Martens*, AG 2004, S. 238 (242).

618 Zutreffend in diesem Sinne *Arnold/Born*, AG-Report 2006, S. 352 (354).

Ein normatives Stufensystem steht der Zusammenlegung von Frage- und Redezeit nach alledem nicht entgegen und führt bei der Auslegung des Angemessenheitsbegriffs nicht zur Annahme eines strengen Vorrangsprinzips mit der Folge einer „*ultima-ratio*-Funktion" des § 131 Abs. 2 S. 2 AktG.

c. *Der angemessene zeitliche Rahmen für den ganzen Hauptversammlungsverlauf*

Die Festlegung eines angemessenen zeitlichen Leitbildes für den ganzen Hauptversammlungsverlauf durch Orientierung am Grundsatz der Hauptversammlungseffizienz darf nicht zu einem absolut zu verstehenden Zeitrahmen führen, sondern muss einerseits der Tatsache Rechnung tragen, dass es Hauptversammlungen mit im konkreten Fall notwendig längerer Dauer geben kann, andererseits aber auch Hauptversammlungen von kürzerer Dauer eine ordnungsgemäße Durchführung bereits ermöglichen.[619] Die vom Gesetzgeber angepeilte Effizienzsteigerung der Hauptversammlungen kann zuverlässig und mit der notwendigen Rechtssicherheit unter Zuhilfenahme der Leitungsbefugnisse nur dann vorgenommen werden, wenn ein zeitliches Leitbild als Orientierungshilfe für eine „normale" Hauptversammlung sowie für die Strukturhauptversammlungen als Ausnahmehauptversammlung vorliegt.

aa. *Für den Regelfall der „normalen" Hauptversammlung*

Der Gesetzgeber gibt einen zeitlichen Rahmen für die Abhaltung einer „normalen", keine tief greifenden strukturellen Entscheidungen zum Gegenstand habenden, Hauptversammlung, sog. Durchschnittshauptversammlung, von vier bis sechs Stunden als Maßstab für eine Straffung mittels einer Begrenzung der Frage- und Redezeit in seiner Begründung als Orientierungshilfe vor.[620]

Teilweise wird dieser Rahmen als zu knapp bemessen kritisiert, da eine Hauptversammlung in der Regel nur einmal im Jahr stattfindet und die Aktionäre nur während der Hauptversammlung ihre hauptversammlungsbezogenen Aktionärsrechte ausüben können.[621] Dem kann entgegengehalten werden, dass der vom Gesetzgeber als angemessen eingestufte zeitliche Rahmen für den ganzen Hauptversammlungsverlauf einer „normalen" Hauptversammlung mit der durchschnittlichen Länge einer Hauptversammlung in den Jahren 2003-2005[622] unabhängig vom Börsensegment auf einer Linie liegt.[623] Dies erhält vor allem deshalb besonderes Gewicht, weil in dieser Statistik nicht nur die Durchschnittshauptversammlungen enthalten sind, sondern gerade auch die langen Ausnahmehauptversammlungen bei Strukturentscheidungen. Dies zeigt, dass in der Regel die ordnungsgemäße „Abwicklung" einer „normalen" Hauptversammlung innerhalb eines Zeitrahmens von vier bis sechs Stunden realistisch ist.[624] Anhaltspunkte dafür, dass bei diesem zeitlichen Rahmen der Grundsatz der Hauptversammlungseffizienz als entscheidendes Auslegungspostulat *ad absurdum* geführt würde, indem eine vernünftige Diskussionskultur wegen eines zu engen Zeitkorsetts bereits im Keim erstickt wird,

---

619 *Hemeling*, AG 2004, S. 262 (263).

620 Begr. RegE UMAG, BT-Drucks. 15 /5092, S. 17.

621 Aus diesem Grunde hält bspw. *Jahn*, BB 2005, S. 5 (8) vier bis sechs Stunden für etwas knapp bemessen; *Meilicke/Heidel*, DB 2004, S. 1479 (1480) lehnen eine Begrenzung allein zur Straffung der Hauptversammlung unzutreffenderweise für nicht legitim, vgl. Seite 120 f.; so auch *Martens*, AG 2004, S. 238 (241 ff.) unter Heranziehung des Vorrangprinzips, vgl. Seite 125 f.

622 Vgl. Seite 72 f.

623 Auch in den Jahren nach Inkrafttreten des UMAG hat sich dies bestätigt.

624 So auch *Hemeling*, AG 2005, S. 262 (263).

sind nicht ersichtlich. Erst wenn die Frage- und Redezeitbegrenzung zu einer derartigen Verknappung der dem Aktionär zustehenden Zeit führen würde, dass an eine sinnvolle Wahrnehmung seiner Rechte nicht mehr zu denken ist, würde eine Beschränkung des Frage- und Rederechts die Aktionärsrechte in unverhältnismäßiger Art und Weise einschränken.[625]

Um die Verhältnismäßigkeit eines zeitlichen Rahmens von vier bis sechs Stunden zu wahren, ist mithin vorauszusetzen, dass den Aktionären trotz der während eines Hauptversammlungsverlaufes gegebenen Unterbrechungen, Verzögerungen, der Rede des Vorstandes und der Ausführungen des Versammlungsleiters, bspw. vor Beginn einer etwaigen Generaldebatte, noch ausreichend Raum verbleiben muss, um ihr Frage- und Rederecht sachgerecht wahrnehmen zu können.[626] Würden diese Vorgänge einen derart weiten zeitlichen Raum einnehmen, dass sie eine Verknappung der Frage- und Redezeit der Aktionäre in der Art bewirken, dass eine vernünftige Diskussionskultur nicht mehr aufkommen kann, wird das Gebot der Hauptversammlungseffizienz in sein Gegenteil verkehrt. Die Begrenzung wäre dann als unangemessener Eingriff in die Aktionärsrechte einzustufen. Damit ist nicht zugleich gesagt, dass für die Verhältnismäßigkeit einer entsprechenden Ermächtigung stets zu fordern ist, dass Unterbrechungen, Verzögerungen, die Rede des Vorstandes oder die Ausführungen des Versammlungsleiters, als Bestandteile der Hauptversammlung aus der Zeitberechnung für die Bestimmung des zeitlichen Rahmens vollständig ausgeblendet werden müssen. Denn damit würde man faktisch das an sich nicht zu beanstandende zeitliche Leitbild der Hauptversammlung wieder in die Länge ziehen. Der zeitliche Rahmen wäre dann nur für die Rede- und Fragerunden anzusetzen, und die anderen Bestandteile der Hauptversammlung müssten hinzuaddiert werden. Vielmehr reicht es aus, wenn der Versammlungsleiter während der Hauptversammlung diese Bestandteile und ihre Dauer bei der Festsetzung des zeitlichen Rahmens in seine Ermessensentscheidung mit einfließen lässt.

Es kann also ein zeitliches Leitbild für die „normale" Hauptversammlung mit einer Dauer von vier bis sechs Stunden etabliert werden.[627]

bb. Für die „Strukturhauptversammlung" als Ausnahmefall

Das zeitliche Leitbild einer Dauer von vier bis sechs Stunden mag für eine Durchschnittshauptversammlung einen angemessenen zeitlichen Rahmen für den gesamten Hauptversammlungsverlauf darstellen, den der Versammlungsleiter mit einer Beschränkung des Frage- und Rederechts anstreben darf. Aus Verhältnismäßigkeitsgründen ist dieses Ergebnis auf Strukturhauptversammlungen als Ausnahmehauptversammlungen indes nicht ohne weiteres übertragbar.[628] Problematisch ist, da der Gesetzesbegründung ein Anhaltspunkt nicht entnommen

---

625 *Weißhaupt*, ZIP 2005, S. 1766 (1768).

626 Begr. RegE UMAG, BT-Drucks. 15 /5092, S. 17; *Kubis*, in: MüKo AktG, 2. Aufl. 2004, § 119 Rn. 152, zu möglichen Konstellationen verschwenderischen Umgangs mit der Versammlungszeit, bspw. ein zu später Beginn der Hauptversammlung, zu große Verzögerungen bei der Eröffnung der Hauptversammlung, ausschweifende Ausführungen des Vorstandes u. a.

627 Dies wird auch durch die Regierungskommission Corporate Governance bestätigt, die schon für die Fassung des Deutschen Corporate Governance Kodex (DCGK) vom 12.6.2006 die Ergänzung des DCGK um eine entsprechende Empfehlung in Ziff. 2.2.4 DCGK vorsah (sämtliche Fassungen des DCGK abrufbar unter www.corporate-governance-code.de, zuletzt abgerufen am 10.1.2009); *Hüffer*, AktG, 8. Aufl. 2008, § 131 Rn. 22a.

628 Dies stellt der Gesetzgeber selbst ausdrücklich klar, Begr. RegE UMAG, BT-Drucks. 15 /5092, S. 17.

werden kann, wie in Fällen dieser Ausnahmehauptversammlungen[629] der zeitliche Rahmen vom Versammlungsleiter mit einer Beschränkung des Frage- und Rederechts angemessen abzustecken ist.

(1) Grundsatz

Ausgangspunkt muss auch hier der Normalfall einer Hauptversammlung sein, so dass davon auszugehen ist, dass selbst eine Strukturhauptversammlung in der Regel an lediglich einem Versammlungstag abgehalten werden kann und jedenfalls ein Leitbild der eintägigen Hauptversammlung besteht.[630] Denn die in den letzten Jahren erkennbare Tendenz hin zu einer zweitägigen Einberufung solcher Hauptversammlungen steht mit dem nunmehr präzisierten Grundsatz der Hauptversammlungseffizienz nicht mehr in Einklang.[631] Letztlich stehen sich bei der Beurteilung der Angemessenheit auch hier die Interessen der Aktionäre und die der Aktiengesellschaft gegenüber[632].

Bei der Beurteilung muss zunächst Anerkennung finden, dass bei einer in die Struktur der Aktiengesellschaft eingreifenden Maßnahme legitimerweise ein erhöhtes Informationsinteresse hinsichtlich dieser Maßnahmen und ihren Auswirkungen von Seiten der Aktionäre besteht. Die Anlageinteressen des Aktionärs stehen insofern regelmäßig im Vordergrund. Als Verbandsmitglied mit kapitalanlegerorientierten Zügen[633] hat der einzelne (Minderheits-)Aktionär einer börsennotierten Aktiengesellschaft ein besonderes Interesse daran, seine Investitionsentscheidung vor dem Hintergrund der Strukturmaßnahme besonders zu hinterfragen, um die Auswirkungen auf seine Kapitalanlage abschätzen zu können und eine sachgerechte Entscheidungsgrundlage zu finden. Die Mitverwaltungsinteressen dagegen sind auch hier, wegen des besonderen Wesens des Anteilseigentums und der damit einhergehenden Mediatisierung von geringem Gewicht.

Den Aktionärsinteressen stehen die durch Art. 2 Abs. 1, 14 Abs. 1 S. 1 GG i. V. m. 19 Abs. 3 GG geschützten Rechte der Aktiengesellschaft auf eine freie Entfaltung im Wirtschaftsleben, sowie das Recht am eingerichteten und ausgeübten Gewerbebetrieb und das aus diesen beiden Elementen folgende Interesse der Aktiengesellschaft an einer funktionsfähigen Teilnahme am Wirtschaftsleben entgegen. Vor diesem Hintergrund ist bei der Auslegung der Angemessenheit und der zu treffenden Interessenabwägung zu berücksichtigen, dass eine Überschreitung der höchstzumutbaren Dauer einer Hauptversammlung von zehn bis zwölf Stunden, als regelmäßige Obergrenze für die Gesamtversammlungsdauer, die Anfechtbarkeit gemäß § 243 Abs. 1 AktG begründen kann.[634] Es besteht, wegen der mit den möglichen Beschlussmängelklagen verbundenen wirtschaftlichen Komplikationen, einer möglichen Hinauszögerung der angestrebten Maßnahme und der während der möglichen (faktischen) Registersperre beeinträchtigten Funktionsunfähigkeit der Aktiengesellschaften, ein nicht unerhebliches Interesse der Aktiengesellschaft an der Vermeidung solcher Konstellationen.

---

629 Besondere, über die Tagesordnung einer „normalen" Hauptversammlung hinausreichende, Maßnahmen wären bspw. solche der Verschmelzung, des Abschlusses eines Unternehmensvertrages, eines Squeeze-Out oder auch die Holzmüller-Maßnahmen.

630 Zutreffend *Hüffer*, AktG, 8. Aufl. 2008, § 131 Rn. 22a; *Bungert*, in: VGR 2004, 2005, S. 59 (85).

631 Zu zweitägigen Hauptversammlung und den mit diesen einhergehenden teilweise erheblichen Belastungen für die Unternehmen vgl. Seite 73 sowie Fn. 321, 322 und 323.

632 Zu den verschiedenen Richtungen der Aktionärsinteressen vgl. *Ebenroth/Koos*, BB 1995, Beilage 8, S. 1 (9 ff.) m. w. N.

633 Zu dieser Einordnung vgl. Seite 55 ff.

634 *Kubis*, in: MüKo AktG, 2. Aufl. 2004, § 121 Rn. 35 m. w. N.; a. A. *Max*, AG 1991, S. 77 (90).

Bei Strukturhauptversammlungen ist die Angemessenheit der Straffung der Hauptversammlung ohne Verstoß gegen den Verhältnismäßigkeitsgrundsatz daher anzunehmen, wenn Ziel der Beschränkung ist, die Hauptversammlung innerhalb von zehn bis zwölf Stunden zu Ende zu bringen. Dass eine längere Dauer den übrigen Aktionären nicht zumutbar ist, zeigt die mögliche Sanktion einer Beschlussmängelklage, weshalb auch die Interessen der übrigen Aktionäre in diesem Bereich der zeitlichen Länge einer Hauptversammlung nicht mehr entscheidendes Gewicht haben. Das Interesse der Aktiengesellschaft an ordnungsgemäßen und umsetzbaren Beschlüssen der Hauptversammlung macht es schließlich möglich, zumal die Hauptversammlung grundsätzlich bis Mitternacht zu beenden ist, eine Beendigung noch vor Mitternacht mit Hilfe einer Frage- und Redezeitbeschränkung durchzusetzen, soweit die Einberufung der Hauptversammlung nur auf einen Tag erfolgte.[635] Es zeigt sich, dass eine Einberufung der Strukturhauptversammlung auf zwei Versammlungstage nach Einführung des § 131 Abs. 2 S. 2 AktG nicht mehr notwendig ist, ja sogar regelmäßig mit dem Grundsatz der Hauptversammlungseffizienz konfiligieren würde.[636] Im Ergebnis scheiden zweitägige Hauptversammlung nach der Einführung des § 131 Abs. 2 S. 2 AktG in der Regel aus, da jedenfalls bis Mitternacht eine Beendigung mit Hilfe des § 131 Abs. 2 S. 2 AktG angestrebt werden kann.

(2) Ausnahme

Anderes kann sich unter dem Gesichtspunkt der Verhältnismäßigkeit ergeben, wenn eine Vielzahl von unterschiedlichen Strukturmaßnahmen kumulativ in der gleichen Hauptversammlung zusammentreffen und zu erörtern sind.[637] Es kann dann notwendig sein, dass eine Einberufung auf zwei Tage erfolgt, um die Angemessenheit einer Frage- und Rederechtsbeschränkung zu wahren.[638] Denn das Gewicht der Interessen der Aktionäre erhöht sich entsprechend der Anzahl der angestrebten strukturellen Maßnahmen. Die Hauptversammlung muss aber, um zu einer solchen Forderung zu gelangen, mit unterschiedlichen Strukturmaßnahmen faktisch derart überfrachtet sein, dass es den Aktionären unzumutbar wird, sich an einem Versammlungstag mit einer Vielzahl an Maßnahmen auseinander zu setzen. Die Grenze für eine solche Unzumutbarkeit ist erst dort zu ziehen, wo die Verwaltung gezielt so viele unterschiedliche Strukturmaßnahmen zur Entscheidung stellt, dass diese innerhalb einer Hauptversammlung sinnvollerweise gar nicht mehr sachgemäß behandelt werden können und das Auskunftsrecht dadurch bei einer Begrenzung entsprechend verwässert wird. In solchen Ausnahmefällen überwiegen die Anlage- und Mitverwaltungsinteressen der Aktionäre die Interessen der Aktiengesellschaft. Diese Ausführungen dürfen aber nicht darüber hinwegtäuschen, dass schon die gezielte Überfrachtung der Hauptversammlung zur Ausschaltung von Aktionärsrechten in der Praxis kaum je praktiziert werden wird. Zudem widerspricht eine zweitägige Hauptversammlung im Grundsatz dem so betonten Gebot der Hauptversammlungseffizienz und muss daher zukünftig die absolute Ausnahme bleiben, die nur in krassen Ausnahmefällen zu fordern ist. Sollte dennoch einmal eine zweitägige Hauptversammlung einberufen werden (müssen), verbleibt es schließlich bei dem Gebot der Hauptversammlungseffizienz für beide Tage, so dass pro Versammlungstag eine Frage- und Redezeitbeschränkung ausgerichtet an einer Versammlungsdauer von zehn bis zwölf Stunden, in der Regel nicht bis nach Mitter-

---

635 In diesem Sinne auch *Bungert*, in: VGR 2004, 2005, S. 59 (85).

636 Zutreffend *Weißhaupt*, ZIP 2005, S. 1766 (1768), der eine mehrtägige Einberufung in jedem Fall ablehnt, ohne jedoch den sogleich zu erörternden Ausnahmefall zu berücksichtigen.

637 *Bungert*, in: VGR 2004, 2005, S. 59 (85).

638 A. A. *Weißhaupt*, ZIP 2005, S. 1766 (1768).

nacht des letzten Tages, aus denselben Gründen wie bei der eintägigen Strukturhauptversammlung angemessen ist.

cc. Zwischenergebnis

Im Ergebnis bedeutet das, dass für eine normale Hauptversammlung ohne grundlegende Strukturentscheidungen grundsätzlich eine Hauptversammlungsdauer von vier bis sechs Stunden und die Setzung eines zeitlichen Rahmens für den ganzen Hauptversammlungsverlauf von Ausnahmehauptversammlungen von zehn bis zwölf Stunden angemessen ist. Diese Zeitfenster können mit der Anordnung entsprechender Frage- und Redezeitbegrenzungen grundsätzlich angepeilt, jedenfalls aber stets das Ziel einer Beendigung bis Mitternacht verfolgt werden. Eine Einberufung der Hauptversammlung bei Strukturhauptversammlungen auf zwei Versammlungstage ist künftig, falls nicht eine zielgerichtete Kumulierung von Strukturmaßnahmen erfolgt, nicht mehr notwendig. In beiden Hauptversammlungsvarianten ist für die Wahrung der Verhältnismäßigkeit zu fordern, dass der auf Unterbrechungen, Vorstandsreden und Einführungen des Versammlungsleiters zurückgehende „Zeitverlust“ vom Versammlungsleiter bei seiner Ermessensentscheidung berücksichtigt wird, ohne dass ein striktes Herausrechnen diesbezüglich zu fordern wäre, so dass den Aktionären entsprechend Raum für die Wahrnehmung ihrer Aktionärsrechte verbleibt.

d. Der angemessene zeitliche Rahmen für den einzelnen Tagesordnungspunkt

Die von § 131 Abs. 2 S. 2 AktG eröffnete Möglichkeit, bei einer entsprechenden Ermächtigung dem gesamten Hauptversammlungsverlauf ein zeitliches Leitbild zugrunde zu legen und diesen durch Beschränkungen der Frage- und Redezeit anzupeilen, wird dadurch ergänzt, dass der Versammlungsleiter eine Begrenzung auch für einzelne Tagesordnungspunkte durch Setzung einer zeitlichen Rahmens vorsehen kann.[639] Denkbar ist, dass diese Option alternativ, aber auch kumulativ zu einem zeitlichen Rahmen für den ganzen Hauptversammlungsverlauf wahrgenommen wird.

Entscheidende Bedeutung kommt in diesem Zusammenhang der vom Versammlungsleiter vorgesehenen Art der Debatte zu. In der Kompetenz des Versammlungsleiters liegt es nämlich, die Anordnung einer Einzeldebatte, d. h. die jeweilige Diskussion des einzelnen Tagesordnungspunktes mit anschließender Abstimmung vor Behandlung des nächsten Tagesordnungspunktes, die Aufteilung der Hauptversammlung in mehrere Diskussions- und Abstimmungsblöcke, oder eine Generaldebatte, d. h. die Zusammenfassung der Diskussion zu allen Tagesordnungspunkten und anschließende Abstimmung über alle Tagesordnungspunkte, vorzusehen.[640]

aa. Einzeldebatte bzw. Diskussionsblöcke

Soweit eine Einzeldebatte oder eine Debatte unter Einteilung in Diskussionsblöcke stattfindet, ist ein sachgerechter Verteilungsschlüssel für den jeweiligen zeitlichen Rahmen und das Zeitbudget vorzusehen. Orientieren muss sich dieses Zeitbudget an der nach dem Diskussionsaufwand zu bestimmenden Wertigkeit des jeweiligen Tagesordnungspunkts bzw. -ausschnitts.

---

[639] Begr. RegE UMAG, BT-Drucks. 15 /5092, S. 17.

[640] *Butzke*, HV AG, 4. Aufl. 2001, D 30; *Hüffer*, AktG, 8. Aufl. 2008, § 129 Rn. 19; *Max*, AG 1991, S. 77 (86); *Kubis*, in: MüKo AktG, 2. Aufl. 2004, § 119 Rn. 129 m. w. N.

Die Beurteilung hängt entscheidend vom jeweiligen Einzelfall ab, so dass verallgemeinerungsfähige Aussagen nicht getroffen werden können. Eine Orientierung an den bislang bereits für redezeitbeschränkende Maßnahmen angelegte Maßstäben ist indes denkbar und vorzugswürdig.[641] Kommt es zu einer fehlerhaften, weil unsachgemäßen Gewichtung und wird darauf basierend eine Frage- und Redezeitbeschränkung für den einzelnen Tagesordnungspunkt bzw. einen einzelnen Diskussionsblock angeordnet, ist diese nicht angemessen i. S. v. § 131 Abs. 2 S. 2 AktG.[642]

bb. Generaldebatte

Ganz anders verhält es sich bei der Anordnung einer Generaldebatte. Hier ist es faktisch unmöglich einen konkreten zeitlichen Rahmen für den jeweiligen Tagesordnungspunkt festzulegen und mittels einer Frage- und Rederechtsbeschränkung durchzusetzen. Denn einerseits reicht es aus, wenn die Frage beurteilungsrelevant nur in Bezug auf einen (beliebigen) Tagesordnungspunkt der Hauptversammlung ist,[643] andererseits ist für eine Zuordnung des Rede- und Fragebeitrages zu einem konkreten Tagesordnungspunkt der Aktionär darlegungspflichtig, wenn Zweifel bestehen oder der Versammlungsleiter den Aktionär zu einer entsprechenden Zuordnung auffordert.[644] Würde der Versammlungsleiter aber jedesmal nachfragen, und würde er jeden Aktionär mehrfach dazu auffordern den jeweiligen Beitrag oder die jeweilige Frage immer wieder einem konkreten Tagesordnungspunkt zuzuordnen, wäre ein erheblicher, nicht gewollter zeitlicher und organisatorischer Aufwand die Folge. Dem Versammlungsleiter verbleibt in Fällen der Generaldebatte praktisch nur die Möglichkeit, die Hauptversammlung mit Hilfe einer Frage- und Rederechtsbeschränkung zur Realisierung eines zeitlichen Rahmens für den ganzen Hauptversammlungsverlauf oder, und darauf ist sodann im Folgenden einzugehen, eines angemessenen zeitlichen Rahmens für den einzelnen Redner bzw. Fragesteller in zeitlicher Hinsicht zu strukturieren. Da in der Hauptversammlungspraxis in aller Regel eine Generaldebatte geführt wird, wird die Bedeutung der Frage- und Redezeitbeschränkung für einzelne Tagesordnungspunkte *in praxi* allenfalls eine sehr untergeordnete Rolle spielen.

e. Der angemessene zeitliche Rahmen für den einzelnen Redner bzw. Fragesteller

Schließlich soll, bei vorgesehener Ermächtigung gemäß § 131 Abs. 2 S. 2 AktG, nach der Gesetzesbegründung die kumulative oder alternative Möglichkeit der Setzung eines zeitlichen Rahmens für den einzelnen Redner bzw. Fragesteller bestehen.[645] Es stellt sich für diesen Regelungsbereich die Frage, wie dieser zeitliche Rahmen für einen einzelnen Aktionär bei der Ausübung seines zusammengefassten Frage- und Rederechts ausgestaltet werden kann. Hinzuweisen ist vorab noch darauf, dass dem Versammlungsleiter die bisher schon bestehenden Möglichkeiten der Anordnung von individuellen Ordnungsmaßnahmen gegen einzelne an der

---

641 *Kubis*, in: MüKo AktG, 2. Aufl. 2004, § 119 Rn. 152.
642 Vgl. *Kubis*, in: MüKo AktG, 2. Aufl. 2004, § 119 Rn. 129 und 152.
643 BayObLG, Beschl. v. 21.3.2001 - AG 2001, S. 424 (425); OLG München, Urt. v. 4.7.2001 - AG 2002, S. 294 (295); *Decher*, in: GroßK AktG, 4. Aufl. 2001, § 131 Rn. 156.
644 *Kubis*, in: MüKo AktG, 2. Aufl. 2004, § 131 Rn. 37 m. w. N.
645 Begr. RegE UMAG, BT-Drucks. 15 /5092, S. 17.

Hauptversammlung teilnehmende Aktionäre in Zusammenhang mit deren Wahrnehmung des jeweiligen Auskunftsrechts oder Rederechts auch weiterhin unbenommen bleiben.[646]

Wird auf der Grundlage einer Ermächtigung gemäß § 131 Abs. 2 S. 2 AktG ein zeitlicher Rahmen durch die Anordnung einer Frage- und Redezeitbeschränkung, bezogen auf den einzelnen Aktionär, festgesetzt, steht bei der Frage nach der Angemessenheit der ergriffenen Maßnahme im Vordergrund, dass sie nicht mit einer Ungleichbehandlung und damit einem Verstoß gegen § 53a AktG[647] verbunden ist, und schließlich, vor allem auch mit Blick auf Art. 14 GG, ein verhältnismäßiger Ansatzpunkt gewählt werden.[648]

aa. Das Gleichbehandlungsgebot des § 53a AktG bei der Frage- und Redezeitbegrenzung für den einzelnen Aktionär

Die Festsetzung eines zeitlichen Rahmens für den einzelnen Aktionär ist stets am Gebot der Gleichbehandlung gemäß § 53a AktG zu messen.[649] Das Gleichbehandlungsgebot tritt nicht neben die Mitverwaltungs- und Vermögensrechte, sondern ist Teil der Mitgliedschaft selbst und gibt lediglich den Maßstab vor, der bei der Gestaltung aller das Gesellschaftsverhältnis betreffenden Beziehungen der Aktiengesellschaft zu ihren Aktionären von dieser zu berücksichtigen ist.[650] Als Bestandteil der Mitgliedschaft schützt es deren Bestand und Inhalt, vor allem – aber nicht nur – zugunsten der Minderheit, vor einer ungleichen Behandlung durch die Entscheidungsträger des Verbandes.[651] Negativ formuliert statuiert es ein Verbot der willkürlichen Ungleichbehandlung.[652] Es verwehrt der Aktiengesellschaft, Aktionäre ohne hinreichende sachliche Rechtfertigung unterschiedlich zu behandeln.

Um eine starre, gleichförmige und unflexible Gleichstellung mit der Folge der Uniformität der Rechtstellung der Aktionäre zu vermeiden, wird jedoch die Möglichkeit anerkannt, eine Ungleichbehandlung bei einer von sachlichen Gründen getragenen Unterscheidung zu rechtfertigen. Aufgrund dieser Öffnung des Gleichbehandlungsgrundsatzes für den Fall einer sachlichen Differenzierung ohne Willkürcharakter, – dies war schon bei den bisher geltenden Rechtsgrundsätzen anerkannt –, wird gewährleistet, dass das Gleichbehandlungsgebot nicht jeder Differenzierung unter den Aktionären entgegensteht und den jeweiligen Eigenheiten mit einer Art „*Gebot der verhältnismäßigen Gleichbehandlung*“[653] Rechnung getragen werden

---

[646] Zu diesen Möglichkeiten allgemein vgl. *Mülbert*, in: GroßK AktG, 4. Aufl. 1999, Vor §§ 118-147 Rn. 157 ff. und insbesondere zur Beschränkung der Redezeit im Einzelfall Rn. 158, hinsichtlich des Entzugs des Fragerechts Rn. 160 je m. w. N.; zum Anwendungsbereich des § 131 Abs. 2 S. 2 AktG vgl. Seite 113 ff.

[647] Zum Gleichbehandlungsgrundsatz vgl. ausführlich *Bungeroth*, in: MüKo AktG, 3. Aufl. 2008, § 53a Rn. 1 ff. m. w. N.; sowie *Hueck*, S. 202.

[648] Vgl. *Weißhaupt*, WM 2004, S. 705 (707).

[649] § 53a AktG wurde durch das Gesetz zur Durchführung der Zweiten Richtlinie des Rates der Europäischen Gemeinschaften zur Koordinierung des Gesellschaftsrechts v. 13.12.1978 in das Aktiengesetz eingefügt, vgl. BGBl. I , S. 1959 (1960), war aber schon vor Einführung des § 53a AktG anerkannt, vgl. RG, Urt. v. 19.3.1926 - RGZ 113, S. 152 (156); RG, Urt. v. 16.9.1927 - RGZ 118, S. 67 (70); RG, Urt. v. 17.2.1928 - RGZ 120, S. 177 (180); BVerfG, 7.8.1962 - BVerfGE 14, S. 263 (285); BGH, Urt. v. 9.11.1992 - BGHZ 120, S. 141 (150), weshalb dem § 53a AktG lediglich klarstellender Charakter beigemessen werden kann, vgl. *Wiesner*, in: MünchHdB GesR; Bd. 4, 2. Aufl. 1999, § 17 Rn. 11 m. w. N.

[650] H. M. *Henze/Notz*, in: GroßK AktG, 4. Aufl. 2004, § 53a Rn. 21; *Bungeroth*, in: MüKo AktG, 3. Aufl. 2008, § 53a Rn. 4; *Henn*, AG 1985, S. 240 (242 f.).

[651] *Hüffer*, AktG, 8. Aufl. 2008, § 53a Rn. 4; *Lutter/Zöllner*, in: KölnKomm, 2. Aufl. 1988, § 53a Rn. 7.

[652] BGH, Urt. v. 9.11.1992 - BGHZ 120, S. 141 (149 f.); *Henze/Notz*, in: GroßK AktG, 4. Aufl. 2004, § 53a Rn. 27; *Lutter/Zöllner*, in: KölnKomm, 2. Aufl. 1988, § 53a Rn. 6, 13 je m. w. N.

[653] *Henze/Notz*, in: GroßK AktG, 4. Aufl. 2004, § 53a Rn. 27.

kann.[654] Ohne diese Flexibilität wäre es nicht möglich, die Organisations- und Kapitalstruktur der Aktiengesellschaft an die jeweils unterschiedlichen unternehmenspolitischen Ziele der Unternehmensleitung sowie die wirtschaftlichen Interessen der Aktionäre anzupassen und die Wettbewerbs- und Funktionsfähigkeit der Aktiengesellschaft zu bewahren.[655] „Bewegungsfreiheit" für Differenzierungen innerhalb des Gleichbehandlungsgebotes gemäß § 53a AktG besteht mithin dann, wenn die vorgenommenen Differenzierungen dem wohlverstandenen Gesellschaftsinteresse Rechnung tragen sollen und alle berührten Belange bei der Abwägungsentscheidung sachgerecht mit einbezogen werden.

Im Zusammenhang mit dem Frage- und Rederecht hat der Aktionär letztlich einen Anspruch gegen die Aktiengesellschaft[656], bei Zugrundelegung des entscheidenden Gleichbehandlungsmaßstabes, nicht ohne sachlichen Grund anders behandelt zu werden als seine Mitgesellschafter. Anderenfalls liegt ein Verstoß gegen § 53a AktG vor.

Soll bei einer Begrenzung des Frage- und Rederechts in Bezug auf den zeitlichen Rahmen für den einzelnen Aktionär vom sogleich zu ermittelnden Gleichbehandlungsmaßstab abgewichen werden, ist dies nur bei Achtung des Gleichbehandlungsgrundsatzes gemäß § 53a AktG unter Orientierung an sachdienlichen und verfahrensökonomischen Gesichtspunkten möglich und der Versammlungsleiter zur Unparteilichkeit verpflichtet.[657] Hieraus folgt, dass eine „Vorab-Verurteilung" anhand früheren Verhaltens des Aktionärs oder eines immer wiederkehrenden Musters bei seinen Auftritten auf Hauptversammlungen, wegen der damit verbundenen subjektiven Anknüpfungsmomente bei der Entscheidungsfindung zur Setzung eines zeitlichen Rahmens für den einzelnen Aktionär und des damit fehlenden sachlichen Grundes für eine Ungleichbehandlung grundsätzlich nicht erfolgen darf.[658] Vielmehr muss eine Differenzierung und die damit verbundene Abweichung vom Gleichbehandlungsmaßstab als objektive Ungleichbehandlung auf neutralen, objektiv überprüfbaren, nachvollziehbaren und nicht willkürlich gesetzten Kriterien aufsetzen, die ohne subjektive Bewertung Grundlage der Entscheidung für die Anordnung einer Frage- und Rederechtsbegrenzung für den einzelnen Aktionär sind, so dass die Aktionäre insgesamt unter gleichen Voraussetzungen gleich behandelt werden und sich die Differenzierung nicht als Sanktion für den jeweils betroffenen Aktionär darstellt.[659]

(1) Gleichbehandlungsmaßstab

Bei der nunmehr notwendigen Bestimmung des Gleichbehandlungsmaßstabs, anhand dessen eine Ungleichbehandlung festzustellen ist, ist zwischen den sog. Hauptrechten und den sog.

---

[654] BGH, Urt. v. 6.10.1960 - BGHZ 33, S. 175 (186); BGH, Urt. v. 9.11.1992 - BGHZ 120, S. 141 (150); *Hueck*, S. 173 ff.; *Raiser/Veil*, Kapitalgesellschaften, 4. Aufl. 2006, § 12 Rn. 54 ff.; *Bungeroth*, in: MüKo AktG, 3. Aufl. 2008, § 53a Rn. 14 ff.; *Henze/Notz*, in: GroßK AktG, 4. Aufl. 2004, § 53a Rn. 28.

[655] *Lutter/Zöllner*, in: KölnKomm, 2. Aufl. 1988, § 53a Rn. 13; *Henze/Notz*, in: GroßK AktG, 4. Aufl. 2004, § 53a Rn. 69.

[656] Die Gleichbehandlungspflicht wird nach h. M. nur von der Aktiengesellschaft und nicht etwa von den Mitaktionären geschuldet, vgl. OLG Düsseldorf, Beschl. v. 8.6.1973 - AG 1973, S. 282 (284); *Hüffer*, AktG, 8. Aufl. 2008, § 53a Rn. 4 m. w. N.

[657] *Semler*, in: Semler/Volhard, ArbHdb HV, 2. Aufl. 2003, § 13 Rn. 10.

[658] Zu einer möglichen Ausnahme für den Fall, dass sich ein „bekannter" Aktionär erneut zu Wort meldet oder sich erst zu Wort meldet, als er sich hatte äußern können vgl. Semler, in: Semler/Volhard, ArbHdb HV, 2. Aufl. 2003, § 13 Rn. 10 bei Fn. 15.

[659] BGH, Urt. v. 6.10.1960 - BGHZ 33, S. 175 (186); BGH, Urt. v. 9.11.1992 - BGHZ 120, S. 141 (150); *Bungeroth*, in: MüKo AktG, 3. Aufl. 2008, § 53a Rn. 14 f.; *Hueck*, S. 173 ff., 339 f.; *Lutter/Zöllner*, in: KölnKomm, 2. Aufl. 1988, § 53a Rn. 13.

Hilfsrechten des Aktionärs zu unterscheiden. Richtigerweise gilt, wegen der Konzipierung der Aktiengesellschaft als kapitalistisch strukturiertem Verband, grundsätzlich die Höhe der Kapitalbeteiligung als Gleichbehandlungsmaßstab. Vor allem für die, in ihrem Umfang zahlenmäßig abstufbaren, Hauptrechte, so beispielsweise für das Stimmrecht gemäß § 12 Abs. 1 S. 1, 134 AktG,[660] ist die Kapitalbeteiligung des Aktionärs am Grundkapital der Aktiengesellschaft der richtige Anknüpfungspunkt für deren Zuteilung und aus diesem Grund zugleich für den Gleichbehandlungsmaßstab.[661]

Anderes gilt für die Ausübung des Auskunftsrechts. Für dieses wird vom Gesetz, wie für alle Hilfsrechte,[662] bezüglich des Gleichbehandlungsmaßstabs nicht auf das Kapitalprinzip zurückgegriffen.[663] Vielmehr gilt hier das Kopfprinzip.[664] Dies folgt unmittelbar aus dem Wesen des Auskunftsrechts als Ergänzung der Hauptrechte und der Tatsache, dass sie sich nicht nach ihrem Umfang abstufen lassen. Sowohl das Rederecht, als auch das Auskunftsrecht gemäß § 131 Abs. 1 S. 1 AktG besteht unabhängig von der die Risikobereitschaft des Aktionärs widerspiegelnden Kapitalbeteiligungshöhe. Selbst dann, wenn der Aktionär nur mit einer Aktie investiert ist, kann er in den Grenzen des Gesetzes und der Satzung das Frage- und Rederecht ausüben.[665]

Eine andere Ansicht hierzu vertritt *Kraft*, der in Ausnahmefällen aus dem Charakter als Hilfsrecht zur sachgemäßen Durchsetzung der Hauptrechte, die mit diesen Hauptrechten verbundenen Interessen der Aktionäre dadurch berücksichtigen möchte, dass die Kapitalbeteiligung den Gleichbehandlungsmaßstab bilden solle.[666]

Dieser Ansicht steht die überwiegende Literatur zu Recht ablehnend gegenüber.[667] Denn innerhalb des geänderten Maßstabes beansprucht das Gleichbehandlungsgebot weiterhin Geltung. In der Konsequenz würde dies bei § 131 Abs. 2 S. 2 AktG bedeuten, dass einem Aktionär mit der zehnfachen Beteiligungsquote ein zehnfach längeres Frage- und Rederecht zuge-

---

660 Gleiches gilt für den Gewinnanspruch eines Aktionärs gemäß § 58 Abs. 4, 60 Abs. 1 AktG, ebenso für das Bezugsrecht bei der Kapitalerhöhung gemäß § 212 S. 1 AktG, die Beteiligung am Liquidationserlös gemäß § 271 AktG und das Bezugsrecht bzgl. neuer Aktien gemäß § 186 AktG.

661 BGH, Urt. v. 19.12.1977 - BGHZ 70, S. 117 (121); *Bungeroth*, in: MüKo AktG, 3. Aufl. 2008, § 53a Rn. 11 f.; *Henze/Notz*, in: GroßK AktG, 4. Aufl. 2004, § 53a Rn. 50; *Lutter/Zöllner*, in: KölnKomm, 2. Aufl. 1988, § 53a Rn. 22 je m. w. N.; *Zätsch/Maul*, in: HdB AG, 2004, § 4 RN. 268.

662 So für das aus § 118 Abs. 1 AktG abgeleitete Teilnahmerecht an der Hauptversammlung einerseits und das Rederecht andererseits, das Anfechtungsrecht gemäß § 243 Abs. 1, 245 AktG sowie das Recht, Nichtigkeitsklage gemäß § 249 AktG zu erheben.

663 *Raiser/Veil*, Kapitalgesellschaften, 4. Aufl. 2006, § 12 Rn. 55; *Zätsch/Maul*, in: HdB AG, 2004, § 4 RN. 267; *Hüffer*, AktG, 8. Aufl. 2008, § 53a Rn. 7 je m. w. N.

664 OLG Stuttgart, Urt. v. 21.12.1993 - AG 1994, S. 411 (414 f.); *Bungeroth*, in: MüKo AktG, 3. Aufl. 2008, § 53a Rn. 13; *Henze/Notz*, in: GroßK AktG, 4. Aufl. 2004, § 53a Rn. 52; *Hüffer*, AktG, 8. Aufl. 2008, § 53a Rn. 7; *Lutter/Zöllner*, in: KölnKomm, 2. Aufl. 1988, § 53a Rn. 23; *Raiser/Veil*, Kapitalgesellschaften, 4. Aufl. 2006, § 12 Rn. 55; *Zätsch/Maul*, in: HdB AG, 2004, § 4 RN. 268.

665 Vgl. Nachweise in Fn. 373; auch *Henze/Notz*, in: GroßK AktG, 4. Aufl. 2004, § 53a Rn. 52.

666 Gerade bei der Wahrnehmung des Rederechts sei dies denkbar, so *Kraft*, in: KölnKomm, 1. Aufl. 1985, § 11 Rn. 11 und Anh. § 11 Rn. 26 der dies aber selbst in der 2. Auflage in dieser Deutlichkeit nicht mehr schreibt, vgl. *Kraft*, in: KölnKomm, 2. Aufl. 1986, § 11 Rn. 12 a. E.

667 Statt aller *Lutter/Zöllner*, in: KölnKomm, 2. Aufl. 1988, § 53a Rn. 23; *Martens*, WM 1981, S. 1010 (1017); *Reinicke*, S. 53; *Semler*, in: Münch HdB GesR; Bd. 4, 3. Aufl. 2007, § 36 Rn. 42; *Zöllner*, in: KölnKomm, 1985, § 119 Rn. 91; *Mülbert*, in: GroßK AktG, 4. Aufl. 1999, Vor §§ 118-147 Rn. 141 und Rn. 153 m. w. N. wenngleich ungenau, da die Verweise auf die a. A. diesen eine Übertragung des Kapitalprinzips als Gleichbehandlungsmaßstab unterstellt, obwohl allesamt eine Abweichung von dem Kopfprinzip ablehnen und die nur auf der Ebene der Verhältnismäßigkeitsprüfung, im Rahmen der sachlichen Rechtfertigung eine Einbeziehung der Beteiligungshöhe erwägen.

standen werden müsste. Nicht selten besteht vor allem in börsennotierten Aktiengesellschaften indes eine beträchtliche Abweichung der unterschiedlichen Aktionärsbeteiligungen in ihrer tatsächlichen Höhe, so dass ein Unterschied von mehr als 10.000 Aktien zwischen zwei Aktionären keineswegs unüblich ist. Die notwendige Verhältnisbildung unter Beachtung des Gleichbehandlungsgebotes würde in solchen Konstellationen zu einer mit Art. 14 Abs. 1 S. 1 GG nicht vereinbaren Atomisierung der Frage- und Redezeiten der Kleinstbeteiligten münden. Zutreffend hält die h. M. daher am Kopfprinzip fest und favorisierte schon für die damals allein denkbare Redezeitbeschränkung den Gedanken einer Verlagerung der Problematik der Berücksichtigung der Beteiligungshöhe auf die Ebene der sachlichen Rechtfertigung einer Ungleichbehandlung und die insoweit zwingende Verhältnismäßigkeitsprüfung. Die mit der strikten Umsetzung der Ansicht *Krafts*` verbundene starre Gleichbehandlung nach der Kapitalbeteiligung, die wie gezeigt in der Praxis mit unüberwindlichen Problemen behaftet wäre, kann auf diese Weise zugunsten des flexiblen Einsatzes der Ordnungsmaßnahme vermieden und gleichzeitig der Tatsache Rechnung getragen werden, dass auch eine stets gleiche, weil nach Köpfen zu bemessende, Redezeit für den Ein-Aktie-Aktionär wie für den Aktionär mit einer Millionenbeteiligung nicht unbedenklich wäre.[668] Diese systematischen Gründe werden es wohl auch gewesen sein, weshalb der Gesetzgeber mit gutem Grund eine von der Orientierung am Kopfprinzip ausdrücklich abweichende Regelung hinsichtlich des Gleichbehandlungsmaßstabes im Rahmen des UMAG bei der Einführung des § 131 Abs. 2 S. 2 AktG weder explizit getroffen noch in der Gesetzesbegründung angesprochen hat.

Gleichbehandlungsmaßstab bleibt für das zusammengefasste Frage- und Rederecht i. S. v. § 131 Abs. 2 S. 2 AktG deshalb das Kopfprinzip.

(2) Satzungsautonomie zu Gunsten eines privatautonom gesetzten Gleichbehandlungsmaßstabs für das Frage- und Rederecht?

Eine privatautonome Modifikation des anzuwendenden Maßstabes abweichend von § 53a AktG, ist nur dann möglich, wenn das Gesetz diese Möglichkeit ausdrücklich eröffnet, vgl. § 23 Abs. 5 S. 1 AktG.[669] Damit wird zwar nicht das Gleichbehandlungsgebot, wohl aber der Gleichbehandlungsmaßstab dem Vorrang der Privatautonomie unterstellt.[670] Innerhalb des gewählten Gleichbehandlungsmaßstabes behält der Gleichbehandlungsgrundsatz als Ausdruck eines formalen Prinzips stets seinen Geltungsanspruch. Gleiches gilt, wenn der abweichende Maßstab nicht bereits durch die Gründer, sondern erst nachträglich durch eine Satzungsänderung eingeführt wird.[671] Es ist aber zu betonen, dass die Möglichkeit für einen privatautonomen Maßstab bislang nur die Hauptrechte eines Aktionärs erfasst.

Es stellt sich daher die Frage, ob § 131 Abs. 2 S. 2 AktG auch eine Ermächtigung des Gesetzgebers enthält, eine statutarische Modifikation per Satzung zuzulassen und einen privatautonomen Maßstab bei der Begrenzung des Frage- und Rederechts i. S. v. § 23 Abs. 5 S. 1 AktG zu ermöglichen. Eine so verstandene Satzungsdispositivität überzeigt jedoch nicht. Denn die Formulierung des § 131 Abs. 2 S. 2 AktG „[...], *und Näheres dazu bestimmen*" bezieht sich lediglich auf den vorhergehenden Halbsatz. Sie soll eine Konkretisierung der Angemes-

668 *Zöllner*, in: KölnKomm, 1985, § 119 Rn. 91; *Henn*, Handbuch des Aktienrechts, 7. Aufl. 2002, Rn. 805 m. w. N.

669 Vgl. bspw. §§ 11 S. 1, 12 Abs. 1 S. 2, 60 Abs. 3 oder 134 Abs. 1 S. 2 jeweils i. V. m. § 23 Abs. 5 S. 1 AktG.

670 *Hüffer*, AktG, 8. Aufl. 2008, § 53a Rn. 5 m. w. N.; *Kraft*, in: KölnKomm, 1. Aufl. 1985, § 11 Rn. 6.

671 *Hüffer*, AktG, 8. Aufl. 2008, § 53a Rn. 5 m. w. N.; *Lutter/Zöllner*, in: KölnKomm, 2. Aufl. 1988, § 53a Rn. 28.

senheit in der Satzung ermöglichen, um eine konkretisierende Rahmenreglung für die Ausübung des Versammlungsleiterermessens zuzulassen. Darin eine Ermächtigung zur Einführung des Kapitalprinzips durch die Satzung zu erblicken widerspräche dem vom Gesetzgeber beibehaltenem Charakter des Rede- wie des Auskunftsrechts als jedem Aktionär, in Unabhängigkeit von seiner Kapitalbeteiligung, zustehendem und in seinem Bestand von Art. 14 Abs. 1 S. 1 GG verfassungsrechtlich abgesicherten Aktionärsrecht. Überdies wäre mit der Einführung des Kapitalprinzips als Maßstab auch nichts gewonnen. Führt dies doch in seiner konsequenten Anwendung zu Problemen für die Praxis[672], die wiederum nur durch eine Differenzierung unter Zuhilfenahme von Stufenwerten für die Zuteilung von Zeitkontingenten gelöst werden könnten. Eine privatautonome Entscheidung zu Gunsten des Kapitalprinzips durch die Satzung mit Hilfe des § 131 Abs. 2 S. 2 AktG zuzulassen ist abzulehnen.

bb. Möglichkeit der Differenzierung nach der Beteiligungshöhe des Aktionärs

Das bisher Gesagte bildet den Boden für die Beantwortung der in der Literatur in Bezug auf § 131 Abs. 2 S. 2 AktG aufgeworfenen Frage, ob bei der angemessenen Festsetzung des zeitlichen Rahmens für den einzelnen Aktionär auf dessen Kapitalbeteiligungshöhe zurückgegriffen werden kann und ein entsprechend längeres Frage- und Rederecht für einen Aktionär mit größerer Beteiligungshöhe gegenüber demjenigen mit geringerer Beteiligungshöhe möglich ist.[673] Insbesondere wird angeregt, dem Kleinaktionär aufgrund seiner nur geringen Kapitalbeteiligung ein, im Vergleich zu professionell institutionell beteiligten Aktionären, kürzeres Zeitkontingent zuzumessen[674] und/oder ihn zeitlich später zu berücksichtigen.[675] Bei der Konkretisierung der Angemessenheit in diesem Zusammenhang entfaltet der Gleichbehandlungsgrundsatz als formales Prinzip besondere Bedeutung. Deshalb bedarf es der Überprüfung, ob eine Differenzierung unter den Aktionären nach ihrer jeweils gehaltenen Beteiligungshöhe zulässig ist.

(1) Objektive Ungleichbehandlung i. S. v. § 53a AktG

Ein Verstoß gegen § 53a AktG scheidet bereits aus, wenn die Maßnahme der Frage- und Redezeitbeschränkung dem gefundenen Gleichbehandlungsmaßstab genügt. Findet bei der Bemessung des zeitlichen Rahmens für den einzelnen Aktionär eine Orientierung an der Beteiligungshöhe statt und wird einem Aktionär mit einer höheren Beteiligung ein längeres Zeitkontingent eingeräumt, differenziert man zwischen den einzelnen Aktionären, obwohl, wie eben gezeigt, der Gleichbehandlungsmaßstab des Kopfprinzips gilt, d. h. bei einer Beschränkung des Frage- und Rederechts muss die gleiche Beschränkung für alle Aktionäre Platz greifen, ohne dass hiervon auch durch die Satzung selbst abgewichen werden könnte.[676]. Im Ergebnis wird das Recht eines jeden Aktionärs auf Gleichbehandlung bei der Wahrnehmung des Frage-

[672] Zu den Problemen vgl. bereits Seite 134 ff.
[673] Vgl. *Bungert*, in: VGR 2004, 2005, S. 59 (86); für eine Begrenzung nach Kapitalanteilen bei der Redezeitbeschränkung bereits *Zöllner*, in: KölnKomm, 1985, § 119 Rn. 91; *Semler*, in: Münch HdB GesR; Bd. 4, 2. Aufl. 1999, § 36 Rn. 42; eingeschränkt *Martens*, WM 1981, S. 1010 (1017); ablehnend *Mülbert*, in: GroßK AktG, Vor §§ 118-147 Rn. 153; dem vorsichtig folgend *Butzke*, HV AG, 4. Aufl. 2001, D Rn. 62.
[674] *Seibert*, WM 2005, 157 (161); *Weißhaupt*, ZIP 2005, S. 1766 (1769); vorsichtig *Holzborn/Bunnemann*, BKR 2005, S. 51 (54).
[675] *Seibert*, WM 2005, 157 (161); *Weißhaupt*, ZIP 2005, S. 1766 (1769).
[676] Vgl. Seite 134 ff.

und Rederechts missachtet[677], und es kommt zu einer objektiven schematischen, d. h. formalen Ungleichbehandlung i. S. v. § 53a AktG.[678]

(2) Sachliche Rechtfertigung der objektiven Ungleichbehandlung

Die festgestellte objektive Ungleichbehandlung stellt erst eine Verletzung des Gleichbehandlungsgrundsatzes dar, wenn sie willkürlich erfolgt oder nicht das Ergebnis einer sachgerechten Abwägung und deshalb objektiv verfehlt ist.[679] Fraglich ist daher, ob die Festsetzung der Frage- und Redezeitbegrenzung unter Orientierung an der Beteiligungshöhe des einzelnen, teilnehmenden Aktionärs eine Differenzierung mit Sachgrund[680] darstellt und deshalb die Abweichung vom Gleichbehandlungsgrundsatz zulässig, weil sachlich gerechtfertigt, ist. [681] Der mit der Beschränkung einhergehende Eingriff in die Mitgliedschaft müsste geeignet und erforderlich sein, um ein bedeutendes Interesse der Aktiengesellschaft zu fördern oder zu schützen und schließlich auch nach einer umfassenden Interessenabwägung unter Berücksichtigung der betroffenen Aktionärsinteressen verhältnismäßig sein.[682] Je schwerer der Eingriff aufgrund der mit der Ungleichbehandlung einhergehenden Beeinträchtigung der Aktionäre in ihren mitglieds- oder vermögensrechtlichen Positionen ist, desto höher sind in der Folge die Anforderungen an die sachliche Rechtfertigung.[683]

Zunächst steht einer Differenzierung anhand der Beteiligungshöhe eines Aktionärs und der damit verbundenen Abweichung vom Kopfprinzip zu Gunsten eines Kapitalprinzips nicht entgegen, dass der Gesetzgeber im Zuge der Regelung des § 131 Abs. 2 S. 2 AktG weder ausdrücklich im Gesetz noch in seiner Gesetzesbegründung einen entsprechenden Hinweis bezüglich der Differenzierungsmöglichkeit nach Kapitalanteilen gibt. Aus dem fehlenden Hinweis kann nicht geschlossen werden, dass der Gesetzgeber den Sachgrund der Beteiligungshöhe des einzelnen Aktionärs kategorisch ausschließen möchte,[684] spricht er doch in der Ge-

---

677 Zur zulässigen Möglichkeit einer sukzessiven Abstufung des Rederechts vgl. OLG Stuttgart, Urt. v. 15.2.1995 - AG 1995, S. 234 (234); *Fischer*, in: Semler/Volhard, ArbHdb HV, 2. Aufl. 2003, § 11 Rn. 144 ff. (146); *Hüffer*, AktG, 8. Aufl. 2008, § 129 Rn. 20 je m. w. N.

678 *Zätsch/Maul*, in: HdB AG, 2004, § 4 RN. 269; im Gegensatz zur materiellen Ungleichbehandlung ist die formale oder schematische Ungleichbehandlung in der Regel leicht nachzuweisen, vgl. *Lutter/Zöllner,* in: KölnKomm, 2. Aufl. 1988, § 53a Rn. 10; zum Begriff einer schematischen oder formalen Ungleichbehandlung in Abgrenzung zur materiellen Ungleichbehandlung (auch sog. formale Gleichbehandlung) vgl. *Henze/Notz*, in: GroßK AktG, 4. Aufl. 2004, § 53a Rn. 62 ff.; *Hüffer*, AktG, 8. Aufl. 2008, § 53a Rn. 9; *Lutter/Zöllner,* in: KölnKomm, 2. Aufl. 1988, § 53a Rn. 10 ff.

679 BGH, Urt. v. 6.10.1960 - BGHZ 33, S. 175 (186); BGH, Urt. v. 13.3.1978 - BGHZ 71, S. 40 (44); BGH, Urt. v. 9.11.1992 - BGHZ, 120, S. 141 (150); *Hüffer*, AktG, 8. Aufl. 2008, § 53a Rn. 10; *Bungeroth*, in: MüKo AktG, 3. Aufl. 2008, § 53a Rn. 15; *Hueck*, S. 173 ff., 339 f.; *Lutter/Zöllner,* in: KölnKomm, 2. Aufl. 1988, § 53a Rn. 13; *Raiser/Veil*, Kapitalgesellschaften, 4. Aufl. 2006, § 12 Rn. 56.

680 Eine Differenzierung nach Kapitalanteilen als Sachgrund bei der Bemessung der Redezeit zulassend *Bungeroth*, in: MüKo AktG, 3. Aufl. 2008, § 53a Rn. 13; *Lutter/Zöllner,* in: KölnKomm, 2. Aufl. 1988, § 53a Rn. 23; *Hüffer*, AktG, 8. Aufl. 2008, § 53a Rn. 7.

681 Bejahend *Seibert*, WM 2005, 157 (161); *Weißhaupt*, ZIP 2005, 1766 (1768f.); vorsichtiger *Holzborn/Bunnemann*, BKR 2005, S. 51 (54); die Frage lediglich in den Raum stellend *Bungert*, in: VGR 2004, 2005, S. 59 (86).

682 *Bungeroth*, in: MüKo AktG, 3. Aufl. 2008, § 53a Rn. 15 m. w. N.; *Lutter/Zöllner,* in: KölnKomm, 2. Aufl. 1988, § 53a Rn. 14f.; *Zätsch/Maul*, in: HdB AG, 2004, § 4 RN. 269 unter Hinweis auf BGH, Urt. v. 13.3.1978 - BGHZ 71, S. 40 (43 ff.).

683 BGH, Urt. v. 13.3.1978 - BGHZ 71, S. 40 (45);

684 So fragte selbst *Seibert*, einer der Initiatoren des UMAG: „*Warum sollte jemand, der 40 Prozent der Anteile hat, nicht länger reden als jemand mit nur einer einzigen Aktie?*", vgl. *O. V.*, FAZ v. 21.9.2005, S. 25; zur Ansicht *Seiberts* vgl. auch *Seibert*, WM 2005, 157 (161).

setzesbegründung gerade von einem „*zeitlichen Rahmen für* [...] *den einzelnen Redner*".[685] Es kann nicht davon ausgegangen werden, dass der Gesetzgeber mit dieser Formulierung nur diejenigen Fallkonstellationen erfassen möchte, in denen ein missbräuchliches Verhalten des Aktionärs erkennbar ist.[686] Denn eine Einschränkung des Fragerechts und erst recht des Rederechts in Fällen der missbräuchlichen Rechtswahrnehmung war schon nach der bisher geltenden Rechtslage möglich.[687] Soll es eine Begrenzungsmöglichkeit für den einzelnen Redner auch neben diesen Missbrauchsfällen geben, müssen Differenzierungskriterien entwickelt werden können, an denen sich der Versammlungsleiter orientieren kann, soweit diese von einem sachlichen Rechtfertigungsgrund getragen[688] werden. Aus dem bloßen Fehlen von Hinweisen auf solche Kriterien im Gesetz oder in der Gesetzesbegründung kann daher nicht ohne weiteres auf die sachliche Ungeeignetheit bestimmter Differenzierungskriterien geschlossen werden. Hierfür spricht auch die Wahl des unbestimmten Rechtsbegriffs der Angemessenheit bei der Formulierung des § 131 Abs. 2 S. 2 AktG. Dieser ermöglicht einerseits und erzwingt andererseits eine flexible Entwicklung von Differenzierungskriterien.

Da das Gleichbehandlungsgebot es nicht verbietet, obwohl das Frage- und Rederecht dem Aktionär nach dem Kopfprinzip zusteht, in sachgerechter Weise den Umfang der Wahrnehmungsmöglichkeiten durch den Aktionär nach Einzelumständen zu bemessen,[689] liegt der Rückgriff auf die Beteiligungshöhe besonders nahe.[690]

Im Wesen der Aktiengesellschaft liegt es begründet, dass nicht allen Aktionären einer Aktiengesellschaft, und dies gilt insbesondere für die börsennotierte Aktiengesellschaft mit meist breit gestreutem Anteilsbesitz, dieselbe hohe Bedeutung hinsichtlich der künftigen Entwicklung der Aktiengesellschaft zukommt. Es liegt daher im wohlverstandenen Gesellschaftsinteresse, einem Aktionär, je bedeutender seine Rolle für die künftigen Geschicke der Aktiengesellschaft ist, einen vergleichsweise längeren Zeitraum für die Wahrnehmung seines Frage- und Rederechts einzuräumen.[691] Anhaltspunkt für die Bedeutung eines Aktionärs innerhalb der Aktiengesellschaft ist in erster Linie seine Beteiligungshöhe, denn mit einer höheren Beteiligung geht zumeist auch eine entsprechend erhöhte Einflussnahmemöglichkeit einher.[692] Schließlich ist mit der Bezugnahme auf die Beteiligungshöhe eine verlässliche und objektive Beurteilung möglich und die Transparenz der Entscheidung gewährleistet.

Die Differenzierung anhand der Beteiligungshöhe als Sachgrund ist geeignet, um das Interesse der Aktiengesellschaft an einer qualitativ hochwertigen Diskussionskultur und der damit

---

685 Begr. RegE UMAG, BT-Drucks. 15 /5092, S. 17.

686 Vgl. *Weißhaupt*, WM 2004, S. 705 (707), der eine verfassungsrechtliche Unbedenklichkeit einer Begrenzung des Frage- und Rederechts des einzelnen Aktionärs nur bei einem Hinzutreten weiteren Missbrauchsverhaltens annehmen wollte, aber in einem späteren Aufsatz der Differenzierung nach Kapitalanteilen zustimmend gegenübersteht, vgl. *ders.*, ZIP 2005, S. 1766 (1768 f.).

687 Zu den herausgebildeten Fallgruppen vgl. *Decher*, in: GroßK AktG, 4. Aufl. 2001, § 131 Rn. 278 ff. m. w. N.

688 So auch *Henze/Notz*, in: GroßK AktG, 4. Aufl. 2004, § 53a Rn. 53.

689 Vgl. *Henze/Notz*, in: GroßK AktG, 4. Aufl. 2004, § 53a Rn. 69 „*Prinzip der relativen Gleichheit*".

690 Für eine Berücksichtigung der Beteiligungshöhe bei der Bemessung der Redezeit im Rahmen der Verhältnismäßigkeit *Bungeroth*, in: MüKo AktG, 3. Aufl. 2008, § 53a Rn. 13; *Henn*, Handbuch des Aktienrechts, 7. Aufl. 2002, Rn. 805; *Henze/Notz*, in: GroßK AktG, 4. Aufl. 2004, § 53a Rn. 53; *Hüffer*, AktG, 8. Aufl. 2008, § 53a Rn. 7; *Martens*, WM 1981, S. 1010 (1017); *Semler*, in: Münch HdB GesR; Bd. 4, 2. Aufl. 1999, § 36 Rn. 42; *Zöllner*, in: KölnKomm, 1985, § 119 Rn. 91; a. A. *Mülbert*, in: GroßK AktG, Vor §§ 118-147 Rn. 153; *Reinicke*, S. 52.

691 *Henze/Notz*, in: GroßK AktG, 4. Aufl. 2004, § 53a Rn. 53.

692 *Henze/Notz*, in: GroßK AktG, 4. Aufl. 2004, § 53a Rn. 53 (Indizwirkung).

einhergehenden Steigerung der Attraktivität der Hauptversammlung vor dem Hintergrund des Gebotes der Hauptversammlungseffizienz zu fördern. Denn kann man bei der Bemessung der Frage- und Redezeit die Kapitalanteile als Maßstab dafür heranziehen, Aktionären mit entsprechend höherem Kapitalanteil ein längeres Zeitkontingent zuzuweisen oder sie zeitlich zu priorisieren, ist davon auszugehen, dass mit einer Orientierung an Kapitalanteilen zugleich eine Anhebung der Diskussionskultur verbunden ist und die Hauptversammlung eine inhaltliche Aufwertung erfährt.[693] Dies zeigen insbesondere die bisherigen Erfahrungen auf Hauptversammlungen. Bereits in der Vergangenheit war zu erkennen, dass die Vorträge mit dem höchsten Erkenntniswert meist von Groß- oder Mehrheitsaktionären zu erwarten waren und der wesentliche Erkenntniswert der Diskussion von diesen Anteilseignern bereits in der ersten Versammlungsphase vorgebracht wurde.[694] Durch eine Abstufung der Zeitkontingente anhand der Beteiligungshöhe kann nicht nur in zeitlicher Hinsicht eine bessere Strukturierung der Hauptversammlung erreicht werden, sondern es kann auch in sachlicher Hinsicht versucht werden, eine Fokussierung auf die Beiträge mit einem wesentlichen Erkenntniswert für die Diskussion zu erreichen. Wird eine Differenzierung nach Kapitalanteilen veranlasst, wahrt diese Maßnahme auch das Erfordernis der Erforderlichkeit. Denn es handelt sich bei der Beteiligungshöhe um ein Differenzierungskriterium von besonderer Präzision, das die Differenzierung an objektive Kriterien knüpft, ohne dass dies durch ein milderes Mittel mit gleicher Wirkung ebenfalls gewährleistet werden könnte.

Dass die Anknüpfung an die Beteiligungshöhe oder auch das Stimmgewicht selbst vom Gesetzgeber als sachgerechtes Kriterium für eine Differenzierung unter den Aktionären eingestuft wird und nicht als willkürlich oder objektiv verfehlt bezeichnet werden kann, zeigt die Existenz einer Vielzahl von Quoren und Mehrheitserfordernissen im Aktiengesetz.[695] Bei der Begrenzung des Frage- und Rederechts für den einzelnen Aktionär ist es daher nicht unverhältnismäßig, wenn den mit zunehmender Beteiligung ebenfalls zunehmenden Interessen der Aktionäre bei der Interessenabwägung grundsätzlich der Vorrang eingeräumt wird, indem ein größeres Zeitkontingent zugeteilt wird. Denn so wird den mit höherer Beteiligung einhergehenden zunehmenden Informationsinteressen und dem sich steigernden Interesse an der Einflussnahme auf die Geschicke der Aktiengesellschaft Rechnung getragen.[696]

Im Ergebnis kann bei der Festsetzung der zugeordneten Zeitkontingente, ohne dass damit zu einer starren Gleichbehandlung gezwungen wird, die Größe der Beteiligung des Aktionärs bei der Bemessung des Zeitkontingents grundsätzlich mit einbezogen werden.

---

693 Die Hauptversammlung auch für Aktionäre mit ernst zu nehmenden Stimmanteilen wieder attraktiver zu machen und einen Anreiz zu bieten, an den Hauptversammlungen verstärkt teilzunehmen, ist eines der wesentlichen Anliegen des Gesetzgebers im Zusammenhang mit der Neuregelung des § 131 Abs. 2 S. 2 AktG, vgl. Begr. RegE UMAG, BT-Drucks. 15 /5092, S. 17, die Hauptversammlung soll „*wieder zu einer straffen, auf die wesentlichen strategischen Entscheidungen konzentrierten Plattform*" gemacht werden können „*die dann wieder mehr an inhaltlichem Gewicht und Attraktivität für Aktionäre mit ernstzunehmendem Stimmanteil gewinnen könnte*".

694 Ausführlich hierzu *Martens*, AG 2004, S. 238 (239 f.).

695 So auch *Seibert*, WM 2005, S. 157 (161); ablehnend, aber noch zur alten Rechtslage nur für das Rederecht vgl. *Henze/Notz*, in: GroßK AktG, 4. Aufl. 2004, § 53a Rn. 53.

696 Bereits das LG Berlin hat angenommen, dass ein Aktionär mit einer Zehn-Prozent-Beteiligung am Grundkapital ein größeres Interesse als ein Kleinaktionär haben kann, vgl. LG Berlin, Beschl. v. 17.1.1990 - AG 1991, S. 34 (35).

(3) „Zeitkontingent" nur für Kleinaktionäre?

Damit fokussiert sich die Problemstellung zunächst auf die für die Praxis wichtige Frage, ob eine Interessenabwägung insofern möglich ist, als eine Unterscheidung zwischen Groß- bzw. Mehrheitsaktionären einerseits und Kleinaktionären andererseits getroffen werden und dem Kleinanleger mit Zwergbeteiligung nur ein „Mindestzeitkontingent" zugeteilt werden kann.[697]

Ausgangspunkt sind folglich die Interessenrichtungen der Aktionäre, wobei sich vor allem zwei sich gegenüberstehende Positionen unterscheiden lassen.[698] Einerseits die, auf eine meist kurzfristige, zuweilen aber auch vom Interesse an einer langfristigen Kapitalanlage zur Einkommenssicherung oder Altersabsicherung geprägte, Erwartung einer maximalen Renditeentwicklung des Aktieninvestments als starke Interessenrichtung vor allem der Kleinaktionäre. Andererseits solche Aktionäre, deren Interessen auf der Verfolgung eines bestimmten strategischen unternehmerischen Ziels aufbauen. Einhergehend mit einer langfristigen Orientierung liegt es im Interesse dieser Aktionäre, durch unternehmerische Tätigkeit eine bestmögliche strategische Ausrichtung der Aktiengesellschaft in ihrem Sinne zu erreichen. Eine randscharfe Trennlinie kann zwischen diesen beiden Interessenrichtungen freilich nicht gezogen werden. Dies lässt schon die Struktur des Aktiengesellschaftsrechts nicht zu. Vielmehr sind beide Interessenrichtungen vom verfassungsrechtlichen Schutz des Anteilseigentums erfasst.[699] Inwieweit ein Aktionär seine Interessen innerhalb dieser beiden „Extrempositionen" gewichtet, ist grundsätzlich von seiner eigenen, durch subjektive Vorstellungen geprägten, Einstellung zu seinem Aktieninvestment abhängig. Dennoch lässt sich feststellen, dass sich innerhalb bestimmter Aktionärsgruppen die Ausrichtung ihrer Interessen so weit einem der beiden „Eckpunkte" annähert, dass die entgegengesetzte Interessenrichtung nahezu vollständig ausgeblendet wird und bei der Investitionsentscheidung keine bedeutende Rolle mehr spielt. Letztlich ist es möglich, dass die Verfolgung einer der beiden Interessenrichtungen den Interessen der anderen Aktionärsgruppe sogar widerspricht.

Für die Aktionärsgruppe der Kleinaktionäre mit geringem Anteilsbesitz liegt der Schwerpunkt ihrer Investitionsinteressen zumeist in der Renditemaximierung der gewählten Anlage, unabhängig ob kurzfristig oder langfristig zur Vermögensbildung und finanziellen Absicherung.[700] Sie stellen überwiegend die vermögensrechtliche Komponente in den Vordergrund und blenden in der Regel die unternehmerischen Interessen vollständig aus.[701] Dies auch und vor allem deshalb, weil ihnen bewusst ist, dass aufgrund ihrer nur geringen Beteiligung wegen der tatsächlichen Mehrheitsverhältnisse eine kursrelevante Einflussnahme meist gar nicht möglich ist.[702]

Ganz im Gegensatz hierzu stehen zumeist die Interessen der Groß- bzw. Mehrheitsaktionäre. Bei diesen sind die Investitionsinteressen oftmals derart durch strategisch unternehmeri-

---

697 Dafür *Weißhaupt*, ZIP 2005, S. 1766 (1769).

698 Ausführlich hierzu vgl. *Bälz*, S. 49 ff. m. w. N.; zur Interessenpluralität *Hopt*, ZGR 1993, S. 543 (536 f.) m. w. N.

699 Vgl. auch zum Folgenden *Ebenroth/Koos*, BB 1995, Beilage 8, S. 1 (10).

700 Dies hat auch das Bundesverfassungsgericht in seinem Beschluss „Scheidenmandel II" klargestellt, BVerfG, Beschl. v. 20.9.1999 - AG 2000, S. 72 (72f.) mit Anm. *Luttermann*, EwiR § 131 AktG 2/99, S. 1033 (1033 f.).

701 Vgl. BVerfG, Beschl. v. 20.9.1999 - AG 2000, S. 72 (72f.) mit Anm. *Luttermann*, EwiR § 131 AktG 2/99, S. 1033 (1033 f.).; *Weißhaupt*, ZIP 2005, S. 1766 (1768).

702 Begr. RegE eines Gesetzes zur Regelung von öffentlichen Angeboten zum Erwerb von Wertpapieren und von Unternehmensübernahmen, BT-Drucks. 14/7034, S. 32; BVerfG, Beschl. v. 23.8.2000 - NJW 2001, S. 279 (280).

sche Interessen geprägt, dass die Anlageinteressen zu einem weiten Teil überlagert werden. Unternehmerische Interessen stehen im Vordergrund, wenngleich Anlageinteressen auch nicht vollständig ausgeblendet werden. Oftmals sind ihre Interessen deshalb kongruent mit den Interessen der Unternehmensleitung.

Die Bemessung der Frage- und Redezeit unter Berücksichtigung der Kapitalbeteiligung des einzelnen Aktionärs bewertet, wenn man nur dem Kleinaktionär ein „Zeitkontingent" zuteilt, die Interessen der Groß- und Mehrheitsaktionäre höher als die der Klein(st)aktionäre. Bedenken gegen eine derartige Interessenabwägung bestehen indes nicht.[703]

Das Aktiengesetz selbst nimmt mit der Anknüpfung der Minderheitenrechte an bestimmte Quoren und Mehrheitserfordernisse[704] eine Abwertung der Interessen der Kleinaktionäre vor und greift dafür auf das Stimm- bzw. Beteiligungsgewicht zurück. Minderheitenrechte folgen zwar dem Grundgedanken, dass durch gefestigte Mehrheitsverhältnisse unter den Groß- und Mehrheitsaktionären, deren Interessen oftmals kongruent mit den Interessen der Unternehmensleitung sind, die Richtigkeitsgewähr für die durch die Unternehmensleitung getroffenen Entscheidung nicht immer gewährleistet werden kann und sie als Korrektiv notwendig sind, um die Interessen der Minderheitsaktionäre zu schützen, um die objektiven Bedürfnisse der Aktiengesellschaft als bindende Grundlage für die Mehrheitsentscheidung durchsetzen zu können. Dennoch werden die Kleinaktionäre, wenn sie die vorgeschriebenen Quoren nicht erfüllen, auf ihre Renditeinteressen verwiesen und so ein der Interessenpluralität der Aktiengesellschaft entsprechendes System geschaffen, das die sich gegenüberstehenden Interessen[705] in einen angemessenen Ausgleich zu bringen versucht.

Darüber hinaus hat sich gezeigt, obwohl das Auskunftsrecht eine kapitalmarktrechtliche Interpretation erfährt und damit auch den Interessen des (Klein-)Aktionärs als Kapitalanleger dient,[706] dass das Auskunftsrecht gemäß § 131 AktG neben und in einer Wechselbeziehung zu den kapitalmarktrechtlichen Rechtsbefehlen und damit auch zu den kapitalmarktrechtlichen Informationstatbeständen steht.[707] Wird das Auskunftsrecht des Kleinaktionärs durch ein im Vergleich zum Großaktionär kleineres Zeitkontingent stärker begrenzt, werden damit zwar auch die Anlage- und Mitverwaltungsinteressen des Kleinaktionärs betroffen. Hinsichtlich der Anlageinteressen ist aber zu beachten, dass das Auskunftsrecht gemäß § 131 AktG bei einer kapitalmarktorientierten Aktiengesellschaft durch das immer ausdifferenzierter ausgestaltete Kapitalmarktinformationssystem in seiner anlegerspezifischen Bedeutung ohnehin weitgehend reduziert wurde. Denn die hohe kapitalmarktrechtliche Informationsdichte kommt heute auch dem einzelnen Aktionär zugute. Vor dem Hintergrund einer kapitalmarktdimensionalen Auslegung des § 131 Abs. 1 S. 1 AktG bei einer kapitalmarktaktiven Aktiengesellschaft ist das erhöhte Informationsniveau eine weitere Grundlage für eine Rechtfertigung der Abwertung der Anlageinteressen des Kleinaktionärs und für eine Auslegung des Angemessenheits-

---

703 So auch *Weißhaupt*, ZIP 2005, S. 1766 (1769).

704 Vgl. die Aufstellung zu den Minderheitenrechten bei *Semler*, in: Münch Hdb GesR, Bd. 4, 3. Aufl. 2007, Anh § 42 Teil I, II und III.

705 Zur Interessenpluralität in der Aktiengesellschaft vgl. *Hopt*, ZGR 1993, S. 543 (536 f.) m. w. N.

706 KG, Beschl. v. 26.8.1993 - ZIP 1993, S. 1618 (1619); KG, Beschl. v. 30.6.1994 - WM 1994, S. 1480 (1483); KG, Beschl. v. 24.8.1995 - ZIP 1995, S. 1585 (1587); KG, Beschl. v. 15.2.2001 - DB 2001, S. 1080 (1080 f.); *Hommelhoff*, ZGR 2000, S. 748 (768 ff.); *Merkt*, S. 259 ff. (323); *Mülbert*, in: GroßK AktG, 4. Aufl. 1999, §§118-147 Rn. 203; *Wenger*, ZIP 1993, S. 1622 ff.; a. A. *Decher*, in: GroßK AktG, 4. Aufl. 2001, § 131 Rn. 15 ff.; *Hüffer*, ZIP 1996, S. 401 (405).

707 Vgl. Seite 58 ff.

begriffs des § 131 Abs. 2 S. 2 AktG zugunsten einer Differenzierung nach Kapitalanteilen gerade für den Kleinaktionär.

Bezogen auf das Mitverwaltungsinteresse des Kleinaktionärs steht ein weit größerer Beurteilungsspielraum zur Verfügung. Es wurde bereits gezeigt, dass die einem Eigentümer typischerweise zustehenden Verfügungsbefugnisse durch die Mitgliedschaft im Verband der Aktiengesellschaft in besonderem Maße abgeschwächt sind.[708] Dies eröffnet die Möglichkeit im Rahmen der Interessenabwägung eine Einschränkung von Informations- und Rederechten vor dem Hintergrund der Mitverwaltungsinteressen noch eher zuzulassen, solange dem Aktionär das Mitverwaltungsrecht nicht vollständig entzogen wird und es auch weiterhin sinnvoll wahrgenommen werden kann. Die ablehnende Haltung von *Henze/Notz*[709] gegenüber einem „Mindestzeitkontingent", auf das der Kleinaktionär stets verwiesen werden könnte, wird im Wesentlichen damit begründet, dass der Mehrheitsaktionär letztlich durch sein Stimmrechtsverhalten ohnehin die entscheidende Richtung vorgibt, so dass dem Rederecht des Kleinaktionärs zur Einflusssicherung und damit der Wahrnehmung seiner Mitverwaltungsinteressen besondere Bedeutung zukommen könne. Dies trägt indes nicht, um ein „Mindestzeitkontingent" abzulehnen. Denn es ist gerade die fehlende tatsächliche Einflussnahmemöglichkeit bei einer Zwergbeteiligung, die das Rederecht zu einer stumpfen Waffe macht. Da faktisch keinerlei Einflussnahme möglich ist, ist auch das Interesse des Kleinaktionärs an der Wahrnehmung dieses Rechts in der Regel nicht besonders hoch.

Für den Großaktionär und seine strategisch ausgerichteten unternehmerischen Tätigkeiten steht hingegen im Vordergrund, über die aktuelle Lage der Aktiengesellschaft bestmöglich informiert zu sein, um sich entsprechend positionieren zu können. Das Informationsinteresse ist daher ungleich höher als beim Kleinaktionär.[710] Gegen eine höhere Bewertung der Informationsinteressen der Mehrheits- bzw. Großaktionäre kann nicht eingewandt werden, dass diese in der Regel ohnehin einen guten Kontakt zur Unternehmensleitung der Aktiengesellschaft pflegen und weniger auf das Auskunftsrecht angewiesen seien.[711] Das mag für die Aktionäre gelten, die auf einer Linie mit der Unternehmensleitung liegen. Ist dies hingegen nicht der Fall, wird auch ein entsprechender Informationsfluss nicht ohne weiteres stattfinden und, wie bei den kritisch mit der Unternehmensleitung umgehenden Großaktionären,[712] ein Rückgriff auf § 131 AktG notwendig.

Eben hieraus folgt ein weiterer Grund, der für die Möglichkeit eines „Mindestzeitkontingents" für Kleinaktionäre ins Feld geführt werden kann. Gehen nämlich auch vermehrt Großinvestoren mit der Unternehmensverwaltung kritisch ins Gericht und üben sie zum Teil harsche Kritik an der Unternehmensverwaltung sowie nicht unerheblichen Einfluss auf die Verwaltung der Aktiengesellschaft aus, dann hat dies zugleich Auswirkungen auf die Informati-

---

708 BVerfG, Urt. v. 1.3.1979 - BVerfGE 50, S. 290 (342); *Depenheuer*, in: v. Mangoldt/Klein, Bonner GG, 5. Aufl. 2005, Art. 14 Rn. 143; *Kimminich*, in: Bonner Kommentar, Art. 14 Rn. 38, 65. EL 1992; *Papier*, in: Maunz/Dürig, GG Kommentar, Bd. II, Art. 14 Rn. 195; vgl. auch Seite 36 ff.

709 Vgl. *Henze/Notz*, in: GroßK AktG, 4. Aufl. 2004, § 53a Rn. 53.

710 So auch *Weißhaupt*, ZIP 2005, S. 1766 (1769).

711 *Baums*, Gutachten F, 2000, S. 131 f.

712 Zu Fällen der kritischen Einflussnahme von Großaktionären entgegen den Interessen der Verwaltung vgl. *Weißhaupt*, ZIP 2005, S. 1766 (1769) unter Hinweis auf Hedgefonds als neuem Typ unter den Anlegern z. B. für die TUI AG, die MLP AG, die Sixt AG, die Borussia Dortmund AG sowie die Deutsche Börse AG, vgl. dazu *o. V.*, FAZ v. 8.3.2005, S. 23; *Döring*, Börsen-Zeitung v. 5.3.2005, S. 8; *Brost/v. Heusinger/Storn*, Die Zeit v. 12.5.2005, S. 27 (27).

ons- und Schutzinteressen der Kleinaktionäre.[713] Dieses Verhalten kommt letztlich auch den Kleinaktionären zugute, die sich bei der Ausübung ihres Fragerechts auf einer Linie mit den kritischen Großinvestoren befinden und daher von deren kritischen Hinterfragung der Vorgänge innerhalb der Aktiengesellschaft ebenfalls profitieren, so dass bei der Interessenabwägung im Rahmen der Verhältnismäßigkeit die Informations- und Schutzbedürfnisse der Kleinaktionäre auch unter diesem Gesichtspunkt in ihrer Bedeutung herabgesetzt sind.[714] Im Ergebnis spricht bei der Interessenabwägung letztlich auch dieser praktische Befund für die Möglichkeit eines „Mindestzeitkontingents" unter Differenzierung nach Kapitalanteilen.

Obwohl die Interessen der Kleinaktionäre bei der Interessenabwägung von den Interessen der Groß- bzw. Mehrheitsaktionären überwogen werden, darf hieraus nicht gefolgert werden, dass einem Aktionär mit besonders geringer Beteiligung oder gar nur einer einzigen Aktie das Auskunfts- und Rederecht vollständig entzogen werden dürfte. Denn damit würde man die, auch dem Kleinstaktionär verbleibende, verbandsrechtliche Stellung in der Aktiengesellschaft vollständig negieren und eine mit Art. 14 Abs. 1 S. 1 GG nicht vereinbare Substanzentleerung des Anteilseigentums bewirken.

Man gelangt im Ergebnis zu dem Befund, dass ein „Zeitkontingent" nur für Kleinaktionäre zulässig ist, solange dem Aktionär sein Mitgliedschaftsrecht als solches noch verbleibt und er dieses sachgerecht wahrnehmen kann, so dass ab einer bestimmten Grenze das Frage- und Rederecht des Kleinaktionärs bis auf wenige Minuten gekürzt werden kann.[715]

Diese Feststellung geht nunmehr einher mit der Notwendigkeit der Festlegung sowohl der Beteiligungsschwelle für die Einordnung als Kleinaktionär als auch der Konkretisierung des die Angemessenheit wahrenden kürzest möglichen Mindestzeitkontingents für die Wahrnehmung der Frage- und Redezeitbeschränkung.

(4) Festlegung der Beteiligungsschwelle für die Qualifizierung als Kleinaktionär

Fraglich ist, bis zu welcher Beteiligungshöhe von einem Kleinaktionär mit vorrangig anlageorientierten Interessen gesprochen werden kann, der auf ein „Mindestzeitkontingent" von nur wenigen Minuten Frage- und Redezeit verwiesen werden können soll. Die Höhe der Kapitalbeteiligung, an der unter Verhältnismäßigkeitsgesichtspunkten keine Bedenken anzumelden sind, ist insoweit zu entwickeln.

Hinsichtlich der Höhe der Kapitalbeteiligung des Aktionärs, anhand derer eine Differenzierung vorgenommen werden kann, liegt es nahe, sich an den im Gesetz vorgesehenen Schwellenwerten für Minderheitenrechte zu orientieren. Denn gerade die vorhergehende Argumentation, unter Bezugnahme auf die gesetzgeberischen Wertentscheidung bei den Minderheitenrechten, war mitentscheidend dafür, eine derartige Differenzierung im Grundsatz zuzulassen. Nun gibt das Aktiengesetz aber auch nach dem UMAG für die Ausübung der Minderheitenrechte verschiedene Schwellenwerte von einem Prozent bis 25 Prozent des gesamten bzw. des

---

713 Zur Einflussnahme durch Hedgefonds vgl. *Atzler*, FTD v. 18.4.2005, S. 20; *dies.*, FTD v. 21.4.2005, S. 19, sowie die Nachweise in Fn. 712.

714 Zutreffend *Weißhaupt*, ZIP 2005, S. 1766 (1769), der zu Recht darauf hinweist, dass sich Kleinaktionäre aufgrund der tatsächlichen Entwicklungen vermehrt im „*Windschatten der kritischen Fragen durch solche Großinvestoren befinden*".

715 Ebenso *Seibert,* WM 2005, S. 157 (161); *Weißhaupt*, ZIP 2005, S. 1766 (1769).

bei Beschlussfassung vertretenen Grundkapitals vor.[716] Es lässt sich mithin nicht ohne weiteres auf den ersten Blick ein Schwellenwert, der der richtige Anknüpfungspunkt für die Einordnung als Kleinaktionär bei einer Differenzierung nach Kapitalanteilen sein kann, finden.

Die Minderheitenrechte als notwendiges Korrektiv lassen zunächst folgende Schlussfolgerung zu: Aus den für die Ausübung der Minderheitenrechte vorgesehenen Schwellenwerten kann abgeleitet werden, bis zu welcher Beteiligungshöhe der Gesetzgeber eine vorrangige Anlageorientierung des Aktionärs unterstellt und zur Annahme eines typischen Kleinaktionärs neigt.[717] Denn solange die Wahrnehmung eines bestimmten Rechtes des Aktionärs mit der Anforderung der Erfüllung eines bestimmten Quorums belegt ist, werden die Interessen der Aktionäre, soweit sie dieses Quorum nicht erfüllen, auf bestimmte Art und Weise gewichtet. Indem das Minderheitenrecht gerade (noch) nicht zur Verfügung gestellt wird, wertet der Gesetzgeber die unternehmerischen Interessen dieser Kleinaktionäre ab, stellt den von den Kleinaktionären gesetzten Schwerpunkt auf die vermögensrechtliche Komponente ihrer Investitionsinteressen in den Vordergrund und beschränkt sie weitgehend auf ihre Eigenschaft als Kapitalanleger.[718]

Dass die Schwellenwerte der Minderheitenrechte auch nach dem Gesetzgeber bei der Einordnung als Aktionär mit unternehmerischen Interessen oder als (Klein)Aktionär mit vorrangigen Anlegerinteressen einen wichtigen Auslegungshinweis enthalten sollen, kann aus der Begründung des Gesetzgebers zum UMAG geschlossen werden. Ziel des Gesetzgebers ist es danach, durch Festlegung der Quoren zur Ausübung der Minderheitenrechte eine Zuordnung der Aktionäre zu der Gruppe der Aktionäre mit eher unternehmerischen Interessen oder der Aktionärsgruppe mit vorrangig anlageorientierten Interessen zu ermöglichen.[719] Der Gesetzgeber gibt damit entscheidende Anhaltspunkte für eine entsprechende Differenzierung, indem eine *„typisierende Betrachtung anhand des ökonomischen Gewichts ihrer* [der Aktionäre] *Beteiligung*“[720] vorgenommen wird. Trotz der vielen verschiedenen Schwellenwerte ist es möglich, ohne dass weitere Abstufungen vorgenommen werden müssten, in jedem Fall dann eine typisierende Einordnung als Kleinaktionär mit vorrangig anlageorientierter Interessenausrichtung vorzunehmen, wenn die Beteiligung des Aktionärs den niedrigsten Schwellenwert unter den Minderheitenrechten nicht überschreitet. Denn bis zu dieser „Eingangsschwelle“ kann der Aktionär alleine auch kein Minderheitenrecht für sich beanspruchen.

Die Neuregelungen durch das UMAG im Bereich der Sonderprüfung gemäß § 142 Abs. 2, Abs. 4 S. 1 AktG und des Klagezulassungsverfahrens bei einem Schadensersatzbegehren gemäß § 148 Abs. 1 AktG legen neue, unter den bisherigen liegende, Schwellenwerte fest. Zeitgleich mit der Einführung der Begrenzungsmöglichkeit nach § 131 Abs. 2 S. 2 AktG hat der Gesetzgeber die Möglichkeit der Wahrnehmung des Minderheitenrechts einer Sonderprüfung gemäß § 142 AktG,[721] trotz vorgebrachter Bedenken,[722] damit erheblich erleichtert.[723] War ge-

---

716 Eine ausführliche Übersicht zu den gesetzlichen Minderheitenrechten findet sich bei *Semler*, in: Münch Hdb GesR, Bd. 4, 3. Aufl. 2007, Anh § 42 Teil I, II und III, unter Berücksichtigung der durch das UMAG vorgenommenen Neuerungen in § 142 Abs. 2, Abs. 4 S. 1 AktG und § 148 Abs. 1 AktG.

717 *Fleischer*, NJW 2005, S. 3525 (3530).

718 BVerfG, Beschl. v. 20.9.1999 - AG 2000, S. 72 (73); BVerfG, Beschl. v. 23.8.2000 - NJW 2001, S. 279 (279 ff.).

719 Begr. RegE UMAG, BT-Drucks. 15 /5092, S. 21.

720 Begr. RegE UMAG, BT-Drucks. 15 /5092, S. 21.

721 Zur Sonderprüfung vgl. ausführlich *Jänig*, BB 2005, S. 949 (949 ff.); *ders.*, S. 200 ff. unter rechtsvergleichender Betrachtung; sowie *Spindler*, NZG 2005, S. 865 (870 ff.); *Seibt*, WM 2004, S. 2137 (2139 ff.); *Kirschner*, BB 2005, S. 1865 (1865 ff.) je m. w. N.

mäß § 142 Abs. 2 S. 1 AktG a.F. bislang ein Quorum von zehn Prozent des Grundkapitals oder ein anteiliger Betrag von einer Million Euro für einen Antrag auf Bestellung von Sonderprüfern notwendig, so reicht nach § 142 Abs. 2 S. 1 AktG n.F. nunmehr ein Prozent des Grundkapitals oder ein anteiliger Betrag von 100.000 Euro (Nennbetrag).[724]

Hieraus ergeben sich mögliche Anhaltspunkte für die Festlegung einer sachlichen Grenze. Der Gesetzgeber zeigt mit diesen neuen Schwellenwerten für die künftig wohl bedeutendsten Minderheitenrechte des § 142 Abs. 2, Abs. 4 S. 1 AktG und des § 148 Abs. 1 AktG,[725] dass er jedenfalls bis zu diesen Schwellenwerten eine Typisierung als nicht vorrangig unternehmerisch tätigem Kleinaktionär mit primär anlageorientierten Zielen vornehmen möchte.[726]

Knüpft die Frage- und Redezeitbeschränkung, und damit die Auslegung der Angemessenheit an die Kapitalbeteiligungshöhe an und wird bis zu einer Kapitalbeteiligung von einem Prozent des Grundkapitals oder eines anteiligen (Nenn-)Betrages von 100.000 Euro das Frage- und Rederecht durch ein kürzeres Zeitkontingent begrenzt, berücksichtigt dies nicht den Charakter des Frage- wie des Rederechts als temporäre Aktionärsrechte, die an die Hauptversammlung gekoppelt sind. Sachgerecht erscheint es daher, bei der Begrenzung nicht auf die Beteiligungshöhe am gesamten Grundkapital abzuheben, sondern das bei dem Versammlungstermin vertretene Grundkapital als Grundlage für die 1-%-Schwelle heranzuziehen, ohne zusätzlich eine Nennbetragsschwelle festzulegen.[727] Nur diese, auf das bei der Hauptversammlung selbst vertretene Grundkapital abstellende, Betrachtung kann die tatsächliche Bedeutung des jeweiligen Aktionärs auf der Hauptversammlung sachgerecht wiederspiegeln.

Weißhaupt bezeichnet den Anteil an dem beim Versammlungstermin vertretenen Grundkapital als *„Stimmgewicht“*.[728] Zumindest missverständlich ist das im Zusammenhang mit dem Auskunft- und Rederecht des Aktionärs deshalb, weil das Auskunftsrecht des § 131 Abs. 1 S. 1 AktG, wie auch das Rederecht, gerade nicht an die Stimmberechtigung des Aktionärs gekoppelt ist.[729] Für das 1-%-Quorum sowie für das die Bezugsgröße bildende vertretene Grundkapital sind deshalb auch stimmrechtslose Aktien mit in die Berechnung einzubeziehen.

---

722 Zu den kritischen Stimmen vgl. DAV-Stellungnahme RegE UMAG, ZIP 2005, S. 774 (777); *Diekmann/Leuering*, NZG 2004, S. 249 (252); die Missbrauchsgefahr weniger in den Vordergrund stellend *Wilsing*, ZIP 2004, S. 1082 (1090).

723 Dies vor allem deshalb, weil zusätzlich zur Absenkung der Schwellenwerte in § 142 AktG durch Einführung des Aktionärsforums gemäß § 127a AktG die Kommunikationsmöglichkeiten der Aktionäre untereinander verbessert wurden, vgl. hierzu Seite 92 f.; ferner Begr. RegE UMAG, BT-Drucks. 15 /5092, S. 15 f.; *Gantenberg*, DB 2005, S. 207 (210); *Seibert*, WM 2005, S. 157 (158); *Spindler*, NZG 2005, S. 825 (827 f.).

724 Die Angleichung der Schwellenwerte an den § 148 AktG geht auf eine Empfehlung der Regierungskommission Corporate Governance zurück, vgl. Regierungskommission „Corporate Governance“, BT-Drucks. 14/7515, Rn. 144. Sie war nach den Ausführungen des Gesetzgebers auch systematisch geboten, da eine Durchsetzung von Ersatzansprüchen über § 148 AktG in der Regel nur dann Aussicht auf Erfolg haben wird, wenn der Sachverhalt, in den Grenzen des § 145 Abs. 4, 5 AktG, durch eine vorausgehende Sonderprüfung hinreichend ermittelt wurde, vgl. Begr. RegE UMAG, BT-Drucks. 15 /5092, S. 18; so auch *Jahn*, BB 2005, S. 5 (12) *„unverzichtbare Vorstufe der Haftungsklage“*; auch *Wilsing*, ZIP 2004, S. 1082 (1089).

725 So für § 142 Abs. 2 AktG auch *Mimberg*, in: Marsch-Barner/Schäfer, börsennotierte AG, 2. Aufl. 2009, § 40 Rn. 1; ausführlich zum Klagezulassungsverfahren vgl. Spindler, NZG 2005, S. 865 (866 ff.); *Paschos/Neumann*, DB 2005, S. 1779 (1779 ff.); *K. Schmidt*, NZG 2005, S. 796 (799 ff.); *Seibt*, WM 2004, S. 2137 (2141 ff.).

726 In diesem Sinne auch *Fleischer*, NJW 2005, S. 3525 (3530), *„wichtiger Fingerzeig“* des Gesetzgebers.

727 Gleichsinnig *Weißhaupt*, ZIP 2005, S. 1766 (1769).

728 Vgl. *Weißhaupt*, ZIP 2005, S. 1766 (1769).

729 H. M. *Deuss*, S. 28 f.; *Ebenroth*, S. 10 f.; *Meilicke/Heidel*, DStR 1992, S. 72 (73) und statt aller *Decher*, in: GroßK AktG, 4. Aufl. 2001, § 131 Rn. 85 m. w. N. in Fn. 105 und Rn. 176.

Naheliegender ist es, in diesem Zusammenhang von dem „Beteiligungsgewicht des Aktionärs" zu sprechen und den Begriff des „Stimmgewichts" zu meiden.

Um zu verhindern, dass im Verlaufe des Versammlungstermins das für die Einordnung maßgebliche bei dem Versammlungstermin vertretene Grundkapital, jedenfalls theoretisch, Schwankungen unterworfen ist, dies vor allem dann, wenn Aktionäre die Hauptversammlung verlassen, ohne Gebrauch von den zur Verfügung stehenden Stimmrechtsvertretern zu machen, und es folglich aufgrund der möglichen Schwankung während der Hauptversammlung Unterschiede geben könnte, die auf zufälligen Gegebenheiten beruhen und deshalb nicht mit sachlichen Gründen zu rechtfertigen wären, ist bereits zu Beginn das am Versammlungstermin vertretene Grundkapital festzustellen und als Grundlage der Berechnung für die Kapitalbeteiligungshöhe eines Aktionärs heranzuziehen.

(5) Bestimmung eines kürzest möglichen Mindestzeitkontingents für einen Kleinaktionär als zulässige Untergrenze?

Es bleibt zu klären, nachdem eine Beteiligungshöhe von einem Prozent des am bei dem Versammlungstermin vertretenen Grundkapitals als zulässiges Differenzierungskriterium herausgearbeitet wurde, ob es möglich ist, allgemeingültig bereits eine äußerste zeitliche Grenze für die Ausübung des Frage- und Rederechts für den einzelnen Kleinaktionär zu bestimmen.

Einsichtig ist, dass ein vollständiger Entzug auch bei noch so kleiner Beteiligung, aufgrund einer damit ansonsten einhergehenden Substanzentleerung des Anteilseigentums, grundsätzlich nicht in Frage kommt. Trotzdem reicht es wegen der Stellung des Kleinaktionärs in der Aktiengesellschaft und der damit einhergehenden fehlenden tatsächlichen Einflussnahmemöglichkeit aus, ihm grundsätzlich nur ein kurzes Mindestzeitkontingent für die Ausübung seines Frage- und Rederechts zuzuteilen.[730] Die Begrenzung darf dabei nicht zu knapp gehalten werden und eine sachgerechte Wahrnehmung seiner Mitgliedschaftsrechte nicht von vorneherein unmöglich machen. Es muss stets eine vernünftige Diskussionskultur aufkommen können. Eine erste Orientierungsmöglichkeit eröffnet der Blick auf die bisher schon als zulässig erachteten Zeiten bei der Redezeitbeschränkung. Mehr als 15 Minuten sollte schon bisher nicht geredet werden.[731] Eine generelle Beschränkung auf zehn Minuten wurde ebenfalls zugelassen,[732] so dass man zu einem Rahmen von zehn bis 15 Minuten kam,[733] wobei die Redezeit im Verlauf der Hauptversammlung weiter bis auf fünf Minuten herabgesetzt werden konnte.[734] Zwar sind diese Zeitkontingente nur Anhaltspunkte, da sie zur generellen Rederechtsbeschränkung entwickelt wurden, aber sie zeigen doch, dass es als möglich erachtet wurde, innerhalb von nur fünf Minuten den eigenen Standpunkt nachvollziehbar für das Audi-

---

730 *Weißhaupt*, ZIP 2005, S. 1766 (1769).

731 *Hüffer*, AktG, 8. Aufl. 2008, § 129 Rn. 20.

732 *Semler*, in: Münch Hdb GesR, Bd. 4, 3. Aufl. 2007, Anh § 36 Rn. 48; *Siepelt*, AG 1995, S. 254 (257) m. w. N.; *Martens*, in: Timm, Mißbräuchliches Aktionärsverhalten, 1990, S. 63 (68).

733 Unterschiede dieser h. M. bestanden nur im Detail, vgl. *Mülbert*, in: GroßK AktG, 4. Aufl. 1999, Vor §§ 118-147 Rn. 153; *Hennerkes/Kögel*, DB 1999, S. 81 (85); *Fischer*, in: Semler/Volhard, ArbHdb HV, 2. Aufl. 2003, § 11 Rn. 143 m. w. N.; *Butzke*, HV AG, 4. Aufl. 2001, D Rn. 61; *Grüner*, NZG 2000, S. 770 (774).

734 LG Stuttgart, Urt. v. 27.4.1994 - AG 1994, S. 425 (426); *Hüffer*, AktG, 8. Aufl. 2008, § 129 Rn. 20; *Siepelt*, AG 1995, S. 254 (257) bezeichnet die Fünf-Minuten-Grenze als „*absolut unterstes Limit*"; so auch *Fischer*, in: Semler/Volhard, ArbHdb HV, 2. Aufl. 2003, § 11 Rn. 145 m. w. N.; *Butzke*, HV AG, 4. Aufl. 2001, D Rn. 61.

torium und mit der notwendigen Transparenz vorzutragen. Dem Redner wurde lediglich ein konzentrierter und sachbezogener Vortrag abverlangt.[735]

Aufgrund der durch § 131 Abs. 2 S. 2 AktG erfolgten Zusammenfassung das Frage- und Rederechts, ist eine Beschränkung der Frage- und Redezeit der Kleinaktionäre auf wenige Minuten pro Aktionär grundsätzlich denkbar. Fraglich ist, ob *Weißhaupt*[736] darin gefolgt werden kann, eine starre Grenze von nur fünf Minuten anzunehmen. Einerseits scheint dies grundsätzlich knapp bemessen, andererseits bestehen Bedenken gegen eine starre und als allgemeingültig zu verstehende Grenze. Ihr kann insbesondere entgegengehalten werden, dass sie dem Umstand der Zusammenlegung der Frage- und Redezeiten nicht hinreichend Rechnung trägt. Denn es war schon bisher anerkannt, dass selbst für geübte Redner mindestens fünf Minuten notwendig sind, um den Vortrag mit Blick auf den eigenen Standpunkt sinnvoll und strukturiert zu gestalten und damit einen entsprechenden Erkenntniswert als Diskussionsbeitrag zu schaffen.[737] Soweit *Weißhaupt* fünf Minuten als angemessen erachtet, würde dies in letzter Konsequenz bedeuten, dass in Fällen, in denen der Aktionär neben der Wahrnehmung des Rederechts auch Auskünfte einfordern möchte, wohl meist ein inhaltlich schwacher Vortrag mit unzureichendem Erkenntniswert in Kauf genommen würde müsste. Dies ist mit dem Ziel der Optimierung der Diskussionskultur und daher auch mit dem Gebot der Hauptversammlungseffizienz nicht ohne weiteres vereinbar. Zuzugeben ist nur, dass es aufgrund der Zusammenlegung der Frage- und Redezeiten gemäß § 131 Abs. 2 S. 2 AktG in den Händen des Aktionärs liegt, wie er die ihm zur Verfügung stehende Zeit auf die Ausübung der Rede- bzw. der Fragezeit verteilen möchte.[738] Letzteres zeigt, dass auch bei einem über fünf Minuten hinausgehenden Mindestzeitkontingent letztlich nicht sichergestellt werden kann, dass der Aktionär sich für seinen Redebeitrag jedenfalls so viel Zeit herausnimmt, dass er ihn seinen Fähigkeiten entsprechend vorbringen kann, so einen inhaltlich brauchbaren Diskussionsbeitrag liefert und er erst dann auf die Einforderung von Auskünften übergeht bzw. dass er zuerst oder während seines Vortrages nur so viele Auskünfte einfordert, dass er noch einen entsprechenden Redebeitrag zu leisten im Stande ist.

Es ist daher notwendig, grundsätzlich jedem Aktionär die abstrakte Möglichkeit eines brauchbaren Vortrages zu eröffnen, dies auch und vor allem dann, wenn er von seinem Auskunftsrecht Gebrauch machen möchte. Dabei muss beachtet werden, dass es möglich ist, schon bei einer relativ gering bemessenen Zeitspanne, eine (bereits unangemessene) Vielzahl von Fragen vorzubringen.[739]

Vor diesem Hintergrund ist man versucht, eine unterste allgemeingültige Grenze zu bestimmen und es beispielsweise als ausreichend zu erachten, wenn zusätzlich zu dem für einen brauchbaren Redebeitrag notwendigen Zeitraum von fünf Minuten ein weiteres Zeitkontingent von wenigen – etwa drei – Minuten für die Anbringung von Auskunftsersuchen im Rahmen einer Durchschnittshauptversammlung aufgeschlagen würde, wenn man davon ausgeht, dass dem Kleinaktionär damit ausreichend Gelegenheit gegeben ist zu Wort zu kommen und er sich lediglich durch einen sachbezogen und komprimierten Beitrag bzw. entsprechender Fragen auf die wesentlichen Dinge konzentrieren müsste. Allerdings wäre mit jeder Annahme

---

735 *Siepelt*, AG 1995, S. 254 (257).

736 *Weißhaupt*, ZIP 2005, S. 1766 (1769).

737 Vgl. nur *Siepelt*, AG 1995, S. 254 (257); *Semler*, in: Münch Hdb GesR, Bd. 4, 3. Aufl. 2007, Anh § 36 Rn. 48 der von fünf bis zehn Minuten selbst bei bestem Bemühen für die meisten Redner ausgeht.

738 Vgl. dazu bereits Seite 125 ff.

739 *Trouet*, NJW 1986, S. 1302 (1306).

eines vorab pauschlierten Zeitrahmens – der bei zusätzlichen drei Minuten insgesamt acht Minuten betragen würde – eine etwas willkürlich anmutende Schematisierung verbunden, die der komplexen Realität der Hauptversammlung nicht gerecht werden würde. Zwar verlangt das Gebot der Hauptversammlungseffizienz mehr denn je nach einem konzentrierten und sachbezogenen Vortrag des Aktionärs, egal ob er sein Rede- oder sein Fragerecht wahrnimmt. Welche individuelle Rede- und Fragezeit allerdings angemessen ist, kann letztlich nur aus der Situation der jeweiligen Hauptversammlung heraus entschieden werden. Dabei sind insbesondere die zur Verfügung stehende Zeit, die Anzahl der Redner, der Verlauf der Diskussion, die Bedeutung der Tagesordnungspunkte und die Vielschichtigkeit der gestellten Fragen mit die wichtigsten, wenngleich nicht einzigen, Kriterien für die zeitliche Strukturierung der Diskussion.[740] Bei der konkreten Zuteilung von Zeitkontingenten ist schließlich auch zwischen einer Durchschnitts- und einer Strukturhauptversammlung als Ausnahmehauptversammlung zu unterscheiden. Denn die Interessen der Kleinaktionäre werden im Zuge der mit Strukturentscheidungen einhergehenden Änderungen weit mehr betroffen als bei einer Durchschnittshauptversammlung. Aus Verhältnismäßigkeitsgründen ist daher eine entsprechend längere Frage- und Redezeit für die Fälle einer Ausnahmehauptversammlung vorzusehen.

Wie der Versammlungsleiter diese Kriterien berücksichtigt, liegt grundsätzlich in seinem pflichtgemäßen Ermessen. Eine starre Schematisierung ist dem Gesetz nicht zu entnehmen und könnte bei Abweichungen wegen § 53a AktG leicht zu neuen Anfechtungsgründen führen. Gegen eine vorab festgelegte Pauschalierung eines bestimmten in allen Fällen ausreichenden Zeitkontingents spricht letztlich auch, dass die exakte Beteiligungshöhe des jeweils auftretenden Aktionärs in der Praxis, insbesondere wenn ein Aktionär einen Teil seiner Aktien von einem Kreditinstitut vertreten lässt, nur sehr schwer zu bestimmen sein wird.

Innerhalb des unter Berücksichtigung dieser Kriterien jeweils bestimmten Zeitrahmens bleibt es dem Aktionär selbst überlassen, von welchem Recht er überhaupt oder wie lange Gebrauch machen möchte. Die Verteilung der zur Verfügung stehenden Zeit kann von ihm selbst nach seinen subjektiven Bedürfnissen gesteuert werden und er kann seine eigenen Interessen entsprechend gewichten.

Im Ergebnis verbleibt sowohl für die Durchschnittshauptversammlung wie für die Strukturhauptversammlung allein die Möglichkeit anhand bislang schon angewandter Maßstäbe erste Anhaltspunkte für die unterste Grenze herauszubilden. Die Entscheidung welche individuelle Rede- und Fragezeit angemessen und damit auch verfassungsrechtlich unbedenklich

---

740 So könnte beispielsweise bei der Anzahl der Redner berücksichtigt werden, ob sich zum Zeitpunkt der Worterteilung an den Aktionär noch (eine bestimmte Zahl) weiterer Aktionäre für die Erteilung des Wortes angemeldet haben (vgl. *Heider*, Fachschrift UMAG, S. 42 (47)). Man könnte dann den Aktionär hinsichtlich seiner Ausführungen zunächst auf ein kürzeres Zeitkontingent beschränken, um einen notwendigen Interessenausgleich zwischen den in gleicher Weise berechtigten Aktionären bzgl. deren Frage- und Rederecht zu gewährleisten. Möchten sich daher viele Aktionäre während der Hauptversammlung äußern, ist es aufgrund des aus § 53a AktG abzuleitenden Erfordernisses der gerechten Verteilung der zur Verfügung stehenden Zeit notwendig, mit einer Einschränkung der Informationsinteressen des einzelnen Aktionärs die Interessen der übrigen Aktionäre angemessen zu berücksichtigen, damit die Hauptversammlung ihre „*Aufgabe als Entscheidungsforum und Sitz der Aktionärsdemokratie*" erfüllen kann (vgl. BVerfG, Beschl. v. 20.9.1999 - AG 2000, S. 74 (75)). Dem Aktionär bleibt unbenommen, sich erneut für die Erteilung des Wortes anzumelden. Im Falle der Neuerteilung des Wortes, kann das erste Zeitkontingent dann auf die dem Aktionär insgesamt zustehende Zeit angerechnet werden. Hatte der Aktionär mithin schon einmal Gelegenheit, sich zu äußern bzw. Fragen anzubringen, wäre es ausreichend, ihm nur noch ein kürzeres Zeitkontingent zuzuweisen, um innerhalb dessen erneut Ausführungen bzw. Auskunftsverlangen zu ermöglichen.

ist, kann letztlich nur aus der Situation der jeweiligen Hauptversammlung heraus entschieden werden.

(6) Zwischenergebnis

Der angemessene zeitliche Rahmen für den einzelnen Aktionär steht unter besonderem Einfluss des Gleichbehandlungsgrundsatzes. Die Untersuchung zeigt, dass ohne Verletzung des Gleichbehandlungsgrundsatzes und in den Schranken des Art. 14 GG eine Differenzierung zwischen den Aktionären anhand ihrer Beteiligungshöhe, trotz damit einhergehender Abweichung vom maßgeblichen Gleichbehandlungsmaßstab des Kopfprinzips, sachlich gerechtfertigt werden kann. Zugleich zwingt der Gleichbehandlungsgrundsatz dazu, „Vorab-Verurteilungen" anhand früheren Verhaltens des Aktionärs oder eines immer wiederkehrenden Musters bei seinen Auftritten auf Hauptversammlungen mangels sachlicher Rechtfertigung zu unterlassen und stattdessen eine Differenzierung auf neutrale, objektiv überprüfbare, nachvollziehbare und nicht willkürliche gesetzten Kriterien aufzubauen, so dass der einzelne Aktionär unter gleichen Voraussetzungen gleich behandelt wird und sich die Frage- und Redezeitbeschränkung nicht als Sanktion für den jeweils betroffenen Aktionär darstellt.

Die Differenzierung anhand der Beteiligungshöhe führt zur Möglichkeit der Abstufung der zuzuteilenden Zeitkontingente, wobei eine allgemeingültige äußerste Untergrenze nicht entwickelt werden und die Frage, welche individuelle Rede- und Fragezeit angemessen ist, letztlich nur aus der Situation der jeweiligen Hauptversammlung heraus entschieden werden kann. Dies hat der Versammlungsleiter innerhalb seines ihm zustehenden pflichtgemäßen Ermessens zu entscheiden.

f. Weitere Differenzierungskriterien bei der Ausgestaltung der zeitlichen Beschränkung des Frage- und Rederechts

aa. Differenzierung nach Hauptfrage- und -redezeit sowie Nachfragezeit

Die bisherigen Ausführungen legten zugrunde, dass der Aktionär ein angemessenes Zeitkontingent für die Ausübung seines Frage- und Rederechts zugewiesen bekommt und dieses autonom ausfüllen kann. Inwieweit er sein Frage- oder sein Rederecht innerhalb dieses Zeitkontingents favorisiert, bleibt dem Aktionär selbst überlassen. Es obliegt deshalb auch dem Aktionär, sich für eventuell auftauchende Nachfragen ein entsprechendes Zeitkontingent offen zu halten.[741]

Dies schließt indes nicht aus, dass eine Begrenzung des Frage- und Rederechts zwischen Hauptfrage- und -redezeiten einerseits und Nachfragezeiten andererseits differenzieren und entsprechende Zeitkontingente vorsehen kann.[742] Klarzustellen ist vorab, dass jedenfalls eine weitergehende Differenzierung zwischen Fragezeit und Redezeit selbst nicht möglich ist. Dies würde die *ratio* der Gleichbehandlung der Frage- und Redezeit konterkarieren und ließe im

741 *Seibert*, WM 2005, S. 157 (161).

742 *Seibert*, WM 2005, S. 157 (161); *Weißhaupt*, ZIP 2005, S. 1766 (1769); die Frage nur in den Raum stellend *Bungert*, in: VGR 2004, 2005, S. 59 (86).

Ergebnis die bisher schon als gekünstelt bezeichnete[743] Trennung beider Mitgliedschaftsrechte mit all ihren Problemen für die Praxis wieder aufleben.

Einer gesonderten Festsetzung von Nachfragezeiten steht dies nicht entgegen, so dass ein zusätzliches gesondertes Nachfragekontingent für den einzelnen Redner möglich aber nicht zwingend notwendig ist. Allerdings kann der Versammlungsleiter durch die Einräumung eines gesonderten Nachfragekontingents die Stimmung auf der Hauptversammlung, aufgrund der damit einhergehenden größeren Transparenz, heben und wird sich weniger oft mit dem Vorwurf einer unangemessenen Beschränkungsmaßnahme konfrontiert sehen. Das gesonderte Nachfragekontingent muss in seinem zeitlichen Umfang nicht dem ursprünglichen Zeitkontingent entsprechen. Denn die Interessen des Aktionärs haben wegen der während der Hauptfrage- und -redezeit bereits eröffneten Möglichkeit der Darlegung des eigenen Standpunktes und Anbringung von Auskunftsersuchen entsprechend Berücksichtigung gefunden. Ihm wird nunmehr lediglich die Möglichkeit des Vorbringens neu aufgetauchter Fragen zu den Ausführungen in Form der Antworten zugestanden, für die eine kurze Zeitspanne angemessen ist, um letzte Unklarheiten zu beseitigen und damit dem Informationsinteresse des Aktionärs ausreichend zu entsprechen. Der Umfang des Nachfragekontingents hängt entscheidend vom Einzelfall ab und ist in das Ermessen des Versammlungsleiters gestellt.

Wird ein gesondertes Nachfragekontingent nicht ausdrücklich festgesetzt, so obliegt es dem Versammlungsleiter zu Beginn der angeordneten Beschränkung, die Aktionäre darauf hinzuweisen, dass sie selbst dafür verantwortlich sind, für den Fall notwendig erscheinender Nachfragen noch ein Nachfragekontingent auszusparen. Dies kann, wie in der bisherigen Praxis der Redezeitbeschränkung, beispielsweise dadurch geschehen, dass dem Aktionär die letzten zwei Minuten auf dem Rednerpult angezeigt werden und er dann selbst entscheiden kann, ob und wie viel er von der verbleibenden Zeit aussparen möchte.

bb. Priorität einzelner Redner bzw. Fragesteller

Bislang kam es im Zusammenhang mit der Begrenzung des Rederechts immer wieder zu Streitigkeiten darüber, dass den sich früh einfindenden Kleinaktionären zu spät das Wort erteilt werde, obwohl sie sich bereits zeitig für eine Worterteilung angemeldet hatten, und stattdessen institutionelle Großanleger und Aktionärsvereinigungen auf der Rednerliste nach vorne gesetzt wurden.[744] Dennoch wurde dies von der h. M. durchweg als zulässig erachtet, denn es kann erwartet werden, dass durch diese Frage- und Redebeiträge Fragen anderer Aktionäre oftmals obsolet werden, was der Verfahrensökonomie förderlich ist.[745] Hieran ändert sich durch das UMAG nichts.[746]

Vielmehr zeigt die oben angeführte Diskussion zur Differenzierung nach Kapitalanteilen, insbesondere für den Kleinaktionär, dass grundsätzlich auch bei der Priorität einzelner Redner nach diesem neutralen, objektiven Kriterium differenziert werden darf.[747] Dieselben Argumente sprechen dafür, auch bei der Festlegung der Reihenfolge der Worterteilung die jeweilige

---

[743] So *Noack*, in: VGR 2004, 2005, S. 37 (46) unter Bezugnahme auf *Hemeling*, AG 2004, S. 262 (262).

[744] Dazu *Semler*, in: Semler/Volhard, ArbHdb HV, 2. Aufl. 2003, § 13 Rn. 10 m. w. N.

[745] *Fischer*, in: Semler/Volhard, ArbHdb HV, 2. Aufl. 2003, § 11 Rn. 95; *Kubis*, in: MüKo AktG, 2. Aufl. 2004, § 119 Rn. 135 m. w. N.; *Schaaf*, Praxis der HV, 2. Aufl. 1999, Rn. 456; *Hennerkes/Kögel*, DB 1999, S. 81 (83).

[746] *Seibert*, WM 2005, S. 157 (161).

[747] Vgl. Seite 137 ff.

Kapitalbeteiligung zu berücksichtigen und Aktionäre mit einer höheren Kapitalbeteiligung entsprechend zu priorisieren. Dies ist vor allem aus Gründen der verfahrensökonomischen Verhandlungsleitung zu rechtfertigen, da hierdurch die gewichtigen Meinungsträger und Meinungsmultiplikatoren zu einem frühen Zeitpunkt an der Diskussion teilnehmen können, um ihre Position darzulegen. Ein solches Vorgehen entspricht grundsätzlich auch den Interessen der übrigen Aktionäre. Denn Aktionäre mit einem höheren Beteiligungsgewicht[748] üben zumeist entscheidenden Einfluss auf die Geschicke der Aktiengesellschaft aus, und es ist für Aktionäre mit geringer Beteiligung von Vorteil, über deren Position bereits früh während der Hauptversammlung ins Bild gesetzt zu werden, um deren Argumente prüfen und sich in der Folge argumentativ mit diesen auseinander setzen zu können.[749] Diese fokussierte Auseinandersetzung mit den für die Abstimmung entscheidenden Punkten ist es, die eine Anhebung der Diskussionskultur nach sich ziehen kann und auf einer Linie mit den Regelungszielen des UMAG liegt.[750] Die Differenzierung ist sachlich begründet. Das verkennt die deshalb abzulehnende Ansicht *Henns*, der eine Reihenfolge nach dem Zeitpunkt der Wortmeldungen verlangt, und bei einer wie hier vorgeschlagenen abweichenden Priorität zu einem die Anfechtbarkeit gemäß § 243 Abs. 1 AktG begründenden Verstoß kommt.[751] Die bisher schon geltenden Grundsätze zur Priorisierung gelten mithin fort, es kann aber nunmehr zusätzlich eine zeitlichen Priorisierung unter Orientierung an der Kapitalbeteiligungshöhe vorgenommen werden.

Nicht in Zweifel gezogen werden kann indes, dass der Gleichbehandlungsgrundsatz gemäß § 53a AktG es weiterhin untersagt, missliebige, bekannt unangenehme oder opponierende Aktionäre aus diesen Gründen, unabhängig vom Zeitpunkt ihrer Wortmeldung, erst nachrangig zu berücksichtigen und auf der Rednerliste nach hinten zu stufen.[752]

cc. Möglicher Zeitpunkt für eine Begrenzung – auch von Beginn an?

Bei der Auslegung des Begriffs der Angemessenheit und damit der Beurteilung der Verhältnismäßigkeit einer begrenzenden Maßnahme stellt sich schließlich die Frage, wann ein entsprechender zeitlicher Rahmen durch den Hauptversammlungsleiter verfügt werden kann. Der Gesetzeswortlaut selbst liefert keine Anhaltspunkte und, wie oben gezeigt, stünde einer Begrenzung von Beginn an ein *ultima-ratio*-Grundsatz jedenfalls nicht entgegen.[753]

Ein Blick auf die bisherige Rechtslage bei der Beschränkung des Rederechts vor Inkrafttreten des § 131 Abs. 2 S. 2 AktG könnte bei der Beantwortung der Fragestellung auch hier eine Orientierungshilfe sein. Eine ohne Rücksicht auf den jeweiligen Fall rein vorsorglich angeordnete Redezeitbeschränkung von Beginn an, war danach bisher unzulässig.[754] Eine sachliche

748 In der Regel Mehrheitsaktionäre, Depotbanken und Aktionärsvereinigungen, die mit ihrer Stimmrechtsvertretung meist einen beachtlichen Anteil halten.

749 *Fischer*, in: Semler/Volhard, ArbHdb HV, 2. Aufl. 2003, § 11 Rn. 95 Fn. 161, der zu Recht auch noch darauf hinweist, dass den Aktionären mit großen Aktienpaketen auch von Seiten der übrigen Aktionäre aufgrund deren Erfahrung eine besondere Kompetenz zugemessen wird.

750 Vgl. Seite 81 ff.

751 Vgl. *Henn*, Handbuch des Aktienrechts, 7. Aufl. 2002, Rn. 812 m. w. N.

752 Das war schon bisher h. M., vgl. *Fischer*, in: Semler/Volhard, ArbHdb HV, 2. Aufl. 2003, § 11 Rn. 95 m. w. N.; *Martens*, Leitfaden, 3. Aufl. 2003, S. 82 f.; *Mülbert*, in: GroßK AktG, 4. Aufl. 1999, Vor §§ 118-147 Rn. 110; *Stützle/Walgenbach*, ZHR 155 (1991), S. 516 (527f.).

753 Vgl. Seite 124 ff.

754 LG Köln, Urt. v. 6.7.2005 - AG 2005, S. 696 (698f.) m. w. N.

Rechtfertigung dieses Eingriffs in das Mitgliedschaftsrecht der Aktionäre scheiterte an der fehlenden Notwendigkeit der ergriffenen Maßnahme.

Ermöglicht der Gesetzgeber im Falle einer Ermächtigung gemäß § 131 Abs. 2 S. 2 AktG nun die Zusammenlegung des Frage- und Rederechts, könnte gefolgert werden, dass bei erfolgter Zusammenlegung und Begrenzung grundsätzlich nichts anderes gilt. Begründen ließe sich dies im Wege eines Erst-Recht-Schlusses dahin, dass durch den Einschluss des für den Aktionär bedeutenden individuellen Auskunftsrechts eine Beschränkung bereits zu Beginn der Hauptversammlung, ohne dass konkrete Anhaltspunkte eine Begrenzung erfordern würden, einen Eingriff in das verfassungsrechtlich verbürgte Auskunfts- und Rederecht ohne Bedürfnis und ohne Not bedeuten würde. Eine rein präventiv angeordnete Begrenzung von Anfang an wäre bei dieser Argumentation unverhältnismäßig und insgesamt nicht mehr angemessen i. S. v. § 131 Abs. 2 S. 2 AktG.

Dies übersieht aber die gesetzgeberische Intention bei Schaffung des § 131 Abs. 2 S. 2 AktG. Die hauptversammlungsbezogenen Rechtsbefehle müssen stets vor dem Gebot der Hauptversammlungseffizienz ausgelegt werden. § 131 Abs. 2 S. 2 AktG soll die Möglichkeiten des Versammlungsleiters erweitern, um zu einer zeitlichen wie inhaltlichen Strukturierung der Hauptversammlung mit dem Ergebnis einer Optimierung der Diskussionskultur gelangen zu können. Das Instrument der Frage- und Redezeitbeschränkung kann zur Erfüllung dieser Aufgaben vom Versammlungsleiter nur dann wirksam eingesetzt werden, wenn er hierauf bereits zu Beginn zurückgreifen kann. Der hiermit verbundene Eingriff in die Aktionärsrechte wird dadurch gerechtfertigt, dass die Frage- und Redezeitbegrenzung zu jedem Zeitpunkt in zeitlicher Hinsicht angemessen sein muss, so dass sich der Versammlungsleiter bei der Bemessung stets an der konkreten Rednerliste orientieren und den für den gesamten Hauptversammlungsverlauf oder den einzelnen Tagesordnungspunkt abgesteckten zeitlichen Rahmen immer im Blick haben muss.[755] Eine „Überstraffung" der Hauptversammlung darf nicht die Folge der Frage- und Redezeitbeschränkung sein.

Jedenfalls bei börsennotierten Unternehmen wird zudem die Praxis zeigen, dass die Abwicklung einer „normalen" Hauptversammlung innerhalb der gesetzgeberisch anvisierten Regelzeit, aber auch die einer „hitzigen" Strukturhauptversammlung innerhalb der höchstzumutbaren Dauer oftmals nur möglich sein wird, wenn bereits zu Beginn der Hauptversammlung eine Frage- und Redezeitbeschränkung vorgegeben wird.[756]

Damit zeigt sich im Umkehrschluss zugleich, dass, wenn schon eine Begrenzung des Frage- und Rederechts zu Beginn möglich ist, der Versammlungsleiter zu jedem Zeitpunkt zu der Anordnung einer Frage- und Redezeitbeschränkung auf Grundlage der Ermächtigung berechtigt ist.[757] Es kommt daher auch der Wortbeitrag des einzelnen Aktionärs als Zeitpunkt für eine begrenzende Maßnahme in Frage.[758]

---

755 Zutreffend *Bungert*, in: VGR 2004, 2005, S. 59 (83 f.).

756 *Bungert*, in: VGR 2004, 2005, S. 59 (83).

757 *Göz/Holzborn*, WM 2006, S. 157 (163); *Seibert*, WM 2005, S. 157 (160); *Weißhaupt*, ZIP 2005, S. 1766 (1769).

758 *Holzborn/Bunnemann*, BKR 2005, S. 51 (54); *Weißhaupt*, ZIP 2005, S. 1766 (1768).

4. (Verfassungskonforme) Auslegung des Merkmals der „Angemessenheit" i. S. v. § 131 Abs. 2 S. 2 AktG bei nicht börsennotierten Aktiengesellschaften

Die bisherigen Ausführungen zur verfassungskonformen Auslegung des Angemessenheitsbegriffs des § 131 Abs. 2 S. 2 AktG beschränkten sich auf die börsennotierte Aktiengesellschaft. Es stellt sich daher die Frage, inwieweit eine Frage- und Rederechtsbeschränkung gemäß einer Ermächtigung nach § 131 Abs. 2 S. 2 AktG auch in nicht börsennotierten Aktiengesellschaften angemessen und damit möglich wäre. Denn eine positivrechtliche Unterscheidung dahingehend, dass § 131 Abs. 2 S. 2 AktG nur für eine börsennotierte Aktiengesellschaft anzuwenden wäre, hat der Gesetzgeber nicht vorgenommen. Im Grundsatz ist davon auszugehen, dass § 131 Abs. 2 S. 2 AktG auch für eine nicht börsennotierte Aktiengesellschaft Anwendung findet. Dies trotz der Tatsache, dass sich bei der nicht börsennotierten Aktiengesellschaft eine weitgehend andere Ausgangssituation wiederfindet. In ihrer Realstruktur und ihrem Ablauf der Hauptversammlung unterscheidet sie sich grundlegend von der börsennotierten Aktiengesellschaft.[759] Auch soweit die bestehenden Missstände beschrieben worden sind, sind diese bei einer nicht börsennotierten Aktiengesellschaft weit weniger ausgeprägt, wenngleich sie nicht vollständig ausbleiben.[760]

Die Unterschiede börsennotierter und nicht börsennotierter, insbesondere der kleinen, Aktiengesellschaften geben dennoch Veranlassung dazu, mit Hilfe einer entsprechenden Auslegung diesen Abweichungen gerecht zu werden.[761] Dabei ist die in nicht börsennotierten Aktiengesellschaften oftmals vorherrschende personalistische Prägung besonders zu berücksichtigen.[762] Die meist auf einen kleinen Gesellschafterkreis beschränkte Hauptversammlung läuft in aller Regel unkomplizierter, reibungsloser und unspektakulärer und zumeist auch ohne strenge Einhaltung von strengen Formalien ab.[763]

In einer nicht börsennotierten kleinen Aktiengesellschaft, die zumeist personalistisch geprägten GmbHs ähneln, gibt es in der Regel keine atomistisch beteiligten Kleinstaktionäre, sondern aufgrund der geringen Anzahl von Gesellschaftern ohne Publikumsstreubesitz halten diese grundsätzlich auch eine gewichtige Beteiligung. Einhergehend damit weisen diese Aktionäre naturgemäß auch ein nicht unerhebliches unternehmerisches Interesse auf. Dies führt dazu, dass es Missbrauchsproblematiken wegen der in der Regel gleichförmig verlaufenden Aktionärsinteressen mit den Gesellschaftsinteressen an einem wirtschaftlichen Erfolg und mit dem Zweck der Kapitalwertmaximierung der eigenen Beteiligung grundsätzlich nicht gibt. Da bei nicht börsennotierten Aktiengesellschaften eine entsprechende Publikumswirkung ebenfalls nicht besteht, bietet die Hauptversammlung auch kein entsprechendes Podium für die Verwirklichung eigensüchtiger Ziele. Für eine Begrenzung des Frage- und Rederechts besteht daher in aller Regel kein Bedürfnis.

Dies hat der Gesetzgeber erkannt, weshalb bei Schaffung des § 131 Abs. 2 S. 2 AktG in erster Linie an die börsennotierte Aktiengesellschaft gedacht wurde.[764] Denn als Teil einer

---

759 *Friedewald*, Personalistische Aktiengesellschaft, 1991, S. 3 ff.; *Decher*, in: GroßK AktG, 4. Aufl. 2001, § 131 Rn. 47 m. w. N.

760 Vgl. Seite 76 ff.

761 So auch *Seibert*, WM 2005, S. 157 (161).

762 Zum Begriff der personalistischen Aktiengesellschaft vgl. *Friedewald*, Personalistische Aktiengesellschaft, 1991, S. 8 ff.

763 Zur Hauptversammlung einer kleinen Aktiengesellschaft vgl. ausführlich *Hölters/Deilmann/Buchta*, Die kleine Aktiengesellschaft, 2. Aufl. 2002, S. 93 ff.; sowie zum typischen Ablauf *Ek*, Leitfaden, 2005, S. 1.

764 *Seibert*, WM 2005, S. 157 (161).

Anpassung der aktienrechtlichen Rahmenbedingungen an die strukturellen Veränderungen bei den börsennotierten Aktiengesellschaften soll § 131 Abs. 2 S. 2 AktG dazu beitragen, die Kapitalmarktkultur in Deutschland und die Verbreitung der Aktie als Anlageinstrument in weiten Bevölkerungsschichten zu fördern.[765] Nicht börsennotierte kleine Aktiengesellschaften sind indes für eine Beteiligung weiter Kreise der Bevölkerung am Produktivvermögen nicht in gleicher Weise geeignet. Zudem fehlt es den Aktionären einer nicht börsennotierten und damit kapitalmarktfernen Aktiengesellschaft an den Schutz- und Kontrollmechanismen aus dem Kapitalmarktrecht. Ein den börsennotierten Aktiengesellschaften entsprechend hohes Informationsniveau, gewährleistet durch kapitalmarktrechtliche Regelungen, und eine Kontrolle durch den Kapitalmarkt selbst gibt es für diese nicht.[766] Aktionäre kapitalmarktferner Aktiengesellschaften sind deshalb auf das individuelle Auskunftsrecht des § 131 Abs. 1 S. 1 AktG eher angewiesen als Aktionäre börsennotierter Aktiengesellschaften.

Dies gilt umso mehr, als die Aktionäre einer nicht börsennotierten Aktiengesellschaft, im Gegensatz zu den Kleinaktionären einer börsennotierten Aktiengesellschaft, eher in der Lage sind, die eigenen subjektiven unternehmerischen Ziele objektiv umzusetzen und zu verfolgen. Hierzu versetzt sie die höhere Beteiligungsquote faktisch in die Lage. Ihre verfassungsrechtlich geschützten Mitgliedschaftsrechte drängen daher stärker in den Vordergrund. Der oben herausgearbeitete Unterschied des Anteilseigentums,[767] aufgrund der Einschränkung in seinem freien Gebrauch, zum Sacheigentümer oder Unternehmer-Eigentümer ist in dieser Form der Aktiengesellschaft bei weitem nicht so deutlich herausgebildet wie bei einer börsennotierten Aktiengesellschaft. Zwar unterwirft sich der Aktionär mit dem Erwerb der Aktienanteile auch hier den gesellschaftsrechtlichen Beschränkungen und kann seine unmittelbaren eigentumsspezifischen Verfügungsbefugnisse nur über die Wahrnehmung seiner mitgliedschaftlichen Rechte in der Aktiengesellschaft verfolgen. Allerdings sind die, in die Interessenabwägung einzubeziehenden, eigenen Interessen der nicht börsennotierten Aktiengesellschaft[768] – vor allem an ihrer Funktionsfähigkeit und Attraktivität für Investoren – aufgrund der weitgehend fehlenden Missstände nicht derart hoch zu gewichten wie zuvor bei der börsennotierten Aktiengesellschaft.

Eine Abwertung des Informationsbedürfnisses der Aktionäre einer kapitalmarktfernen Aktiengesellschaft durch einen, mit einer Frage- und Redezeitbeschränkung auf Grundlage des § 131 Abs. 2 S. 2 AktG einhergehenden, Eingriff in ihre Eigentumsposition wäre, ausgestaltet wie bei einer börsennotierten Aktiengesellschaft, nicht verhältnismäßig. Die für börsennotierte Aktiengesellschaften vorgenommene Neubewertung des Auskunftsrechts und die entwickelten Maßstäbe können daher nicht auf die nicht börsennotierte Aktiengesellschaft übertragen werden.[769]

Im Ergebnis beschränkt sich die unter dem Vorbehalt der Angemessenheit stehende Möglichkeit der Frage- und Rederechtsbegrenzung bei der nicht börsennotierten Aktiengesellschaft auf die Ausnahmefallgestaltungen der missbräuchlichen Handhabung des Frage- bzw. Rederechts.[770] In allen anderen Fällen fehlt es regelmäßig an der notwendigen Angemessenheit i. S. v. § 131 Abs. 2 S. 2 AktG. Bei Missbrauch war aber schon bisher die Versagung des

765 Begr. RegE UMAG, BT-Drucks. 15 /5092, S. 21.
766 *Decher*, in: GroßK AktG, 4. Aufl. 2001, § 131 Rn. 48 m. w. N.
767 Vgl. zum Ganzen Seite 36 ff.
768 Vgl. zum Ganzen Seite 36 ff.; *Schmidt-Aßmann*, in: FS Badura, 2004, S. 1009 (1019).
769 So auch *Seibert*, WM 2005, S. 157 (161).
770 Zutreffend *Seibert*, WM 2005, S. 157 (161).

dem Aktionär zustehenden Rechts möglich,[771] so dass der Regelungsgehalt des § 131 Abs. 2 S. 2 AktG bei nicht börsennotierten kleinen Aktiengesellschaften gegen Null tendiert.

IV. Individuell ansetzende Ordnungsmaßnahmen des Versammlungsleiters zur Durchsetzung der Frage- und Redezeit

1. Möglichkeiten für den Versammlungsleiter

Zur Umsetzung der angeordneten Frage- und Redezeitbeschränkung stehen dem Versammlungsleiter, unter dem Vorbehalt der Berücksichtigung der Kriterien der Erforderlichkeit, Verhältnismäßigkeit und Gleichbehandlung gemäß § 53a AktG im Rahmen der pflichtgemäßen Ausübung seines Ermessens, die bekannten individuellen Ordnungsmaßnahmen zur Verfügung.[772] Zwar sollten sich die Aktionäre schon aus Gründen der Fairness gegenüber den anderen Aktionären an die vorgegebene Beschränkung halten. Dennoch wird ein entsprechender Appell des Versammlungsleiters vor Beginn der Diskussion immer noch sinnvoll sein, da in der Praxis schon bislang stets Fälle des Überziehens der bis dato nur möglichen Redezeitbeschränkung auftraten. Ist die Frage- und Redezeitbeschränkung abgelaufen, ist der Aktionär vom Versammlungsleiter zeitnah, d. h. in einem im Verhältnis zum gewährten Zeitkontingent sehr kurzen Zeitraum, unmittelbar darauf hinzuweisen.[773] Dem Aktionär ist die Möglichkeit einzuräumen, den bereits begonnenen Gedankengang binnen weniger Sätze zu Ende zu führen oder die angefangene Frage zu Ende zu formulieren. Kommt der Aktionär der Ermahnung nicht nach, so kann ihm in der Folge das Wort entzogen werden.[774] Zweckmäßig zur Durchsetzung des Wortentzuges, als Vollzugsmaßnahme[775] hinsichtlich der Missachtung der Frage- und Redezeitbeschränkung ist es, dem Aktionär das Mikrofon abzuschalten. Führt auch der Wortentzug nicht zum Ziel, bleibt dem Versammlungsleiter als *ultima ratio* die Möglichkeit, den Aktionär vorübergehend des Saales zu verweisen und schließlich aus der Hauptversammlung zu entfernen.[776] Gerechtfertigt kann ein solch tief greifender Eingriff in die Mitgliedschaftsrechte aber nur werden, wenn ansonsten der ordnungsgemäße Ablauf der Hauptversammlung nicht gewährleistet werden kann.[777]

---

[771] Zum Missbrauch des Auskunftsrechts vgl. nur *Hüffer*, AktG, 8. Aufl. 2008, § 131 Rn. 33 ff. m. umf. N.

[772] Einhergehend mit BVerfG, Beschl. v. 20.9.1999 - AG 2000, S. 74 (74f.) sind diese Maßnahmen als zulässige Inhalts- und Schrankenbestimmungen des Auskunftsrechts einzustufen. Zu den individuell greifenden Ordnungsmaßnahmen vgl. statt aller *Fischer*, in: Semler/Volhard, ArbHdb HV, 2. Aufl. 2003, § 11 Rn. 174 ff.; *Kubis*, in: MüKo AktG, 2. Aufl. 2004, § 131 Rn. 158 ff.; *Schaaf*, Praxis der HV, 2. Aufl. 1999, Rn. 579 ff. je m. w. N.

[773] Zum Ablauf einer Redezeitbeschränkung i. d. S. *Grüner*, NZG 2000, S. 770 (774); *Siepelt*, AG 1995, S. 254 (257); *Schaaf*, Praxis der HV, 2. Aufl. 1999, Rn. 558c.

[774] Allg. Meinung zur Rederechtsbeschränkung, vgl. BGH, Urt. v. 11.11.1965 - BGHZ 44, S. 245 (247 f.); *Siepelt*, AG 1995, S. 254 (259); bei einer Redezeitbegrenzung wurde für einen zulässigen Wortentzug grds. eine mehrmalige, das heißt unter Rückgriff auf § 37 GOBT eine dreimalige Ermahnung mit einem Hinweis auf den drohenden Wortentzug mit der zweiten Ermahnung verlangt, vgl. *Grüner*, NZG 2000, S. 770 (774).

[775] LG Stuttgart, Urt. v. 27.4.1994 - AG 1994, S. 425 (426 f.).

[776] BGH, Urt. v. 11.11.1965 - BGHZ 44, S. 245 (248).

[777] *Schaaf*, Praxis der HV, 2. Aufl. 1999, Rn. 592, 596; aus diesem Grunde empfiehlt es sich, auf einer Hauptversammlung stets zwei Rednerpulte für die Aktionärsbeiträge bereit zu halten. Denn selbst wenn der Aktionär nicht freiwillig das Rednerpult verlässt, kann durch das Abschalten des Mikrofons und das Auftreten des nächsten Aktionärs unter verstärkender Zuhilfenahme des zweiten Mikrofons der renitente Aktionär faktisch nicht mehr gegen den nächsten anreden. In der Regel wird ihn dies schon von weiteren Ausführungen abhalten, so dass er wegen der akustischen Aussichtslosigkeit von selbst ablässt und im Ergebnis dem Versamm-

– FORTSETZUNG NÄCHSTE SEITE –

Der notwendige Rückgriff auf die individuellen Ordnungsmaßnahmen zeigt, dass die Durchsetzung einer Frage- und Redezeitbeschränkung gegenüber einem renitenten Aktionär im Einzelfall schwierig sein kann und genügend Konfliktpotenzial für den Versammlungsleiter verbleibt.[778] Denn verletzt der Versammlungsleiter mit einer unzulässigen (individuellen) Ordnungsmaßnahme zur Durchsetzung der Begrenzung die Aktionärsrechte, kann dies die Anfechtbarkeit der betroffenen Beschlüsse bewirken.[779]

Gänzlich auszuschließen ist das Anfechtungsrisiko bei einer Frage- und Redezeitbeschränkung mithin nicht.

2. Verlust der Frage- und Redezeitbeschränkung

Im Zusammenhang mit der Durchsetzung einer angeordneten Frage- und Redezeitbeschränkung stellt sich die Frage, ob der Versammlungsleiter der Frage- und Redezeitbeschränkung verlustig geht, wenn er diese bei einer Überschreitung nicht einheitlich und konsequent durchsetzt. Bereits für eine Redezeitbeschränkung war anerkannt, dass, sobald diese Beschränkung gegenüber einem Aktionär auf bestimmte Art und Weise durchgesetzt bzw. nicht durchgesetzt wurde, dies aufgrund des Gleichbehandlungsgrundsatzes gemäß § 53a AktG auch für und gegen allen anderen Aktionären in gleicher Art und Weise gilt.[780] Gleichbehandlungsmaßstab ist wiederum das Kopfprinzip.[781] Dies bedeutet, dass in den Fällen, in denen der Versammlungsleiter die Frage- und Redezeitbeschränkung gemäß § 131 Abs. 2 S. 2 AktG gegenüber einzelnen Aktionären gar nicht durchsetzt, er sich auch gegenüber den nachfolgenden Aktionären nicht mehr auf die angeordnete Frage- und Redezeitbeschränkung berufen darf.[782] Der Gleichbehandlungsgrundsatz des § 53a AktG zwingt bei einer zeitlichen Verzögerung der Durchsetzung letztlich zu einer entsprechenden Verlängerung der Frage- und Redezeit auch für die folgenden Aktionäre, was aber andererseits eine Ungleichbehandlung gegenüber den schon aufgetretenen Aktionären darstellen kann. Achtet der Versammlungsleiter nicht von Anfang an auf eine genaue Einhaltung der Beschränkung, kann es mithin zu einer „Verwässerung“ der ursprünglich angeordneten Beschränkung kommen, welche die Effektivität der Frage- und Redezeitbeschränkung einschränkt. In der Praxis ist dies vom Versammlungsleiter durch eine konsequente Umsetzung der Frage- und Redezeitbeschränkung zu vermeiden.

Soll dennoch eine Beschränkung gegenüber Einzelnen gar nicht bzw. später durchgesetzt werden, benötigt der Versammlungsleiter für diese Differenzierung, wie für jede objektive Ungleichbehandlung, einen sachlichen Grund.[783] Richtigerweise nimmt *Bungert* einen sachlichen Grund an, wenn sich der Redner bzw. Fragesteller als Einziger zum ersten Mal äußert und zum gleichen Zeitpunkt alle anderen Redner schon wiederholt Gelegenheit zur Äußerung

lungsleiter ein Rückgriff auf das äußerste Mittel des Saalverweises erspart bleiben kann. Mit einem illustrativen Beispiel vgl. *Lehmann,* in: Timm, Mißbräuchliches Aktionärsverhalten, 1990, S. 51 (56).

778 *Lehmann,* in: Timm, Mißbräuchliches Aktionärsverhalten, 1990, S. 51 (56) zur Redezeitbeschränkung.

779 *Kubis*, in: MüKo AktG, 2. Aufl. 2004, § 131 Rn. 165 m. w. N.

780 *Lutter/Zöllner,* in: KölnKomm, 2. Aufl. 1988, § 53a Rn. 75; *Schaaf,* ZIP 1997, S. 1324 (1327); *ders.*, Praxis der HV, 2. Aufl. 1999, Rn. 558c; *Fischer*, in: Semler/Volhard, ArbHdb HV, 2. Aufl. 2003, § 11 Rn. 179.

781 Vgl. Seite 134 ff. sowie statt aller *Fischer*, in: Semler/Volhard, ArbHdb HV, 2. Aufl. 2003, § 11 Rn. 179; *Zöllner*, in: KölnKomm AktG, 1985; § 119, Rn. 91.

782 Zutreffend *Bungert*, in: VGR 2004, 2005, S. 59 (84 f.).

783 Vgl. Seite 138 ff.

erhalten hatten.[784] Diese Fallkonstellation wird aber, vor allem bei einer börsennotierten Aktiengesellschaft, in der Praxis die Ausnahme bleiben.

Eine Differenzierung nach dem Beteiligungsgewicht kommt bei der Durchsetzung der Beschränkung nicht in Frage. Zwar kann das Frage- und Rederecht des Kleinaktionärs wegen der geringen Beteiligungshöhe zeitlich stärker eingeschränkt werden.[785] Im Rahmen der Durchsetzung der Beschränkung greift dieser Differenzierungsgrund indes nicht Platz. Es fehlt an einem sachlichen Grund dafür, bei der Durchsetzung der Beschränkung gegenüber einem Mehrheits- bzw. Großaktionär nachsichtiger zu handeln, ohne sich zugleich bei der Durchsetzung der Beschränkung gegenüber den Kleinanlegern zu binden. Es reicht aus, der unterschiedlichen Bedeutung beider Aktionärsgruppen wird mit der Differenzierung bei der Zuteilung der Zeitkontingente bereits Rechnung zu getragen. Diese gerechte Verteilung der für die Hauptversammlung zur Verfügung stehenden Zeit darf nicht dadurch weiter zu Lasten der Interessen der Kleinaktionäre verschoben werden, dass auch bei der Durchsetzung anhand der Beteiligungshöhe differenziert wird. Dies wäre ein Eingriff in die Mitgliedschaftsrechte ohne Not. Denn die zeitliche und inhaltliche Strukturierung der Hauptversammlung wird hinreichend durch die unterschiedliche Bemessung der Zeitkontingente gewährleistet. Die Durchsetzung muss daher gegenüber beiden Aktionärsgruppen auf gleiche Art und Weise geschehen.

Man gelangt zu dem Ergebnis, dass der Versammlungsleiter, möchte er sich wegen einer fehlenden bzw. zu späten Durchsetzung der Frage- und Redezeitbeschränkung ohne sachlichen Grund der Effektivität der Beschränkung nicht begeben oder die Beschränkung sogar ganz einbüßen, auf eine penible Einhaltung der Frage- und Redezeitbeschränkung achten muss und nicht davor zurückschrecken darf, diese auch konsequent und mit der gebotenen Strenge unter Zuhilfenahme der ihm zur Verfügung stehenden Mittel durchzusetzen.

V. Folgeprobleme der Frage- und Redezeitbeschränkung gemäß § 131 Abs. 2 S. 2 AktG

1. Mögliche Umgehungsszenarien

Die Möglichkeit des Versammlungsleiters, auf der Grundlage einer Ermächtigung i. S. v. § 131 Abs. 2 S. 2 AktG eine angemessene Begrenzung der Frage- und Redezeit anzuordnen, ist, wie gezeigt, ein wichtiger und notwendiger Schritt für die Steigerung der Hauptversammlungseffizienz und -attraktivität. Es bleibt aber zu untersuchen, ob gangbare Möglichkeiten der Umgehung durch einzelne Aktionäre bestehen, deren Bestehen die Effektivität einer Frage- und Redezeitbeschränkung konterkarieren würden. Es sind deshalb mögliche Ansatzpunkte für eine Umgehung zu beleuchten.

Dabei stellt sich weniger das Problem, dass es für einen geübten Aktionär ohne weiteres möglich ist, in nur wenigen Minuten regelrechte Fragenkaskaden im Stile einer „Schnellfeuerwaffe“ anzubringen. Denn hält sich der Aktionär innerhalb des vorgegebenen Zeitkontingents, steht es ihm frei, ob und wie er dieses Zeitkontingent ausfüllen möchte. Es handelt sich um eine zulässige Wahrnehmung seiner Aktionärsrechte. Eine Kontingentierung der Fragen-

[784] *Bungert*, in: VGR 2004, 2005, S. 59 (85).
[785] Seite 137 ff.

anzahl[786] wurde vom Gesetzgeber bewusst nicht vorgesehen. Daher gilt grundsätzlich: Erst wenn der Aktionär die schon bisher und auch neben § 131 Abs. 2 S. 2 AktG geltenden Grenzen der missbräuchlichen Rechtsausübung übertritt, indem er Fragenkataloge vorbringt,[787] deren Beantwortung den Vorstand und die übrigen Aktionäre unzumutbar belasten und eine sachgerechte Behandlung der weiteren Tagesordnungspunkte, d. h. den ordnungsgemäßen Ablauf der Hauptversammlung, gefährden würde, verlässt er den Rahmen der zulässigen Wahrnehmung seines Aktionärsrechts.[788] Dieses Verhalten ist vom Versammlungsleiter nach den bisher geltenden Grundsätzen zu unterbinden.[789] Allein das Vorbringen einer Vielzahl an Fragen, ohne missbräuchlichen Charakter, kann daher nicht als Versuch der Umgehung des § 131 Abs. 2 S. 2 AktG deklariert und mit etwaigen Sanktionen belegt werden. Letztlich können so Vielfrager durch § 131 Abs. 2 S. 2 AktG zwar nicht *per se* vermieden werden. Dennoch trägt § 131 Abs. 2 S. 2 AktG einen wesentlichen Teil zur Entschärfung der durch die Vielfrager verursachten Schwierigkeiten bei, indem dem Versammlungsleiter mit der Anordnung einer Frage- und Redezeitbeschränkung ermöglicht wird, den Vielfrager auf den Ablauf des vorgesehenen Zeitkontingents zu verweisen,[790] ohne dass sich der Versammlungsleiter entsprechenden Abgrenzungsschwierigkeiten und damit einhergehenden wesentlichen Anfechtungsrisiken auszusetzen braucht.[791]

Für einen Aktionär, der eine Umgehung anstrebt, ist es auf den ersten Blick nahe liegend zu versuchen, die Begrenzung dadurch auszuhebeln, dass er entweder mehrere Vollmachten zur Teilnahme an der Hauptversammlung an „Gleichgesinnte“ ausstellt und diesen ein Recht zur Teilnahme an der Hauptversammlung mit entsprechendem Auskunftsrecht verschafft, oder selbst als Vertreter mehrerer Aktionäre auftritt und für jeden einzelnen das Auskunftsrecht ausübt.

Unbestritten ist, dass der Aktionär, wegen der fehlenden Höchstpersönlichkeit des Teilnahmerechts, auch Dritte im Wege einer gewillkürten Stellvertretung bzw. einer Legitimationszession[792] zur Teilnahme an der Hauptversammlung bevollmächtigen bzw. ermächtigen kann.[793] Diese erlangen in der Folge zwar kein eigenes Teilnahmerecht, ihnen wird aber ermöglicht, das Teilnahmerecht des Aktionärs und damit grundsätzlich auch das Auskunfts- und Rederecht auszuüben.[794] Eine Vertretung im Rahmen des Auskunftsrechts ist daher, grundsätzlich in offener wie verdeckter Weise, möglich.[795] Insbesondere wenn eine Stimmrechts-

---

786 So vorgeschlagen von der Regierungskommission Corporate Governance, Regierungskommission „Corporate Governance“, BT-Drucks. 14/7515, Rn. 106.

787 Zur Beurteilung ihres Umfanges vgl. Nachweise in Fn. 270

788 Ein in der Praxis unergiebiger Streit besteht darüber, ob die Beantwortung der vorgetragenen Fragen *„nicht erforderlich“*, vgl. *Quack*, AG 1985, S. 145 (148), *„missbräuchlich“*, vgl. *Hüffer*, AktG, 8. Aufl. 2008, § 131 Rn. 35 m. w. N., oder *„treuwidrig“*, vgl. OLG Frankfurt, AG 1984, S. 25 (26), ist.

789 BVerfG, Beschl. v. 20.9.1999 - AG 2000, S. 74 (75); *Hüffer*, AktG, 8. Aufl. 200, § 131 Rn. 33 m. w. N.

790 Dies zeigt wiederum die Notwendigkeit der Beschränkung der Auskunftsverlangen auf mündliches Vorbringen, da durch die Zulassung auch schriftlicher Auskunftsbegehren die Möglichkeit eines ein solchen Vorgehens konterkariert würde, vgl. hierzu Seite 103 ff.

791 Der bislang bestehende wunde Punkt einer Notwendigkeit der Orientierung des Versammlungsleiters bei der Fragerechtsbeschränkung an den aus der Natur der Sache folgenden Schranken des Fragerechts, deren Feststellung vielmehr mit Anfechtungsrisiken behaftet war, vgl. Seite 81 ff., wird wesentlich entschärft.

792 Aufgrund ihrer geringen praktischen Bedeutung und der gegebenen Möglichkeit, die Legitimationszession per Satzung zu untersagen, vgl. *Semler*, in: Münch Hdb GesR, Bd. 4, 3. Aufl. 2007, § 36 Rn. 19, soll im Folgenden die Bevollmächtigung im Vordergrund stehen.

793 Allg. Meinung, vgl. statt aller *Hüffer*, AktG, 8. Aufl. 2008, § 131 Rn. 4; *Meilicke/Heidel*, DStR 1992, S. 72 (73) je m. w. N.

794 Vgl. statt aller *Mülbert*, in: GroßK AktG, 4. Aufl. 1999, Vor § 118 Rn. 52.

795 *Saenger*, NJW 1992, S. 348 (350); *Hüffer*, AktG, 8. Aufl. 2008, § 131 Rn. 4 je m. w. N.

vollmacht gemäß § 134 Abs. 3 AktG erteilt wurde, beinhaltet diese, wegen der Bindung der Stimmrechtsausübung an die Hauptversammlung, das Recht des Dritten, das Teilnahmerecht des Aktionärs und im Zweifel auch die weiteren Mitverwaltungsrechte im Allgemeinen, vor allem das hier interessierende Auskunfts- und Rederecht im Speziellen, wahrzunehmen.[796]

Die Umgehungsproblematik mittels Vollmacht erlangt auch deshalb Bedeutung, weil diesem Problem nicht mit einem Ausschluss der Vertretung in Zusammenhang mit dem Auskunftsrecht beizukommen ist. Denn *de lege lata* ist dieser Weg über die Satzung wegen § 23 Abs. 5 S. 1 AktG versperrt[797] und eine Übertragung der Rechtsprechung zum Recht der Personengesellschaften, insbesondere wegen der Existenz der §§ 129 Abs. 3 S. 1, 134 Abs. 3 S. 1 AktG, abzulehnen.[798]

a. „Gesinnungsgleiche" Aktionäre als Aktionärsvertreter auf der Hauptversammlung

Die Möglichkeit, ein Teilnahmerecht durch entsprechende Vollmachten zu Gunsten mehrerer Bevollmächtigter zu begründen, könnte für einschlägige Aktionärsgruppen[799] dann eine Umgehungsmöglichkeit eröffnen, wenn es zulässig wäre, auch nur bzgl. eines Teiles des Aktienbesitzes Vollmachten zu erteilen. Der Aktionär könnte eine Aufspaltung des Teilnahmerechts und so auch des Frage- und Rederechts zu Gunsten des jeweils Bevollmächtigten herbeizuführen. Denkbar wäre, den Kreis der Teilnahmeberechtigten durch das Ausstellen entsprechender Vollmachten dadurch beliebig zu erweitern, dass der Aktionär so viele Vollmachten vergibt, wie sein Aktienbesitz es zulässt und er selbst für die Verfolgung seiner Ziele als notwendig erachtet.[800] Jedem Vertreter wäre dann grundsätzlich auch ein Frage- und Rederecht unter den vom Versammlungsleiter angeordneten Beschränkungen zuzugestehen, und eine vom Versammlungsleiter angeordnete Beschränkung könnte unterwandert werden.

Es war allerdings schon bisher umstritten, ob überhaupt eine Bevollmächtigung mehrerer Einzelaktionäre und eine damit einhergehende Aufteilung des Teilnahmerechts, inklusive der daraus abgeleiteten Mitverwaltungsrechte – wie des hier interessierenden Frage- und Rederechts –, möglich sein sollten.

Nach einer Ansicht ist eine Spaltung des Teilnahmerechts zuzulassen, ohne eine zahlenmäßige Beschränkung festzulegen, weshalb sich die Begrenzung nur aus der Anzahl der gehaltenen Aktien ergeben kann.[801]

Mit guten Gründen setzt sich *Hüffer* gegen eine Spaltung des Teilnahmerechts und für eine Beschränkung auf grundsätzlich nur einen Aktionär ein.[802] Tragende Begründung hierfür ist,

---

796 Zum bestehenden Streitpunkt hinsichtlich der Reichweite der Legitimation vgl. *Kubis*, in: MüKo AktG, 2. Aufl. 2004, § 131 Rn. 12 m. w. N.

797 Schon das Teilnahmerecht, aus denen das Auskunftsrecht abgeleitet wird, ist nicht ausschließbar, vgl. *Mülbert*, in: GroßK AktG, 4. Aufl. 1999, Vor § 118 Rn. 64 m. w. N.

798 Gerade die Existenz der §§ 129 Abs. 3 S. 1, 134 Abs. 3 S. 1 AktG lässt eine Übertragung nicht zu, vgl. *Hüffer*, AktG, 8. Aufl. 2008, § 131 Rn. 4.

799 Zu diesen vgl. ausführlich Seite 63 ff.

800 Zu dieser Umgehungsmöglichkeit im Zusammenhang mit einer Beschränkung auf eine bestimmte Anzahl an Fragen bereits *Reichert*, in: Hommelhoff/Lutter/Schmidt/Schön/Ulmer, Corporate Governance, 2002, S. 137 (139 f.).

801 Vgl. *Bärwaldt*, in: Semler/Volhard, ArbHdb HV, 2. Aufl. 2003, § 10 Rn. 30; *Großfeld/Spennemann*, AG 1979, S. 128 (131); *Mülbert*, in: GroßK AktG, 4. Aufl. 1999, Vor § 118 Rn. 53.

802 Vgl. *Hüffer*, AktG, 8. Aufl. 2008, § 134 Rn. 27, so auch *Lehmann*, in: Timm, Mißbräuchliches Aktionärsverhalten, 1990, S. 51 (54); *Schaaf*, Praxis der HV, 2. Aufl. 1999, Rn. 220a; ebenso nunmehr *Semler*, in:

– FORTSETZUNG NÄCHSTE SEITE –

dass das Teilnahmerecht, und damit auch das aus ihm abgeleitete Auskunft- und Rederecht, Hilfsrechte zur Mitgliedschaft sind, die sich auf die Person des Aktionärs und nicht auf den jeweiligen Aktienbesitz beziehen.[803] Dieser Ansicht kann nicht entgegengehalten werden, dass jede Aktie ein selbstständiges Mitgliedschaftsrecht begründe.[804] Richtig ist vielmehr, dass die Mitgliedschaft als solche zwar grundsätzlich aus der Aktie folgt und der Besitz mehrerer Aktien wegen der kapitalistischen Struktur eine entsprechende Vervielfältigung der nach dem Beteiligungsgewicht zu bemessenden Hauptrechte zur Folge hat, die Rechtszuordnung allerdings unabhängig von der Anzahl der Aktien stets zu der die Aktien haltenden Person erfolgt und in dieser Person die Mitgliedschaft ungeteilt besteht.[805] Der Gegenansicht ist somit zuzugeben, dass für das Stimmrecht gemäß § 134 Abs. 1 S. 1 AktG wegen des kapitalistischen Charakters der Aktiengesellschaft (vgl. § 1 Abs. 2 AktG) nicht die in der Person des Aktionärs angelegte Mitgliedschaft maßgeblich ist, sondern ein jeder Aktienanteil. Die mit mehreren Aktienanteilen einhergehende Möglichkeit des Aktionärs, eine uneinheitliche Stimmabgabe vorzunehmen,[806] kann aber nicht überzeugend als Argument dafür herangezogen werden, dass konsequenterweise auch mehrere Vertreter bestellt werden können müssen und ein Anspruch des Aktionärs auf deren Zulassung bestehen soll.[807] Denn auch wenn man den Aktionär grundsätzlich auf einen Vertreter beschränkt, steht es ihm frei, dem Vertreter entsprechende Anweisungen für die Wahrnehmung der Aktionärsrechte und damit auch für die (uneinheitliche) Stimmrechtsausübung zu erteilen. Zudem ist es gerade die Natur des Stimmrechts, dieses wegen seiner zahlenmäßigen Abstufbarkeit nach dem Kapitalprinzip zu bemessen und deshalb bei mehreren Stimmrechten auch eine uneinheitliche Abgabe zu ermöglichen, während es für die Hilfsrechte gerade nicht auf die Beteiligungshöhe des Aktionärs ankommt und sie jedem Aktionär aufgrund seiner unteilbaren[808] Mitgliedschaft einheitlich zustehen. Soweit angeführt wird, bei einer Interpretation als personenbezogenem Hilfsrecht stünde dem Aktionär in keinem Fall ein eigenes Teilnahmerecht zu,[809] ist anzumerken, dass dem Vertreter ohnehin nie ein *eigenes* Teilnahmerecht zustehen kann, sondern immer nur ein aus dem Teilnahmerecht des Aktionärs abgeleitetes.

Mülbert[810] befürchtet, dass es im Zuge der hier vertretenen Ansicht dazu kommt, dass der Aktionär, der nur hinsichtlich einer Aktie eine Vollmacht erteilt, sein Teilnahmerecht vollständig verliert und auf Grund dessen sein Stimmrecht für die übrigen Aktien, mangels Teilnahmeberechtigung, nicht wahrnehmen kann, bzw. dass die Personenbezogenheit der Teil-

---

Münch Hdb GesR, Bd. 4, 3. Aufl. 2007, § 36 Rn. 13 jedoch mit praktischen Zweifeln; wohl auch in diesem Sinne zu verstehen, wenngleich undeutlich *Martens*, Leitfaden, 3. Aufl. 2003, S. 34; ebenso, aber in der Rechtsfolge noch strikter, *Kubis*, in: MüKo AktG, 2. Aufl. 2004, § 118 Rn. 65;

803 Vgl. *Hüffer*, AktG, 8. Aufl. 2008, § 134 Rn. 27; *Schaaf*, Praxis der HV, 2. Aufl. 1999, Rn. 220a; *Kubis*, in: MüKo AktG, 2. Aufl. 2004, § 118 Rn. 65.

804 So aber *Bärwaldt*, in: Semler/Volhard, ArbHdb HV, 2. Aufl. 2003, § 10 Rn. 30; *Großfeld/Spennemann*, AG 1979, S. 128 (131); *Raiser/Veil*, Kapitalgesellschaften, 4. Aufl. 2006, § 9 Rn. 7.

805 Richtig *Kubis*, in: MüKo AktG, 2. Aufl. 2004, § 118 Rn. 65; *K. Schmidt*, Gesellschaftsrecht, 4. Aufl. 2002, S. 850. Die Unterscheidung von Haupt- und Hilfsrechten hat hier ihre Bedeutung, denn eine unreflektierte Übertragung des Arguments der kapitalistischen Natur der Aktiengesellschaft mit einem immer selbstständigen Mitgliedsrecht, vermittelt durch jede Aktie, würde eine Beurteilung auch der Hilfsrechte – und damit vor allem auch des Auskunftsrechts – nach Kapitalanteilen bedeuten. Denn konsequent zu Ende gedacht, würde jede Aktie jeweils ein eigenes Teilnahme-, Rede- oder Auskunftsrecht geben, womit zugleich bei Besitz mehrerer Aktien eine Anhäufung dieser Rechte in einer Person erfolgen müsste.

806 H. M., vgl. nur *K. Schmidt*, Gesellschaftsrecht, 4. Aufl. 2002, S. 849 f.

807 *Volhard*, in: MüKo AktG, 2. Aufl. 2004, § 134 Rn. 45; *Großfeld/Spennemann*, AG 1979, S. 128 (131).

808 *K. Schmidt*, Gesellschaftsrecht, 4. Aufl. 2002, S. 850.

809 So *Bärwaldt*, in: Semler/Volhard, ArbHdb HV, 2. Aufl. 2003, § 10 Rn. 30.

810 *Mülbert*, in: GroßK AktG, 4. Aufl. 1999, Vor § 118 Rn. 54.

nahme eines Vertreters selbst bei einer Bevollmächtigung für alle Aktien einer Teilnahmemöglichkeit des Vertreters entgegenstünde. Ersteres ist nach der hier vertretenen Ansicht schon deshalb kein Problem, da der Aktionär ohnehin nur für alle seine Aktien oder für keine eine Vollmacht erteilen kann. Inwiefern er Weisungen an den Vertreter erteilt bleibt dabei ihm überlassen, so dass der Aktionär bspw. auch nicht gezwungen wird, alle seine Stimmen ausüben zu müssen, wenn er dies nicht wünscht. Die notwendige Flexibilität des Aktionärs bei der Wahrnehmung seiner Rechte wird dadurch nicht beeinträchtigt. Der zweite Einwand verfängt ebenso wenig. Denn wenn grundsätzlich nur entweder der Aktionär oder der Vertreter an der Hauptversammlung teilnehmen können, kann sich der Vertreter vollständig auf das Teilnahmerecht des Aktionärs beziehen, ohne dass dieses einer irgendwie gearteten Aufspaltung unterläge. Er nimmt das Recht stellvertretend und in seinem Umfang abhängig von der Bevollmächtigung für den Aktionär wahr. Die Personenbezogenheit verlangt insofern nur, dass *eine* Person das Aktionärsrecht ausübt, d. h. entweder der Aktionär selbst oder eben ein zulässig bestimmter Vertreter.

Folgte man der Gegenansicht, könnte der Aktionär schließlich die aus der in seiner Person bestehenden Mitgliedschaft abgeleiteten Aktionärsrechte[811] in beliebiger Weise vervielfältigen und diese auf unzulässige Weise von der Mitgliedschaft lösen. Legt man den dogmatischen Ausgangspunkt der ungeteilt[812] bestehenden Mitgliedschaft zu Grunde, zeigt sich deutlich, dass das aus der Mitgliedschaft abgeleitete Teilnahmerecht, und damit vor allem auch das Frage- und Rederecht, unteilbar ist. Dies hat die Folge, dass nur der Aktionär selbst, oder grundsätzlich nur ein Vertreter, das Teilnahmerecht hinsichtlich des gesamten Aktienbesitzes wahrnehmen kann.[813] Hierfür streitet letztlich auch die ansonsten bestehende, aber nicht gewollte, latente Umgehungsgefahr für § 131 Abs. 2 S. 2 AktG.

Dieses Umgehungsszenario erkennen auch die Befürworter der mehrfachen Vertretung, und versuchen, durch Anbieten entsprechender Maßnahmen dieses zu entschärfen. So wurde schon bisher bei mehreren Vertretern eine Zusammenrechnung der Redezeiten vorgeschlagen,[814] was konsequenterweise auch bei der nun möglichen Frage- und Redezeitbeschränkung erfolgen müsste. Problematischer als die in der Praxis mit erheblichem Organisationsaufwand verbundene Zusammenrechnung der jeweils verbrauchten Zeiten ist jedoch die von den Befürwortern zugelassene konkretisierende Satzungsregelungen dergestalt, dass die Vertretung durch mehrere Vertreter ausgeschlossen werden kann, um so einem zu befürchtenden Missbrauch entgegentreten zu können.[815] Anders als nach der hier vertretenen Auffassung[816] ist die Gegenauffassung in diesem Punkt kritisch zu betrachten. Denn von deren Standpunkt aus steht dem Aktionär ein aufteilbares Teilnahmerecht mit daraus ableitbarem Frage- und Rederecht zu, in das mit der entsprechenden Satzungsregelung ohne Vorhandensein einer von § 23 Abs. 5 S.1 AktG verlangten gesetzlichen Ermächtigung eingegriffen würde.[817]

---

811 Vor allem das Teilnahme- wie das Frage- und Rederecht.

812 *K. Schmidt*, Gesellschaftsrecht, 4. Aufl. 2002, S. 850.

813 So richtig *Kubis*, in: MüKo AktG, 2. Aufl. 2004, § 118 Rn. 65.

814 *Mülbert*, in: GroßK AktG, 4. Aufl. 1999, Vor § 118 Rn. 53.

815 *Mülbert*, in: GroßK AktG, 4. Aufl. 1999, Vor § 118 Rn. 66; *Semler*, in: Münch Hdb GesR, Bd. 4, 3. Aufl. 2007, § 36 Rn. 13 m. w. N.

816 Sie lässt wegen einer schon gesetzlich Platz greifenden Beschränkung auf grundsätzlich einen Vertreter eine entsprechende Satzungsregelung unproblematisch und ohne durch § 23 Abs. 5 AktG ausgelöstes Konfliktpotenzial zu, vgl. *Kubis*, in: MüKo AktG, 2. Aufl. 2004, § 118 Rn. 65.

817 Auf die damit einhergehende Inkonsequenz dieser Ansicht weist *Kubis*, in: MüKo AktG, 2. Aufl. 2004, § 118 Rn. 70, zu Recht hin.

Für die hier favorisierte Ansicht spricht schließlich, dass für die sachgerechte Wahrnehmung des Frage- und Rederechts, wie auch des Stimmrechts in aller Regel ein Vertreter ausreicht und ein echtes Bedürfnis für die Vertretung durch mehrere grundsätzlich[818] nicht gegeben ist.[819] Die ursprünglich absehbare deutliche Entscheidung dieses Streits durch den RL-Vorschlag der EU-Kommission,[820] der in Art. 10 Nr. 1 UA 3 RL-Vorschlag vom Prinzip der einheitlichen Stimmrechtsvertretung mit einer Ausnahme nur in Art. 13 Nr. 5 RL-Vorschlag ausging und letztlich ein weiteres ausschlaggebendes schlagkräftiges Argument pro einheitlicher Stimmrechtsvertretung lieferte, ist nach der Verabschiedung der Aktionärsrechte-RL, in der eine entsprechend deutliche Aussage fehlt, nicht erfolgt. Allerdings lässt sich auch dem Art. 10 Aktionärsrechte-RL nichts dahin entnehmen, dass nunmehr das Gegenteil gelten solle. Vielmehr stellt es Art. 10 Abs. 2 UA 1 S. 1 Aktionärsrechte-RL den Mitgliedstaaten grundsätzlich frei, die Zahl der Personen zu begrenzen, die ein Aktionär je Hauptversammlung als Vertreter bestellen darf.

Ein Anspruch des Aktionärs auf Zulassung von mehr als einem Vertreter besteht nach alledem grundsätzlich nicht. Eine zu stringente Handhabung dieser Grundsätze, wie sie bspw. *Kubis* vertritt,[821] würde jedoch dazu führen, dass ein Aktionär, der bei mehreren Depotbanken Depots mit Aktienbeständen der Aktiengesellschaft unterhält, erheblichen Unannehmlichkeiten ausgesetzt wäre, um die einheitliche Vertretung und damit die Ausübung seines Frage- und Rederechts sicherstellen zu können.[822] Möchte der Aktionär nicht selbst an der Hauptversammlung teilnehmen, d. h. kann er nicht selbst seine Rechte wahrnehmen, – und nur dann – ist eine Durchbrechung des hier vertretenen Grundsatzes der Einheitlichkeit des Teilnahmerechts eine sachlich gerechtfertigte durch eine Ausnahme dahin zuzulassen, dass er entweder jeder Depotbank Vollmacht erteilt oder einen Bevollmächtigten für alle Depotbanken bestimmt.[823] Die Öffnung des Abspaltungsverbotes zu Gunsten der Depotbanken ist aus rechtstatsächlicher Sicht schon deshalb notwendig, um die ohnehin niedrige Präsenz nicht durch eine weitere Erschwerung der Wahrnehmung der Aktionärsrechte zu belasten.

Mit der hier vertretenen Ansicht gelangt man im Ergebnis zu dem Befund, dass eine potenzielle Umgehungsgefahr für die Frage- und Redezeitbeschränkung nicht besteht. Denn jederzeit kann von Seiten der Aktiengesellschaft, bereits kraft Gesetzes, durch eine strengere Handhabung der Zulassung zur Hauptversammlung einem Aktiensplitting zu politischen oder illoyalen Zwecken entgegengewirkt werden, wenngleich ein Zwang hierzu nicht besteht. Beachtenswert erscheinen in diesem Zusammenhang, jedenfalls für börsennotierte Unternehmen,[824] die Ziffer 2.3.3 Deutscher Corporate Governance Kodex (DCGK)[825] und die dort gegebene Empfehlung zu aktionärsfreundlichem Verhalten. Die hiervon geforderte Unterstützung der Aktionäre bei der Wahrnehmung ihrer Rechte, insbesondere bei der Stimmrechtsver-

---

818 Zur notwendigen Ausnahme sogleich.

819 *Martens*, Leitfaden, 3. Aufl. 2003, S. 34.

820 Vgl. hierzu vgl. *Schmidt*, BB 2006, S. 1641 (1644).

821 *Kubis*, in: MüKo AktG, 2. Aufl. 2004, § 118 Rn. 65.

822 Aus diesem Grunde sprechen sich *Großfeld/Spennemann,* AG 1979, S. 128 (131), für eine Aufspaltung des Teilnahmerechts aus.

823 *Hüffer*, AktG, 8. Aufl. 2008, § 134 Rn. 27, *Schaaf*, Praxis der HV, 2. Aufl. 1999, Rn. 220a; a. A. *Kubis*, in: MüKo AktG, 2. Aufl. 2004, § 118 Rn. 65.

824 Zur Übertragbarkeit des DCGK auf mittelständische bzw. auf nicht börsennotierte Unternehmen vgl. *v. Werder*, in: Ringleb/Kremer/Lutter/v.Werder, DCGK-Komm, 3. Aufl. 2008, Rn. 129 ff.

825 In der Fassung vom 6.6.2008 (abrufbar unter www.corporate-governance-code.de, zuletzt abgerufen am 10.1.2009).

tretung,[826] über das gesetzliche Mindestmaß hinaus sollte künftig dazu führen, dass bei der Zulassung von Einzelvertretern, trotz fehlenden Anspruchs der Aktionäre auf mehrere Einzelvertreter, ein großzügiger Maßstab angelegt wird.[827]

b. *Kumulierung entsprechender Vollmachten in einer Person*

Neben dem eben dargestellten Punkt der Verteilung von Vollmachten stellt sich die Frage der Kumulation von Vollmachten und damit Teilnahme- wie Auskunftsrechten in der Person des Vertreters. Auf der Hauptversammlung könnte sich der Vertreter nach Ablauf der zeitlichen Beschränkung für seinen Beitrag jeweils darauf berufen, nun das Auskunftsrecht des nächsten von ihm vertretenen Aktionärs geltend zu machen. Diese Kette ließe sich beliebig verlängern, so dass dies die zeitliche Begrenzung des Auskunftsrechts faktisch leerlaufen ließe. Verschärft würde diese Situation noch dadurch, dass es das Aktionärsforum gemäß § 127a Abs. 1 AktG[828] ermöglicht, eine Aufforderung zu „posten", das Teilnahmerecht und damit auch das Frage- und Rederecht „in Vertretung" auszuüben.

Die Interpretation des Wortlauts des § 131 Abs.2 S. 2 AktG gibt für die Beurteilung dieser Problematik die entscheidenden Vorgaben. Um die aufgezeigten Probleme zu vermeiden, ist der Wortlaut dahingehend auszulegen, dass die Formulierung „[...] *das Frage- und Rederecht des Aktionärs* [...]" in § 131 Abs. 2 S. 2 AktG auf den auftretenden Aktionär bzw. Bevollmächtigten bezogen werden muss. So dass ein Auftreten in Stellvertretung für andere Aktionäre auch in Hinblick auf die Ausübung des Auskunftsrechts weiterhin möglich ist, eine Verlängerung des Zeitkontingents durch diese Tatsache aber weder bei verdeckter noch bei offen gelegter Stellvertretung erreicht werden kann. Es verbleibt bei der für den auftretenden Aktionär oder Bevollmächtigten im Allgemeinen oder für ihn angeordneten Beschränkung der Frage- und Redezeit. Dies ist nachvollziehbar, da das Auskunftsrecht ein Hilfsrecht des Aktionärs zur Wahrnehmung seiner Aktionärsrechte, insbesondere seines Stimmrechts, ist. Da der Vertreter die Rechte der Aktionäre ausübt, ist *er* als der von dem Rechtsbefehl des § 131 Abs. 2 S. 2 AktG i. V. m. der Satzung angesprochene Normadressat anzusehen. Das Auskunftsrecht dient der sachgerechten Wahrnehmung der Aktionärsrechte durch den Vertreter, so dass die Beschränkung für seine Person und nicht für die jeweils gehaltenen, hinter ihm stehenden und vertretenen, Aktienanteile gilt.

c. *Umgehung ohne Vollmachtskonstruktion*

Es bleibt aber auch nach Einführung des § 131 Abs. 2 S. 2 AktG dabei, dass, wie bisher, Absprachen der Aktionäre im Vorfeld der Hauptversammlung getroffen werden können, ohne, dass diese dabei auf Vollmachtskonstruktionen zurückgreifen. Dabei sprechen sich die Aktionäre im Vorfeld ab, wie sie in der Hauptversammlung vorgehen möchten, und verteilen entsprechend anzubringende Fragen und Redebeiträge. Damit können zeitliche Begrenzungen zwar umgangen werden, hierin liegt aber, wenn die jeweiligen Fragen den Anforderungen des § 131 AktG genügen, kein *per se* unzulässiges Verhalten, sondern vielmehr eine grundsätzlich

---

[826] Vgl. *Kremer*, in: Ringleb/Kremer/Lutter/v.Werder, DCGK-Komm, 3. Aufl. 2008, Rn. 316 ff.

[827] Gleichsinnig, wenngleich noch vor Erstellung des DCGK vgl. *Schaaf*, Praxis der HV, 2. Aufl. 1999, Rn. 220a.

[828] Zum Aktionärsforum vgl. Seite 92 f. sowie die Nachweise in Fn. 404.

hinzunehmende Wahrnehmung der Aktionärsrechte. Bereits vor Inkrafttreten des § 131 Abs. 2 S. 2 AktG wurden auf diese Art Redezeitbeschränkungen geschickt umgangen.[829]

2. Widerspruch zu den Prinzipien einer modernen Hauptversammlung börsennotierter Aktiengesellschaften?

Die Beschränkungsmöglichkeit gemäß § 131 Abs. 2 S. 2 AktG ist in der dargestellten Ausgestaltung mit einem (zulässigen) Einschnitt in das Informationsrecht der Aktionäre verbunden. Dennoch hält *Wilsing* gerade die Beschränkung des Fragerechts, unter Bezugnahme auf das auch dem DCGK zugrunde liegende Prinzip der Transparenz der Unternehmensaktivitäten, für bedenklich. Mit der Leitlinie für moderne Hauptversammlungen, die von einer möglichst offenen Kommunikation mit den Aktionären geprägt sein soll, sei dies nicht vereinbar.[830] Zutreffend ist, dass der DCGK – jedenfalls für börsennotierte Unternehmen[831] – eine so weit wie möglich reichende Transparenz als zentrales Element guter Corporate Governance ansieht, um die notwendige Vertrauensbasis zu bilden, auszubauen und zu stabilisieren.[832] Aus diesem Grunde sieht der DCGK für die Transparenzregelungen sogar einen eigenen Abschnitt vor und stellt die Bedeutung des Transparenzgebotes auch in anderen Vorschriften heraus.[833]

Die hieraus abgeleiteten Bedenken *Wilsings* gegenüber der Regelung des § 131 Abs. 2 S. 2 AktG können dennoch nicht geteilt werden. Der DCGK beschränkt sich bei seinen Ausführungen zu den Aktionären und der Hauptversammlung in den Ziffern 2.1 und 2.2 DCGK auf die Darstellung der bisherigen gesetzlichen Lage und beschreibt in Ziffer 2.2.3 DCGK das Frage- und Rederecht des Aktionärs. Die systematische Stellung des Themenbereiches Aktionäre und Hauptversammlung lässt darauf schließen, dass die Kommission den Aktionären und ihren Rechten in der Praxis eine nicht unbedeutende Rolle beimisst,[834] was auf einer Linie mit dem Aktionsplan der EU-Kommission vom 21.5.2003 liegt.[835] Allerdings zeigt der, aus dem auf den Aktionsplan der EU-Kommission beruhende, Vorschlag für eine Richtlinie zur Ausübung von Aktionärsrechten, dass selbst die beabsichtigte Stärkung der Aktionärsrechte nicht automatisch darauf schließen lässt, dass eine Einschränkung des Fragerechts nicht möglich sein soll, da mit Art. 9 Nr. 2 RL-Vorschlag explizit eine Öffnung für eine Regelung wie § 131 Abs. 2 S. 2 AktG vorgesehen wurde[836] und diese Öffnung schließlich auch von Art. 9 Abs. 2 Aktionärsrechte-RL beibehalten wurde. Gleiches gilt für den DCGK. Die Festschreibung des Fragerechts in Ziffer 2.2.3 DCGK bedeutet nicht zugleich, dass eine Einschränkung wie mit § 131 Abs. 2 S. 2 AktG mit dem DCGK im Grundsatz nicht vereinbar wäre.

Vielmehr kann die Ermöglichung der Einschränkung des Frage- und Rederechts mit § 131 Abs. 2 S. 2 AktG als richtiger Schritt hin zu einer besseren Corporate Governance gesehen werden. Denn die bisher aufgetretenen Fehlentwicklungen im Rahmen der traditionel-

---

[829] *Lehmann*, in: Timm, Mißbräuchliches Aktionärsverhalten, 1990, S. 51 (56).

[830] *Wilsing*, ZIP 2004, S. 1082 (1085).; keine Bedenken erhebt *Kremer*, in: Ringleb/Kremer/Lutter/v.Werder, DCGK-Komm, 3. Aufl. 2008, Rn. 236 f..

[831] Nur diese erwähnt der DCGK ausdrücklich in seiner Präambel.

[832] Vgl. die Präambel des DCGK: „*Der Kodex soll das deutsche Corporate Governance System transparent und nachvollziehbar machen.*"; dazu auch *v. Werder*, in: Ringleb/Kremer/Lutter/v.Werder, DCGK-Komm, 3. Aufl. 2008, Rn. 88.

[833] Vgl. Abschnitt 6 DCGK sowie zum Fragerecht die Ziffer 2.2.3 DCGK und die weiteren Umsetzungen des Transparenzgebotes in den Ziffern 4.2.4 und 5.4.5 DCGK.

[834] *Kremer*, in: Ringleb/Kremer/Lutter/v.Werder, DCGK-Komm, 3. Aufl. 2008, Rn. 202.

[835] Vgl. Aktionsplan, S. 9 ff.

[836] Vorschlag Aktionärsrechte-RL, S. 7.

len Hauptversammlung einer börsennotierten Aktiengesellschaft, wie Ineffizienz, Kostenintensivität sowie fehlende Konzentration auf die wesentlichen Themenkreise,[837] die mit den bisherigen Befugnissen des Versammlungsleiter nicht vermieden werden konnten, sind mit einer guten Corporate Governance wenig verträglich.[838] Auch Ziffer 2.2.4 DCGK zeigt, dass von der Regierungskommission Corporate Governance für eine gute Corporate Governance implizit Befugnisse des Versammlungsleiters vorausgesetzt werden, mit denen er seine Aufgabe der zügigen Abwicklung der Hauptversammlung pflichtgemäß wahrnehmen kann.[839]

Dass die mit § 131 Abs. 2 S. 2 AktG einhergehende Einschränkung des Informationsrechts zu Lasten der Transparenz die stets angestrebte Verbesserung der Corporate Governance letztlich nicht berührt, gilt umso mehr, als das Informationsrecht aus § 131 Abs. 1 S. 1 AktG, wie der gesamte Abschnitt 6 DCGK mit seiner Vielzahl an Empfehlungen sowie die weiteren Transparenzregelungen des DCGK zeigen, auch vom DCGK nur als ein Baustein im System des Transparenzgerüsts verstanden wird. In diesem System der Informationsverfassung wurde in den letzten Jahren die Hauptversammlung einer börsennotierten Aktiengesellschaft in ihrer Bedeutung zur Informationsvermittlung, wegen der fortschreitenden Entwicklung der Informationstechnologie, der Professionalisierung der Anteilseignerseite durch institutionelle Investoren und Analysten, sowie der Globalisierung der Eigenkapitalaufnahme, durch den Ausbau der Kapitalmarktinformationssysteme zurückgedrängt.[840] Mit dieser erhöhten Kapitalmarktinformationsdichte, die zudem von Seiten der Unternehmen durch eine weiterentwickelte Investor-Relations-Politik einen stetigen Ausbau erfährt,[841] geht eine stete Verbesserung der Markttransparenz einher. Vor allem die Pflege der Investor Relations wird heute vom Kapitalmarkt als selbstverständliche Befriedigung der Informationsbedürfnisse erwartet und ist zu einem Gutteil der von außen wirkenden Kontrolle der börsennotierten Aktiengesellschaft über den Kapitalmarkt geworden.[842] Denn schon eine zu zurückhaltende Informationspolitik seitens der Aktiengesellschaft wird von institutionellen Anlegern und Analysten in der Regel mit einer negativen Bewertung sanktioniert und führt zu einem Kursverlust, der zumeist mit einer Verteuerung der Eigenkapitalbeschaffung für das Unternehmen verbunden ist.[843] Börsennotierte Aktiengesellschaften haben daher ein originäres Interesse daran, eine offene Informationspolitik zu verfolgen.

Der Einschränkung des Auskunftsrechts in der Hauptversammlung steht damit ein gegenüber früheren Jahren weitaus höheres Transparenzlevel gegenüber, so dass die Beschränkung

---

837 Vgl. dazu ausführlich Seite 63 ff.

838 Vgl. *Kremer*, in: Ringleb/Kremer/Lutter/v.Werder, DCGK-Komm, 3. Aufl. 2008, Rn. 211 m. w. N.; *Martens*, Leitfaden, 3. Aufl. 2003, S. 22.

839 *Kremer*, in: Ringleb/Kremer/Lutter/v.Werder, DCGK-Komm, 3. Aufl. 2008, Rn. 271 ff..

840 Vgl. schon die Regierungskommission „Corporate Governance", BT-Drucks. 14/7515, Rn. 78; *Hennerkes/Kögel*, DB 1999, S. 81 (81); zu den kapitalmarktrechtlichen Vorschriften für Corporate Governance zugunsten der Transparenz vgl. *Carl*, in: Spahlinger/Wegen, Internationales Gesellschaftsrecht, 2005, Rn. 1561 ff.

841 Zum Begriff der Investor Relations vgl. Fn. 315 und die dort aufgeführten Nachweise sowie *Grüner*, NZG 2000, S. 770 (777) m. w. N.

842 *Hennerkes/Kögel*, DB 1999, S. 81 (81); *Wilde*, ZGR 1998, S. 423 (459f.), dort auch zu den Grenzen der Informationserteilung im Rahmen der Investor Relations.

843 Die Kehrseite guter Investor-Relations-Arbeit ist andererseits die Möglichkeit einer positiven Einschätzung durch entsprechende Finanzkreise und damit eine Verbesserung der Position bei der Eigenkapitalbeschaffung, womit eine gute Investor-Relations-Politik letztlich eine (wahrzunehmende) Chance für die Unternehmen ist, vgl. *Wilde*, ZGR 1998, S. 423 (460) m. w. N.; der Ausbau der Investor Relations ist daher heute unumgänglich, um Marktwiderstände bei der Beschaffung von Finanzierungsmitteln zu überwinden und Nachteile bei der Eigenkapitalbeschaffung zu vermeiden, so auch *Grüner*, NZG 2000, S. 770 (777).

letztlich durch das Informationssystem in der börsennotierten Aktiengesellschaft aufgefangen wird und einer guten Corporate Governance nicht widerspricht.[844] Ein Widerspruch zu den Prinzipien einer modernen Hauptversammlung börsennotierter Aktiengesellschaften ist mithin nicht festzustellen.

3. Zunehmende Bedeutung der Sonderprüfung gemäß § 142 AktG

In Zusammenhang mit der Beschränkungsmöglichkeit für das Frage- und Rederecht gemäß § 131 Abs. 2 S. 2 AktG erscheint es auf den ersten Blick widersprüchlich, wenn einerseits das Auskunftsrecht des Aktionärs eingeschränkt wird, ihm aber andererseits, um ihm eine effektivere Kontrollmöglichkeit zu eröffnen, die Möglichkeit der Einleitung einer Sonderprüfung gemäß § 142 AktG[845] wesentlich erleichtert wird.[846] Hieraus könnte der Schluss gezogen werden, das Auskunftsrecht hätte als unmittelbares Kontrollrecht während der Hauptversammlung ohne Einschränkung beibehalten werden sollen, da es ansonsten zu einem vermehrten Rückgriff auf das Instrument der Sonderprüfung kommen könnte.[847]

Bei genauerem Hinsehen löst sich der vermeintliche Widerspruch auf. Wie gezeigt, handelt es sich bei § 131 Abs. 2 S. 2 AktG um eine zulässige Einschränkung der Mitgliedschaftsrechte der Aktionäre. Es kommt aber nicht zwangsweise zu einer Einbuße an Kontrollmöglichkeiten durch die Aktionäre. Denn mit einer zunehmenden Konzentration auf eine inhaltliche Sachdebatte ist eine Revitalisierung der Hauptversammlung zu erwarten, was wiederum eine Besserung der Kontrolle durch die Aktionäre zur Folge hat. Senkt der Gesetzgeber die Quoren für eine Sonderprüfung gemäß § 142 AktG und stärkt damit die, durch die Beschränkungsmöglichkeit des § 131 Abs. 2 S. 2 AktG eingeschränkten, Aktionärsrechte im Gegenzug, trägt er lediglich dem Umstand Rechnung, dass die Beschränkung der Informationsmöglichkeiten auf der Hauptversammlung aufgrund tatsächlicher Entwicklungen unumgänglich war, und schafft ein sinnvolles Gegengewicht. Anders als beim Auskunftsrecht ist mit der Anknüpfung der Sonderprüfung an ein Quorum von einem Prozent des Grundkapitals oder einem anteiligen Betrag von 100.000 Euro[848] gewährleistet, dass das Minderheitenrecht der Sonderprüfung einem Missbrauch nicht in gleicher Weise zugänglich ist wie das individuelle Auskunftsrecht.[849] In Kombination mit dem dem Aktionär zustehenden und nicht vollständig entziehbarem Auskunftsrecht schafft der Gesetzgeber ein Kontrollsystem, das die Interessen der Minderheitsaktionäre, wie die der Aktiengesellschaft, ausgewogen berücksichtigt.

Darüber hinaus bleibt darauf hinzuweisen, dass zwar die mit der Absenkung der Quoren verbundene Erleichterung der Sonderprüfung dieses Element des aktienrechtlichen Überwachungs- und Kontrollsystems zu einem „*Standardinstrument der Informations- und Beweis-*

---

[844] Aus diesem Grund sprach sich schon *Decher*, in: GroßK AktG, 4. Aufl. 2001, § 131 Rn. 47 f., für eine mögliche Einschränkung des Auskunftsrechts bei börsennotierten Aktiengesellschaften aus.

[845] Zur Sonderprüfung vgl. die Nachweise in Fn. 721.

[846] Eine Ausweitung der Sonderprüfung wurde schon von der Arbeitsgruppe der High Level Group of Company Law Experts vom 4.11.2002 empfohlen, vgl. Bericht High Level Group, S. 61 f. Zu den kritischen, teilweise einen Missbrauch befürchtenden, Stimmen vgl. DAV-Stellungnahme RegE UMAG, ZIP 2005, S. 774 (777); *Hüffer*, AktG, 8. Aufl. 2008, § 142 Rn. 22; *Diekmann/Leuering*, NZG 2004, S. 249 (252); zur Erleichterung der Kommunikationsmöglichkeit zur Erreichung des notwendigen Quorums durch § 127a AktG vgl. Fn. 723; vgl. auch *Wilsing*, ZIP 2004, S. 1082 (1085 ff.), der einen Missbrauch nicht befürchtet.

[847] Das wäre die Konsequenz aus der Argumentation von *Wilsing*, ZIP 2004, S. 1082 (1085).

[848] Vgl. § 142 Abs. 2 S. 1 AktG.

[849] Zum Charakter des Sonderprüfungsrechts als Minderheitenrecht vgl. *Hüffer*, AktG, 8. Aufl. 2008, § 142 Rn. 1 und zum möglichen Missbrauch des Antragsrechts in Rn. 21 je m. w. N.

mittelbeschaffung“[850] sowie zu einer bedeutenden Säule des Informationsgefüges innerhalb einer Aktiengesellschaft werden lässt.[851] Der Hauptgrund für die künftige Zunahme der Bedeutung dürfte dabei allerdings weniger in der Beschränkungsmöglichkeit für das Auskunftsrecht auf der Hauptversammlung liegen als vielmehr in der Anpassung der Quoren an die Schwellenwerte für das Klagezulassungsverfahren gemäß § 148 Abs. 1 AktG. Die Sonderprüfung wird sich schon deshalb zu einem notwendigen und bedeutenden Vorbereitungsschritt bei der Einleitung eines Klagezulassungsverfahrens gemäß § 148 Abs. 1 AktG entwickeln.

4. Streitgegenstandsverlagerung

Die Anordnung einer Frage- und Redezeitbeschränkung gemäß § 131 Abs. 2 S. 2 AktG als verfahrensleitende Maßnahme unterliegt der Anfechtbarkeit gemäß § 243 Abs. 1 AktG, wenn sie ohne die entsprechende Kompetenz vorgenommen wurde oder inhaltliche Schranken, insbesondere die der Angemessenheit, nicht gewahrt werden. In der Literatur werden Bedenken vorgebracht, die Neuregelung sei wegen des unbestimmten Rechtsbegriffes der Angemessenheit nicht in der Lage, den häufigsten Fall missbräuchlicher Anfechtungsklagen, nämlich der auf Informationspflichtverletzungen gestützten Anfechtungsklage,[852] wirksam einzudämmen.[853] Es komme vielmehr zu einer Verlagerung des Streitgegenstandes. Denn Anfechtungskläger könnten nunmehr ihre Anfechtungsklage darauf stützen, die Frage- und Redezeitbeschränkung sei im konkreten Fall nicht angemessen gewesen. Überdies erfasse eine generelle Frage- und Redezeitbeschränkung alle Aktionäre, womit eine Zunahme von Anfechtungsklagen verbunden sein könne.[854]

Diese Befürchtungen können nicht geteilt werden. Gegen Letzteres ist anzuführen, dass es schon bisher möglich war, dass jeder in der Hauptversammlung erschienene bzw. vertretene Aktionär bei erklärtem Widerspruch zur Verhandlungsniederschrift den Beschluss gemäß §§ 243 Abs. 1, IV, 245 Nr. 1 AktG mit der Behauptung, die Auskunftspflicht sei verletzt worden, anfechten konnte.

Besondere Bedeutung bei der Auswertung des Aspekts der denkbaren Streitgegenstandsverlagerung erlangt nunmehr das dem Versammlungsleiter zustehende Ermessen bei der Festsetzung des jeweiligen angemessenen zeitlichen Rahmens.[855] Allein die Tatsache, dass die Festsetzung der angemessenen Begrenzung eine Ermessensentscheidung des Versammlungsleiters ist, nimmt einem möglichen Angriff eines Aktionärs mit der Behauptung, die Frage- und Rederechtsbeschränkung sei schlicht unangemessen gewesen, noch nicht die Brisanz, da trotzdem bei einer Frage- und Rederechtsbeschränkung die Rüge der Unangemessenheit nahe liegt. Dem Versammlungsleiter eine freie, pflichtgemäße und an sachgerechten Kriterien ausgerichtete Ausübung des Ermessens vor allem unter Berücksichtigung des nunmehr kodifizierten Gebotes der Hauptversammlungseffizienz und der Missbrauchsverhinderung abzuverlangen und ihn andererseits stets dem Damoklesschwert der Unangemessenheit zu unterstellen ist dem Zweck des § 131 Abs. 2 S. 2 AktG nicht förderlich. Denn der Versammlungsleiter wird sich bei seiner Ermessensausübung im Zweifelsfall zur Verringerung der Prozessrisiken bei der Festsetzung der Angemessenheit zurücknehmen. Mit dem bei der Umsetzung der Er-

---

850 *Wilsing*, FAZ v. 24.11.2004, S. 23.
851 *Jänig*, BB 2005, S. 949 (949).
852 Vgl. oben Seite 68 f.
853 Insbesondere *Wilsing*, ZIP 2004, S. 1082 (1085).
854 *Wilsing*, ZIP 2004, S. 1082 (1085).
855 Vgl. Seite 124.

mächtigung gemäß § 131 Abs. 2 S. 2 AktG stets im Augen zu behaltenden Grundsatz der Hauptversammlungseffizienz wäre ein solches Vorgehen aber nur schwer zu vereinbaren.[856] Zur Vermeidung dieser Konfliktsituation und einer Streitgegenstandsverlagerung bietet sich an, dem Versammlungsleiter eine Einschätzungsprärogative bei der Festsetzung der Angemessenheit zuzugestehen. Kann der Versammlungsleiter eine Einschätzungsprärogative für sich reklamieren, obliegt für eine behauptete Unangemessenheit der Frage- und Redezeitbeschränkung im Anfechtungsprozess die Darlegungslast dem Aktionär. Die Anforderungen an die Darlegung sind aufgrund der Einschätzungsprärogative erst dann als erfüllt anzusehen, wenn der Aktionär aufgrund der zu knapp bemessenen Frage- und Rederechtsbeschränkung in der Ausübung seines Frage- und Rederechts derart limitiert wird, dass eine sachgerechte und sinnvolle Wahrnehmung seiner Rechte nicht gewährleistet ist. Es darf im Ergebnis nicht zu einer zeitlichen Überstraffung der Hauptversammlung kommen, die die Diskussionskultur der Hauptversammlung beeinträchtigt und das Gebot der Hauptversammlungseffizienz in sein Gegenteil verkehren würde.

5. Zwischenergebnis

Im Ergebnis ist festzustellen, dass eine Umgehung des § 131 Abs. 2 S. 2 AktG mit Hilfe von Vollmachtskonstruktionen nicht zu befürchten ist, wenn man einerseits wie hier die Theorie der einheitlichen Mitgliedschaft zugrunde legt und andererseits den Wortlaut des § 131 Abs. 2 S. 2 AktG so auslegt, dass der auftretende Aktionär bzw. Vertreter erfasst wird, wenngleich eine Umgehung durch informell abgestimmtes Verhalten nicht gänzlich auszuschließen ist. Weiter kann konstatiert werden, dass die Regelung des § 131 Abs. 2 S. 2 AktG auch nicht im Widerspruch zu den Prinzipien einer modernen Hauptversammlung börsennotierter Aktiengesellschaften steht und die Bedeutung der Sonderprüfung als *„Standardinstrument der Informations- und Beweismittelbeschaffung"* nunmehr deutlich zunehmen wird, wenngleich dies weniger mit der Einschränkung des Auskunftsrechts durch § 131 Abs. 2 S. 2 AktG als vielmehr durch die Senkung der Quoren für das Klagezulassungsverfahren gemäß § 148 AktG bedingt ist. Die mancherorts befürchtete Streitgegenstandsverlagerung wird durch ein richtiges Verständnis der Ermächtigung des Versammlungsleiters mit einer ihm zuzugestehenden Einschätzungsprärogative abgemildert.

VI. Praktische Aspekte der Betätigung der Ermächtigungsnorm des § 131 Abs. 2 S. 2 AktG

Bereits oben wurde gezeigt, dass ohne eine auf § 131 Abs. 2 S. 2 AktG beruhende Satzungsregelung die bisherigen, teilweise hinderlichen und negativen, Grundsätze – im Speziellen die Trennung zwischen Rederecht und Auskunftsrecht – weiter gelten, so dass in jedem Fall eine entsprechende Ermächtigung in die Satzung aufgenommen werden sollte, um die damit einhergehenden Vorteile voll ausschöpfen zu können. Dies gilt erst recht, da die bisherigen Grundsätze auch bei bestehender Ermächtigung kumulativ zu § 131 Abs. 2 S. 2 AktG Platz greifen und man sich durch eine Ermächtigung i. S. v. § 131 Abs. 2 S. 2 AktG dieser letztlich nicht begibt.

---

[856] Richtig und zum Folgenden auch *Weißhaupt*, ZIP 2005, S. 1766 (1768).

1. Betätigung bei einer nicht börsennotierten Aktiengesellschaft

Bei der Betätigung der Ermächtigungsgrundlage muss den Unterschieden zwischen börsennotierten und nicht börsennotierten, sog. kleinen, Aktiengesellschaften Rechnung getragen werden. Vorab soll kurz auf die mögliche Betätigung der Ermächtigungsgrundlage bei nicht börsennotierten Aktiengesellschaften eingegangen werden. § 131 Abs. 2 S. 2 AktG ist bei nicht börsennotierten Aktiengesellschaften, wie gezeigt, limitiert auf Ausnahmefallgestaltungen, so dass der Regelungsgehalt des § 131 Abs. 2 S. 2 AktG bei nicht börsennotierten Aktiengesellschaften äußerst begrenzt ist.[857] Eine Betätigung der Ermächtigungsgrundlage in der Satzung, wenn überhaupt von § 131 Abs. 2 S. 2 AktG Gebrauch gemacht werden soll, sollte sich daher nur an den Wortlaut des § 131 Abs. 2 S. 2 AktG anlehnen und eine abstrakte Satzungsregelung vorsehen.[858]

2. Betätigung bei einer börsennotierten Aktiengesellschaft

Wichtiger ist die Betätigungsfrage bei börsennotierten Aktiengesellschaften. Es stellt sich die Frage, ob es sinnvoll und zulässig ist, konkrete Satzungsregelungen zu schaffen und die tatbestandliche Ausformung des Versammlungsleiterermessens in der Satzung weitestgehend zu präzisieren. Möglich ist andererseits eine Satzungsregelung in Form der Übernahme des Wortlautes des § 131 Abs. 2 S. 2 AktG als abstrakte Ermächtigung, vergleichbar der Regelung bei nicht börsennotierten Aktiengesellschaften.[859]

a. Abstrakte Rahmenregelung

Für eine abstrakte Regelung spricht die damit einhergehende größtmögliche Flexibilität des Versammlungsleiters bei der in seinem Ermessen stehenden Reaktion auf die unterschiedlichsten Situationen während einer Hauptversammlung.[860] Die Flexibilität des Versammlungsleiters war schon bisher einer der wesentlichen Gründe dafür, dass sich die in § 129 Abs. 1 S. 1 AktG eröffnete Gestaltungsmöglichkeit hinsichtlich des Ablaufs und der Durchführung der Hauptversammlung in der Geschäftsordnung *in praxi* nicht durchsetzte und stattdessen in nahezu allen größeren Aktiengesellschaften mit sog. Leitfäden gearbeitet wurde, die dem Versammlungsleiter eine flexible Orientierungshilfe bei der Wahrnehmung seiner Kompetenzen boten.[861] Leitfäden sind bei einer abstrakten Regelung, die dem Versammlungsleiter gerade keine zuverlässige Orientierungshilfe ist, auch weiterhin das Mittel, um Anhaltspunkte für eine korrekte Ermessensausübung im jeweiligen Fall bereitzustellen.

b. Konkretisierende Rahmenregelung?

Die Funktion der Orientierungshilfe für den Versammlungsleiter könnte nunmehr anstatt durch einen Leitfaden auch durch konkretisierende Regelungen in der Satzung selbst übernommen werden. Gegenüber einem Leitfaden hätte die Satzungsregelung zwar den Nachteil

---

857 Vgl. Seite 152 ff.

858 Eine von vielen Formulierungsmöglichkeiten wäre bspw.: „*Der Versammlungsleiter ist ermächtigt, das Frage- und Rederecht des Aktionärs zeitlich angemessen zu beschränken.*"

859 Vgl. Fn. 858.

860 Die meisten Aktiengesellschaften, die Gebrauch von der Rahmenregelung des § 131 Abs. 2 S. 2 AktG gemacht haben, beschränken sich – soweit ersichtlich – auf eine allgemein gehaltene Formulierung in Anlehnung an § 131 Abs. 2 S. 2 AktG, ohne besondere Konkretisierung, vgl. bspw. die Satzung der BMW AG.

861 Vgl. *Schaaf*, ZIP 1997, S. 1324 (1325 f.).

einer langsameren Reaktion auf aktuelle Entwicklungen und dabei vor allem bei der Umsetzung aktueller Rechtsprechung. Sie könnte die dem Versammlungsleiter zustehenden Begrenzungsmöglichkeiten in aller Regel auch nicht in so umfassender und detaillierter Weise beschreiben wie ein Leitfaden. Ferner dürfte es bei einer konkreten Regelung nahezu unmöglich sein, alle während einer Hauptversammlung auftauchenden Variationen und die dafür nötige angemessene Reaktion des Versammlungsleiters festzuschreiben.[862]

Bei der Frage nach konkretisierenden Satzungsregelungen ist indes zu beachten, dass sich jüngst das OLG Frankfurt mit einer konkretisierten Satzungsregelung auseinandergesetzt hat und zu dem Ergebnis gelangte, § 131 Abs. 2 S. 2 AktG ermächtige lediglich zur Aufnahme solcher Regelungen in die Satzung, die sich auf das Verfahren der Beschränkung des Rede- und Fragerechts beziehen, und Regelungen, die – außerhalb der Ermächtigung an den Hauptversammlungsleiter – das Rede- und Fragerecht inhaltlich begrenzten, seien unzulässig.[863]

Das OLG Frankfurt orientiert sich bei seiner Entscheidung am Wortlaut des § 131 Abs. 2 S. 2 AktG, der keine Schlüsse darauf zulasse, was unter "*Näheres*" im Sinne der Vorschrift zu verstehen sei.[864] Dass die Vorschrift sich lediglich auf Beschränkungen des jeweiligen Verfahrens zur Rede- und Fragerechtsbeschränkung beziehe und inhaltliche Beschränkungen allein dem Hauptversammlungsleiter vorbehalten blieben, leitet das OLG Frankfurt aus der Systematik der Vorschrift ab. Es begründet dies mit dem 1. Halbsatz der Bestimmung, der, die Angemessenheit der Rede- und Fragerechtsbeschränkung fordernd, darauf hindeute, dass der Beschränkungsumfang als Gegenstand der übertragenen Regelungebefugnis zum "*Näheren*" nicht gemeint sein könne. Gegen diese Auffassung des OLG Frankfurt spricht jedenfalls die Entstehungsgeschichte der Vorschrift, aus der sich der Wille des Gesetzgebers zur Anordnung gerichtsfester Anordnungsbereiche entnehmen lässt.[865] Unter Verweis auf die gebotene restriktive Auslegung des § 131 Abs. 2 S. 2 AktG mit Blick auf Art. 14 Abs. 1 GG lehnt das OLG Frankfurt diese Argumentation für die Zulässigkeit einer konkretisierenden Satzungsregelung indes ab, da eine Festlegung angemessener Zeitgrenzen ohne Rücksicht auf die Belange der jeweils anstehenden Hauptversammlung mangels sachgerechter Kriterien nicht möglich sei.[866]

Richtig ist, dass eine starre Schematisierung von Kriterien der komplexen Realität der Hauptversammlung nicht gerecht werden würde und letztlich nur aus der Situation der einzelnen Hauptversammlung heraus entschieden werden kann, welche Begrenzung der Rede- und Fragezeit angemessen im Sinne von § 131 Abs. 2 S. 2 AktG ist. Allerdings ist dem OLG Frankfurt nicht darin zu folgen, dass das Gesetz zwischen Regelungen, die das Verfahren der Beschränkung des Rede- und Fragerechts betreffen, und solchen, die direkt beschränkenden Inhalt haben, unterscheidet. Diese Unterscheidung ist dem Gesetz an keiner Stelle zu entnehmen.[867]

---

862 Zur Festlegung der Hauptversammlungsleitung in der Satzung noch vor § 131 Abs. 2 S. 2 AktG und zum Vorhergehenden vgl. *Stützle/Walgenbach*, ZHR 155 (1991), S. 516 (542).

863 OLG Frankfurt, Urt. v. 12.2.2008 - NZG 2008, S. 432 ff. (nicht rechtskräftig); anders noch die Vorinstanz LG Frankfurt, Urt. v. 28.11.2006 - NZG 155 f.

864 OLG Frankfurt, Urt. v. 12.2.2008 - NZG 2008, S. 432 (432).

865 *Seibert*, WM 2005, S. 157 (160); *Weißhaupt*, ZIP 2005, 1766 (1768), der diese Möglichkeit als „*safe harbor*"-Regel bezeichnet.

866 OLG Frankfurt, Urt. v. 12.2.2008 - NZG 2008, S. 432 (433).

867 Zutreffend *Schick*, FD-HGR 2008, 258715

Im Ergebnis sollte nach der Entscheidung des OLG Frankfurt in der Praxis eine auch die Grenzen der Angemessenheit konkretisierende Regelung in der Satzung, jedenfalls zunächst, vermieden werden.[868] Sollte dennoch eine konkretisierende Regelungen vorsehende Satzungsregelung angestrebt werden, darf dieser Satzungsregelung jedenfalls kein abschließender Charakter beigemessen werden. Denn der Versammlungsleiter muss in jedem Einzelfall sein Ermessen bei der Festlegung der Angemessenheit pflichtgemäß ausüben können, so dass eine starre Bindung des Versammlungsleiterermessens mit der Konkretisierung nicht verbunden sein darf.[869] Derartig ausgestaltete konkretisierende Satzungsregelungen können dem Versammlungsleiter dennoch eine Orientierungshilfe sein und fördern Klarheit und Berechenbarkeit der Anforderungen an das Versammlungsleiterermessen.

Im Ergebnis sind konkretisierende Satzungsregelungen in der Praxis aufgrund des Urteils des OLG Frankfurt derzeit keine Option für börsennotierte Aktiengesellschaften.

D. Das neue spezielle Auskunftsverweigerungsrecht gemäß § 131 Abs. 3 S. 1 Nr. 7 AktG als Grenze des individuellen Auskunftsanspruchs

Neben der Neuregelung des § 131 Abs. 2 S. 2 AktG hat der Gesetzgeber mit § 131 Abs. 3 S. 1 Nr. 7 AktG einen weiteren, das Auskunftsrecht in seinem materiellen Kern betreffenden, Rechtsbefehl geschaffen. Dem Vorstand steht demnach ein Auskunftsverweigerungsrecht zu, wenn die begehrte Information bereits sieben Tage vor der Hauptversammlung auf der Internetseite der Gesellschaft und zusätzlich während der Hauptversammlung durchgängig zugänglich ist. Zurück geht diese Modifikation des Auskunftsrechts auf einen Vorschlag der Regierungskommission Corporate Governance.[870]

I. Normzweck und dogmatische Einordnung

Einigkeit besteht dahin, dass es Sinn und Zweck der Regelung ist, der Aktiengesellschaft die Möglichkeit einzuräumen, durch entsprechende Informationstätigkeit im Vorlauf zur Hauptversammlung einerseits vorab Antworten auf zu erwartende typische Standardfragen (sog. *Frequently Asked Questions – FAQs)* geben zu können und den Vortrag des Vorstands von Statistiken, Listen, Regularien und Aufstellungen zu befreien sowie andererseits im Vorfeld der Hauptversammlung tatsächlich angebrachte Auskunftsersuchen unter Nutzung des Internets noch vor der Hauptversammlung zu erfüllen.[871] Eine Verpflichtung zur Beantwortung vorab gestellter Fragen wurde nicht eingeführt, wie der Wortlaut „*kann*" des § 131 Abs. 3 S. 1 Nr. 7 AktG deutlich zeigt.[872] Im Ergebnis trägt das neu geschaffene Auskunftsverweigerungsrecht dazu bei, dass das bislang der Hauptversammlung vorbehaltene Informationsmonopol durch die Vorverlagerung von Information teilweise aufgelockert wird und zeitliche

---

868 *Kuthe*, BB 2008, 918, *Schick*, FD-HGR 2008, 258715.

869 OLG Frankfurt, Urt. v. 12.2.2008 - NZG 2008, S. 432 (433).

870 Regierungskommission „Corporate Governance", BT-Drucks. 14/7515, Rn. 105 und Rn. 249.

871 Begr. RegE UMAG, BT-Drucks. 15 /5092, S. 17; *Fleischer*, NJW 2005, S. 3525 (3530); *Hüffer*, AktG, 8. Aufl. 2008, § 131 Rn. 32a; *Seibert*, WM 2005, S. 157 (161); *Seibert/Schütz*, ZIP 2004, S. 252 (255); *Spindler*, NZG 2005, S. 825 (826); *Weißhaupt*; ZIP 2005, S. 1766 (1770).

872 Damit liegt § 131 Abs. 3 S. 1 Nr. 7 AktG auf einer Linie mit der Empfehlung der Regierungskommission Corporate Governance, vgl. Regierungskommission „Corporate Governance", BT-Drucks. 14/7515, Rn. 105, die eine Verpflichtung des Vorstandes gerade bei Publikumsgesellschaften wegen eines zu befürchtenden Frage- und Antwortspiels, das nicht zu bewältigen wäre, ablehnt. Mit einer Antwortpflicht bei Vorab-Fragen aber der von der EU-Kommission gemachte RL-Vorschlag, vgl. hierzu Seite 263 f.

Kapazitäten freigelegt werden können, die sodann der Hauptversammlungsdiskussion zur Verfügung stehen. Die damit einhergehende Konzentration auf die entscheidenden, noch offenen, strategischen und unternehmenspolitischen Fragestellungen von inhaltlichem Gewicht fördert eine effizientere Auseinandersetzung der Aktionäre und dient mithin der Umsetzung des Gebots der Hauptversammlungseffizienz.[873]

Für die Beurteilung der umstrittenen Frage, ob § 131 Abs. 3 S. 1 Nr. 7 AktG seinen Zweck auch in der Bekämpfung der missbräuchlichen Ausnutzung des Auskunftsrechts findet,[874] ist die dogmatische Einordnung des Rechtsbefehls von Bedeutung.

In der ersten Konstellation sollen Auskünfte nicht erteilt werden müssen, wenn sie sich ohne weiteres aus den dem Aktionärskollektiv ordnungsgemäß vorab zur Verfügung gestellten Informationen ergeben. Soweit diese Stoßrichtung des § 131 Abs. 3 S. 1 Nr. 7 AktG betrachtet wird, ist sie eine konsequente Fortentwicklung des bereits bisher geltenden Gedankens, nach dem eingeforderte Auskünfte jedenfalls dann, wenn sich die Informationen aus dem Geschäfts- oder Strukturbericht ergeben, mangels Erforderlichkeit i. S. v. § 131 Abs. 1 S. 1 AktG[875] nicht erteilt zu werden brauchen.[876] Dies gründet auf der Tatsache, dass eine erneute Beantwortung keinen neuen materiellen Erkenntnisgehalt für den Aktionär bringen würde. Dieser Gedanke ist auf die vorab über das Internet bereitgestellte Information übertragbar. Werden die Voraussetzungen des § 131 Abs. 3 S. 1 Nr. 7 AktG gewahrt, bringen Fragen in der Hauptversammlung ebenfalls keinen neuen materiellen Erkenntniswert. Für diese Fallgestaltung drängt sich der Vergleich mit einer antizipiert gegebenen Antwort auf. Die Verortung als Auskunftsverweigerungsrecht in § 131 Abs. 3 AktG ist insofern unglücklich und vermag nicht zu überzeugen. Denn es handelt sich nach dogmatischer Betrachtung eigentlich nicht um ein Auskunftsverweigerungsrecht, sondern um eine Konkretisierung der Erforderlichkeitsschranken des § 131 Abs. 1 S. 1 AktG.[877]

Eine differierende dogmatische Einordnung lässt sich für die Fallgestaltung treffen, in der tatsächlich vorab ein Auskunftsersuchen angebracht wird und dieses von der Aktiengesellschaft unter Rückgriff auf den Mechanismus des § 131 Abs. 3 S. 1 Nr. 7 AktG noch vor der Hauptversammlung beantwortet wird. Grundsätzlich gilt zwar, dass begehrte Auskünfte in mündlicher Form in der Hauptversammlung zu erteilen sind, so dass die Auskunft eigentlich nicht auf andere Art und Weise erteilt werden kann.[878] Neben den bereits bisher anerkannten Ausnahmen[879] statuiert § 131 Abs. 3 S. 1 Nr. 7 AktG nunmehr, da die erneute Erteilung der

---

873 *Seibert/Schütz*, ZIP 2004, S. 252 (255); *Weißhaupt*; ZIP 2005, S. 1766 (1770).

874 Ablehnend *Seibert*, WM 2005, S. 157 (161); anders *Weißhaupt*; WM 2004, S. 705 (708f.); *ders.*, ZIP 2005, S. 1766 (1770).

875 Zum im Einzelnen umstrittenen Maßstab der Erforderlichkeit vgl. *Schaaf*, Praxis der HV, 2. Aufl. 1999, Rn. 633 m. w. N.; für einen weiten Maßstab *Heidel*, in: AnwK-AktR, 2. Aufl. 2007, § 131 AktG Rn. 35 ff.

876 OLG Düsseldorf, Beschl. v. 17.7.1991 - WM 1991, S. 2148 (2153f.); *Decher*, in: GroßK AktG, 4. Aufl. 2001, § 131 Rn. 158f. m. w. N.; *Diekmann/Leuering*, NZG 2004, S. 249 (256); *Volhard*, in: Semler/Volhard, ArbHdb HV, 2. Aufl. 2003, § 13 Rn. 24; a. A. *Heidel*, in: AnwK-AktR, 2. Aufl. 2007, § 131 AktG Rn. 36.

877 Gleichsinnig *Hüffer*, AktG, 8. Aufl. 2008, § 131 Rn. 32b; *Diekmann/Leuering*, NZG 2004, S. 249 (256).

878 H. M., vgl. BGH, Urt. v. 5.4.1993 - BGHZ 122, S. 211 (236); BGH, Urt. v. 9.2.1987 - BGHZ 101, S. 1 (15 f.); OLG Düsseldorf, Beschl. v. 17.7.1991 - WM 1991, S. 2148 (2152 f.); *Butzke*, HV AG, 4. Aufl. 2001, G Rn. 34; *Brandes*, WM 1994, S. 2177 (2184); *Kubis*, in: FS Kropff, 1997, S. 171 (177) m. w. N. zur Rspr.; *Hüffer*, AktG, 8. Aufl. 2008, § 131 Rn. 22 m. w. N.

879 So kann der Aktionär bspw. auf die Einsicht in schriftliche Unterlagen verwiesen werden, wenn damit dem Informationsinteresse schneller und zuverlässiger entsprochen werden kann als durch mündliche Auskunft und sie in der Hauptversammlung erfolgt, vgl. BGH, Urt. v. 9.2.1987 - BGHZ 101, S. 1 (15 f.); *Butzke*, HV

– FORTSETZUNG NÄCHSTE SEITE –

Auskunft ein zeitraubender Formalismus wäre, eine Ausnahme vom Grundsatz der Mündlichkeit[880] unter strikter Bindung der Antwort an die Hauptversammlung. Dogmatisch besehen handelt es sich aber auch hier um die Frage nach der Erforderlichkeit eines erneuten Auskunftsersuchens, denn schon bisher galt, dass eine erteilte Auskunft durch den Vorstand weitere gleich lautende Fragen mangels Erforderlichkeit ausschloss.[881]

Die nunmehr vom Gesetzgeber vorgesehene Konzeption als Auskunftsverweigerungsrecht zwingt in der Prüfung eines Auskunftsbegehrens dazu, soweit es um Fragestellungen in Zusammenhang mit § 131 Abs. 3 S. 1 Nr. 7 AktG geht, die Erforderlichkeit zu unterstellen und erst auf der Ebene des Auskunftsverweigerungsrechts die Prüfung des § 131 Abs. 3 S. 1 Nr. 7 AktG vorzunehmen. Sinn und Zweck dieses „dogmatischen Hüftaufschwungs" ist die rechtspolitisch gewollte Verteilung der Darlegungs- und Beweislast zu Lasten der Aktiengesellschaft.

Dieser eben aufgezeigte, eigentlich hinter der Norm stehende, Bezug zur Erforderlichkeit ist es, der dem Auskunftsverweigerungsrecht des § 131 Abs. 3 S. 1 Nr. 7 AktG auch den Zweck der Missbrauchsverhinderung vermittelt. Denn das Erforderlichkeitskriterium wurde gerade zur Missbrauchsverhinderung eingeführt[882] und soll, ebenso wie § 131 Abs. 3 S. 1 Nr. 7 AktG, insbesondere überflüssigen Fragen in der Hauptversammlung entgegentreten, wenn ein besonderes Informationsinteresse[883] wegen der anderweitigen Befriedigung des Informationsbedürfnisses der Aktionäre nicht (mehr) besteht. Gegen diese Einbeziehung des Zwecks der Missbrauchsverhinderung kann nicht eingewandt werden, dass bei geschickter Frageformulierung eine Umgehungsgefahr nicht auszuschließen ist.[884] Das Bestehen einer solchen realen Gefahr ist für sich alleine kein Grund, der es rechtfertigen würde, dem § 131 Abs. 3 S. 1 Nr. 7 AktG den Normzweck der Missbrauchsverhinderung abzusprechen. Dies gilt umso mehr, als die bei § 131 Abs. 3 S. 1 Nr. 7 AktG vielfach befürchteten und nur in Nuancen von den Darstellungen gemäß § 131 Abs. 3 S. 1 Nr. 7 AktG abweichenden Detail- und Folgefragen[885] mit Hilfe und im Zusammenspiel mit § 131 Abs. 2 S. 2 AktG entschärft werden können und an Brisanz verlieren. Da bislang die Unterbindung der Einforderung bloß wiederholender Auskünfte, die einer Einordnung als missbräuchlich, weil sie eine über das notwendige Maß hinausgehende Inanspruchnahme des individuellen Auskunftsrechts darstellen konnten, zugänglich waren,[886] in der Praxis mit erheblichen Schwierigkeiten verbunden war, charakterisiert nunmehr § 131 Abs. 3 S. 1 Nr. 7 AktG diese Konstellationen, so dass im Ergebnis auch hierdurch der Missbrauchsverhinderungsgedanke der Vorschrift zum Vorschein kommt.

Richtig ist daher, dass § 131 Abs. 3 S. 1 Nr. 7 AktG einen dualen Normzweck verfolgt und neben der Steigerung der Hauptversammlungseffizienz auch der Missbrauchsverhinderung

---

AG, 4. Aufl. 2001, G Rn. 35; *Semler*, in: Münch Hdb GesR, Bd. 4, 3. Aufl. 2007, § 37 Rn. 26; *Hüffer*, AktG, 8. Aufl. 2008, § 131 Rn. 22 m. w. N. zu den Ausnahmen.

880 In diesem Sinne auch *Fleischer*, NJW 2005, S. 3525 (3530); *Hüffer*, AktG, 8. Aufl. 2008, § 131 Rn. 32b; *Diekmann/Leuering*, NZG 2004, S. 249 (256); dies erkennt auch *Seibert*, WM 2005, S. 157 (161).

881 Vgl. *Ebenroth*, S. 42; *Schlitt*, in: Semler/Volhard, ArbHdb HV, 2. Aufl. 2003, § 12 Rn. 107.

882 Begr. RegE AktG 1965, abgedr. bei *Kropff*, S. 185.

883 Zur Einordnung der Erforderlichkeit als normiertem Fall eines besonderen Informationsinteresses vgl. *K. Schmidt*, Informationsrechte, 1984, S. 49 f.

884 So aber *Seibert*, WM 2005, S. 157 (161).

885 *Noack*, in: VGR 2004, 2005, S. 37 (47); kritisch *Bungert*, in: VGR 2004, 2005, S. 59 (78); *Gantenberg*, DB 2005, S. 207 (212); *Meilicke/Heidel*, DB 2004, S. 1479 (1480); *Wilsing*, DB 2005, S. 35 (41); *ders.*, ZIP 2004, S. 1082 (1084).

886 *Weißhaupt*, ZIP 2005, S. 1766 (1770).

dient,[887] so dass durch die Kodifizierung die praktische Handhabung und damit die Missbrauchsverhinderung bei der wiederholenden Einforderung einer Auskunft erheblich erleichtert wird.[888]

II. Tatbestand des § 131 Abs. 3 S. 1 Nr. 7 AktG

1. Anwendungsbereich – insbesondere bei auskunftsrechtlichen Sondertatbeständen

Der Anwendungsbereich des § 131 Abs. 3 S. 1 Nr. 7 AktG ist, legt man die Gesetzesbegründung unreflektiert zu Grunde, nicht auf das Auskunftsrecht gemäß § 131 Abs. 1 S. 1 AktG beschränkt, sondern soll auch für die anderen gesetzlichen, individuellen Auskunftsansprüche des Aktionärs gelten.[889] Es handele sich bei den speziellen individuellen Auskunftsrechten lediglich um Klarstellungen der auch dort anzuwendenden Grundsätze des allgemeinen Auskunftsanspruchs, weshalb eine Anpassung derselben nicht notwendig sei.[890] Die Begründung alleine bezieht keine Stellung dazu, dass in der Literatur die Anwendbarkeit des § 131 Abs. 3 AktG für spezielle Auskunftsrechte bei Strukturmaßnahmen teilweise nicht unumstritten ist,[891] und hinterlässt bei der Frage nach der Anwendbarkeit des § 131 Abs. 3 S. 1 Nr. 7 AktG Klärungsbedarf. Einigkeit hinsichtlich der Bejahung der Anwendbarkeit des § 131 Abs. 3 AktG besteht in der Literatur allenfalls bei § 326 AktG.[892] Damit rücken die auskunftsrechtlichen Sondertatbestände der übrigen Auskunftsrechte im Falle von Strukturmaßnahmen[893] in den Fokus der Betrachtung.

Für § 64 Abs. 2 UmwG hat der Gesetzgeber selbst Klarheit geschaffen, indem er in der Begründung ausdrücklich darauf hinweist, dass *„durch Absatz 2 nicht in die allgemeinen Vorschriften des Aktiengesetzes über das Recht der Auskunftsverweigerung nach § 131 Abs. 3 AktG*" eingegriffen wird.[894] Geht der Gesetzgeber davon aus, dass § 64 Abs. 2 UmwG der bis-

---

887 Zutreffend *Weißhaupt*, ZIP 2005, S. 1766 (1770); a. A. *Seibert*, WM 2005, S. 157 (161).

888 Zum Sinn und Zweck typisierender Vorschriften vgl. Seite 81 ff.; zu den praktischen Problemen beim Missbrauch des Fragerechts und darauf zu stützender Verweigerung der Auskunft vgl. auch *Volhard*, in: Semler/Volhard, ArbHdb HV, 2. Aufl. 2003, § 13 Rn. 52 ff. m. w. N.

889 Vgl. §§ 293g Abs. 3, 319 Abs. 3 S. 4, 320 Abs. 4 S. 3, 326 AktG, § 64 Abs. 2 UmwG; Begr. RegE UMAG, BT-Drucks. 15 /5092, S. 17.

890 Begr. RegE UMAG, BT-Drucks. 15 /5092, S. 17; *Hüffer*, AktG, 8. Aufl. 2008, § 131 Rn. 32b.

891 Für die Anwendbarkeit von § 131 Abs. 3 AktG bei § 293g Abs. 3 AktG bspw. BayObLG, Beschl. v. 8.5.1974 - AG 1974, S. 224 (225); *Veil*, in: Spindler/Stilz, AktG, 2007, § 293g Rn. 13; Baumbach/*Hueck*, AktG, 13. Aufl. 1968, § 293 Rn. 10; *Ebenroth*, S. 62 ff.; *Krieger*, in: Münch Hdb GesR, Bd. 4, 3. Aufl. 2007, § 70 Rn. 48; *Grunewald*, in: MüKo AktG, 2. Aufl. 2000, § 319 Rn. 25; *Spitze/Diekmann*, ZHR 158 (1994), S. 447 (450f.); *Bungert*, DB 1995, S. 1449 (1451 ff.); dagegen *Würdinger*, in: GroßK AktG, 3. Aufl. 1975, § 293 Rn. 8; zweifelnd auch *Hüffer*, AktG, 8. Aufl. 2008, § 293g Rn. 5; differenzierend für § 131 Abs. 3 Nr. 1 AktG *Altmeppen*, in: MüKo AktG, 2. Aufl. 2000, § 293g Rn. 19; offen gelassen, aber mit ablehnender Tendenz BGH, Urt. v. 15.6.1992 - BGHZ 119, S. 1 (16f.); ebenso *Decher*, ZHR 158 (1994), S. 473 (492).

892 Vgl. Begr. RegE AktG 1965, abgedr. bei *Kropff*, S. 431; *Grunewald*, in: MüKo AktG, 2. Aufl. 2000, § 326 Rn. 4; *Hüffer*, AktG, 8. Aufl. 2008, § 326 Rn. 3; *Koppensteiner*, in: KölnKomm AktG, 3. Aufl. 2004; § 326 Rn. 1; *Krieger*, in: Münch Hdb GesR, Bd. 4, 3. Aufl. 2007, § 70 Rn. 48; *Spitze/Diekmann*, ZHR 158 (1994), S. 447 (450 f.).

893 §§ 293g Abs. 3, 319 Abs. 3 S. 4, 320 Abs. 4 S. 3, § 64 Abs. 2 UmwG.

894 Begr. RegE UmwBerG, BT-Drucks. 12/6699, S. 103; *Grunewald*, in: Lutter/Winter, UmwG, 4. Aufl. 2009, § 64 Rn. 8; *Marsch-Barner*, in: Kallmeyer, UmwG, 3. Aufl. 2006, § 64 Rn. 6; *Bayer*, AG 1988, S. 323 (329).

herigen Regelung entspricht,[895] bringt er damit zugleich zum Ausdruck, dass § 131 Abs. 3 AktG auch schon vor der Schaffung von § 64 Abs. 2 AktG anwendbar sein sollte.

Daraus leitet ein Teil der Literatur ab, der Gesetzgeber selbst habe die Frage nach dem Bestehen eines Auskunftsverweigerungsrechts für auskunftsrechtliche Sondertatbestände bei Strukturmaßnahmen im Allgemeinen ausdrücklich beantwortet.[896] Dem kann man sich insoweit anschließen, als hieraus die Offenheit des Wortlauts der aktienrechtlichen Sondertatbestände gefolgert wird.[897] Richtig ist aber weder eine völlige Ablehnung der Anwendbarkeit noch die uneingeschränkte und unreflektierte Heranziehung des § 131 Abs. 3 AktG bei strukturrechtlichen Auskunftsansprüchen.[898] Denn bei § 131 AktG handelt es sich um die Basis für die bewusst weit gefassten auskunftsrechtlichen Sondertatbestände, die auf der, durch die Verortung im ersten Buch des Aktiengesetzes systematisch vor die Klammer gezogenen, Grundnorm des § 131 AktG aufbauen und daher deren Tatbestandsvoraussetzungen bzw. -einschränkungen durchaus teilen können.[899] Die weite Formulierung der strukturrechtlichen Auskunftsansprüche ist nach dem Bundesgerichtshof von dem Gedanken geprägt, den Aktionären eine möglichst umfassende Informationsmöglichkeit bei einschneidenden Maßnahmen an die Hand zu geben, was gegen die Anwendbarkeit des § 131 Abs. 3 AktG bei entsprechenden Maßnahmen ins Feld geführt werden könnte.[900] Allerdings spricht es wohl für die Anwendbarkeit eines Auskunftsverweigerungsrechts, wenn die vom Bundesgerichtshof herausgehobenen Informationsinteressen der Aktionäre im Zusammenhang mit der jeweiligen Strukturmaßnahme im Rahmen der Auslegung des Auskunftsrechtstatbestandes entsprechende Berücksichtigung finden.[901]

Man gelangt für das hier allein zu beleuchtende Auskunftsverweigerungsrecht des § 131 Abs. 3 S. 1 Nr. 7 AktG zu folgendem Befund: Anders als bei § 131 Abs. 3 S. 1 Nr. 1 bis 6 AktG unterbleibt die Information nicht vollständig, sondern der Aktionär erlangt vielmehr die benötigte Information. Nur nicht in mündlicher Form auf der Hauptversammlung, sondern wegen der Vorverlagerung entweder bereits vor der Hauptversammlung auf der Internetseite der Gesellschaft oder spätestens während der Hauptversammlung durch vorzuhaltende Informationsmöglichkeiten. Dem bei jeder Strukturmaßnahme erhöhten Informationsbedürfnis des Aktionärs wird dadurch nachgekommen, so dass das Interesse an umfassender Information und damit auch das vom Bundesgerichtshof angeführte mögliche Argument gegen die Anwendbarkeit des § 131 Abs. 3 AktG und damit auch dessen Abs. 3 S. 1 Nr. 7 AktG hier nicht Platz greift. Auch die dogmatische Grundlage des § 131 Abs. 3 S. 1 Nr. 7 AktG, d. h. der eigentliche Ansatz bei der Erforderlichkeit und einer Ausnahme vom Mündlichkeitsgrundsatz, zeigt, dass § 131 Abs. 3 S. 1 Nr. 7 AktG nicht wie die anderen Auskunftsrechtstatbestände gesonderte Auskunftsgegenstände einer Auskunftsverweigerung zugänglich machen möchte, und unterstützt das hier gefundene Ergebnis.[902] Die gefundene Argumentation lässt sich bei allen auskunftsrechtlichen Sondertatbeständen bei Strukturmaßnahmen anbringen, so dass § 131 Abs. 3 S. 1 Nr. 7 AktG im Ergebnis auf die auskunftsrechtlichen Sondertatbestände der

---

[895] Vgl. Begr. RegE UmwBerG, BT-Drucks. 12/6699, S. 103.

[896] Vgl. *Grunewald*, in: Lutter/Winter, UmwG, 4. Aufl. 2009, § 64 Rn. 8.

[897] Dagegen *Hüffer*, AktG, 8. Aufl. 2008, § 293g Rn. 5.

[898] Zum wichtigsten Streitfall des § 131 Abs. 3 Nr. 1 AktG zutreffend differenzierend *Altmeppen*, in: MüKo AktG, 2. Aufl. 2000, § 293g Rn. 19 ff. m. w. N.

[899] *Spitze/Diekmann*, ZHR 158 (1994), S. 447 (450 f.).

[900] So die Argumentation des BGH im die Anwendbarkeitsfrage aber offen lassenden „Asea/BBC"-Urteil zu § 131 Abs. 3 Nr. 1 AktG, vgl. BGH, Urt. v. 15.6.1992 - BGHZ 119, S. 1 (16 f.).

[901] Dies schafft die differenzierende Lösung von *Altmeppen*, in: MüKo AktG, 2. Aufl. 2000, § 293g Rn. 21.

[902] Ebenso *Hüffer*, AktG, 8. Aufl. 2008, § 293g Rn. 5.

§§ 293g Abs. 3, 319 Abs. 3 S. 4, 320 Abs. 4 S. 3, 326 AktG, § 64 Abs. 2 UmwG angewandt werden kann.

2. Die Internetseite als allgemein öffentlich zugängliches Informationsmedium für die Aktionäre

Das Auskunftsverweigerungsrecht des § 131 Abs. 3 S. 1 Nr. 7 AktG wurde vom Gesetzgeber untrennbar verknüpft mit der Bereitstellung der vom Aktionär benötigten Information auf der Internetseite der Gesellschaft. Nur wenn sich die begehrte Information oder die Antwort auf ein angebrachtes Auskunftsersuchen auf der Internetseite findet, kann das Auskunftsverweigerungsrecht Patz greifen. Die Wahl der Internetseite der Gesellschaft als „Informationsschauplatz" begrenzt zwar den Kreis der Aktionäre auf diejenigen, die einen Internetzugang besitzen.[903] Dieses faktisch (noch) bestehende Hindernis bei der Informationsgewinnung kann jedoch kein Anknüpfungspunkt für Kritik sein. Zu Recht geht der Gesetzgeber davon aus, dass heute jedermann Zugang zum Internet erlangen kann und deshalb die konzentrierte Darstellung der Informationen auf der Internetseite gegenüber der Verbreitung im Papier-Handelsregister oder in Tageszeitungen bestmöglich geeignet ist, um eine zuverlässige Information der Aktionäre zu gewährleisten. Dies gilt selbst dann, wenn die Informationsgewinnung auf diese Art für einzelne Aktionäre ohne eigenen Internetzugang mit einem erhöhten Aufwand verbunden sein mag.[904] Ohnehin muss die im Internet verbreitete Information auch auf der Hauptversammlung zugänglich sein, so dass spätestens hier eine Informationsmöglichkeit für Aktionäre ohne Internetzugang besteht.[905] Für diese Sichtweise spricht ferner der DCGK, der das Internet als zentrales, schnell und ortsunabhängig zugängliches Informationsportal für die Aktiengesellschaften begreift und zur Förderung der Transparenz in Ziffer 2.3.1 DCGK die Einstellung bestimmter Unterlagen auf die Internetseite der Gesellschaft empfiehlt. § 131 Abs. 3 S. 1 Nr. 7 AktG greift eben diesen Gedanken auf, und die Vorab-Informationen, unter Rückgriff auf die heute zur Verfügung stehenden modernen Kommunikationsmittel, wird bewusst in das Vorfeld der Hauptversammlung ausgelagert.

In der Gesetzesbegründung definiert der Gesetzgeber den Begriff „Internetseite" als ein *„öffentlich allgemein zugängliches elektronisches Informationsmedium"*[906]. Eine *öffentlich* und *allgemein* zugängliche Vorab-Information liegt vor, wenn Zugangsbeschränkungen nicht bestehen, d. h. es dürfen keine geräteseitigen, anbieterseitigen oder programmseitigen Beschränkungen beim Zugang zur Information vorgesehen werden.[907] Mit der Formulierung der *„öffentlich allgemein*[en]" Zugänglichkeit werden zudem Zugangsbeschränkungen untersagt, die darauf abzielen, den Zugang nur den Aktionären der Aktiengesellschaft zu ermöglichen.[908] Eine solche Einschränkung hätte, betrachtet man das bislang vorherrschende, aus § 118 AktG abzuleitende, Verständnis der Hauptversammlung als nichtöffentlicher Verbandsveranstaltung,[909] auf einer Linie mit der bisherigen Konzeption der Hauptversammlung gelegen. Bewusst weicht der Gesetzgeber mit § 131 Abs. 3 S. 1 Nr. 7 AktG und der geforderten Zugangsmöglichkeit für die gesamte Internetöffentlichkeit, d. h. jeden Dritten und somit die All-

---

903 *Spindler*, NZG 2005, S. 825 (826).
904 Begr. RegE UMAG, BT-Drucks. 15 /5092, S. 17.
905 Zutreffend *Spindler*, NZG 2005, S. 825 (826).
906 Begr. RegE UMAG, BT-Drucks. 15 /5092, S. 17.
907 Begr. RegE UMAG, BT-Drucks. 15 /5092, S. 17.
908 Diese Möglichkeit noch befürwortend *Diekmann/Leuering*, NZG 2004, S. 249 (256).
909 Vgl. *Hüffer*, AktG, 7. Aufl. 2006, § 118 Rn. 16; *Kubis*, in: MüKo AktG, 2. Aufl. 2004, § 118 Rn. 26 je m. w. N.; *Raiser/Veil*, Kapitalgesellschaften, 4. Aufl. 2006, § 16 Rn. 35 f.

gemeinheit, von diesem Grundsatz der Nichtöffentlichkeit ab.[910] Bedenken gegen diese weitere Auflockerung des Grundsatzes der Nichtöffentlichkeit bestehen nicht.[911] Denn der zwingende Charakter als nichtöffentliche Verbandsveranstaltung wurde vom Gesetzgeber bereits durch die auf Art. 1 Nr. 11 b TransPuG[912] zurückgehende Eröffnung einer Dispositionsmöglichkeit für den Satzungs- und Geschäftsordnungsgeber bei der Übertragung der Hauptversammlung in Bild und Ton gemäß § 118 Abs. 3 AktG weitgehend beseitigt.[913] Anders als bei § 118 Abs. 3 AktG ist mit einer Auslagerung der Information durch § 131 Abs. 3 S. 1 Nr. 7 AktG auch kein Eingriff in das allgemeine Persönlichkeitsrecht des Aktionärs verbunden.[914] § 131 Abs. 3 S. 1 Nr. 7 AktG ermöglicht vielmehr nur eine Auskunftsverweigerung auf eine während der Hauptversammlung gestellte Aktionärsfrage wegen der Vorab-Information im Internet. Der Schutzbereich des allgemeinen Persönlichkeitsrechts wird von § 131 Abs. 3 S. 1 Nr. 7 AktG, anders als bei § 118 Abs. 3 AktG, gar nicht tangiert.

3. Die „Zugänglichkeit" der Vorab-Information

a. *Auf der Internetseite*

Die Information muss für den informationssuchenden Aktionär auf der Internetseite der Gesellschaft „*zugänglich*" i. S. v. § 131 Abs. 3 S. 1 Nr. 7 AktG sein. Der Gesetzgeber selbst fordert hierfür, dass „*der interessierte Aktionär nach Aufrufen der Startseite der Gesellschaft ohne Suchen entweder direkt oder durch eindeutige Verknüpfungen auf die jeweilige Folgeseite (Links)*" ohne Schwierigkeiten Zugang zu den zur Verfügung gestellten Informationen finden können muss.[915] Da es sich um die Zurverfügungstellung von Information auf der Internetseite handelt, liegt es nahe, sich bei der Auslegung des Begriffs der Zugänglichkeit i. S. v. § 131 Abs. 3 S. 1 Nr. 7 AktG an der gerade für allgemeine Informationspflichten für Diensteanbieter geschaffenen Vorschrift des § 6 TDG a. F. (heute § 5 TMG) als Richtschnur zu orientieren und dort gefundene Lösungen, soweit übertragbar, durch eine entsprechende Anwendung zu adaptieren.[916] Die Formulierung der Gesetzesbegründung zu § 131 Abs. 3 S. 1 Nr. 7 AktG lässt insofern deutliche Parallelformulierungen zu den bei § 6 TDG a. F. (heute § 5 TMG) entscheidenden Kriterien der leichten Erkennbarkeit und unmittelbaren Erreichbarkeit erkennen. Obwohl der Wortlaut des § 131 Abs. 3 S. 1 Nr. 7 AktG selbst keine eindeutige Stellungnahme bezieht, können die leichte Erkennbarkeit und unmittelbare Erreichbarkeit der zur Verfügung gestellten Information deshalb als die entscheidenden Voraussetzungen für die Zugänglichkeit i. S. v. § 131 Abs. 3 S. 1 Nr. 7 AktG herausgestellt werden und bedürfen im Folgenden der Konkretisierung.

---

910 *Spindler*, NZG 2005, S. 825 (826); *Weißhaupt*, WM 2004, S. 705 (708).

911 A. A. *Mutter/Topf*, AG-Report 2004, S. 259 (260).

912 TransPuG v. 19.7.2002, BGBl. I, S. 2681 (2682).

913 Zu § 118 Abs. 3 AktG vgl. *Hüffer*, AktG, 8. Aufl. 2008, § 118 Rn. 17 m. w. N.

914 Die Ermöglichung der Übertragung in § 118 Abs. 3 AktG bedeutet einen Eingriff in das allgemeine Persönlichkeitsrecht des Aktionärs, vgl. *Kubis*, in: MüKo AktG, 2. Aufl. 2004, § 118 Rn. 94 m. w. N.; zum allgemeinen Persönlichkeitsrecht im Zusammenhang mit der Hauptversammlung vgl. BGH, Urt. v. 19.9.1994 - BGHZ 127, S. 107 (108 f.); zur Problematik der Übertragung der Hauptversammlung vgl. *Riegger*, ZHR 165 (2001), S. 204 (210f.); *Spindler*, ZGR 2000, S. 420 (433 ff.) m. w. N.

915 Begr. RegE UMAG, BT-Drucks. 15 /5092, S. 17 f.

916 Eine entsprechende Anwendung von § 6 TDG a.F. (heute § 5 TMG) schlägt, wenngleich ohne präzisierende Ausführungen, auch *Spindler*, NZG 2005, S. 825 (826), vor.

aa. Personenbezogener und technischer Maßstab

Die Beurteilung, wann eine leicht erkennbare und unmittelbar erreichbare Zurverfügungstellung der Information gegeben ist, kann und wird aus der jeweiligen Sicht des einzelnen Aktionärs als Internetnutzer, ausgestattet mit differierenden individuellen Nutzungsfähigkeiten und technischen Voraussetzungen, unterschiedlich ausfallen. Man kommt damit nicht umhin, allgemeingültige Maßstäbe in persönlicher wie technischer Hinsicht festzulegen, anhand derer die Zugänglichkeit gemäß § 131 Abs. 3 S. 1 Nr. 7 AktG nach den Kriterien der leichten Erkennbarkeit und unmittelbaren Erreichbarkeit zu bemessen ist.

Bei der Festlegung des personenbezogenen Maßstabes kann man sich, wegen der vergleichbaren Situation, grundsätzlich an den für § 6 TDG a. F. (heute § 5 TMG) entwickelten Kriterien orientieren. Dort wird von einem durchschnittlichen Internetnutzer ausgegangen, der zwar, in Anlehnung an den Verbraucherrechtsbegriff, in der Regel nicht rechtskundig, aber bei der Teilnahme am Wirtschaftsverkehr verständig, durchschnittlich informiert und situationsadäquat aufmerksam ist.[917] Zwar handelt es sich bei einem Aktionär nicht zwangsläufig um einen Verbraucher im Sinne des europäischen Verbraucherbegriffs.[918] Dennoch sind es vorwiegend die Klein(st)aktionäre, die wegen der fehlenden Nähe zur Verwaltung, anders als Großaktionäre,[919] zumeist auf die Informationen angewiesen sind und bei denen es sich grundsätzlich um natürliche Personen, die ihre Aktienbeteiligung aus rein privat motivierten Gründen halten, handelt. Um dieser schwächsten Gruppe aller Aktionäre gerecht zu werden, ist der zu § 6 TDG a. F. (heute § 5 TMG) entwickelte Maßstab eines durchschnittlichen Internetnutzers grundsätzlich auch bei der Beurteilung der Zugänglichkeitskriterien im Rahmen von § 131 Abs. 3 S. 1 Nr. 7 AktG als Mindestmaß zugrunde zu legen. Durch die Fokussierung auf den durchschnittlichen Internetnutzer werden letztlich die unterschiedlichen Fähigkeiten der Aktionäre sachgerecht kanalisiert und berücksichtigt.

Auch hinsichtlich der technischen Maßstäbe kann auf die im Rahmen von § 6 TDG a. F. (heute § 5 TMG) geltenden Maßstäbe zurückgegriffen werden.[920] Es kommt entscheidend darauf an, nicht auf die momentan beste zur Verfügung stehende Technik abzustellen, da nicht erwartet werden kann, dass sich der durchschnittliche Aktionär stets auf dem höchsten Level der technischen Ausstattung hält, die vom Unternehmen vorausgesetzt wird. Ebenso wenig darf die andere Extremposition bezogen und von den Unternehmen verlangt werden, auch die mit einer Ausrüstung auf einem niedrigen Stand der Technik zu berücksichtigen. Es ist mithin von einem Aktionär als Internetnutzer auszugehen, der über eine für einen durchschnittlichen Aktionär übliche technische Ausrüstung verfügt.[921]

Als Maßstab für die Zugänglichkeit i. S. v. § 131 Abs. 3 S. 1 Nr. 7 AktG ist daher ein durchschnittlicher Internetnutzer, d. h. jemand, der in der Regel nicht rechtskundig, aber bei der Teilnahme am Wirtschaftsverkehr verständig, durchschnittlich informiert und situations-

---

917 *Spindler*, in: Spindler/Schmitz/Geis, TDG, 2004, § 6 Rn. 9 m. w. N.

918 Zum Verbraucherbegriff vgl. EuGH, Urt. v. 16.7.1998, Rs. C-210/96, Slg. I-4657 (4658); BGH, Urt. v. 17.5.2001 - BGHZ 148, S. 1 (7).

919 Oftmals wird der Großaktionär ohnehin die für seine Entscheidung notwendige Information mit seinem Einfluss in der Aktiengesellschaft erreichen, wenn von ihm nicht sogar ein Posten im Aufsichtsrat besetzt wird, gegenüber dem der Vorstand gemäß § 90 AktG eine Berichtspflicht hat.

920 Hierzu und zum Folgenden für § 6 TDG (heute § 5 TMG) vgl. *Spindler*, in: Spindler/Schmitz/Geis, TDG, 2004, § 6 Rn. 10.

921 *Spindler*, in: Spindler/Schmitz/Geis, TDG, 2004, § 6 Rn. 10.

adäquat aufmerksam ist und eine Ausrüstung auf einem durchschnittlichen technischen Stand besitzt, zugrunde zu legen.

bb. Leichte Erkennbarkeit

Die für § 6 TDG a. F. (heute § 5 TMG) formulierte Definition der leichten Erkennbarkeit – die zur Verfügung gestellten Informationen müssen für den informationssuchenden durchschnittlichen Internetnutzer optisch einfach und effektiv wahrnehmbar sein[922] – kann ohne Brüche auf die Bestimmung der Zugänglichkeit i. S. v. § 131 Abs. 3 S. 1 Nr. 7 AktG übertragen werden. Leichte Erkennbarkeit ist nach dieser Definition nicht mehr anzunehmen, wenn entweder der gesetzte Hyperlink im Verhältnis zu den übrigen auf der Internetseite dargestellten Inhalten derart klein und unauffällig gesetzt würde, dass ein erhöhter Aufwand bzw. eine erhöhte Aufmerksamkeit notwendig ist, um ihn ausfindig zu machen. Eine besondere Hervorhebung auf der Internetseite der Gesellschaft in der Art, dass der Hyperlink bzw. die Information dem Aktionär als durchschnittlichem Internetnutzer gleichsam „ins Auge springt", ebenso wenig erfolgen.[923] Die Informationen müssen daher lediglich so platziert sein, dass ein potenziell interessierter Aktionär als Internetnutzer die Informationen wahrnehmen wird.

Die mit der leichten Erkennbarkeit zwangsläufig verbundene Einschränkung der Gestaltungsfreiheit wird bei § 6 TDG a. F. (heute § 5 TMG) mit dem erforderlichen Schutz des Nutzers gerechtfertigt.[924] Schutz bedarf auch der interessierte Aktionär, der auf der Internetseite der Gesellschaft die ihn interessierende Information sucht. Denn sie mag zwar vorhanden sein, aber findet der Aktionär sie wegen fehlender Leichtigkeit der optischen Wahrnehmbarkeit nicht, so droht ihm eine Verweigerung der Auskunft in der Hauptversammlung und damit ein Informationsdefizit. Die Einschränkung der Gestaltungsfreiheit der Gesellschaft kann hier auch deshalb hingenommen werden, weil es sich seitens der Gesellschaft um eine Zurverfügungstellung von Informationen auf freiwilliger Basis handelt. Möchte sie in den Genuss des Auskunftsverweigerungsrechts kommen, kann man ihr auch eine entsprechende Offenheit und Nutzerfreundlichkeit abverlangen.

Die zweite Komponente der leichten Erkennbarkeit überschneidet sich mit der der unmittelbaren Erreichbarkeit. Aber für eine leichte Erkennbarkeit der Information ist es gerade auch notwendig, dass die Information für den interessierten Aktionär leicht auffindbar ist, d. h. dass für die Navigation hin zur begehrten Information eindeutig zuordenbare Begriffe, mit denen der durchschnittliche Internetnutzer den Standort der Informationen assoziiert, verwendet werden müssen.[925] Ist die Information mangels Verständlichkeit nicht in diesem Sinne leicht auffindbar, kann sie der Aktionär auch nicht leicht wahrnehmen. Bedient sich die Gesellschaft mithin eines Hyperlinks, muss dieser von der gewählten Terminologie her verständlich sein. Es kann davon ausgegangen werden, dass der interessierte Aktionär in Gestalt eines durchschnittlichen Internetnutzers weiß, dass unter bestimmten Bezeichnungen die entsprechenden Informationen vorgehalten werden. Mangels gesetzlich vorgeschriebener Terminologie sind alle für einen durchschnittlichen Internetnutzer nachvollziehbaren Begriffe möglich. Denkbar

---

922 Zu § 6 TDG a. F. (heute § 5 TMG) vgl. OLG München, Urt. v. 12.2.2004 - MMR 2004, S. 321 (322) m. w. N.; *Hoenike/Hülsdunk*, MMR 2002, S. 415 (417); *Spindler*, in: Spindler/Schmitz/Geis, TDG, 2004, § 6 Rn. 13 m. w. N. zu § 6 TDG a. F. (heute § 5 TMG).

923 Zu § 6 TDG a. F. (heute § 5 TMG) *Hoß*, CR 2003, S. 687 (688); a. A. *Woitke*, NJW 2003, S. 871 (872).

924 Vgl. nur *Spindler*, in: Spindler/Schmitz/Geis, TDG, 2004, § 6 Rn. 13.

925 Für § 6 TDG a. F. (heute § 5 TMG) vgl. *Hoß*, CR 2003, S. 687 (689); *Spindler*, in: Spindler/Schmitz/Geis, TDG, 2004, § 6 Rn. 12.

sind in jedem Fall die Bezeichnungen „Vorab-Informationen zur Hauptversammlung", „Informationsportal zur Hauptversammlung", oder „Web-Info zur Hauptversammlung". Auch der Begriff „Hauptversammlung" selbst kann ausreichen, da hiermit eine Assoziation dahin geschaffen wird, dass sich wichtige Informationen zur Hauptversammlung dort befinden. Inwiefern dann weitere Unterebenen eingezogen werden können, ist eine Frage der unmittelbaren Erreichbarkeit.[926] Der Begriff *„Frequently Asked Questions (FAQ)"* wird zwar vielfach als Schlagwort benutzt, ist aber für sich alleine nicht ausreichend, um einen klaren, verständlichen Hinweis auf die von der Gesellschaft gemäß § 131 Abs. 3 S. 1 Nr. 7 AktG zur Verfügung gestellten Informationen darzustellen. Insoweit besteht eine zu große Verwechslungsgefahr mit dem allgemein üblichen Begriff der *„FAQ"*, der durch seinen Bezug zum Internet eine besondere Prägung erfahren hat. Möglich ist aber eine Formulierung wie z. B. „Frequently Asked Questions (FAQ) zur Hauptversammlung" oder „Häufige Fragen in Zusammenhang mit der Hauptversammlung". Auch der Link „Investor Relations" kann, da heute als Standardlink auf nahezu jeder Homepage einer Aktiengesellschaft zu finden, wegen der damit verbundenen Allgemeinheit ohne Hinweis auf den Informationsgehalt, gerade mit Blick auf ein mögliches Auskunftsverweigerungsrecht gemäß § 131 Abs. 3 S. 1 Nr. 7 AktG, nicht ausreichen.

Dass die Informationen in jedem Fall (auch) auf Deutsch vorzuhalten sind, um die Verständlichkeit zu wahren, folgt daraus, dass es bei den Vorab-Informationen, auf die ein Auskunftsverweigerungsrecht gemäß § 131 Abs. 3 S. 1 Nr. 7 AktG gestützt wird, möglich ist, diese als antizipierte Antwort in den Fällen der bloßen Information und in den Fällen einer tatsächlich gestellten Frage im Vorfeld um eine Ausnahme vom Mündlichkeitsgrundsatz einzuordnen. Die Antwort bleibt nicht unbekannt, sondern wird eben nur in das Vorfeld der Hauptversammlung ausgelagert. Die Antwort auf ein Auskunftsersuchen ist dennoch in Deutsch zu erteilen,[927] wobei die bloße Vorverlagerung nicht dazu führen kann, dass die Antwort nun in einer anderen Sprache zulässig wäre. Das bedeutet indes nicht, dass die Informationen *nur* auf Deutsch vorgehalten werden dürfen. Vielmehr ist es wünschens- und, mit Blick auf eine gute Corporate Governance, begrüßenswert, wenn dem mit der Bereitstellung im Internet internationalisierten „Informationspublikum" die Kenntnisnahme (auch) durch die Verwendung anderer – vorwiegend der englischen – Sprachen, ebenfalls ermöglicht würde.

Schließlich bleibt darauf hinzuweisen, dass es auch für das Auskunftsverweigerungsrecht gemäß § 131 Abs. 3 S. 1 Nr. 7 AktG nicht darauf ankommt, ob der Aktionär die auf der Internetseite vorgehaltene Information tatsächlich zur Kenntnis nimmt.[928]

cc. Unmittelbare Erreichbarkeit

Sofern man zusätzlich den Begriff der unmittelbaren Erreichbarkeit des § 6 TDG a. F. (heute § 5 TMG) für die Bestimmung der Zugänglichkeit heranzieht, ergeben sich zwar, ebenso wie bei § 6 TDG a. F. (heute § 5 TMG), Schnittstellen zur leichten Erkennbarkeit, soweit es um die Auffindbarkeit der Information geht.[929] Allerdings kann auch auf das Kriterium der unmittelbaren Erreichbarkeit nicht vollständig verzichtet werden. Richtigerweise ist Voraussetzung der Zugänglichkeit i. S. v. § 131 Abs. 3 S. 1 Nr. 7 AktG, dass die Information für den interes-

---

926 Vgl. dazu Seite 181 ff.

927 Deutsch ist für eine Aktiengesellschaft mit Sitz in Deutschland die Verhandlungssprache, *Martens*, Leitfaden, 3. Aufl. 2003, S. 73; *Kubis*, in: MüKo AktG, 2. Aufl. 2004, § 118 Rn. 56 und § 131 Rn. 25.

928 Zu § 6 TDG a. F. (heute § 5 TMG) in diesem Zusammenhang vgl. *Hoß*, CR 2003, S. 687 (688) m. w. N.; *Spindler*, in: Spindler/Schmitz/Geis, TDG, 2004, § 6 Rn. 12.

929 Vgl. dazu Seite 180 f. sowie *Spindler*, in: Spindler/Schmitz/Geis, TDG, 2004, § 6 Rn. 17.

sierten Aktionär ohne wesentliche Zwischenschritte erreichbar sein muss.[930] Anders kann auch die Gesetzesbegründung zu § 131 Abs. 3 S. 1 Nr. 7 AktG, die vorgibt, dass der Aktionär die Information *„problemlos finden"* können muss, nicht verstanden werden.[931] Unmittelbar erreichbar ist die Information jedenfalls dann, wenn der interessierte Aktionär nach dem Aufruf der Internetseite der Gesellschaft auf ihrer Homepage die Informationen direkt im Volltext vorfinden kann. In aller Regel ist die Bereitstellung der Informationen direkt auf der Homepage für die Unternehmen jedoch wenig sinnvoll, nicht gewollt und überdies auch vom Gesetzgeber nicht zwingend gefordert. Ausreichend ist es, wenn durch einen entsprechenden Hyperlink auf die Internetseite der Weg zu den Informationen gewiesen wird und die Information auf einer separaten Internetseite angeboten wird.[932] Denn die Nutzung von Hyperlinks ist einer der wesentlichen Grundpfeiler des Internet und entspricht der verkehrsüblichen Internetnutzung. Für § 6 TDG a. F. (heute § 5 TMG) wird verschiedentlich gefordert, da der Internetnutzer über Suchmaschinen und von externen Anbietern gesetzte Links auf jede beliebige Seite gelangen kann, dass auf jeder Seite ein entsprechender Hyperlink gesetzt wird.[933] Dies mag für den von § 6 TDG a. F. (heute § 5 TMG) verfolgten Regelungszweck erforderlich sein. In Zusammenhang mit § 131 Abs. 3 S. 1 Nr. 7 AktG reicht es für eine unmittelbare Erreichbarkeit hingegen aus, wenn auf den untergeordneten Internetseiten ein Link zurück zur Homepage vorgesehen wird, von welcher der Link zur entsprechenden Informationsseite führt. Dies gilt jedenfalls dann, wenn in der Hauptversammlungseinladung oder der Tagesordnung ein Hinweis auf die Internetseite gegeben wird. Erfolgt dieser Hinweis, kann dem Aktionär in jedem Fall der Einwand abgeschnitten werden, er habe die Internetseite der Gesellschaft über eine externe Verlinkung oder eine Suchmaschine erreicht und deshalb die Informationen mangels Hyperlink nicht auffinden können. Unterbleibt der in der Praxis hilfreiche, wenngleich nicht zur tatbestandlichen Voraussetzung für § 131 Abs. 3 S. 1 Nr. 7 AktG erhobene,[934] Hinweis auf die Internetseite in der Einladung zur Hauptversammlung oder der Tagesordnung, stellt sich die Situation anders dar, und ein Link ist wegen der Möglichkeit des Zutritts zur Internetseite von außen über Suchmaschinen oder externe Links auf allen Unterseiten zu fordern. Diese Unterscheidung ist gerechtfertigt, weil ein entsprechender Link auf jeder Unterseite technisch ohne großen Aufwand umsetzbar ist, darüber hinaus der Link auch nur für einen Zeitraum von jedenfalls sieben Tagen vor der Hauptversammlung bis zu deren Beendigung vorhanden sein muss und deshalb keine tief greifenden und unzumutbaren Eingriffe in die Gestaltungsmöglichkeiten für die Internetseiten der Unternehmen verbunden sind. Dies gilt erst recht, wenn die Unternehmen dieses Erfordernis dadurch umgehen können, freiwillig einen entsprechenden Hinweis in die Einladung oder die Tagesordnung aufzunehmen.

Ausreichend für eine unmittelbare Erreichbarkeit ist es schließlich, wenn der Aktionär spätestens auf der zweiten Ebene – das sog. „two clicks away"-Prinzip – Zugriff auf die begehrten Informationen erlangt.[935] Die Informationen sind nämlich auch dann noch unmittelbar erreichbar, wenn der weiterführende Link nach den Maßstäben einer leichten Erkennbarkeit im

---

930 Für § 6 TDG a. F. (heute § 5 TMG) vgl. *Hoß*, CR 2003, S. 687 (689); *Spindler*, in: Spindler/Schmitz/Geis, TDG, 2004, § 6 Rn. 17 m. w. N.

931 Begr. RegE UMAG, BT-Drucks. 15 /5092, S. 18.

932 Zu § 6 TDG a. F. (heute § 5 TMG) vgl. insofern *Hoenike/Hülsdunk*, MMR 2002, S. 415 (417).

933 Vgl. *Hoenike/Hülsdunk*, MMR 2002, S. 415 (417); *Spindler*, in: Spindler/Schmitz/Geis, TDG, 2004, § 6 Rn. 17 m. w. N.

934 Ausdrücklich gesetzlich gefordert wird ein Hinweis in der Hauptversammlungseinladung oder Tagesordnung auch in der Gesetzesbegründung nicht, vgl. Begr. RegE UMAG, BT-Drucks. 15 /5092, S. 17 f.

935 Für § 6 TDG a. F. (heute § 5 TMG) *Spindler*, in: Spindler/Schmitz/Geis, TDG, 2004, § 6 Rn. 18 m. w. N.

oben dargestellten Sinne unkompliziert gefunden werden kann. Tiefer gehende Verästelungen der Internetseite machen das Auffinden jedoch unnötig kompliziert und lassen die Unmittelbarkeit der Erreichbarkeit entfallen. Gleiches gilt, wiederum in Anlehnung an § 6 TDG a. F. (heute § 5 TMG), wenn der gesetzte Link oder die Information erst dann erreicht wird, wenn der Aktionär die Internetseite in einem langen Prozess „durchscrollen" muss, um an den Link zu gelangen.[936] Vom Aktionär kann daher nicht verlangt werden, sich erst zu den notwendigen Informationen oder dem entsprechenden Link durch Scrollen mühevoll vorzuarbeiten. Dies bedeutet aber nicht, dass, wenn der Aktionär bei den entsprechenden Informationen angelangt ist, deren Durchsicht dieser nicht mit Scrollen, auch über mehrere Bildschirmebenen, verbunden sein dürfte. Den Unternehmen kann nicht auferlegt werden, sich auf alle möglichen Gegebenheiten, wie bspw. verschiedene Bildschirmauflösungen, einzustellen und die Bereitstellung der Informationen auf alle Alternativen abzustimmen.[937] Die Notwendigkeit eines Scrollvorgangs lässt die unmittelbare Erreichbarkeit alleine also nicht entfallen, muss sich aber im Rahmen des Zumutbaren, wofür die zu § 6 TDG a. F. (heute § 5 TMG) entwickelten Kriterien eine Orientierungsmöglichkeit bieten, halten.[938]

dd. Zwischenergebnis

Die Zugänglichkeit i. S. v. § 131 Abs. 3 S. 1 Nr. 7 AktG basiert auf den beiden, sich in ihrem Anwendungsbereich teilweise überschneidenden, Elementen der leichten Erkennbarkeit und der unmittelbaren Erreichbarkeit der Information für den interessierten Aktionär. Bei der Auslegung beider Merkmale kann auf die zu § 6 TDG a. F. (heute § 5 TMG) entwickelten Auslegungsansätze zurückgegriffen werden, soweit den Besonderheiten des § 131 Abs. 3 S. 1 Nr. 7 AktG Rechnung getragen wird. Im Ergebnis ist festzuhalten, dass Zugänglichkeit i. S. v. § 131 Abs. 3 S. 1 Nr. 7 AktG anzunehmen ist, wenn jedenfalls ein mit einer verständlichen Bezeichnung versehener Hyperlink auf der Homepage angebracht wird, der den interessierten Aktionär direkt oder wenigstens nach dem zweiten Link zu den entsprechenden Informationen führt, soweit auch auf jeder Unterseite ein Link zur Information vorgesehen wird. Ein Link nur auf der Homepage ist zusammen mit einem jeweils auf der Unterseite vorhandenen Link zurück auf die Homepage jedenfalls ausreichend, wenn auf die Internetseite in der Einladung zur Hauptversammlung oder der Tagesordnung hingewiesen wird. Maßstab für die Beurteilung beider Kriterien ist der Aktionär als durchschnittlicher Internetnutzer.

b. In der Hauptversammlung

Neben der Zugänglichkeit der Information auf der Internetseite im vorbeschriebenen Sinn fordert § 131 Abs. 3 S. 1 Nr. 7 AktG die Zugänglichkeit für die teilnehmenden Aktionäre auch in der Hauptversammlung. Dabei gibt der Gesetzgeber keine Form für die Bereithaltung der Information vor, sondern überlässt es den Gesellschaften, die für sie günstigste Form der Zugänglichmachung zu wählen. Möglich ist einerseits eine Bereitstellung der Information in Schrift- wie Textform gemäß §§ 126, 126b BGB, andererseits aber auch eine digitalisierte

---

[936] Die unmittelbare Erreichbarkeit i. S. v. § 6 TDG a. F. (heute § 5 TMG) bei einem Erfordernis des Scrollens zu Unrecht ganz ablehnend bspw. OLG Hamburg, Beschl. v. 20.11.2002 - MMR 2003, S. 105 (106); a. A. OLG München, Urt. v. 12.2.2004 - MMR 2004, S. 321 (322), das aber ein Scrollen durch vier Bildschirmseiten nicht mehr als unmittelbar erreichbar einordnet, ebenso *Spindler*, in: Spindler/Schmitz/Geis, TDG, 2004, § 6 Rn. 19 m. w. N.

[937] Für § 6 TDG a. F. (heute § 5 TMG) *Brunst*, MMR 2004, S. 8 (13); zum Problem des Scrollens der Webseite vgl. auch *Ott*, WRP 2003, S. 945 (946 f.).

[938] *Ott*, WRP 2003, S. 945 (947).

Form der Darstellung mit Hilfe elektronischer Medien (bspw. Infoterminals).[939] Die Gesellschaft hat dabei ein Wahlrecht, kann aber auch kumulativ von beiden Arten der Bereitstellung Gebrauch machen. Da die Information in der Hauptversammlung nach der Gesetzesbegründung nur für die Hauptversammlungsteilnehmer allgemein zugänglich sein muss, ist es nicht zu beanstanden, wenn die Schriftstücke bzw. die Infoterminals nur dem Aktionär als Hauptversammlungsteilnehmer i. S. v. § 118 Abs. 1 AktG zur Verfügung gestellt werden und Gäste oder Dritte zu diesem Zeitpunkt ausgeschlossen werden. Für die Praxis ist anzuraten, den Aktionären stets beide Informationskanäle zur Verfügung zu stellen und in jedem Fall Schriftstücke in ausreichender Anzahl vorzuhalten, um Anfechtungsgründe für den Fall des Ausfalls elektronischer Medien von vornherein auszuschalten.

4. „Durchgängige" Zugänglichkeit i. S. v. § 131 Abs. 3 S. 1 Nr. 7 AktG

Die Zugänglichkeit der Vorab-Information in ihrer eben dargestellten Form ist, soll ein Auskunftsverweigerungsrecht gemäß § 131 Abs. 3 S. 1 Nr. 7 AktG denkbar sein, durchgängig über mindestens sieben Tage vor Beginn der Hauptversammlung und während der Hauptversammlung zu gewährleisten. Für die teilnehmenden Aktionäre stehen die Informationen damit während der Hauptversammlung zur Verfügung, alle nicht teilnehmenden, aber interessierten, Aktionäre haben weiterhin Zugang zu den Informationen über die Internetseite der Gesellschaft.[940]

a. Die Sieben-Tage-Frist des § 131 Abs. 3 S. 1 Nr. 7 AktG

Bei der von § 131 Abs. 3 S. 1 Nr. 7 AktG vorgegebenen 7-Tage-Frist handelt es sich um die Konstruktion einer sog. Rückwärtsfrist. Die auf „Vorwärtsfristen" zugeschnittenen §§ 186 ff. BGB konnten bei der Fristberechnung bislang entsprechend angewendet werden.[941] Da aber im Zusammenhang mit der Rückwärtsberechnung von aktienrechtlichen Fristen in der Literatur unterschiedliche Auffassungen hinsichtlich deren Berechnung vorherrschten, war dieses Feld gekennzeichnet von rechtlichen Unsicherheiten, die der Gesetzgeber mit § 123 Abs. 4 AktG nunmehr ausräumt. Der Gesetzgeber lehnt sich bei der Umsetzung an die bisher aus § 186 ff. BGB abgeleiteten Grundsätze an, so dass der Norm des § 123 Abs. 4 AktG weitestgehend klarstellende Bedeutung ohne neuen Regelungsgehalt beizumessen ist.[942] Obwohl § 123 Abs. 4 AktG selbst keine Verweisung enthält und auch der Gesetzgeber in seiner Begründung hierzu § 131 Abs. 3 S. 1 Nr. 7 AktG nicht aufführt[943], kann § 123 Abs. 4 AktG auch bei der Fristberechnung für § 131 Abs. 3 S. 1 Nr. 7 AktG entsprechend herangezogen werden. Denn § 123 Abs. 4 AktG spricht nur allgemein von Fristen, für die von der Hauptversammlung zurückzurechnen ist, und zeigt mit dieser offenen Formulierung, dass für alle Rückrechnungsfälle die bisher bestehenden Rechtsunsicherheiten durch eine ausdrückli-

---

939 Begr. RegE UMAG, BT-Drucks. 15 /5092, S. 18; *Hüffer*, AktG, 8. Aufl. 2008, § 131 Rn. 32a.

940 Dies ist notwendig, da auch noch während der Hauptversammlung Weisungen an Stimmrechtsvertreter (der Gesellschaft) erteilt oder geändert werden können, so die Begr. RegE UMAG, BT-Drucks. 15 /5092, S. 18.

941 H. M. Palandt-*Heinrichs*, 68. Aufl. 2009, § 187 Rn. 4; zur Rückwärtsfrist des § 123 Abs. 1 AktG vgl. *Hüffer*, AktG, 8. Aufl. 2008, § 123 Rn. 7 m. w. N.

942 *Hüffer*, AktG, 8. Aufl. 2008, § 123 Rn. 14.

943 Begr. RegE UMAG, BT-Drucks. 15 /5092, S. 14 f. nennt lediglich §§ 125 Abs. 2, 126, 142 Abs. 2, 147 Abs. 1 S. 2, 258 Abs. 2 S. 4 AktG.

che Fixierung der Zeitpunkte beseitigt werden sollen.[944] Dies gilt unabhängig vom systematischen Standort der jeweiligen Fristvorschrift.

Rechnete man bislang bei aktienrechtlichen Rückwärtsfristen mit § 186 ff. BGB, war bei der Rückwärtsberechnung das fristauslösende Ereignis i. S. v. § 187 Abs. 1 AktG der Beginn der Hauptversammlung und der Tag der Hauptversammlung deshalb bei der (Rückwärts-) Fristberechnung nicht mitzuzählen.[945] Dieses dogmatisch richtige Ergebnis schreibt nunmehr § 123 Abs. 4 AktG ausdrücklich fest. Soll die Hauptversammlung beispielsweise am 22. März stattfinden, wäre der Fristbeginn gemäß § 123 Abs. 4 Hs. 1 AktG der 21. März.[946] Für das Ende der Sieben-Tage-Frist ist weiterhin, entsprechend § 188 Abs. 1 BGB,[947] der Beginn[948] – und nicht der Ablauf – des letzten Tages der rückwärts berechneten Frist festzusetzen. Fällt dieser Tag auf einen Sonn- oder Feiertag oder einen Sonnabend, war bislang eine, auch analoge, Anwendung des § 193 BGB nicht möglich,[949] da damit eine Verkürzung der Sieben-Tage-Frist verbunden gewesen wäre. Nunmehr verschiebt aber § 123 Abs. 4 Hs. 2 AktG in diesen Fällen zutreffend und ausdrücklich abweichend hiervon das Fristende auf den zeitlich vorhergehenden[950] Werktag. Notwendig ist diese Fristverlängerung bei der Informationserteilung *via* Internet zwar eigentlich nicht, aber nunmehr klarer Gesetzeswortlaut. In dem gewählten Beispielsfall wäre das Fristende mithin der Beginn (0.00 Uhr) des 15.3., womit jede Zugänglichmachung der Vorab-Informationen vor Beginn des 15.3. fristgemäß wäre.[951]

Letztlich ist zu konstatieren, dass das Erfordernis der Sieben-Tage-Frist dazu führt, dass das Internet während der Hauptversammlung nicht zur Beantwortung von Fragen genutzt werden kann, da Ad-hoc-Fragen, beantwortet durch eine Zugänglichmachung im Internet, diese Frist naturgegeben nicht einhalten können. Insgesamt hält der Gesetzgeber am Mündlichkeitsgrundsatz bei der Auskunftserteilung, der lediglich durch die Ausnahme des § 131 Abs. 3 S. 1 Nr. 7 AktG durchbrochen werden können soll, fest und blockiert die Fortentwicklung dieses Mündlichkeitsgrundsatzes mittels Öffnung der modernen Hauptversammlung außerhalb des von § 131 Abs. 3 S. 1 Nr. 7 AktG vorgesehenen Zeitrahmens.[952] Eine optimale Nutzung modernster Kommunikationsmittel ist im Ergebnis nicht möglich.[953] Aufwendige Verlesungen von Schriftstücken, die eigentlich vermieden werden sollen, können die Folge sein. Dass die elektronische Bereitstellung der Information während der Hauptversammlung

---

944 *Hüffer*, AktG, 8. Aufl. 2008, § 123 Rn. 14; *Mimberg*, AG 2005, S. 716 (719) Fn. 35.

945 *Krause*, NJW 1999, S. 1448 (1448); *Gantenberg*, DB 2005, S. 207 (208); a. A. zu § 5 Abs. 3 UmwG unter Verkennung des Charakters einer Rückwärtsfrist *Bermel/Hannappel*, in: Goutier/Knopf/Tulloch, UmwR, 1996, § 5 Rn. 123.

946 Gleiches war über § 187 Abs. 1 AktG nach bisher h. M. das Ergebnis.

947 *Hüffer*, AktG, 8. Aufl. 2008, § 123 Rn. 14.

948 Die Rückwärtsberechnung führt zu einer entsprechenden – spiegelbildlich – vorzunehmenden Fristberechnung auch für das Ende der Frist gemäß § 188 Abs. 1 AktG.

949 Vgl. dazu *Butzke*, HV AG, 4. Aufl. 2001, B Rn. 62; *Kinzl*, NZG 2004, S. 701 (702); *Mimberg*, AG 2005, S. 716 (718.); *Schaaf*, Praxis der HV, 2. Aufl. 1999, Rn. 99; *Kubis*, in: MüKo AktG, 2. Aufl. 2004, § 123 Rn. 9 m. w. N.; *Reichert*, in: Semler/Volhard, ArbHdb HV, 2. Aufl. 2003, § 4 Rn. 68 m. w. N.

950 Für die Feststellung des „Vorhergehens" ist erneut die vom Hauptversammlungsbeginn zurückblickende Sicht maßgebend.

951 Im Beispielsfall wäre abweichend hiervon gemäß § 123 Abs. 4 Hs. 2 AktG der zeitlich vorhergehende Werktag als Fristende zu fixieren, wenn der 15.3. als Fristende ein Sonntag, Sonnabend oder Feiertag ist. Maßgebend für die Bestimmung des Feiertages ist der Sitz der Aktiengesellschaft, bei Doppelsitz jedoch das für den Aktionär günstigste Recht, vgl. *Mimberg*, AG 2005, S. 716 (720). Handelt es sich beim 15.3. bspw. um einen Sonntag, verschiebt sich die Frist sogar um zwei Tage nach vorne auf den 13.3., da der Sonnabend wiederum die Vorschrift des § 123 Abs. 4 Hs. 2 AktG auslöst.

952 *Martens*, AG 2004, S. 238 (244) spricht daher von „*rückläufige*[r]" Reformkonzeption.

953 Dies kritisiert zu Recht *Noack*, in: VGR 2004, 2005, S. 37 (47).

nicht zu einem Auskunftsverweigerungsrecht führt, widerspricht schließlich auch dem von *Seibert* angenommenen Zweck der Verbreiterung des Informationsmonopols zu Gunsten der nicht an der Hauptversammlung teilnehmenden Aktionäre.[954] Denn gerade die Bereitstellung im Internet würde diesem Ziel, das Informationsmonopol der Hauptversammlung entsprechend aufzuweichen, am ehesten dienlich. Eine weitere Ausdehnung moderner Kommunikationsmittel wäre wünschenswert.

b. Durchgängigkeit

Die Durchgängigkeit der Information auf der Internetseite ist gewährleistet, wenn während der Sieben-Tage-Frist bis zum Ende der Hauptversammlung eine jederzeitige Zugangsmöglichkeit zu den Vorab-Informationen besteht. Nach der Gesetzesbegründung sollen „*geringfügige und vorübergehende Störungen des allgemeinen Internetzugangs*" nicht zu einer fehlenden Durchgängigkeit mit der Folge einer entsprechenden Fristverlängerung führen.[955] Eine Präzisierung, wann die Voraussetzungen für eine unbeachtliche Störung vorliegen, gibt jedoch weder das Gesetz selbst noch die Gesetzesbegründung, weshalb für die Praxis ein nicht nur unerhebliches Streitpotenzial besteht.

Von einer geringfügigen und vorübergehenden Störung kann gesprochen werden, wenn die Zeitspanne der Störung, gemessen an ihrem Ausmaß, nicht derart ins Gewicht fällt, dass dem Aktionär insgesamt die Möglichkeit der Kenntnisnahme genommen wird. Eine Differenzierung zwischen kleineren Störungen, wie bspw. der Unerreichbarkeit einer Unterseite der Informationen oder der fehlenden Öffnungsmöglichkeit eines von verschiedenen pdf-Dokumenten einerseits und der vollständigen Unerreichbarkeit der Informationsseite andererseits, führt für die Bestimmung der Geringfügigkeit indes nicht weiter. Denn es kommt gerade auf die Information an, die sich auf der jeweils betroffenen Internetseite befindet. Ob nun die gesamte Internetseite, oder nur die einzelne Datei nicht durchgängig zugänglich ist, spielt für § 131 Abs. 3 S. 1 Nr. 7 AktG keine Rolle. Ebenso wenig kann in diesem Zusammenhang der für die Behebung notwendige Aufwand der Gesellschaft ein Kriterium sein. Denn damit würde eine an den Kapazitäten der Gesellschaft auszurichtende Komponente ohne objektiven Bezug eingeführt.

Als geringfügig können aber jedenfalls Probleme beim Seitenaufbau, beim Öffnen von Dateien, Probleme in der grafischen Darstellung oder vergleichbaren Unzulänglichkeiten beim Aufruf der betreffenden Passage, auf die sich der Vorstand im Rahmen des § 131 Abs. 3 S. 1 Nr. 7 AktG bezieht, bezeichnet werden, die bei einem erneuten Ladevorgang nicht mehr bestehen. Selbst die vollständige Unerreichbarkeit der Informationsseite kann im Einzelfall eine geringfügige Störung darstellen, jedenfalls solange sie nicht über mehrere Tage andauert,[956] wobei umso strengere Maßstäbe anzulegen sind, je näher sich die Unerreichbarkeit am Termin der Hauptversammlung befindet oder gar während dieser auftritt.

Missverständlich ist die Gesetzesbegründung insoweit, als sie neben der Geringfügigkeit fordert, die Störung dürfe nur vorübergehend sein.[957] Dies würde bedeuten: Eine Störung die an sich geringfügig wäre, wäre selbst dann beachtlich, wenn sie erst während der letzten Mi-

---

954 *Seibert*, WM 2005, S. 157 (161).

955 Begr. RegE UMAG, BT-Drucks. 15 /5092, S. 18.

956 Eine tagelang auftretende Unerreichbarkeit nicht mehr als geringfügig einstufend *Spindler*, NZG 2005, S. 825 (826).

957 Vgl. Begr. RegE UMAG, BT-Drucks. 15 /5092, S. 18.

nuten der Hauptversammlung und bis zu deren Ende fortbesteht. Denn dann handelt es sich nicht mehr um eine „vorübergehende" Störung im Wortsinne. Für diese Konstellationen einer geringfügigen, aber wegen der kraft Natur der Sache gegebenen Grenze des Endes der Hauptversammlung nicht mehr vorübergehenden Störung muss eine Ausnahme vorgesehen werden, so dass die Geringfügigkeit der Störung alleine ausreicht, um die Anforderungen des § 131 Abs. 3 S. 1 Nr. 7 AktG zu wahren.

Für die in der Hauptversammlung zur Verfügung gestellten Informationen ist eine Ausnahme der Geringfügigkeit der Gesetzesbegründung nicht zu entnehmen. Ließe man die Geringfügigkeit der Störung ohne Einschränkung ausreichen, würde dies dazu führen, dass bei der Wahl elektronischer Informationsmedien wie Infoterminals ein nicht unerhebliches Anfechtungsrisiko aufgrund nicht nur geringfügiger und vorübergehender Störungen immer latent vorhanden wäre, ohne dass dies sachlich zu rechtfertigen ist. Vorzugswürdig ist es, auch während der Hauptversammlung geringfügige und vorübergehende Unterbrechungen entsprechend oben dargelegtem Maßstab unberücksichtigt zu lassen. Dadurch würde man die auch den Aktionären nutzbare Möglichkeit der Verwendung elektronischer Medien erleichtern und im Fall geringfügiger Störungen deren Verwendung nicht unnötig harsch sanktionieren. Um jedoch entsprechende Risiken auszuschließen, sollten die Gesellschaften, möchten sie von § 131 Abs. 3 S. 1 Nr. 7 AktG Gebrauch machen, die Informationen in jedem Fall (auch) in Textform vorhalten, um eine durchgängige Zugänglichkeit in der Hauptversammlung stets zu gewährleisten.

c. *Ausgleich eines Verstoßes gegen das Erfordernis der Durchgängigkeit bei Vorab-Informationen im Internet*

Aus der Formulierung des Gesetzgebers „*Geringfügige und vorübergehende Störungen* [...] *führen nicht zu einer Fristverlängerung* [...]"[958] kann geschlossen werden, dass Störungen, die nicht mehr in diesem Sinne unbeachtlich sind, dennoch nicht schädlich sind, wenn die Vorab-Informationen während eines dem Ausfall der durchgängigen Zugänglichkeit entsprechenden längeren Zeitraumes auf der Internetseite der Gesellschaft zugänglich sind. Die bei nicht nur geringfügigen Störungen gefährdete durchgängige Zugänglichkeit der Vorab-Information kann auf diese Weise „ausgeglichen" werden. Es besteht hier die Möglichkeit, durch die freiwillige Wahl einer längeren Frist die Risiken eines Ausfalls der Kommunikationsmittel, aus welchen Gründen auch immer, zu minimieren. Eine denkbare Maßnahme wäre, bereits mit der Einladung zur Hauptversammlung entsprechende Informationen vorzuhalten und in der Einladung darauf hinzuweisen. Ausreichend erscheint es jedoch, wenn man einen Zeitraum von weiteren sieben Tagen als „Frist-Puffer" einbaut. Selbst wenn das System währen der gesamten sieben Tage vor der Hauptversammlung zusammenbricht, könnte in diesem Extremfall die Sieben-Tage-Frist noch gewahrt werden, falls in den ersten sieben Tagen eine durchgängige Zugänglichkeit gewährleistet war.

d. *Berücksichtigung fehlenden Verschuldens bei einer beachtlichen Störung?*

Nachdem die Kriterien für die Beurteilung der Unbeachtlichkeitsvoraussetzungen einer Störung erarbeitet wurden, stellt sich nunmehr die Frage, ob es im Falle der Beachtlichkeit einer Störung darauf ankommen kann, wer diese Störung zu vertreten hat. Freilich wird dies in der Praxis nur dann relevant werden, wenn die Information nicht ohnehin über einen längeren,

[958] Begr. RegE UMAG, BT-Drucks. 15 /5092, S. 18.

dem Zeitraum der Störung mindestens entsprechenden Zeitraum durchgängig zugänglich war,[959] denn nur dann haftet der Störung mangels Fristverlängerung der Makel der Beachtlichkeit an.

Selbstverständlich ist, dass eine von der Gesellschaft selbst verschuldete beachtliche Störung nur durch eine entsprechend längere Frist ausgeglichen werden und anderenfalls kein Auskunftsverweigerungsrecht aus § 131 Abs. 3 S. 1 Nr. 7 AktG abgeleitet werden kann.

Gerade im Zusammenhang mit der Nutzung des Internets bestehen indes dem System inhärente, nicht völlig beherrschbare Gefahren der Störung durch Dritte, die durch die Gesellschaft selbst bei Wahrnehmung aller gängigen Sicherungsvorkehrungen nicht verhindert werden können. Ein Vertretenmüssen der Gesellschaft scheidet in diesen Fällen, hat sie alle nach dem gängigen Stand der Technik zumutbaren und notwendigen Sicherungsmaßnahmen wahrgenommen, grundsätzlich aus. Die wohl bekannteste, wenngleich nicht einzige, Gruppe solcher Angriffe auf Rechner im Internet zielt auf deren Verfügbarkeit, sog. Denial-of-Service-Attacken (DoS-Attacken).[960]

Eine Ansicht verneint – im Folgenden soll beim Beispiel der DoS-Attacken verblieben werden – in Zusammenhang mit § 131 Abs. 3 S. 1 Nr. 7 AktG die Berücksichtigung fehlenden Verschuldens.[961] Konsequenz dieser Ansicht ist, dass bei DoS-Attacken der Aktiengesellschaft bei Wahrnehmung aller dem gegenwärtigen Stand der Technik entsprechenden, zumutbaren und notwendigen Sicherungsmaßnahmen zwar ein Verschuldensvorwurf hinsichtlich der aufgetretenen fehlende Durchgängigkeit i. S. v. § 131 Abs. 3 S. 1 Nr. 7 AktG nicht zu machen ist, aber trotzdem § 131 Abs. 3 S. 1 Nr. 7 AktG nicht eingreift. Diesem Ergebnis ist zuzustimmen. Zuvorderst kann man sich darauf stützen, dass der Tatbestand des § 131 Abs. 3 S. 1 Nr. 7 AktG ohne Berücksichtigung des Verschuldens die Durchgängigkeit der Information fordert. Hinzu kommt, dass in Extremfällen permanenter DoS-Attacken ein Ausfall der Informationsbereitstellung während der gesamten Sieben-Tage-Frist des § 131 Abs. 3 S. 1 Nr. 7 AktG möglich ist, wenngleich auch einzuräumen ist, dass es selbst in diesen (Extrem-) Fällen nicht zu einem vollständigen Ausbleiben der Aktionärsinformation kommt, da diese jedenfalls in der Hauptversammlung zugänglich sein muss. Letztlich spricht aber die besondere Bedeutung des Auskunftsrechts für den (Klein-)Aktionär dafür, dass es unabhängig vom Verschulden der Gesellschaft nur entscheidend sein kann, ob die Information über einen entsprechenden Zeitraum auf dem Server der Aktiengesellschaft allgemein öffentlich abrufbar zur Verfügung stand. Nur dann ist es gerechtfertigt, ein Auskunftsbegehren wegen der zumindest potenziell bestehenden Möglichkeit der Kenntnisnahme zurückzuweisen. Dabei versteht sich zugleich von selbst, dass der Aktionär selbst entsprechende technische Vorrichtungen zum Abruf der bereitstehenden Information vorhalten muss. Die Nichtberücksichtigung fehlenden Verschuldens rechtfertigt sich zudem daraus, dass sich die Aktiengesellschaft aus freien Stücken, ohne gesetzlich dazu verpflichtet zu sein, der Möglichkeit der Vorab-Information *via* Internet bedient, damit eine mögliche Angriffsfläche schafft und den Risikobereich der Störungen von außen eröffnet. Steht auf der einen Seite der Vorteil einer möglichen Auskunftsverweigerung, ist es der Aktiengesellschaft auf der anderen Seite auch zuzumuten, das Risiko etwaiger Störungen selbst bei fehlendem Verschulden zu tragen. Dies gilt vor allem

---

959 Vgl. hierzu bereits Seite 187.

960 Auf diese Problematik weist auch *Spindler*, NZG 2005, S. 825 (826) hin; ausführlich zu DoS-Attacken und deren Erscheinungsformen vgl. *Federrath/Pfitzmann*, in: Moritz/Dreier, E-Commerce, F Rn. 49 ff.; *Pierrot*, in: Ernst, Hacker, Cracker & Computerviren, 2004, Rn. 128 ff.

961 *Spindler*, NZG 2005, S. 825 (826).

deshalb, da als „Sanktion" bei einer nicht zu vertretenden beachtlichen Störung mangels Einschlägigkeit des § 131 Abs. 3 S. 1 Nr. 7 AktG allein die Pflicht zur Auskunftserteilung in der Hauptversammlung besteht. Das Risiko einer nicht zu vertretenden beachtlichen Störung der Internetseite wird so nicht unreflektiert der Gesellschaft auferlegt, sondern die Wertung orientiert sich an den Grundsätzen der Abgrenzung nach Risikosphären.

Im Ergebnis hindern daher auch nicht zu vertretende beachtliche Störungen des Informationsmediums Internet die Annahme der Durchgängigkeit der Information während der Sieben-Tage-Frist und damit die Berufung auf § 131 Abs. 3 S. 1 Nr. 7 AktG. In der Praxis sollte daher ein entsprechender „Frist-Puffer" vorgesehen werden, um Anfechtungsrisiken zu verringern.[962]

Die Unabhängigkeit vom Verschulden der Aktiengesellschaft gilt erst recht für die in der Hauptversammlung bereitgestellten Informationen. Denn die durchgängige Zugänglichkeit der Information in der Hauptversammlung ist von Seiten der Gesellschaft erheblich leichter steuerbar. Beschränkt sich die Gesellschaft auf die Bereitstellung von Infoterminals mit allgemeinem Internetzugang, der wiederum DoS-Attacken ausgesetzt sein kann, hat sie die fehlende durchgängige Zugänglichkeit zwar immer noch nicht zu vertreten, falls sie entsprechende Vorkehrungen getroffen hat. Es ist ihr allerdings zumutbar, im Präsenzbereich der Hauptversammlung lokal vernetzte Infoterminals aufzustellen, die unabhängig vom World Wide Web (WWW) arbeiten, die Internetseite den Aktionären trotzdem inklusive aller Informationen zur Verfügung stellen und gegen DoS-Attacken aufgrund der bloß lokalen Vernetzung abgesichert werden können. Die vielfachen Möglichkeiten für die Gesellschaften, die Informationserteilung in der Hauptversammlung zu gewährleisten, und die kumulativen Wahlmöglichkeiten hinsichtlich des Informationsmediums rechtfertigen es hier erst recht, die Verschuldensfrage bei der Beurteilung der Durchgängigkeit auszublenden. Gesellschaften müssen sich insofern durch die Bereitstellung anderer Informationsmedien wie bspw. Printmedien gegen den, auch nicht zu vertretenden, Ausfall eines Informationssystems im Präsenzbereich der Hauptversammlung absichern. Zusätzlich kann und sollte daher in jedem Fall neben lokal vernetzten Infoterminals ein schriftlicher Ausdruck der entscheidenden Internetseiten als sicherstes Informationsmittel während der Hauptversammlung ausgelegt werden, um auf fehlerhafte Auskunftsverweigerungen gemäß § 131 Abs. 3 S. 1 Nr. 7 AktG gestützte Anfechtungsrisiken zu vermeiden.

5. Notwendige Abgrenzung erlaubter Zusatzfragen von unzulässigen Wiederholungsfragen

Vielfach war die Zurverfügungstellung der Information im Internet Ansatzpunkt für Kritik an Sinn und Zweck der Neuregelung des § 131 Abs. 3 S. 1 Nr. 7 AktG.[963] So wurde vorgebracht, dies provoziere eine Vielzahl auf den Vorab-Informationen aufbauender Folgefragen mit negativen Folgen für die inhaltliche Straffung der Hauptversammlung und brächte lediglich eine erhöhte Belastung der Hauptversammlung ohne erkennbaren Nutzen mit sich. Verwiesen wird dabei immer wieder auf eine mögliche Umgehung des Auskunftsverweigerungsrechts durch nuancenartige und haarspalterische Nachfragen, was letztlich den Missbrauch weiter fördere.

---

962 Zur Möglichkeit eines zeitlichen Ausgleichs fehlender Durchgängigkeit vgl. Seite 187 f.

963 Vgl. zu den vorgebrachten folgenden Bedenken *Bungert*, in: VGR 2004, 2005, S. 59 (78); *Hüffer*, AktG, 8. Aufl. 2008, § 131 Rn. 32a; *Gantenberg*, DB 2005, S. 207 (212); *Hemeling*, AG 2004, S. 262 (262); *Meilicke/Heidel*, DB 2004, S. 1479 (1480); *Wilsing*, DB 2005, S. 35 (41).

Da auch § 131 Abs. 3 S. 1 Nr. 7 AktG das Recht der Aktionäre auf berechtigte Zusatzfragen nicht beschneiden soll und kann,[964] erfordert die Lösung dieser Probleme eine Abgrenzung der Fragen, die als erlaubte Zusatzfragen von ihrem Gegenpol der unzulässigen Wiederholungsfragen zu unterscheiden sind, unter Berücksichtigung des Rechts jedes Aktionärs auf Auskunft und damit auch auf Zusatzfragen. Diese Abgrenzung erweist sich als ein wesentlicher Punkt bei der Frage der Einschlägigkeit des Auskunftsverweigerungsrechts gemäß § 131 Abs. 3 S. 1 Nr. 7 AktG.

a. *Herleitung der Abgrenzungskriterien*

§ 131 Abs. 3 S. 1 Nr. 7 AktG ist Ausdruck des Gedankens, dass das anzuerkennende Informationsbedürfnis des Aktionärs durch die Vorab-Information bereits befriedigt ist. Beruft sich der Vorstand auf § 131 Abs. 3 S. 1 Nr. 7 AktG und beantwortet eine in der Hauptversammlung gestellte Frage nicht, bedeutet dies, die Informationen bzw. die Antwort auf der Internetseite haben aus seiner Sicht das Informationsbedürfnis des Aktionärs bereits befriedigt. Um den Regelungsansatz des § 131 Abs. 3 S. 1 Nr. 7 AktG leichter zu verstehen, ist für die erste Gruppe der allgemeinen Information über das Internet ohne tatsächlicher Vorab-Frage folgender gedankliche Zwischenschritt hilfreich: Die Frage des Aktionärs ist in diesen Fällen als Folgefrage zu interpretieren, die im Anschluss an eine lediglich imaginär gestellte Frage, passend zu der Vorab-Information im Internet, die sozusagen als antizipierte Antwort einzuordnen ist, gestellt wird. Der gedanklichen Zwischenschritt eröffnet die tatsächlich hinter § 131 Abs. 3 S. 1 Nr. 7 AktG stehende Konstruktion und ermöglicht es, die von der Rechtsprechung entwickelten Kriterien für im Anschluss an Fragen in der Hauptversammlung verlangte ergänzende Auskünfte nicht nur bei tatsächlich vorab gestellten Fragen und hierauf erfolgten Vorab-Antworten heranzuziehen, sondern diese auch bei der notwendigen Abgrenzung bei vorab allgemein bereitgestellter Information fruchtbar zu machen.[965]

Nach den Kriterien der Rechtsprechung sind ergänzende Auskünfte zu in der Hauptversammlung gestellten Fragen dann erforderlich i. S. v. 131 Abs. 1 S. 1 AktG, wenn sie aus objektiver Sicht zu einer für die Beurteilung von Tagesordnungspunkten wesentlichen Ergänzung des dem Aktionär bereits vermittelten Kenntnisstandes führen.[966] Der Kenntnisstand des Aktionärs, so wie er sich unter Berücksichtigung der vorab erteilten Informationen im Internet darstellt, bildet daher die Grundlage der Abgrenzung und muss durch die Auskunft wesentlich ergänzt werden. Schon vor Einführung der Neuregelung des § 131 Abs. 3 S. 1 Nr. 7 AktG wurden der Kenntnisstand des Aktionärs und damit sein Informationsbedürfnis teilweise auch unter Berücksichtigung der im Vorfeld der Hauptversammlung schriftlich erteilten und während der Hauptversammlung zugänglichen Informationen, vor allem in Zusammenhang mit schriftlichen Vorab-Berichten bei bevorstehenden Grundlagen- und Strukturentscheidungen der Hauptversammlung,[967] bestimmt und gegebenenfalls die Erforderlichkeit der Auskunft

---

[964] Vgl. Begr. RegE UMAG, BT-Drucks. 15 /5092, S. 17.

[965] Im Ergebnis ebenso, wenngleich ohne nähere Begründung, *Spindler*, NZG 2005, S. 825 (826).

[966] KG, Beschl. v. 30.6.1994 - ZIP 1994, S. 1267 (1269); KG, Beschl. v. 24.8.1995 - ZIP 1995, S. 1585 (1586); KG, Beschl. v. 24.8.1995 - AG 1996, S. 131 (131 f.); OLG Karlsruhe, Urt. v. 13.11.1998 - NZG 1999, S. 604 (605); *Decher*, in: GroßK AktG, 4. Aufl. 2001, § 131 Rn. 144 m. w. N.

[967] Vgl. §§ 293a, 319 Abs. 3 S. 1 Nr. 3, 320 Abs. 1 S. 3 AktG, 8 (ggf. i. V. m. §§ 176 ff.), 127, 135 Abs. 1, 192 UmwG, Maßnahmen nach § 179a AktG und sog. Holzmüller-Maßnahmen sind hiervon zwar nicht erfasst, für diese gilt nach h. M. aber das Erfordernis der Bekanntmachung der Darstellung des Unternehmenskonzepts sowie der wesentlichen Einzelschritte analog § 124 Abs. 2 S. 2 AktG, vgl. BGH, Urt. v. 15.1.2001 - BGHZ 146, S. 288 (294 ff.); *Hüffer*, AktG, 8. Aufl. 2008, § 124 Rn. 11 m. w. N.

abgelehnt.[968] Dem kann indes nur dann gefolgt werden, wenn die Auskunft sich lediglich auf den Informationsinhalt als solchen bezieht, d. h. sich in der erneuten Wiedergabe der Information erschöpft, die bereits aus den zur Verfügung gestellten Fakten gefolgert werden kann. Ist hingegen der der Information immanente materiellen Aussagekern, der sog. Informationsgehalt, Gegenstand des Auskunftsersuchens, sind neben Ergänzungen[969] bislang auch Verständlichkeits- und Plausibilitätserwägungen zulässige Zielrichtungen des Auskunftsbegehrens und werden vom Schutzzweck des Auskunftsrechts umfasst.[970]

Diese Überlegungen zum Tatbestandsmerkmal der Erforderlichkeit bei § 131 Abs. 1 S. 1 AktG sind nunmehr auf § 131 Abs. 3 S. 1 Nr. 7 AktG zu übertragen. Denn die Informationen stehen dem Aktionär bereits im Vorfeld sowie während der Hauptversammlung allgemein zugänglich zur Verfügung und entfalten relevante Auswirkungen auf den Kenntnisstand des Aktionärs. Ob der Aktionär tatsächlich Kenntnis von der Informationen nimmt, ist nicht entscheidend.[971] Überträgt man die entwickelten Prinzipien, zeigt sich, dass eine Auskunftsverweigerung bei Fragen, die eine bloße Wiederholung des so verstandenen Informationsinhalts bezwecken, unter Berufung auf § 131 Abs. 3 S. 1 Nr. 7 AktG zulässig ist, während ergänzende Auskunftsersuchen zum Informationsgehalt der vorab auf der Internetseite erteilten Informationen in der Hauptversammlung möglich bleiben müssen.[972]

b. *Modifizierung des beurteilungserheblichen Maßstabes?*

Die Übernahme dieser Grundsätze in vollem Umfang würde grundsätzlich auch dazu führen, dass Verständnisfragen als Fragen zum Informations*gehalt* möglich sind.[973] Denn bislang war bei der Abgrenzung erlaubter Zusatzfragen zum Informationsgehalt von unzulässigen Wiederholungsfragen zum Informationsinhalt im Bereich der Erforderlichkeit i. S. v. § 131 Abs. 1 S. 1 AktG auf den Standpunkt eines objektiv denkenden Durchschnittsaktionärs abzustellen, der die Gesellschaftsverhältnisse nur aufgrund allgemein bekannter Tatsachen kennt.[974] Diesem objektiv denkenden Durchschnittsaktionär konnte nicht abverlangt werden, dass er ohne weiteres kaufmännische, juristische oder sonstige Zusammenhänge, für die einschlägiges Fachwissen benötigt wird, verstand, sich ihm deshalb bereits die Antwort auf seine begehrte Auskunft erschloss und in der Folge seine Frage wegen unzulässiger Wiederholung des Informationsinhalts nicht mehr erforderlich war. Ob dieser Maßstab nach dem UMAG in glei-

---

968 LG Frankfurt, Urt. v. 29.7.1997 - ZIP 1997, S. 1698 (1702); *Decher*, in: GroßK AktG, 4. Aufl. 2001, § 131 Rn. 39 f.; *Diekmann/Leuering*, NZG 2004, S. 249 (256); wohl auch *Hüffer*, ZGR 2001, S. 833 (845); *Hirte*, ZHR 167 (2003), S. 8 (17 f.); *Schiessl*, in: VGR 1999, 2000, S. 57 (66 ff.); *ders.*, AG 1999, S. 442 (448); *Zöllner*, AG 2000, S. 145 (153).

969 Dass eine Ergänzung nicht für sich den gewünschten Kenntnisstand hervorbringt, steht der Zulässigkeit ergänzender Fragen nicht entgegen, da dann eine unvollständige Auskunft bereits die Abweisung des Auskunftsverlangens ermöglichen würde, vgl. KG, Beschl. v. 30.6.1994 - ZIP 1994, S. 1267 (1269); KG, Beschl. v. 24.8.1995 - ZIP 1995, S. 1585 (1586); *Kubis*, in: MüKo AktG, 2. Aufl. 2004, § 131 Rn. 39 m. w. N.; a. A. LG München I, Beschl. v. v. 16.4.1986 - AG 1987, S. 185 (188).

970 *Decher*, in: GroßK AktG, 4. Aufl. 2001, § 131 Rn. 40; *Weißhaupt*, S. 82.

971 Vgl. Seite 181.

972 Zutreffend schon *Weißhaupt*, ZIP 2005, S. 1766 (1770).

973 Verständnisfragen unreflektiert zulassend *Holzborn/Bunnemann*, BKR 2005, S. 51 (54); a. A. *Weißhaupt*, ZIP 2005, S. 1766 (1770).

974 Zu dieser Formel vgl. statt aller BayObLG, Beschl. v. 21.3.2001 - AG 2001, S. 424 (425) m. w. N.; KG, Beschl. v. 24.8.1995 - ZIP 1995, S. 1585 (1586) m. w. N.; *Ebenroth*, S. 42; *Hefermehl*, in: FS Duden, S. 109 (110 f.); *Hüffer*, AktG, 8. Aufl. 2008, § 131 Rn. 12; *Kubis*, in: MüKo AktG, 2. Aufl. 2004, § 131 Rn. 39 m. w. N.

cher Weise für die Abgrenzung im Zusammenhang mit Vorab-Informationen im Internet herangezogen werden kann, bedarf der Überprüfung.

In der Literatur wird die Ansicht geäußert, bei der Abgrenzung erlaubter Zusatzfragen von unzulässigen Wiederholungsfragen sei aufgrund des in der Vordergrund zu stellenden Gebots der Hauptversammlungseffizienz künftig ein strengerer Maßstab anzulegen. So soll auch von einem Kleinaktionär verlangt werden, das einem professionellen Anleger eigene Maß an Geschäftsgewandheit bei der Informationsaufnahme und -verarbeitung an den Tag zu legen, um damit die Kenntnisgrundlage auszuweiten.[975] Danach muss sich der Kleinaktionär (Sonder-) Kenntnisse, die sich bei entsprechendem Fachwissen allein aus der Vorab-Information im Internet für einen außenstehenden Dritten ergeben können, unter Hinzuziehung von Expertenrat zu eigen machen. Tut er dies nicht, soll er der Auskunftsverweigerung nicht entgegnen können, dass er als Durchschnittsaktionär diese Folgerungen nicht aus den Vorab-Informationen ziehen könne. Vielmehr läge ein unzulässiges, weil wiederholtes Abfragen des bereits erteilten Informationsinhalts vor. Insgesamt führt der strengere Maßstab letztendlich zum Ausschluss bisher zulässiger Verständnisfragen.

Dieser von *Weißhaupt* vorgeschlagenen Modifizierung des Maßstabes ist nicht zuzustimmen. Ausgangspunkt der Argumentation ist das bei hauptversammlungsbezogenen Neuregelungen zu berücksichtigende Gebot der Hauptversammlungseffizienz.[976] Dieses gebiete es dem Aktionär, die Obliegenheit aufzuerlegen, den für die Erreichung des dem modifizierten Maßstabes entsprechenden Expertenrat einzuholen.[977] Zwar widerspricht diese Auslegung zugegebenermaßen nicht dem bei § 131 Abs. 1 S. 1 AktG im Rahmen der Erforderlichkeit maßgeblichen objektiven Durchschnittsaktionär. Denn der modifizierte Maßstab gälte gerade nur für die Fragen, die allein mit den Vorab-Informationen im Internet beantwortet bzw. erschlossen werden können, wobei diese Unterscheidung unausweichlich vorzunehmen wäre, um der Tatsache gerecht zu werden, dass nur bei einem entsprechenden Zeitvorlauf für die zur Verfügung stehenden Vorab-Informationen die tatsächliche Möglichkeit für den Aktionär besteht, notwendigen Expertenrat einzuholen. Dennoch ist der Modifizierung des Maßstabs entgegenzuhalten, dass das Auskunftsrecht gerade für den Kleinaktionär von besonderer Bedeutung ist und die Einholung von Expertenrat im Verhältnis zur gehaltenen Beteiligung oftmals zu kostspielig, unrentabel und daher unzumutbar sein wird. Der Abschreckungsfaktor der hohen Kosten würde oftmals dazu führen, dass die benötigte Information nicht erlangt werden kann, und im Ergebnis ein Informationsdefizit der Kleinaktionäre ohne sachlich zwingende Gründe hingenommen. Nicht übersehen werden darf auch, dass die Anwendung eines modifizierten Maßstabs zu einer nicht gewollten Herabsetzung des Informationsniveaus der Vorab-Information führen wird. Denn kaufmännische, juristische oder sonstige Experten benötigen weniger Informationen, um daraus dieselben weiterführenden Erkenntnisse ziehen zu können, als ein objektiver Durchschnittsaktionär ohne entsprechende Fachkenntnisse. Bleibt es dagegen auch bei Vorab-Informationen im Internet beim Maßstab eines objektiven Durchschnittsaktionärs, wird eine ausführlichere, allgemein verständlichere und am durchschnittlichen Aktionär orientierte Informationspolitik der Gesellschaften gefördert, da nur dann die „Belohnung" in Form eines Auskunftsverweigerungsrechts in Aussicht steht. Zudem vermeidet diese Ansicht eine Differenzierung zwischen den anzulegenden Maßstäben im Rahmen des § 131 Abs. 1 S. 1 AktG und § 131 Abs. 3 S. 1 Nr. 7 AktG und trägt dem Charakter des § 131 Abs. 3 S. 1 Nr. 7 AktG als „verkapptem" Fall der Erforderlichkeit mit lediglich

975 *Weißhaupt*, WM 2004, S. 705 (709); *ders.*, ZIP 2005, S. 1766 (1770).
976 Hierzu vgl. ausführlich Seite 82 ff.
977 *Weißhaupt*, WM 2004, S. 705 (709); *ders.*, ZIP 2005, S. 1766 (1770).

umgekehrter Darlegungs- und Beweislastverteilung[978] durch die Anwendung desselben Maßstabes Rechnung.

Im Ergebnis sind dort, wo für die Beurteilung erteilter Vorab-Informationen Expertenrat benötigt wird, um den verlangten Informations*gehalt* zu erschließen, auch bei Vorab-Informationen im Internet Verständnisfragen möglich[979] und ein modifizierter Maßstab abzulehnen.

III. Präzisierung des Verhältnisses der Vorab-Berichte zum Auskunftsrecht durch entsprechende Anwendung des § 131 Abs. 3 S. 1 Nr. 7 AktG

Die Durchbrechung des Nichtöffentlichkeitsgrundsatzes durch § 131 Abs. 3 S. 1 Nr. 7 AktG[980] ermöglicht künftig auch, Struktur- und Grundlagenberichte über mindestens sieben Tage vor Beginn und in der Hauptversammlung durchgängig zugänglich i. S. v. § 131 Abs. 3 S. 1 Nr. 7 AktG zu machen.[981] Steht der Grundsatz der Nichtöffentlichkeit der Hauptversammlung einer Veröffentlichung im Internet aber nicht mehr entgegen, führt dies nahe liegend zu dem Gedanken, § 131 Abs. 3 S. 1 Nr. 7 AktG auch bei den im Vorfeld der Hauptversammlung zu erstattenden Vorab-Berichten entsprechend heranzuziehen, selbst wenn sie nicht im Internet veröffentlich wurden, und das unklare Verhältnis der Vorab-Berichtspflichten zum Auskunftsrecht aufzulösen. Die mit § 131 Abs. 3 S. 1 Nr. 7 AktG einhergehende Klarstellung der Erforderlichkeitsschranken führt daher zu der Frage, ob hieraus Schlüsse für das bislang unklare Verhältnis der Vorab-Berichtspflichten zum Auskunftsrecht gezogen werden können.[982]

---

978 Zur Einordnung des § 131 Abs. 3 S. 1 Nr. 7 AktG vgl. Seite 172 ff.

979 Die Beantwortung von Verständnisfragen empfehlen der Praxis zu Recht *Heinrich/Theusinger*, BB 2006, S. 449 (451).

980 Vgl. Fn. 910.

981 Hinzuweisen ist auf die innerhalb des Regelungskonzepts der Veröffentlichung von Vorab-Berichten, aufgrund der immer noch gesetzlich verankerten Schriftformerfordernisse für Vorab-Berichte, vgl. Fn. 967, verursachte rechtspolitische Inkonsequenz. Hat doch der Gesetzgeber selbst die Norm des § 131 Abs. 3 S. 1 Nr. 7 AktG mit der Begründung geschaffen „[...] *dass sich heutzutage jedermann im Bedarfsfall Zugang zum Internet verschaffen kann* [...]", vgl. Begr. RegE UMAG, BT-Drucks. 15 /5092, S. 17. Der Grund der Schrifterfordernisse, jedem Aktionär Zugang zu den bei einer Struktur- oder Grundlagenentscheidung wichtigen Informationen zu eröffnen, vgl. *Marsch-Barner*, in: Kallmeyer, UmwG, 3. Aufl. 2006, § 8 Rn. 1, kann nach dem UMAG nicht mehr, wie bisher, in Kombination mit der Annahme, nicht jeder Aktionär habe Zugang zum Internet und die Veröffentlichung im Internet gefährde das Grundanliegen der Vorab-Berichte, vgl. Regierungskommission „Corporate Governance", BT-Drucks. 14/7515, Rn. 96 f., ein Argument gegen eine Auflockerung des Schriftformerfordernis sein. Es erschließt sich nicht, warum nicht der Vorab-Berichtspflicht auf elektronischem Wege nachgekommen werden können soll, zutreffend *Weißhaupt*, WM 2004, S. 705 (709), wenn man davon ausgeht, dass jeder Aktionär im Bedarfsfall Zugang zur im Internet bereitgestellten Information hat. Auch Kostengründe greifen nicht Platz, da Zugang und etwaiger Ausdruck der Information heute keine hohen Kosten verursachen. Der unzweideutige Wortlaut der die Berichtspflichten statuierenden Rechtsbefehle, vgl. Fn. 967, lässt *de lege lata* allerdings keine andere Wahl, als lediglich eine zusätzliche, nicht aber alternative, Möglichkeit der Einstellung der Vorab-Berichte in das Internet anzunehmen und die Erfüllung der einer Aktiengesellschaft obliegenden Berichtspflichten in Zusammenhang mit Grundlagen- und Strukturmaßnahmen weiterhin nur durch schriftliche Berichte zuzulassen. Eine Anpassung *de lege ferenda* ist aber wünschenswert.

982 Zu der Problematik, ob gegebenenfalls die Erforderlichkeit verneint werden kann, wenn der Informationsinhalt erneut abgefragt wird, vgl. bejahend LG Frankfurt, Urt. v. 29.7.1997 - ZIP 1997, S. 1698 (1702); *Decher*, in: GroßK AktG, 4. Aufl. 2001, § 131 Rn. 39f.; *Diekmann/Leuering*, NZG 2004, S. 249 (256); wohl auch *Hüffer*, ZGR 2001, S. 833 (845); *Hirte*, ZHR 167 (2003), S. 8 (17 f.); *Schiessl*, in: VGR 1999, 2000, S. 57 (66 ff.); *ders.*, AG 1999, S. 442 (448); *Zöllner*, AG 2000, S. 145 (153).

Das auch nach dem UMAG unklare Verhältnis der Vorab-Berichtspflichten zum Auskunftsrecht des Aktionärs[983] kann dadurch aufgelöst werden, dass Fragen zu den Vorab-Berichten, unter Beachtung der Abgrenzung nach Informationsinhalt und Informationsgehalt, nunmehr alleine in entsprechender Anwendung des § 131 Abs. 3 S. 1 Nr. 7 AktG verweigert werden können, selbst wenn eine dem § 131 Abs. 3 S. 1 Nr. 7 AktG entsprechende Vorab-Bereitstellung im Internet nicht erfolgt und es bei der gesetzlich geforderten schriftlichen Bereitstellung verbleibt. Bisher kam in diesen Fällen der Entfall der Erforderlichkeit i. S. v. § 131 Abs. 1 S. 1 AktG in Frage.[984] Ein Bedürfnis für die entsprechende Heranziehung des § 131 Abs. 3 S. 1 Nr. 7 AktG besteht aber nunmehr, da nur so ein Gleichlauf geschaffen werden kann, der eine vom Gesetzgeber übersehene, mithin planwidrige, Regelungslücke durch interessengerechte Auslegung zu schließen vermag. Denn stellt die Gesellschaft ihre Vorab-Berichte zulässigerweise auch vorab ins Internet, kann sie „nur" noch auf den Mechanismus eines Auskunftsverweigerungsrechts zurückgreifen. Letztlich wäre es für die Gesellschaft günstiger, Vorab-Berichte nicht ins Internet zu stellen, um sich in der Hauptversammlung auch weiterhin den Verweis auf fehlende Erforderlichkeit offen zu halten. Denn nach allgemeiner Ansicht liegt die Darlegungslast für die Erforderlichkeit der Auskunft grundsätzlich beim Aktionär,[985] während die Voraussetzungen für ein Auskunftsverweigerungsrecht aufgrund dessen rechtsvernichtenden Charakters von der Gesellschaft darzulegen wären.[986] Dieser Fehlanreiz für die Aktiengesellschaft, Vorab-Berichte nicht auch im Internet zugänglich zu machen, könnte die vom Gesetzgeber angestrebte Einbindung des modernen Kommunikationsmittels Internet in das Informationssystem der Aktiengesellschaften konterkarieren. Im Widerspruch steht dies nicht zuletzt auch zur Zielsetzung der Ziffern 6.4 und 6.8 DCGK, die für eine gute Corporate Governance die Nutzung des Internets als Informationsmedium zur zeitnahen und gleichmäßigen Information der Aktionäre empfehlen.

Die Auflösung dieses Widerspruchs über den Weg einer entsprechenden Anwendung des § 131 Abs. 3 S. 1 Nr. 7 AktG, mit der Folge eines Auskunftsverweigerungsrechts, wird entscheidend durch einen aus dem verbliebenen Schriftformerfordernis zu ziehenden Umkehrschluss unterstützt. Wenn grundsätzlich schon die Zurverfügungstellung von Information im Internet ausreicht, um ein Auskunftsverweigerungsrecht zu rechtfertigen, muss erst recht die den Aktionären schriftlich zur Verfügung gestellte Information ausreichen, um ein Auskunftsverweigerungerecht in Analogie zu § 131 Abs. 3 S. 1 Nr. 7 AktG zu begründen.[987] Dies gilt vor allem deshalb, weil die Vorab-Berichte bereits von der Einberufung der Hauptversammlung an in den Geschäftsräumen der beteiligten Gesellschaft auszuliegen haben, zusätzlich jedem Aktionär auf Verlangen unverzüglich und kostenlos eine Abschrift zu übersenden ist, und sie zusätzlich in der Hauptversammlung selbst auszulegen sind.[988] Dass die Aktionäre Kenntnis von der zur Verfügung gestellten Information erlangen, wird durch die Schriftlich-

983 Zur Wechselwirkung vgl. bislang *Decher*, in: GroßK AktG, 4. Aufl. 2001, § 131 Rn. 38 ff.

984 Vgl. die Nachweise in Fn. 968.

985 H. M. *Möhring*, NJW 1969, S. 1473 (1473); *Decher*, in: GroßK AktG, 4. Aufl. 2001, § 131 Rn. 155 m.w.N; *Eckardt*, in: Geßler/Hefermehl/Eckardt/Kropff, AktG, 1974, § 131 AktG Rn. 28 m. w. N.; *Zöllner*, in: KölnKomm, 1985, § 131 Rn. 80.

986 *Kubis*, in: MüKo AktG, 2. Aufl. 2004, § 131 Rn. 97 m. w. N.

987 Mit zutreffendem Hinweis *Weißhaupt*, WM 2004, S. 705 (709); *ders.*, ZIP 2005, S. 1766 (1771).

988 Vgl. bspw. §§ 293f Abs. 1 Nr. 3, Abs. 2, 293g Abs. 1, 319 Abs. 3 S. 1 Nr. 3, Abs. 3 S. 2, 3, 320 Abs. 1 S. 3 AktG oder §§ 8 (ggf. i. V. m. §§ 176 ff.) i. V. m. 63 Abs. 1 Nr. 4, Abs. 3, 64 Abs. 1 S. 1 UmwG oder §§ 127, 125 S. 1 (ggf. i. V. m. § 135 Abs. 1) i. V. m. 63 Abs. 1 Nr. 4, Abs. 3, 64 Abs. 1 S. 1 UmwG.

keit bei Vorab-Berichten auf sichererem Wege gewährleistet,[989] und die Informationsaufnahme wird nicht dadurch behindert, dass kein Internetzugang zur Verfügung steht.

Im Ergebnis wird das Verhältnis der Vorab-Berichte zum Auskunftsrecht auf diese Art dahin präzisiert, dass § 131 Abs. 3 S. 1 Nr. 7 AktG auf Vorab-Berichte entsprechend Anwendung findet, unabhängig davon, ob die Vorab-Berichte auch im Internet zugänglich sind. Es besteht deshalb ein Auskunftsverweigerungsrecht, wenn sich die Frage darin erschöpft, den sich aus dem Vorab-Bericht bereits ergebenden Informationsinhalt abzufragen. Soweit der Informationsgehalt Gegenstand des Auskunftsersuchens ist, besteht auch künftig, nach gleicher Abgrenzung, kein Auskunftsverweigerungsrecht entsprechend § 131 Abs. 3 S. 1 Nr. 7 AktG. Der oben gefundene Maßstab ist mithin entscheidend für die Abgrenzung, weshalb auch Verständnisfragen hinsichtlich der Bewertung möglich bleiben.[990] Klarheit wird dadurch so weit geschaffen, als auch bei vorab erteilter Information durch die Vorab-Berichtspflichten bei Grundlagen- und Strukturmaßnahmen das Verhältnis zum Auskunftsrecht nicht (mehr) direkt über das Merkmal der Erforderlichkeit aufzulösen ist, sondern der Weg über eine entsprechende Anwendung des Auskunftsverweigerungsrechts des § 131 Abs. 3 S. 1 Nr. 7 AktG vorzugswürdig ist.

IV. Das Spannungsverhältnis des § 131 Abs. 3 S. 1 Nr. 7 AktG zu den Vorschriften des Insiderrechts bei börsennotierten Aktiengesellschaften

Die Neuregelung des § 131 Abs. 3 S. 1 Nr. 7 AktG bewegt sich bei börsennotierten Aktiengesellschaften in einem sensiblen Umfeld der Informationseröffnung. Für die Aktiengesellschaft bietet § 131 Abs. 3 S. 1 Nr. 7 AktG einerseits die Möglichkeit, vorab über das Internet Informationen zu verbreiten, die eigentlich bislang der Hauptversammlung vorbehalten waren, andererseits bestehen für börsennotierten Gesellschaften, soweit es sich um kursrelevante Informationen handelt, Beschränkungen aufgrund der kapitalmarktbezogenen Verhaltenspflichten des Insiderrechts gemäß §§ 14, 15 WpHG. Möchte eine börsennotierte Aktiengesellschaft künftig von der erweiterten Informationsmöglichkeit *via* Internet Gebrauch machen und damit die Informationsbasis zu Gunsten einer erhöhten Transparenz für alle (potenziellen) Aktionäre ausbauen, kann dies zu einer Kollision, insbesondere mit dem Verbot der Weitergabe von Insiderinformationen (§ 14 Abs. 1 Nr. 2 WpHG), führen.[991]

1. Ausweitung des insiderrechtlichen Anwendungsbereichs durch das AnSVG

Dieses ohnehin bestehende Spannungsfeld beider Regelungskomplexe erlangt besondere Bedeutung, weil mit der Umsetzung der Marktmissbrauchsrichtlinie[992] durch das AnSVG[993] eine Ausweitung des Anwendungsbereiches der insiderrechtlichen Rechtsbefehle erfolgte. Anders als früher stellt § 13 WpHG nicht mehr auf den engeren Begriff der Insidertatsache[994] ab, sondern orientiert sich an der von der Marktmissbrauchsrichtlinie gewählten Formulierung des weitergehenden Begriffs der kurserheblichen Insiderinformation. Gerüchte ohne Tatsachen-

989 Gleichsinnig *Weißhaupt*, ZIP 2005, S. 1766 (1771).

990 *Heinrich/Theusinger*, BB 2006, S. 449 (451); a. A. *Weißhaupt*, ZIP 2005, S. 1766 (1771).

991 Zur Auskunftspflicht nach § 131 Abs. 1 S. 1 AktG und Insiderrecht vgl. *Joussen*, DB 1994, S. 2485 (2485 ff.).

992 Marktmissbrauchs-RL, S. 16 ff; hierzu vgl. auch *Dier/Fürhoff*, AG 2002, S. 604 (604 ff.).

993 AnSVG v. 28.10.2004, BGBl. I, S. 2630 ff.

994 Zu dieser Begrifflichkeit vgl. *Schäfer*, in: Marsch-Barner/Schäfer, börsennotierte AG, 2. Aufl. 2009, § 13 Rn. 13 ff. m. w. N.

kern können zwar auch weiterhin nicht unter § 13 WpHG subsumiert werden,[995] aber die Neuformulierung des § 13 WpHG durch das AnSVG erfasst nunmehr auch die bislang nicht als Insidertatsache einzuordnenden Werturteile, Empfehlungen und Prognosen sowie zukünftige, hinreichend wahrscheinliche, Ereignisse gemäß § 13 Abs. 1 S. 3 WpHG. Diese Erweiterung der insiderrechtlichen (Verbots-)Tatbestände der §§ 14, 15 WpHG und die damit ausgeweitete Strafbarkeit sowie Schadensersatzpflicht stellen besondere Anforderungen an die Veröffentlichung von Informationen vorab per Internet.

2. Die Vorab-Information als möglicher Verstoß gegen insiderrechtliche Rechtsbefehle

Soweit es sich bei den vorab im Internet veröffentlichten Informationen um Insiderinformationen i. S. v. § 13 WpHG handelt, könnte die Einstellung auf der Internetseite, da die Vertraulichkeit nicht länger gewahrt wird, einen Verstoß gegen den sog. Vorfeldtatbestand[996] des Verbots der Informationsweitergabe gemäß § 14 Abs. 1 Nr. 2 Alt. 2 WpHG darstellen. Ein Verstoß gegen das Mitteilungsverbot wird bei Primärinsidern[997] im Falle der vorsätzlichen Begehung gemäß § 38 Abs. 1 Nr. 2 WpHG unter Strafe gestellt und ansonsten bei Leichtfertigkeit mit einer Ordnungswidrigkeit gemäß § 39 Abs. 2 Nr. 3 WpHG geahndet.

a. Unbefugte Informationsweitergabe i. S. v. § 14 Abs. 1 Nr. 2 WpHG

Es stellt sich aber die Frage, ob die Mitteilung der Insiderinformationen auf dem Weg des § 131 Abs. 3 S. 1 Nr. 7 AktG nicht eine befugte[998] Informationsweitergabe i. S. v. § 14 Abs. 1 Nr. 2 WpHG sein kann. Unbefugt ist die Informationsweitergabe, um Umgehungen auszuschließen, stets dann, wenn die Person, an welche die Information weitergegeben wird, ihrerseits nicht einem Mitteilungs- und Empfehlungsverbot unterliegt.[999] Es zeigt sich, dass die für § 131 Abs. 3 S. 1 Nr. 7 AktG notwendige öffentliche und allgemeine Zugänglichkeit der Annahme einer befugten Weitergabe grundsätzlich entgegensteht. Bleibt zu klären, ob aus der Frage nach dem Verhältnis von § 131 Abs. 1 S. 1 AktG zu § 14 Abs. 1 Nr. 2 AktG, Schlüsse gezogen werden können, die anderes nahe legen.

Bei einer Antwort auf ein Auskunftsersuchen gemäß § 131 Abs. 1 S. 1 AktG in der Hauptversammlung wurde früher vertreten, dass aufgrund der Verpflichtung zur Auskunft und damit zur Informationsweitergabe diese befugt i. S. v. 14 Abs. 1 Nr. 2 AktG sei, und § 131 Abs. 1 S. 1 AktG mithin als Rechtfertigungsgrund für die Weitergabe von Insiderinformationen verstanden.[1000] Mit guten Gründen wird dies von der heute h. M. ohnehin abgelehnt. Innerhalb dieser h. M. wird dem Vorstand teilweise, mit Blick auf die mögliche Strafbarkeit gemäß § 38 Abs. 1 Nr. 2 WpHG a.F., bei einem Verstoß gegen das Mitteilungsverbot stets ein Auskunftsverweigerungsrecht gemäß § 131 Abs. 3 Nr. 5 AktG zugestanden, falls es sich um

---

[995] Dies war auch schon vor dem AnSVG h. M., vgl. *Spindler*, NJW 2004, S. 3449 (3450) m. w. N.

[996] Vgl. *Schwark*/Schwark, KMRK, 3. Aufl. 2004, § 14 WpHG Rn. 1.

[997] Zur Unterscheidung von Primär- und Sekundärinsidern nach altem und neuem Recht vgl. *Schäfer*, in: Marsch-Barner/Schäfer, börsennotierte AG, 2. Aufl. 2009, § 13 Rn. 30 ff. m. w. N.

[998] Zum Tatbestandsmerkmal der Unbefugtheit vgl. *Schäfer*, in: Marsch-Barner/Schäfer, börsennotierte AG, 2. Aufl. 2009, § 13 Rn. 46 m. w. N.

[999] *Assmann/Cramer*, in: Schneider-Assmann, WpHG, 4. Aufl. 2006, § 14 Rn. 72 ff.

[1000] *Benner-Heinacher*, DB 1995, S. 765 (766), durch teleologische Reduktion des § 14 Abs. 1 Nr. 2 WpHG; dazu *Schäfer*, in: Marsch-Barner/Schäfer, börsennotierte AG, 2. Aufl. 2009, § 13 Rn. 62 m. w. N.

Insiderinformationen handelt.[1001] Vorzugswürdig ist indes die vermittelnde Ansicht, die für das Verhältnis kapitalmarktrechtlicher Rechtsbefehle zu dem verbandsrechtlichen Auskunftsrecht des § 131 AktG im konkreten Fall auf eine Auslegung des Normzwecks unter Beachtung der Realstruktur der Gesellschaft oder der kapitalmarktrechtlichen Vorschrift, deren Wirkungsmechanismus es durch eine teleologische Reduktion bzw. Extension der Tatbestandsmerkmale des Auskunftsrechts bei entsprechender, an Sinn und Zweck der jeweiligen Bestimmungen und Einzelfallumständen orientierten, Güterabwägung zu integrieren gilt, zurückgreift.[1002] Moderne Kommunikationsmittel machen es heute möglich, noch vor Auskunftserteilung während der Hauptversammlung eine Ad-hoc-Mitteilung abzusetzen und damit gleichzeitig mit der Auskunftserteilung eine (Bereichs-)Öffentlichkeit herzustellen, so dass die aktienrechtliche Auskunftspflicht und das insiderrechtliche Weitergabeverbot gar nicht erst kollidieren.[1003]

Selbst wenn entgegen der h. M. eine befugte Weitergabe i. S. v. 14 Abs. 1 Nr. 2 AktG befürwortet werden würde, ließe sich diese Wertung dennoch nicht auf § 131 Abs. 3 S. 1 Nr. 7 AktG übertragen. Denn § 131 Abs. 3 S. 1 Nr. 7 AktG eröffnet der Aktiengesellschaft lediglich die Möglichkeit, Vorab-Informationen per Internet zu veröffentlichen, ohne gleichzeitig eine dem § 131 Abs. 1 S. 1 AktG entsprechende, für die Befugtheit aber jedenfalls notwendige, Verpflichtung zu statuieren. Eine Veröffentlichung von Insiderinformation allein unter den Voraussetzungen des § 131 Abs. 3 S. 1 Nr. 7 AktG bleibt mithin unbefugt i. S. v. § 14 Abs. 1 Nr. 2 WpHG.

b. *Veröffentlichungsgebot des § 15 Abs. 1 S. 1 WpHG*

Nach dem eben Gesagten obliegt es dem Vorstand, zeitgleich mit der Bereitstellung einer Insiderinformation im Internet eine Pflichtmitteilung gemäß § 15 Abs. 1 WpHG zu veranlassen, um dem kurssensiblen Sachverhalt seine Rechtsqualität als Insidertatsache, zu deren Begriffsmerkmal auch die fehlende Veröffentlichung gehört, zu nehmen. Da vor einer Veröffentlichung der Insiderinformationen gemäß §§ 15 Abs. 1, Abs. 7 S. 1 Nr. 1 WpHG i. V. m. § 5 WpAIV[1004] eine Veröffentlichung von Insiderinformationen in anderer Weise nicht erfolgen darf, vgl. § 15 Abs. 5 S. 1 WpHG, wird dem Veröffentlichungsgebot des § 15 Abs. 1 S. 1 WpHG nicht schon mit der auf der Internetseite allgemein zugänglich gehaltenen Information nach den Vorgaben des § 131 Abs. 3 S. 1 Nr. 7 AktG genügt. § 5 S. 1 WpAIV verlangt stattdessen eine erstmalige Veröffentlichung über ein elektronisches Verbreitungssystem gemäß § 5 S. 1 Nr. 1 WpAIV, so dass die Information primär über ein entsprechendes elektronisches Informationsverbreitungssystem zu veröffentlichen ist. Dass gemäß § 5 S. 1 Nr. 2 WpAIV

[1001] Vgl. *Assmann*, AG 1997, S. 50 (57); *Assmann/Cramer*, in: Schneider-Assmann, WpHG, 4. Aufl. 2006, § 14 Rn. 85 m.w.N; *Kümpel*, BuK, 3. Aufl. 2004, Rn. 16.185; *Schäfer*, in: Schäfer, WpHG, § 14 WpHG Rn. 67.

[1002] Vgl. *Franken/Heinsius*, in: FS Budde, 1995, S. 213 (240 f.); *Hopt*, in: Schimansky/Bunte/Lwowski, Bankrechts-Hdb, 3. Aufl. 2007, § 107 Rn. 59; *ders.*, ZHR 159 (1995), S. 135 (156 f.); *Götz*, DB 1995, S. 1949 (1951f.); *Schäfer*, in: Marsch-Barner/Schäfer, börsennotierte AG, 2. Aufl. 2009, § 13 Rn. 62 m. w. N.; Zum Verhältnis des Auskunftsanspruchs gemäß § 131 AktG zu kapitalmarktrechtlichen Rechtsbefehlen allgemein vgl. Seite 47 ff.

[1003] Kommt es doch dazu, dass in der Hauptversammlung eine Pflichtmitteilung im konkreten Fall ausnahmsweise nicht mehr möglich ist, muss dem Vorstand auch nach dem AnSVG ein Auskunftsverweigerungsrecht gemäß § 131 Abs. 3 Nr. 5 AktG zugestanden werden und die Mitteilung ebenso unterbleiben, denn anderenfalls würde der Vorstand vorsätzlich gegen das Weitergabeverbot verstoßen und sich als Primärinsider gemäß §§ 38 Abs. 1 Nr. 2 a , 14 Abs. 1 Nr. 2 WpHG strafbar machen.

[1004] WpAIV v. 13.12.2004, BGBl. I, S. 3376 ff.

kumulativ hierzu, gerade nicht alternativ, die Veröffentlichung auf der Internetseite der Gesellschaft verlangt wird, soweit eine solche vorhanden ist, und die Veröffentlichung per Internet gemäß § 5 S. 2 WpAIV erst nach der Veröffentlichung gemäß § 5 S. 1 Nr. 1 WpAIV zulässig ist, bestätigt durch den zu ziehenden Umkehrschluss, dass eine Vorab-Information *nur* auf der Internetseite, alleine nach den Grundsätzen des § 131 Abs. 3 S. 1 Nr. 7 AktG, den Anforderungen der §§ 15 Abs. 1, Abs. 7 S. 1 Nr. 1 WpHG i. V. m. § 5 WpAIV nicht gerecht wird. Zwar wird damit eine potenzielle, breite Öffentlichkeit geschaffen, aber entsprechend der für die Ad-hoc-Publizität vorgeschriebenen Veröffentlichungsform des § 5 WpAIV bedarf es für eine das Gebot der Chancengleichheit des Anlegerpublikums, als oberstes Ziel der insiderrechtlichen Rechtsbefehle, wahrende Öffentlichkeit grundsätzlich der Herstellung der sog. Bereichsöffentlichkeit unter den kumulativen Voraussetzungen („*und*") des § 5 S. 1 WpAIV unter Achtung des zeitlichen Nachrangs der Internetnutzung. Werden bei der Vorab-Information im Internet die inhaltlichen Voraussetzungen des § 4 WpAIV beachtet, ist die Weitergabe zwar nicht mehr unbefugt i. S. v. § 14 Abs. 1 Nr. 2 AktG, da eine Veröffentlichung nach § 15 Abs. 1 S. 1, Abs. 7 Nr. 1 WpHG i. V. m. § 5 S. 1 Nr. 2 WpAIV erfolgt. Es handelt sich wegen Missachtung des dem § 5 S. 2 WpAIV zu entnehmenden zeitlichen „Vorranggebotes" dabei allerdings um eine Ordnungswidrigkeit i. S. v. §§ 39 Abs. 2 Nr. 5 a, 15 Abs. 1 S. 1 WpHG.

Es bleibt festzustellen, dass die vorab per Internet veröffentlichten Informationen stets daraufhin zu überprüfen sind, ob es sich dabei um Insiderinformationen mit entsprechender Kursrelevanz handelt. Ist dies der Fall, fordert § 5 S. 1 Nr. 2 WpAIV nunmehr zwar ohnehin die Zurverfügungstellung auf der Internetseite des Emittenten unter Wahrung der inhaltlichen Anforderungen des § 4 WpAIV für die Dauer mindestens eines Monats. Wird die Sieben-Tage-Frist des § 131 Abs. 3 S. 1 Nr. 7 AktG bei der Internetveröffentlichung gewahrt, so besteht hinsichtlich des aus der Pflichtmitteilung hervorgehenden Informationsinhalts in der Hauptversammlung ein Auskunftsverweigerungsrecht, da § 5 S. 1 Nr. 2 WpAIV auf der „*Hauptseite einen deutlich erkennbaren Hinweis auf eine Seite mit Informationen für Anleger* [verlangt], *unter der die Veröffentlichung leicht aufzufinden sein muss*". Diese Anforderungen sind vergleichbar denjenigen des § 131 Abs. 3 S. 1 Nr. 7 AktG für die Zugänglichkeit auf der Internetseite der Gesellschaft.[1005]

Um eine Ordnungswidrigkeit gemäß §§ 39 Abs. 2 Nr. 5 a , 15 Abs. 1 S. 1 WpHG zu vermeiden, muss aber in jedem Fall zunächst eine Veröffentlichung über ein elektronisches Informationssystem i. S. d. § 5 S. 1 Nr. 1 WpAIV erfolgen.

c. *Zwischenergebnis*

Die Ausweitung der Insidertatbestände durch das AnSVG konterkariert bis zu einem gewissen Grad den Gesetzeszweck des § 131 Abs. 3 S. 1 Nr. 7 AktG, da die Vorab-Information im Vorfeld der Hauptversammlung mit insiderrechtlichen Risiken belegt und die Bereitstellung von Information mit einem entsprechendem Prüfungsaufwand verbunden ist.

Dem lässt sich auch nicht dadurch abhelfen, dass zwischen ordentlichen Hauptversammlungen und Strukturhauptversammlungen unterschieden wird. Zwar wird bei ordentlichen Hauptversammlungen in aller Regel den Vorab-Informationen die entsprechende Kursrelevanz nicht zu Eigen und bei einer Strukturhauptversammlung ohnehin jede kursrelevante und

---

[1005] Vgl. hierzu Seite 178 ff.

wesentliche Informationen vorab per Ad-hoc-Mitteilung veröffentlicht worden sein, so dass grundsätzlich nur ein geringer Kollisionsbereich verbleibt.[1006] Der Sinn und Zweck des Kapitalmarktrechts, der Institutionenschutz, erfordert nämlich unabhängig von der Versammlungsform, die Gesellschaften bei jeder gewollten Veröffentlichung nach § 131 Abs. 3 S. 1 Nr. 7 AktG zu einer Prüfung der insiderrechtlichen Rechtsbefehle bezogen auf die beabsichtigte Vorab-Information zu veranlassen. Die Unterschiede in der Versammlungsform können damit in der Praxis zwar dazu führen, dass weniger oder mehr veröffentlichungspflichtige Insiderinformationen nach § 131 Abs. 3 S. 1 Nr. 7 AktG über das Internet zugänglich gemacht werden sollen. Für eine rechtliche Abgrenzungsformel dahin, dass bei ordentlichen Hauptversammlungen Vorab-Informationen über Internet erleichtert zuzulassen sind, lassen sich die Unterschiede der Hauptversammlungstypen, ohne Missachtung der insiderrechtlichen Rechtsbefehle des WpHG, aber nicht als Argumentationsgrundlage heranziehen.

V. Zwischenergebnis

Gerade das zuletzt aufgezeigte Spannungsverhältnis zu den insiderrechtlichen Rechtsbefehlen zeigt, dass neben den für die Erfüllung der Voraussetzungen des § 131 Abs. 3 S. 1 Nr. 7 AktG notwendigen Vorkehrungen auch in diesem Bereich Vorbereitungen zu veranlassen sind. Insgesamt wird der Aufwand für die korrekte Bereitstellung der Vorab-Information weiter erhöht. Im Ergebnis ist deshalb fraglich, ob das Verhältnis des Aufwands zum Nutzen, d. h. zu der damit einhergehenden Entlastung der Hauptversammlung, so überhöht ist, dass sich die Aktiengesellschaften in der Praxis auf eindeutige Sachverhalte beschränken und eine Veröffentlichung im Zweifel eher unterlassen werden, um die Risikolastigkeit so weit wie möglich auszublenden. Der praktische Nutzen der Vorschrift wird schließlich dadurch verringert, dass bei einer Berufung auf § 131 Abs. 3 S. 1 Nr. 7 AktG die Gesellschaft darlegungspflichtig ist und Sorge für den *in praxi* mit erheblichem Aufwand verbundenen Nachweis der erfolgten Auskunft über das Internet führen muss.[1007] Inwieweit § 131 Abs. 3 S. 1 Nr. 7 AktG die mit ihm verfolgten Intentionen daher erreichen kann und praktische Relevanz erlangt, bleibt abzuwarten und muss sich in der Praxis zeigen.[1008].

[1006] So zutreffend *Bungert* bei *Lommatzsch*, in: VGR 2004, 2005, S. 103 (105).

[1007] *Bungert*, in: VGR 2004, 2005, S. 59 (77).

[1008] Zur praktisch fehlenden Relevanz der Norm seit ihrem Inkrafttreten vgl. *Bayer*, AG-Report 2007, S. R79 (R80 ff.).

§ 7 Die Neuerungen der prozessualen Flankierung des Auskunftsrechts bei Auskunftsrechtsverletzungen nach dem UMAG

Neben den Modifikationen des Auskunftsrechts durch § 131 Abs. 2 S. 2, 131 Abs. 3 S. 1 Nr. 7 AktG bilden die Neuerungen im Bereich des Anfechtungsrechts im Allgemeinen und hier die Überarbeitung der prozessualen Flankierung des Auskunftsrechts im Speziellen einen Schwerpunkt des UMAG. Dabei fand sich der Gesetzgeber bei der Beschränkung des Anfechtungsrechts der Aktionäre in einem Spannungsfeld wieder, das einerseits die Wahrung des Charakters des Anfechtungsrechts als wesentliches Kernrecht zur Absicherung der subjektiven Mitgliedschaftsrechte des Aktionärs und der Kontrolle der Hauptversammlungsbeschlüsse[1009], andererseits aber auch die Eindämmung der aufgetretenen Fehlentwicklungen, die in Form der Verfolgung eigennütziger Ziele zu einem überwiegenden Schaden für die Gesellschaft führen können, erfordert.[1010] Grundanliegen der Änderungen im Rahmen des Rechtsschutzes des Aktionärs in Zusammenhang mit seinem Auskunftsrecht ist daher die Vermeidung der, in der Mehrzahl (auch) auf Informationsmängel gestützten, missbräuchlichen Anfechtungsklagen bzw. wenigstens der Abschwächung ihrer Folgen bei einzutragenden Hauptversammlungsbeschlüssen.[1011] Der Gesetzgeber versucht mit den im Vordergrund stehenden Neuregelungen der §§ 243 Abs. 4 S. 1, 2 AktG innerhalb dieses Spannungsfeldes die Anfechtungsmöglichkeiten wegen Informationsmängeln auf verträgliche Weise einzuschränken und hat mit § 246 a AktG ein Freigabeverfahren für eintragungsbedürftige Maßnahmen ohne Registersperre in Zusammenhang mit einer Kapitalbeschaffung oder -herabsetzung[1012] oder einem Unternehmensvertrag[1013] geschaffen, das es Aktiengesellschaften ermöglichen soll, auch solche eintragungsbedürftigen Beschlüsse trotz schwebender Anfechtungsklagen umsetzen zu können. Die Neuregelungen beziehen sich grundsätzlich auf die Rechtsfolgenseite, und das Aktionärsrecht der Anfechtung von Hauptversammlungsbeschlüssen bleibt im Grundsatz unangetastet, wenngleich tatsächlich vorliegende Anfechtungsgründe mangels Rechtsfolgenrelevanz nunmehr teilweise ausgeblendet werden.

A. Die Anfechtungsklage als entscheidender Rechtsbehelf bei Informationsmängeln

Für die prozessuale Flankierung des individuellen Informationsanspruchs gemäß § 131 AktG sieht § 132 AktG eine *lex specialis* für die Auskunftserzwingung vor.[1014] Damit soll ein beschleunigter Rechtsschutz bei unzulässiger Beschränkung des Auskunftsrechts gewährleistet werden.[1015] Bestand und Vollzug des gefassten Beschlusses der Hauptversammlung werden

---

1009 *Hüffer*, AktG, 8. Aufl. 2008, § 243 Rn. 3, zur hieraus abzuleitenden Kontrolle der Verwaltung kritisch *Krieger*, ZHR 163 (1999), S. 343 (358).

1010 *Noack/Zetzsche*, ZHR 170 (2006), S. 220.

1011 Vgl. zur Blockadewirkung der Anfechtungsklage Seite 67 ff.

1012 Vgl. für die Kapitalerhöhung §§ 182 ff. und für die Kapitalherabsetzung §§ 222 ff. AktG.

1013 Vgl. §§ 291 ff. AktG.

1014 Für kollektive Informationspflichten ist § 132 AktG bislang unanwendbar. Der Gesetzgeber ist dem Vorschlag der Regierungskommission Corporate Governance, vgl. Regierungskommission „Corporate Governance", BT-Drucks. 14/7515, Rn. 139 a. E., nicht gefolgt und hat den Anwendungsbereich des § 132 AktG nicht auf Berichtspflichten ausgedehnt. Dies ist unter Beachtung der systematischen Einordnung der Berichtspflichten als kollektive Informationsrechte konsequent. Die Anwendbarkeit des § 132 AktG würde zu einem unerklärlichen Widerspruch in sich führen, da dies ein Auftreten der Gesellschaft im Informationserzwingungsverfahren als Antragstellerin sowie als Antragsgegnerin zur Folge hätte, obwohl die Gesellschaft selbst berichtsberechtigt ist.

1015 Begr. RegE AktG 1965, abgedr. bei *Kropff*, S. 189.

von einem Auskunftserzwingungsverfahren aber nicht berührt, so dass § 132 AktG für den Schutz des Aktionärs nur eine unbedeutende Praxisrelevanz aufweist.[1016]

Bei fehlerhafter oder gänzlich versagter Auskunft ist weiterhin ein Schadensersatzanspruch des Auskunft begehrenden Aktionärs gemäß § 823 Abs. 2 BGB i. V. m. § 131 Abs. 1 AktG denkbar.[1017] Die Schutzgesetzeigenschaft des § 131 Abs. 1 AktG kann mit Blick auf § 400 Abs. 1 Nr. 1 AktG nach h. M. aber auch nach dieser Ansicht nur für vorsätzlich unrichtige oder verschleierte Auskünfte bejaht werden.[1018] Selbst wenn diese hohe Hürde der Haftungsbegründung im konkreten Fall genommen werden kann, ist eine Haftungsausfüllung hinsichtlich des nachzuweisenden Eigenschadens des Aktionärs einer erfolgreichen Geltendmachung vorangestellt und dieser Nachweis i. d. R. nicht zu führen.[1019]

Das bedeutsamste Sanktionsmittel bei Verletzung des Auskunftsrechts ist mithin die gegen den gefassten Hauptversammlungsbeschluss gerichtete Anfechtungsklage.[1020] Die Verletzung des Auskunftsrechts als Verfahrensfehler führt gemäß § 243 Abs. 1 AktG grundsätzlich zur Anfechtbarkeit gefasster Beschlüsse, wenn die begehrte Auskunft den Beschlussgegenstand und nicht einen anderen Punkt der Tagesordnung betrifft und die Auskunft vom Vorstand zu Unrecht verweigert oder unrichtig bzw. unvollständig erteilt wird.[1021] Dabei ist eine Anfechtungsmöglichkeit auch dann eröffnet, wenn ein Auskunftserzwingungsverfahren gemäß § 132 AktG ebenfalls möglich wäre. Eine Subsidiarität der Anfechtungsklage und ein damit einhergehender Vorrang des Verfahrens nach § 132 AktG besteht nicht, es handelt sich um zwei selbstständige Verfahren.[1022]

Wegen der Bedeutung der Anfechtungsklage und der für diese vorgenommenen Neuerungen des UMAG konzentriert sich die folgende Darstellung und Untersuchung auf die Neuregelungen der §§ 245 Nr. 1, 243 Abs. 4, 246a AktG der aktienrechtlichen Anfechtungsklage im Zusammenhang mit dem Auskunftsrecht des Aktionärs.

B. Anwendbarkeit der prozessualen Neuerungen auf anhängige Anfechtungsklagen

In der gebotenen Kürze ist vorab auf die Anwendbarkeit der hier zu behandelnden prozessualen Neuerungen der §§ 245 Nr. 1, 243 Abs. 4, 246a AktG auf bereits vor dem Inkrafttreten des UMAG am 1.11.2005 anhängige Anfechtungsklagen einzugehen.

Das OLG Hamm hat in seinem Beschluss vom 19.8.2005 die Anwendbarkeit des § 243 Abs. 4 S. 2 AktG auf anhängige Anfechtungsklagen schon vor dem Inkrafttreten des UMAG bejaht.[1023] Es ergingen zudem auch alsbald nach Inkrafttreten des UMAG mehrere

---

[1016] Zum Auskunftserzwingungsverfahren vgl. statt aller *Butzke*, HV AG, 4. Aufl. 2001, G Rn. 93 ff.; *Hüffer*, AktG, 8. Aufl. 2008, § 132 Rn. 1 ff. je m. w. N.

[1017] *Kubis*, in: MüKo AktG, 2. Aufl. 2004, § 131 Rn. 152; zweifelnd und eher ablehnend *Hüffer*, AktG, 8. Aufl. 2008, § 131 Rn. 44 m. w. N.

[1018] *Kubis*, in: MüKo AktG, 2. Aufl. 2004, § 131 Rn. 152 m. w. N.

[1019] *Kubis*, in: MüKo AktG, 2. Aufl. 2004, § 131 Rn. 152 m. w. N.

[1020] Vgl. zu den möglichen Folgen einer Anfechtungsklage Seite 67 ff.

[1021] Vgl. schon besonders deutlich RG, Urt. v. 12.6.1941 - RGZ 167, S. 151 (151 ff.); *Hüffer*, AktG, 8. Aufl. 2008, § 243 Rn. 45 ff. m. w. N.

[1022] BGH, Urt. v. 29.11.1982 - BGHZ 86, S. 1 (3 ff.); *Butzke*, HV AG, 4. Aufl. 2001, G Rn. 93 m. w. N.; a. A. *Werner*, in: FS Heinsius, 1991, S. 911 (918 f.).

[1023] Vgl. OLG Hamm, Beschl. v. 19.8.2005 - NZG 2005, S. 897 (897), das die Anwendbarkeit des § 243 Abs. 4 S. 2 AktG auf anhängige Klagen im Rahmen einer Beschwerde gegen einen Freigabebeschluss nach §§ 319 Abs. 6 i. V. m. 327e Abs. 2 AktG annahm; zu Recht bezeichnet *Lochner* die Entscheidung als

– FORTSETZUNG NÄCHSTE SEITE –

Entscheidungen, die sich mit der Anwendbarkeit der Neuregelungen auf anhängige Anfechtungsklagen beschäftigten und diese allesamt bejahten.[1024] Diese, eine Anwendbarkeit bejahende, Ansicht liegt auf einer Linie mit den im intertemporalen Prozessrecht geltenden und aus dem Rechtsstaatgebot abzuleitenden Grundsätzen zur Geltung prozessualer Gesetze, die besagen, dass die Gerichte bei einer Gesetzesänderung während eines laufenden Verfahrens grundsätzlich die zum Zeitpunkt der Entscheidung *geltenden* Rechtssätze zu berücksichtigen haben, wenn nicht ein Fall echter, grundsätzlich unzulässiger,[1025] Rückwirkung vorliegt.[1026]

Die Änderung der prozessualen gesetzlichen Grundlage während eines laufenden Verfahrens geht einher mit der Neubeurteilung eines noch nicht abgeschlossenen Sachverhalts, weshalb eine grundsätzlich zulässige sog. tatbestandliche Rückanknüpfung (unechte Rückwirkung) vorliegt und eine grundsätzlich unzulässige Rückbewirkung von Rechtsfolgen (echte Rückwirkung) ausscheidet.[1027] Zwar kann auch bei unechter Rückwirkung ein schutzwürdiges Vertrauen des Betroffenen im Rahmen einer Güterabwägung die Unzulässigkeit der unechten Rückwirkung begründen.[1028] Verfassungsrechtliche Bedenken stehen einer Anwendung der prozessualen Neuerungen auf anhängige Verfahren jedoch nicht entgegen, da die vom Gesetzgeber angeordnete unechte Rückwirkung geeignet und erforderlich ist, um bislang bestehende Fehlanreize im gesetzlichen System der aktienrechtlichen Anfechtungsklage zu unterbinden.[1029] Die Schutzwürdigkeit des Vertrauens auf die Fortgeltung einer bestimmten Gesetzeslage ist zudem in aller Regel nicht anzuerkennen.[1030] Ausnahmen von diesem allgemeinen

---

„*vorauseilenden Gehorsam*" und bezweifelt die Recht- und Verfassungsmäßigkeit dieses Beschlusses, da es sich mangels Verkündung des UMAG zum Zeitpunkt der Beschlussfassung des Gerichts noch nicht um ein in Kraft getretenes Gesetz handelte, vgl. Art. 82 Abs. 2 GG, und die Gerichte gemäß Art. 20 Abs. 3 GG gehalten sind, die *geltenden* Gesetze anzuwenden (Hervorhebung durch den Verfasser), vgl. *Lochner*, ZIP 2006, S. 135 (135). Soweit sich die Argumentation *Lochners* auf ein noch nicht in Kraft getretenes Gesetz stützt, ist diese Kritik auf die Entscheidung des OLG Hamm zu beschränken und nicht auf nunmehr, nach dem tatsächlichen Inkrafttreten des UMAG am 1.11.2005, ergehende Entscheidungen übertragbar.

[1024] LG Braunschweig, Urt. v. 11.4.2006 - Der Konzern 2006, S. 386 (387), sowie OLG Frankfurt a. M., Beschl. v. 8.2.206 - Der Konzern 2005, S. 276 (277 f.), die beide die Anwendbarkeit des neu gefassten § 245 Nr. 1 AktG annehmen. Aus der Literatur vgl. *Leuering/Simon*, NJW-Spezial 2005, S. 315 (315 f.); *Ihrig/Erwin*, BB 2005, S. 1973 (1973 ff.) zu § 246a AktG; *Leuering*, NZG 2005, S. 999 (1000 f.); die Anwendbarkeit ablehnend *Lochner*, ZIP 2006, S. 135 (135 f.).

[1025] BVerfG, Beschl. v. 31.5.1960 - BVerfGE 11, S. 139 (145 f.); BGH, Urt. v. 26.1.2005 - NJW 2005, S. 1428 (1428) m. w. N.

[1026] Grundlegend BGH, Urt. v. 26.2.1953 - BGHZ 9, S. 101 (101 ff.); BGH, Urt. v. 28.3.1991 - BGHZ 114, S. 1 (3); BGH, Urt. v. 26.1.2005 - NJW 2005, S. 1428 (1428 f.); LG Braunschweig Urt. v. 11.4.2006 - Der Konzern 2006, S. 386 (387); Zöller/*Vollkommer*, ZPO, 27. Aufl. 2009, Einl. Rn. 104; *Bettermann*, ZZP 88 (1975), S. 365 (370 f.); *Lüke*, in: MüKo ZPO, 3. Aufl. 2008, Einl. Rn. 408 m. w. N.; Hervorhebung durch den Verfasser.

[1027] OLG Frankfurt a. M., Beschl. v. 8.2.2006 - Der Konzern 2005, S. 276 (277 f.); LG Braunschweig Urt. v. 11.4.2006 - Der Konzern 2006, S. 386 (387); Zur grundsätzlichen Zulässigkeit einer unechten Rückwirkung vgl. BVerfG, Beschl. v. 15.10.1996 - BVerfGE 95, S. 64 (86); BGH, Urt. v. 26.1.2005 - NJW 2005, S. 1428 (1428) m. w. N.; zur Rückwirkung von Gesetzen allgemein vgl. statt aller *Herzog*, in: Maunz/Dürig, GG Kommentar, Bd. III, Art. 20 Abschn. VII Rn. 70 ff. m. w. N.

[1028] BGH, Urt. v. 26.1.2005 - NJW 2005, S. 1428 (1428); *Herzog*, in: Maunz/Dürig, GG Kommentar, Bd. III, Art. 20 Abschn. VII Rn. 88 je m. w. N.

[1029] Zu den aufgetretenen Fehlentwicklungen vgl. Seite 67 ff.

[1030] BVerfG, Beschl. v. 17.4.1974 - BVerfGE 38, S. 61 (83); BVerfG, Beschl. v. 31.10.1984 - BVerfGE 68, S. 193 (222); OLG Frankfurt a. M., Beschl. v. 8.2.206 - Der Konzern 2005, S. 276 (277); LG Braunschweig, Urt. v. 11.4.2006 - Der Konzern 2006, S. 386 (387); *Jarass*, in: Jarass/Pieroth, GG, 9. Aufl. 2007, Art. 20 Rn. 73a.

Grundsatz sind zwar möglich,[1031] wurden vom Gesetzgeber aber, mangels ausdrücklicher Übergangsregelung für die hier zu betrachtenden prozessualen Neuerungen, nicht vorgesehen,[1032] weshalb es bei den allgemeinen Grundsätzen des zwischenzeitlichen Rechts verbleibt.

Das bewusste Unterlassen der Schaffung einer Übergangsregelung lässt für die Frage der Anwendbarkeit auf anhängige Anfechtungsklagen ferner ein *argumentum e contrario* zu, hat der Gesetzgeber bei der Änderung des § 243 Abs. 3 Nr. 2 AktG in Art. 17 EGAktG für nach dem 31.12.2004 erhobene Anfechtungsklagen doch noch ausdrücklich eine Übergangsregelung vorgesehen.[1033]

Letztlich werden die allgemeinen Grundsätze auch nicht von dem in Art. 170 EGBGB zum Ausdruck kommenden allgemeinen Rechtsgedanken überlagert, nach welchem Schuldverhältnisse in ihrem Inhalt und ihrer Wirkung nach dem zur Zeit ihrer Entstehung geltenden Recht zu beurteilen sind.[1034] Denn selbst wenn man unterstellt, der Hauptversammlungsbeschluss sei als Schuldverhältnis i. d. S. einzuordnen,[1035] betreffen die Neuregelungen lediglich die Problematik der prozessualen Geltendmachung der Anfechtbarkeit eines Hauptversammlungsbeschlusses, nicht hingegen, wie es für Art. 170 EGBGB notwendig wäre, die Frage, ob der Hauptversammlungsbeschluss tatsächlich materiell-rechtlich einen Rechtsverstoß gegen Gesetz oder Satzung darstellt.[1036]

Im Ergebnis ist richtigerweise von der Anwendbarkeit aller hier zu behandelnden prozessualen Neuregelungen der §§ 245 Nr. 1, 243 Abs. 4, 246a AktG auf anhängige Anfechtungsklagen auszugehen.

C. Formelle Voraussetzungen der Anfechtungsklage unter besonderer Berücksichtigung der Neuerungen durch das UMAG

I. Anfechtungsbefugnis – Neuerungen des § 245 Nr. 1 AktG

Die Beschlussanfechtung durch einen Aktionär setzt dessen Anfechtungsbefugnis gemäß § 245 Nr. 1 AktG voraus. Fehlt die Anfechtungsbefugnis gemäß § 245 AktG, ist die Klage wegen der Anknüpfung der Anfechtungsbefugnis an das subjektive Recht der Inhaberschaft der Aktie als unbegründet und nicht als unzulässig abzuweisen.[1037]

[1031] So gilt dieser Grundsatz nicht für bereits abgeschlossene prozessuale Tatbestände, vgl. Zöller/*Vollkommer*, ZPO, 27. Aufl. 2009, Einl. Rn. 104; auch kann der Gesetzgeber selbst Abweichendes bestimmen, vgl. zu beidem BGH, Urt. v. 28.3.1991 - BGHZ 114, S. 1 (3 f.) m. w. N.

[1032] In Art. 3 UMAG werden lediglich Regelungen zum Inkrafttreten getroffen, eine Übergangsregelung für bereits anhängige Anfechtungsklagen jedoch nicht aufgeführt.

[1033] *Leuering*, NZG 2005, S. 999 (1000 f.).

[1034] Zum Grundsatz zwischenzeitlichen Privatrechts vgl. Staudinger/*Hönle*, 2005, Art. 170 EGBGB Rn. 4 ff.

[1035] Ausdrücklich für eine analoge Anwendung *Lochner*, ZIP 2006, S. 135 (136) m. w. N.; Zur h. M., die den Hauptversammlungsbeschluss als Rechtsgeschäft eigener Art der beteiligten Aktionäre einordnet, vgl. *Spindler*, in: K. Schmidt/Lutter, AktG, 2008, § 133 Rn. 2; *Hüffer*, AktG, 8. Aufl. 2008, § 133 Rn. 3; *Volhard*, in: MüKo AktG, 2. Aufl. 2004, § 133 Rn. 3 je m. w. N.

[1036] Zutreffend *Leuering*, NZG 2005, S. 999 (1000); a. A. *Lochner*, ZIP 2006, S. 135 (136).

[1037] Zu dieser ganz h. M. vgl. statt aller OLG Frankfurt a. M., Beschl. v. 8.2.206 - Der Konzern 2005, S. 276 (277); LG Braunschweig, Urt. v. 11.4.2006 - Der Konzern 2006, S. 386 (388); *Hüffer*, AktG, 8. Aufl. 2008, § 245 Rn. 2 m. w. N.; a. A. *Schwab*, in: K. Schmidt/Lutter, AktG, 2008, § 245 Rn. 2; vgl. zum Streit auch *Noack*, AG 1989, S. 78 (83 f.) m. w. N.

1. Erweiterung der Tatbestandsvoraussetzungen des § 245 Nr. 1 AktG

Nach § 245 Nr. 1 AktG a. F. war jeder Aktionär anfechtungsbefugt, der in der Hauptversammlung erschienen ist, wenn er gegen den Beschluss Widerspruch zur Niederschrift erklärt hat.[1038] Allein der erklärte Widerspruch zur Niederschrift reicht nach dem UMAG und der Neufassung des § 245 Nr. 1 AktG für die Anfechtungsbefugnis nicht mehr aus. Der erfolgte Erwerb von Aktien vor Bekanntmachung der Tagesordnung[1039] wird nunmehr von § 245 Nr. 1 AktG zur kumulativen Voraussetzung der Anfechtungsbefugnis erhoben.[1040] Es soll damit den Berufsopponenten der Anreiz genommen werden, die Bekanntmachung der Tagesordnung abzuwarten, nur bei anfechtungsträchtigen Tagesordnungen gezielt einzelne Aktien zu erwerben und sich die Möglichkeit einer Anfechtungsklage offenzuhalten.[1041] Gerechtfertigt kann die Einschränkung damit werden, dass mit der Bekanntmachung der Tagesordnung für den danach Aktien erwerbenden Aktionär erkennbar ist, welche Beschlüsse in der kommenden Hauptversammlung zu fassen sind, und Rückschlüsse auf die unternehmenspolitische Richtung der Aktiengesellschaft sowie die damit bevorstehenden Auswirkungen auf eine durch den Kauf begründete Mitgliedschaft bereits gezogen werden können. Der „neue" Aktionär ist mithin weniger schutzwürdig als derjenige, der bereits vor Bekanntmachung die Aktionärseigenschaft erworben hat.[1042]

2. Zeitpunkt der „Bekanntmachung der Tagesordnung"

Nicht zweifelsfrei ist die Gesetzesbegründung, soweit es darum geht, welcher Zeitpunkt mit „Bekanntmachung der Tagesordnung" tatsächlich gemeint ist. Sicher ist, dass spätestens der in §§ 121 Abs. 3 S. 1, Abs. 4 S. 1 Hs. 2 AktG angeführte Zeitpunkt der förmlichen Einladung heranzuziehen ist. Da sich die Gesetzesbegründung aber nicht auf § 121 Abs. 3, 4 AktG bezieht, könnte statt dem Zeitpunkt der förmlichen Einladung auch eine zeitlich frühere Bekanntmachung der Tagesordnung ausreichend sein.[1043] Die *ratio* der Neuerung des § 245 Nr. 1 AktG, die Missbrauchsverhinderung, könnte für eine Ausdehnung des Zeitraumes, jedenfalls für börsennotierte Aktiengesellschaften, bei denen Beschlussgegenstände zumeist schon einige Zeit vor der Bekanntmachung gemäß § 121 AktG veröffentlicht werden,[1044] sprechen.[1045]

[1038] Macht der Aktionär von seinem Anspruch auf Protokollierung gemäß § 131 Abs. 5 AktG keinen Gebrauch, hat dies, wegen der bloßen Beweisfunktion der Vorschrift, für eine spätere gerichtliche Auseinandersetzung keine Auswirkungen, vgl. *Hüffer*, AktG, 8. Aufl. 2008, § 131 Rn. 43; *Zöllner*, in: KölnKomm AktG, 1985, § 131 Rn. 91; jedenfalls missverständlich *Lommer*, S. 91 f.

[1039] Der Gesetzgeber folgt den zutreffenden Forderungen zur Einschränkung der Anfechtungsbefugnis durch eine längere Mindestbesitzzeit, und einen Mindestanteilsbesitz, vgl. *Krieger*, ZHR 163 (1999), S. 343 (361) m. w. N., nicht, da damit eine unverhältnismäßige Einschränkung der Aktionärsrechte verbunden wäre; zu beidem vgl. auch *Baums,* Gutachten F, 2000, S. 102 ff., 107 f. m. umf. N.

[1040] Vgl. Begr. RegE UMAG, BT-Drucks. 15 /5092, S. 26 f.; *Diekmann/Leuering*, NZG 2004, S. 249 (253); kritisch *Meilicke/Heidel*, DB 2004, S. 1479 (1483 f.). Anwendbar ist § 245 Nr. 1 AktG zutreffenderweise auch, wenn die Einberufung der Hauptversammlung schon vor Inkrafttreten der Neuregelung veröffentlicht wurde, vgl. LG Braunschweig, Urt. v. 11.4.2006 - Der Konzern 2006, S. 386 (387 f.). Zur Anwendbarkeit der Regelungen des UMAG auf anhängige Anfechtungsklagen vgl. Seite 202 ff.

[1041] Begr. RegE UMAG, BT-Drucks. 15 /5092, S. 26 f.

[1042] Zutreffend die Begr. RegE UMAG, BT-Drucks. 15 /5092, S. 27; OLG Frankfurt a. M., Beschl. v. 8.2.2006 - Der Konzern 2005, S. 276 (277); kritisch *Diekmann/Leuering*, DB 2004, S. 1479 (1484).

[1043] So *Wilsing*, DB 2005, S. 35 (36).

[1044] DAV-Stellungnahme RefE UMAG, NZG 2004, S. 555 (563).

[1045] *Wilsing*, DB 2005, S. 35 (36) möchte daher auf die zeitlich früheste Bekanntmachung abstellen.

Der gewünschte praktische Effekt der Erschwerung der missbräuchlichen Anfechtung von Hauptversammlungsbeschlüssen bei Kenntnis der Tagesordnung im Zeitpunkt des Anteilserwerbs wird aber, selbst mit der Vorverlagerung auf den frühesten Zeitpunkt der „Bekanntmachung", nicht immer erreicht werden können. Denn es ist ein leichtes und nicht besonders kostspieliges Unterfangen für Berufsopponenten, die Regelung des § 245 Nr. 1 AktG zu umgehen,[1046] indem künftig standardmäßig von jeder Aktiengesellschaft mindestens eine Aktie erworben und an diesem Investment mehrere Jahre festgehalten wird.[1047] Aufgrund der bisherigen Rechtsprechung zu rechtsmissbräuchlichen Anfechtungsklagen ist dieses Vorgehen unter den „räuberischen Aktionären" ohnehin schon gängige Praxis.[1048] Wegen dieser nur geringen praktischen Relevanz der Beschränkung der Anfechtungsbefugnis in § 245 Nr. 1 AktG muss auch künftig über die Einführung eines Mindestanteilsbesitzes nachgedacht werden.[1049]

Grundsätzlich gegen einen anderen als den in § 121 Abs. 3 S. 1, Abs. 4 S. 1 Hs. 2 AktG vorgesehenen Zeitpunkt der förmlichen Einladung spricht auch die Bezugnahme des Gesetzgebers auf den Begriff „Bekanntmachung der Tagesordnung", der, ähnlich einem technischen Begriff, zumeist in Zusammenhang mit § 121 AktG Verwendung findet. Die Argumente der fehlenden praktischen Durchschlagskraft der Norm und die formalisierte Begriffswahl des Gesetzgebers werden durch den Rechtssicherheitsgesichtspunkt ergänzt. Eine formalisierte, an § 121 Abs. 3 S. 1, Abs. 4 S. 1 Hs. 2 AktG ausgerichtete, Bestimmung des Bekanntmachungszeitpunktes ist aus Gründen der Rechtssicherheit grundsätzlich vorzuziehen, da dieser Zeitpunkt klar und eindeutig festgelegt werden kann, während andere Zeitpunkte der Bekanntmachung meist nur mit nicht unerheblicher Rechtsunsicherheit zu bestimmen sein werden. So kann bspw. eine Zurverfügungstellung auf der Homepage des Unternehmens sicher nicht ausreichen.

Diese Argumentation zwingt aber nicht dazu, den Ansatz von *Wilsing* vollständig abzulehnen. Vielmehr muss vor dem Hintergrund der Missbrauchsverhinderung als Normzweck des § 245 Nr. 1 AktG versucht werden, ihm einen möglichst breiten Anwendungsbereich zu verschaffen. Wird mithin vor allem der Rechtssicherheitsaspekts gewahrt, spricht einiges dafür, eine Ausnahme und damit eine weitere Vorverlagerung zuzulassen, wenn der Inhalt der Tagesordnung schon vor ihrer Bekanntmachung aus einer in einem formalisierten Verfahren der Öffentlichkeit zugänglichen Mitteilung erkennbar ist. Damit gelangen die Ad-hoc-

---

[1046] Einen Umgehungsversuch mittels eines Treuhandvertrags hat das LG Braunschweig in seinem Urteil vom 11.4.2006 unterbunden und den Versuch der Ableitung einer Klagebefugnis aus einem Treuhandvertrag zutreffenderweise abgelehnt. Richtigerweise hat es bei der Urteilsfindung darauf abgestellt, dass es bei der Klagebefugnis gemäß § 245 Nr. 1 AktG in Zusammenhang mit einem Treuhandvertrag auf die rechtliche und nicht die wirtschaftliche Betrachtungsweise ankommt und klagebefugt daher nur der Treuhänder und nicht der Treugeber ist, vgl. LG Braunschweig, Urt. v. 11.4.2006 - Der Konzern 2006, S. 386 (387 f.); zur h. M. vgl. BGH, Urt. v. 15.4.1957 - BGHZ 24, S. 119 (124); *Hüffer*, AktG, 8. Aufl. 2008, § 245 Rn. 7, 10 m. w. N.

[1047] Dass genau diese Entwicklung eintritt, wird durch einen Bericht im HV-Magazin, Heft 1/2006, S. 15, bestätigt. Bereits für die Hauptversammlungssaison 2006 ist ein Trend zur flächendeckenden Anmeldung der Berufsopponenten erkennbar gewesen. So wird ein Berufsopponent zitiert mit den Worten: *„Ich persönlich kümmere mich nicht um die Hauptversammlungsanmeldungen. Mein Sekretariat ist angehalten, auf jede Einladung zu antworten und eine Eintrittskarte anzufordern."*

[1048] Mit umf. N. zur Rechtsprechung vgl. *Hüffer*, AktG, 8. Aufl. 2008, § 245 Rn. 22.

[1049] I. d. S. zu dieser rechtspolitischen Forderung *de lege ferenda* auch *Hüffer*, AktG, 8. Aufl. 2008, § 245 Rn. 27 m. w. N. zu den einen Mindestanteilsbesitz fordernden Literaturstimmen, vgl. zum Streit für ein Mindestquorum *de lege ferenda* bspw. *Mertens*, AG 1990, S. 49 (55); *Schiessl*, in: VGR 1999, 2000, S. 57 (72); *Krieger*, ZHR 163 (1999), S. 343 (361) m. w. N.; ablehnend *Baums*, Gutachten F, 2000, S. 103 m. w. N. zu beiden Meinungsrichtungen; ablehnend auch *Bork*, ZGR 1993, S. 343 (360); *Hommelhoff*, ZGR 1990, S. 447 (451 ff.).

Mitteilungen bei börsennotierten Aktiengesellschaften gemäß § 15 WpHG in den Vordergrund.[1050] Hierbei handelt es sich um in zeitlicher Hinsicht klar bestimmbare formalisierte Mitteilungen, welche die eben aufgestellten Anforderungen erfüllen. Für die Frage, ob der Aktionär aus der Ad-hoc-Mitteilung auf eine bestimmte Maßnahme schließen kann, ist von einem objektiven Durchschnittsaktionär auszugehen. Im Zweifelsfall ist eine restriktive Linie zu bevorzugen und aus Rechtssicherheitsgründen nur die in der Ad-hoc-Mitteilung enthaltene konkrete Maßnahme zu erfassen. Diese Ausweitung des § 245 Nr. 1 AktG ist auch deshalb zu befürworten, weil sie auf Seiten der Unternehmen die Möglichkeit eröffnet, durch eine frühzeitige Ad-hoc-Mitteilung den für § 245 Nr. 1 AktG entscheidenden Zeitpunkt entsprechend vorzuverlagern, was als Kehrseite die Informationsgrundlage für die Aktionäre und den Kapitalmarkt ebenso zeitlich vorverlagern und damit einen Beitrag zu besserer, weil noch schnellerer Kapitalmarktinformation leisten würde.

3. Zwischenergebnis

Eine Anfechtungsklage ist mangels Anfechtungsbefugnis gemäß § 245 Nr. 1 AktG als unbegründet abzuweisen, wenn zum Zeitpunkt der Bekanntmachung der Tagesordnung i. S. v. § 121 Abs. 3, 4 AktG der Anfechtungskläger noch nicht Aktionär der Aktiengesellschaft war. Eine Ausnahme ist für börsennotierte Aktiengesellschaften dann zuzulassen, wenn ein objektiver Durchschnittsaktionär in der Lage ist, aus einer Ad-hoc-Mitteilung gemäß § 15 WpHG auf den Inhalt der Tagesordnung zu schließen. Neben dieser restriktiv zu handhabenden Ausnahme ist für weitere Ausnahmen in Fällen einer andersartigen früheren Bekanntmachung der Tagesordnung aus Rechtssicherheitsgründen grundsätzlich kein Raum.

II. Klagefrist, Anfechtungsgegner und sonstige formelle Voraussetzungen

Für die Anfechtungsklage sieht § 246 Abs. 1 AktG eine Klagefrist von einem Monat nach Beschlussfassung vor; während dieser ist die gegen die Gesellschaft zu richtende Klage (§ 246 Abs. 2 S. 1 AktG) beim ausschließlich zuständigen Landgericht, in dessen Bezirk die Gesellschaft ihren Sitz hat (§ 246 Abs. 3 S. 1, 2 AktG), zu erheben. Die Erhebung der Klage und der Termin zur mündlichen Verhandlung sind gemäß § 246 Abs. 4 AktG unverzüglich in den Gesellschaftsblättern bekannt zu machen.

In Zusammenhang mit der Klagefrist i. S. v. § 246 Abs. 1 AktG ist auf Folgendes hinzuweisen: Auskunftsrechtsverletzungen sind weiterhin, wie alle anderen Beschlussmängel auch, in ihrem wesentlichen tatsächlichen Kern innerhalb der Klagefrist des § 246 Abs. 1 AktG anzuführen,[1051] und es bleiben nur nachträgliche Ergänzungen oder Berichtigungen des bereits innerhalb der Klagefrist dargelegten Tatsachenvortrages möglich.[1052] Der Fortbestand der bereits bisher anerkannten Schranken des Nachschiebens von Gründen war im Zuge der Neubeurteilung des Streitgegenstandes der Anfechtungsklage durch den Bundesgerichtshof und des damit verbundenen Verständnisses als Rechtskontrollklage[1053] fraglich geworden. Faktisch

---

[1050] *Wilsing*, DB 2005, S. 35 (36).

[1051] Schon BGH, Urt. v. 10.11.1954 - BGHZ 15, S. 177 (180 f.); *Hüffer*, AktG, 8. Aufl. 2008, § 246 Rn. 26 m. w. N.

[1052] BGH, Urt. v. 17.11.1986 - NJW 1987, S. 780 (780); *Hüffer*, AktG, 8. Aufl. 2008, § 246 Rn. 26.

[1053] Der BGH sieht den Streitgegenstand der Anfechtungsklage darin, die richterliche Klärung der Nichtigkeit eines Hauptversammlungsbeschlusses wegen fehlender Übereinstimmung seines Gegenstandes und Inhalts mit Gesetz oder Satzung sowie des zur Beschlussfassung führenden Verfahrens herbeizuführen, um dadurch

– FORTSETZUNG NÄCHSTE SEITE –

würde das Verständnis als Rechtskontrollklage ein unbegrenztes Nachschieben ermöglichen, was § 246 Abs. 1 AktG seines Sinnes berauben würde.[1054] Der Bundesgerichtshof hat die Folgen der Neubewertung des Streitgegenstandsbegriffs für das Nachschieben von Gründen und damit für § 246 Abs. 1 AktG erkannt und knüpft das Nachschieben, prozessual allerdings unbegründbar,[1055] daher auch weiterhin an die bisherigen Schranken, indem er den Vortrag des die Anfechtung rechtfertigenden Lebenssachverhalts innerhalb der Frist des § 246 Abs. 1 AktG verlangt.[1056] Im Ergebnis ändert sich mithin nichts.

D. Der Ausschluss der Anfechtungsklage bei Informationsanfechtung gemäß § 243 Abs. 4 AktG

§ 243 Abs. 1 AktG eröffnet seinem Grundsatz nach die Anfechtung des Hauptversammlungsbeschlusses bei jeder Gesetzes- oder Satzungsverletzung, d. h. sowohl bei inhaltlich fehlerhaften Beschlüssen als auch bei Beschlüssen, die unter Verletzung einer geltenden Verfahrensvorschrift zustande gekommen sind.[1057] Bei Verletzung des Auskunftsrechts in Zusammenhang mit Tagesordnungspunkten, zu denen eine Beschlussfassung der Hauptversammlung erfolgt, ist nicht nur für denjenigen Aktionär, dessen Auskunftsbegehren nicht, nicht richtig oder nicht vollständig nachgekommen wurde, ein Anfechtungsrecht anzunehmen, sondern dieses auch jedem anderen Aktionär, für den die Auskunft erforderlich war und welcher Widerspruch zu Protokoll erhoben hat (§ 245 Nr. 1 AktG), unabhängig von einem Mindestquorum,[1058] einzuräumen.[1059]

Die Neufassung des § 243 Abs. 4 AktG präzisiert nunmehr die Voraussetzungen für eine auf Informationspflichtverletzungen gestützte Anfechtungsklage.[1060] Regelungstechnisch enthält die Vorschrift des § 243 Abs. 4 AktG in ihrem S. 1 allgemeine Regelungen für auf Informationspflichtverletzungen gestützte Anfechtungsklagen. § 243 Abs. 4 S. 2 AktG befasst sich hingegen mit den speziellen Fragen einer Anfechtungsklage, soweit bewertungsbezogene Informationsmängel als Begründung für die Anfechtungsklage angeführt werden.

Rechtssicherheit zu schaffen, dass eine erneute spätere Klage gegen denselben Beschluss nicht mehr möglich ist, vgl. BGH, Urt. v. 22.7.2002 - BGHZ 152, S. 1 ff. m. Anm. *Bork*, NZG 2002, S. 1094 (1094).

1054 Das, nur durch die wenig praxisrelevante Vorschrift des § 296 ZPO begrenzte, Nachschieben von Gründen würde bei konsequenter Verfolgung dieser Ansicht wesentlich erleichtert, denn es wäre möglich, eine Anfechtungsklage auf irgendeinen Anfechtungsgrund zu stützen und während des Prozesses weitere Anfechtungsgründe nachzuschieben. Es läge eine stets zulässige Klageänderung i. S. v. § 264 Nr. 1 ZPO vor. Mit der *ratio* des § 246 Abs. 1 AktG ist dies aber kaum zu vereinbaren.

1055 Vgl. *Wagner*, DStR 2003, S. 468 (471) m. w. N.; *v. Falkenhausen/Kocher*, ZIP 2003, S. 426 (427 f.); *Hüffer*, AktG, 8. Aufl. 2008, § 246 Rn. 26.

1056 Klarstellend BGH, Urt. v. 14.3.2005 - AG 2005, S. 395 (397), BGH, Urt. v. 9.5.2005 - AG 2005, S. 613 (614) je m. w. N.

1057 *K. Schmidt*, in: GroßK AktG, 4. Aufl. 1996, § 243 Rn. 25; *Hüffer*, AktG, 8. Aufl. 2008, § 243 Rn. 5 ff.

1058 Mit der zutreffenden Forderung nach einem Mindestquorum *de lege ferenda* bspw. *Mertens*, AG 1990, S. 49 (55); *Schiessl*, in: VGR 1999, 2000, S. 57 (72); *Krieger*, ZHR 163 (1999), S. 343 (361) m. w. N.; ablehnend *Baums*, Gutachten F, 2000, S. 103 m. w. N. zu beiden Meinungsrichtungen; ablehnend auch *Bork*, ZGR 1993, S. 343 (360); *Hommelhoff*, ZGR 1990, S. 447 (451 ff.).

1059 BGH, Urt. v. 15.6.1992 - BGHZ 119, S. 1 (15); *Semler*, in: Münch Hdb GesR, Bd. 4, 3. Aufl. 2007, § 37 Rn. 57.

1060 Begr. RegE UMAG, BT-Drucks. 15 /5092, S. 25.

I. Die Neuerungen der Beschlussanfechtung bei Informationsmängeln gemäß § 243 Abs. 4 S. 1 AktG

1. Anwendungsbereich

Mit der Neufassung des § 243 Abs. 4 S. 1 AktG hat der Gesetzgeber die, durch umfangreiche Vorarbeiten in der Literatur herausgearbeitete und schließlich durch die Rechtsprechung übernommene,[1061] Relevanztheorie positivrechtlich aktiviert, sich dabei allerdings auf die Fallgruppe der Informationsmängel als häufigstem Anfechtungsgrund[1062] beschränkt sowie den Tatbestand um das Wesentlichkeitskriterium ergänzt.

Der direkte Anwendungsbereich des § 243 Abs. 4 S. 1 AktG beschränkt sich, ähnlich der Vorgängervorschrift des § 243 Abs. 4 AktG a. F., darauf, eine Regelung für Verfahrensfehler in Form der Informationsmängel vorzusehen, ohne sich zugleich auf Verfahrensfehler im Allgemeinen zu erstrecken. Die Ausdehnung auf andere Fallgruppen von Verfahrensfehlern hat der Gesetzgeber bewusst unterlassen, obwohl sie in Anlehnung an die von *K. Schmidt* entwickelte *„Typenordnung der Verfahrensmängel"*[1063] erwägenswert gewesen wäre.[1064]

Mit der Ersetzung der Formulierung *„Verweigerung* einer Auskunft"[1065] durch das Tatbestandsmerkmal der *„unrichtigen, unvollständigen oder verweigerten Erteilung* von Informationen" in § 243 Abs. 4 S. 1 AktG übernimmt der Gesetzgeber die bereits bisher erfolgte Auslegung des Tatbestandsmerkmals der *„Verweigerung* der Auskunft",[1066] ohne dadurch eine inhaltliche Neuorientierung vorzugeben.[1067]

Mit der Bezugnahme auf den weiterreichenderen Begriff der Information[1068] dehnt der Gesetzgeber den Anwendungsbereich des § 243 Abs. 4 S. 1 AktG gegenüber dem früheren § 243 Abs. 4 AktG aus und erfasst nicht bloß Verstöße gegen das hauptversammlungsbezogene Auskunftsrecht des § 131 AktG oder bspw. § 293g Abs. 3 AktG.[1069] Vielmehr greift § 243 Abs. 4 S. 1 AktG sowohl bei unzureichenden Informationen im Vorfeld der Hauptversammlung als auch bei allen anderen in der Hauptversammlung bestehenden Erläuterungspflichten für den Vorstand und auszulegenden Berichten ein, ohne dass ein Auskunftsbegehren seitens eines Aktionärs tatbestandlich vorausgesetzt wird.[1070] Im Ergebnis werden so von § 243 Abs. 4 S. 1 AktG *alle* Informationsmängel erfasst. Diese Folgerung wird durch einen Umkehrschluss aus § 243 Abs. 4 S. 2 AktG gestützt, der ausdrücklich eine Einschränkung auf „Informationen

---

[1061] Zum Ganzen vgl. Seite 211 ff.

[1062] *Baums/Vogel/Tacheva*, ZIP 2000, S. 1649 (1652f.); *Baums/Keinath/Gajek*, ZIP 2007, S. 1629 (1641); vgl. auch Seite 67 ff.

[1063] Zu dieser Typenordnung *K. Schmidt*, in: GroßK AktG, 4. Aufl. 1996, § 243 Rn. 25 ff.

[1064] *Weißhaupt*, WM 2004, S. 705 (710).

[1065] Diese Begrifflichkeit wird in § 131, 132, 400 AktG noch immer verwendet und lag dem § 243 Abs. 4 AktG a. F. zugrunde. Hervorhebung durch den Verfasser.

[1066] Zur bisherigen Auslegung vgl. *Hüffer*, in: MüKo AktG, 2. Aufl. 2001, § 243 Rn. 112.

[1067] Begr. RegE UMAG, BT-Drucks. 15 /5092, S. 26.

[1068] Für die Ersetzung des Begriffs der Auskunft durch den der Information sprach sich schon die Regierungskommission „Corporate Governance", BT-Drucks. 14/7515, Rn. 139, aus.

[1069] *Hüffer*, in: MüKo AktG, 2. Aufl. 2001, § 243 Rn. 112; *Zöllner*, in: KölnKomm AktG, 1976, § 243 Rn. 136.

[1070] Vgl. DAV-Stellungnahme RegE UMAG, ZIP 2005, S. 774 (779); *Heinrich/Theusinger*, BB 2006, S. 449 (449); In der Hauptversammlung sind Berichte gemäß §§ 293g Abs. 1, 319 Abs. 3 S. 3 (i. V. m. 320 Abs. 4 S. 2), 327d S. 1 AktG sowie §§ 64 Abs. 1 S. 1, 232 Abs. 1, 239 Abs. 2 UmwG auszulegen und diese in den Fällen der §§ 293g Abs. 2 S. 1 AktG, 64 Abs. 1 S. 2, 232 Abs. 2, 239 Abs. 2 UmwG vom Vorstand zu erläutern.

in der Hauptversammlung" vorsieht, so dass die Ausweitung des § 243 Abs. 4 S. 1 AktG auf im Vorfeld der Hauptversammlung gegebene Informationen, vor allem bei zu erstattenden Vorstandsberichten bei Struktur- und Grundlagenmaßnahmen,[1071] heraussticht. Notwendig wurde diese Ausdehnung aufgrund des stetigen Ausbaus der Informationspflichten im Vorfeld der Hauptversammlung und des damit als Kehrseite des gewollt angehobenen Informationsumfangs einhergehenden erhöhten Anfechtungsrisikos.[1072]

Die Erfassung aller Informationsmängel verleitet dazu, § 243 Abs. 4 S. 1 AktG auch dann für anwendbar zu erklären, wenn Verfahrensvorschriften, d. h. bspw. Frist- und Formvorschriften, entsprechenden Informationsbezug haben[1073] und die Wertung des § 243 Abs. 4 S. 1 AktG auch für die Beurteilung anderer, außerhalb der unmittelbaren Informationsmängel verbleibender, Verfahrensfehler fruchtbar zu machen. Richtigerweise kann § 243 Abs. 4 S. 1 AktG auf Form- oder Fristvorschriften mit bloßem Informationsbezug aber nicht, auch nicht im Wege einer Analogie, erstreckt werden.

Die Erweiterung des Rechtsgedankens des § 243 Abs. 4 S. 1 AktG scheitert daran, dass die Analogievoraussetzungen nicht erfüllt werden. Zuvorderst fehlt es an einer planwidrigen Regelungslücke, die mit Hilfe einer Analogie überwunden werden müsste. Denn dem Gesetzgeber war bei der Schaffung des § 243 Abs. 4 S. 1 AktG die Diskussion um die Anfechtungsrelevanz von Verfahrensmängeln bekannt, trotzdem hat er sich ausdrücklich auf Informationsmängel, als nur einem Teilaspekt der Verfahrensmängel, beschränkt und trotz erfolgter Hinweise aus der Literatur von einer Ausweitung auf andere Verfahrensmängel abgesehen.[1074] Hinzu kommt, dass Sinn und Zweck des § 243 Abs. 4 S. 1 AktG die Beseitigung von Rechtsunsicherheit bei der Beurteilung der Frage nach dem inhaltlichen Umfang der Informations- bzw. Auskunftsansprüche ist und den Aktiengesellschaften nicht der Druck sorgfältigen Arbeitens in diesen Bereichen abgenommen werden soll, indem bei der Einhaltung von Frist- und Formvorschriften Erleichterungen angenommen werden.[1075]

Betont man den Bezug auf inhaltliche Informationsmängel, zeigt sich, dass auch Verfahrensmängel während der Hauptversammlung, die lediglich mittelbar das Auskunftsrecht und damit die Information des Aktionärs betreffen, nicht unter die Einschränkung des § 243 Abs. 4 S. 1 AktG fallen und es auch für diese bei den bisher geltenden Grundsätzen verbleibt.[1076] Dies gilt dann erst recht für andere Verfahrensfehler ohne jeden Informationsbezug. Für die vorliegende Untersuchung des Auskunftsrechts nach dem UMAG bedeutet dies, dass insbesondere die nicht erforderliche oder unverhältnismäßige Beschränkung des Frage- und

---

1071 Vgl. Fn. 967; Hervorhebung durch den Verfasser.

1072 Die Rspr. hat die Anfechtungsmöglichkeiten für Vorab-Informationspflichten bspw. in BGH, Urt. v. 22.5.1989 - BGHZ 107, S. 296 (306 ff.) zugelassen, vgl. hierzu m. w. N. *Hüffer*, in: MüKo AktG, 2. Aufl. 2001, § 243 Rn. 37 ff.

1073 Hierzu *Noack/Zetzsche*, ZHR 170 (2006), S. 222 f., die die Frage nach der Anwendbarkeit des § 243 Abs. 4 S. 1 AktG aufwerfen, soweit es bspw. um die verspätete Einberufung unter Missachtung der §§ 123 Abs. 1, 2 S. 2 AktG geht, oder die Einberufung durch die falsche Veröffentlichungsart vorgenommen wird, denn auch dann wird fehlerhaft „informiert".

1074 Vgl. *Weißhaupt*, WM 2004, S. 705 (710).

1075 Zutreffend *Noack/Zetzsche*, ZHR 170 (2006), S. 223.

1076 Zu den bisher schon geltenden Grundsätzen vgl. BGH, Urt. v. 11.11.1965 - BGHZ 44, S. 245 (251 ff.); *Hüffer*, AktG, 8. Aufl. 2008, § 243 Rn. 16; *ders.*, in: MüKo AktG, 2. Aufl. 2001, § 243 Rn. 34; *Zöllner*, in: KölnKomm AktG, 1976, § 243 Rn. 118; LG München I, Urt. v. 14.10.1999 - AG 2000, S. 139 (139) zur Ungleichbehandlung bei einer Redezeitbeschränkung als anfechtungsbegründendem Durchführungsmangel; wie hier *Noack/Zetzsche*, ZHR 170 (2006), S. 223.

Rederechts i. S. v. § 131 Abs. 2 S. 2 AktG[1077] als Durchführungsmangel mit mittelbarer Auswirkung auf die Information des Aktionärs nicht den Beschränkungen des § 243 Abs. 4 S. 1 AktG unterfällt, sondern nach bisherigen Grundsätzen wegen des damit verbundenen Eingriffs in das Teilnahmerecht des Aktionärs, ohne Rücksicht auf die Mehrheitsverhältnisse, einen relevanten Fehler und letztlich die Anfechtbarkeit des gefassten Beschlusses zur Folge hat.[1078]

2. Die Relevanztheorie unter dem Vorbehalt der Wesentlichkeit der Information

a. *Umsetzung der bisherigen Rechtsprechungslinie zur Beachtlichkeit von Informationspflichtverletzungen im Anfechtungsprozess durch § 243 Abs. 4 S. 1 AktG*

Informationspflichtverletzungen und damit auch die Verletzung des § 131 AktG können als Verfahrensfehler nach § 243 Abs. 1 AktG die Anfechtbarkeit gefasster Beschlüsse begründen. Einigkeit besteht darüber, dass nicht jeder Verfahrensfehler gemäß § 243 Abs. 1 AktG zu einer erfolgreichen Anfechtung führen kann, sondern insofern eine einschränkende Auslegung notwendig ist, als Fehler abstrakt gesehen für das Beschlussergebnis keine Auswirkungen entfalten.[1079]

Die ältere Rechtsprechung orientierte sich bei der Einschränkung des § 243 Abs. 1 AktG zunächst an einem Kausalitätserfordernis und setzte ein Beruhen des angefochtenen Beschlusses auf dem Verfahrensfehler voraus, wobei die Gesellschaft die Darlegungslast für eine fehlende Kausalität tragen sollte.[1080] Man sprach von sog. potenzieller Kausalität.[1081] Eine reine Kausalitätsbetrachtung führt indes dazu, dass die Verfahrensvorschriften zur Disposition der Mehrheit stehen und die Minderheit gerade bei Informationsmängeln schutzlos gestellt würde. Denn bei feststehenden Mehrheiten könnte sich die Mehrheit, und unter Zuhilfenahme der Mehrheitsgesellschafter damit auch die Gesellschaft, stets darauf berufen und damit die Kausalität stets widerlegen, die Mehrheit hätte auch bei Verfahrenskonformität in gleichem Sinne abgestimmt, da die Auskunftsrechtsverletzung für ihr Abstimmungsverhalten unerheblich gewesen sei. Ausdruck dieses Gedankens war der bisher in § 243 Abs. 4 AktG a.F. niedergelegte Ausschluss dieser Einwendung, der zeigte, dass der Hauptversammlungsbeschluss nicht zur Disposition der Mehrheit stehen soll. Dieser grundlegenden Schwäche einer Kausalitätsbetrachtung versuchte die Rechtsprechung damit entgegenzutreten, dass sie neben der Kausalität eine wertende Betrachtung einführte, indem sie bei ihrer Beurteilung auf einen objektiv urteilenden Aktionär abstellte.[1082] Es kam nach dieser Rechtsprechung nicht darauf an, ob der Beschluss durch die Mehrheit in jedem Fall gefasst wurde, sondern darauf, ob ein objektiv urteilender Aktionär ohne den Verfahrensverstoß bzw. in Kenntnis der ihm zu offenbarenden Umstände seine Abstimmungsentscheidung anders getroffen hätte, als tatsächlich in der

---

1077 Bspw. auch die Ordnungsmaßnahmen des Wortentzuges oder des Saalverweises.

1078 Zur Relevanz von Vorbereitungs- und Durchführungsmängeln vgl. *Hüffer*, AktG, 8. Aufl. 2008, § 243 Rn. 14 ff.

1079 *Hüffer*, AktG, 8. Aufl. 2008, § 243 Rn. 12; *Zöllner*, in: KölnKomm AktG, 1976, § 243 Rn. 76 f. m. w. N.

1080 RG, Urt. v. 23.2.1907 - RGZ 65, S. 241 (242 f.); BGH, Urt. v. 14.7.1954 - BGHZ 14, S. 264 (267 f.); ausführliche Nachweise bei *Hüffer*, in: MüKo AktG, 2. Aufl. 2001, § 243 Rn. 28 (Fn. 70).

1081 *Zöllner*, in: KölnKomm AktG, 1976, § 243 Rn. 78 ff. m. w. N. zur Kausalitätslehre und Kritik.

1082 BGH, Urt. v. 22.5.1989 - BGHZ 107, S. 296 (306f.); BGH, Urt. v. 5.4.1993 - BGHZ 122, S. 211 (238f.); *Henze*, BB 2002, S. 893 (900); Baumbach/Hueck/*Zöllner*, GmbHG, 18. Aufl. 2006, Anh § 47 Rn. 127, der den objektiv urteilenden Aktionär als *„Phantom"* bezeichnet.

Hauptversammlung geschehen. Das Abstimmungsverhalten des Aktionärs war insofern der entscheidende Anknüpfungspunkt.

Mit dieser Modifikation der Kausalitätsbetrachtung näherte sich die Rechtsprechung, obwohl sie noch an das Abstimmungsverhalten des Aktionärs anknüpfte, bereits der von der h. L. vertretenen und nicht auf eine potenzielle Kausalität abstellenden sog. Relevanztheorie,[1083] der sich der Bundesgerichtshof schließlich in seinem Urteil vom 12.11.2001[1084] unter Aufgabe seiner bisherigen Rechtsprechung angeschlossen hat.[1085] Nach der Relevanztheorie ist ein Verfahrensfehler nur anfechtungsrelevant, wenn durch ihn ein konkretes Informations- und Partizipationsinteresse eines Aktionärs verletzt wurde[1086] und dem Beschluss deshalb ein Legitimationsdefizit anhaftet, das bei einer wertenden, am Schutzzweck der verletzten Norm orientierten, Betrachtung die Rechtsfolge der Anfechtung gemäß § 243 Abs. 1 AktG rechtfertigt.[1087] Dies zugrunde gelegt, kommt es bei einer Verletzung des Informationsrechts des Aktionärs, wegen des damit verbundenen Eingriffs in das mitgliedschaftliche Teilhaberecht auf individuelle Information, nicht auf potenzielle Kausalitätserwägungen an und damit richtigerweise auch nicht darauf, ob der objektiv urteilende Aktionär bei einer späteren und eventuell erst im Anfechtungsrechtstreit erteilten Auskunft seine Zustimmung zur Beschlussvorlage nicht erteilt hätte, sondern gleichsam auf die *ex-ante* zu betrachtende Fragesituation. Werden Auskünfte, die für einen objektiv urteilenden Aktionär in der konkreten Fragesituation als erforderlich für die sachgerechte Beurteilung des Beschlussgegenstandes einzustufen sind, fehlerhaft oder gar nicht erteilt, ist damit nach dem Bundesgerichtshof im selben Moment ein relevanter Verstoß gegen das Teilnahme- und Mitwirkungsrecht des Aktionärs verbunden, wobei es für die Annahme von Relevanz keine Rolle spielt, ob der tatsächliche Inhalt der verweigerten Auskunft den objektiven Aktionär dazu veranlasst hätte, dem Beschluss nicht zuzustimmen.[1088]

Die Neuformulierung des § 243 Abs. 4 S. 1 AktG orientiert sich zunächst an ebendieser nunmehr h. M. und stellt konsequenterweise nicht mehr auf das Abstimmungsverhalten ab, sondern fordert, um eine Anfechtung und ihre Rechtsfolgen gemäß § 243 Abs. 1 AktG zu rechtfertigen, die Relevanz der nicht, unvollständig oder unrichtig erteilten Information für die Urteilsbildung und Entscheidung des Aktionärs in der konkreten Fragesituation.[1089] Für die Beurteilung der Anfechtungserheblichkeit stellt § 243 Abs. 4 S. 1 AktG auf einen objektiv

---

[1083] Grundlegend *Zöllner*, in: KölnKomm AktG, 1976, § 243 Rn. 81 ff.; *Hüffer*, AktG, 8. Aufl. 2008, § 243 Rn. 13; *ders.*, in: MüKo AktG, 2. Aufl. 2001, § 243 Rn. 29; *K. Schmidt*, in: GroßK AktG, 4. Aufl. 1996, § 241 Rn. 21 ff.; *Semler*, in: Münch Hdb GesR, Bd. 4, 3. Aufl. 2007, § 37 Rn. 59.

[1084] BGH, Urt. v. 12.11.2001 - BGHZ 149, S. 158 (164 f.) m. Anm. *Goette*, DStR 2002, S. 1314 (1314); sowie *Tröger*, NZG 2002, S. 211 ff.

[1085] Bestätigt hat der Bundesgerichtshof seine Rspr. in weiteren Urteilen, vgl. BGH, Urt. v. 25.11.2002 - BGHZ 153, S. 32 (36 f.); BGH, Urt. v. 18.10.2004 - BGHZ 160, S. 385 (391 ff.) m. Anm. *Wagner*, EWiR § 243 AktG 1/05, S. 241 (241 f.).

[1086] *Zöllner*, in: KölnKomm AktG, 1976, § 243 Rn. 96; Baumbach/Hueck/*ders.*, GmbHG, 18. Aufl. 2006, Anh § 47 Rn. 126; *K. Schmidt*, in: GroßK AktG, 4. Aufl. 1996, § 241 Rn. 37.

[1087] BGH, Urt. v. 18.10.2004 - BGHZ 160, S. 385 (391 f.) m. w. N.; vgl. auch *Pentz*, BB 2005, S. 1397 (1404); LG Hamburg, Urt. v. 23.11.2005 - AG 2006, S. 512 (513).

[1088] BGH, Urt. v. 18.10.2004 - BGHZ 160, S. 385 (391 f.) m. w. N.

[1089] *Pentz*, BB 2005, S. 1397 (1404); *Weitemeyer*, NZG 2005, S. 341 (343). Der RefE UMAG stellte in seiner Formulierung für § 243 Abs. 4 S. 1 AktG noch darauf ab, ob ein objektiver Aktionär sein Verhalten vom Inhalt der Auskunft abgemacht hätte. Bei vorenthaltener Information hätte der Aktionär mit der Ungewissheit des Inhalts der Antwort Klage erheben müssen, ohne schon vorab einschätzen zu können, ob die Information unerheblich ist und eine Anfechtungsklage erfolglos. Diese Formulierung als missverständlich kritisierend BGH, Urt. v. 18.10.2004 - BGHZ 160, S. 385 (391 f.) m. w. N.

urteilenden Aktionär ab, aus dessen Sicht die Erteilung der Information eine wesentliche Voraussetzung für die sachgerechte Wahrnehmung seiner Teilnahme- und Mitgliedschaftsrechte sein muss. Entscheidend ist, anders als noch im Referentenentwurf, dabei die Bedeutung des Inhalts der Frage aus Sicht eines objektiven Aktionärs.[1090]

b. *Einschränkung der Relevanztheorie durch die tatbestandliche Anforderung der „Wesentlichkeit“ i. S. v. § 243 Abs. 4 S. 1 AktG?*

Fraglich ist, ob die eben skizzierte Entwicklung in der Rechtsprechung des Bundesgerichtshofs hin zur Relevanztheorie durch § 243 Abs. 4 S. 1 AktG mit der gleichen Tragweite positivrechtlich aktiviert wird.[1091] Nach der Rechtsprechung ist wie gezeigt in Zusammenhang mit dem Auskunftsrecht des Aktionärs gemäß § 131 AktG von einem relevanten Verstoß nämlich bereits dann auszugehen, wenn dem Aktionär eine für einen objektiv urteilenden Aktionär in der Fragesituation zur sachgerechten Beurteilung des Beschlussgegenstandes erforderliche Auskunft i. S. v. § 131 Abs. 1 S. 1 AktG vorenthalten wird.[1092]

Nach einer Ansicht ist aus der Einfügung der Wesentlichkeit zu folgern, dass eine weitgehende Gleichsetzung der Erforderlichkeit der Auskunft und der Anfechtungsrelevanz im Falle einer Auskunftsrechtsverletzung vom Gesetzgeber nicht vollständig nachvollzogen wurde.[1093] Neben der Verankerung der Rechtsprechung nehme der Gesetzgeber mit der Kodifizierung des Tatbestandsmerkmals der „Wesentlichkeit der Information“ vielmehr eine zusätzliche Tatbestandvoraussetzung auf.[1094]

Dieser Ansicht ist zu widersprechen.[1095] So streitet schon die mit der Einführung des unbestimmten Rechtsbegriffs nur schwer vorhersehbare Handhabung der Bestimmung der Wesentlichkeit einer Auskunft durch die Gerichte, wegen der damit einhergehenden Rechtsunsicherheit[1096] statt beabsichtigter Rechtsklarheit gegen eine derartige Interpretation. Hinzu kommen systematische Gründe. Der Gesetzgeber greift die höchstrichterliche Rechtsprechung ausdrücklich auf[1097] und strebt mit § 243 Abs. 4 S. 1 AktG, auch unter dem Eindruck der Äußerung des Bundesgerichtshofs zur Formulierung des § 243 Abs. 4 S. 1 AktG,[1098] eine Umsetzung der Relevanztheorie ohne Kausalitätserwägungen an. Die vom Gesetzgeber in seiner Begründung vorgenommene Konkretisierung zur Bestimmung der Wesentlichkeit dahin, dass der Aktionär, ohne die vorherige ordnungsgemäße Erteilung der Information, der Beschlussvorlage die Zustimmung verweigert hätte,[1099] kann daher nicht so verstanden werden, als damit trotz dieser ausdrücklichen Anlehnung des Gesetzgebers an die alle Kausalitätserwägun-

---

1090 *Schütz*, NZG 2005, S. 5 (10). Zur anderslautenden Formulierung des RefE UMAG v. 28.1.2004, S. 7 sowie Fn. 1089.

1091 Die Bedeutung der *Wesentlichkeit* sei noch auszuloten, so Baumbach/Hueck/*Zöllner*, GmbHG, 18. Aufl. 2006, Anh § 47 Rn. 127.

1092 BGH, Urt. v. 18.10.2004 - BGHZ 160, S. 385 (391) m. w. N.

1093 *Fleischer*, NJW 2005, S. 3525 (3529); *Weißhaupt*, ZIP 2005, S. 1766 (1771); *Noack/Zetzsche*, ZHR 170 (2006), S. 226.

1094 Angeregt wurde eine entsprechende Klarstellung von DAV-Stellungnahme RefE UMAG, NZG 2004, S. 555 (562 f.) sowie von der Regierungskommission „Corporate Governance“, BT-Drucks. 14/7515, Rn. 140.

1095 Wie hier *Hüffer*, AktG, 8. Aufl. 2008, § 243 Rn. 46b; wohl auch *Bungert*, in: VGR 2004, 2005, S. 59 (88).

1096 Kritisch zu Recht *Veil*, AG 2005, S. 567 (569); *Spindler*, NZG 2005, S. 825 (829).

1097 Begr. RegE UMAG, BT-Drucks. 15 /5092, S. 26.

1098 Vgl. hierzu schon Fn. 1089.

1099 Begr. RegE UMAG, BT-Drucks. 15 /5092, S. 26.

gen aufgebende Rechtsprechung[1100] der teilweise Verbleib von Kausalitätserwägungen gewollt sei, denn die Kodifizierung der Relevanzrechtsprechung und die Aufrechterhaltung von Kausalitätserwägungen widersprechen sich.[1101] Die Relevanz kann folglich, wie vom Bundesgerichtshof zutreffend festgestellt, bei einer Auskunftsrechtsverletzung nicht (mehr) durch Kausalitätserwägungen und daher auch bei noch so kleinen Mängeln grundsätzlich nicht verneint werden.[1102] Denn eine für die Mitgliedschaftsrechte relevante Auskunftsrechtsverletzung ist stets wesentlich und Unwesentliches irrelevant.[1103]

Begreift man die Formulierung des § 243 Abs. 4 S. 1 AktG in diesem Sinne als Umsetzung der Relevanztheorie, ohne dass diese durch Kausalitätserwägungen, wie sie in einem eigenständigen Erfordernis der Wesentlichkeit zum Ausdruck kämen,[1104] wieder eingeschränkt und der Wesentlichkeit damit eine neue eigenständige tatbestandliche Rolle zugewiesen werden soll, bedeutet dies nicht zugleich eine Verkennung des gesetzgeberischen Willens. Herausgestellt werden soll durch die vom Leitsatz des Bundesgerichtshofs abweichende Formulierung nämlich lediglich, dass ein Auskunftsmangel basierend auf einer Frage, die sich auf ein nicht notwendiges Detail bezieht, die Rechtsfolge der Anfechtbarkeit nicht herbeiführen können soll.[1105]

Nimmt man diesen Sinn und Zweck und die Relevanztheorie ernst, so zeigt sich, dass mit Wesentlichkeit die schon bisher vom Bundesgerichtshof gemachten Einschränkung in seiner Relevanzrechtsprechung eine Betonung erfahren und letztlich nichts anderes gemeint ist als die Beurteilung der Erforderlichkeit i. S. v. § 131 Abs. 1 S. 1 AktG.[1106] Das liegt auf einer Linie mit der Relevanzrechtsprechung des Bundesgerichtshof in seiner *ThyssenKrupp*-Entscheidung, in der er die Relevanztheorie auf der Ebene der Erforderlichkeit bzw. Beurteilungserheblichkeit einer Frage einschränkte, indem er einerseits auf die Sicht eines objektiv urteilenden Aktionärs ohne Detailkenntnisse als Maßstab zurückgriff und verlangte, dass die begehrte Auskunft „*als nicht nur unwesentliches Beurteilungselement*" für den Aktionär notwendig ist, sowie andererseits eine Ausrichtung des Auskunftsbegehrens auf „*Vorgänge von einigem Gewicht* [...], *die für die Beurteilung der Vertrauenswürdigkeit der Verwaltung von Bedeutung sind*" forderte.[1107] Die Wesentlichkeit der begehrten Auskunft ist folglich bei systematisch richtigem Verständnis der Relevanztheorie nicht auf der prozessualen Rechtsfolgenseite zu verorten, sondern bereits bei der Frage nach der Erforderlichkeit der Auskunft i. S. v. § 131 Abs. 1 S. 1 AktG zu berücksichtigen.[1108]

[1100] Vgl. Begr. RegE UMAG, BT-Drucks. 15 /5092, S. 26; zur Rspr. BGH, Urt. v. 18.10.2004 - BGHZ 160, S. 385 (392).

[1101] Richtig *Hüffer*, AktG, 8. Aufl. 2008, § 243 Rn. 47 m. w. N.; *Veil*, AG 2005, S. 567 (569).

[1102] *Hüffer*, AktG, 8. Aufl. 2008, § 243 Rn. 47.

[1103] Zutreffend *Hüffer*, AktG, 8. Aufl. 2008, § 243 Rn. 46b.

[1104] Vgl. *Decher*, in: GroßK AktG, 4. Aufl. 2001, § 131 Rn. 389 m. w. N.

[1105] DAV-Stellungnahme RefE UMAG, NZG 2004, S. 555 (562 f.)

[1106] Wie hier *Bungert*, in: VGR 2004, 2005, S. 59 (88); *Hüffer*, AktG, 8. Aufl. 2008, § 243 Rn. 46b ff.; a. A. *Weißhaupt*, ZIP 2005, S. 1766 (1771); *Noack/Zetzsche*, ZHR 170 (2006), S. 226; undeutlich *Fleischer*, NJW 2005, S. 3525 (3529) sowie *Spindler*, NZG 2005, S. 825 (829).

[1107] BGH, Urt. v. 18.10.2004 - BGHZ 160, S. 385 (389).

[1108] *Hüffer*, AktG, 8. Aufl. 2008, § 243 Rn. 47a a. E.. Auf diese Weise kann auch die früher formulierte Einschränkung der Relevanztheorie, die Auskunftsrechtsverletzung und die Rechtsfolge der Beschlussvernichtung durfte schon vor § 243 Abs. 4 S. 1 AktG nicht außer Verhältnis stehen, *vgl. Hüffer*, in: MüKo AktG, 2. Aufl. 2001, § 243 Rn. 38 m. w. N.; Baumbach/Hueck/*Zöllner*, GmbHG, 18. Aufl. 2006, Anh § 47 Rn. 128, weitergeführt werden.

Im Ergebnis darf die begehrte Auskunft nicht lediglich ein unerhebliches Beurteilungselement für den objektiven Durchschnittsaktionär ohne Detailkenntnisse darstellen.[1109] Nach dieser Argumentationskette liegt nunmehr Folgendes auf der Hand: Um überhaupt eine mögliche Auskunftsrechtsverletzung feststellen zu können, muss, denklogisch vorgelagert, die Erforderlichkeit der Auskunft i. S. v. § 131 Abs. 1 S. 1 AktG festgestellt werden. Dabei ist nunmehr die Betonung der Bedeutung der Erforderlichkeit in § 243 Abs. 4 S. 1 AktG zu berücksichtigen. Ist die begehrte Auskunft erforderlich i. S. v. § 131 Abs. 1 S. 1 AktG und eine Auskunftsrechtsverletzung damit überhaupt erst möglich, entfaltet die Auskunftsrechtsverletzung stets konsequenterweise die notwendige Relevanz, wohingegen ein gar nicht erforderliches Auskunftsbegehren denknotwendig auch nicht zu einer Auskunftsrechtsverletzung führen kann. Der Rückgriff auf die Figur des objektiv urteilenden Aktionärs, der die Erteilung der Information als wesentliche Voraussetzung für die sachgerechte Wahrnehmung seiner Teilnahme und- Mitgliedschaftsrechte benötigt, entpuppt sich letztlich als Frage nach der Erforderlichkeit der Auskunft i. S. v. § 131 Abs. 1 S. 1 AktG.[1110]

Auf diese Art ist im Ergebnis die Relevanztheorie der Rechtsprechung verwirklicht, ohne dass es zu den von der anderen Ansicht provozierten Rechtsunsicherheiten kommt, da auf die umfangreichen Vorarbeiten zur Konkretisierung der Erforderlichkeit i. S. v. § 131 Abs. 1 S. 1 AktG zurückgegriffen werden kann.[1111] Die Betonung der Erforderlichkeit in § 243 Abs. 4 S. 1 AktG wirft schließlich die Frage auf, inwiefern neben den bisher geltenden Grundsätzen zur Erforderlichkeit weitere Grenzziehungen möglich sind.

aa. Begrenzung auf „sensationelle" Antworten?

Wesentlichkeit nimmt *Krieger* bei einer Verweigerung der Auskunft Erforderlichkeit nur an, wenn *„die Antwort eine solche Sensation gewesen wäre, daß man bei realistischer Würdigung ernsthaft mit einer abweichenden Beurteilung hätte rechnen müssen*".[1112] Denn die Information diene ohnehin nur der Meinungsbildung, und wenn die Mehrheit dokumentiere, dass die Information nicht benötigt würde, weil die Meinung der Mehrheit unabhängig von der Information gebildet wird, reiche es aus, den Aktionär auf seine Nein-Stimme und das Auskunftserzwingungsverfahren zu verweisen.

bb. Grundsätzliche Anlehnung an den sog. materiality-*Grundsatz US-amerikanischen Rechts*

Denkbar erscheint auch, sich an der bereits bisher in der Literatur vertretenen Auffassung zu orientieren, die die Einbeziehung eines Wesentlichkeitskriteriums bereits vor der Neuregelung des § 243 Abs. 4 S. 1 AktG befürwortete.[1113] Freilich war dies nur deshalb möglich, weil man noch unter Geltung der alten und auf die potenzielle Kausalität abstellenden Rechtsprechung in der Lage war, das Kausalitätserfordernis durch das Wesentlichkeitskriterium zu konkretisieren.[1114] Richtigerweise griff diese Ansicht auf die Rechtslage nach den US-amerikanischen Standards bei Fehlern in Zusammenhang mit Unrichtigkeiten oder Unvollständigkeiten des sog. *„proxy statements*" des Board of Directors bei sog. *„proxy solicitations*", soweit diese

[1109] Baumbach/Hueck/*Zöllner*, GmbHG, 18. Aufl. 2006, Anh § 47 Rn. 127.
[1110] *Hüffer*, AktG, 8. Aufl. 2008, § 243 Rn. 47; *Noack/Zetzsche*, ZHR 170 (2006), S. 223.
[1111] Zur Erforderlichkeit vgl. statt aller *Decher*, in: GroßK AktG, 4. Aufl. 2001, § 131 Rn.132 ff. m. w. N.
[1112] *Krieger*, ZHR 163 (1999), S. 343 (362); dem folgend *Schiessl*, in: VGR 1999, 2000, S. 57 (76); a. A. *Zöllner*, AG 2000, S. 145 (148f.).
[1113] *Decher*, in: GroßK AktG, 4. Aufl. 2001, § 131 Rn. 389 m. w. N.
[1114] *Decher*, in: GroßK AktG, 4. Aufl. 2001, § 131 Rn. 389; *Weißhaupt*, S. 154 je m. w. N.

Fehler von gewisser Erheblichkeit (*materiality*) sind, zurück.[1115] Gerechtfertigt wird dieser Rechtsvergleich dadurch, dass die Anwendungsfälle des sog. *materiality*-Grundsatzes im US-amerikanischen Recht das Informationssystem der *Corporation,* mithin materielles Verbandsrecht betreffen.[1116] Der ursprüngliche Bezug der *materiality* zu (Des-) Investitionsentscheidungen und nicht zur Stimmrechtsausübung steht einer Übertragung der Wertung nicht entgegen,[1117] denn mittelbar besteht heute ein Bezug zur Stimmrechtsausübung über das System der Stimmrechtsvollmacht, der sog. *proxies*. Auch das Argument des in den USA vor Beschlussfassung lediglich bestehende Kollektivrechts des *general meeting*, weshalb eine spontane Geltendmachung eines Auskunftsersuchens in der Regel erfolglos sei, da aufgrund der *management proxies* ein Stimmübergewicht des *boards* bestehe, hingegen in Deutschland eine Frage in der Hauptversammlung noch in dieser, auch bei Besitz nur einer Aktie, zu beantworten ist, spricht nicht gegen eine Übertragung.[1118] Damit wird lediglich auf einen Unterschied der Rechtsordnungen hingewiesen, aus dem jedoch nichts gegen eine sinnvolle Übertragung des *materiality*-Grundsatzes abzuleiten ist.

Nach dem *materiality*-Grundsatz ist eine „gewisse Erheblichkeit" der unterbliebenen oder falschen Angabe und damit ein Klagerecht der Aktionäre erst dann zu bejahen, wenn bei vernünftiger Beurteilung durch einen, nach objektiven Maßstäben handelnden, Investor die Angaben mit einiger Gewissheit als entscheidungswesentlich eingestuft werden würden.[1119] Der Supreme Court setzt für die Annahme einer „gewissen Erheblichkeit" voraus, dass die ausgelassene oder verfälschte Angabe von einem objektiven, vernünftigen Investor mit einer beachtlichen Wahrscheinlichkeit dahingehend beurteilt wird, dass sich aus seiner Sicht, bei einer erteilten und richtigen Angabe, die insgesamt zugänglich gemachten Informationen (*total mix*) signifikant geändert haben.[1120]

Überträgt man diesen Gedanken auf die hier vorliegende Situation, kommt es für die Erforderlichkeit einer Auskunft und die damit einhergehende Anfechtungsrelevanz darauf an, ob die verweigerte oder unzutreffende bzw. unvollständige Information unter Berücksichtigung aller zugänglich gemachten Informationen zum Beschlussgegenstand der Hauptversammlung für einen objektiven vernünftigen Aktionär die Entscheidungsgrundlage mit signifikanter Wahrscheinlichkeit verändert hätte. Ist die unterlassene oder unzutreffende bzw. unvollständige Information in Zusammenschau mit der Gesamtheit an Informationen nicht in der Lage, die Entscheidung dieses Aktionärs entscheidend in die eine oder andere Richtung zu beeinflussen, ist die begehrte Auskunft auch nicht erforderlich i. S. v. § 131 Abs. 1 S. 1 AktG und kann folglich keine Relevanz für die Anfechtung haben.[1121]

[1115] *Decher*, in: GroßK AktG, 4. Aufl. 2001, § 131 Rn. 389; a. A. *Noack/Zetzsche*, ZHR 170 (2006), S. 227. Mit den *proxy statements* werden *proxies* (Stimmrechtsvollmachten) für das *meeting of shareholders* (Aktionärsversammlung) beworben; zum *proxy voting*, dessen Einzelheiten in den SEC-Rules ausführlich geregelt sind, vgl. SEC Rule 14a-4, vgl. *Merkt/Göthel*, US-amerikanisches Gesellschaftsrecht, 2. Aufl. 2006, Rn. 784 ff.; *Lommer*, S. 191 ff.

[1116] So auch *Weißhaupt*, S. 153.

[1117] Anders *Noack/Zetzsche*, ZHR 170 (2006), S. 227.

[1118] Anders *Noack/Zetzsche*, ZHR 170 (2006), S. 227.

[1119] *Merkt/Göthel*, US-amerikanisches Gesellschaftsrecht, 2. Aufl. 2006, Rn. 795.

[1120] TSC Industries, Inc. v. Northway, Inc., 426 U.S. 438 (1976): "*There must be a substantial likelihood that the disclosure of the omitted fact would have been viewed by the reasonable investor as having significantly altered the "total mix" of information made available.*"

[1121] Baumbach/Hueck/*Zöllner*, GmbHG, 18. Aufl. 2006, Anh § 47 Rn. 128.

Im Ergebnis lässt sich der *materiality-test* auch in die Auslegung des Erfordernisses der Erforderlichkeit implementieren und trägt zu einer weiteren Konturierung dieses Tatbestandsmerkmals bei.

cc. Lücke im Rechtsschutzsystem bei einzelnen Auskunftsrechtsverletzungen?

Folgt man dem, hat dies noch einen weiteren entscheidenden Vorteil. Es stellt sich nämlich nicht die Frage nach einer Lücke im Rechtsschutzsystem. Denn liegt eine Auskunftsrechtsverletzung vor, die nur bei einem erforderlichen Auskunftsbegehren denkbar ist, ist diese stets anfechtungsrelevant, so dass die nachfolgend zu erörternde Konstellation nur bei der Gegenansicht, die die Wesentlichkeit als eine eigenständige Erweiterung der Relevanztheorie begreift, möglich ist.

In Bezug auf das Auskunftsrecht des Aktionärs wirft § 243 Abs. 4 S. 1 AktG als Folgeproblem eines eigenständigen Wesentlichkeitskriteriums durch seinen Anfechtungsausschluss auch bei unrichtiger oder unvollständiger Auskunft die Frage auf, ob in der Konsequenz für unwesentliche Auskünfte, die unrichtig bzw. unvollständig erteilt wurden, noch ein ausreichendes Rechtsschutzniveau gewährleistet wird.[1122] Denn einerseits steht in diesen Fällen die Anfechtungsklage wegen des Anfechtungsausschlusses des § 243 Abs. 4 S. 1 AktG nicht zur Verfügung, andererseits ist nach wohl h. M. ein Auskunftserzwingungsverfahren gemäß § 132 AktG nur bei verweigerter Auskunft möglich.[1123] Folge dieser h. M. wäre ein unvollständiges Rechtsschutzsystem des Aktionärs,[1124] zumal die Strafvorschrift des § 400 Abs. 1 Nr. 1 AktG nur bei (sehr selten vorkommender und nachzuweisender) vorsätzlich unrichtiger Wiedergabe der Verhältnisse der Gesellschaft, einschließlich ihrer Beziehungen zu verbundenen Unternehmen, im Rahmen der Auskunftserteilung in der Hauptversammlung eingreift.[1125] Hinzu kommt, dass, selbst wenn man einen Schadensersatzanspruch des Aktionärs gemäß § 823 Abs. 2 BGB i. V. m. 131 AktG bei Erteilung einer unrichtigen bzw. unvollständigen Auskunft bejaht,[1126] dieser *in praxi* wenig hilfreich ist, denn stets ist ein eigener Schaden mit der Auskunftsrechtsverletzung notwendig, und dieser regelmäßig nur schwer nachzuweisen.

Nur wenn man der Gegenansicht folgt, nach der bisher bereits auch bei unrichtiger bzw. unvollständiger Information eine Antragsbefugnis im Auskunftserzwingungsverfahren gemäß § 132 Abs. 2 S. 1 Alt. 1 AktG eingeräumt wird,[1127] lässt sich das Dilemma eines Rechtsschutzdefizits vermeiden. Die Gegenansicht, die die unrichtige bzw. unvollständige Auskunft der *„verlangte*[n] *Auskunft"* i. S. v. § 132 Abs. 2 S. 1 Alt. 1 AktG gleichstellt,[1128] argumentiert,

---

[1122] Diese Folge ihrer eigenen Ansicht erkennen auch *Noack/Zetzsche*, ZHR 170 (2006), S. 27.

[1123] Vgl. OLG Dresden, Beschl. v. 1.12.1998 - AG 1999, S. 274 (276); LG Dortmund, Beschl. v. 1.10.1998 - AG 1999, S. 133 (133); LG Köln, Beschl. v. 2.4.1990 - AG 1991, S. 38 (38).

[1124] Darauf weisen auch *Noack/Zetzsche*, ZHR 170 (2006), S. 244, hin.

[1125] Hierzu vgl. *Decher*, in: GroßK AktG, 4. Aufl. 2001, § 131 Rn. 409 f. m. w. N.

[1126] H. M. *Decher*, in: GroßK AktG, 4. Aufl. 2001, § 131 Rn. 407 m. w. N.; *Kubis*, in: MüKo AktG, 2. Aufl. 2004, § 131 Rn. 152; *Semler*, in: Münch Hdb GesR, Bd. 4, 3. Aufl. 2007, § 37 Rn. 63; a. A. *Zöllner*, in: KölnKomm AktG, 1985, § 131 Rn. 100 f.: Nur die mitgliedschaftlichen Interessen der Aktionäre seien geschützt; dem eher zweifelnd und vorsichtig folgend *Hüffer*, AktG, 8. Aufl. 2008, § 131 Rn. 44.

[1127] *Decher*, in: GroßK AktG, 4. Aufl. 2001, § 132 Rn. 7; *Kubis*, in: MüKo AktG, 2. Aufl. 2004, § 132 Rn. 15 m. w. N.; *Semler*, in: Münch Hdb GesR, Bd. 4, 3. Aufl. 2007, § 37 Rn. 51; *Hellwig*, in: FS Budde, 1995, S. 265 (275 ff.); *Hüffer*, AktG, 8. Aufl. 2008, § 132 Rn. 4a m. w. N.; *Noack/Zetzsche*, ZHR 170 (2006), S. 245.

[1128] Ob dabei so weit gegangen werden kann, dass unter *„verlangte Auskunft"* i. S. v. § 132 Abs. 2 S. 1 Alt. 1 AktG im Wege extensiver Auslegung jede „Information" subsumiert werden kann, *so Noack/Zetzsche*, ZHR 170 (2006), S. 245, ist, wenngleich es bei der mangelhaften Erstellung eines Berichts oder der Verlet-

– FORTSETZUNG NÄCHSTE SEITE –

jede Falschauskunft stelle eine Verweigerung der richtigen Auskunft dar und beeinträchtige den Aktionär in der Ausübung seiner Mitgliedschaftsrechte wenigstens genauso schwer wie die Auskunftsverweigerung, wenn nicht schwerer, was eine Erzwingungsmöglichkeit über § 132 AktG zur Folge haben müsse.[1129] Zwar überzeugt diese Gegenansicht in ihrer Argumentation, denn bei einer Auskunftsverweigerung weiß der Aktionär, dass er die begehrte Auskunft nicht seiner Entscheidung zugrundelegen kann, während er bei einer Falschauskunft in den Glauben versetzt wird, die Information sei korrekt, und er könne diese daher bei seiner Entscheidung berücksichtigen.

Dennoch stellt sich das Problem nach hier vertretener Ansicht nicht in gleicher Schärfe. Denn wird eine Auskunftsrechtsverletzung begangen ist, diese wie bisher stets anfechtungsrelevant, und es kann die Situation eines unrichtig bzw. unvollständig beantworteten, erforderlichen Auskunftsbegehrens, das trotz eigentlicher Anfechtungsrelevanz mangels Wesentlichkeit nicht der Anfechtbarkeit unterliegt, nicht auftreten.

c. *Zum Maßstab eines „objektiv urteilenden Aktionärs"*

Für den Maßstab eines objektiven Aktionärs auf die bisher zu § 131 Abs. 1 S. 1 AktG entwickelten Voraussetzungen zurückgegriffen werden kann.

Die Gesetzesbegründung bezeichnet einen objektiv urteilenden Aktionär als *„vernünftig und im wohlverstandenen Unternehmensinteresse* [handelnden]" und *„keine kurzfristigen Ziele* [verfolgenden], *sondern an der langfristigen Ertrags- und Wettbewerbsfähigkeit seiner Gesellschaft interessiert*[en]" Aktionär.[1130] Diese Umschreibung des objektiv urteilenden Aktionärs unter Ausschluss auch legitimer subjektiver Anteilseignerinteressen, deren mögliche Berücksichtigung von der bisherigen Rechtsprechung nicht ausdrücklich abgelehnt wurde,[1131] kann in ihrer pauschalen Art jedoch zu der vorschnellen Annahme verleiten, nur die Interessen solcher Aktionäre, die keine kurzfristigen Ziele verfolgen, seien berücksichtigungsfähig.

---

zung beschlussbezogener Informationspflichten auch nach hier vertretender Ansicht zu einer Rechtschutzlücke kommen kann, da bei Verletzung anderer Informationspflichten als dem Auskunftsrecht die Relevanz von der Verhältnismäßigkeit des Gesetzesverstoßes im Vergleich zur Vernichtung des Beschlusses als Sanktion abhängt, *Hüffer*, AktG, 8. Aufl. 2008, § 243 Rn. 47a, fraglich. Denn schon die Regierungskommission Corporate Governance hatte die Empfehlung ausgesprochen, bei einer Einschränkung der Anfechtungsmöglichkeiten die Ausweitung des Auskunftserzwingungsverfahrens auch auf die Verletzung sonstiger Informationspflichten (Berichtspflichten) vorzunehmen, Regierungskommission „Corporate Governance", BT-Drucks. 14/7515, Rn. 139, und zeigt, dass sie davon ausgeht, dass bislang § 132 AktG Berichtspflichten nicht zu erfassen vermag. Der Gesetzgeber hat folglich Kenntnis von der potenziellen Rechtschutzproblematik gehabt, als er § 243 Abs. 4 S. 1 AktG geschaffen hat, und § 132 Abs. 2 S. 1 Alt. 1 AktG trotzdem nicht geändert. Der Wortlaut des § 132 Abs. 2 S. 1 Alt. 1 AktG sowie dessen systematische Stellung direkt im Anschluss an das Auskunftsrecht lassen diese extensive Auslegung *de lege lata* letztlich nicht zu. Es ist h. M., dass im Verfahren nach § 132 AktG entschieden wird, ob der Vorstand die Auskunft i. S. v. § 131 AktG zu erteilen hat, d. h. ob alle tatbestandlichen Anforderungen des § 131 AktG erfüllt sind und kein Auskunftsverweigerungsrecht gemäß § 131 Abs. 3 AktG eingreift oder sonstige Gründe der Auskunftserteilung entgegenstanden, vgl. *Decher*, in: GroßK AktG, 4. Aufl. 2001, § 132 Rn. 5 m. w. N. Hierfür spricht letztlich auch, dass in § 243 Abs. 4 AktG der allgemeine Begriff der „Information" als Oberbegriff für Informationen im Vorfeld der Hauptversammlung wie auch Auskünfte in der Hauptversammlung verwendet wird, während „Auskunft" i. S. v. § 132 Abs. 2 S. 1 AktG nur einen Unterteil *dieser* Information bildet.

1129 *Hüffer*, AktG, 8. Aufl. 2008, § 132 Rn. 4a; *Hellwig*, in: FS Budde, 1995, S. 265 (276 f.).

1130 Begr. RegE UMAG, BT-Drucks. 15 /5092, S. 26.

1131 BGH, Urt. v. 23.11.1961 - BGHZ 36, S. 121 (140 f.); BGH, Urt. v. 15.6.1992 - BGHZ 119, S. 1 (18f.); BGH, Urt. v. 5.4.1993 - BGHZ 122, S. 211 (239); BGH, Urt. v. 18.10.2004 - BGHZ 160, S. 385 (391 f) m. Anm. *Wagner*, EwiR § 243 AktG 1/05, S. 241 (241 f.).

Zwar ist die Verfolgung kurzfristiger Ziele bei dieser Interpretation der Gesetzesbegründung mit der Annahme eines vernünftigen und im wohlverstandenen Unternehmensinteresse handelnden Aktionärs nicht ohne weiteres in Einklang zu bringen. Ein solches Verständnis würde aber der Tatsache nicht Rechnung tragen, dass es durchaus Konstellationen gibt, in denen die Verfolgung kurzfristiger Ziele der langfristigen Ertrags- und Wettbewerbsfähigkeit der Gesellschaft zugute kommen kann.[1132] Die Interessen eines Investors mit einem kurzfristigen Engagement, das nur der Überbrückung von Liquiditätsengpässen dient, aber gerade deswegen vorgenommen wird, um langfristig die Stabilität der Gesellschaft zu gewährleisten, so beispielsweise, wenn durch eine Beteiligung eines Hedge-Fonds die Platzierung einer Kapitalerhöhung erst gangbar wurde,[1133] könnten bei der Auslegung nach dem so verstandenen Maßstab keine Berücksichtigung finden, obwohl ein solches Investment vernünftig und im wohlverstandenen Unternehmensinteresse liegen kann. Das Kriterium der Kurzfristigkeit darf deshalb nicht dahin ausgelegt werden, dass jeder kurzfristige Investmenthorizont unreflektiert dazu führt, dass die Interessen solcher Aktionäre unberücksichtigt bleiben. Dienen kurzfristige Investments, auch nur mittelbar, dazu, die Ertrags- und Wettbewerbsfähigkeit der Gesellschaft zu verbessern, und wäre ohne sie eine negative Prognose für die Weiterentwicklung der Gesellschaft abzugeben, ist ein legitimes Interesse des Investors dahingehend anzuerkennen, seine Interessen im Rahmen der Auslegung des Begriffs des objektiven Aktionärs wiederzufinden. Für diese Ansicht streitet zudem das ansonsten auftretende Problem der schwierigen Abgrenzung und genauen Grenzziehung zwischen den Merkmalen der Kurzfristigkeit und Langfristigkeit einer Investitionsentscheidung sowie der Frage danach, wann kurzfristige Ziele nicht mehr gegeben sind und sie in langfristige Ziele umschlagen.

d. *Die Bedeutung der Begrifflichkeit der „Teilnahme- und Mitwirkungsrechte" in § 243 Abs. 4 S. 1 AktG*

§ 243 Abs. 4 AktG a. F. knüpfte in logischer Fortsetzung der Notwendigkeit eines einer Anfechtungsklage zugänglichen Hauptversammlungsbeschlusses bislang an die Beschlussfassung und damit die Stimmrechtsausübung an, während § 243 Abs. 4 S. 1 AktG nunmehr von Mitwirkungs- und Teilnahmerechten des Aktionärs spricht. Zutreffend werfen *Noack/Zetzsche* daher die Frage auf, inwiefern durch die Ausweitung auf alle Teilnahme- und Mitgliedschaftsrechte eine Ausdehnung der Anfechtungsgründe dahin abzuleiten ist, dass selbst bei fehlender Bedeutung der Erteilung der Auskunft für die Stimmrechtsausübung ein Anfechtungsgrund bei Verletzung der Auskunftspflicht bestehen kann.[1134] Denn der Begriff der Teilnahmerechte erfasst neben der Stimmrechtsausübung gerade auch andere Aktionärsrechte, deren Wahrnehmung Anlass zu einer weiteren Ausübung des Auskunftsrechts geben könnten. Hinzu kommt, dass über die Begrifflichkeit der Mitgliedschaftsrechte Probleme des Erwerbs und der Veräußerung der Mitgliedschaft mit in die Betrachtung einbezogen werden könnten. Können solche, nur für die Anlageentscheidung maßgeblichen, Auskünfte schon allein wegen § 243 Abs. 4 S. 1 AktG anfechtungsbedroht verlangt werden?

Die Folgerung einer Erweiterung des Anfechtungsrechts kann aus der missverständlichen Formulierung des § 243 Abs. 4 S. 1 AktG nicht gezogen werden. Richtigerweise statuiert § 243 Abs. 4 S. 1 AktG nicht selbst den tatbestandlichen Umfang des Auskunftsrechts, sondern weist nur auf die gesteigerte Bedeutung der Erforderlichkeit hin und kodifiziert die Be-

---

[1132] So auch *Heinrich/Theusinger*, BB 2006, S. 449 (450).
[1133] Dieses Beispiel führen *Heinrich/Theusinger*, BB 2006, S. 449 (450) an.
[1134] *Noack/Zetzsche*, ZHR 170 (2006), S. 224 f. m. w. N.

schränkung der Anfechtbarkeit, weshalb dem Umfang des Auskunftsrechts selbst entscheidende Bedeutung für die Anfechtbarkeit zukommt.[1135] Dass sich der Gesetzgeber an der bisherigen Rechtsprechung[1136] orientieren, sie positivrechtlich verdichten und durch die Regelung die Rechtsunsicherheit und Rechtsklarheit erhöhen will,[1137] spricht letztlich auch gegen eine Ausweitung der Anfechtungsmöglichkeiten.[1138] Das Auskunftsrecht soll nach der Intention des Gesetzgebers nicht eine Ausdehnung als vielmehr eine Einschränkung erfahren.

3. Zwischenergebnis

§ 243 Abs. 4 S. 1 AktG statuiert einen Anfechtungsausschluss bei allen inhaltlichen Informationsmängeln. Auf außerhalb dieser Fallgestaltungen liegende Verfahrensfehler mit Informationsbezug oder mittelbaren Auswirkungen auf das Auskunftsrecht ist § 243 Abs. 4 S. 1 AktG nicht, auch nicht analog, anwendbar.

§ 243 Abs. 4 S. 1 AktG setzt die Rechtsprechungslinie des Bundesgerichtshofs zur Relevanzbetrachtung um, wobei die abweichende Formulierung in Form der Wesentlichkeit der Erteilung der Information nicht eine eigenständige Beschränkung widerspiegelt, sondern vielmehr nur eine Ausformulierung des Begriffs der Erforderlichkeit i. S. v. § 131 Abs. 1 S. 1 AktG darstellt, die die Bedeutung der Erforderlichkeit bei der zukünftigen Beurteilung von mit der Anfechtungsklage geltend gemachten Auskunftsrechtsverletzungen hervorhebt. Dabei kommt es auf einen objektiv urteilenden Aktionär ab, aus dessen Sicht die Erteilung der Information eine wesentliche Voraussetzung für die sachgerechte Wahrnehmung seiner Teilnahme- und Mitgliedschaftsrechte sein muss, d. h. eine Beurteilungserheblichkeit muss vorhanden sein, wobei kurzfristige Investmentziele bei der Bestimmung eines objektiv urteilenden Aktionärs nicht *per se* unberücksichtigt bleiben dürfen, wenngleich im Regelfall ein langfristig investierender Aktionär ausschlaggebend sein wird. Die unrichtige, unvollständige oder verweigerte Erteilung einer *erforderlichen* Auskunft ist bei richtigem Verständnis auch des § 243 Abs. 4 S. 1 AktG stets anfechtungsrelevant und die mit der Wesentlichkeit herausgehobene notwendige Einschränkung der Anfechtbarkeit über das Merkmal der Erforderlichkeit bereits auf tatbestandlicher Ebene des § 131 As. 1 S. 1 AktG zu suchen.

Eine Rechtsschutzlücke, die zwingend durch eine Ausdehnung des Auskunftserzwingungsverfahren auch auf unrichtige oder unvollständige Auskünfte zu schließen wäre, ist nach hier vertretener Ansicht, wenngleich eine solche Ausdehnung (auch auf Informationspflichten) zu begrüßen wäre, nicht zu befürchten.

[1135] Zutreffend *Noack/Zetzsche*, ZHR 170 (2006), S. 224 f. m. w. N., die den Vergleich des Begriffs der Teilnahme- und Mitgliedschaftsrechte mit der Rspr.-Formel der Teilnahme- und Mitwirkungsrechte für ein Redaktionsversehen halten.

[1136] BGH, Urt. v. 18.10.2004 - BGHZ 160, S. 385 (391 ff.) m. w. N.

[1137] Begr. RegE UMAG, BT-Drucks. 15 /5092, S. 26.

[1138] *Noack/Zetzsche*, ZHR 170 (2006), S. 225.

II. Ausschluss der Anfechtungsklage bei kompensationsbezogenen Informationsmängeln gemäß § 243 Abs. 4 S. 2 AktG

1. Regelungshintergrund

Die Neuregelung des § 243 Abs. 4 S. 2 AktG orientiert sich an einem Vorschlag der Regierungskommission Corporate Governance, die für den Fall eines vorgesehenen Spruchverfahrens den Ausschluss der Anfechtungsklage wegen unzureichender Information über Bewertungsfragen vorgeschlagen hat und dabei auf die Fortentwicklung der Rechtsprechung des Bundesgerichtshofes in seiner Entscheidung „MEZ“[1139], die er in Sachen „Aqua Butzke“ bestätigte,[1140] Bezug nahm.[1141] Der Bundesgerichtshof hat, soweit es um die gemäß § 207 UmwG anzubietende Barabfindung geht, aus § 210 UmwG ein *argumentum a maiore ad minum* entwickelt. Wenn schon ein vollständig fehlendes Abfindungsangebot, mit dem damit einhergehenden vollständigen Informationsdefizit des Aktionärs, eine Anfechtbarkeit des Beschlusses nicht rechtfertigen kann und eine Klage gegen die Wirksamkeit des Umwandlungsbeschlusses als unzulässig abzuweisen ist (§ 210 UmwG)[1142], sei es nur konsequent, wenn dies erst recht bei geringeren Mängeln, d. h. einer unvollständigen oder mangelhaften Information im Zusammenhang mit dem Barabfindungsangebot, gelte.[1143] Nach dem Bundesgerichtshof ist die Anfechtung des gefassten Beschlusses auch unter Berufung auf eine Verletzung des Auskunftsrechts ausgeschlossen, soweit die Verletzung mit der Nichtbeantwortung oder der unzureichenden Beantwortung von Auskunftsbegehren begründet wird, denn insoweit stehe die Verletzung des § 131 AktG dem nicht ordnungsgemäßen Angebot i. S. v. § 210 UmwG „*zumindest gleich*“, und „*die Informationspflicht* [sei] *als Gesamtheit zu sehen*“.[1144] Sinn und Zweck der Rechtsprechung ist, die in Zusammenhang mit kompensationsbezogenen Informationen allein in Frage stehenden vermögensrechtlichen Rechte des Aktionärs auf andere Art und Weise abzusichern als mit dem – eine (faktische) Registersperre ermöglichenden – schneidigen Schwert der Anfechtungsklage. Mit der Verweisung auf das Spruchverfahren soll das berechtigte Unternehmensinteresse an einer schnellen Umsetzung der beschlossenen Strukturmaßnahme i. S. e. Beschleunigungszwecks berücksichtigt werden, ohne vermögensrechtliche Interessen der Aktionäre zu vernachlässigen.

1139 BGH, Urt. v. 18.12.2000 - BGHZ 146, S. 179 (179 ff.) m. Anm. *Wenger*, EwiR § 210 UmwG 1/01, S. 331 (331 f.) unter Aufgabe von BGH, Urt. v. 19.6.1995 - NJW 1995, S. 3115 (3116).

1140 BGH, Urt. v. 29.1.2001 - NJW 2001, S. 1428 (1428 ff.).

1141 Regierungskommission „Corporate Governance“, BT-Drucks. 14/7515, Rn. 134.

1142 H. M. *Decher*, in: Lutter/Winter, UmwG, 4. Aufl. 2009, § 210 Rn. 3; *Meister/Klöckner*, in: Kallmeyer, UmwG, 3. Aufl. 2006, § 210 Rn. 7; *Bärwaldt*, in: Semler/Stengel, UmwG, 2. Aufl. 2007, § 210 Rn. 4 je m. w. N.

1143 BGH, Urt. v. 18.12.2000 - BGHZ 146, S. 179 (182 ff.); BGH, Urt. v. 29.1.2001 - NJW 2001, S. 1428 (1428 ff.); zustimmend *Mimberg*, in: Marsch-Barner/Schäfer, börsennotierte AG, 2. Aufl. 2009, § 37 Rn. 50 m. w. N.; *Henze*, in: FS Hadding, 2004, S. 409 (418 ff.); vgl. hierzu die sehr ausführliche Darstellung, unter Einbeziehung der sich anschließenden, teilweise kontroversen, Diskussion, insbesondere zur Frage der Erstreckung der Rspr. auf andere Fälle, in denen ein Spruchverfahren eröffnet ist, bei *Weißhaupt*, S. 196 ff. ; *Wilsing/Kruse*, DB 2002, S. 1539 (1539) je m. w. N.; zur Auseinandersetzung um die Folgen der Rspr. vgl. auch *Heidel*, in: AnwK-AktR, 2. Aufl. 2007, § 327f AktG Rn. 3; die Rspr. ablehnend *Meilicke/Heidel*, BB 2003, 1805 (1805 f.).

1144 BGH, Urt. v. 18.12.2000 - BGHZ 146, S. 179 (185 f.); BGH, Urt. v. 29.1.2001 - NJW 2001, S. 1428 (1428f.).

2. Anwendungsbereich

a. *Allgemeines*

Die „Verwandtschaft“ der Neuregelung des § 243 Abs. 4 S. 2 AktG, die sich, anders als § 210 UmwG, ihrem Wortlaut nach nur auf die Anfechtungsklage beschränkt, mit der auf § 210 UmwG fußenden Rechtsprechung führt dazu, dass eine auf die durch § 243 Abs. 4 S. 2 AktG ausgeschlossenen Anfechtungsgründe gestützte Klage als unzulässig abzuweisen ist.[1145] Denn wenn kompensationsbezogene Informationsmängel nach der Begründung des Bundesgerichtshofs ein nicht ordnungsgemäßes Angebot i. S. v. § 210 AktG darstellten und diese Rechtsprechung Vorbild für § 243 Abs. 4 S. 2 AktG war, dann fehlt dem Aktionär bei konsequenter Umsetzung der Rechtsprechung, wegen der Eröffnung des Spruchverfahrens in diesen Fallkonstellationen, das notwendige Rechtsschutzbedürfnis für eine Anfechtungsklage.

Fraglich ist, ob eine *ausschließlich* auf die von § 243 Abs. 4 S. 2 AktG erfassten Anfechtungsgründe gestützte Anfechtungsklage eine Registersperre auslösen kann.[1146] Sinn und Zweck des Anfechtungsausschlusses gemäß § 243 Abs. 4 S. 2 AktG ist, vergleichbar dem § 210 UmwG, die zügige Durchführung der beschlossenen Grundlagen- oder Strukturmaßnahme. Ließe man mit einer Klage, gestützt auf in § 243 Abs. 4 S. 2 AktG aufgeführte Gründe, eine Registersperre einhergehen, so liefe das dem ausdrücklichen Gesetzeszweck zuwider, da die Maßnahme insgesamt blockiert würde und dadurch erhebliche Schäden für die Gesellschaft provoziert werden könnten. Einer solchen Entwicklung entgegenzutreten ist gerade Sinn und Zweck des Anfechtungsausschlusses gemäß § 243 Abs. 4 S. 2 AktG und eine Registersperre der ausschließlich auf ausgeschlossene Anfechtungsgründe gemäß § 243 Abs. 4 S. 2 AktG gestützten Anfechtungsklagen abzulehnen.

Letztlich ist eine gewisse materiell-rechtliche Wirkung des § 243 Abs. 4 S. 2 AktG nicht vollständig zu verneinen, da § 243 Abs. 4 S. 2 AktG den Willen des Gesetzgebers widerspiegelt, dass die dort aufgeführten Mängel die Unwirksamkeit des gefassten Beschlusses auch materiell-rechtlich nicht herbeiführen können sollen. Für das Registergericht folgt hieraus, dass es die Eintragung nicht unter Hinweis auf die in § 243 Abs. 4 S. 2 AktG ausdrücklich ausgeschlossenen Mängel versagen darf.[1147]

b. *Unterscheidung zwischen börsennotierter und nicht börsennotierter Aktiengesellschaft?*

Die Vorschrift des § 243 Abs. 4 S. 2 AktG erfasst nach ihrem Wortlaut die börsennotierte wie die nicht börsennotierte Aktiengesellschaft gleichermaßen. Auch der Gesetzesbegründung ist keine entsprechende Einschränkung zu entnehmen. Für die Rechtsprechungslinie in MEZ/Aqua-Butzke wurde indes diskutiert, ob sie auf alle Aktiengesellschaften erstreckt wer-

---

[1145] *Fuhrmann/Linnerz*, ZIP 2004, S. 2306 (2306f.); *Keul*, ZIP 2003, S. 566 (567); wohl auch *Veil*, AG 2005, S. 567 (573) Fn. 61; zu § 210 UmwG vgl. *Meister/Klöckner*, in: Kallmeyer, UmwG, 3. Aufl. 2006, § 210 Rn. 7; *Decher*, in: Lutter/Winter, UmwG, 4. Aufl. 2009, § 210 Rn. 4 m. w. N.; a. A. für unbegründet *Leuering/Simon*, NJW-Spezial 2005, S. 315 (315).

[1146] Bei § 210 UmwG eine Registersperre ablehnend BGH, Urt. v. 18.12.2000 - BGHZ 146, S. 179 (185); BGH, Urt. v. 29.1.2001 - NJW 2001, S. 1428 (1429); *Decher*, in: Lutter/Winter, UmwG, 4. Aufl. 2009, § 210 Rn. 2; *Bärwaldt*, in: Semler/Stengel, UmwG, 2. Aufl. 2007, § 210 Rn. 4; a. A. *Meister/Klöckner*, in: Kallmeyer, UmwG, 3. Aufl. 2006, § 210 Rn. 7.

[1147] Für § 210 in diesem Sinne vgl. BGH, Urt. v. 18.12.2000 - BGHZ 146, S. 179 (185); BGH, Urt. v. 29.1.2001 - NJW 2001, S. 1428 (1429); *Bärwaldt*, in: Semler/Stengel, UmwG, 2. Aufl. 2007, § 210 Rn. 4; *Decher*, in: Lutter/Winter, UmwG, 4. Aufl. 2009, § 210 Rn. 2 je m. w. N.

den kann oder ob der Bundesgerichtshof seine Judikatur auf börsennotierte Aktiengesellschaften beschränkt wissen wollte.[1148] Es muss daher gefragt werden, ob durch die Kodifizierung der Rechtsprechung nicht auch bei der Auslegung der Norm des § 243 Abs. 4 S. 2 AktG eine Unterscheidung zwischen börsennotierten und nicht börsennotierten Unternehmen angebracht wäre.

Allein der offen und ohne Differenzierungen formulierte Wortlaut des § 243 Abs. 4 S. 2 AktG zwingt einerseits nicht dazu, von vornherein eine differenzierende Anwendung der Norm auszuschließen, wenngleich er für eine Anwendung auf *alle* Aktiengesellschaften spricht. Andererseits ist der Anfechtungsausschluss, der zu einer Einschränkung des Informationsniveaus führen kann,[1149] bei der börsennotierten Aktiengesellschaft eher zu rechtfertigen, da dort die kapitalmarktrechtlichen Regelungen ein hohes Informationsniveau mit entsprechender Kontroll- und Sanktionsmöglichkeit sicherstellen.[1150] Zudem ist nur bei börsennotierten Gesellschaften zügig eine Beurteilung des Kompensationsangebotes mit Hilfe des Börsenkurses möglich, so dass etwaige kompensationsbezogene Auskunftsmängel und das damit einhergehende Informationsdefizit des Aktionärs in ihrer Wirkung abgemildert werden. Letztlich spricht auch der Sinn und Zweck der Regelung des § 243 Abs. 4 S. 2 AktG für eine Einschränkung des Anwendungsbereichs auf börsennotierte Unternehmen. In Anlehnung an die Rechtsprechungslinie sollen „*Beschlussmängel, die Bewertungsfragen wie die Höhe oder Angemessenheit von Leistungen, Abfindungen oder Zuzahlungen betreffen,* [...] *die Wirksamkeit des Beschlusses nicht beeinträchtigen*“,[1151] womit das Unternehmensinteresse an der Umsetzung der beschlossenen Strukturmaßnahme ohne Zeitverlust in den Vordergrund des Anfechtungsausschlusses gestellt wird.[1152] Bei einer nicht börsennotierten, in der Regel personalistisch geprägten, Aktiengesellschaft kommt indes der Beteiligung des einzelnen Aktionärs als Anfechtungskläger eine besondere und zugleich höhere Bedeutung zu, so dass das Unternehmensinteresse die Interessen des Aktionärs nicht *per se* zu verdrängen vermag.[1153] Schließlich sind die Missstände in kleinen, nicht börsennotierten Aktiengesellschaften nicht derart relevant, dass die Notwendigkeit eines Anfechtungsausschlusses besteht.[1154] Im Ergebnis reicht es aus, wenn in nicht börsennotierten Aktiengesellschaften die Folgen der Verletzung des Auskunftsrechts bei kompensationsbezogener Information privatautonom über eine Schiedsabrede für Anfechtungsklagen geregelt werden können.[1155]

Zu befürworten ist eine Auslegung des § 243 Abs. 4 S. 2 AktG, die den Anwendungsbereich auf börsennotierte Aktiengesellschaften beschränkt.[1156]

[1148] Vgl. dazu *Hirte*, ZHR 167 (2003), S. 8 (22 ff.).

[1149] *Vetter*, in: FS Wiedemann, 2002, S. 1323 (1345 f.).

[1150] *Decher*, in: GroßK AktG, 4. Aufl. 2001, § 131 Rn. 47 f.; *Vetter*, in: FS Wiedemann, 2002, S. 1323 (1346) m. w. N.; *Hirte*, ZHR 167 (2003), S. 8 (23).

[1151] Begr. RegE UMAG, BT-Drucks. 15 /5092, S. 26.

[1152] Den Zweck der Förderung des Unternehmensinteresses legt auch der BGH in seinem MEZ-Urteil zu Grunde, vgl. BGH, Urt. v. 18.12.2000 - BGHZ 146, S. 179 (182).

[1153] I. d. S. zur Rechtsprechung schon *Hirte*, ZHR 167 (2003), S. 8 (23).

[1154] Vgl. *Decher*, in: GroßK AktG, 4. Aufl. 2001, § 131 Rn. 48.

[1155] Gleichsinnig *Hirte*, ZHR 167 (2003), S. 8 (23 f.). Zur Schiedsabrede und der Diskussion um deren Zulässigkeit vgl. *Henze*, ZIP 2001, S. 97 (99 f.) m. w. N.

[1156] A. A. *Noack/Zetzsche*, ZHR 170 (2006), S. 241.

3. Informationsmängel „in der Hauptversammlung"

Anders als der von der Rechtsprechung entwickelte Anfechtungsausschluss nach „MEZ" und „Aqua-Butzke" beschränkt § 243 Abs. 4 S. 2 AktG den Anfechtungsausschluss auf unrichtige, unvollständige oder unzureichende Informationen über die Ermittlung, Höhe oder Angemessenheit von Ausgleich, Abfindung, Zuzahlung oder sonstige Kompensationen *in der Hauptversammlung,* d. h. auf Auskunftsrügen.[1157] Der eindeutige Wortlaut der Vorschrift schließt eine unmittelbare Anwendung des § 243 Abs. 4 S. 2 AktG auf entsprechende Informationen in Strukturberichten aus und belässt es bei der Anfechtbarkeit im Falle mangelhafter bewertungsbezogener Information im Vorstandsbericht.[1158] Dieser Wortlaut, die Gesetzesbegründung[1159] und die Gesetzgebungsgeschichte machen eine analoge Anwendung des § 243 Abs. 4 S. 2 AktG auf vorab zu erstellende schriftliche Berichte ebenso unmöglich, so dass nicht von einer planwidrigen Regelungslücke gesprochen werden kann. Der Gesetzgeber hat sich bewusst gegen eine weiterreichende Anwendbarkeit entschieden und das im Referentenentwurf zum UMAG noch nicht enthaltene Tatbestandsmerkmal „*in der Hauptversammlung*" im Regierungsentwurf zum UMAG mit der Begründung eingefügt, dies stünde in Einklang mit dem Ziel, die Informationen abwesender Aktionäre zu verbessern und hierzu die Information aus der Hauptversammlung auszulagern.[1160]

Im Ergebnis folgt der Gesetzgeber damit einer schon im Anschluss an die MEZ/Aqua-Butzke-Rechtsprechung im Schrifttum aufkommenden Meinung, der Anfechtungsausschluss sei nur auf Auskunftsmängel in der Hauptversammlung zu beschränken, da ansonsten eine sanktionslose Verstoßmöglichkeit bei Berichtspflichten geschaffen würde und eine Plausibilitätsprüfung der Unternehmensbewertung durch den Aktionär, für den die Bewertung seiner Kapitalbeteiligung vor dem Hintergrund des Art. 14 GG eine bedeutende Rolle spiele, nicht mehr möglich sei.[1161] Die Berichtspflichten würden anderenfalls aufgrund Sanktionslosigkeit zu *leges imperfectae* herabgestuft.

a. Exkurs: Rechtslage bei Vorab-Berichten

aa. Problemaufriss

Mit § 243 Abs. 4 S. 2 AktG wird um der Sanktion willen, obwohl bei kompensationsbezogenen Informationsmängeln im Bericht wie in der Hauptversammlung allein vermögensrechtliche Interessen der Aktionäre betroffen werden, die durch die Schutzmechanismen des Ausgleichs, der Abfindung und der baren Zuzahlung ausreichend geschützt sind und deren Angemessenheit schließlich im Spruchverfahren hinreichend überprüft wird, auch weiterhin die Möglichkeit der Anfechtungsklage eröffnet.[1162] Die Nichteinbeziehung der Berichtspflichten

[1157] Darunter ist nicht nur § 131 AktG zu fassen, sondern auch die speziellen Auskunftsrechte wie bspw. §§ 293g Abs. 3, 319 Abs. 3 S. 4, 320 Abs. 4 S. 3, 326 AktG, § 64 Abs. 2 UmwG; Hervorhebung durch den Verfasser.

[1158] *Bungert*, in: VGR 2004, 2005, S. 59 (89); Wilsing, DB 2005, S. 35 (36); dagegen *Veil*, AG 2005, S. 567 (570).

[1159] Vgl. Begr. RegE UMAG, BT-Drucks. 15 /5092, S. 26, die Berichtspflichten vor und außerhalb der Hauptversammlung von dem Anfechtungsausschluss ausdrücklich ausnimmt.

[1160] Vgl. Begr. RegE UMAG, BT-Drucks. 15 /5092, S. 26; RefE UMAG v. 28.1.2004, S. 7.

[1161] *Decher*, in: GroßK AktG, 4. Aufl. 2001, § 131 Rn. 65b, 405b; *ders.*, in: Lutter/Winter UmwG, 3. Aufl. 2004, § 195 Rn. 18.

[1162] Kritisch zu Recht *Veil*, AG 2005, S. 567 (570); *Heinrich/Theusinger*, BB 2006, S. 449 (451).

in den Anwendungsbereich des § 243 Abs. 4 S. 2 AktG führt zu dem, mit dem Ziel der Austrocknung der Ansatzpunkte für „räuberische Anfechtungsklagen“ nur schwer zu vereinbarenden Problem der Verlagerung der Anfechtungskläger weg von Angriffen, basierend auf den mündlichen Erläuterungen des Vorstandes, hin zu Angriffen auf die Vorstandsberichte selbst. Wenngleich dem entgegengehalten werden könnte, dass die gesetzlich vorgeschriebenen Berichtspflichten eine wesentliche Informationsquelle für die Aktionäre darstellen, und es wegen des vorhersehbaren zeitlichen Vorlaufs bei Berichtspflichten möglich ist, anders als bei der Erteilung einer mündlichen Auskunft, die gerade bei Kompensationsbezug wegen des Zeitdrucks mit besonderen Schwierigkeiten behaftet sein kann, diese mit entsprechender Sorgfalt ohne Zeitdruck zu erstellen, wird das Problem möglicher Anfechtungsklagen in Zusammenhang mit kompensationsbezogenen Informationen in Vorstandsberichten doch nicht beseitigt.[1163]

bb. Problementschärfung durch Korrekturmöglichkeit?

Diese Problemstellung ließe sich mit der Zulassung einer Korrekturmöglichkeit erkannter kompensationsbezogener Informationsmängel der schriftlichen Berichterstattung durch Erläuterungen in der Hauptversammlung entschärfen.[1164] Ausgangspunkt der Argumentation für eine Korrekturmöglichkeit ist die dem Aktienrecht nicht bekannte spezielle Sanktion für Mängel des Vorstandsberichts zu Gunsten des Aktionärs und dessen Schutz diesbezüglich nur über die Anfechtungsklage. Darin kommt zum Ausdruck, dass Informationsgrundlage für den Aktionär, der, um Anfechtungsklage erheben zu können, in der Hauptversammlung anwesend sein muss (§ 245 Nr. 1 AktG), das Vorbereitungsverfahren sowie die Erörterung in der Hauptversammlung ist.[1165] Bildet jedoch die Erörterung in der Hauptversammlung einen Teil der kompensationsbezogenen Information, handelt es sich um einen einheitlichen Sachverhalt, der einer einheitlichen Beurteilung zugänglich sein muss.[1166] Dies wird dadurch bestätigt, dass entscheidender Zeitpunkt für das Vorhandensein der kompensationsbezogenen Information erst der Zeitpunkt der Beschlussfassung ist. Ausgehend von dieser Einheitlichkeit muss es dem Vorstand möglich sein, Lücken und Fehler des Berichts in Zusammenhang mit kompensationsbezogenen Informationen im Bericht zu korrigieren. Damit ist nicht gesagt, dass eine Heilung von Mängeln des schriftlichen Berichts stets möglich ist.[1167] Entspricht der schriftliche Bericht aber den Anforderungen des Gesetzes, spricht nichts dagegen, auftauchende Fehler noch durch Klarstellung, Berichtigung oder Ergänzung in der Hauptversammlung zu „retten“ und den Bericht dadurch einer Anfechtung zu entziehen.[1168] Eine andere Sichtweise würde dazu führen, dass künftig schriftliche Berichte mit kompensationsbezogenen Informationen überfrachtet werden und dies eher zu einem „*informational overkill*“ der Aktionäre führt, was einer tatsächlichen und effektiven Aktionärsinformation eher abträglich als förderlich wäre.

1163 Vgl. auch *Noack/Zetzsche*, ZHR 170 (2006), S. 240 ff.

1164 Eine Korrekturmöglichkeit befürwortend *Heinrich/Theusinger*, BB 2006, S. 449 (451); zuvor schon *Bayer*, AG 1988, S. 323 (330); *Mertens*, AG 1990, S. 20 (29 f.).

1165 *Mertens*, AG 1990, S. 20 (29f.).

1166 *Veil*, AG 2005, S. 567 (570).

1167 Darauf weist auch *Bayer*, AG 1988, S. 323 (330), richtigerweise hin; zur insoweit h. M. vgl. statt aller *Lutter/Drygala*, in: Lutter/Winter, UmwG, 4. Aufl. 2009, § 8 Rn. 56 m. w. N.

1168 Zutreffend *Noack/Zetzsche*, ZHR 170 (2006), S. 243 f. m. w. N.. Anders wohl die h. M. vgl. LG Köln, Urt. v. 4.12.1987 - DB 1988, S. 542 (542); LG München I, Urt. v. 5.8.1999 - AG 2000, S. 87 (88); *Marsch-Barner*, in: Kallmeyer, UmwG, 3. Aufl. 2006, § 64 Rn. 6, die beiden letzteren je m. w. N.

Insgesamt wird dem Aktionär auf diese Weise die Pflicht auferlegt, neben den Anforderungen des § 245 Nr. 1 AktG einen aus seiner Sicht bestehenden Mangel im Vorstandsbericht zu rügen und eine Berichtigung des Berichtsmangels zu verlangen.[1169] Kommt er dieser Rügepflicht nicht nach, ist der Berichtsmangel nicht mehr relevant. Letztlich wäre eine Anfechtungsklage bei gegebener, aber nicht wahrgenommener Rügeobliegenheit rechtsmissbräuchlich, da sich der Aktionär in Widerspruch zu seinem eigenen Verhalten setzt,[1170] wenn er zuerst den Berichtsmangel nicht rügt und damit die fehlende Relevanz des Fehlers dokumentiert, später aber mit diesem nicht gerügten Mangel eine Anfechtungsklage begründet.

Da es gilt, die Relevanz des Informationsmangels zu beurteilen, kann dieser Argumentation auch nicht entgegengehalten werden, dass eine mündliche Auskunft in der Hauptversammlung mit dem Schriftformerfordernis des § 125 BGB nicht vereinbar sei. Sinn und Zweck der Berichtspflichten ist die Ermöglichung der Vorbereitung auf die Hauptversammlung und der Entscheidung des einzelnen Aktionärs über seine Teilnahme an der Hauptversammlung. Werden diese Vorgaben im Zusammenspiel mit der Einberufung gewährleistet, spricht nichts dagegen, den Aktionär auf den Kenntnisstand zum Zeitpunkt der Beschlussfassung zu verweisen und eine Rügeobliegenheit anzunehmen.[1171]

cc. Problementschärfung durch verbleibende Anwendbarkeit der Rechtsprechungslinie MEZ/Aqua-Butzke

Ein anderer Ansatz zur Eingrenzung der durch den Wortlaut des § 243 Abs. 4 S. 2 AktG aufgeworfenen Problemstellung in Zusammenhang mit den Vorstandsberichten wäre die Annahme der Weitergeltung der Rechtsprechungsgrundsätze des Bundesgerichtshofes neben § 243 Abs. 4 S. 2 AktG. Der Bundesgerichtshof hat in seinen beiden Urteilen „MEZ“ und „Aqua-Butzke“ für den Ausschluss der Anfechtungsmöglichkeit bei kompensationsbezogenen Informationsmängeln nicht zwischen Auskunfts- und Berichtsmängeln unterschieden, sondern diese auf alle Informationsmängel erstreckt.[1172] Da der Gesetzgeber mit § 243 Abs. 4 S. 2 AktG der Ansicht *Dechers*[1173] gefolgt ist und nur einen Anfechtungsausschluss für Auskunftsrechtsverletzungen positivrechtlich normierte, stellt sich die Frage nach der daneben verbleibenden Anwendbarkeit der Rechtsprechungsgrundsätze aus MEZ/Aqua-Butzke.

Gegen eine Weitergeltung der Rechtsprechungsgrundsätze könnte angeführt werden, dass der Gesetzgeber von der Rechtsprechungslinie Kenntnis hatte und bewusst nur den Teilausschnitt der Auskunftsrechte einer gesetzlichen Regelung zuführen, im Übrigen aber die Rechtsprechungsgrundsätze mit einer positivrechtlichen Normierung vollständig ersetzen wollte. Allerdings ist für einen derartigen Argumentationsgang weder der Gesetzesbegründung noch den, den Gesetzgebungsprozess begleitenden, Stellungnahmen ein Hinweis zu entnehmen. Dass § 243 Abs. 4 S. 2 AktG die Rechtsprechungsgrundsätze ersetzen oder diese

---

[1169] *Zöllner*, Reformbedarf im Aktienrecht, 1994, S. 147 (155 f.); Baumbach/Hueck/*Zöllner*, GmbHG, 18. Aufl. 2006, Anh § 47 Rn. 129; *Noack/Zetzsche*, ZHR 170 (2006), S. 242.

[1170] Zum Verbot des *venire contra factum proprium* vgl. allgemein Palandt-*Heinrichs*, 68. Aufl. 2009, § 242 Rn. 55 ff. m. w. N.

[1171] *Zöllner*, Reformbedarf im Aktienrecht, 1994, S. 147 (155 f.); Baumbach/Hueck/*Zöllner*, GmbHG, 18. Aufl. 2006, Anh § 47 Rn. 129; *Noack/Zetzsche*, ZHR 170 (2006), S. 242 f. m. w. N. zur a. A., zu dieser vgl. *Hüffer*, AktG, 8. Aufl. 2008, § 186 Rn. 24 a. E.

[1172] BGH, Urt. v. 18.12.2000 - BGHZ 146, S. 179 (179 ff.); BGH, Urt. v. 29.1.2001 - NJW 2001, S. 1428 (1428 ff.).

[1173] *Decher*, in: GroßK AktG, 4. Aufl. 2001, § 131 Rn. 65b, 405b; *ders.*, in: Lutter/Winter UmwG, 3. Aufl. 2004, § 195 Rn. 18.

einschränken soll, ist mithin nicht anzunehmen.[1174] Die Intention des Gesetzgebers ist vielmehr, mit der Ausweitung des Anfechtungsausschlusses für alle kompensationsbezogenen Auskunftsmängel, in allen Kompensationsfällen und bei allen Strukturänderungen das fehleranfällige Auskunftsrecht als Anfechtungsgrund auszuschließen, falls ein Spruchverfahren vorgesehen ist, ohne zugleich die Rechtsprechungsfortbildung einzuschränken.

Folgt man dem, ist ein Anfechtungsausschluss auch für Informationsmängel in Zusammenhang mit Verschmelzungs-, Umwandlungs- oder Unternehmensvertragsberichten, die sich auf die von §§ 32, 210 UmwG und 305 Abs. 5 AktG erfassten Kompensationen beziehen, nach den entwickelten Rechtsprechungsgrundsätzen anzunehmen.[1175] Damit bringt die Neuregelung zwar für das Auskunftsrecht des § 131 AktG Klarheit in die Frage um die Erstreckung der Rechtsprechung auf außerhalb der den Entscheidungen zugrunde liegenden Fallkonstellationen und dehnt die bisherige Rechtsprechung insofern aus. Für die umstrittenen Folgerungen jenseits der zum Formwechsel entschiedenen Fälle in Zusammenhang mit den Vorab-Berichten bleibt die Diskussion[1176] aber offen und wird nicht durch § 243 Abs. 4 S. 2 AktG obsolet.[1177] Für die vorliegende Untersuchung ist es ausreichend festzuhalten, dass neben § 243 Abs. 4 S. 2 AktG die Rechtsprechungsfortbildung aus MEZ/Aqua-Butzke anwendbar bleibt.

Der oben aufgezeigte Lösungsweg über Korrekturmöglichkeiten des Vorstandsberichts bei kompensationsbezogenen Informationen erübrigt sich auch bei Fortgeltung der MEZ/Aqua-Butzke-Rechtsprechung neben dem § 243 Abs. 4 S. 2 AktG nicht. Eine Korrekturmöglichkeit, die in der dargestellten Art bei jedem Vorstandsbericht möglich wäre, verliert nämlich erst dann ihre Notwendigkeit, wenn die Rechtsprechungsfortbildung ebenso weit greift[1178] wie der Anfechtungsausschluss des § 243 Abs. 4 S. 2 AktG, d. h. für alle Kompensationsbezogenen Informationen bei allen Strukturmaßnehmen. Gerade dies ist aber (noch) nicht der Fall.

b. *Anwendbarkeit des § 243 Abs. 4 S. 2 AktG bei Vorab-Informationen i. S. v. § 131 Abs. 3 S. 1 Nr. 7 AktG*

Nachdem im Exkurs die Rechtlage für Vorab-Berichte in Kürze erörtert wurde, stellt sich nunmehr die Frage, ob ein Anfechtungssauschluss auch bei kompensationsbezogener Vorab-Information im Internet i. S. v. § 131 Abs. 3 S. 1 Nr. 7 AktG in Frage kommt.[1179] Der Wortlaut des § 243 Abs. 4 S. 2 AktG mit seiner Beschränkung auf Informationen „*in der Hauptversammlung*" verführt dazu, schnell eine ablehnende Haltung einzunehmen und die Anwendbarkeit des § 243 Abs. 4 S. 2 AktG zu verneinen. Im Gegensatz zu den Berichtspflichten wird die Möglichkeit der Vorab-Information in der Gesetzesbegründung aber nicht ausdrücklich erwähnt, so dass nicht automatisch eine Übertragung der eben für Vorab-Berichte gemachten Ausführungen notwendig ist und insofern die Auslegung des Merkmals „in der Hauptver-

---

[1174] So zutreffend DAV-Stellungnahme RegE UMAG, ZIP 2005, S. 774 (779); *Noack/Zetzsche*, ZHR 170 (2006), S. 242 f.; *Veil*, AG 2005, S. 567 (570); *Weißhaupt*, ZIP 2005, S. 1766 (1772); a. A. wohl *von Falkenhayn*, S. 184.

[1175] In diesem Sinne wohl auch *Göz/Holzborn*, WM 2006, S. 157 (160) vor allem in Fn. 54 m. w. N., sowie *Leuering/Simon*, NJW-Spezial 2005, S. 315 (315), vgl. hierzu auch die Nachweise in Fn. 1174.

[1176] Zu dieser vgl. *Hoffmann-Becking*, in: RWS-Forum Gesellschaftsrecht 2001, 2001, S. 55 (66 f.); *Schmidt*, in: FS Ulmer, 2003, S. 543 (543 ff.); ausführlich *Weißhaupt*, S. 209 ff. je m. w. N.

[1177] Zutreffend *Noack/Zetzsche*, ZHR 170 (2006), S. 242; vgl. auch *Weißhaupt*, S. 209 ff. m. umf. N. auch zum Diskussionsstand.

[1178] Vgl. zur Diskussion um die Reichweite der Rechtsprechungsfortbildung Fn. 1176.

[1179] Zur Anfechtung bei Vorab-Informationen i. S. v. § 131 Abs. 3 S. 1 Nr. 7 AktG vgl. Seite 239 ff.

sammlung" im Vordergrund steht. Betont man statt der Vorverlagerung der Information in das Hauptversammlungsvorfeld den tatsächlichen Charakter der Vorab-Information, steht das Tatbestandsmerkmal der kompensationsbezogenen Informationserteilung *„in der Hauptversammlung"* einer Anwendbarkeit des § 243 Abs. 4 S. 2 AktG auf Vorab-Informationen i. S. v. § 131 Abs. 3 S. 1 Nr. 7 AktG nicht entgegen.[1180] Wird eine Information im Internet erteilt, ohne dass sie auf eine tatsächlich vorab gestellte Frage aufbaut, drängt sich der Vergleich mit einer antizipiert gegebenen Antwort auf.[1181] Wird eine tatsächlich vorab gestellte Frage vorab beantwortet, handelt es sich um eine Ausnahme vom Mündlichkeitsgrundsatz. Mangels Verpflichtung des Vorstandes zur Vorab-Beantwortung kann von einer Informationspflicht im Vorfeld der Hauptversammlung nicht die Rede sein.

Eine Auslegung des Gesetzes in diesem Sinne trägt vor allem dazu bei, die Information der abwesenden Aktionäre standardisiert zu verbessern, so wie es der Gesetzgeber mit § 243 Abs. 4 S. 2 AktG bezweckt.[1182] Der Anfechtungsausschluss gemäß § 243 Abs. 4 S. 2 AktG führt dazu, dass sich die Aktiengesellschaft weniger Anfechtungsrisiken ausgesetzt sieht, wenn sie kompensationsbezogene Informationen vorab im Internet veröffentlicht. Anders als bei den Vorab-Berichten handelt es sich bei Vorab-Informationen nicht um gesetzlich vorgeschriebene Informationen seitens der Gesellschaft, sondern um eine freiwillige Informationsbereitstellung. Ist die Vorab-Information aber nicht gesetzlich vorgeschrieben, muss sie erst gar nicht erfolgen, und Gesellschaften werden umso weniger Gebrauch von einer fakultativen Vorschrift machen, als sich damit das Anfechtungsrisiko für die in der Hauptversammlung zu fassenden Beschlüsse erhöht. Mit einem Anfechtungsausschluss über § 243 Abs. 4 S. 2 AktG wird das Risiko für die Gesellschaften in diesem Bereich minimiert, was wiederum zu einer Steigerung der Attraktivität der Vorab-Information für die Gesellschaften beiträgt. Im Ergebnis liegt dies auf einer Linie mit dem von § 243 Abs. 4 S. 2 AktG verfolgten Gesetzeszweck der Vermeidung der *„Erosion der Aktionärs-Information"*.[1183]

4. Unrichtige, unvollständige oder unzureichende Auskunftserteilung

Das Tatbestandsmerkmal „unrichtige, unvollständige oder unzureichende Information" des § 243 Abs. 4 S. 2 AktG unterscheidet sich von dem in Variante 1 und 2 wortgleichen Tatbestandsmerkmal des § 243 Abs. 4 S. 1 AktG in seiner 3. Variante nur insoweit, als auf eine „unzureichende Information" abgestellt und die „verweigerte Erteilung" nicht aufgeführt wird. Der Wortlautvergleich beider Vorschriften unterstreicht die vom Gesetzgeber gemachten Ausführungen, dass von § 243 Abs. 4 S. 2 AktG nur *„Fehler, Mängel* [und] *Unvollständigkeiten in Teilbereichen"* erfasst werden sollen.[1184] Wird eine begehrte Auskunft in der Hauptversammlung hingegen total verweigert, löst dies den Anfechtungsausschluss nach § 243 Abs. 4 S. 2 AktG nach dem Willen des Gesetzgebers nicht aus.

Der Gesetzgeber beabsichtigt ferner, die Anfechtungsmöglichkeit zu bewahren, wenn das Auskunftsrecht *„in gravierendem Ausmaß und bewusst missachtet wird"*[1185], mithin also auch

---

[1180] Mit gleichem Ergebnis *Bungert*, in: VGR 2004, 2005, S. 59 (89f.). *„Nicht vollständig deutlich"* werde dieses Ergebnis durch die einschränkende Formulierung „in der Hauptversammlung"; wie hier auch *Noack/Zetzsche*, ZHR 170 (2006), S. 238.

[1181] Vgl. Seite 172.

[1182] Begr. RegE UMAG, BT-Drucks. 15 /5092, S. 26.

[1183] Begr. RegE UMAG, BT-Drucks. 15 /5092, S. 26.

[1184] Begr. RegE UMAG, BT-Drucks. 15 /5092, S. 26.

[1185] Begr. RegE UMAG, BT-Drucks. 15 /5092, S. 26.

bei einem extremen Verstoß mit weitreichenden Fehlangaben. Er weicht bei der Formulierung des § 243 Abs. 4 S. 2 AktG von dem durch den Bundesgerichtshof in „MEZ" und „Aqua-Butzke" gezogenen Erst-Recht-Schluss, der sogar bei vollständiger Versagung der Auskunft zur Bemessung der Barabfindung in Zusammenhang mit §§ 207, 210 UmwG und daher einem vollständigen Informationsdefizit einen Anfechtungsausschluss zulässt,[1186] ab. Der Gesetzgeber möchte mit Hilfe dieses Mechanismus sicherstellen, dass die Frage nach der Beantwortung eines auf kompensationsbezogene Information gerichteten Auskunftsbegehrens gemäß § 131 AktG nicht vollständig und sanktionslos in die Hände der Gesellschaft bzw. des Vorstandes gelegt und das Auskunftsrecht in Bezug auf kompensationsbezogene Information nicht zu einer *lex imperfecta* herabgestuft wird.[1187]

Eine weitere Besonderheit in der Formulierung verdient Beachtung. So ist dem Fehlen einer den §§ 293a Abs. 1 S. 1, 320 Abs. 4 S. 2 AktG entsprechenden Formulierung der „Art und Höhe" der Kompensation zu entnehmen, dass im Falle der unterbliebenen Information über die Art der Kompensation kein Anfechtungsausschluss Platz greift.

a. Abgrenzungsproblematik

Wenngleich die vom Gesetzgeber gemachte Ausnahme hinsichtlich des Aktionärsschutzes auf den ersten Blick einleuchtend erscheint, überzeugt eine derartige Einschränkung des § 243 Abs. 4 S. 2 AktG nicht. Lässt sich eine Totalverweigerung im Falle einer tatsächlichen Verweigerung der begehrten Auskunft noch mit hinreichender Sicherheit feststellen, werden Abgrenzungsschwierigkeiten bei der Frage aufgeworfen, wann eine Totalverweigerung bzw. eine gravierende und bewusste Missachtung des Auskunftsrechts anzunehmen ist, wenn eine Auskunft zwar erteilt wird, diese aber so lückenhaft, inhaltsleer oder phrasenbehaftet ist, dass sie im Ergebnis einer Verweigerung der begehrten Auskunft entsprechen kann.[1188] Die Ausnahme für weitreichende Fehlangaben, die nicht von § 243 Abs. 4 S. 2 AktG erfasst sein sollen, führt zu einem Anreiz für Berufsopponenten, durch entsprechendes Frageverhalten, vor allem zu Bewertungen, solche weitreichenden Fehlangaben zu provozieren und Anfechtungsklagen darauf aufzubauen.[1189] Die mit § 243 Abs. 4 S. 2 AktG bezweckte Einschränkung des Anfechtungsrecht würde dadurch im selben Atemzug in ihrer Wirksamkeit zurückgedrängt, solange eine endgültige Klärung durch die Rechtsprechung aussteht und dadurch eine erhebliche Rechtsunsicherheit bei der praktischen Umsetzung besteht. Die Frage, wann von einer Totalverweigerung bzw. von weitreichenden Fehlangabe in Zusammenhang mit kompensationsbezogenen Auskunftsbegehren auszugehen ist, bedarf mithin der Konturierung.

b. (Teil-)Lösung durch teleologische Extension?

Eine Lösung könnte auf dem Weg der Erstreckung des Anfechtungsausschlusses auf die Totalverweigerung sowie auf weitreichende Fehlangaben im Wege einer teleologischen Extension des § 243 Abs. 4 S. 2 AktG gesucht werden. Notwendige Voraussetzung hierfür ist indes

---

[1186] Vgl. zu dieser Rspr. die Nachw. bei Fn. 1139, 1140 sowie 1143.

[1187] Das Anfechtungsrecht soll *„in* [diesen] *extremen Fällen als zusätzliches Schutzinstrument erhalten bleiben, um zu verhindern, dass das Auskunftsrecht in gravierendem Maße und bewusst missachtet wird*", vgl. Begr. RegE UMAG, BT-Drucks. 15 /5092, S. 26.

[1188] Bedenken äußern zu Recht *Bungert*, in: VGR 2004, 2005, S. 59 (90); DAV-Stellungnahme RegE UMAG, ZIP 2005, S. 774 (779); *Heinrich/Theusinger*, BB 2006, S. 449 (450); *Spindler*, NZG 2005, S. 825 (829); *Noack/Zetzsche*, ZHR 170 (2006), S. 235.

[1189] *Bungert*, in: VGR 2004, 2005, S. 59 (90).

eine vom Gesetzgeber nicht beabsichtigte Regelungslücke im Gesetz, deren Ausfüllung durch teleologische Extension vorgenommen werden kann.[1190] Eine Gesetzeslücke kann bei § 243 Abs. 4 S. 2 AktG in diesem Zusammenhang allerdings, soweit eine allgemeine Betrachtung vorgenommen wird, nicht erkannt werden. Denn der Gesetzgeber hat durch die deutliche Unterscheidung im Wortlaut des § 243 Abs. 4 S. 1 und S. 2 AktG[1191] und der ausdrücklichen Erwähnung der Nichtanwendbarkeit des § 243 Abs. 4 S. 2 AktG bei Totalverweigerung und gravierender und bewusster Missachtung des Auskunftsrechts in seiner Begründung, trotz entsprechender Literaturstimmen,[1192] eindeutig zu erkennen gegeben, dass er diese Fälle im Blick hatte und sie von der Regelung ausdrücklich nicht erfasst sehen möchte. Es handelt sich insofern nicht um eine Gesetzeslücke, sondern (allenfalls) um einen rechtspolitischen Fehler des Gesetzes.[1193] Richtigerweise ist die Feststellung einer Gesetzeslücke nämlich danach zu beurteilen, ob die Regelungsabsicht, die der Gesetzgeber mit dem Gesetz verfolgt, unvollständig umgesetzt ist oder ob die umgesetzte Regelung nur in rechtspolitischer Hinsicht fragwürdig und deshalb kritikwürdig ist.[1194] Der Gesetzgeber hat die bewusste Regelungsabsicht, die Totalverweigerung und wesentliche Fehlangaben aus der Regelung des § 243 Abs. 4 S. 2 AktG auszunehmen, um die Anfechtungsklage dem Aktionär in diesen Fällen als zusätzliches Schutzinstrument weiter zur Verfügung zu stellen. Selbst wenn dies in Widerspruch zu der Rechtsprechung des Bundesgerichtshofes steht, die gerade auch bei vollständig fehlender Information in Zusammenhang mit §§ 207, 210 UmwG eine Anfechtungsmöglichkeit ausschließt, ist das Gesetz insofern nicht unvollständig, sondern verbesserungsbedürftig. Eine Lückenausfüllung durch eine Analogie, teleologische Reduktion oder Extension kommt in dieser Allgemeinheit *de lege lata* nicht in Frage.

Anderes könnte gelten, soweit dem Vorstand bei einem auf kompensationsbezogene Information gerichteten Auskunftsbegehren ein Auskunftsverweigerungsrecht gemäß § 131 Abs. 3 AktG eingeräumt wird. Einerseits soll der Vorstand die Auskunft dann verweigern können, während § 243 Abs. 4 S. 2 AktG weiter die Anfechtungsmöglichkeit eröffnet. Ein Auskunftsverweigerungsrecht in Zusammenhang mit kompensationsbezogener Information ist in Zusammenhang mit § 131 Abs. 3 S. 1 Nr. 7 AktG denkbar, wenn die gesetzlich geforderten Vorab-Berichte im Internet unter den Voraussetzungen des § 131 Abs. 3 S. 1 Nr. 7 AktG zugänglich gemacht werden und in der Hauptversammlung Fragen zum Informationsinhalt hinsichtlich der Bewertung der Kompensation angebracht werden, die sodann unter § 131 Abs. 3 S. 1 Nr. 7 AktG fallen. Der Vorstand „*darf*" nach § 131 Abs. 3 S. 1 Nr. 7 AktG die Auskunft verweigern, während § 243 Abs. 4 S. 2 AktG diese Totalverweigerung nach dem Willen des Gesetzgebers mit der Anfechtbarkeit sanktioniert.[1195] Es besteht insofern ein deutlicher Widerspruch im Gesetz, der vom Gesetzgeber nicht bedacht wurde. Der Vorstand würde im Zweifel die Auskunft nicht vollständig verweigern, wenn selbst die Voraussetzungen des § 131 Abs. 3 S. 1 Nr. 7 AktG vorlägen, da wegen der damit einhergehenden Totalverweigerung eine Anfechtungsklage mangels Anwendbarkeit des § 243 Abs. 4 S. 2 AktG

[1190] Zu Gesetzeslücken und deren Ausfüllung vgl. *Larenz/Canaris*, Methodenlehre der Rechtswissenschaft, 3. Aufl. 1995, S. 191 ff.

[1191] § 243 Abs. 4 S. 1 AktG spricht ausdrücklich von „*verweigerter Erteilung*", während dies in § 243 Abs. 4 S. 2 AktG nicht der Fall ist, sondern dort als Var. 3 von „*unzureichender*" Information die Rede ist.

[1192] Begr. RegE UMAG, BT-Drucks. 15 /5092, S. 26; *Bungert*, in: VGR 2004, 2005, S. 59 (90); DAV-Stellungnahme RegE UMAG, ZIP 2005, S. 774 (779).

[1193] Zur Abgrenzung vgl. grundlegend *Larenz/Canaris*, Methodenlehre der Rechtswissenschaft, 3. Aufl. 1995, S. 191, insb. S. 194 f.; zu Gesetzeslücken und deren Schließung vgl. auch *Pawlowski*, Methodenlehre, 3. Aufl. 1999, Rn. 461 ff.

[1194] *Larenz/Canaris*, Methodenlehre der Rechtswissenschaft, 3. Aufl. 1995, S. 95.

[1195] Auf diese Ungereimtheit weisen auch *Heinrich/Theusinger*, BB 2006, S. 449 (451) hin.

möglich bleibt. Der mit § 131 Abs. 3 S. 1 Nr. 7 AktG verfolgte Zweck der Eindämmung missbräuchlicher Fragen und der Steigerung der Hauptversammlungseffizienz wird hierdurch konterkariert. Es entsteht damit ein Spannungsfeld zwischen § 243 Abs. 4 S. 2 AktG und den Auskunftsverweigerungsrechten des § 131 Abs. 3 AktG, für das der Gesetzgeber keine Regelung getroffen hat.

Dieses aufgrund der nicht beabsichtigten Gesetzeslücke auftretende Spannungsfeld ist dadurch aufzulösen, dass der zu eng geratene Wortsinn des § 243 Abs. 4 S. 2 AktG im Wege teleologischer Extension[1196] auf die Fälle erweitert wird, in denen die Totalverweigerung kompensationsbezogener Information durch ein Auskunftsverweigerungsrecht „abgedeckt" wäre. Anderenfalls liefen die Auskunftsverweigerungsrechte des § 131 Abs. 3 AktG in diesen Fällen ins Leere, da von ihnen und gerade von § 131 Abs. 3 S. 1 Nr. 7 AktG kein Gebrauch gemacht werden wird, wenn damit der Anwendungsbereich des § 243 Abs. 4 S. 2 AktG verlassen, die Anfechtungsklage eröffnet wird und man dieses Szenario durch die Beantwortung der Frage durch Auskunftserteilung ohne wesentliche Fehlangaben dahin beeinflussen kann, dass sodann mangels Totalverweigerung der Anfechtungsausschluss des § 243 Abs. 4 S. 2 AktG eingreift.

Das Informationsniveau der Aktionäre wird durch diese teleologische Extension auch nicht übermäßig eingeschränkt. Um beim Beispiel des § 131 Abs. 3 S. 1 Nr. 7 AktG zu bleiben, ist dieser ohnehin nach hier vertretener Ansicht nur bei Fragen nach dem Informationsinhalt der bewertungsbezogenen Information anwendbar.[1197] Fragen zum Informationsgehalt der kompensationsbezogenen Information, d. h. Verständnisfragen, bleiben weiter möglich, so dass dort § 131 Abs. 3 S. 1 Nr. 7 AktG kein Auskunftsverweigerungsrecht gibt und die teleologische Extension dann nicht vorgenommen werden kann. Rechtspolitisch überzeugt die Einschränkung des Anwendungsbereiches des § 243 Abs. 4 S. 2 AktG im Ergebnis nicht, und es wäre naheliegender gewesen, einen kompletten Anfechtungsausschluss mit Verweis in das Spruchverfahren vorzunehmen,[1198] da gerade durch die Änderung der §§ 320 b, 327 f AktG auch bei vollständig fehlendem Angebot in das Spruchverfahren verwiesen wird, obwohl dann ein vollständiges Informationsdefizit gegeben ist.

c. *Feststellung einer Totalverweigerung*

Die Frage nach der Abgrenzung, wann eine Totalverweigerung vorliegt oder wann weitreichende Fehlangaben angenommen werden müssen, kann, wie gezeigt, nicht auf den ersten Blick beantwortet werden. Die oben aufgeworfene Fragestellung, wann eine Auskunft trotz Erteilung von Informationen einer Totalverweigerung gleichzustellen ist, ist weiterhin präsent.

Ohne Probleme kann eine Totalverweigerung festgestellt werden, wenn eine Auskunft tatsächlich nicht erteilt wird. Liegt dieser Verweigerung kein Auskunftsverweigerungsrecht i. S. v. § 131 Abs. 3 AktG zugrunde, ist § 243 Abs. 4 S. 2 AktG unanwendbar.[1199]

1196 Zur teleologischen Extension als Mittel zur Ausfüllung von Gesetzeslücken vgl. ausführlich *Larenz/Canaris*, Methodenlehre der Rechtswissenschaft, 3. Aufl. 1995, S. 216; *Pawlowski*, Methodenlehre, 3. Aufl. 1999, Rn. 497 ff.

1197 Vgl. oben Seite 189 ff.

1198 So zutreffend hierzu und zum Folgenden DAV-Stellungnahme RegE UMAG, ZIP 2005, S. 774 (779).

1199 Vgl. Seite 229 ff.

Allein hierauf zu rekurrieren entspricht einer rein formal zu handhabenden Auslegung des Gesetzes, die den Anfechtungsausschluss nur dann nicht eingreifen lässt, wenn die Auskunft tatsächlich ausdrücklich verweigert wird und diese Verweigerung unberechtigt ist.[1200] Einerseits ist zuzugeben, dass die im Raum stehende Rechtsunsicherheit bei rein formaler Handhabung vermieden werden könnte. Andererseits wird aber ein latentes Missbrauchspotenzial geschaffen, das es den Gesellschaften ermöglicht, durch phrasenhafte, inhaltsleere oder wichtige Teilbereiche auslassende Antworten einer Einstufung der Antwort als Totalverweigerung auszuweichen. Dass der Gesetzgeber das Anfechtungsrecht in *„extremen Fällen als zusätzliches Schutzinstrument erhalten“* möchte, um eine gravierende und bewusste Missachtung des Auskunftsrechts zu vermeiden, wird bei einer bloß formalisierenden Handhabung nicht hinreichend gewürdigt.[1201]

Die rein formale Ansicht ist als Grundlage zwar richtig, führt aber mangels hinreichender Umsetzung der Vorgaben des Gesetzgebers nicht weiter, was in der Konsequenz bedeutet, dass, so begrüßenswert die Einschränkung des Anfechtungsausschlusses ist, weiterhin Rechtsunsicherheit bei der Beantwortung der Frage, ob die Auskunft trotz ihrer Erteilung einer Totalverweigerung gleichzustellen ist, besteht und Missbrauchspotential für Berufsopponenten eröffnet wird.[1202] Vor dem Normzweck des § 243 Abs. 4 S. 2 AktG ist dieser Rechtsunsicherheit dadurch zu begegnen, dass strenge Maßstäbe an die Einstufung als Verweigerung angelegt werden. Bei der Einordnung ist zunächst von einem verständigen Durchschnittsaktionär, der die Auskunftserteilung von einem objektiven Standpunkt aus beurteilt, auszugehen. Ob die erteilte Auskunft einer sachlichen Totalverweigerung der Information gleichzustellen ist, beurteilt sich danach, ob die kompensationsbezogene Auskunft in ihrer Verständlichkeit so beeinträchtigt wird, dass es dem Aktionär nicht möglich ist, in Kenntnis der von ihm begehrten und nach § 131 Abs. 1 S. 1 AktG erforderlichen Auskunft das Kompensationsangebot zu beurteilen. Ein strenger Maßstab gebietet es, insgesamt auf den Gesamteindruck der vorhandenen kompensationsbezogenen Information zurückzugreifen und aus Sicht des vernünftigen Durchschnittsaktionärs darauf abzuheben, ob auch bei Einbeziehung aller anderen Informationen das Informationsniveau der Aktionäre so rudimentär ausgestaltet ist, dass ein umfangreiches Informationsdefizit vorliegt, das eine Einordnung als Totalverweigerung rechtfertigt. Die schriftlichen Vorab-Berichte sind dabei als Informationsgrundlage mit einzubeziehen,[1203] da nach der Rechtsprechung des Bundesgerichtshofes *„die Informationspflicht als Gesamtheit zu sehen“* ist.[1204] Zusätzlich können auch die Vorab-Informationen im Internet gemäß § 131 Abs. 3 S. 1 Nr. 7AktG in die Bewertung einbezogen werden. Ist der vernünftige Durchschnittsaktionär mithin, aufgrund der ihm erteilten kompensationsbezogenen Vorab-Information, trotz einer keinen Aussagegehalt aufweisenden oder unvollständigen Auskunft in der Hauptversammlung, in der Lage, die kompensationsbezogene Information entsprechend zu würdigen, ist eine Gleichstellung mit einer Totalverweigerung abzulehnen.[1205]

Hierfür spricht, dass sich mit dieser Gesamtbetrachtung die Gefahr einer der Totalverweigerung gleichzustellenden Auskunftserteilung *in praxi* dadurch eindämmen lässt, dass kom-

---

[1200] *Hüffer*, AktG, 8. Aufl. 2008, § 243 Rn. 47c.

[1201] Begr. RegE UMAG, BT-Drucks. 15 /5092, S. 26.

[1202] DAV-Stellungnahme RefE UMAG, NZG 2004, S. 555 (563); *Hüffer*, AktG, 8. Aufl. 2008, § 243 Rn. 47c; *Spindler*, NZG 2005, S. 825 (829); *Bungert*, in: VGR 2004, 2005, S. 59 (90).

[1203] Vgl. *Noack/Zetzsche*, ZHR 170 (2006), S. 235.

[1204] BGH, Urt. v. 18.12.2000 - BGHZ 146, S. 179 (185 f.); BGH, Urt. v. 29.1.2001 - NJW 2001, S. 1428 (1428f.).

[1205] *Noack/Zetzsche*, ZHR 170 (2006), S. 235.

pensationsbezogene Informationen in Vorab-Berichten entsprechend aufbereitet werden und auch das Internet als Medium der Vorab-Information stärker genutzt wird, ohne dass die Auskunftserteilung zu sehr ins Belieben der Aktiengesellschaften gestellt wird. Im Ergebnis trägt dies zur Abmilderung der vorhandenen Rechtsunsicherheit sowie zur Verbesserung der Aktionärsinformation durch Verlagerung der Information ins Vorfeld der Hauptversammlung bei und liegt auf einer Linie mit der Argumentation des Gesetzgebers.

Klarzustellen ist, dass bei absichtlich falschen Angaben, um die Beurteilung der Kompensation durch die Aktionäre in eine bestimmte Richtung zu lenken, der Anfechtungsausschluss nicht eingreift. Ist diese Missbrauchsgrenze aber nicht überschritten und werden kompensationsbezogene Auskunftsbegehren unbeabsichtigt unrichtig oder fehlerhaft beantwortet, ist kein Grund ersichtlich, die Anfechtbarkeit nicht auszuschließen und die Wahrung der allein betroffenen vermögensrechtlichen Rechte der Aktionäre dem Spruchverfahren zu überlassen.

d. *Zwischenergebnis*

Trotz rechtspolitischer Bedenken hinsichtlich der Einschränkung des Anfechtungsausschlusses gemäß § 243 Abs. 4 S. 2 AktG bleibt es beim Anfechtungsausschluss bei kompensationsbezogener Information in der Hauptversammlung mit Ausnahmen für den Fall der Totalverweigerung und die ihr gleichzustellenden Fallkonstellationen sowie der bewussten Missachtung des Auskunftsrechts in gravierendem Ausmaß. Mit einer teleologischen Extension des Anwendungsbereiches des § 243 Abs. 4 S. 2 AktG für Totalverweigerungen, basierend auf einem Auskunftsverweigerungsrechts gemäß § 131 Abs. 3 AktG, kann für einen Teilbereich die Abgrenzungsproblematik ausgeblendet werden, ohne dass hiermit der Wille des Gesetzgebers missachtet würde. Die Abgrenzungsfrage, wann eine unvollständige kompensationsbezogene Auskunft einer Totalverweigerung gleichkommt, ist im Ausgangspunkt daher zunächst rein formal zu beantworten, d. h. ob eine ausdrückliche und unberechtigte Verweigerung der Auskunft vorliegt. Um damit einhergehende Umgehungsgefahren zu vermeiden, ist dem Willen des Gesetzgebers Rechnung zu tragen, und es sind weitere der Totalverweigerung gleichstellende Fallkonstellationen zuzulassen. Dabei ist jedoch ein strenger Maßstab anzulegen und eine Gesamtbetrachtung aller kompensationsbezogenen Informationen vorzunehmen, so dass entscheidend ist, ob dem vernünftigen Durchschnittsaktionär trotz der Lückenhaftigkeit die Beurteilung der angebotenen Kompensation möglich ist. Ist dies der Fall, kann von einer der Totalverweigerung gleichzustellenden Situation nicht ausgegangen werden. Solange eine fehlerhafte oder unrichtige Auskunftserteilung unbeabsichtigt erfolgt und die Missbrauchsgrenze nicht überschritten wird, ist gegen einen Anfechtungsausschluss nichts einzuwenden.

5. Verweisung auf das Spruchverfahren durch „das Gesetz" i. S. v. § 243 Abs. 4 S. 2 AktG

a. *Dynamische Verweisung*

Für den Ausschluss einer auf Bewertungsfragen gestützten Anfechtungsklagen fordert § 243 Abs. 4 S. 2 AktG die Überprüfungsmöglichkeit der Kompensation, auf die sich der Auskunftsmangel bezieht, im Spruchverfahren. Denn das Spruchverfahren ist es, das die Kompensation endgültig festlegen und alle Zweifelsfragen in Zusammenhang mit der Bewertung und Ermittlung von Ausgleichsleistungen beiseite schaffen soll. Der Gesetzgeber wählt, anstatt § 243 Abs. 4 S. 2 AktG selbst die Anwendbarkeit des Spruchverfahrens vorgeben zu lassen, den Weg einer dynamischen Verweisung, so dass § 243 Abs. 4 S. 2 AktG unmittelbar anwendbar ist, wenn ein Spruchverfahren gesetzlich vorgesehen ist, d. h. in den vom nicht abschließenden[1206] § 1 Nr. 1 bis 5 SpruchG genannten[1207] und den von § 5 Abs. 5 EGAktG erfassten Fällen. Dass § 243 Abs. 4 S. 2 AktG nicht nur in den durch das Aktiengesetz, sondern den gesamten Bundesgesetzen vorgesehenen, Verweisungen auf das Spruchverfahren Anwendung findet, kann aus dem Wortlaut *„das Gesetz"* abgeleitet werden, der, im Gegensatz zu *„dieses Gesetz"*, einen weitreichenden Verweis darstellt.[1208]

b. Folgerichtigkeit der gesellschaftsrechtlichen Normierung

Während des Gesetzgebungsverfahrens wurde zeitweise die Folgerichtigkeit der gesellschaftsrechtlichen Normierung mit der Einführung des Anfechtungsausschlusses in Anknüpfung an das Spruchverfahren in Frage gestellt.[1209] Die Erhöhung der Anforderungen an die Begründung im Spruchverfahren gemäß § 4 Abs. 2 S. 2 Nr. 2 S. 1 SpruchG[1210] stehe im Widerspruch zu der mit dem Anfechtungsausschluss faktisch einhergehenden Beschränkung des Auskunftsrechts des Aktionärs. Denn der Vorstand beantworte Auskunftsbegehren nur so weit, wie eine Anfechtung zu befürchten sei, und damit gehe dem Aktionär für ihn notwendige bewertungsbezogene Information verloren, die er für seine fristgebundene und präklusionsbedrohte Antragsbegründung gemäß § 4 Abs. 2 S. 2 Nr. 4 S. 1 SpruchG benötige.[1211] Dem Aktionär müssten deshalb *alle* wertermittelnden und wertüberprüfenden Fragen, bezogen auf die Grundlagen der Berichte, beantwortet werden.[1212]

Schon deshalb die Rechtsprechung des Bundesgerichtshofes zu abfindungswertbezogenen Informationsmängeln und damit die Vorschrift des § 243 Abs. 4 S. 2 AktG selbst in Frage zu stellen[1213] ist nach der positivrechtlichen Aktivierung der Rechtsprechung durch § 243 Abs. 4 S. 2 AktG aber nicht vertretbar. Zudem beruht die Argumentation von *Meilicke/Heidel* noch auf § 243 Abs. 4 S. 2 AktG-RefE, der sich auf alle kompensationsbezogenen Informationsmängel, d. h. auch auf solche in Vorab-Berichten, bezog. Der mögliche Widerspruch tritt nach der Einschränkung des § 243 Abs.4 S. 2 AktG auf „in der Hauptversammlung" auftretende kompensationsbezogene Informationsmängel indes nicht mehr in gleicher Schärfe hervor. Sollten neben den in dem Vorab-Bericht gegebenen kompensationsbezogenen Informationen für die Begründung des Antrags weitere kompensationsbezogene Auskünfte in der Hauptversammlung notwendig sein, werden diese aber unrichtig, unvollständig oder unzureichend gegeben, mag man hieraus einen Widerspruch zu den Verschärfungen der Begründungspflichten ableiten können, da konkrete Einwendungen gegen die Angemessenheit der Kompensation, wie von § 4 Abs. 2 S. 2 Nr. 4 S. 1 SpruchG verlangt, jedenfalls erschwert werden. Dieser et-

---

1206 *Fritzsche/Dreier/Verfürth*, SpruchG, 2004, Einl. Rn. 76; *Neye*, Das neue Spruchverfahrensrecht, S. 18.

1207 Damit sind insbesondere Anfechtungsklagen, gestützt auf kompensationsbezogene Informationsmängel in umwandlungsrechtlichen Fallkonstellationen (§§ 15, 34, 176-181, 184, 186, 196, 212 UmwG), sowie aktienrechtlichen Fällen der Kompensation gemäß §§ 304, 305, 320b, 327a bis f AktG und auch bei der SE-AG gemäß §§ 6, 7, 9, 11 und 12 SEAG unter den eben dargestellten Voraussetzungen erfasst.

1208 Ausdrücklich Begr. RegE UMAG, BT-Drucks. 15 /5092, S. 26.

1209 *Meilicke/Heidel*, DB 2004, S. 1479 (1483).

1210 „[...] *konkrete Einwendungen gegen die Angemessenheit der Kompensation* [...] *oder* [...] *gegen den als Grundlage für die Kompensation ermittelten Unternehmenswert* [...]", vgl. dazu *Büchel*, NZG 2003, S. 793 (795 f.) m. w. N.

1211 Vgl. *Meilicke/Heidel*, DB 2004, S. 1479 (1483).

1212 LG Frankfurt a. M., Urt. v. 27.8.2003 - NZG 2003, S. 1027 (1029); Hervorhebung durch den Verfasser.

1213 *Meilicke/Heidel*, DB 2004, S. 1479 (1483) folgern gerade dies aus der Rspr. des LG Frankfurt a. M., Urt. v. 27.8.2003 - NZG 2003, S. 1027 (1029).

waig verbliebene Widerspruch kann indessen dadurch aufgelöst werden, dass man dem Aktionär die Möglichkeit eröffnet, diese Umstände in seiner Antragsbegründung vorzubringen.[1214] Dies rechtfertigt sich aus der Überlegung, dass dem Aktionär nur so weit konkrete Einwendungen[1215] abverlangt werden können, wie seine kompensationsbezogene Informationsbasis reicht.[1216] Wird diese durch unrichtige, unvollständige oder unzureichende Auskünfte zu Bewertungsfragen beeinträchtigt, und werden deshalb konkrete Einwendungen gegen die Angemessenheit der Kompensation erschwert, darf dies nicht zum Nachteil des Aktionärs bei der Beurteilung der Begründung gemäß § 4 Abs. 2 S. 2 Nr. 4 S. 1 SpruchG gereichen. Durch § 243 Abs. 4 S. 2 AktG ausgelöste Schwierigkeiten bei der Informationsbeschaffung sind daher zu Gunsten des Antragstellers, unter Zugrundelegung des Maßstabes des § 9 SpruchG, bei der Festlegung der Anforderungen an eine Bewertungsrüge zu berücksichtigen.[1217]

c. Analoge Anwendung des § 243 Abs. 4 S. 2 AktG bei fehlender Verweisung

Der Wortlaut des § 243 Abs. 4 S. 2 AktG „[...] *wenn das Gesetz für Bewertungsrügen ein Spruchverfahren vorsieht*" legt den Schluss nahe, einen Anfechtungsausschluss gemäß § 243 Abs. 4 S. 2 AktG nicht zuzulassen, wenn ein Spruchverfahren nicht per Gesetz angeordnet ist. Eine derartige Interpretation würde bei einer analogen Eröffnung des Spruchverfahrens die Anwendbarkeit des § 243 Abs. 4 S. 2 AktG nicht begründen können. Der Gesetzgeber selbst hat aber in seiner Begründung klargestellt, dass allein mit dieser Formulierung kein Analogieverbot verbunden sein soll.[1218] Mit dieser Klarstellung öffnet der Gesetzgeber die Vorschrift des § 243 Abs. 4 S. 2 AktG für eine Weiterentwicklung des Anwendungsbereiches im Wege einer Analogie, um die Fortentwicklung des Spruchverfahrensgesetzes nicht mit einer zu engen Formulierung des § 243 Abs. 4 S. 2 AktG vorwegzunehmen.[1219] Wird ein Spruchverfahren außerhalb der gesetzlichen Vorschriften zugelassen, kann die vom Gesetzgeber für eine Weiterentwicklung offen gelassene Regelungslücke des § 243 Abs. 4 S. 2 AktG durch eine Analogie geschlossen werden, wenn eine vergleichbare Interessenlage zu den gesetzlichen Spruchverfahrensregelungen vorliegt. Entscheidend ist damit, für welche Spruchverfahren eine Analogie des Spruchverfahrens angenommen und damit auch eine analoge Anwendbarkeit des § 243 Abs. 4 S. 2 AktG gerechtfertigt werden kann.

Durch höchstrichterliche Rechtsprechung des Bundesgerichtshofes ist die analoge Anwendung der Vorschriften über das Spruchverfahren gemäß §§ 305, 306 AktG bisher für den Fall des Pflichtangebotes beim regulären Delisting gemäß § 39 Abs. 2 BörsenG anerkannt.[1220] Der Bundesgerichtshof begründet seine Analogie zum Spruchverfahren damit, dass nur gewähr-

---

[1214] Ausdrücklich Begr. RegE UMAG, BT-Drucks. 15 /5092, S. 26.

[1215] Eine konkrete Einwendung liegt vor, wenn nicht bloß formelhafte Beanstandungen der Bewertungsgrundlagen, sondern spezifisch fallrelevante Bewertungsrügen, die einer Beweisaufnahme zugänglich sind, vorgebracht werden, vgl. *Fritzsche/Dreier/Verfürth*, SpruchG, 2004, § 4 Rn. 19; *Krieger/Mennicke*, in: Lutter/Winter, UmwG, 4. Aufl. 2009, Anh. I § 4 SpruchG Rn. 19 m. w. N.

[1216] *Klöcker/Frowein*, SpruchG, 2004, § 4 Rn. 26 f. m. w. N.

[1217] Vgl. zu einem solchen Vorgehen schon die Begr. RegE Spruchverfahrensneuordnungsgesetz, BT-Drucks. 15/371, S. 13.

[1218] Begr. RegE UMAG, BT-Drucks. 15 /5092, S. 26.

[1219] *Schütz*, DB 2004, S. 419 (421).

[1220] BGH, Urt. v. 25.11.2002 - BGHZ 153, S. 47 (57); *Klöhn*, ZBB 2003, S. 208 (217 f.) m. w. N.; *Noack/Zetzsche*, ZHR 170 (2006), S. 236 m. w. N.. Gleiches gilt auch für das „kalte Delisting", vgl. hierzu OLG Düsseldorf, Beschl. v. 30.12.2005 - DB 2005, S. 657 (657 f.); Zum Delisting vgl. auch Schwark/Geiser, ZHR 161 (1997), S. 739 (739 ff.); *Raiser/Veil*, Kapitalgesellschaften, 4. Aufl. 2006, § 16 Rn. 15 m. w. N.

leistet sein muss, dass der Aktionär in einem gerichtlichen Verfahren die Kompensation dahin überprüfen lassen kann, ob sie auch dem Verkehrswert seines Anteils entspricht, wofür die Sanktion der Anfechtungsklage wegen der damit lediglich möglichen Kassation des Beschlusses ein unvollständiges Schutzinstrument für den Aktionär sei.[1221] Naheliegender, interessenwahrender und sinnvoller ist die Überprüfung im Spruchverfahren, zumal damit der Wert der Aktien mit *Inter-omnes*-Wirkung für alle Aktionäre festgelegt wird. Verfassungsrechtliche Bedenken gegen eine Analogiefähigkeit dieser Verfahrensvorschriften als Hilfsmittel zur Durchsetzung des materiellen Rechts hatte schon das Bundesverfassungsgericht nicht gesehen.[1222]

Umstrittener ist die analoge Anwendung der §§ 304, 305 AktG bzw. der §§ 327a, 327b AktG bei der übertragenden Auflösung gemäß § 179a AktG.[1223] Bis zur Entscheidung des Bundesverfassungsgerichts in Sachen „Moto-Meter“[1224] wurde eine analoge Anwendung nicht anerkannt.[1225] Das Bundesverfassungsgericht hat eine analoge Anwendung des § 306 AktG nicht für ausgeschlossen gehalten, gleichzeitig aber eine Analogie nicht als verfassungsrechtlich zwingend geboten angesehen.[1226] Vielmehr sei es möglich, die Belange der Minderheitsgesellschafter durch die Anfechtungsklage oder das Spruchverfahren zu schützen. Es hat es mithin den Gerichten überlassen, auf welchem Weg die Minderheitsgesellschafter und ihre Interessen zu schützen sind. Die sich auf diese Rechtsprechung des Bundesverfassungsgerichts stützende Rechtsprechung des Bundesgerichtshofes zum regulären Delisting ist in ihren Gründen auch für die übertragende Auflösung fruchtbar zu machen. Denn wenn einer Analogie grundsätzlich nichts im Wege steht, dann macht es der Sinn und Zweck des Spruchverfahrens, eine zügige und sachnahe Entscheidung über den Verkehrswert der Anteile eines Aktionärs herbeizuführen, ohne dabei die Position der Aktionäre in unzulässiger Weise zu beeinträchtigen[1227] und um die Aktiengesellschaften nicht unnötigerweise mit einer Anfechtungsklage und deren nachteiligen Folgen zu belasten, möglich, die Minderheitenrechte in Zusammenhang mit der Kompensation auch bei der übertragenden Auflösung über das Spruchverfahren zu gewährleisten. Dies gilt erst recht, wenn – wie bei Kompensationen – ohnehin nur vermögensrechtliche Rechte der Aktionäre im Streit stehen und hierfür ein sachnäheres Verfahren zur Verfügung steht, dessen Anwendungsbereich nicht auf die in § 1 SpruchG genannten Fälle beschränkt ist.[1228]

Schließlich wird die analoge Anwendung des Spruchverfahrens auch bei der Verschmelzung bzw. Auf- oder Abspaltung einer börsennotierten auf eine nicht börsennotierte Aktiengesellschaft[1229] sowie bei der Barabfindung bei einem Formwechsel erörtert[1230] und auch die Ausweitung des Spruchverfahrens auf Fälle der Kontrolle des Ausgabebetrages gemäß § 255

[1221] Vgl. hierzu und zum Folgenden BGH, Urt. v. 25.11.2002 - BGHZ 153, S. 47 (57)
[1222] BVerfG, Beschl. v. 23.8.2000 - NJW 2001, S. 279 (280 f.).
[1223] Vgl. dazu *Raiser/Veil*, Kapitalgesellschaften, 4. Aufl. 2006, § 49 Rn. 7 ff. m. w. N.; gegen eine Analogie *Hüffer*, AktG, 8. Aufl. 2008, § 179a Rn. 6, 12a.
[1224] BVerfG, Beschl. v. 23.8.2000 - NJW 2001, S. 279 (279 ff.).
[1225] OLG Stuttgart, Urt. v. 21.12.1993 - ZIP 1995, S. 1515 (1515 ff.) und OLG Stuttgart, Urt. v. 4.12.1996 - ZIP 1997, S. 362 (362 ff.); BayObLG, Beschl. v. 17.9.1998 - NZG 1998, S. 1001 (1001 ff.).
[1226] BVerfG, Beschl. v. 23.8.2000 - NJW 2001, S. 279 (280 f.).
[1227] *Koppensteiner*, in: KölnKomm, 3. Aufl. 2004, Anh § 327f Rn. 3.
[1228] *Fritzsche/Dreier/Verfürth*, SpruchG, 2004, Einl. Rn. 76; *Neye*, Das neue Spruchverfahrensrecht, S. 18.
[1229] OLG Düsseldorf, Beschl. v. 30.12.2004 - ZIP 2005, S. 300 (300 ff.); *Schlitt*, ZIP 2004, S. 533 (540) m. w. N.
[1230] BGH, Urt. v. 18.12.2000 - BGHZ 146, S. 179 (189); *Hirte*, ZHR 167 (2003), S. 8 (8 ff.); eine Analogie ablehnend *Vetter*, ZHR 168 (2004), S. 8 (35 f.).

Abs. 2 AktG vorgeschlagen[1231]. Wird kraft richterrechtlicher Rechtsfortbildung die Anwendbarkeit des Spruchverfahrens angenommen, ist in letzter Konsequenz auch § 243 Abs. 4 S. 2 AktG im Wege einer Analogie heranzuziehen. [1232]

d. *Keine Anwendbarkeit des § 243 Abs. 4 S. 2 AktG bei zu hoher Kompensation?*

Die durch § 243 Abs. 4 S. 2 AktG durchgesetzte Neuerung im Bereich der kompensationsbezogenen Informationsmängel erfasst nun für das Auskunftsrecht zwar alle Kompensationsfragen und alle Strukturmaßnahmen, allerdings nur so weit, wie ein Spruchverfahren (analog) zur Verfügung steht. Es bleibt die Frage danach was bei zu hoch festgesetzter Kompensation für diejenigen Aktionäre gilt, die von einer solchen Kompensation wegen der damit einhergehenden Beeinträchtigung des Wertes ihrer Anteile nachteilig in ihren Rechten betroffen werden. Für diese Fallgestaltungen sieht das Gesetz nämlich in der Regel gerade kein Spruchverfahren vor. So kann beispielsweise ein in dem Verband neuer Rechtsform verbleibendes Mitglied im Falle eines Formwechsels eine Barabfindung gemäß § 207 UmwG mangels Einschlägigkeit des § 212 UmwG nicht dahin überprüfen lassen, ob diese zu hoch festgesetzt worden ist. Neben diesem Beispielfall kann diese Situation auch für die Mehrheits- und Minderheitsgesellschafter der übernehmenden Gesellschaft bei der Verschmelzung, der herrschenden Gesellschaft bei einem Unternehmensvertrag und der Hauptgesellschaft bei einer Eingliederung auftauchen.[1233]

Damit greift mangels Verweisung auf das Spruchverfahren in solchen Fällen auch § 243 Abs. 4 S. 2 AktG nicht Platz, und die verbleibenden Anteilsinhaber können insoweit ihre Rechte mit der Anfechtungsklage verfolgen. Problematisch ist dies deshalb, weil damit, bildlich gesprochen, die Strukturmaßnahme „von der anderen Straßenseite" aus angegriffen werden kann, indem Anfechtungsklagen auf Auskunftspflichtverletzungen in Zusammenhang mit kompensationsbezogener Information gestützt werden und auf diese Weise der von § 243 Abs. 4 S. 2 AktG verfolgte Zweck konterkariert wird. Es drängt sich die Frage nach einer analogen Anwendung des Spruchverfahrens auch bei zu hoher Abfindung auf, die als Konsequenz einen Anfechtungsausschluss gemäß § 243 Abs. 4 S. 2 AktG zur Folge hätte.

Der Bundesgerichtshof hat eine analoge Anwendung des Spruchverfahrens zum Schutz der betroffenen Aktionäre in Erwägung gezogen.[1234] Notwendig sei dies, da eine Anfechtungsklage dem Sinn und Zweck der Beschleunigung der Strukturmaßnahme entgegenstünde, einer späteren Heraufsetzung der Kompensation ausscheidender Anteilseigner erst im Spruchverfahren nicht mehr mit der Anfechtungsklage begegnet werden könne und deshalb auch Art. 14 GG die Eröffnung des Rechtsschutzes insoweit erfordere.[1235]

Alle diese Ansatzpunkte vermögen eine Analogie letztlich doch nicht zu begründen. Wegen der tatsächlichen Eröffnung der Anfechtungsklage fehlt es bereits an einer notwendigen Regelungslücke, und der Gesetzgeber selbst hat es in der Hand, den Rechtsschutz bei Unternehmensbewertungen über die Anfechtungsklage oder das Spruchverfahren sicherzustellen,[1236]

[1231] *Bayer*, ZHR 168 (2004), S. 132 (160 f.); *Vetter*, ZHR 168 (2004), S. 8 (29 ff.); ablehnend *Baums*, Gutachten F, 2000, S.122 ff.
[1232] Gleichsinnig *Heinrich/Theusinger*, BB 2006, S. 449 (451); Schütz, DB 2004, S. 419 (421); *Veil*, AG 2005, S. 567 (570) Fn. 29.
[1233] *Hoffmann-Becking*, in: RWS-Forum Gesellschaftsrecht 2001, 2001, S. 55 (68).
[1234] BGH, Urt. v. 18.12.2000 - BGHZ 146 , S. 179 (189); BGH, Urt. v. 29.1.2001 - ZIP 2001, S. 412 (415).
[1235] BGH, Urt. v. 18.12.2000 - BGHZ 146 , S. 179 (189); BGH, Urt. v. 29.1.2001 - ZIP 2001, S. 412 (415).
[1236] So BVerfG, Beschl. v. 23.8.2000 - NJW 2001, S. 279 (280 f.).

so dass verfassungsrechtliche Bedenken selbst bei Ablehnung einer Analogie ausscheiden.[1237] Auch das Argument der Gefahr einer nachträglichen Heraufsetzung der Kompensation verfängt nicht; die Gesellschaft muss insofern den Beschluss gegen eine nachträgliche Erhöhung verteidigen, nicht die anderen Gesellschafter. Dem Aktionär steht hierfür die Nebenintervention offen.[1238] Eine analoge Anwendung des Spruchverfahrens für zu hohe Kompensation ist insgesamt nicht möglich, so dass nur *de lege ferenda* Abhilfe geschaffen werden kann.[1239] Dies wäre aber wegen der ansonsten, wie gezeigt, offen stehenden Flanke für missbräuchliche Anfechtungsklagen auf dem Umweg der „anderen Straßenseite“ zu begrüßen.

Für § 243 Abs. 4 S. 2 AktG bedeutet dies, dass in solchen Fallkonstellationen mangels Anwendbarkeit des Spruchverfahrens, auch der Anfechtungsausschluss nicht greift. Selbst wenn dies dem mit der Einführung des § 243 Abs. 4 S. 2 AktG verfolgten Zweck widerspricht, kann *de lege lata* momentan keine Abhilfe geschaffen werden.

6. Zwischenergebnis

Mit der Regelung des Anfechtungsausschlusses für kompensationsbezogene Auskunftsmängel gemäß § 243 Abs. 4 S. 2 AktG wird richtigerweise eine Absicherung der vermögensrechtlichen Rechte der Aktionäre über das sachnähere und vorzugswürdige Spruchverfahren gewährleistet und eine Anfechtungsklage mit der Wirkung der bloßen Beschlussvernichtung ausgeschlossen. Es werden unterschiedslos alle kompensationsbezogenen Auskunftsmängel in allen Bewertungsfällen und bei allen Strukturmaßnahmen erfasst und die Rechtsprechung des Bundesgerichtshofes in diesem Bereich ausgedehnt, wenngleich eine Beschränkung des tatbestandlichen Anwendungsbereichs auf börsennotierte Aktiengesellschaften vorzugswürdig ist.

Keine Anwendung findet § 243 Abs. 4 S. 2 AktG auf schriftliche Vorab-Berichte bei Strukturmaßnahmen, wobei die damit einhergehenden Probleme wegen der Einheitlichkeit der Informationspflichten mit der Eröffnung einer Korrekturmöglichkeit durch Erläuterungen in der Hauptversammlung, jedenfalls in Zusammenhang mit kompensationsbezogenen Informationen, wofür dem Aktionär eine Rügeobliegenheit auferlegt werden kann und zusätzlich auch durch die Fortgeltung der in Sachen „MEZ“ und „Aqua Butzke“ entwickelten Rechtsprechungsgrundsätze des Bundesgerichtshofes entschärft werden.

§ 243 Abs. 4 S. 2 AktG findet auf im Internet vorab erteilte kompensationsbezogene Informationen Anwendung, da der Wortlaut des § 243 Abs. 4 S. 2 AktG nicht von vornherein entgegensteht und die Anwendbarkeit eine Verbesserung der Aktionärsinformation zur Folge hat. Im Wege einer teleologischen Extension ist in den Fällen der Anwendbarkeit eines Auskunftsverweigerungsrechtes über den Wortlaut des § 243 Abs. 4 S. 2 AktG auch eine Total-

---

[1237] *Hoffmann-Becking*, in: RWS-Forum Gesellschaftsrecht 2001, 2001, S. 55 (69).

[1238] *Henze*, ZIP 2002, S. 97 (107); *Hoffmann-Becking*, in: RWS-Forum Gesellschaftsrecht 2001, 2001, S. 55 (69). Zur Nebenintervention im Anfechtungsprozess ausführlich *Waclawik*, WM 2004, S. 1361 (1361 ff.) m. w. N., der sich zu Recht für die Abschaffung der klägerischen Nebenintervention einsetzt. Dennoch sucht man im UMAG einen entsprechend umfangreichen Ausschluss der Nebenintervention vergebens, obwohl im neuen Organhaftungsklageverfahren nach der Zulassung der Klage die Nebenintervention gemäß § 148 Abs. 4 S. 3 AktG ausdrücklich und umfänglich ausgeschlossen wurde. Der Gesetzgeber beschränkt sich in Zusammenhang mit der Anfechtungsklage vielmehr auf den „kleinen Schritt“, die Nebenintervention innerhalb eines Monats nach der Bekanntmachung der Klage zuzulassen, vgl. § 246 Abs. 4 S. 2 AktG.

[1239] H. M. *Bayer*, ZHR 163 (1999), S. 505 (547); *Decher*, in: Lutter/Winter, UmwG, 4. Aufl. 2009, § 210 Rn. 5; *Hoffmann-Becking*, in: RWS-Forum Gesellschaftsrecht 2001, 2001, S. 55 (68 ff.); alle m. w. N.

verweigerung der begehrten Auskunft zulässig. Die Abgrenzungsproblematik, wann eine der Totalverweigerung gleichzustellende Fallkonstellation besteht, wird hierdurch indes nicht vollständig gelöst, so dass Konfliktpotenzial und Rechtsunsicherheit besteht. Ein Beitrag zur Linderung der Rechtsunsicherheit kann mit einer Gesamtbetrachtung der kompensationsbezogenen Informationen geleistet werden, so dass entscheidend ist, ob dem vernünftigen Durchschnittsaktionär trotz der Lückenhaftigkeit die Beurteilung der angebotenen Kompensation möglich ist und dann von einer der Totalverweigerung gleichzustellenden Situation nicht auszugehen ist. Solange eine fehlerhafte oder unrichtige Auskunftserteilung unbeabsichtigt erfolgt und eine Missbrauchsgrenze nicht überschritten wird, ist gegen einen Anfechtungsausschluss nichts einzuwenden.

Die dynamische Verweisung des § 243 Abs. 4 S. 2 AktG auf das Spruchverfahren erfasst alle gesetzlich vorgesehenen Fälle. Darüber hinaus ist § 243 Abs. 4 S. 2 AktG analog anwendbar, soweit auch das Spruchverfahren im Wege der Analogie eröffnet ist. In den Fällen einer zu hohen Kompensation ist § 243 Abs. 4 S. 2 AktG mangels (analoger) Eröffnung eines Spruchverfahrens weder unmittelbar noch analog anwendbar, was *de lege ferenda* ein Änderungsbedürfnis auslöst, um die offene Flanke für Anfechtungsklagen zu schließen.

E. Fehlerfolge bei § 131 Abs. 3 S. 1 Nr. 7 AktG – Anfechtbarkeit auch ohne Auskunftsverweigerung?

Kommt es im Zusammenhang mit § 131 Abs. 3 S. 1 Nr. 7 AktG zu Fehlern bei der Bereitstellung der Information, seien diese technischer oder inhaltlicher Art, und wird die begehrte Auskunft in der Hauptversammlung unter Berufung auf § 131 Abs. 3 S. 1 Nr. 7 AktG verweigert, handelt es sich um einen Verfahrensfehler, der unter den eben dargestellten Voraussetzungen des § 243 Abs. 4 S. 1 AktG die Möglichkeit der Beschlussanfechtung eröffnen kann.

Bei einer unberechtigten Auskunftsverweigerung nach § 131 Abs. 3 S. 1 Nr. 7 AktG als Reaktion auf eine begehrte Auskunft gemäß § 131 Abs. 1 S. 1 AktG ist dieses Ergebnis unproblematisch. Es stellt sich indes die Frage, ob auch dann eine Anfechtbarkeit möglich ist, wenn eine Vorab-Information über die Internetseite als Information mit der Intention der Ermöglichung eines Auskunftsverweigerungsrechts gemäß § 131 Abs. 3 S. 1 Nr. 7 AktG gegeben wird, diese fehlerhaft ist, aber in der Hauptversammlung kein die Information betreffendes Auskunftsverlangen angebracht wird, so dass eine Auskunftsverweigerung, gestützt auf § 131 Abs. 3 S. 1 Nr. 7 AktG, gar nicht erfolgt.

Für oder gegen eine mögliche Anfechtbarkeit gefasster Beschlüsse bei fehlerhafter Vorab-Information gemäß § 131 Abs. 3 S. 1 Nr. 7 AktG als Kann-Vorschrift, auch ohne aufsetzendes Auskunftsbegehren gemäß § 131 Abs. 1 S. 1 AktG, lässt sich dem § 243 Abs. 1 AktG selbst nichts entnehmen.[1240] In § 131 Abs. 3 S. 1 Nr. 7 AktG eine *lex imperfecta*, d. h. dass die Verletzung der Vorschrift für die Anfechtbarkeit des Beschlusses ohne Folgen ist, zu sehen und gegen eine Anfechtbarkeit anzuführen, bei der Informationsbereitstellung nach § 131 Abs. 3 S. 1 Nr. 7 AktG handele es sich ja gerade nicht um eine gesetzliche Informationspflicht, sondern vielmehr um eine freiwillige Zurverfügungstellung von Informationen, weshalb die Anfechtbarkeit abzulehnen sei, wäre vorschnell. Denn auch bei Sollvorschriften ist im Falle ihrer Verletzung die Anfechtbarkeit die Regel, und die fehlende Verpflichtung lässt

---

[1240] *K. Schmidt*, in: GroßKomm AktG, 4. Aufl. 1996, § 243 Rn.11.

nicht *per se* einen Schluss auf eine *lex imperfecta* zu.[1241] § 243 Abs. 1 AktG liefert nämlich gerade keinen Anhaltspunkt für eine generelle Ausnahme von der Anfechtbarkeit zu Gunsten nicht pflichtbewehrter Vorschriften. Vielmehr muss durch eine Norminterpretation ermittelt werden, ob eine sog. *lex imperfecta* vorliegt, allein eine fehlende Verpflichtung lässt die Anfechtbarkeit nicht zwingend ausscheiden.[1242]

Für eine Sanktion fehlerhafter Vorab-Information bei § 131Abs. 3 S. 1 Nr. 7 AktG durch Anfechtbarkeit könnten folgende Gründe sprechen: Der Aktionär muss sich auf die Richtigkeit der im Internet veröffentlichten Informationen verlassen können, da er in der Regel gerade wegen der vorab im Internet erteilten Information in der Hauptversammlung gar nicht mehr nachfragen wird, die Antwort auf sein Informationsbedürfnis bereits in der Vorab-Information erblickt und seine Stimmabgabe unter dem Einfluss dieser Vorab-Information vornehmen wird. Die Vorab-Information könnte mithin, im Falle ihrer Fehlerhaftigkeit, Auswirkungen auf die Ausübung der Mitverwaltungsrechte des Aktionärs haben. Denn bei vollständig fehlender Information oder Beantwortung einer vorab gestellten Frage weiß der Aktionär um sein Informationsdefizit und die Notwendigkeit, dieses durch ein Auskunftsbegehren in der Hauptversammlung gemäß § 131 Abs. 1 S. 1 AktG zu beseitigen. Liegt „nur" eine fehlerhafte Information vor, ist das damit verbundene Informationsdefizit für den Aktionär hingegen nicht ohne weiteres ersichtlich. Anders, wenn lediglich offensichtliche Schreibfehler oder ähnliche, rein formale Mängel der Zurverfügungstellung im Internet vorliegen. Die fehlerhafte Information ist mithin in der Lage, den Aktionär von einem Auskunftsbegehren in der Hauptversammlung abzuhalten, da er der erteilten Information vertraut und davon ausgeht, sein Informationsbedürfnis sei durch die Vorab-Information schon befriedigt. Die Gesellschaft schafft, wenngleich sie nicht zu einem Tätigwerden verpflichtet ist, durch die freiwillige Bereitstellung der Information einen Vertrauenstatbestand der es rechtfertigen würde, ihr auch eine gewisse Sorgfalt bei der Bereitstellung der Information abzuverlangen. Dies gilt erst recht, wenn man bei der Norminterpretation bedenkt, dass für die Vorab-Information und die Vorab-Beantwortung von Fragen ein ungleich geringeres zeitliches Druckpotenzial besteht als bei der unter Zeitdruck zu formulierenden Antwort während der Hauptversammlung. Gerade für den Fall der Beantwortung einer tatsächlich vorab gestellten Frage lässt sich dieses Ergebnis auch mit der systematischen Einordnung dieser Fallkategorie als Ausnahme vom Mündlichkeitsgrundsatz begründen. Für eine Anfechtbarkeit bei fehlerhafter Vorab-Information kann zudem ins Feld geführt werden, dass mit der Einschränkung der Anfechtbarkeit durch § 243 Abs. 4 S. 1 und S. 2 AktG, die auch auf Vorab-Informationen gemäß § 131 Abs. 3 S. 1 Nr. 7 AktG Anwendung finden,[1243] eine sachgerechte Eindämmung der Anfechtungsfolge vorgesehen wird.[1244]

Bessere Gründe sprechen indes dafür, die Anfechtbarkeit ohne ausdrückliche Auskunftsverweigerung gemäß § 131 Abs. 3 S. 1 Nr. 7 AktG, nur gestützt auf eine fehlerhafte Information auf der Website, nicht zuzulassen. Denn wenn schon die vollständige Ignorierung der Informationsmöglichkeit bzw. der Antwortmöglichkeit via Internet und ein damit einherge-

---

[1241] H. M. *Hüffer*, AktG, 8. Aufl. 2008, § 243 Rn.7 m. w. N. str.; *K. Schmidt*, in: GroßKomm AktG, 4. Aufl. 1996, § 243 Rn.12; für eine Umkehrung des Regel-Ausnahme-Verhältnisses bspw. *Zöllner*, in: KölnKomm AktG, 1. Aufl. 1985, § 243 Rn. 63 f.

[1242] *K. Schmidt*, in: GroßKomm AktG, 4. Aufl. 1996, § 243 Rn.12.

[1243] Vgl. Seite 209 ff.

[1244] Die Vorschrift des § 243 Abs. 4 S. 2 AktG erfasst auch kompensationsbezogene Vorab-Informationen in Zusammenhang mit § 131 Abs. 3 S. 1 Nr. 7AktG, da insoweit der Wortlaut des § 243 Abs. 4 S. 2 AktG *„in der Hauptversammlung"* nicht entgegensteht, vgl. Seite 227 ff.

hendes vollständiges Informationsdefizit durch die Gesellschaft mangels Verpflichtung keine Sanktion nach sich zieht, muss dies im Wege eines Erst-Recht-Schlusses gerade auch dann gelten, wenn die Information unrichtig oder unvollständig erteilt wurde. Zudem kann gegen eine Sanktion fehlerhafter Vorab-Information in Zusammenhang mit § 131 Abs. 3 S. 1 Nr. 7 AktG auch ohne explizite Auskunftsverweigerung angeführt werden, dass damit der Sinn und Zweck des UMAG, nämlich die Verlagerung der Information in das Vorfeld der Hauptversammlung, beeinträchtigt wird. Denn wird die Vorab-Informationserteilung mit der Anfechtbarkeit sanktioniert, werden sich die Aktiengesellschaften mangels Verpflichtung zur Vorab-Information via Internet im Zweifel gegen eine Veröffentlichung von Informationen auf diesem Wege entscheiden.

Durchschlagend ist auch ein systematisches Argument. So ist es Sinn und Zweck der Regelung des § 243 Abs. 4 S. 1 AktG, die Anfechtungsmöglichkeiten zu limitieren und dafür bestimmte fehlerhafte Pflichtinformationen als Anfechtungsgründe auszunehmen, es sollen nicht weitere Angriffspunkte für Anfechtungsklagen geschaffen werden.[1245] Schließlich spricht für diese Ansicht, dass der Aktionär, der für eine Anfechtungsberechtigung ohnehin Widerspruch zur Niederschrift gemäß § 245 Nr. 1 AktG erheben müsste und daher selbst oder durch einen Vertreter in der Hauptversammlung anwesend sein muss, es selbst in der Hand hat, durch eine Wortmeldung und Anbringung eines Auskunftsverlangens gemäß § 131 Abs. 1 AktG eine Auskunftsverweigerung durch den Vorstand, gestützt auf § 131 Abs. 3 S. 1 Nr. 7 AktG, und damit eine Anfechtbarkeit (vgl. oben) herbeizuführen.

Selbst wenn man die Anfechtbarkeit verneint, so darf die Argumentation der ersten Ansicht nicht vollständig außer Acht bleiben. Die Gefahr, dass Aktionäre durch die Vorab-Informationen in die Irre geführt werden und deshalb ihr Auskunftsrecht in der Hauptversammlung gar nicht mehr wahrnehmen, ist nämlich auch bei hier vertretener Ansicht nicht zu leugnen. Da die Vorab-Informationen gemäß § 131 Abs. 3 S. 1 Nr. 7 AktG als freiwillige Informationen auch im Falle ihrer Fehlerhaftigkeit die Anfechtung nicht rechtfertigen, muss für Fälle des gezielten Missbrauchs der Vorab-Information gemäß § 131 Abs. 3 S. 1 Nr. 7 AktG ausnahmsweise auch dann die Anfechtbarkeit bejaht werden, wenn mangels Auskunftsverlangens keine ausdrückliche Auskunftsverweigerung erfolgen musste.

Will man nicht so weit gehen und die Anfechtbarkeit entgegen der hier vertretenen Ansicht nicht grundsätzlich ausschließen muss man jedenfalls zu dem nahe liegenden Schluss kommen, dass eine fehlerhafte Vorab-Information, die in der Hauptversammlung nicht aufgegriffen wurde, als für die gefassten Beschlüsse nicht relevant zu betrachten ist.

F. Fehlerfolge bei § 131 Abs. 2 S. 2 AktG

Die Beschränkung des Frage- und Rederechts gemäß § 131 Abs. 2 S. 2 AktG ist stets mit einem Eingriff in das mit dem Teilnahmerecht gemäß § 118 Abs. 1 AktG einhergehende Auskunftsrecht als verfassungsrechtlich geschütztem Mitverwaltungsrecht des Aktionärs verbunden. Werden die oben dargestellten Grenzen der Frage- und Redezeitbeschränkung gemäß § 131 Abs. 2 S. 2 AktG übertreten und wird damit eine unangemessene oder nicht verhältnismäßige Ordnungsmaßnahme vorgenommen, handelt es sich um einen sog. Durchführungsfehler bei der Ordnungsmaßnahme,[1246] der zur Anfechtung gemäß § 243 Abs. 1 AktG berechtigt.

[1245] *Noack/Zetzsche*, ZHR 170 (2006), S. 223.
[1246] *Hüffer*, AktG, 8. Aufl. 2008, § 243 Rn. 16 m. w. N.

Da, wie gezeigt, § 243 Abs. 4 S. 1 AktG bei einer Verletzung des § 131 Abs. 2 S. 2 AktG mangels inhaltlichen Informationsmangels nicht eingreift, verbleibt es bei der bisher geltenden Beurteilung von nicht erforderlichen oder nicht verhältnismäßigen Ordnungsmaßnahmen.[1247]

G. Der besondere Anwendungsfall – Das Freigabeverfahren unter dem Blickwinkel der Auskunftsrechtsverletzung

Die bereits bestehenden Freigabeverfahren bei Umwandlungen, Eingliederungen und Übertragungen im Wege eines Squeeze-Out (vgl. §§ 16 Abs. 3 UmwG sowie § 319 Abs. 6 AktG (ggf. i. V. m. § 327e Abs. 2 AktG)) hat der Gesetzgeber im Rahmen des UMAG durch ein – diesen Vorschriften weitestgehend entsprechendes – Freigabeverfahren (vgl. § 246a AktG) für eintragungsbedürftige Hauptversammlungsbeschlüsse bei Kapitalmaßnahmen (§§ 182 bis 240 AktG) und Unternehmensverträgen (§§ 291 bis 307 AktG)[1248] ergänzt.[1249]

Im Folgenden soll keine auf die Neuerung des § 246a AktG beschränkte Untersuchung des Freigabeverfahrens bei auf Auskunftsrechtsverletzungen gestützten Anfechtungsklagen gegen Beschlüsse, für die das Freigabeverfahren zur Verfügung steht, erfolgen. Vielmehr ist eine übergreifende Untersuchung unter Berücksichtigung der durch den Gesetzgeber mit dem UMAG vorgenommenen Änderungen vorzunehmen, weil der Gesetzgeber selbst § 246a AktG nach dem Vorbild der bisherigen Freigabeverfahren mit Abweichungen nur in Teilbereichen ausgestaltet hat, er in § 246a Abs. 2 AktG ausdrücklich unverändert die Freigabekriterien, die auch bei § 319 Abs. 6 (ggf. i. V. m. § 327e Abs. 2) AktG, § 16 Abs. 3 UmwG Anwendung finden, übernahm[1250] und lediglich zu konkretisieren versuchte, so dass insoweit auf den bisherigen Untersuchungen aufgebaut werden kann. Dabei sind die mit der Neueinführung des Freigabeverfahrens für Beschlüsse ohne Registersperre gemäß § 246a AktG einhergehenden Auswirkungen an gegebener Stelle besonders zu würdigen, soweit sie mit dem Auskunftsrecht in Beziehung stehen.

I. Überblick über die verschiedenen Freigabeverfahren nach dem UMAG

Die nunmehr an drei verschiedenen Stellen geregelten Freigabeverfahren dienen einem übergreifenden Zweck.[1251] Die angefochtene Maßnahme soll vorzeitig ohne große zeitliche Verzö-

---

[1247] Vgl. zu den bisherigen Grundsätzen die Nachweise in Fn. 1076.

[1248] Problematisch ist die analoge Anwendung des § 246a AktG auf andere eintragungsbedürftige Hauptversammlungsbeschlüsse, die in § 246a AktG nicht aufgeführt sind. Eine Analogiemöglichkeit ablehnend *Schütz*, DB 2004, S. 419 (422); *Göz/Holzborn*, WM 2006, S. 157 (161); *Veil*, AG 2005, S. 567 (575), der mit einem *argumentum a maiore ad minus* eine Analogie bei Hauptversammlungsbeschlüssen über Holzmüller- bzw. Gelatine-Maßnahmen oder solche Maßnahmen, die unter § 179a AktG fallen, befürwortet.

[1249] *Ek*, Leitfaden, 2005, S. 18 f.; *Göz/Holzborn*, WM 2006, S. 157 (161); *Hirschberger/Weiler*, DB 2004, S. 1137 (1138); *Meilicke/Heidel*, DB 2004, S. 1479 (1484); *Schütz*, DB 2004, S. 419 (422f.); *ders.*, NZG 2005, S. 5 (8f.); *Spindler*, NZG 2005, S. 825 (829); *Veil*, AG 2005, S. 567 (570); *Wilsing*, DB 2005, S. 35 (37 f.); *ders.*, ZIP 2004, S. 1082 (1082); zu den positiven Erfahrungen mit § 246a AktG in den ersten neun Monaten nach Inkrafttreten des UMAG *Traichel*, FAZ v. 16.8.2006, S. 21.

[1250] Begr. RegE UMAG, BT-Drucks. 15 /5092, S. 29; *Wilsing*, DB 2005, S. 35 (38).

[1251] Zu den Einzelheiten der „verschiedenen" Freigabeverfahren Verfahren vgl. bspw. zu § 16 Abs. 3 UmwG *Marsch-Barner*, in: Kallmeyer, UmwG, 3. Aufl. 2006, § 16 Rn. 32 ff.; *Bork*, in: Lutter/Winter, UmwG, 4. Aufl. 2009, § 16 Rn. 15 ff.; zu § 319 Abs. 6 AktG *Grunewald*, in: MüKo AktG, 2. Aufl. 2000, § 319 Rn. 32 ff.; *Koppensteiner*, in: KölnKomm AktG, 3. Aufl. 2004; § 319 Rn. 27 ff.; zu § 246a AktG statt aller *Veil*, AG 2005, S. 567 (570 ff.).; zu § 246a AktG vgl. auch *Hüffer*, AktG, 8. Aufl. 2008, § 246a Rn. 1 ff. alle m. umf. N.

gerungen eine Eintragung erfahren können und der von „räuberischen Aktionären“ ausgenutzte Hebel der (faktischen)[1252] Blockadewirkung einer gegebenenfalls über mehrere Instanzen andauernden Anfechtungsklage verringert werden, indem das Droh- und Missbrauchspotenzial entsprechend geschmälert wird. Der angemessene Ausgleich der Interessen der Gesellschaft und der von der Strukturmaßnahme betroffenen Aktionäre steht dabei im Vordergrund.

Anders als bei den in §§ 319 Abs. 6 (ggf. i. V. m. § 327e Abs. 2) AktG, § 16 Abs. 3 UmwG vorgesehenen Freigabeverfahren knüpft § 246a AktG aber nicht an eine gesetzlich angeordnete Registersperre an,[1253] ordnet – in Anlehnung an § 16 Abs. 3 UmwG – aber auch die Bestandskraft der freigegebenen Maßnahme an[1254] und unterscheidet sich damit von einer freigegebenen Eingliederung gemäß § 319 Abs. 6 AktG und einem freigegebenen Squeeze-Out gemäß § 319 Abs. 6 AktG i. V. m. § 327e Abs. 2 AktG. Im Ergebnis werden nunmehr drei teilweise differierende Freigabeverfahren vom Gesetzgeber vorgesehen. Man kann sie unterteilen in Freigabeverfahren ohne Bestandskraft, aber mit Registersperre (§§ 319 Abs. 6 (ggf. i. V. m. § 327e Abs. 2) AktG), solche mit Bestandskraft, aber ohne Registersperre (§ 246a AktG), und solche mit Bestandskraft und Registersperre (§ 16 Abs. 3 UmwG).

In ihren Voraussetzungen für einen Freigabebeschluss sind sich die drei Freigabeverfahren indes gleichartig. Alle setzen voraus, dass für einen Freigabebeschluss entweder die Unzulässigkeit oder offensichtliche Unbegründetheit der erhobenen Klage gegeben ist und, wenn dies nicht der Fall ist, dem Gericht nach freier Überzeugung das alsbaldige Wirksamwerden des angefochtenen Beschlusses unter Berücksichtigung der Schwere der mit der Klage geltend gemachten Rechtsverletzung zur Abwendung der vom Antragsteller dargelegten wesentlichen Nachteile für die Gesellschaft und ihre Aktionäre vorrangig erscheint.[1255] Es stellt sich im Folgenden die Frage, welche Bedeutung Auskunftsrechtsverletzungen für diese Freigabekriterien erlangen und welche Konsequenzen für ein Freigabeverfahren aus den Neuerungen der §§ 131 Abs. 2 S. 2, Abs. 3 Nr. 7, 243 Abs. 4 S. 1 und 2 AktG abzuleiten sind. Da sich § 246a AktG darauf beschränkt die bisherigen Freigabekriterien zu übernehmen, soll allgemein auf die entsprechende Literatur hingewiesen werden,[1256] um sich im Folgenden auf das Auskunftsrecht unter besonderer Berücksichtigung der mit dem UMAG einhergehenden Problemstellungen beschränken zu können.

[1252] Zur faktischen Blockadewirkung einer Anfechtungsklage, selbst wenn, wie in den Fällen für die § 246a AktG geschaffen wurde, keine Registersperre angeordnet ist, vgl. Seite 68 ff.

[1253] Es entsteht mithin ein Wahlrecht der Gesellschaften, ob ein Freigabeverfahren durchgeführt wird, oder ob versucht werden soll, eine freiwillige Eintragung zu erreichen, *nur* bei einer Eintragung nach erfolgreichem Freigabeverfahren wird die Wirksamkeit der Kapitalmaßnahme oder des Unternehmensvertrages nicht mehr durch die Nichtigerklärung des Hauptversammlungsbeschlusses berührt, *Kort*, BB 2005, S. 1577 (1581); *Ihrig/Erwin*, BB 2005, S. 1973 (1975); *Diekmann/Leuering*, NZG 2004, S. 249 (254 f.).

[1254] Gerade diese Bestandskraft der Eintragung wird es sein, die das Wahlrecht der Gesellschaft zumindest bei einer Kapitalbeschaffungsmaßnahme bei börsennotierten Aktiengesellschaften faktisch zu Gunsten eines Vorgehens nach § 246a AktG beeinflussen wird, da Banken wegen der ansonsten bestehenden Vernichtbarkeit ausgegebener Aktien hierauf regelmäßig bestehen werden, *Wilsing*, DB 2005, S. 35 (38), zum Fall des KarstadtQuelle-Konzerns aus dem Jahr 2004, bei dem die Bedrohung der Wirksamkeit der Kapitalerhöhung durch Anfechtungsklagen die Sanierung beinahe verhindert hätte, vgl. Seite 70 und die Nachweise in Fn. 304.

[1255] Vgl. §§ 246a Abs. 2, 319 Abs. 6 S. 2 AktG, 16 Abs. 3 S. 2 UmwG.

[1256] Vgl. statt aller *Bork*, in: Lutter/Winter, UmwG, 4. Aufl. 2009, § 16 Rn. 24 ff.; *Marsch-Barner*, in: Kallmeyer, UmwG, 3. Aufl. 2006, § 16 Rn. 42 ff.; *Grunewald*, in: MüKo AktG, 2. Aufl. 2000, § 319 Rn. 37 ff.; *Hüffer*, AktG, 8. Aufl. 2008, § 246a Rn. 6 ff., 319 Rn. 18 f., 327e Rn. 3 je m. w. N.

II. Voraussetzungen einer Freigabeentscheidung unter besonderer Berücksichtigung des neuen Freigabeverfahrens nach § 246a AktG

1. Zulässigkeit und Verfahren

Die Freigabeverfahren gleichen sich nicht nur in ihren sachlichen Voraussetzungen, sondern schon hinsichtlich ihres Verfahrens.[1257] Insgesamt gelten für das Verfahren die Vorschriften der ZPO und nicht die des FGG, das Freigabeverfahren ist insofern als spezielles selbstständiges Eilverfahren *sui generis* konzipiert.[1258] So gilt die Dispositionsmaxime, und es ist ein Antrag des antragsbefugten, d. h. im Klageverfahren beklagten, Rechtsträgers notwendig, der die eine Freigabeentscheidung rechtfertigenden Tatsachen glaubhaft i. S. v. § 294 ZPO macht.[1259] Der Antrag ist gegen den klagenden Anteilsinhaber als richtigem Antragsgegner zu richten. Ferner setzen alle Freigabeverfahren voraus, dass die Klage, einerlei ob Anfechtungs- oder Nichtigkeitsklage,[1260] bereits erhoben ist,[1261] d. h. es ist die Rechtshängigkeit der Klage gemäß §§ 253 Abs. 1, 261 Abs. 1 ZPO mit dem Streitgegenstand der Unwirksamkeit des gefassten Beschlusses zu verlangen.[1262] Ist erst einmal Klage gegen den Beschluss erhoben worden, so ist der Antrag bis zur rechtskräftigen Entscheidung über die Klage möglich und unterliegt bis zu diesem Zeitraum keiner weiteren Fristbindung. Zuständig für die Entscheidung ist das zuständige Prozessgericht erster Instanz.[1263] Gegen den Beschluss des Prozessgerichts ist die sofortige Beschwerde eröffnet.[1264]

Zur weiteren Verfahrensbeschleunigung wurde in § 246a Abs. 3 S. 5 Hs. 1 AktG, anders als damals noch bei §§ 319 Abs. 6 (ggf. i. V. m. § 327e Abs. 2) AktG, 16 Abs. 3 UmwG, eine Zeitvorgabe von drei Monaten für die Durchführung des Freigabeverfahrens vorgesehen,[1265]

[1257] Für eine ausführliche Darstellung des Verfahrens bei § 16 Abs. 3 UmwG vgl. *Rettmann*, S. 159 ff. m. w. N.

[1258] Begr. RegE UmwBerG, BT-Drucks. 12/6699, S. 90; Begr. RegE UMAG, BT-Drucks. 15 /5092, S. 28; für § 16 Abs. 3 UmwG vgl. *Marsch-Barner*, in: Kallmeyer, UmwG, 3. Aufl. 2006, § 16 Rn. 47; ausführlich zu § 16 Abs. 3 UmwG vgl. *Rettmann*, S. 98 ff. m. w. N.; zu § 246a AktG vgl. *Hüffer*, AktG, 8. Aufl. 2008, § 246a Rn. 11; zu §§ 319 Abs. 6 (ggf. i. Vom. § 327e Abs. 2) AktG vgl. *Buchta/Sasse*, DStR 2004, S. 958 (958).

[1259] Vgl. §§ 246a Abs. 1 S. 1, Abs. 3 S. 2, 319 Abs. 6 S. 1 und S. 4 AktG, 16 Abs. 3 S. 1 und 4 UmwG; sämtliche präsenten zivilprozessualen Beweismittel unter Einschluss der eidesstattlichen Versicherung sind zulässig, Begr. RegE UMAG, BT-Drucks. 15 /5092, S. 28. Die Anteilsinhaber, der Vorstand oder Aufsichtsrat des beklagten Rechtsträgers sind hingegen nicht antragsbefugt, vgl. *Bork*, in: Lutter/Winter, UmwG, 4. Aufl. 2009, § 16 Rn. 18; *Rettmann*, S. 102.

[1260] In Entsprechung zu §§ 319 Abs. 6 AktG, 16 Abs. 3 UmwG (zu § 16 Abs. 3 UmwG vgl. nur *Marsch-Barner*, in: Kallmeyer, UmwG, 3. Aufl. 2006, § 16 Rn. 23, 38) findet § 246a AktG auch auf Nichtigkeitsklagen Anwendung, vgl. §§ 249 Abs. 1 S. 1 AktG.

[1261] Vgl. §§ 246a Abs. 1 S. 1, 319 Abs. 6 S. 1 AktG, 16 Abs. 3 S. 1 UmwG.

[1262] *Bork*, in: Lutter/Winter, UmwG, 4. Aufl. 2009, § 16 Rn. 19; *Marsch-Barner*, in: Kallmeyer, UmwG, 3. Aufl. 2006, § 16 Rn. 37f.; a. A. mögliche vorsorgliche Beantragung eines Freigabeverfahrens und ausreichen der Anhängigkeit *de lege ferenda Kiem*, in: RWS-Forum Gesellschaftsrecht 1997, 1997, S. 105 (121) Fn. 80; kritisch und für Ausnahmen auch *Rettmann*, S. 104.

[1263] Vgl. §§ 246a Abs. 1 S. 1, 319 Abs. 6 S. 1 AktG, 16 Abs. 3 S. 1 UmwG, dies gilt selbst dann, wenn die Hauptsache bereits in der Berufungsinstanz anhängig ist, vgl. LG Freiburg, Beschl. v. 26.11.1997 - AG 1998, S. 536 (537); *Bork*, in: Lutter/Winter, UmwG, 4. Aufl. 2009, § 16 Rn. 29 zu § 16 Abs. 3 UmwG.

[1264] §§ 246a Abs. 3 S. 3, 319 Abs. 6 S. 5 AktG, § 16 Abs. 3 S. 5 UmwG.

[1265] Der Gesetzgeber bezieht sich in seiner Begründung diesbezüglich auf die positiven Erfahrungen die bei anderen Fristvorgaben, wie § 36 AsylVfG, gemacht wurden, vgl. Begr. RegE UMAG, BT-Drucks. 15 /5092, S. 28., vgl. auch *Wilsing*, ZIP 2004, S. 1082 (1083); *Schütz*, DB 2004, S. 419 (423) m. w. N.

die bei einer entsprechenden Begründung gemäß § 246a Abs. 3 S. 5 Hs. 2 AktG vom Prozessgericht verlängert werden kann und als Leitbild wirken soll.[1266]

Schließlich bleibt darauf hinzuweisen, dass die im Gegensatz zu §§ 319 Abs. 6 (ggf. i. V. m. § 327e Abs. 2) AktG, 16 Abs. 3 UmwG unterschiedliche Regelungskonzeption des § 246a AktG ohne Registersperre, die Frage nach der Anwendbarkeit auf bereits eingetragene Hauptversammlungsbeschlüsse aufwirft.[1267] Hierzu wird vertreten, dass bei einer erfolgten Eintragung ein Verfahren nach § 246a AktG nicht mehr zulässig sei, da Sinn und Zweck des § 246a AktG ist, das Druck- und Missbrauchspotenzial einer Anfechtungsklage zu mindern, dieses aber bei erfolgter Eintragung nicht mehr vorhanden sei und ein Rechtsschutzbedürfnis nicht mehr vorliege.[1268] Das überzeugt nicht, denn ein Druck- und Missbrauchspotenzial besteht gerade bei den von § 246a AktG erfassten Hauptversammlungsbeschlüssen auch noch nach deren Eintragung, da bei erfolgreicher Anfechtung eine mit erheblichen, höchstrichterlich nicht geklärten Rechtsproblemen versehene Rückabwicklung droht.[1269] Schließlich ist die drohende Rückabwicklung als Risikoposten kaum einzuschätzen, weshalb Investoren Risikozuschläge in der Kalkulation vorsehen, wenn nicht die Freigabe erfolgt. Es besteht mithin auch nach der Eintragung ein dem Sinn und Zweck des § 246a AktG entsprechendes Rechtsschutzbedürfnis nach einer Freigabemöglichkeit.[1270]

2. Sachliche Voraussetzung einer Unbedenklichkeitsentscheidung – Freigabekriterien

Die sachlichen Voraussetzungen für eine Freigabeentscheidung sind in §§ 319 Abs. 6 S. 2 (ggf. i. V. m. § 327e Abs. 2) AktG und § 16 Abs. 3 S. 2 UmwG mit identischem Wortlaut unter Berücksichtigung der jeweiligen Maßnahme abschließend niedergelegt. Die Neuregelung des § 246a AktG übernimmt in ihrem Abs. 2 unverändert diese bereits bisher geltenden Freigabekriterien der §§ 319 Abs. 6 S. 2 (ggf. i. V. m. § 327e Abs. 2) AktG, 16 Abs. 3 S. 2 UmwG.[1271] Der Gesetzgeber hat in der Gesetzesbegründung zum UMAG lediglich die Freigabekriterien zu präzisieren versucht und weist der Interessenabwägungsklausel dabei eine wesentliche Bedeutung zu.[1272]

Einem Freigabeantrag darf nur stattgegeben werden, wenn eine der drei alternativ aufgezählten Varianten vorliegt, d. h. die Klage unzulässig (Var. 1), offensichtlich unbegründet (Var. 2) oder das alsbaldige Wirksamwerden des Beschlusses nach freier Überzeugung des Gerichts unter Berücksichtigung der Schwere der mit der Klage geltend gemachten Rechtsverletzungen zur Abwendung der vom Antragsteller dargelegten wesentlichen Nachteile für

---

1266 Begr. RegE UMAG, BT-Drucks. 15 /5092, S. 28; *Schütz*, DB 2004, S. 419 (423).

1267 Vgl. zur Anwendbarkeit auf anhängige Anfechtungsklagen allgemein schon Seite 202 f.

1268 Vgl. *Schütz*, NZG 2005, S. 5 (9).

1269 Das hat auch der Gesetzgeber erkannt, wie Begr. RegE UMAG, BT-Drucks. 15 /5092, S. 27 *„nicht ausgeschlossen“* zeigt; ausführlich *Ihrig/Erwin*, BB 2005, S. 1973 (1974) m. w. N.; für Anwendbarkeit auch *Wilsing*, DB 2005, S. 35 (38); *Kort*, BB 2005, S. 1577 (1581); die Anwendbarkeit annehmend, ohne explizit darauf einzugehen, OLG München, Beschl. v. 19.5.2006 - DB 2006, S. 1608 (1608) m. Anm. *Aha/Hirschberger*, DB 2006, S. 1610 (1610).

1270 Dies muss, da der Gesetzgeber die Anwendbarkeit des § 246a AktG für sog. „Altbeschlüsse“ nicht ausdrücklich ausgeschlossen hat, auch für solche, vor Inkrafttreten des UMAG gefassten, Beschlüsse gelten. Zutreffend OLG München, Beschl. v. 19.5.2006 - DB 2006, S. 1608 (1608) m. zust. Anm. *Aha/Hirschberger*, DB 2006, S. 1610 (1610); *Hüffer*, AktG, 8. Aufl. 2008, § 246a Rn. 2; *Dörr*, in: Spindler/Stilz, AktG, 2007, § 246a Rn. 8; *Ihrig/Erwin*, BB 2005, S. 1973 (1974); zu § 243 Abs. 4 S. 2 AktG vgl. *Leuering/Simon*, NJW-Spezial 2005, S. 315 (316).

1271 Begr. RegE UMAG, BT-Drucks. 15 /5092, S. 29; *Hüffer*, AktG, 8. Aufl. 2008, § 246a Rn. 4.

1272 Begr. RegE UMAG, BT-Drucks. 15 /5092, S. 29 f.

die Gesellschaft (bzw. beteiligten Rechtsträger) und ihre Aktionäre vorrangig erscheint (Var. 3). Im Folgenden sind diese Freigabekriterien vor dem Hintergrund der hier interessierenden Neuerungen durch das UMAG näher zu betrachten.

a. Variante 1: Die Unzulässigkeit der Klage

Die in Variante 1 des jeweiligen Freigabeverfahrens geregelte Unzulässigkeit der Klage als sachliche Voraussetzung eines Freigabebeschlusses[1273] war in ihrer Bedeutung ein bisher nachrangiger Anwendungsfall der Freigabekriterien.[1274] Anerkannt ist, dass die Zulässigkeit der Klage mangels Ausreichens einer „offensichtlichen Zulässigkeit" abschließend geprüft werden muss.[1275] Dabei muss von Unzulässigkeit ausgegangen werden, wenn das Gericht aufgrund der unstreitigen oder gemäß § 294 ZPO glaubhaft gemachten Tatsachen ohne Zweifel feststellen kann, dass die Klage wegen Unzulässigkeit erfolglos sein wird.[1276]

So wenig Bedeutung diese Variante der Freigabekriterien bislang entfaltete, so wird die Unzulässigkeit der Klage als sachliche Voraussetzung für eine Freigabeentscheidung mit der Neuregelung des § 243 Abs. 4 S. 2 AktG durch das UMAG künftig, jedenfalls bei kompensationsbezogenen Auskunftsmängeln, ein wenig an Bedeutung hinzugewinnen, da § 243 Abs. 4 S. 2 AktG und die mit ihm verbundenen Problemstellungen in diesem Zusammenhang auftauchen und relevant werden können. Wird eine Klage nämlich allein auf kompensationsbezogene Informationsmängel i. S. v. § 243 Abs. 4 S. 2 AktG gestützt, ist die Klage bereits als unzulässig abzuweisen,[1277] und es kann ein Freigabebeschluss schon aus diesem Grunde zügig und ohne weitere Prüfung ergehen. Nach hier vertretener Auffassung der fehlenden registerrechtlichen Sperrwirkung einer allein auf kompensationsbezogene Informationsmängel gestützten Anfechtungsklage[1278] kommt zwar im Zusammenhang mit §§ 319 Abs. 6 (ggf. i. V. m. § 327e Abs. 2) AktG, 16 Abs. 3 UmwG einer allein auf kompensationsbezogene Informationsmängel gestützten Anfechtungsklage keine eintragungshindernde Wirkung zu. Auch hier kann es, wie in den Fällen des § 246a AktG, jedoch zu einer faktischen Registersperre kommen. Diese faktische Registersperre kann nunmehr ebenfalls unter Hinweis auf § 243 Abs. 4 S. 2 AktG für alle Freigabeverfahren durch einen schnellen Freigabebeschluss des Prozessgerichts gestützt auf die „Unzulässigkeit" binnen einer kurzen Zeitspanne gelöst werden.

[1273] Vgl. §§ 246a Abs. 2 Var. 1, 319 Abs. 6 S. 2 Var. 1 (ggf. i. V. m. § 327e Abs. 2) AktG sowie § 16 Abs. 3 S. 2 Var. 1 UmwG.

[1274] *Veil*, AG 2005, S. 567 (573). In der Kommentarliteratur wird deshalb bislang nur sehr knapp zu diesem Punkt Stellung bezogen, vgl. bspw. nur *Marsch-Barner*, in: Kallmeyer, UmwG, 3. Aufl. 2006, § 16 Rn. 40; *Schwanna*, in: Semler/Stengel, UmwG, 2. Aufl. 2007, § 16 Rn. 28.

[1275] *Bork*, in: Lutter/Winter, UmwG, 4. Aufl. 2009, § 16 Rn. 20; *Rettmann*, S. 129 f.

[1276] Zu der hier nicht zu vertiefenden Problematik der Behebbarkeit eines Zulässigkeitsmangels und deren Auswirkungen vgl. *Bork*, in: Lutter/Winter, UmwG, 4. Aufl. 2009, § 16 Rn. 20; *Brandner/Bergmann*, in: FS Bezzenberger, 2000, S. 59 (63), wonach nur nicht behebbare Zulässigkeitsmängel einen Freigabebeschluss tragen können; a. A. *Kösters*, WM 2000, S. 1921 (1925); *Marsch-Barner*, in: Kallmeyer, UmwG, 3. Aufl. 2006, § 16 Rn. 40.

[1277] Hierzu und zu den Problemen in Zusammenhang mit § 243 Abs. 4 S. 2 AktG vgl. Seite 208 ff.; Zutreffend *Fuhrmann/Linnerz*, ZIP 2004, S. 2306 (2306f.); *Buchta/Sasse*, DStR 2004, S. 958 (959); *Keul*, ZIP 2003, S. 566 (567); wohl auch *Veil*, AG 2005, S. 567 (573) Fn. 61; a. A. *Leuering/Simon*, NJW-Spezial 2005, S. 315 (315) „unbegründet".

[1278] Vgl. Seite 222 m. w. N. in Fn. 1146.

b. *Variante 2: Die offensichtliche Unbegründetheit der Klage*

Variante 2 aller Freigabeverfahren eröffnet dem Prozessgericht die Möglichkeit eines Freigabebeschlusses für den Fall der offensichtlichen Unbegründetheit der Klage.[1279] Gründe für offensichtliche Unbegründetheit können – werden die Neuerungen des UMAG hervorgehoben – bspw. die fehlende Anfechtungsbefugnis des Aktionärs gemäß § 245 Nr. 1 AktG sein,[1280] wenn er nicht in der Hauptversammlung erschienen ist, erst nach dem von § 245 Nr. 1 AktG vorgegebenen Zeitpunkt Aktionär der Gesellschaft wurde oder er keinen Widerspruch zur Niederschrift gegeben haben sollte. Aus welchem Grund die Klage unbegründet ist, ist jedenfalls nicht relevant.[1281] Unter Variante 2 ist schließlich auch der Fall eines unwesentlichen (Auskunfts-)Mangels i. S. v. § 243 Abs. 4 S. 1 AktG zu subsumieren.[1282]

Schwierigkeiten bereitet nach wie vor der richtige Maßstab für die Feststellung der Offensichtlichkeit, da dieser dem Gesetz alleine nicht entnommen werden kann. Es erfolgten daher bereits eingehende Untersuchungen, auf die zur Vertiefung verwiesen werden soll.[1283] Übereinstimmung herrscht heute, in Abweichung von der früheren Rechtsprechung,[1284] dahingehend, dass der für die Feststellung der Unbegründetheit notwendige Prüfungsaufwand nicht Anknüpfungspunkt sein darf, sondern vielmehr das Ergebnis der sachlichen und rechtlichen Beurteilung, unter den Bedingungen eines Eilverfahrens und die darauf basierende Prognosesicherheit hinsichtlich der Unbegründetheit der Klage, entscheidend ist.[1285] Stets ist mit der Rechtsprechung eine sorgfältige Prüfung aller tatsächlichen und rechtlichen Fragen zu fordern.[1286] Insgesamt kann dann Offensichtlichkeit angenommen werden, wenn auf der Grundlage der unstreitigen oder glaubhaft gemachten Tatsachen zweifelsfrei und ohne dass es weiterer Tatsachenaufklärung bedarf oder schwierige Rechtsfragen geklärt werden müssen, mit hoher Wahrscheinlichkeit der Schluss gezogen werden kann, dass die Klage weder aus tatsächlichen noch aus rechtlichen Gründen erfolgreich sein wird.[1287]

[1279] Vgl. §§ 246a Abs. 2 Var. 2; 319 Abs. 6 S. 2 Var. 2 (ggf. i. V. m. § 327e Abs. 2) AktG und § 16 Abs. 3 S. 2 Var. 2 UmwG.

[1280] OLG Frankfurt a. M., Beschl. v. 8.2.206 - Der Konzern 2005, S. 276 (277).

[1281] *Bork*, in: Lutter/Winter, UmwG, 4. Aufl. 2009, § 16 Rn. 20; *Habersack*, in: Emmerich/Habersack, Aktien- und GmbH-Konzernrecht, 5. Aufl. 2008, § 319 Rn. 35.

[1282] *Noack/Zetzsche*, ZHR 170 (2006), S. 243.

[1283] Vgl. bspw. *Rettmann*, S. 110 ff. m. w. N.

[1284] Umfangreiche Nachweise zu dieser finden sich bei *Marsch-Barner*, in: Kallmeyer, UmwG, 3. Aufl. 2006, § 16 Rn. 41 Fn. 5.

[1285] Auch der Gesetzgeber weist in seiner Begr. RegE UMAG, BT-Drucks. 15 /5092, S. 29 hierauf ausdrücklich hin; so auch schon OLG Düsseldorf, Beschl. v. 16.1.2004 - ZIP 2004, S. 359 (359) m. Anm. *Sustmann*, EwiR § 327e AktG 1/04, S. 467 (467 f.); OLG Stuttgart, Beschl. v. 3.12.2003 - ZIP 2003, S. 2363 (2363); OLG Hamburg, Urt. v. 11.3.2003 - ZIP 2003, S. 1344 (1350); OLG Köln, Beschl. v. 6.10.2003 - ZIP 2004, S. 760 (760); OLG Hamburg, Beschl. v. 11.8.2003 - AG 2003, S. 696 (696); *Buchta/Sasse*, DStR 2004, S. 958 (959); *Marsch-Barner*, in: Kallmeyer, UmwG, 3. Aufl. 2006, § 16 Rn. 41; *Habersack*, in: Emmerich/Habersack, Aktien- und GmbH-Konzernrecht, 5. Aufl. 2008, § 319 Rn. 35;

[1286] OLG Düsseldorf, Beschl. v. 16.1.2004 - ZIP 2004, S. 359 (359) m. Anm. *Sustmann*, EwiR § 327e AktG 1/04, S. 467 (467 f.); OLG Stuttgart, Beschl. v. 3.12.2003 - ZIP 2003, S. 2363 (2363); OLG Hamburg, Urt. v. 11.3.2003 - ZIP 2003, S. 1344 (1350); OLG Köln, Beschl. v. 6.10.2003 - ZIP 2004, S. 760 (760); OLG Hamburg, Beschl. v. 11.8.2003 - AG 2003, S. 696 (696); *Rieckers*, BB 2005, S. 1348 (1350f.); *Habersack*, in: Emmerich/Habersack, Aktien- und GmbH-Konzernrecht, 5. Aufl. 2008, § 319 Rn. 35.

[1287] OLG Düsseldorf, Beschl. v. 16.1.2004 - ZIP 2004, S. 359 (359) m. Anm. *Sustmann*, EwiR § 327e AktG 1/04, S. 467 (467 f.); OLG Düsseldorf, Beschl. v. 27.8.2001 - ZIP 2001, S. 1717 (1718); *Marsch-Barner*, in: Kallmeyer, UmwG, 3. Aufl. 2006, § 16 Rn. 41; *Bork*, in: Lutter/Winter, UmwG, 4. Aufl. 2009, § 16 Rn. 22; *Kösters*, WM 2000, S. 1921 (1926), der glaubhaft gemachte Tatsachen aber unberücksichtigt wissen will. In

– FORTSETZUNG NÄCHSTE SEITE –

c. *Variante 3: Die Interessenabwägungsklausel*

Alle Freigabeverfahren ermöglichen die Überwindung der Registersperre bzw. bei § 246a Abs. 2 AktG die Eintragung des gefassten Beschlusses neben den Varianten der Unzulässigkeit und der offensichtlichen Unbegründetheit auch über eine Interessenabwägungsklausel.[1288] Variante 3 entfaltete bisher, wegen der Schwierigkeiten der Feststellung der Offensichtlichkeit der Unbegründetheit, die größte Praxisrelevanz. Hieran wird sich auch nach der Einführung des § 246a AktG nichts ändern. Ein Freigabebeschluss ist demnach zu erlassen, wenn das alsbaldige Wirksamwerden des Beschlusses nach freier Überzeugung des Gerichts unter Berücksichtigung der Schwere der mit der Klage geltend gemachten Rechtsverletzungen zur Abwendung der vom Antragsteller dargelegten wesentlichen Nachteile für die Gesellschaft (bzw. beteiligten Rechtsträger) und ihre Aktionäre vorrangig erscheint. Die Interessenabwägung wird und muss stets eine im Einzelfall nach freier Überzeugung zu treffende Entscheidung des Gerichts mit breitem Beurteilungsspielraum unter Berücksichtigung aller Positionen der Beteiligten sein.

Auch zukünftig wird die Frage, wann ein überwiegendes Gewicht des Rechtsverstoßes eines Hauptversammlungsbeschlusses angenommen werden kann, das nachgewiesene ökonomische Nachteile der Gesellschaft übertrifft, wegen der unterschiedlichen Art der in die Abwägung einzubeziehenden Interessen erhebliche Bedeutung haben.

aa. *Erfolgsaussichten der Hauptsache als Abwägungskriterium*

Den Streit um die Berücksichtigung der Erfolgsaussichten der Klage[1289] bei der Interessenabwägung möchte der Gesetzgeber dahin entschieden sehen, dass die Begründetheit der Klage zu unterstellen ist,[1290] die Erfolgsaussichten der Anfechtungsklage mithin ausgeblendet werden. Dem ist zuzustimmen, da anderenfalls die Sinnhaltigkeit der einen Schadensersatz zusprechenden Vorschriften der §§ 246a Abs. 4, 319 Abs. 6 S. 6 (ggf. i. V. m. § 327e Abs. 2) AktG, 16 Abs. 3 S. 6 UmwG in Frage gestellt werden müsste.[1291] Ein Schadensersatzanspruch kommt nämlich überhaupt nur dann in Frage, wenn die Maßnahme trotz der Begründetheit der Klage in das Handelsregister eingetragen wird. Hierfür und für eine alleinige Betrachtung der Folgen im Falle einer Freigabeentscheidung spricht auch und gerade die Eröffnung einer positiven Freigabeentscheidung auf der Grundlage einer Interessenabwägung.[1292] Die Begrün-

---

der Praxis ist es in der Regel nicht gewollt, die Notwendigkeit einer Beweisaufnahme herbeizuführen, da diese in der Regel der Offensichtlichkeit der Unbegründetheit entgegensteht.

1288 Vgl. §§ 246a Abs. 2 Var. 3, 319 Abs. 6 S. 2 Var. 3 (ggf. i. V. m. § 327e Abs. 2) AktG und § 16 Abs. 3 S. 3 Var. 3 UmwG

1289 Die wohl h. M. lehnte eine Berücksichtigung schon bislang unter Berufung auf die Gesetzesbegründung (vgl. Begr. RegE UmwBerG, BT-Drucks. 12/6699, S. 89) ab, vgl. OLG Düsseldorf, Beschl. v. 15.3.1999 - ZIP 1999, S. 793 (797); nun auch OLG Frankfurt, Beschl. v. 8.2.2006 - AG 2006, S. 249 (257); *Veil*, AG 2005, S. 567 (574); *Keul*, ZIP 2003, S. 566 (568); *Kösters*, WM 2000, S. 1921 (1928); *Decher*, AG 1997, S. 388 (391); *Bork*, in: Lutter/Winter, UmwG, 4. Aufl. 2009, § 16 Rn. 24 m. w. N.; für eine Berücksichtigung hingegen *Habersack*, in: Emmerich/Habersack, Aktien- und GmbH-Konzernrecht, 5. Aufl. 2008, § 319 Rn. 36; *Grunewald*, in: MüKo AktG, 2. Aufl. 2000, § 319 Rn. 38; *Heermann*, ZIP 1999, S. 1861 (1864f.); Schwanna, in: Semler/Stengel, UmwG, 2. Aufl. 2007, § 16 Rn. 40; *Noack*, ZHR 164 (2000), S. 274 (283f.); mit differenzierendem Lösungsansatz *Rettmann*, S. 152 ff.

1290 Begr. RegE UMAG, BT-Drucks. 15 /5092, S. 29.

1291 *Fuhrmann/Linnerz*, ZIP 2004, S. 2306 (2308); *Hirschberger/Weiler*, DB 2004, S. 1137 (1138f.); a. A. *Meilicke/Heidel*, DB 2004, S. 1479 (1484).

1292 Zutreffend *Heinrich/Theusinger*, BB 2006, S. 449 (452); m. umf. N. *Bork*, in: Lutter/Winter, UmwG, 4. Aufl. 2009, § 16 Rn. 24; Begr. RegE UMAG, BT-Drucks. 15 /5092, S. 29.

detheit der Klage ist mithin zu unterstellen und eine Abwägung dahin vorzunehmen, ob eine Eintragung, trotz der unterstellten Rechtsverletzungen, aufgrund der mit einem weiteren Aufschub verbundenen Nachteile wegen deren Schwere gerechtfertigt ist.

bb. Aufschub- und Vollzugsinteressen der Beteiligten als Abwägungskriterien

Insgesamt wird das Anfechtungsrecht durch die Interessenabwägung, soweit ein Freigabeverfahren zur Verfügung steht, unter den Vorbehalt der Verhältnismäßigkeit gestellt, der alle tangierten rechtlichen und wirtschaftlichen Interessen der Parteien, bei angenommenem Erfolg der Anfechtungsklage, einer Abwägung unterzieht.[1293] Die drohenden Schäden und Nachteile für die Gesellschaft im Falle der Nichteintragung (wesentliches Vollzugsinteresse) müssen der Schwere der angeführten Rechtsverletzung und den für den Aktionär vorstellbaren Schäden (Aufschubinteresse) gegenübergestellt und abgewogen werden. Die Kriterien für die Einordnung eines wesentlichen Vollzugsinteresses der Gesellschaft haben durch die Neuregelungen des UMAG keine wesentliche Neuerungen erfahren, so dass sich die folgenden Darstellungen grundsätzlich auf das Aufschubinteresse des Klägers in Zusammenhang mit insoweit möglichen Auswirkungen einer Auskunftsrechtsverletzung beschränken kann.[1294]

Bei der Feststellung des Aufschubinteresses müssen im Rahmen der Interessenabwägung Rechtsverletzungen unberücksichtigt bleiben, die offensichtlich nicht vorliegen oder die bereits verfristet sind.[1295] In Zusammenhang mit dem Auskunftsrecht spielt dies insbesondere bei § 243 Abs. 4 S. 1, 2 AktG eine Rolle, weil Anfechtungsklagen gestützt auf Anfechtungsrügen wegen kompensationsbezogener Informationsmängel oder unwesentliche Auskunftsrechtsverletzungen schon unzulässig bzw. unbegründet sind und solche Anfechtungsrügen bei der Abwägung daher gar nicht berücksichtigt werden dürfen. Die Einschränkung des Anfechtungsrechts mittelbar durch den Verhältnismäßigkeitsgrundsatz macht für das Aufschubinteresse eine Unterscheidung zwischen schweren, d. h. einen Freigabebeschluss grundsätzlich nicht zulassenden, und weniger schweren Rechtsverletzungen notwendig.[1296] Dies darf aber nicht dazu führen, Verallgemeinerungen das Wort zu reden.

Im Falle einer Auskunftsrechtsverletzung gelangt man, wie oben bei § 243 Abs. 4 S. 1 AktG gezeigt, dazu, dass unter Betonung des Erforderlichkeitskriteriums durch die Formulierung der Wesentlichkeit im Falle einer fehlerhaften Auskunftserteilung bei erforderlicher Auskunft i. S. v. § 131 Abs. 1 S. 1 AktG zu einer stets relevanten Auskunftsrechtverletzung i. S. v. § 243 Abs. 4 S. 1 AktG. Ist die Auskunft aus der Sicht des objektiv urteilenden Aktionärs nicht wesentliche Voraussetzung für die sachgerechte Wahrnehmung seiner Teilnahme- und Mitgliedschaftsrechte, ist die Anfechtungsklage daher mangels Auskunftsrechtsverlet-

---

[1293] Die Forderung nach einer allgemeinen Abwägungsmöglichkeit bei Auskunftsrechtsverletzungen, mit der berücksichtigt werden könnte, ob die Verletzung des Auskunftsrechts eine Anfechtungsklage mit bestandsschützender Wirkung unter Achtung des Gewichts und der Schwere des Auskunftsmangels rechtfertigt, wurde schon früher erhoben, vgl. *Decher*, in: GroßK AktG, 4. Aufl., 2001, § 131 Rn. 65, 398 ff. m. w. N.; *Schiessl*, in: VGR 1999, 2000, S. 57 (77).

[1294] Zu den Kriterien bei der Feststellung eines wesentlichen Vollzugsinteresses vgl. statt aller *Bork*, in: Lutter/Winter, UmwG, 4. Aufl. 2009, § 16 Rn. 21ff.; *Marsch-Barner*, in: Kallmeyer, UmwG, 3. Aufl. 2006, § 16 Rn. 45f.; *Decher*, AG 1997, S. 388 (392f.); *Rettmann*, S. 132 ff.; Schwanna, in: Semler/Stengel, UmwG, 2. Aufl. 2007, § 16 Rn. 33 f. je m. w. N.

[1295] OLG Stuttgart, Beschl. v. 22.3.2002 - DB 2003, S. 33 (35); *Fuhrmann/Linnerz*, ZIP 2004, S. 2306 (2308) m. w. N.; *Rettmann*, S. 126.

[1296] *Marsch-Barner*, in: Kallmeyer, UmwG, 3. Aufl. 2006, § 16 Rn. 44; zum Verhältnismäßigkeitsgrundsatz beim Auskunftsrecht auch *Decher*, in: GroßK AktG, 4. Aufl. 2001, § 131 Rn. 400 ff.

zung ausgeschlossen und im Falle des Freigabeverfahrens von offensichtlicher Unbegründetheit auszugehen.[1297] Ist die Auskunftsrechtsverletzung hingegen relevant und eine Anfechtungsklage eröffnet, muss auch im Freigabeverfahren grundsätzlich von einer wesentlichen Rechtsverletzung, die ein Aufschubinteresse des Aktionäre zu begründen vermag, ausgegangen werden.

Das kann aber nicht bedeuten, dass jede i. S. v. § 243 Abs. 4 S. 1 AktG wesentliche und damit „anfechtungsrelevante" Auskunftsrechtsverletzung, die stets eine wesentliche Rechtsverletzung in einem Freigabeverfahren zur Konsequenz hat, nicht mehr im Wege einer Interessenabwägung überwunden werden kann. Anderenfalls würde ein Widerspruch des § 243 Abs. 4 S. 1 AktG zu den Freigabeverfahren geschaffen. Denn eine leichte Auskunftsrechtsverletzung kann einem Freigabebeschluss in der Regel zwar nicht entgegenstehen, berechtigt aber auch schon, wie § 243 Abs. 4 S. 1 AktG nunmehr verdeutlicht, nicht zur Anfechtung. In den Fällen, für die § 243 Abs. 4 S. 1 AktG die Anfechtbarkeit aber gerade eröffnet wissen will, könnte dieser Anfechtungsklage nicht mit einem Freigabeverfahren entgegengetreten werden, wenn die wesentliche Auskunftsrechtsverletzung stets ein überwiegendes Aufschubinteresse zur Folge hätte.

Fraglich ist daher, ob man im Rahmen der Interessenabwägung zu Kriterien gelangen kann, die eine Einordnung der Auskunftsrechtsverletzung als zwar anfechtungsrelevante, aber im Rahmen der Interessenabwägung überwindbare Rechtsverletzung erleichtern.

(1) *Differenzierung zwischen Inhalts- oder Verfahrensfehlern*

Zunächst kann zwischen materiellen Beschlussmängeln, d. h. inhaltlichen Defiziten, und Verfahrensfehlern als formellem Verstoß unterschieden werden, wobei die Gefahr eines materiellen Fehlers in der Regel bedeutenderes Gewicht hat.[1298]

Bei einer Auskunftsrechtsverletzung handelt es sich um einen Verfahrensfehler,[1299] der grundsätzlich zur Anfechtbarkeit der gefassten Beschlüsse gemäß § 243 Abs. 1 AktG führt, aber in der Regel keine einem inhaltlichen Mangel vergleichbare Bedeutung aufweist. Letztlich gelangt man so alleine nicht schon zu einer in der Regel schwer wiegenden, unüberwindbaren Rechtsverletzung im Falle der Auskunftsrechtsverletzung.

Vielmehr bleibt es wie bisher dabei, dass es bei Verfahrensfehlern auf die Schwere und die Bedeutung des Verfahrensfehlers ankommt. Leichtere Auskunftsrechtsverletzungen, als nicht wesentliche Verfahrensfehler,[1300] stehen einem Freigabebeschluss in der Regel nicht entgegen, während gravierende Auskunftsrechtsverletzungen grundsätzlich nicht im Wege der Interessenabwägung überwunden werden können. Wie diese Abgrenzung vorzunehmen ist, war bisher schon schwierig zu bestimmen und konnte nicht durch eine pauschalierte Betrachtung geklärt werden. Nach wie vor besteht, da die Entscheidung vom Gesetzgeber auch weiterhin

---

[1297] Vgl. *Noack/Zetzsche*, ZHR 170 (2006), S. 243.
[1298] *Rettmann*, S. 141.
[1299] Ganz h. M. *Hüffer*, AktG, 8. Aufl. 2008, § 243 Rn. 11, 17; *ders.*, in: MüKo AktG, 2. Aufl. 2001, § 243 Rn. 26, 31; *Zöllner*, in: KölnKomm AktG, 1976, § 243 Rn. 136.
[1300] Zur Geringfügigkeit vgl. auch die Gesetzesbegründung zu § 16 Abs. 3 UmwG, Begr. RegE UmwBerG, BT-Drucks. 12/6699, S. 88 ff.

bewusst der Einzelfalljudikatur der Gerichte überlassen wird,[1301] auch heute noch eine Schwierigkeiten bereitende Grauzone.

(2) *Die Rechtsfolgen der Verletzung des Auskunftsrechts als Anhaltspunkt?*

Für die Abgrenzung von schweren und weniger schweren Rechtsverletzungen kann grundsätzlich die vom Gesetzgeber für die Rechtsverletzung angeordnete Rechtsfolge, Anfechtbarkeit oder Nichtigkeit, als Differenzierungskriterium herangezogen werden. Teilweise wird aus der gesetzgeberischen Differenzierung abgeleitet, Nichtigkeitsgründe stünden einem Freigabebeschluss regelmäßig entgegen, während dies für Anfechtungsgründe nicht anzunehmen sei.[1302] Nach neuer Rechtslage kann eine solche streng differenzierende Ansicht nicht mehr überzeugen. Dem steht, zumindest für das Freigabeverfahren nach § 246a AktG, die Neuregelung des § 242 Abs. 2 S. 5 AktG entgegen.[1303] Denn § 242 Abs. 2 S. 5 AktG hindert die Eintragung eines Urteils nach § 248 Abs. 1 S. 3 AktG bei Nichtigkeit des Hauptversammlungsbeschlusses nach §§ 241 Nr. 5 oder 249 AktG, wenn durch einen Freigabebeschluss nach § 246a Abs. 1 AktG rechtskräftig festgestellt wurde, dass Mängel des Hauptversammlungsbeschlusses die Wirkung der Eintragung unberührt lassen, und zeigt letztlich, dass auch bei Nichtigkeitsgründen grundsätzlich ein positiver Freigabebeschluss möglich ist.[1304]

Damit ist bisher aber nur gesagt, dass bei Nichtigkeitsgründen nicht prinzipiell ein Freigabebeschluss zu versagen ist. Es darf nicht darauf geschlossen werden, eine unterschiedliche Gewichtung zwischen Nichtigkeits- und Anfechtungsgründen sei jetzt gar nicht mehr notwendig oder möglich. Vielmehr haben Nichtigkeitsgründe i. S. v. § 241 AktG, als gravierende Beschlussmängel, auch weiterhin in aller Regel eine höhere Bedeutung, während Rechtsverletzungen die lediglich zur Anfechtung des Beschlusses berechtigen, wie die Verletzung des Auskunftsrechts, in der Regel geringer zu gewichten sind.[1305] Dies zugrunde gelegt spricht also nichts gegen die grundsätzliche Einordnung einer Auskunftsrechtsverletzung als durch wesentliche Vollzugsinteressen überwindbare Rechtsverletzung, wenngleich nicht allzu viel gewonnen wird.

(3) *Lösung der Abgrenzungsschwierigkeiten bei Verfahrensfehlern durch „Bestätigungstheorie"?*

Bei der Einordnung eines relevanten Auskunftsmangels im Rahmen der Interessenabwägung als „leichte" Verfahrensrechtsverletzung nimmt die Frage der Berücksichtigung der Beheb-

---

[1301] So schon bei § 16 Abs. 3 S. 2 UmwG, vgl. Begr. RegE UmwBerG, BT-Drucks. 12/6699, S. 89, dazu auch *Rettmann*, S. 136f., sowie nun auch zu § 246a Abs. 2 AktG die Begr. RegE UMAG, BT-Drucks. 15 /5092, S. 29.

[1302] Str., für eine hieran orientierte Abgrenzung bislang vgl. *Bork*, in: Lutter/Winter, UmwG, 4. Aufl. 2009, § 16 Rn. 27; *Noack*, ZHR 164 (2000), S. 274 (284); *Riegger/Schockenhoff*, ZIP 1997, S. 2105 (2110); *Rettmann*, S. 140; a. A. *Marsch-Barner*, in: Kallmeyer, UmwG, 3. Aufl. 2006, § 16 Rn. 44; *Kösters*, WM 2000, S. 1921 (1928).

[1303] *Fuhrmann/Linnerz*, ZIP 2004, S. 2306 (2308); *Marsch-Barner*, in: Kallmeyer, UmwG, 3. Aufl. 2006, § 16 Rn. 44; ob und wieweit dies auch auf die Freigabeverfahren nach §§ 319 Abs. 6 (ggf. i. V. m. § 327e Abs. 2) AktG, 16 Abs. 3 UmwG übertragbar ist, ist für die vorliegende Untersuchung nicht weiter entscheidend. Vorzugswürdig erscheint aber, um eine einheitliche Linie innerhalb der Freigabeverfahren zu fördern, bei allen Freigabeverfahren ein grundsätzliches Entgegenstehen der Nichtigkeitsgründe wie bei § 246a AktG nicht anzunehmen.

[1304] So auch Begr. RegE UMAG, BT-Drucks. 15 /5092, S. 28.

[1305] *Marsch-Barner*, in: Kallmeyer, UmwG, 3. Aufl. 2006, § 16 Rn. 44; *Kösters*, WM 2000, S. 1921 (1928).

barkeit eines Verfahrensfehlers eine bedeutende Stellung ein. Führt die Behebbarkeit eines Verfahrensmangels dazu, einer Verletzung regelmäßig lediglich eine geringe Bedeutung zuzumessen und ein Überwiegen der Vollzugsinteressen anzunehmen, stünden auch Auskunftsrechtsverletzungen einem Freigabebeschluss in aller Regel nicht weiter entgegen, wenn ein wesentliches Vollzugsinteresse seitens der Gesellschaft zumindest glaubhaft gemacht wurde. Denn bei einer Auskunftsrechtverletzung, als einem die Anfechtbarkeit begründenden Verfahrensfehler, ist ein Bestätigungsbeschluss gemäß § 244 S. 1 AktG, anders als bei inhaltlichen Fehlern oder Fehlern, die zur Nichtigkeit führen,[1306] unter rechtmäßiger Erteilung der begehrten Auskunft prinzipiell möglich.[1307] Die aufgezeigten Abgrenzungsprobleme zwischen leichten und gravierenden Auskunftsrechtsverletzungen könnten auf diese Art und Weise überwunden werden, indem bei Behebbarkeit pauschal eine Einordnung als leicht überwindbare Rechtsverletzung angenommen wird.

Nach einer Ansicht sollen die einem Bestätigungsbeschluss gemäß § 244 AktG zugänglichen Verfahrensfehler, und damit konsequenterweise auch die Auskunftsrechtsverletzung, einem Freigabebeschluss in der Regel nicht entgegenstehen, da ihr Gewicht im Rahmen der Ermessensausübung des Gerichts wegen der Bestätigungsmöglichkeit zu gering sei.[1308] Damit soll der Tatsache Rechnung getragen werden, dass der Verfahrensfehler durch einen erneuten Beschluss unschwer beseitigt werden kann, was bei der Einordnung als schwer oder weniger schwer zu berücksichtigen sei. Inkonsequent sei es, wenn zwar die Behebbarkeit stets zu einer Einstufung als gering führen soll, aber für Informationsmängel und damit auch für Auskunftsrechtsverletzungen, trotz deren grundsätzlichen Behebbarkeit, eine Ausnahme von diesem Grundsatz gemacht werden soll.[1309] Denn Informationsmängeln kommt nicht von vornherein ein höherer Stellenwert zu,[1310] der es rechtfertigen würde, trotz der Behebbarkeit einer Auskunftsrechtsverletzung gemäß § 244 S. 1 AktG aus dieser Systematik auszuscheren.

Dieser ersten Ansicht widerspricht eine andere Ansicht und lehnt, bei bestehender, lediglich potenzieller, Bestätigungsmöglichkeit gemäß § 244 S. 1 AktG, die Berücksichtigung der potenziellen Behebbarkeit im Rahmen der Interessenabwägung ab.[1311] Diese Ansicht stützt sich darauf, dass Verfahrensfehler grundsätzlich immer durch einen Bestätigungsbeschluss gemäß § 244 S. 1 AktG behoben werden können und damit die Aushöhlung der Verfahrensvorschriften und der Folge der Sanktionslosigkeit eines Verstoßes drohe. Unabhängig von der Schwere der Rechtsverletzung führe das bloße Abstellen auf die potenzielle Behebbarkeit und die damit verbundene Einordnung als geringfügige Rechtsverletzung bei reparablen Verfahrensfehlern wie der Auskunftsrechtsverletzung stets dazu, dass bei Glaubhaftmachung we-

---

1306 Inhaltliche Mängel des Beschlusses sind, da der inhaltliche Mangel auch bei einer erneuten Beschlussfassung noch präsent wäre, weil der zu bestätigende und der bestätigende Beschluss inhaltlich übereinstimmen müssen, einer Bestätigungsmöglichkeit ebenso entzogen wie Gründe, die zur Nichtigkeit des Beschlusses führen, vgl. zu den Voraussetzungen eines Bestätigungsbeschlusses *Hüffer*, AktG, 8. Aufl. 2008, § 244 Rn. 2; *ders.*, in: MüKo AktG, 2. Aufl. 2001, § 244 Rn. 6 je m. w. N.; zu inhaltlichen Fehlern vgl. auch Kiethe, NZG 1999, S. 1086 (1087f.) m. w. N.

1307 *Hüffer*, AktG, 8. Aufl. 2008, § 244 Rn. 2 m. w. N.; *Kiethe*, NZG 1999, S. 1086 (1087).

1308 LG Berlin, Beschl. v. 12.6.2003 - Der Konzern 2003, S. 483 (495); OLG Stuttgart, Beschl. v. 17.12.1996 - ZIP 1997, S. 75 (77); *Heermann*, ZIP 1999, S. 1861 (1872); *Schmid*, ZGR 1997, S. 493 (519); *Fuhrmann/Linnerz*, ZIP 2003, S. 2306 (2308); *Hüffer*, AktG, 8. Aufl. 2008, § 246a Rn. 9; so ausdrücklich auch für Informationsmängel *Heinrich/Theusinger*, BB 2006, S. 449 (453).

1309 So wohl Schw*anna*, in: Semler/Stengel, UmwG, 2. Aufl. 2007, § 16 Rn. 36, und *Hüffer*, AktG, 8. Aufl. 2008, § 319 Rn. 18, § 246a Rn. 9.

1310 *Marsch-Barner*, in: Kallmeyer, UmwG, 3. Aufl. 2006, § 16 Rn. 44.

1311 *Decher*, AG 1997, S. 388 (394); *Riegger/Schockenhoff*, ZIP 1997, S. 2105 (2110); *Rieckers*, BB 2005, S. 1348 (1351).

sentlicher Nachteile für die Gesellschaft im Falle der Nichtvollziehung auch eine Auskunftsrechtsverletzung ohne weiteres durch einen Freigabebeschluss überwunden werden kann.[1312] Die potenzielle Behebbarkeit reicht nach dieser Ansicht, anders als eine tatsächlich durchgeführte Bestätigung gemäß § 244 S. 1 AktG, nicht aus.

Vermittelnd verlagert *Grunewald* lediglich den Beurteilungszeitpunkt nach vorne, indem sie die potenzielle Behebbarkeit alleine ebenfalls nicht ausreichen lassen möchte, sondern vielmehr darauf abstellt, ob die Behebung bereits „*in die Wege*" geleitet wurde.[1313] Für diesen Fall reiche ein Verfahrensfehler „*kaum je aus*", um ein überwiegendes Vollzugsinteresse der Gesellschaft zu verneinen. Diese Ansicht indes ist durch das Abstellen auf ein bloßes „*in die Wege leiten*" mit einiger Rechtsunsicherheit verbunden.

Richtigerweise wird man mit der ersten Ansicht dem einem Bestätigungsbeschluss gemäß § 244 AktG zugänglichen Verfahrensfehler, und damit auch der Auskunftsrechtsverletzung, aufgrund seiner potenziellen Behebbarkeit regelmäßig geringeres Gewicht beimessen und ein nur geringes, in der Regel nicht ausreichendes Aufschubinteresse des Aktionärs annehmen können. Dem kann nicht entgegengehalten werden, dass dies zu einer Aushöhlung des Auskunftsrechts führe und eine faktische Sanktionslosigkeit der Auskunftsrechtsverletzung zur Folge hätte. Denn es wird nicht gesagt, dass Auskunftsrechtsverletzungen als Verfahrensfehler in jedem Fall durch ein Freigebeverfahren überwunden werden können. Zumal ansonsten § 243 Abs. 4 S. 1 und 2 AktG, die für bestimmte Fallkonstellationen die Anfechtbarkeit der gefassten Beschlüsse bewahren,[1314] keinen Sinn mehr machen würden. Denn einerseits würde eine Anfechtungsklage in den Fällen außerhalb von § 243 Abs. 4 AktG erhoben werden können, während andererseits diese Anfechtungsklage, soweit sie nur auf die Auskunftsrechtsverletzung gestützt wird, die gerade wegen deren Behebbarkeit einem Freigabebeschluss nicht entgegenstehen können soll, durch einen Freigabebeschluss überwunden werden. Im Ergebnis würde dadurch allein eine Verzögerung der Eintragung bewirkt, obwohl die Eintragung bei vorhandenem Vollzugsinteresse von vornherein feststand.[1315] Vielmehr ist die potenzielle Behebbarkeit des Verfahrensmangels bei der Interessenabwägung dahingehend zu berücksichtigen, dass sie eher für den Vollzug und gegen den Aufschub spricht, ohne dass der formale Mangel allein wegen seiner Behebbarkeit von vornherein vollständig zu negieren wäre.[1316]

Dass der formale Mangel tatsächlich behoben wird, ist daher nicht entscheidend. Gegen die Berücksichtigung nur einer tatsächlichen Behebung im Wege eines Bestätigungsbeschlusses spricht Folgendes: Die Einberufung einer außerordentlichen Hauptversammlung, eine solche wird in der Regel notwendig sein um einen zu großen Zeitverlust zu vermeiden, ist in der Praxis mit erheblichem Aufwand (und Kosten) verbunden.[1317] Darüber hinaus wird auch ein Bestätigungsbeschluss in der Praxis regelmäßig wie der Ausgangsbeschluss angefochten und vermag daher den ursprünglichen formalen Mangel nicht zeitnah zu beseitigen.

Man gelangt daher mit guten Gründen zu der Annahme, dass bei behebbaren Auskunftsmängeln die Behebbarkeit im Rahmen der Interessenabwägung als Abwägungskriterium zu Gunsten des Vollzugs heranzuziehen ist, so dass bei Glaubhaftmachung wesentlicher Nachtei-

---

[1312] *Decher*, AG 1997, S. 388 (394); gerade dies folgern *Heinrich/Theusinger*, BB 2006, S. 449 (453).
[1313] *Grunewald*, in: MüKo AktG, 2. Aufl. 2000, § 319 Rn. 38.
[1314] Vgl. dazu oben Seite 208 ff.
[1315] *Heinrich/Theusinger*, BB 2006, S. 449 (453).
[1316] OLG Stuttgart, Beschl. v. 17.12.1996 - ZIP 1997, S. 75 (77); *Hüffer*, AktG, 8. Aufl. 2008, § 246a Rn. 9.
[1317] Unzutreffend *Riegger/Schockenhoff*, ZIP 1997, S. 2105 (2110), die behaupten, ein Bestätigungsbeschluss könne in vergleichsweise kurzer Frist von der Gesellschaft herbeigeführt werden.

le für die Gesellschaft im Falle der Nichtvollziehung auch eine Auskunftsrechtsverletzung in aller Regel durch einen Freigabebeschluss überwunden werden kann. Dennoch sind Verfahrensmängel und damit auch Auskunftsrechtsverletzungen im Rahmen nicht *per se* unbeachtlich, so dass die Schwere der Auskunftsrechtsverletzung weiterhin eine Rolle spielt.

cc. Der Abwägungsvorgang

(1) *Allgemeines*

Nach dem eben Gesagten ist bei Feststellung der Anfechtungsrelevanz der Auskunftsrechtsverletzung und einem damit grundsätzlich einhergehenden Aufschubinteresse des Aktionärs Letzteres mit dem wesentlichen Vollzugsinteresse der Gesellschaft nach freier Überzeugung des Gerichts gegeneinander abzuwägen. Dabei ermöglicht nach der Gesetzesbegründung nurmehr der Verstoß von „*besonderer Schwere* [...] *also bei massiver Verletzung elementarer Aktionärsrechte*", von einem Überwiegen des Aufschubinteresses auszugehen,[1318] falls ein wesentliches Vollzugsinteresse der Gesellschaft besteht.

Dies ändert zunächst nichts daran, dass sich selbst ein Verfahrensfehler von geringer Bedeutung auch gegen ein unwesentliches Vollzugsinteresse der Gesellschaft durchzusetzen vermag.[1319] Liegt jedoch ein wesentliches Vollzugsinteresse der Gesellschaft vor, ist die Formulierung des Gesetzgebers nicht ganz unkritisch zu beurteilen und vor allem bezüglich des durch Art. 14 GG geschützten Auskunftsrechts nicht in der von der Gesetzesbegründung vorgegebenen Schärfe umzusetzen, sondern es kann grundsätzlich bereits eine schwere Verletzung des Auskunftsrechtes, wie bislang, ausreichen.[1320] Anderenfalls würde die von § 243 Abs. 4 S. 1 und 2 AktG für bestimmte Fälle belassene Anfechtungsmöglichkeit nicht hinreichend beachtet und eine Auskunftsrechtsverletzung letztlich doch, durch die Hintertür der Interessenabwägung, zu einem kaum sanktionierten Verfahrensverstoß herabgestuft. Generalisierende Aussagen lassen sich für die Interessenabwägung insofern kaum machen, als auch hier vielmehr alle Umstände des Einzelfalles berücksichtigt werden müssen.

(2) *Höhere Anforderungen bei einem Kleinaktionär einer börsennotierten Aktiengesellschaft?*

Bei der Einzelfallabwägung sollen nach dem Willen des Gesetzgebers auch die Beteiligungsquote des Aktionärs mit in die Abwägung einfließen und so dessen ökonomische Interessen mitberücksichtigt werden.[1321] Die früher überwiegende Ansicht lehnte dies ab, sah sich jedoch zunehmend einer für die Berücksichtigung eintretenden Ansicht gegenüber.[1322] Die eindeutige Gesetzesbegründung des UMAG, die für alle Freigabeverfahren gelten soll,[1323] spricht sich nunmehr für die Berücksichtigung der Beteiligungshöhe aus. Bei Kleinaktionären ist ein überwiegendes Aufschubinteresse nach dem Gesetzgeber anzunehmen, wenn die Rechtsverlet-

---

[1318] Begr. RegE UMAG, BT-Drucks. 15 /5092, S. 29.

[1319] *Habersack*, in: Emmerich/Habersack, Aktien- und GmbH-Konzernrecht, 5. Aufl. 2008, § 319 Rn. 36a.

[1320] Kritisch auch *Spindler*, NZG 2005, S. 825 (830).

[1321] Begr. RegE UMAG, BT-Drucks. 15 /5092, S. 29.

[1322] Ablehnend bspw. *Decher*, AG 1997, S. 388 (394); *Bork*, in: Lutter/Winter, UmwG, 4. Aufl. 2009, § 16 Rn. 27; Für eine Berücksichtigung *Marsch-Barner*, in: Kallmeyer, UmwG, 3. Aufl. 2006, § 16 Rn. 45; *Noack*, ZHR 164 (2000), S. 274 (285); *Riegger/Schockenhoff*, ZIP 1997, S. 2105 (2109); Schwanna, in: Semler/Stengel, UmwG, 2. Aufl. 2007, § 16 Rn. 38.

[1323] Begr. RegE UMAG, BT-Drucks. 15 /5092, S. 29.

zung, d. h. hier die Auskunftsrechtsverletzung, so schwer ist, dass eine Bestandskraft des Beschlusses unerträglich wäre.[1324] Die Gesetzesbegründung hat dabei primär die börsennotierte Aktiengesellschaft im Blick. Die Messlatte, wann ein Aufschubinteresse aufgrund einer Auskunftsrechtsverletzung angenommen werden kann, soll für den typischen Kleinaktionär damit letzten Endes noch ein Stück weiter nach oben geschoben werden können. Dies ist vor dem Hintergrund des Wandels des Kleinaktionärs einer börsennotierten Aktiengesellschaft zu einem Verbandsmitglied mit kapitalanlageorientiertem Charakter ein konsequenter Schritt. Die vermögensrechtlichen Rechte des Kleinaktionärs werden bei den Freigabeverfahren nach §§ 319 Abs. 6 (ggf. i. V. m. § 327e Abs. 2) AktG, 16 Abs. 3 UmwG grundsätzlich durch Spruchverfahren und Schadensersatz abgesichert, und auch § 246a Abs. 4 S. 1 AktG stellt einen Schadensersatzanspruch zur Verfügung. In allen Fällen eines Freigabeverfahrens kann der Aktionär mithin seine vermögensrechtliche Position liquidieren, falls ihm ein nachweisbarer vermögensrechtlich relevanter Schaden durch die Eintragung entsteht.

Allerdings ist eine Kompensationsmöglichkeit bei Auskunftsrechtsverletzungen meist nur bei kompensationsbezogenen Auskunftsmängeln bezifferbar, eine Anfechtungsklage indes gemäß § 243 Abs. 4 S. 2 AktG ausgeschlossen.[1325]

Ist hingegen das Mitgliedschaftsrecht verletzt, ist eine Kompensation über einen Schadensersatzanspruch regelmäßig nicht möglich.[1326] Fehlt die Kompensationsmöglichkeit für die Auskunftsrechtsrechtsverletzung, muss dies bei der Interessenabwägung zu Gunsten des Kleinaktionärs berücksichtigt werden. Es muss, bei dann gebotener restriktiver Vorgehensweise im Rahmen der Interessenabwägung,[1327] in diesen Fällen von der Forderung einer besonders schweren Rechtsverletzung abgerückt und auch für den Kleinaktionär die allgemeinen Anforderungen als ausreichend anerkannt werden. Diese Einschränkung ist aufgrund der besonderen Bedeutung des Auskunftsrechts für die auf das Auskunftsrecht (in der Regel allein) angewiesenen Kleinaktionäre auch vor dem Hintergrund des verfassungsrechtlichen Schutzes durch Art. 14 GG notwendig.

Für die nicht börsennotierte „kleine“ Aktiengesellschaft gilt selbiges. Bei nicht börsennotierten Aktiengesellschaften ist die Bezifferung eines Schadens ohnehin mangels Börsennotiz erschwert, weshalb die Maßstäbe im Rahmen der Interessenabwägung in der Regel schon strenger zu setzen sind.[1328] Einer Berücksichtigung der Beteiligungshöhe steht dies zwar grundsätzlich auch hier nicht entgegen, wenngleich es bei „kleinen“ nicht börsennotierten Aktiengesellschaften den vom Gesetzgeber ins Visier genommenen atomistisch beteiligten Kleinaktionär oftmals aber gar nicht geben wird.

III. Zwischenergebnis

Hinsichtlich des Verfahrens unterscheiden sich die drei vom Gesetzeber zur Verfügung gestellten Freigabeverfahren grundsätzlich nicht, nur für § 246a AktG ist eine Entscheidungsfrist mit Verlängerungsmöglichkeit vorgesehen, die eine Leitbildfunktion einnehmen soll (§ 246a Abs. 3 S. 5 Hs. 1 und 2). Anwendung findet die Neuerung des § 246a AktG, um die Bestandskraft zu ermöglichen, auch auf bereits eingetragene „Altbeschlüsse“.

1324 Begr. RegE UMAG, BT-Drucks. 15 /5092, S. 29.
1325 *Rettmann*, S. 138 f.
1326 *Rettmann*, S. 139.
1327 Vgl. dazu *Sosnitza*, NZG 1999, S. 965 (971) m. w. N.
1328 Zutreffend *Spindler*, NZG 2005, S. 825 (830).

Die Freigabekriterien aller drei Freigabeverfahren sind, auch nach dem gesetzgeberischen Willen, einheitlich auszulegen. Dabei können kompensationsbezogene Informationsmängel im Falle des § 243 Abs. 4 S. 2 AktG eine Freigabeentscheidung schon gestützt auf die Unzulässigkeit der Klage rechtfertigen, was wesentlich zu einer zügigen Freigabe der angefochtenen Beschlüsse beitragen wird. Ansonsten bleibt die Bedeutung des Freigabekriteriums der Unzulässigkeit, ebenso wie das der offensichtlichen Unbegründetheit, unter die offensichtliche Fälle der §§ 243 Abs. 4 S. 1, 245 Nr. 1 AktG fallen, wohl auch zukünftig auf dem bereits bisher vorhandenen niedrigen Niveau.

Die dritte Variante der Freigabekriterien, die Interessenabwägung, wird auch zukünftig die bedeutendste Rolle einnehmen. Bei der Abwägung der sich gegenüberstehenden wesentlichen Vollzugsinteressen der Gesellschaft mit den Aufschubinteressen des Aktionärs sind die Erfolgsaussichten der Hauptsache auszublenden und deren Begründetheit zu unterstellen. Die Auskunftsrechtsverletzung darf, soweit es sich um kompensationsbezogene Auskunftsmängel handelt, nicht auf Seiten des Aufschubinteresses eingestellt werden, da insoweit schon die Unzulässigkeit der Klage gegeben wäre. Andere Auskunftsrechtsverletzungen sind als Verfahrensfehler, die zur Anfechtbarkeit des gefassten Beschlusses führen, nach der Schwere der mit ihnen einhergehenden Rechtsverletzung in weniger schwere und schwere Auskunftsrechtsverletzungen zu unterteilen. Anfechtungsrelevante Auskunftsrechtsverletzungen können durch entsprechend gewichtige Vollzugsinteressen überwogen werden.

Der Abwägungsvorgang hat alle im jeweiligen Einzelfall vorhandenen Besonderheiten mit einzubeziehen. Dass der Gesetzgeber nur noch die „besonders schwere Verletzung elementarer Aktionärsrechte“ bei einem wesentlichen Vollzugsinteresse berücksichtigen möchte ist, liegt ein wesentliches Vollzugsinteresse der Gesellschaft vor, vor allem bezüglich des durch Art. 14 GG geschützten Auskunftsrechts nicht in der von der Gesetzesbegründung vorgegebenen Schärfe umzusetzen. Grundsätzlich kann auch eine schwere Verletzung des Auskunftsrechtes ausreichen, um zu einem überwiegenden Aufschubinteresse zu gelangen. Auch unter Rückgriff auf die nunmehr Eingang in die Interessenabwägung findende Beteiligungsquote des Aktionärs und damit des ökonomischen Interesses des atomistisch beteiligten Kleinaktionärs können die Anforderungen an die Auskunftsrechtsverletzung nicht weiter erhöht werden. Denn eine vermögensrechtliche Kompensation scheidet bei der Verletzung des Mitgliedschaftsrechts mangels bezifferbarem Schaden aus, so dass auch bei einem Kleinaktionär einer börsennotierten Aktiengesellschaft keine schärferen Anforderungen gestellt werden können. Gleiches gilt für die nicht börsennotierte Aktiengesellschaft.

§ 8 Ausblick: Europäische Tendenzen des aktienrechtlichen Auskunftsrechts

A. Aktionärsrechte-RL

Als Teil der Harmonisierungsbemühungen der EU-Kommission hat diese am 10.1.2006 einen Vorschlag für eine Richtlinie[1329] zur EU-weiten Vereinheitlichung der rechtlichen Rahmenbedingungen für die grenzüberschreitende Ausübung von bestimmten Aktionärsrechten innerhalb Europas vorgelegt. Dieser Vorschlag mündete in der am 14.7.2007 verkündeten Richtlinie.[1330] Mindeststandards bei den Aktionärsrechten sollen deren grenzüberschreitende Ausübung bei börsennotierten Aktiengesellschaften erleichtern, den Aktionären einen rechtzeitigen Zugang zu vollständigen Informationen über ihr Unternehmen und die unkomplizierte Ausübung bestimmter Aktionärsrechte, darunter das Stimmrecht wie das Auskunftsrecht, aus der Ferne ermöglichen und der Steigerung der Präsenzen in den Hauptversammlungen dienen.

Rechtspolitisch wurde die Gesetzesinitiative der EU-Kommission zur Stärkung der Rechte von Aktionären auf Hauptversammlungen innerhalb der Mitgliedstaaten kontrovers diskutiert, wobei es vor allem um das von der EU-Kommission in dem Vorschlag angelegte generelle Fragerecht für Aktionäre ging.[1331] So verwundert es kaum, dass der Vorschlag zur Mindeststandardisierung des Auskunftsrechts in seiner im RL-Vorschlag enthaltenen Form einigen Diskussionsbedarf für das in Deutschland geltende Auskunftsrecht des Aktionärs gemäß § 131 AktG auslöste.[1332] Im Folgenden soll die nunmehr in der Aktionärsrechte-RL erfolgte Regelung kurz skizziert werden, wobei auf die noch im RL-Vorschlag enthaltenen Regelungen zum Auskunftsrecht soweit als nötig eingegangen wird.

Die Aktionärsrechte-RL nahm ihren entscheidenden Ausgangspunkt in den Empfehlungen der, teilweise durch die Untersuchungen der Expertengruppe um *Winter* zu den Problemen des Cross-Border-Voting beeinflussten,[1333] High Level Group of Company Law Experts.[1334] Aufbauend auf diesen Empfehlungen wurde von der EU-Kommission im Mai 2003 ein EU-Aktionsplan zur Modernisierung des Gesellschaftsrechts und Verbesserung der Corporate Governance in der EU entwickelt.[1335] Der EU-Aktionsplan fokussiert sich im Wesentlichen auf die Stärkung der Aktionärsrechte sowie die Verbesserung des Schutzes Dritter. Die Aktionärsrechte, unter besonderer Betonung des Auskunftsrechts, die den Aktionären in börsennotierten Aktiengesellschaften zustehen, sollten nach dem EU-Aktionsplan standardisiert verbessert und die grenzüberschreitende Zurverfügungstellung der grundlegenden Aktionärsrech-

---

1329 Vorschlag für eine Richtlinie des Europäischen Parlaments und des Rates über die Ausübung der Stimmrechte durch Aktionäre von Gesellschaften, die ihren eingetragenen Sitz in einem Mitgliedstaat haben und deren Aktien zum Handel auf einem geregelten Markt zugelassen sind, sowie zur Änderung der Richtlinie 2004/109/EG, KOM (2005) 685 endg.

1330 Richtlinie 2007/36/EG des Europäischen Parlaments und des Rates vom 11.7.2007, verkündet am 14.7.2007, über die Ausübung bestimmter Rechte von Aktionären in börsennotierten Gesellschaften

1331 Großbritannien, Frankreich und Deutschland setzten sich bspw. für eine Entschärfung des vom RL-Vorschlag vorgesehenen Fragerechts ein, vgl. *Sommer*, Handelsblatt v. 11.4.2006, S. 15.

1332 Nahezu alle DAX-Unternehmen lehnten ein wie von der EU-Kommission vorgesehenes ausgedehntes Fragerecht ab, da sie eine Zunahme der Fragenanzahl in nicht zu bewältigender Weise fürchteten, *Sommer*, Handelsblatt v. 11.4.2006, S. 15.

1333 Final report Cross-Border Voting, S. 1 ff.

1334 Bericht High Level Group, S. 1 ff.; vgl. hierzu auch die Stellungnahme Arbeitsgruppe Europäisches Gesellschaftsrecht, S. 863 ff.

1335 Aktionsplan, KOM (2003) 284; vgl. dazu *Habersack*, NZG 2004, S. 1 (1 ff.); *Wiesner*, ZIP 2003, S. 977 (977 ff.) je m. w. N.

te für Aktionäre innerhalb der EU gewährleistet werden.[1336] Als am besten geeignetes Mittel zum Zweck der Erreichung der Ziele des EU-Aktionsplanes wurde, da bislang primär aufzulösende rechtliche Probleme der wirksamen Wahrnehmung der Aktionärsrechte entgegenstehen, ein mit einer Richtlinie zu schaffender Rahmen vorgeschlagen.[1337] Auf der Grundlage dieser Vorarbeiten veranlasste die EU-Kommission zwei Konsultationen, die sich jeweils in ihrem ersten Teil mit der Problematik der binnengrenzüberschreitenden Stimmabgabe und in einem zweiten Teil mit Problemen der Hauptversammlung befassten.[1338] Die beiden Konsultationen führten zu vielfach in ihrem Grundtenor positiven Stellungnahmen hinsichtlich der angepeilten Maßnahmen und ließen eine grundsätzlich breite Unterstützung für eine entsprechende Richtlinie erkennen.[1339]

Die auf dem RL-Vorschlag der EU-Kommission[1340] basierende Aktionärsrechte-RL ist nach diesen Vorarbeiten nun der vorerst letzte Baustein der Bemühungen der EU-Kommission um die Harmonisierung der Aktionärsrechte. Die am 3.8.2007 in Kraft getretene Aktionärsrechte-RL ist innerhalb von zwei Jahren, also bis zum 3.8.2009, in mitgliedschaftliches Recht umzusetzen.

I. Bedürfnis für die Vereinheitlichung der Standards für Aktionärsrechte innerhalb des europäischen Binnenmarktes

1. Im Allgemeinen

In den einzelnen EU-Staaten sind die Aktionärsrechte bislang in jeweils unterschiedlicher Intensität und Komplexität ausgestaltet und national differierende tatsächliche und rechtliche Unterschiede zu verzeichnen.[1341] Dies gilt auch für das Auskunftsrecht des Aktionärs.[1342] Aufgrund der immer weiter fortschreitenden Internationalisierung der Aktionärsstruktur bei börsennotierten Aktiengesellschaften, auch in der EU, wird heute ein beachtlicher Teil des Aktienkapitals von gebietsfremden Aktionären gehalten. Ohne Standardisierung ist es denkbar, dass die Wahrnehmung der Aktionärsrechte durch die Aktionäre mit Schwierigkeiten sowie erheblichen Kosten oder rechtlichen Unsicherheiten bei ihrer Wahrnehmung verbunden ist, was letztlich zu Lasten der Funktionsfähigkeit eines europäischen Kapitalmarktes liefe. Nicht auszuschließen ist auch, dass bei einer erschwerten grenzüberschreitenden Rechtsausübung aufgrund bisher bestehender national zwingender Rechtsbefehle die börsennotierten EU-Gesellschaften vorwiegend in die Hände passiver Aktionäre gelangen können[1343] oder Investoren, um Kosten zu sparen oder entsprechende Unsicherheiten zu vermeiden, im Zweifel Ab-

---

[1336] Aktionsplan, S. 17.

[1337] Aktionsplan, S. 17.

[1338] Vgl. 1. und 2. Konsultationspapier.

[1339] Unter http://ec.europa.eu/internal_market/company/shareholders/indexa_de.htm können die Dokumente und Ergebnisse der beiden Konsultationen abgerufen werden (zuletzt abgerufen am 10.1.2009).

[1340] Vorschlag Aktionärsrechte-RL, der nach einer umfangreichen Folgenabschätzung, vgl. Folgenabschätzung, S. 1 ff., vorgelegt wurde.

[1341] Vgl. *Baums/Wymeersch*, Shareholder Voting Rights, 1999, S. 1 ff.; vgl. mit Länderberichten hinsichtlich des Auskunftsrechts *Pelzer*, S. 17 ff., sowie mit einem Überblick die Folgenabschätzung zur Aktionärsrechte-RL vgl. Folgenabschätzung, S. 86 f.

[1342] Als Beispiel sei hier Großbritannien herausgegriffen, wo ein durchsetzbarer Anspruch auf Auskunft in der Hauptversammlung nicht besteht, sondern dieses lediglich zur „best practice" gehört und schließlich auch vom *Combined Code* angeführt wird, vgl. *Schmidt*, NZG 2006, S. 487 (489) m. w. N., sowie zu anderen Rechtsordnungen auch *Pelzer*, S. 4 f., 17 ff.

[1343] Vgl. Vorschlag Aktionärsrechte-RL, S. 2.

stand davon nehmen, im Ausland zu investieren. Hier können gewisse Mindeststandards ansetzen, indem gleiche Voraussetzungen für die Ausübung von Rechten geschaffen werden und die bestehenden Unterschiede weniger Einfluss bei der Investitionsentscheidung haben und im Gegensatz dazu die wirtschaftliche Komponente ein höheres Gewicht erlangt, um letztlich den Ausschlag zu geben.[1344] Letztlich ist auch für eine gute Corporate Governance stets die Beteiligung aller Aktionäre an Entscheidungen der Gesellschaft eine wesentliche Grundvoraussetzung.[1345]

Obwohl diese Gründe grundsätzlich für Mindeststandards streiten, mag man der Setzung von Mindeststandards durch die EU trotzdem kritisch gegenüberstehen.[1346] Solange sich der Gesetzgeber mit der Freigabe bestimmter, insbesondere im Bereich der Teilnahme an der Hauptversammlung und der Stimmrechtsausübung, zwingender Vorschriften zurückhält und diese zwingenden nationalen Vorschriften mangels Satzungsautonomie dem Wettbewerb um Investoren zwischen den Gesellschaften, mithin einer eigenständigen Regulierung durch den Wettbewerb, entzogen ist, ist jedenfalls die Stärkung der Aktionärsrechte auf diesem Weg verwehrt.[1347]

Sieht der europäische Gesetzgeber mit der Aktionärsrechte-RL nunmehr eine bis zu einem gewissen Grad reichende Grundharmonisierung vor, konfligiert dies im Ergebnis aber weder mit dem Subsidiaritätsprinzip noch mit der Idee des Wettbewerbs der Rechtsordnungen.[1348] Zwar ist es nicht ausgeschlossen, dass Letzterer zu einer Harmonisierung „*from the bottom*" führen kann,[1349] wenn man den Überlegungen zugrunde legt, dass die Staaten mit Rechtsordnungen mit geringeren Standards aufgrund des damit möglicherweise einhergehenden Wettbewerbsnachteils ihrerseits die eigenen Standards entsprechend anpassen werden.[1350] Allein dies zwingt indes nicht zu dem Schluss, dass der Wettbewerb der Rechtsordnungen einer Harmonisierung entgegensteht.

Nicht die Tendenz hin zu einer Mindestharmonisierung durch den europäischen Gesetzgeber, sondern einzig der nun eingeschlagene Weg über die träge und nicht besonders flexible Rechtsform einer Richtlinie, die bestimmte Lösungswege zwingend vorgibt, ist Ansatzpunkt, zumindest aus regelungstechnischer Sicht, für Kritik.[1351] Denn es werden Standards festgeschrieben, die in einer sich immer schneller wandelnden technischen Umgebung mit stets neuen Entwicklungen nicht in derselben Geschwindigkeit Schritt halten können. Verbleibt man dabei, Satzungsfreiheit und damit den Weg über den Wettbewerb der Investoren nicht zu gehen, dann wäre es sinnvoller gewesen, eine dem Lamfalussy-Verfahren vergleichbare Vier-

---

[1344] *Siems*, EBOR 6 (2005), S. 539 (544 f.); zu den verschiedenen Interessenlagen von Aktionären und Aktiengesellschaften vgl. *Pelzer*, S. 3.

[1345] Vgl. Vorschlag Aktionärsrechte-RL, S. 2.

[1346] *Siems*, EBOR 6 (2005), S. 539 (544 ff.); *Spindler*, in: VGR 2005, 2006, S. 31 (37 ff.).

[1347] Zutreffend *Spindler*, in: VGR 2005, 2006, S. 31 (38).

[1348] *Noack*, ZIP 2005, S. 325 (326); zum Subsidiaritätsprinzip vgl. *Schön*, ZGR 1995, S. 1 (1 ff.) m. w. N.; zum Wettbewerb der Privatrechtsordnungen im Europäischen Binnenmarkt vgl. *Merkt*, RabelsZ 59, (1995), S. 545 (545 ff.); *Kieninger*, S. 1 ff.; *Pannier*, S. 206 ff.; *Grundmann*, ZGR 2001, S. 783 (783 ff.).

[1349] So *Kieninger*, S. 38 m. w. N.

[1350] Soweit ersichtlich, ist das Problem der Harmonisierung auf diesem Wege aber noch ungeklärt.

[1351] Hierzu und zu Folgendem *Siems*, EBOR 6 (2005), S. 539 (543); *Spindler*, in: VGR 2005, 2006, S. 31 (37 ff.).

Stufen-Lösung mit einer Angleichungsmöglichkeit an neue Entwicklungen auf einer zweiten Stufe per Verordnung zu ermöglichen.[1352]

Trotz dieser regelungstechnischen Kritik ist die Vereinheitlichung der Aktionärsrechte durch Mindeststandards, unabhängig von dem gewählten Mittel ihrer Durchsetzung, ein wichtiger Schritt bei der Bekämpfung des mit der Internationalisierung der Aktionärsstruktur einhergehenden Bedeutungsverlusts der Hauptversammlung, der sich in der grundsätzlichen Tendenz einer sinkenden Präsenzquote in nahezu allen Mitgliedstaaten widerspiegelt. Die Möglichkeit einer grenzüberschreitenden Ausübung der Stimm- und Mitgliedschaftsrechte sowie der Information über die Aktiengesellschaft, an der er beteiligt ist, ist nicht nur für den Aktionär selbst wichtig, sondern für eine gute Unternehmensverfassung notwendige Voraussetzung und wesentlich für einen funktionsfähigen europäischen Kapitalmarkt.[1353] Werden die Aktionärsrechte nunmehr mit der gebotenen Sorgfalt durch harmonisierende Grundregeln einem einheitlichen Standard unterstellt, ohne dass partielle Eingriffe in das jeweilige Gesellschaftsrecht eines Mitgliedstaates dessen fein austariertes und aufeinander abgestimmtes System der *checks and balances* aus dem Gleichgewicht bringen und einseitig die Rechte und Pflichten der beteiligten Akteure verschoben werden, ist diesem Vorhaben positiv zuzustimmen.

2. Für das Auskunfts- und Fragerecht der Aktionäre im Speziellen

Die eben aufgeführten Gesichtspunkte sprechen wegen ihres allgemein übergreifenden Ansatzes grundsätzlich auch für eine Mindestharmonisierung im Bereich des aktienrechtlichen Auskunftsrechts.[1354] Insbesondere kann es nicht dem Wettbewerb der Rechtsordnungen überlassen werden, eine Harmonisierung im Bereich des Auskunftsrechts herbeizuführen. Denn dem Auskunftsrecht kommt im Informationssystem der Aktiengesellschaft eine Sonderrolle zu. So dient es nicht bloß der Information, sondern entfaltet auch gesellschaftsrechtlich eine gewisse Kontroll- und Druckfunktion. Das Auskunftsrecht leistet einen wesentlichen Beitrag zu einer guten Corporate Governance und damit auch zur Funktionsfähigkeit des Europäischen Kapitalmarktes, weshalb eine zu unterschiedliche Ausgestaltung dieses Informationsrechts seiner Funktion abträglich wäre.[1355] Auf die fortschreitende Internationalisierung hin zu einem Europäischen Kapitalmarkt und das damit einhergehende Erfordernis, dass Aktionäre innerhalb der EU dieselben Möglichkeiten haben müssen, am Informationsprozess sowie am Entscheidungsprozess teilnehmen zu können, hat bereits die High Level Group in ihrem Bericht hingewiesen.[1356] Die bislang unterschiedliche Ausgestaltung des Auskunftsrechts, die auch nicht durch den Wettbewerb der Rechtsordnungen nivelliert wurde, widerspricht diesem

---

1352 *Siems*, EBOR 6 (2005), S. 539 (543); zustimmend *Spindler,* in: VGR 2005, 2006, S. 31 (38); vgl. auch Lamfalussy-Report, S. 1 ff.; zum Lamfalussy-Prozess im Europäischen Kapitalmarktrecht vgl. *Schmolke*, NZG 2005, S. 912 (912 ff.).

1353 Zutreffend weist *Noack*, ZIP 2005, S. 325 (325) auf den Unterschied für die Standards des Produkts „Beteiligung an einer Aktiengesellschaft" zu denjenigen für Industrieprodukten hin, die einer Vielzahl grenzüberschreitender Industriestandards genügen müssen und für die zugunsten der Interessenten eine weitgehend grenzüberschreitende Vergleichbarkeit geschaffen wurde. Nur schwer nachvollziehbar sei, weshalb nicht auch die Aktienbeteiligung, die teilweise von erheblichen Unterschieden im europäischen Rechtsraum geprägt wird, so weit harmonisiert werden können soll, dass eine Vergleichbarkeit bis zu einem gewissen Grad erreicht wird.

1354 Zu den bestehenden Unterschieden der Ausgestaltung des Auskunftsrechts in der EU und einem möglichen Harmonisierungsvorschlag vgl. *Pelzer*, S. 17 ff.

1355 *Pelzer,* S. 9 f.

1356 Bericht High Level Group, S. 50 f.

Ziel und der Bedeutung des Auskunftsrechts für den Europäischen Kapitalmarkt,[1357] so dass das nunmehr verfolgte Anliegen auch den Bereich des Auskunftsrecht, aufgrund seiner Bedeutung, durch Mindeststandards auf ein einheitliches Grundniveau zu bringen Zustimmung verdient.

Dem kann nicht entgegengehalten werden, dass heute, und das beruht zu einem guten Teil auf den mit den neuen Medien einhergehenden Informationsmöglichkeiten, das Verhalten der börsennotierten Gesellschaften im Rahmen der Investor Relations[1358] wegen der damit bezweckten umfassenden und dauernden Information der Kapitalmärkte zu einer regelmäßigen, stetig ausgebauten Information der Aktionäre auch außerhalb der Hauptversammlung geführt hat.[1359] Aufgrund der Freiwilligkeit der Investor-Relations-Tätigkeit, wenngleich ein faktischer Zwang von Seiten des Kapitalmarktes ausgeübt wird, kann nicht gefolgert werden ein gewisser Mindeststandard für das Auskunftsrecht sei nicht notwendig gewesen.

II. Anwendungsbereich der Aktionärsrechte-RL

Hinsichtlich des Anwendungsbereiches limitiert Art. 1 Abs. 1 Aktionärsrechte-RL den unmittelbaren Anwendungsbereich grundsätzlich auf juristische Personen mit eingetragenem Sitz in einem Mitgliedstaat, deren Aktien zum Handel auf einem geregelten Markt i. S. v. Art. 4 Abs. 1 Ziff. 14 der MiFID-RL zugelassen sind.[1360] Das Hauptaugenmerk des europäischen Gesetzgebers ist folglich primär auf die börsennotierte Aktiengesellschaft und die nach Art. 10 SE-VO in jedem Mitgliedstaat wie eine nach dem Recht des Sitzstaates gegründete Aktiengesellschaft zu behandelnde Europäische Aktiengesellschaft (SE) gerichtet. Zwar ist auch dem deutschen Recht eine Unterscheidung zwischen börsennotierten und nicht börsennotierten Aktiengesellschaften nicht fremd,[1361] die Beschränkung auf börsennotierte Aktiengesellschaften bedeutet indes keinen Ausschluss der Übertragbarkeit der Aktionärsrechte-RL auf nicht börsennotierte Aktiengesellschaften. Vielmehr steht es den Mitgliedstaaten aufgrund der Regelung des Art. 3 Aktionärsrechte-RL, der den Mitgliedstaaten, entsprechend der *ratio* einer gewissen Mindestharmonisierung der Aktionärsrechte, die Möglichkeit belässt, überschießende, über den vorgesehenen Mindeststandard hinausreichende Regelungen aufrechtzuerhalten oder neu zu schaffen, frei, auch die nicht börsennotierte Aktiengesellschaft (teilweise) der Harmonisierung zu unterziehen. Wenngleich zu beachten ist, dass ein Bedürfnis für die von der Aktionärsrechte-RL vorgesehenen Regelungen vordringlich bei der börsennotierten Aktiengesellschaft besteht.[1362]

III. Die Regelung des Auskunftsrechts in Art. 9 Aktionärsrechte-RL

Die Aktionärsrechte-RL nimmt sich, wie schon der RL-Vorschlag, in Art. 9 Aktionärsrechte-RL in einem eigenen Artikel der Harmonisierung des Auskunfts- und Fragerechts des Aktionärs an. Das Auskunftsrecht als fundamentales Mitgliedschaftsrecht soll in allen Rechtsord-

---

[1357] *Pelzer*, S. 11.
[1358] Zu Investor Relations vgl. Fn. 315 und die dort angegebenen Nachweise.
[1359] Vgl. zur Bedeutung der Investor Relations und zum Begriff *Ekkenga*, NZG 2001, S. 1 (1 ff.); *Krystek/Müller*, DB 1993, S. 1785 (1785 ff.); *Link*, AG 1994, S. 364 (364 ff.); *Serfing/Großkopff/Röder*, AG 1998, S. 272 (272 ff.) je m. w. N.
[1360] Ausnahmemöglichkeiten werden durch Art. 1 Abs. 2 Aktionärsrechte-RL in Form einer Öffnungsklausel zu Gunsten der Mitgliedstaaten vorgesehen.
[1361] Vgl. nur die Legaldefinition des § 3 Abs. 2 AktG.
[1362] Vgl. Folgenabschätzung S. 21.

nungen verankert werden, um den Aktionären auch bei grenzüberschreitenden Sachverhalten die Möglichkeit zu eröffnen, Fragen an das Management richten zu können.

Die vorgesehene Regelung weicht erheblich von der noch im RL-Vorschlag enthaltenen Regelung ab. So sah der RL-Vorschlag in Art. 9 Nr. 1 RL-Vorschlag noch ausdrücklich ein Auskunftsrecht des Aktionärs auch vor der Hauptversammlung vor. Der RL-Vorschlag knüpfte an dieses Auskunftsrecht zudem eine – unter dem Vorbehalt der für einen ordnungsgemäßen Ablauf der Hauptversammlung sowie deren Vorbereitung und des Schutzes der Vertraulichkeit und Geschäftsinteressen der Gesellschaft stehende – Antwortpflicht des Vorstandes (Art. 9 Nr. 2 S. 1 RL-Vorschlag). Eine Antwort sollte gemäß Art. 9 Nr. 2 S. 2 RL-Vorschlag als erteilt gelten, wenn auf der Website der Gesellschaft die verlangten Informationen verfügbar sind. Schließlich verfolgte Art. 9 Nr. 3 RL-Vorschlag das Ziel, den Zugang zur erteilten Information unabhängig vom Standort des Aktionärs zu ermöglichen und durch die Zurverfügungstellung auf der Website eine grenzüberschreitenden Informationsmöglichkeit zu schaffen.

Art. 9 RL-Vorschlag war im Verlaufe des Gesetzgebungsverfahrens sehr umstritten[1363] und warf – die Umsetzung unterstellt – insbesondere für die deutsche Regelung des Auskunftsrechts des Aktionärs einigen Änderungsbedarf und Umsetzungsprobleme auf. Die Aktionärsrechte-RL sieht nun ein gegenüber dem RL-Vorschlag deutlich reduziertes Auskunftsrecht vor, nach dem gemäß Art. 9 Abs. 1 Aktionärsrechte-RL jeder Aktionär das Recht hat, Fragen zu Punkten auf der Tagesordnung der Hauptversammlung zu stellen und die Gesellschaft korrespondierend zu einer Antwort grundsätzlich verpflichtet ist. Anders als im RL-Vorschlag wird die Ausübung des Auskunftsrechts auf die Hauptversammlung konzentriert. Erwägungsgrund 8 der Aktionärsrechte-RL ermöglicht den Mitgliedstaaten fakultativ, ohne entsprechende Verpflichtung, ein Auskunftsrecht auch vor der Hauptversammlung vorzusehen. Wie schon in Art. 9 Nr. 2 RL-Vorschlag vorgesehen besteht auch nach der Aktionärsrechte-RL das Auskunftsrecht gemäß Art. 9 Abs. 2 Aktionärsrechte-RL nur vorbehaltlich der Maßnahmen, die für einen ordnungsgemäßen Ablauf der Hauptversammlung sowie deren Vorbereitung und des Schutzes der Vertraulichkeit und Geschäftsinteressen der Gesellschaft notwendig sind. Schließlich ermöglicht Art. 9 Abs. 3 Aktionärsrechte-RL, dass Mitgliedstaaten eine Frage als beantwortet gelten lassen können, wenn die begehrte Information bereits in Form von Frage und Antwort auf der Internetseite der Gesellschaft verfügbar ist.

1. Das Fragerecht nach Art. 9 Abs. 1 Aktionärsrechte-RL

Das Auskunftsrecht in der Hauptversammlung ist in § 131 Abs. 1 S. 1 AktG seit langem vorgesehen. Mangels einer ausdrücklichen gesetzlichen Regelung hinsichtlich der Form des Auskunftsbegehrens in § 131 Abs. 1 S. 1 AktG wurde von der h. M. bislang angenommen, dass das Auskunftsverlangen sowohl mündlich als auch schriftlich vorgebracht werden kann.[1364] Nach der Einführung des § 131 Abs. 2 S. 2 AktG ist dies wie gezeigt anders zu beurteilen, und schriftliche Auskunftsbegehren in der Hauptversammlung sind, wegen der Umgehungs-

[1363] *Ratschow*, DStR 2007, S. 1402 (1405); *Noack*, in: FS Westermann, 2008, S. 1203 (1213).

[1364] *Decher*, in: GroßK AktG, 4. Aufl. 2001, § 131 Rn. 98; noch *Hüffer*, AktG, 6. Aufl. 2004, § 131 Rn. 8 (zutreffend anders seit der 7. Aufl. 2006 nunmehr *ders.*, 8. Aufl. 2008, § 131 Rn. 8); *Butzke*, HV AG, 4. Aufl. 2001, G Rn. 29; *Semler*, in: Münch Hdb GesR, Bd. 4, 2. Aufl. 1999, § 37 Rn. 25; a. A. *Kubis*, in: MüKo AktG, 2. Aufl. 2004, § 131 Rn. 27; *ders*, in: FS Kropff, 1997, S. 171 (187) nur mündlich; auch nach dem UMAG noch unzutreffenderweise für die Zulässigkeit schriftlicher Auskunftsbegehren *Semler*, in: Münch Hdb GesR, Bd. 4, 3. Aufl. 2007, § 37 Rn. 24.

möglichkeit hinsichtlich der Frage- und Redezeitbeschränkung, nicht mehr zuzulassen.[1365] Diese Ansicht liegt ganz auf der noch im RL-Vorschlag vorgesehenen eindeutigen Regelung, die schriftliche Fragen während der Hauptversammlung aufgrund des eindeutigen Wortlauts des Art. 9 Nr. 1 Alt. 1 RL-Vorschlag, „*mündlich Fragen zu stellen*", ausschloss. Dieser von Art. 9 Nr. 1 Alt. 1 RL-Vorschlag statuierte Mündlichkeitsgrundsatz wird in Art. 9 Aktionärsrechte-RL nicht mehr so deutlich formuliert. Hieraus zu schließen, dass auch schriftliche Fragen zulässig sein müssen wäre indes vorschnell und unzutreffend. Die Form der Frage wird durch die Aktionärsrechte-RL gerade nicht vorgeschrieben, so dass es bei dem in Deutschland maßgeblichen Mündlichkeitsgrundsatz verbleibt und sich an der bisherigen Präsenzhauptversammlung unter dem Gesichtspunkt der Form des Auskunftsersuchens nichts ändert.

2. Fragerecht vor der Hauptversammlung?

Während ein Auskunftsrecht in der Hauptversammlung in § 131 Abs. 1 S. 1 AktG bereits verankert ist, besteht eine Pflicht zur Beantwortung vorab gestellter Fragen nach deutschem Recht nicht. Lediglich über den Mechanismus des § 131 Abs. 3 S. 1 Nr. 7 AktG wird den Aktiengesellschaften ein Anreiz geboten, auf vorab gestellte Fragen zu antworten, ohne hierfür jedoch gesetzlich in die Pflicht genommen zu werden.[1366] Bereits die Regierungskommission Corporate Governance hatte sich mit der Möglichkeit einer Vorab-Information mit der Rechtsfolge einer nicht mehr bestehenden Auskunftspflicht in dieser Form befasst, es gleichzeitig aber abgelehnt, eine Antwortpflicht des Vorstandes auf vorab gestellte Fragen festzuschreiben. Denn gerade bei Publikumsgesellschaften würde die Antwortpflicht zu einem nicht handhabbaren Frage- und Antwortspiel führen.[1367] Aus diesem Grunde übernahm auch das UMAG eine entsprechende Verpflichtung nicht.

Anders als noch der RL-Vorschlag, der gemäß Art. 9 Nr. 1 Alt. 2 i. V. m. 9 Nr. 2 S. 1 RL-Vorschlag auch vor der Hauptversammlung gestellte schriftliche wie elektronische Fragen einer Antwortpflicht ausdrücklich unterwerfen wollte, wird dies von der Aktionärsrechte-RL so deutlich nicht vorgesehen. Das Konzept des RL-Vorschlags sah noch eine formelle Doppellösung vor, d. h. die Möglichkeit, vor und während der Hauptversammlung Fragen zu stellen. Aus der Sicht des RL-Vorschlags unter Achtung seiner Zielsetzung war dies zwar konsequent, da es nicht ansässigen Aktionären nur schwer möglich ist, an der Hauptversammlung teilzunehmen und das bislang entscheidende Hindernis für die praktische Wahrnehmung des Auskunftsrechts, die notwendige persönlichen Präsenz,[1368] beseitigt werden sollte. Die EU-Kommission ging im RL-Vorschlag noch davon aus, dass, würde das Auskunftsrecht nicht mit einer Auskunftspflicht für vor der Hauptversammlung gestellte Fragen ausgestattet, ihm *in praxi* nur eine geringe Bedeutung zukommen wird und das Auskunftsrecht bei grenzüberschreitender Wahrnehmung wohl nur auf dem Papier gewährt würde.[1369]

Da in Art. 9 Abs. 1 Aktionärsrechte-RL die deutliche Formulierung eines Auskunftsrechts vor der Hauptversammlung mit korrespondierender Antwortpflicht für vor der Hauptversammlung angebrachte Auskunftsverlangen nicht (mehr) enthalten ist, der RL-Vorschlag in-

---

[1365] Vgl. Seite 103 ff.
[1366] Zu § 131 Abs. 3 S. 1 Nr. 7 AktG und seinen Problemkreisen vgl. Seite 172 ff.
[1367] Regierungskommission „Corporate Governance", BT-Drucks. 14/7515, Rn. 105.
[1368] Zur Diskussion um eine virtuelle Hauptversammlung vgl. *Spindler*, ZGR 2000, S. 419 (440 ff.); *Noack*, BB 1998, S. 2533 (2533 ff.) je m. w. N.
[1369] Vorschlag Aktionärsrechte-RL, S. 7; die Erstreckung auf Auskünfte vor der Hauptversammlung ablehnend DAV-Stellungnahme, NZG 2006, S. 577 (578).

soweit heftiger Kritik ausgesetzt war[1370] und der europäische Gesetzgeber von dieser deutlichen Formulierung ausdrücklich abgewichen ist, ist für Art. 9 Aktionärsrechte-RL nunmehr davon auszugehen, dass es den Mitgliedstaaten überlassen ist, ob sie das Fragerecht vor oder in der Hauptversammlung oder in beiden Fällen einräumen.[1371]

3. Inhaltlicher Bezug der gestellten Fragen zur Tagesordnung als materielle Voraussetzung?

Fraglich ist, ob die in der Hauptversammlung gestellte Frage einen konkreten Bezug zur Tagesordnung der Hauptversammlung aufweisen[1372] oder gar zur sachgemäßen Beurteilung eines Gegenstandes der Tagesordnung erforderlich sein muss.[1373] Konkrete Vorgaben für eine materielle Einschränkung sieht die Aktionärsrechte-RL – wie schon der RL-Vorschlag – nicht vor (Art. 9 Abs. 1 Aktionärsrechte-RL bzw. Art. 9 Nr. 1 RL-Vorschlag). Auch werden dem deutschen Erforderlichkeitskriterium i. S. v. § 131 Abs. 1 S. 1 AktG vergleichbare materielle Einschränkung nicht aufgeführt. Es scheint daher möglich, dass – wie beispielsweise in Frankreich[1374] – das Auskunftsrecht hinsichtlich aller Angelegenheiten der Aktiengesellschaft bestehen und ein weiter Gestaltungsspielraum für die Anknüpfungspunkte der Fragen eröffnet werden muss.

Eine so weit gehende Interpretation des Art. 9 Abs. 1 Aktionärsrechte-RL ist abzulehnen. Selbst in Frankreich wird zur materiellen Konkretisierung des weit formulierten Auskunftsrechts vorgeschlagen, dass das Auskunftsbegehren inhaltlich Bezug auf die Tagesordnung der Hauptversammlung nehmen muss.[1375] Bezweckt wird durch die damit einhergehende sachgerechte Handhabung des Auskunftsrechts der Ausgleich der Interessen der Aktiengesellschaften einerseits und der Interessen der Aktionäre andererseits. Ohne materielle Einschränkung könnten Aktionäre anderenfalls Fragen zu jedem beliebigen Fragenkomplex anbringen, die einer sachlichen, von inhaltlicher Qualität geprägten Diskussion abträglich sein können. Bekräftigen lässt sich diese Interpretation des Art. 9 Abs. 1 Aktionärsrechte-RL mit der Natur des Auskunftsrechts als hauptversammlungsbezogenem Aktionärsrecht. Das Auskunftsrecht soll den Aktionären eine informierte Basis für die sachgerechte Ausübung ihrer Mitgliedschaftsrechte in der Hauptversammlung verschaffen. Die Fokussierung der Debatte der Hauptversammlung auf die Tagesordnungspunkte der Hauptversammlung zwingt nahezu dazu, das Auskunftsbegehren zur Informationserlangung auch auf diese Punkte zu beschränken.[1376] Für eine weitere gegenständliche Beschränkung des Auskunftsrechts i. S. e. Erforderlichkeit, vergleichbar dem § 131 Abs. 1 S. 1 AktG, schon durch unmittelbare Interpretation des Art. 9 Abs. 1 Aktionärsrechte-RL, besteht indes keine Möglichkeit.

1370 *Noack*, in: FS Westermann, 2008, S. 1203 (1213).

1371 Zutreffend *Noack*, in: FS Westermann, 2008, S. 1203 (1213).

1372 Dies reicht bspw. in Belgien, vgl. *Pelzer*, S. 82 f. m. w .N.

1373 Eine materielle Einschränkung besteht neben Deutschland auch in Belgien und Spanien, vgl. dazu *Pelzer*, S. 82 f. und 98 ff. m. umf. N.

1374 Zur Rechtslage in Frankreich vgl. art. L. 225-108 al. 3 C. Com; vgl. *Guyon*, in: Baums/Wymeersch, Shareholder Voting Rights, 1999, S. 100 f.; *Pelzer*, S. 55 ff.

1375 Vgl. *Pelzer*, S. 56 m. w. N.

1376 Zutreffend für einen Vorschlag einer Harmonisierung durch eine Richtlinie *Pelzer*, S. 206.

4. Vorbehaltsklausel zu Gunsten der Mitgliedstaaten (Art. 9 Abs. 2 S. 1 Aktionärsrechte-RL)

In Art. 9 Abs. 2 S. 1 Aktionärsrechte-RL ist, wie schon in Art. 9 Nr. 2 S. 1 RL-Vorschlag, ein Vorbehalt zu Gunsten solcher Maßnahmen der Mitgliedstaaten vorgesehen, mit denen die Mitgliedsstaaten selbst den *„ordnungsgemäßen Ablauf der Hauptversammlungen und ihre ordnungsgemäße Vorbereitung sowie den Schutz der Vertraulichkeit und der Geschäftsinteressen der Gesellschaften"* zu gewährleisten versuchen. Zu diesem Zweck können nach der Aktionärsrechte-RL den Gesellschaften auch entsprechende Befugnisse eingeräumt werden. Diese Vorbehaltsklausel dient nicht zuletzt dem Ziel und Zweck, einem etwaigen Missbrauch des Fragerechts entgegenzutreten. Da es sich bei Art. 9 Aktionärsrechte-RL nicht um eine Harmonisierung des Auskunftsrechts in jeder Hinsicht handeln soll, sondern nur eine Mindestharmonisierung angestrebt wird, die eine unter dieses Minimum absinkende Regelung untersagt, steht dies nicht in Widerspruch zu Ziel und Zweck der Aktionärsrechte-RL. Die „weiche" Regelung in Form der Vorbehaltsklausel mag einerseits ein Einfallstor für unterschiedliche Regelungen sein, ist aber nicht zuletzt deshalb sinnvoll, da auf anderem Weg die Vielzahl möglicher Situationen ohne entsprechende Öffnung des Rechtsbefehls gar nicht erfasst werden könnten. Schließlich verbleibt die Möglichkeit einer Grundharmonisierung über die Rechtsprechung des EuGH.[1377]

Diese Öffnung des Tatbestandes ist hinsichtlich der bislang in Deutschland vorgesehenen Regelung des Auskunftsrechts in drei Teilbereichen von Bedeutung.

a. *Erforderlichkeit der Auskunft zur Beurteilung eines Tagesordnungspunktes i. S. v. § 131 Abs. 1 S. 1 AktG?*

Bereits oben wurde dargestellt, dass das Auskunftsrecht schon nach Art. 9 Abs. 1 Aktionärsrechte-RL einen inhaltlichen Bezug zur Tagesordnung aufweisen muss, wobei ein Erforderlichkeitskriterium vergleichbar dem § 131 Abs. 1 S. 1 AktG der europarechtlichen Regelung selbst nicht zu entnehmen ist.[1378] Klärungsbedarf besteht mithin dahin, ob die Erforderlichkeit gemäß § 131 Abs. 1 S. 1 AktG als eine von einem Mitgliedstaat ergriffene Regelung i. S. v. Art. 9 Abs. 2 S. 1 Alt. 1 Aktionärsrechte-RL, mit der höhere inhaltliche Anforderungen an das Auskunftsbegehren geknüpft werden, möglich ist.

Die materielle Voraussetzung der Erforderlichkeit der Auskunft *„zur sachgemäßen Beurteilung des Gegenstandes der Tagesordnung"* gemäß § 131 Abs. 1 S. 1 AktG soll nach der Gesetzesbegründung einen Missbrauch des Auskunftsrechts vermeiden.[1379] Die Vermeidung zwar im Zusammenhang mit der Tagesordnung stehender Auskunftsbegehren, deren Beantwortung jedoch ohne Erkenntnisgewinn für den objektiv denkenden Durchschnittsaktionär sind,[1380] dient dem ordnungsgemäßen Ablauf der Hauptversammlung.[1381] Allein diese Beurteilungserheblichkeit i. S. e. Erforderlichkeit vermag nämlich, als anspruchsbegründendes Tatbestandsmerkmal, eine effektive Einschränkung der Auskunftsbegehren zu bewerkstelligen. Denn ein

---

[1377] Zutreffend *Spindler*, in: VGR 2005, 2006, S. 31 (47).

[1378] Vgl. Seite 264 f.

[1379] Begr. RegE AktG 1965, abgedr. bei *Kropff*, S. 185.

[1380] Zu dieser Formel für den bei der Erforderlichkeitsprüfung anzulegenden Maßstab vgl. statt aller BayObLG, Beschl. v. 21.3.2001 - AG 2001, S. 424 (425) m. w. N.; KG, Beschl. v. 24.8.1995 - ZIP 1995, S. 1585 (1586) m. w. N.; *Ebenroth*, S. 42; *Hefermehl*, in: FS Duden, S. 109 (111); *Hüffer*, AktG, 8. Aufl. 2008, § 131 Rn. 12; *Kubis*, in: MüKo AktG, 2. Aufl. 2004, § 131 Rn. 39 m. w. N.

[1381] *Decher*, in: GroßK AktG, 4. Aufl. 2001, § 131 Rn. 132; *Hüffer*, AktG, 8. Aufl. 2008, § 131 Rn. 12.

bloßer inhaltlicher Zusammenhang wird sich bei Fragen zum inhaltlich weiten Tagesordnungspunkt der Entlastung von Vorstand und Aufsichtsrat oder der Vorlage des Jahresabschlusses, jedenfalls bei ordentlichen Hauptversammlungen, in der Regel herstellen lassen.[1382] Im Ergebnis ist das von § 131 Abs. 1 S. 1 AktG vorgesehene Beurteilungskriterium der Erforderlichkeit eine zulässige Ausfüllung des durch Art. 9 Abs. 2 S. 1 Alt. 1 Aktionärsrechte-RL vorgesehenen Vorbehaltsrahmens.

b. *Frage- und Redezeitbeschränkung gemäß § 131 Abs. 2 S. 2 AktG als formelle Schranke?*

Mit § 131 Abs. 2 S. 2 AktG hat der Gesetzgeber in Deutschland eine wesentliche Neuerung im Zusammenhang mit der Durchführung der Hauptversammlung eingeführt.[1383] Die mit diesem Rechtsbefehl bezweckte Steigerung der Hauptversammlungseffizienz einerseits sowie der Missbrauchsverhinderung andererseits trifft den von der Aktionärsrechte-RL mit Art. 9 Abs. 2 S. 1 Alt. 2 Aktionärsrechte-RL gesetzten Rahmen.[1384] Es handelt sich um eine Maßnahme, die den Gesellschaften vom Gesetzgeber im Wege der Satzungsautonomie an die Hand gegeben wurde. Sie dient dem ordnungsgemäßen Ablauf und damit einem legitimen Zweck i. S. v. Art. 9 Abs. 2 S. 1 Alt. 2 Aktionärsrechte-RL, da das Auskunftsrecht in seiner Grundform von der Beschränkung des § 131 Abs. 2 S. 2 AktG nicht berührt wird und es auch weiterhin jedem Aktionär – sogar unabhängig von seiner Beteiligungshöhe – zusteht.

c. *Die Auskunftsverweigerungsrechte des § 131 Abs. 3 S. 1 AktG*

Auskunftsverweigerungsrechte sind zum Schutz der Aktiengesellschaften unausweichlich. Aus diesem Grunde sehen die meisten europäischen Rechtsordnungen explizit Auskunftsverweigerungsrechte vor.[1385] So auch § 131 Abs. 3 S. 1 AktG, der einen grundsätzlich abschließenden Katalog[1386] von Auskunftsverweigerungsgründen enthält, eine Pflicht zur Auskunftsverweigerung in der Regel aber nicht auslöst.[1387] Die Auskunftsverweigerungsgründe dienen dem Schutz der Vertraulichkeit und der Geschäftsinteressen der Aktiengesellschaft,[1388] teilweise aber auch der Missbrauchsverhinderung und dem ordnungsgemäßen Ablauf der Haupt-

[1382] Vgl. *Semler*, in: Münch Hdb GesR, Bd. 4, 3. Aufl. 2007, § 37 Rn. 6; *Grage*, S. 50; *Hüffer*, AktG, 8. Aufl. 2008, § 131 Rn. 12.

[1383] Vgl. ausführlich hierzu Seite 112 ff.

[1384] *Ratschow*, DStR 2007, S. 1402 (1405); *Pluskat*, WM 2007, S. 2135 (2137); zutreffend noch zum RL-Vorschlag *Schmidt*, BB 2006, S. 1641 (1643).

[1385] Vgl. zu Auskunftsverweigerungsrechten in Belgien art. 540 al. 1 C. Soc. und in Spanien art. 112 LSA, wohingegen Frankreich Auskunftsverweigerungsrechte in art. L. 225-108 al. 3 C. Com. nicht normiert, vgl. insgesamt *Pelzer*, S. 85 ff. (Belgien), 100 ff. (Spanien) und 57f. (Frankreich).

[1386] Der enumerative Charakter kann aus § 131 Abs. 3 S. 2 AktG gefolgert werden, wenngleich für eine Auskunftsverweigerung wegen Missbrauchs des Fragerechts noch Platz ist, vgl. *Butzke*, HV AG, 4. Aufl. 2001, G Rn. 66 m. w. N.

[1387] Eine Pflicht kann sich im Einzelfall aus § 93 Abs. 1 AktG ergeben, vgl. *Hüffer*, AktG, 8. Aufl. 2008, § 131 Rn. 23; *Butzke*, HV AG, 4. Aufl. 2001, G Rn. 67 m. w. N.

[1388] § 131 Abs. 3 S. 1 Nr. 1 AktG (Vermeidung von Nachteilen der Gesellschaft), § 131 Abs. 3 S. 1 Nr. 2 AktG (Schutz des Steuergeheimnisses), § 131 Abs. 3 S. 1 Nr. 3 AktG (Interesse an Geheimhaltung stiller Reserven), § 131 Abs. 3 S. 1 Nr. 4 AktG (Vermeidung der Strafbarkeit des Organs der Aktiengesellschaft), § 131 Abs. 3 S. 1 Nr. 6 AktG (Vermeidung der Aushöhlung der in §§ 340 bis 340f HGB vorgesehenen Bilanzierungserleichterungen für Kreditinstitute und Finanzdienstleistungsunternehmen).

versammlung.[1389] Sie können mithin allesamt unter Art. 9 Abs. 2 S. 1 Aktionärsrechte-RL subsumiert werden.[1390]

5. Antwort der Gesellschaft über die Internetseite (Art. 9 Abs. 2 Unterabsatz 2 Aktionärsrechte-RL)

Der der Gesellschaft obliegenden Antwortpflicht ist diese auch dann nachgekommen, wenn sie gemäß Art. 9 Abs. 2 UA 2 Aktionärsrechte-RL die entsprechenden Informationen in Form von Frage und Antwort auf ihrer Internetseite verfügbar gemacht hat. Diese Regelung ist angelehnt an und entspricht weitgehend dem deutschen § 131 Abs. 3 S. 1 Nr. 7 AktG. Der deutsche Gesetzgeber hat durch § 131 Abs. 3 S. 1 Nr. 7 AktG bereits mit dem UMAG die Möglichkeit zu Gunsten der Gesellschaften eröffnet, eine Frage vorab per Internet zu beantworten, dabei aber strengere Regularien vorgesehen als der Art. 9 Abs. 2 UA 2 Aktionärsrechte-RL nun aufstellt. Denn neben der durchgängigen Bereitstellung im Internet für mindestens sieben Tage vor der Hauptversammlung fordert § 131 Abs. 3 S. 1 Nr. 7 AktG die durchgängige Zugänglichkeit auch während der Hauptversammlung.[1391] Die strengeren Anforderungen gegenüber Art. 9 Abs. 2 UA 2 Aktionärsrechte-RL sind über Art. 3 Aktionärsrechte-RL legitimiert.

Teilweise wurde für Art. 9 Nr. 2 S. 2 RL-Vorschlag die Forderung erhoben, klarzustellen, dass eine Zusammenfassung inhaltlich gleich lautender Fragen möglich sei, um Meinungsverschiedenheiten und Rechtsstreit über die Frage, ob Fragen in der Tat in den Antwortkatalog übernommen worden seien, vorab den Boden zu entziehen.[1392] Art. 9 Abs. 2 S. 2 Aktionärsrechte-RL sieht nunmehr dementsprechend vor, dass Mitgliedstaaten gestattet werden kann, auf Fragen gleichen Inhalts eine Gesamtantwort zu geben.

6. Keine Veröffentlichungspflicht

Die noch in Art. 9 Nr. 3 RL-Vorschlag vorgesehene Veröffentlichungspflicht für alle Antworten auf Fragen der Aktionäre i. S. v. Art. 9 Nr. 1 RL-Vorschlag hat bereits in den Stellungnahmen zur 2. Konsultation erhebliche Kritik erfahren,[1393] die sich in der Stellungnahme zum RL-Vorschlag fortsetzte.[1394] Zweck einer Veröffentlichungspflicht für Antworten auf Fragen sollte die Verbreiterung der Informationsbasis durch Gleichbehandlung der anwesenden und nicht anwesenden Aktionäre sein.

Zu Recht wurde auf eine entsprechende Regelung in der Aktionärsrechte-RL verzichtet. Denn Sinn macht eine Veröffentlichungspflicht nur so lange, wie die Hauptversammlung andauert. Die Aktionärsrechte, deren sachgerechter Wahrnehmung das Auskunftsrecht und die damit erlangten Antworten vornehmlich dienen sollen, können nämlich nur im Zeitfenster einer laufenden Hauptversammlung wahrgenommen werden. Die Einordnung des Auskunftsrechts als temporärem hauptversammlungsbezogenem Auskunftsrecht zeigt deutlich, dass eine über die Dauer der Hauptversammlung hinausreichende Zurverfügungstellung der erteil-

---

1389 § 131 Abs. 3 S. 1 Nr. 7 AktG, vgl. hierzu ausführlich Seite 172 ff.

1390 So auch *Schmidt*, BB 2006, S. 1641 (1643).

1391 Zu § 131 Abs. 3 Nr. 7 AktG und seinen tatbestandlichen Voraussetzungen vgl. Seite 172 ff.

1392 Gemeinsame Stellungnahme BDI, S. 5.

1393 Vgl. bspw. Stellungnahme ZKA zur 2. Konsultation, S. 9 f.; Stellungnahme BayJM zur 2. Konsultation, S. 8; zustimmend dagegen Stellungnahme DSW zur 2. Konsultation, S. 6.

1394 Vgl. Gemeinsame Stellungnahme BDI, S. 5 f.; befürwortend hingegen *Schmidt*, BB 2006, S. 1641 (1644) sowie DAV-Stellungnahme, NZG 2006, S. 577 (578).

ten Antworten vom Sinn und Zweck des Auskunftsrechts nur schwer gedeckt würde.[1395] Denn ein tatsächliches Bedürfnis der Aktionäre, sich auch nach der Hauptversammlung noch einmal mit den Fragen und Antworten auseinander zu setzen, wird in aller Regel nicht bestehen. Eine Veröffentlichungspflicht wie sie Art. 9 Nr. 3 RL-Vorschlag vorsah, ist gerade bei börsennotierten Aktiengesellschaften, daher nicht notwendig.[1396] Ausreichend sind in diesem zeitlichen Anwendungsbereich außerhalb der Hauptversammlung die kapitalmarktbezogenen Informationspflichten, flankiert durch die immer umfassenderen Investor-Relations-Tätigkeiten der Aktiengesellschaften.

Gegen eine strikte Pflicht zur Veröffentlichung und für eine dem Regelungsprinzip der Corporate-Governance-Regeln entsprechende Verankerung einer freiwilligen Veröffentlichungspflicht spricht neben der größeren Flexibilität und einem weiteren Entscheidungsspielraum zu Gunsten der Aktiengesellschaft ferner, dass es bei einer Verpflichtung zur wortlautgetreuen Wiedergabe der Antworten zu einem faktischen Zwang eines stenographischen Protokolls kommt, das wegen der Gefahr eines potenziellen Streits über die korrekte Wiedergabe des mündlichen Geschehens in Form eines notariellen Wortlautprotokolls geführt werden müsste, um Anfechtungsrisiken zu minimieren.[1397] Der damit verbundene Aufwand für die Gesellschaften stünde kaum im Verhältnis zum informatorischen Mehrwert für den Aktionär; ob ein informatorischer Mehrwert durch die Regelung des Art. 9 Nr. 3 RL-Vorschlag überhaupt erzielt worden wäre, ist mehr als fraglich. Letztlich würde durch die Veröffentlichungspflicht ein Tummelplatz für die Suche nach möglichen Anfechtungsgründen im Internet zur Verfügung gestellt, der das Anfechtungsrisiko erheblich vergrößert hätte. Damit wäre sicher auch eine als natürliche Reaktion zu erwartende stärkere Zurückhaltung der Vorstände bei der Beantwortung der Fragen in der Hauptversammlung zu erwarten gewesen, was wiederum dem erklärten Ziel der Verbesserung der Aktionärsinformation widersprochen hätte.

7. Die prozessuale Flankierung eines europarechtlich determinierten Auskunftsrechts

Art. 9 Abs. 1, Abs. 2 S. 1 Aktionärsrechte-RL fordert bei einem wirksam ausgeübten Auskunftsverlangen eine Antwort der Aktiengesellschaft. Zu den Rechtsfolgen einer fehlerhaften Antwort macht Art. 9 RL-Vorschlag indes keine Vorgaben. Es verbleibt bei den in den Mitgliedstaaten vorgesehenen Sanktionen für eine Auskunftsrechtsverletzung.[1398]

Ein Vergleich der vorgesehenen Sanktionen für die Verletzung des Auskunftsrechts zeigt, dass bei der prozessualen Flankierung des Auskunftsrechts innerhalb der Mitgliedstaaten teilweise ebenso erhebliche Unterschiede bestehen wie beim materiellen Auskunftsrecht selbst. So besteht in Deutschland bereits eine umfassende prozessuale Flankierung durch die Anfechtungsklage, [1399] die bislang so weitreichend war, dass ihre Ausgestaltung dem Missbrauch Vorschub leistete.[1400] Neben der Anfechtungsklage ist auch ein Auskunftserzwingungsverfahren gemäß § 132 AktG[1401] möglich. Auch die belgische, portugiesische und die spanische Rechtsordnung kennen die Möglichkeit einer gerichtlichen Kontrolle, gestützt auf

[1395] Zutreffend Gemeinsame Stellungnahme BDI, S. 5 f.
[1396] A. A. *Schmidt*, BB 2006, S. 1641 (1644).
[1397] Gemeinsame Stellungnahme BDI, S. 5; Stellungnahme ZKA zur 2. Konsultation, S. 10.
[1398] Zur prozessualen Flankierung des § 131 AktG vgl. Seite 201 ff.
[1399] Vgl. § 243 Abs. 1 AktG mit den Einschränkungen durch § 243 Abs. 4 AktG, ausführlich Seite 201 ff.
[1400] Vgl. zu den bisherigen Missständen im deutschen System der Anfechtungsklage vgl. Seite 67 ff.
[1401] Hierzu vgl. *Hüffer*, AktG, 8. Aufl. 2008, § 132 Rn. 1 ff. m. w. N.

die Verletzung des Auskunftsrechts.[1402] Anders Frankreich, das eine Sanktion der Auskunftsrechtsverletzung nicht vorsieht und keine gerichtliche Kontrollmöglichkeit eröffnet.[1403]

Diese Unterschiede innerhalb der Rechtsordnungen sind dem Sinn und Zweck der Aktionärsrechte-RL, das Auskunftsrecht innerhalb der Mitgliedstaaten durch eine Mindestharmonisierung auf einen Minimumstandard anzuheben und damit auch den Europäischen Kapitalmarkt zu stärken, nicht förderlich. Das Fehlen einer prozessualen Flankierung des Auskunftsrechts in einzelnen Mitgliedstaaten führt dazu, dass dessen Durchsetzung durch den Aktionär insofern nicht möglich ist. Damit wird das harmonisierte Auskunftsrecht dort zu einer *lex imperfecta* herabgestuft, während in anderen Mitgliedstaaten aufgrund der prozessualen Flankierung eine wirksame Absicherung des Auskunftsrechts besteht. Nur in Letzteren werden Aktiengesellschaften, wegen der möglichen Sanktion, dazu tendieren, die Informationsinteressen der Aktionäre so weit wie möglich zu befriedigen, um die drohende Kassation gefasster Beschlüsse zu vermeiden. In allen anderen Fällen kann sich die Aktiengesellschaft auf ungenaue, unrichtige oder gar keine Antworten beschränken, Sanktionen hat sie ohnehin nicht zu befürchten.

Mit einer Harmonisierung des Auskunftsrechts wird im Ergebnis zwar vordergründig das Aktionärsrecht auf Information auf der ersten Stufe der materiellen Grundlagen des Auskunftsrechts einem gewissen Mindeststandard zugeführt. Zugleich werden auf der zweiten Stufe der prozessualen Flankierung aber erhebliche Unterschiede hingenommen, die wegen der unterschiedlichen Sanktionsfolgen bei einer Verletzung des Auskunftsrechts den mit der ersten Stufe verfolgten Zweck konterkarieren und letztlich die positiven Elemente der Mindestharmonisierung für die Aktionäre und den Europäischen Kapitalmarkt zunichte machen können.

Wünschenswert wäre gewesen, wenn den Mitgliedstaaten auferlegt worden wäre, neben der materiellrechtlichen Seite der Mindestharmonisierung des Auskunftsrechts auch die wirksame Sanktionierung einer Auskunftsrechtsverletzung sicherzustellen.

8. Zwischenergebnis

Die mit der Aktionärsrechte-RL angestrebte Mindestharmonisierung des aktienrechtlichen Auskunftsrechts des Aktionärs in der Gestalt des Art. 9 Aktionärsrechte-RL bringt für die deutschen Regelungen zum Auskunftsrecht keinen Änderungsbedarf. Dies gilt sowohl für das Auskunftsrecht in der Hauptversammlung, für das die tatbestandliche Beschränkung der Erforderlichkeit wie die Begrenzung der Frage- und Redezeit gemäß § 131 Abs. 2 S. 2 AktG und die Regelung der Auskunftsverweigerungsrechte des § 131 Abs. 3 S. 1 AktG aufrechterhalten werden kann. Die Voraussetzungen der Beantwortung eines Auskunftsverlangens über die Internetseite werden von Art. 9 Abs. 2 UA 2 Aktionärsrechte-RL nur vage formuliert, weshalb die von § 131 Abs. 3 S. 1 Nr. 7 AktG aufgestellten strikteren Anforderungen an eine Vorab-Beantwortung als strengere Regelungen i. S. v. Art. 3 Aktionärsrechte-RL konkretisierend herangezogen werden können. Die noch in Art. 9 Nr. 3 RL-Vorschlag vorgesehene Veröffentlichungspflicht hat zu Recht keinen Eingang in die Aktionärsrechte-RL gefunden.

Bei der prozessualen Flankierung des harmonisierten Auskunftsrechts werden künftig, mangels Mindeststandard auch für die prozessuale Durchsetzbarkeit, Unterschiede innerhalb

---

[1402] Vgl. zu Belgien und Spanien vgl. *Pelzer*, S. 88 ff. und 115 ff. m. umf. N.; Folgenabschätzung, S. 87.

[1403] Vgl. *Pelzer*, S. 58 ff. m. w. N.

einzelner Mitgliedstaaten bestehen, die teilweise darin münden, dass das standardisierte Auskunftsrecht mangels prozessualer Absicherung zu einer *lex imperfecta* herabgestuft wird. Der auf der materiellen Ebene des Auskunftsrechts erreichte Mindeststandard sollte deshalb auch auf der prozessualen Ebene angestrebt werden, um nicht die gewonnenen positiven Elemente auf der nächsten Stufe wieder zu verlieren.

B. Das Auskunftsrecht in der SE-AG

Die den Mitgliedstaaten bevorstehende Mindestharmonisierung nach der Aktionärsrechte-RL der EU-Kommission entfaltet Wirkung auch hinsichtlich der SE-AG.

Kannten die Vorgängervorschriften der SE-VO[1404] ebenso wie der Entwurf der Strukturrichtlinie[1405] noch eine gemeinschaftsrechtliche Regelung des Auskunftsrechts des Aktionärs, so hat diese Regelung der wichtigsten Aktionärsrechte in der SE-VO nunmehr eine unübersehbare Deregulierung erfahren.[1406] Neben der Streichung einer Regelung beispielsweise zum Stimmrecht und Teilnahmerecht[1407] wird auch das Auskunftsrecht – wie dessen prozessuale Flankierung durch die Anfechtungsklage[1408] – in der SE-VO nicht mehr gemeinschaftsrechtlich geregelt.[1409] Insgesamt wird der komplette Regelungsbereich des Ablaufs und der Leitung der Hauptversammlung einer SE-AG von der SE-VO nicht näher bestimmt. Die meisten mitgliedschaftlichen Regelungen und damit auch das Auskunftsrecht sind daher vorrangig nach dem Recht des Sitzstaates der SE-AG zu gewährleisten, Art. 53 SE-VO.[1410] Diese Verweisung des Art. 53 SE-VO greift auch für das Auskunftsrecht des Aktionärs, da der Begriff des Ablaufs nicht nur auf die technische Organisation der Hauptversammlung Bezug nimmt, sondern umfassend zu interpretieren ist.[1411] Dies folgt aus einem Umkehrschluss, der daraus zu ziehen ist, dass die SE-VO in Art. 53 SE-VO die Organisation der Hauptversammlung als eigenständiges Merkmal erwähnt. Insoweit sieht Art. 53 SE-VO eine Spezialverweisung für die Organisation und den Ablauf der Hauptversammlung vor, wonach unbeschadet der weiteren Bestimmungen des Abschnitts „Hauptversammlung" der SE-VO auf die im Sitzstaat der SE-AG maßgeblichen Rechtsvorschriften zurückzugreifen ist, ohne dass damit zugleich gesagt werden kann, dass die für nationale Aktiengesellschaften geltenden Auslegungsergebnisse im Zusammenhang mit der jeweiligen Rechtsvorschrift ohne weitere Prüfung auf die SE-AG zu übertragen sind.[1412] Für eine SE-AG mit Sitzstaat in Deutschland findet daher § 131 AktG in vollem Umfang in seiner nach dem UMAG gefundenen Form, einschließlich der zum Auskunftsrecht entwickelten Rechtsprechung, Anwendung.[1413] Die von der Rechtsprechung entwickelten ungeschriebenen Grundsätze zum Missbrauch des Fragerechts finden hingegen schon deshalb Anwendung, da es sich insofern um einen allgemeinen Rechtsgrundsatz han-

[1404] gl. Art. 90 SE-Statut 1970, 1975 und 1989.

[1405] Vgl. Art. 31 Fünfter RL-Vorschlag.

[1406] *Pannier*, S. 142 f. m. w. N.

[1407] Diese waren im SE-Statut 1991 noch in dessen Art. 87 bzw. 86 vorgesehen, fehlen aber nun in der SE-VO.

[1408] Eine Regelung zur Anfechtungs- und Nichtigkeitsklage sah bspw. noch Art. 100 SE-Statut 1989 vor.

[1409] *Brandt*, S. 224; *Schwarz*, SE-VO, 2006, Art. 53 Rn. 24.

[1410] *Schwarz*, ZIP 2001, S. 1847 (1857); Brandt, S. 224 f.; *Spindler*, in: Lutter/Hommelhoff, SE-AG, S. 244. Die spezielle Verweisung verdrängt die allgemeine Verweisung nach Art. 9 Abs. 1 c ii SE-VO.

[1411] Zutreffend *Baatz/Weydner*, in: Jannott/Frodermann, Handbuch SE-AG, 2005, § 6 Rn 13; *Mayer*, in: Manz/Mayer/Schröder, SE-AG, Art. 53 Rn. 4, 7; *Schwarz*, ZIP 2001, S. 1847 (1857); zu Art. 81a SE-Statut 1991 *Jaeger*, S. 124 f.

[1412] *Spindler*, in: Lutter/Hommelhoff, SE-AG, S. 238.

[1413] *Mayer*, in: Manz/Mayer/Schröder, SE-AG, Art. 53 Rn. 4, 7; *Schwarz*, SE-VO, 2006, Art. 53 Rn. 24; *Jaeger*, S. 124; *Brandt*, S. 224; *Spindler*, in: Lutter/Hommelhoff, SE-AG, S. 226.

delt, der sich nicht erst aus dem nationalen Aktienrecht ableiten lässt, sondern bereits in der SE-VO selbst angelegt ist.[1414]

Es zeigt sich wegen der jeweiligen Anwendbarkeit nationalen Rechts, dass die bisherigen Unterschiede bei der Ausgestaltung des Auskunftsrechts in den einzelnen Mitgliedstaaten auch bei der SE-AG zu Unterschieden führen kann, deren Vermeidung durch Mindeststandards für einen Europäischen Kapitalmarkt durch eine Mindestharmonisierung im Wege einer Richtlinie zu befürworten ist.[1415] Denn mit der Angleichung des Auskunftsrechts kann nicht mehr durch die Wahl eines bestimmten Sitzstaates den Aktionären die Möglichkeit entzogen werden, ihr Auskunftsrecht wirksam wahrzunehmen.

Hinsichtlich der Absicherung des Auskunftsrechts über die Anfechtungsklage kannten frühere Vorschläge noch eine explizite Regelung,[1416] die in der SE-VO nicht mehr vorhanden ist. Nach dem Willen des europäischen Gesetzgebers ist aber nunmehr von einer Regelungsoffenheit der SE-VO auszugehen, die über die Generalverweisung des Art. 9 Abs. 1 c ii SE-VO über die Anwendung des mitgliedstaatlichen Rechts am Sitz der Gesellschaft auszufüllen ist.[1417] Von diesem vollumfänglichen Verweis sind für eine SE-AG mit Sitz in Deutschland die §§ 241 ff. AktG erfasst.[1418] Dies gilt auch hinsichtlich des in Deutschland entwickelten Richterrechts, vor allem zur rechtsmissbräuchlichen Ausübung des Anfechtungsrechts als allgemeinem Rechtsgrundsatz, der sich nicht als Ausprägung nur des nationalen Aktienrechts darstellt.[1419] Denn es wäre kaum einzusehen, wenn die SE-AG alle mit den Unklarheiten des jeweiligen Rechtssystems einhergehenden Risiken erneut eingehen müsste, ohne die durch entsprechende Urteile bereits gewonnene Rechtssicherheit in gleichem Maße wie nationale Aktiengesellschaften in Anspruch nehmen zu können.[1420] Letztlich finden die Neuerungen der § 243 Abs. 4, 245 Nr. 1 AktG im Zusammenhang mit dem Auskunftsrecht auch bei der SE-AG uneingeschränkt Anwendung.

[1414] *Spindler*, in: Lutter/Hommelhoff, SE-AG, S. 226.

[1415] Die nunmehr vorangetriebene Harmonisierung in diesem noch nicht mit einem Mindeststandard versehenen Bereich des Auskunftsrechts wurde in der Literatur bereits gefordert, vgl. Raiser, in: FS Semler, 1993, S. 277 (294); *Brandt*, S. 224.

[1416] So Art. 95 SE-Statut 1970 und 1975, sowie Art. 100 SE-Statut 1989

[1417] *Schwarz*, SE-VO, 2006, Art. 57 Rn. 23; *Spindler*, in: Lutter/Hommelhoff, SE-AG, S. 247.

[1418] *Schwarz*, SE-VO, 2006, Art. 57 Rn. 23; *Hirte*, DStR 2005, S. 700 (703); *Brandt*, S. 226; *Spindler*, in: Lutter/Hommelhoff, SE-AG, S. 238 f.; *Mayer*, in: Manz/Mayer/Schröder, SE-AG, Art. 57 Rn. 18 ff.

[1419] *Spindler*, in: Lutter/Hommelhoff, SE-AG, S. 226 m. w. N.

[1420] *Spindler*, in: Lutter/Hommelhoff, SE-AG, S. 226.

§ 9 Zusammenfassung der wichtigsten Ergebnisse der Untersuchung in Thesen

Zu § 2

1. Das Auskunftsrecht des Aktionärs ist, bei Zugrundelegung sowohl eines individualistisch wie eines verbandsrechtlichen „Leitbildes“ der Aktionärsstellung, von Art. 14 GG erfasst. Bei der hier vertretenen verbandsrechtlichen Orientierung ist die Interdependenz zwischen mitgliedschaftsrechtlichen und vermögensrechtlichen Elementen entscheidend für den verfassungsrechtlichen Schutz des Auskunftsrechts über Art. 14 GG.

Zu § 5

2. Die auskunftsrechtsbezogenen Neuregelungen sind, unabhängig von der Frage nach der Börsennotierung der Aktiengesellschaft, sowohl in ihrer materiellen als auch in ihrer prozessualen Ausformung unter den Normzweck der Missbrauchsverhinderung gestellt. Dem Teil der hauptversammlungsbezogenen Neuregelungen des Auskunftsrechts liegt darüber hinaus das Gebot der Hauptversammlungseffizienz zugrunde. Letztlich wird dieser Bereich der Neuregelungen also von einem dualen Normzweck geprägt.

Zu § 6

3. Wird nach dem maßgeblichen Stichtag des *Record-Date*-Prinzips des § 123 Abs. 3 S. 3, 4 AktG ein Aktienanteil erworben, wird das Teilnahme- und mit diesem auch das Auskunftsrecht des Erwerbers, als materiell Berechtigtem, für die folgende Hauptversammlung ausgeschlossen. Das Auskunftsrecht verbleibt in diesen Fällen, wie das Teilnahme- und Stimmrecht, zunächst beim Veräußerer und kann vom Erwerber erst in der nächsten Hauptversammlung wahrgenommen werden.

4. Die Koordinierung der Aktionäre untereinander mit Hilfe des Aktionärsforums i. S. v. § 127a AktG kann zur Annahme einer GbR führen. Dies gilt jedenfalls für die Anknüpfung an das Minderheitsbegehren des §§ 122 Abs. 1 bzw. 2 AktG. Aufgrund von Zweckerreichung erlischt diese GbR indes noch vor der Hauptversammlung, Auswirkungen auf das Auskunftsrecht ergeben sich folglich nicht. Bei Anknüpfung an § 131 AktG liegt mangels Rechtsbindungswillens grundsätzlich nur eine informelle Verhaltensabstimmung vor. Sollte doch einmal die Annahme einer GbR gerechtfertigt sein, ist bei einer Außen-GbR diese selbst auskunftsberechtigt, bei einer Innen-GbR verbleibt die Auskunftsberechtigung bei den einzelnen Aktionären. Für nicht börsennotierte Aktiengesellschaften ergeben sich keine Abweichungen.

5. Der Aktionär ist künftig, in Abkehr von der bislang h. M., auf mündlich vorgebrachte Auskunftsverlangen zu beschränken. Dies schließt zwar nicht aus, schon vorab schriftlich die beabsichtigten Fragen einzureichen, um dem Vorstand eine strukturierte und detaillierte, mithin eine der Hauptversammlungseffizienz Rechnung tragende, Vorgehensweise bei der Beantwortung zu ermöglichen. Eine Auskunftspflicht kann allein durch schriftlich gestellte Auskunftsverlangen indes nicht mehr begründet werden.

6. Zuständig für die Anordnung einer Frage- und Redezeitbeschränkung i. S. v. § 131 Abs. 2 S. 2 AktG ist nur der Versammlungsleiter. Eine Delegationsmöglichkeit zu

Gunsten einer Entscheidung durch die Hauptversammlung ist, anders als die Erfragung eines unverbindlichen Meinungsbildes, nicht eröffnet.

7. Die Neuregelung des § 131 Abs. 2 S. 2 AktG ist nicht als Rechtsbefehl mit Ausschlussfunktion, sondern als Option der Erweiterung der Versammlungsleiterkompetenzen zu interpretieren. Außerhalb einer auf § 131 Abs. 2 S. 2 AktG basierenden Ermächtigung des Versammlungsleiters gelten daher die bisher anwendbaren Grundsätze zur Beschränkung des Rederechts und des Fragerechts des Aktionärs unter Achtung des Trennungsprinzips, als „Grundmodelle der Beschränkungsmöglichkeiten", fort. Nur das Rederecht ist in diesem Zusammenhang einer Beschränkung nicht bloß bei Rechtsmissbrauch zugänglich. Außerhalb einer auf § 131 Abs. 2 S. 2 AktG zurückgehenden Ermächtigung ist eine Beschränkung des Auskunftsrechts weiterhin nicht möglich, soweit nicht der Rechtsmissbrauchsgedanke Platz greift.

8. Unter verfassungsrechtlichen Gesichtspunkten ist die Inhalts- und Schrankenbestimmung des § 131 Abs. 2 S. 2 AktG als solche nicht zu beanstanden.

9. Ein normatives Stufensystem steht der Zusammenlegung von Frage- und Redezeit nicht entgegen und führt bei der Auslegung des Angemessenheitsbegriffs nicht zur Annahme eines strengen Vorrangsprinzips, nach dem vor der Zusammenlegung des Frage- und Rederechts primär eine Beschränkung des Rederechts vorzunehmen ist, um einer (nicht vorhandenen) „*ultima-ratio*-Funktion" des § 131 Abs. 2 S. 2 AktG gerecht zu werden.

10. Für eine „normale" Hauptversammlung börsennotierter Aktiengesellschaften darf, ohne dass bspw. Unterbrechungen, Verzögerungen oder die Rede des Vorstands bzw. Ausführungen des Versammlungsleiters strikt unberücksichtigt bleiben müssen, mit Hilfe einer Frage- und Redezeitbeschränkung in der Regel ein zeitlicher Rahmen von vier bis sechs Stunden angestrebt werden. Es muss allerdings gewährleistet sein, dass neben diesen Bestandteilen der Hauptversammlung, deren Dauer in die Ermessensentscheidung des Versammlungsleiters hinsichtlich der Festsetzung des zeitlichen Rahmens Eingang finden muss, für die sachgerechte Wahrnehmung des Frage- und Rederechts durch die Aktionäre noch ausreichend Raum verbleibt und eine vernünftige Diskussionskultur zustande kommen kann.

Letzteres gilt auch bei dem Ausnahmefall einer Strukturhauptversammlung. Der zeitliche Rahmen selbst ist indes nicht übertragbar, so dass nur eine Orientierung an der mit der Höchstverhandlungsdauer einhergehenden Zumutbarkeitsgrenze möglich ist und dies eine Hauptversammlungsdauer, die mit der Anordnung entsprechender Frage- und Redezeitbegrenzungen angepeilt werden kann, von zehn bis zwölf Stunden, in der Regel längstens bis Mitternacht, ermöglicht. Eine Einberufung der Strukturhauptversammlung auf zwei Versammlungstage ist künftig unnötig und mit dem Grundsatz der Hauptversammlungseffizienz grundsätzlich nicht vereinbar. In Ausnahme von diesem Grundsatz ist eine zweitägige Einberufung hinzunehmen und sogar zu fordern, wenn die Hauptversammlung von der Verwaltung bewusst mit Strukturmaßnahmen überfrachtet wird und diese zielgerichtet an einem Versammlungstag kumuliert werden, so dass aufgrund der Vielzahl an Maßnahmen eine unzumutbare Verwässerung des Auskunftsrechts im Falle der Begrenzung nach § 131 Abs. 2 S. 2 AktG eintreten würde.

11. Die Möglichkeit der Festsetzung eines zeitlichen Rahmens für einen einzelnen Tagesordnungspunkt wird nur in den Fällen praktische Relevanz entfalten, in denen der Versammlungsleiter eine Einzeldebatte oder eine Zusammenfassung in Diskussionsblöcke anordnet. Für die in der Praxis vorherrschende Generaldebatte ist eine zeitliche Begrenzung für den

einzelnen Tagesordnungspunkt mit einem großen und fehleranfälligen Organisationsaufwand verbunden, so dass diese Variante der Frage- und Redezeitbeschränkung *in praxi* nur eine untergeordnete Bedeutung spielen wird. Bei einer Generaldebatte beschränken sich daher die Möglichkeiten des Versammlungsleiters praktisch darauf, die Hauptversammlung mit Hilfe einer Frage- und Rederechtsbeschränkung zur Realisierung eines zeitlichen Rahmens für den ganzen Hauptversammlungsverlauf, oder eines angemessenen zeitlichen Rahmens für den einzelnen Redner bzw. Fragesteller, in zeitlicher Hinsicht zu strukturieren.

12. Es bleibt dabei, dass sich die Frage- und Redezeitbeschränkung auch ansonsten, wie die Redezeitbegrenzung bisher, bei einer Differenzierung auf neutrale, objektiv überprüfbare, nachvollziehbare und nicht willkürliche gesetzte Kriterien stützen muss. Bei der Bemessung des Zeitkontingents für den einzelnen Aktionär kann auf eine Differenzierung nach der jeweiligen Beteiligungshöhe zurückgegriffen werden. Die Bestimmung eines allgemeingültigen Mindestzeitkontingents für einen Kleinaktionär mit einem Beteiligungsgewicht von bis zu einem Prozent des auf der Hauptversammlung vertretenen Grundkapitals als äußerste Grenze der Angemessenheit kann indes nicht vorgenommen werden. Welche individuelle Rede- und Fragezeit angemessen und damit auch verfassungsrechtlich unbedenklich ist, kann letztlich nur aus der Situation der jeweiligen Hauptversammlung heraus entschieden werden. Schließlich ist es möglich bei der Frage- und Rederechtsbegrenzung zwischen Hauptfrage- und - redezeit einerseits und einer Nachfragezeit andererseits zu differenzieren und einzelne Aktionäre in zeitlicher Hinsicht zu priorisieren. Bei Letzterer sind die bisher schon geltenden Grundsätze in ihrem Bestand nicht betroffen, es kann aber auch eine zeitlichen Priorisierung unter Orientierung an der Kapitalbeteiligungshöhe vorgenommen werden

13. Die Beschränkungsmaßnahmen i. S. v. § 131 Abs. 2 S. 2 AktG können sowohl zu Beginn als auch während der Hauptversammlung und sogar während des Wortbeitrages des einzelnen Aktionärs noch ergriffen werden.

14. Bei nicht börsennotierten Aktiengesellschaften beschränkt sich die unter dem Vorbehalt der Angemessenheit stehende Möglichkeit der Frage- und Rederechtsbegrenzung auf die Ausnahmefallgestaltungen der missbräuchlichen Handhabung des Frage- bzw. Rederechts, dessen Unterbindung aber schon nach bisherigem Recht möglich war. Der Regelungsgehalt des § 131 Abs. 2 S. 2 AktG verringert sich daher für börsennotierte Aktiengesellschaften auf ein Minimum.

15. Für die Durchsetzung der Frage- und Redezeitbeschränkung verbleibt es wie bisher bei den dem Versammlungsleiter zustehenden Ordnungsmaßnahmen. Die Durchsetzung muss gegenüber jedem Aktionär unter Achtung des Gleichbehandlungsgrundsatzes konsequent verfolgt werden. Anderenfalls droht der Verlust der Frage- und Redezeitbeschränkung bzw. eine entsprechende „Verwässerung" derselben und damit eine Einbuße der Effektivität der Frage- und Redezeitbeschränkung.

16. Eine Umgehung des § 131 Abs. 2 S. 2 AktG mit Hilfe von Vollmachtskonstruktionen ist nicht zu befürchten. Dennoch kann nicht ausgeschlossen werden, dass durch eine informelle Abstimmung der Aktionäre untereinander vor der Hauptversammlung, auch unter Zuhilfenahme des § 127a AktG, die Regelung des § 131 Abs. 2 S. 2 AktG einer Umgehungsmöglichkeit ausgesetzt ist. Es besteht kein Widerspruch der Regelung des § 131 Abs. 2 S. 2 AktG zu den Prinzipien einer modernen Hauptversammlung börsennotierter Aktiengesellschaften. Als Gegengewicht zur Einschränkungsmöglichkeit des Frage- und Rederechts wird die Sonderprüfung durch die Absenkung der Quoren aufgewertet und zukünftig vor allem wegen der neuen (niedrigeren) Anforderungen des Klagezulassungsverfahrens und weniger wegen der

Einschränkungsmöglichkeit des § 131 Abs. 2 S. 2 AktG an Bedeutung gewinnen. Die Befürchtung einer nunmehr eintretenden Streitgegenstandsverlagerung wird durch die dem Versammlungsleiter zuzugestehende Einschätzungsprärogative entkräftet.

17. Die Betätigung der Ermächtigungsgrundlage in Form konkretisierender Satzungsregelungen ist in der Praxis aufgrund des Urteils des OLG Frankfurt derzeit keine Option für börsennotierte Aktiengesellschaften.

18. Der Normzweck des § 131 Abs. 3 S. 1 Nr. 7 AktG erschöpft sich nicht in der Steigerung der Hauptversammlungseffizienz, sondern umfasst auch die Missbrauchsverhinderung, so dass auch dem Auskunftsverweigerungsrecht des § 131 Abs. 3 S. 1 Nr. 7 AktG ein dualer Normzweck immanent ist. In seinem Anwendungsbereich kann § 131 Abs. 3 S. 1 Nr. 7 AktG ohne Brüche auf die auskunftsrechtlichen Sondertatbestände bei Strukturmaßnahmen (vgl. §§ 293g Abs. 3, 319 Abs. 3 S. 4, 320 Abs. 4 S. 3, 326 AktG, § 64 Abs. 2 UmwG) erstreckt werden.

Mit der Möglichkeit der Vorverlagerung der Information in das Vorfeld der Hauptversammlung geht eine zulässige Durchbrechung des bislang schon durch § 118 Abs. 3 AktG geöffneten Grundsatzes der Nichtöffentlichkeit der Hauptversammlung einher, so dass der zwingende Charakter der Hauptversammlung als nichtöffentliche Verbandsveranstaltung weiter verblasst.

19. Die Zugänglichkeit i. S. v. § 131 Abs. 3 S. 1 Nr. 7 AktG setzt sich aus den Elementen der leichten Erkennbarkeit und der unmittelbaren Erreichbarkeit zusammen, bei deren Beurteilung der Maßstab des Aktionärs als durchschnittlichem, d. h. grundsätzlich nicht rechtskundigem, aber bei der Teilnahme am Wirtschaftsverkehr verständigem, durchschnittlich informiertem und situationsadäquat aufmerksamem, Internetnutzer mit einer dem durchschnittlichen technischen Stand entsprechenden Ausrüstung anzulegen ist. Insgesamt kann bei der Auslegung beider Merkmale auf die zu § 6 TDG a. F. (heute § 5 TMG) entwickelten Auslegungsansätze zurückgegriffen werden, soweit dabei den Besonderheiten des § 131 Abs. 3 S. 1 Nr. 7 AktG Rechnung getragen wird. Zugänglichkeit ist daher anzunehmen, wenn jedenfalls ein mit einer verständlichen Bezeichnung versehener Hyperlink auf der Homepage angebracht wird, der den interessierten Aktionär direkt oder wenigstens nach dem zweiten Link zu den entsprechenden Informationen führt, soweit auch auf jeder Unterseite ein Link zur Information vorgesehen wird. Ein Link nur auf der Homepage ist zusammen mit einem jeweils auf der Unterseite vorhandenen Link zurück auf die Homepage in jedem Fall ausreichend, wenn auf die Internetseite in der Einladung zur Hauptversammlung oder der Tagesordnung hingewiesen wird.

20. Hinsichtlich der Beurteilung der Durchgängigkeit der Information zeigte sich, dass beachtliche Störungen durch eine entsprechend längere Bereitstellung der Vorab-Information in zeitlicher Hinsicht ausgeglichen werden können. Auf die Verschuldensfrage kommt es im Zusammenhang mit der Beurteilung fehlender Durchgängigkeit aufgrund der Bedeutung des Auskunftsrechts für den individuellen Aktionär nicht an.

21. Die Frage nach der Abgrenzung unzulässiger Wiederholungsfragen von zulässigen Zusatzfragen ist im Wege einer Differenzierung von unzulässigen Fragen zum Informationsinhalt und erlaubten zum Informationsgehalt zu entscheiden. Verständnisfragen zum Informationsgehalt sind auch nach der Reform zulässig, da eine Modifizierung des Maßstabes des objektiven Durchschnittsaktionärs dahin, dass diesem nunmehr wegen des Gebotes der Haupt-

versammlungseffizienz das einem professionellen Anleger eigene Maß an Geschäftsgewandheit bei der Informationsaufnahme und -verarbeitung abzuverlangen ist, nicht möglich ist.

22. Die Präzisierung der Erforderlichkeitsschranken durch § 131 Abs. 3 S. 1 Nr. 7 AktG kann mit einer entsprechenden Anwendung des § 131 Abs. 3 S. 1 Nr. 7 AktG auf Vorab-Berichte, unabhängig davon, ob sie tatsächlich im Internet zugänglich waren, dazu genutzt werden, Klarheit in das bislang unklare Verhältnis der Vorab-Berichtspflichten zum Auskunftsrecht zu bringen.

Zu § 7

23. Die prozessualen Neuerungen im Rahmen der aktienrechtlichen Anfechtungsklage finden, mangels ausdrücklicher gesetzlicher Übergangsregelung, nach den im Prozessrecht geltenden Grundsätzen des intertemporalen Rechts auch auf bereits vor Inkrafttreten des UMAG anhängige Verfahren Anwendung.

24. Entscheidender Anknüpfungspunkt für den Zeitpunkt der Aktionärseigenschaft im Zusammenhang mit der Anfechtungsbefugnis gemäß § 245 Nr. 1 AktG ist grundsätzlich der Zeitpunkt der Bekanntmachung der Tagesordnung i. S. v. § 121 Abs. 3, 4 AktG. Eine Ausnahme ist für börsennotierte Aktiengesellschaften zuzulassen, wenn ein objektiver Durchschnittsaktionär in der Lage ist, aus einer Ad-hoc-Mitteilung gemäß § 15 WpHG auf den Inhalt der Tagesordnung zu schließen. Fehlt dem Anfechtungskläger zum maßgeblichen Zeitpunkt die Aktionärseigenschaft, ist die Klage als unbegründet abzuweisen. An der rechtspolitischen Forderung nach einem Mindestanteilsbesitz *de lege ferenda* ist mangels praktischer Wirksamkeit der Änderung des § 245 Nr. 1 AktG weiterhin festzuhalten.

25. § 243 Abs. 4 S. 1 AktG sieht einen Anfechtungsausschluss für alle inhaltlichen und nicht wesentlichen Informationsmängel vor. Auf außerhalb dieser Fallgestaltungen liegende Verfahrensfehler mit Informationsbezug oder mittelbaren Auswirkungen auf das Auskunftsrecht – wie bspw. einem Durchführungsmangel in Form der fehlerhaften Beschränkung der Frage- und Redezeit i. S. v. § 131 Abs. 2 S. 2AktG – ist § 243 Abs. 4 S. 1 AktG nicht, auch nicht analog, anwendbar. Für Vorbereitungs- und Durchführungsmängel verbleibt es vielmehr bei den bisher schon geltenden Grundsätzen.

§ 243 Abs. 4 S. 1 AktG setzt die Rechtsprechungslinie des Bundesgerichtshofs zur Relevanzbetrachtung um, wobei die abweichende Formulierung in Form der Wesentlichkeit der Erteilung der Information nicht eine eigenständige Beschränkung widerspiegelt, sondern vielmehr nur eine Ausformulierung des Begriffs der Erforderlichkeit i. S. v. § 131 Abs. 1 S. 1 AktG darstellt, welche die Bedeutung der Erforderlichkeit bei der zukünftigen Beurteilung von mit der Anfechtungsklage geltend gemachten Auskunftsrechtsverletzungen hervorhebt. Die Frage der Wesentlichkeit der begehrten Auskunft für den objektiv denkenden Durchschnittsaktionär ohne Detailkenntnisse ist daher bereits und nur auf der tatbestandlichen Seite des § 131 Abs. 1 S. 1 AktG im Rahmen der Erforderlichkeit mit einzubeziehen und bereits dort die mit der Wesentlichkeit herausgehobene notwendige Einschränkung der Anfechtbarkeit über das Merkmal der Erforderlichkeit zu suchen.

Dabei kommt es bei der Feststellung der Beurteilungserheblichkeit auf einen objektiv urteilenden Aktionär an, aus dessen Sicht die Erteilung der Information eine wesentliche Voraussetzung für die sachgerechte Wahrnehmung seiner Teilnahme- und Mitgliedschaftsrechte sein muss, wobei kurzfristige Investmentziele bei der Bestimmung eines objektiv urteilenden

Aktionärs nicht *per se* unberücksichtigt bleiben dürfen, wenngleich im Regelfall von einem langfristig investierenden Aktionär auszugehen sein wird. Die unrichtige, unvollständige oder verweigerte Erteilung einer *erforderlichen* Auskunft ist demnach bei richtigem Verständnis auch des § 243 Abs. 4 S. 1 AktG stets wesentlich und anfechtungsrelevant, während Unwesentliches mangels Erforderlichkeit gar nicht erst zur Frage der Anfechtungsrelevanz vordringt.

Eine Rechtsschutzlücke, die zwingend durch eine Ausdehnung des Auskunftserzwingungsverfahrens auch auf unrichtige oder unvollständige Auskünfte zu schließen wäre, ist, wenngleich eine solche Ausdehnung (auch auf Informationspflichten) zu begrüßen wäre, nicht zu befürchten.

26. § 243 Abs. 4 S. 2 AktG erfasst unterschiedslos alle kompensationsbezogenen Auskunftsmängel in der Hauptversammlung in allen Bewertungsfällen und bei allen Strukturmaßnahmen. Dennoch liegt es nahe und ist vorzugswürdig, den Anwendungsbereich des § 243 Abs. 4 S. 2 AktG auf börsennotierte Aktiengesellschaften zu beschränken. Vom Anwendungsbereich des § 243 Abs. 4 S. 2 AktG sind schriftliche Vorab-Berichte bei Strukturmaßnahmen nicht (auch nicht analog) erfasst. Probleme in diesem Zusammenhang können, wegen der Einheitlichkeit der Informationspflichten, durch eine Korrekturmöglichkeit im Wege der Erläuterungen in der Hauptversammlung, jedenfalls in Zusammenhang mit kompensationsbezogenen Informationen, gemildert werden, wofür dem Aktionär eine Rügeobliegenheit aufzuerlegen ist. Auch die Fortgeltung der in Sachen „MEZ" und „Aqua Butzke" entwickelten Rechtsprechungsgrundsätze des Bundesgerichtshofes tragen ihren Teil zur Entschärfung bei. Im Gegensatz zu den Vorab-Berichten werden im Internet gemäß § 131 Abs. 3 S. 1 Nr. 7 AktG vorab erteilte kompensationsbezogene Informationen vom Anwendungsbereich erfasst.

Zwar gilt § 243 Abs. 4 S. 2 AktG nicht im Falle einer Totalverweigerung, im Wege einer teleologischen Extension ist in den Fällen der Anwendbarkeit eines Auskunftsverweigerungsrechtes aber über den Wortlaut des § 243 Abs. 4 S. 2 AktG hinaus eine Totalverweigerung der begehrten Auskunft zulässig. Da es Konstellationen geben soll, in denen die Auskunftserteilung einer Totalverweigerung gleichzustellen ist, entsteht eine nicht leicht zu handhabende Abgrenzungsproblematik, die nicht durch eine rein formale Lösung bewältigt werden kann, so dass Konfliktpotenzial und Rechtsunsicherheit verbleiben. Diese Rechtsunsicherheit ist mit Hilfe einer Gesamtbetrachtung der kompensationsbezogenen Informationen teilweise auszuräumen, so dass entscheidend ist, ob dem vernünftigen Durchschnittsaktionär trotz der Lückenhaftigkeit die Beurteilung der angebotenen Kompensation möglich ist und als Konsequenz von einer der Totalverweigerung gleichzustellenden Situation nicht gesprochen werden kann. Solange eine fehlerhafte oder unrichtige Auskunftserteilung unbeabsichtigt erfolgt und eine Missbrauchsgrenze nicht überschritten wird, ist gegen einen Anfechtungsausschluss nichts einzuwenden.

Die dynamische Verweisung des § 243 Abs. 4 S. 2 AktG auf das Spruchverfahren erfasst alle gesetzlich vorgesehenen Fälle und steht einer analogen Anwendung nicht entgegen, soweit auch das Spruchverfahren im Wege der Analogie eröffnet ist. Unanwendbar ist § 243 Abs. 4 S. 2 AktG jedoch in den Fällen einer zu hohen Kompensation. Denn das Spruchverfahren ist bei zu hoher Kompensation (auch nicht analog) zu eröffnen. Im Ergebnis werden damit nicht gewollte Anfechtungsklagen von der „anderen Straßenseite" provoziert, da eine nicht gewollte Flanke für den Angriff auf den gefassten Hauptversammlungsbeschluss offen geblieben ist, die *de lege ferenda* geschlossen werden sollte.

27. Ein durch § 243 Abs. 4 S. 2 AktG ausgelöster Widerspruch zu § 4 Abs. 2 S. 2 Nr. 4 S. 1 SpruchG wegen möglichen Schwierigkeiten bei der Informationsbeschaffung für die Begründung des Spruchverfahrensantrags ist zu Gunsten des Antragstellers durch eine Berücksichtigung bei der Festlegung der Anforderungen an eine Bewertungsrüge, mit Hilfe des Maßstabes des § 9 SpruchG, aufzulösen.

28. Eine unberechtigte Auskunftsverweigerung gemäß § 131 Abs. 3 S. 1 Nr. 7 AktG führt zur Anfechtbarkeit des gefassten Beschlusses gemäß § 243 Abs. 1 AktG. Ohne eine entsprechende Auskunftsverweigerung können im Internet gemäß § 131 Abs. 3 S. 1 Nr. 7 AktG bereitgestellte, aber unrichtige, Informationen eine Anfechtbarkeit, genauso wie das vollständige Unterlassen der Internet-Vorab-Information, die Anfechtbarkeit nicht begründen. Für Fälle des gezielten Missbrauchs der Vorab-Information zur Verbreitung unrichtiger Informationen ist ausnahmsweise eine Anfechtungsmöglichkeit anzunehmen. In jedem Fall ist eine fehlerhafte Vorab-Information, die in der Hauptversammlung nicht aufgegriffen wurde, für die gefassten Beschlüsse nicht relevant.

29. Die Einführung des neuen Freigabeverfahren gemäß § 246a AktG bringt für die Beurteilung der Freigabekriterien keine grundlegenden Neuerungen in Zusammenhang mit dem Auskunftsrecht. Die nunmehr drei vom Gesetzeber zur Verfügung gestellten Freigabeverfahren unterscheiden sich nur teilweise danach, ob das Freigabeverfahren an eine Registersperre anknüpft und in einem weiteren Schritt die freigegebene Maßnahme in Bestandskraft erwachsen lässt. Lediglich § 246a AktG sieht eine Entscheidungsfrist mit Verlängerungsmöglichkeit vor (§ 246a Abs. 3 S. 5 Hs. 1 und 2), die nunmehr zum Leitbild für alle Freigabeverfahren zugrunde gelegt werden kann. Hinzuweisen bleibt darauf, dass die Neuerung des § 246a AktG auch auf bereits eingetragene „Altbeschlüsse“ Anwendung findet.

Die Freigabekriterien aller drei Freigabeverfahren sind, auch nach dem gesetzgeberischen Willen, einheitlich auszulegen. Dabei können kompensationsbezogene Informationsmängel im Falle des § 243 Abs. 4 S. 2 AktG eine Freigabeentscheidung schon gestützt auf die Unzulässigkeit der Klage rechtfertigen, was wesentlich zu einer zügigen Freigabe der angefochtenen Beschlüsse beitragen wird. Ansonsten bleibt die Bedeutung des Freigabekriteriums der Unzulässigkeit, ebenso wie das der offensichtlichen Unbegründetheit, unter die offensichtliche Fälle der §§ 243 Abs. 4 S. 2, 245 Nr. 1 AktG fallen, wohl auch zukünftig auf dem bereits bisher niedrigen Niveau. Im Gegensatz dazu wird die dritte Variante der Freigabekriterien, die Interessenabwägung, auch künftig die bedeutendste sein. Im Rahmen der Abwägung sind die Erfolgsaussichten der Hauptsache unberücksichtigt zu lassen und deren Begründetheit zu unterstellen.

Der Vorgang der Abwägung muss alle im jeweiligen Einzelfall vorhandenen Besonderheiten mit einbeziehen. Allein die Berücksichtigung nur noch der besonders schweren Auskunftsrechtsverletzung bei vorliegendem wesentlichem Vollzugsinteresse ist, vor allem hinsichtlich des durch Art. 14 GG geschützten Auskunftsrechts, nicht möglich. Ausreichend ist vielmehr eine schwere Verletzung des Auskunftsrechtes. Auch unter Rückgriff auf die nunmehr Eingang in die Interessenabwägung findende Beteiligungsquote des Aktionärs und damit des ökonomischen Interesses des atomistisch beteiligten Kleinaktionärs können die Anforderungen an die Auskunftsrechtsverletzung nicht weiter erhöht werden. Denn eine vermögensrechtliche Kompensation scheidet bei der Verletzung des Mitgliedschaftsrechts mangels bezifferbarem Schaden aus, so dass auch bei einem Kleinaktionär einer börsennotierten Aktiengesellschaft keine schärferen Anforderungen gestellt werden können. Gleiches gilt für die nicht börsennotierte Aktiengesellschaft.

Zu § 8

30. Die Aktionärsrechte-RL löst für den deutschen Gesetzgeber keinen primären Änderungsbedarf aus. Ein Auskunftsrecht in der Hauptversammlung ist in Deutschland bereits materiell verankert und kann auch nach der Aktionärsrechte-RL die tatbestandliche Beschränkung durch die Erforderlichkeit als auch die Begrenzung der Frage- und Redezeit gemäß § 131 Abs. 2 S. 2 AktG sowie die Regelung der Auskunftsverweigerungsrechte des § 131 Abs. 3 S. 1 AktG aufrechterhalten. Bei der Frage nach der tatbestandlichen Anforderung an eine Beantwortung der gestellten Frage auf der Internetseite kann, da Art. 9 Abs. 2 UA 2 Aktionärsrechte-RL keine Präzisierung vornimmt, auf die von § 131 Abs. 3 S. 1 Nr. 7 AktG aufgestellten strikteren Anforderungen an eine Vorab-Beantwortung als strengere Regelungen i. S. v. Art. 3 Aktionärsrechte-RL konkretisierend zurückgegriffen werden.

Nicht zu verkennen sind die Probleme, die aus einer fehlenden Mindestharmonisierung auch im Bereich der prozessualen Flankierung des standardisierten Auskunftsrechts hervorgehen. Denn künftig werden, mangels eines Mindeststandards auch für die prozessuale Durchsetzbarkeit, Unterschiede innerhalb einzelner Mitgliedstaaten bestehen und teilweise das standardisierte Auskunftsrecht mangels prozessualer Absicherung zu einer *lex imperfecta* herabgestuft. Wünschenswert wäre daher, um der positiven Elemente einer Mindestharmonisierung nicht verlustig zu gehen, auch prozessual einen Mindeststandard zu entwickeln und festzuschreiben.

Anhang

Abbildung 1: Hauptversammlungsstatistik der DaimlerChrysler AG für die Jahre 1999 bis 2005

Jahr	Aktionäre	Präsenz in %	Aktionäre vor Ort	Redner	Fragen	Dauer (h)
1999	1.600.000	39,1	16.500	24	179	8,34
2000	1.800.000	39,7	10.400	37	289	10,34
2001	1.900.000	37,7	10.400	58	331	13,00
2002	1.850.000	38,3	10.700	36	345	10,14
2003	1.850.000	38,8	9.200	35	262	9,33
2004	1.820.000	43,7	9.270	54	295	12,12
2005	1.700.000	37,9	8.400	41	346	11,06

Quelle: DaimlerChrysler AG

Abbildung 2: Durchschnittliche Hauptversammlungsdauer der Jahre 2003–2008

Jahr	DAX	M-DAX	S-DAX	Tech-DAX
2003	6,9h	4,3h	4,1h	3,6h
2004	6,5h	4,8h	3,5h	4,2h
2005	6,6h	4,2h	3,7h	5,5h
2006	6,9h	4,4h	3,4h	3,7h
2007	6,8h	4,2h	3,5h	3,6h
2008	7,1h	4,9h	3,6h	4,7h

Quelle: Schutzgemeinschaft der Kapitalanleger e.V.

Abbildung 3: Längste und kürzeste Dauer der Hauptversammlungen des Jahres 2008 in dem jeweiligen Börsensegment

DAX				
Längste Dauer			**Kürzeste Dauer**	
Siemens	12h 04 min		MAN	3h 30 min
Daimler	12h		Fresenius Medical Care	3h 45 min
Deutsche Telekom	11h 30 min		Linde	4h
M-DAX				
Längste Dauer			**Kürzeste Dauer**	
Tognum	12h 45 min		Krones	2h 05 min
Norddeutsche Affinerie	12h 30 min		Fuchs Petrolub	2h 30 min
Hugo Boss	10h		Deutsche Euroshop	2h 45 min
S-DAX				
Längste Dauer			**Kürzeste Dauer**	
IKB	8h		Interhyp	1h 30 min
Escada	6h		CTS Eventim	1h 40 min
EM.Sport Media	6h		Fielmann	1h 40 min
Tech-DAX				
Längste Dauer			**Kürzeste Dauer**	
Freenet	13h 30 min		Roth & Rau	2h 05 min
Conergy	11h 52 min		Bechtle	2h 30 min
QSC	7h		Phoenix Solar	2h 30 min

Quelle: Schutzgemeinschaft der Kapitalanleger e.V.

Abbildung 4: Längste und kürzeste Dauer der Hauptversammlungen des Jahres 2007 in dem jeweiligen Börsensegment

DAX				
Längste Dauer			**Kürzeste Dauer**	
DaimlerChrysler	12h		Fresenius Medical Care	3h
Deutsche Bank	11h 57 min		Hypo Real Estate Holding	3h 30 min
Siemens	11h 30 min		Deutsche Börse	3h 40 min
M-DAX				
Längste Dauer			**Kürzeste Dauer**	
Fraport	9h 27 min		Deutsche EuroShop	2h 10 min
K+S	8h		Fresenius Medical Care	2h 15 min
Lanxess	6h 10 min		Hochtief	2h 30 min
S-DAX				
Längste Dauer			**Kürzeste Dauer**	
Schwarz Pharma	10h 20 min		Fielmann	1h 30 min
Grenkeleasing	6h		Deutsche Wohnen	1h 40 min
Axel Springer	5h 16 min		comdirect Bank	2h
Tech-DAX				
Längste Dauer			**Kürzeste Dauer**	
QSC	5h 30 min		Wirecard	1h 38 min
GPC Biotech	5h		Drägerwerk	2h 10 min
Epcos	4h		Bechtle	2h 30 min

Quelle: Schutzgemeinschaft der Kapitalanleger e.V.

Abbildung 5: Längste und kürzeste Dauer der Hauptversammlungen des Jahres 2006 in dem jeweiligen Börsensegment

DAX				
Längste Dauer			**Kürzeste Dauer**	
DaimlerChrysler	14h		Linde	2h 45 min
Deutsche Telekom	12h 15 min		Continental	3h
Deutsche Bank	11h 30 min		Fresenius Medical Care	3h 30 min
M-DAX				
Längste Dauer			**Kürzeste Dauer**	
Fraport	9h 30 min		Fielmann	2h
Premiere	9h		Puma	2h
HypoVereinsbank	8h		Deutsche EuroShop	2h 30 min
S-DAX				
Längste Dauer			**Kürzeste Dauer**	
Klöckner-Werke	10h 48 min		Centrotec Sustainable	1h 30 min
MVV Energie	7h		Thielert	1h 43 min
Balda	5h 55min		DIC Asset	1h 45 min
Tech-DAX				
Längste Dauer			**Kürzeste Dauer**	
ComBOTS	7h 45 min		Software	2h
Epcos	6h		Drägerwerk	2h 05 min
GPC Biotech	5h		Bechtle	2h 30 min

Quelle: Schutzgemeinschaft der Kapitalanleger e.V.

Abbildung 6: Längste und kürzeste Dauer der Hauptversammlungen des Jahres 2005 in dem jeweiligen Börsensegment

		DAX		
Längste Dauer			**Kürzeste Dauer**	
Deutsche Bank	12h		adidas-Salomon	3h
Deutsche Telekom	11h		Linde	3h 30 min
DaimlerChrysler	11h		Schering	3h 40 min
		M-DAX		
Längste Dauer			**Kürzeste Dauer**	
IVG Immobilien	11h		Bilfinger Berger	2h
Karstadt Quelle	9h		Puma	2h
Fraport	8h 20 min		Celesio	2h 20 min
		S-DAX		
Längste Dauer			**Kürzeste Dauer**	
Klöckner-Werke	13h 30 min		AIG International Real Estate	1h
WCM	13h 15 min		Hawesko Holding	1h 50 min
Dyckerhoff	9h		DIS Deutscher Industrie Service	2h
		Tech-DAX		
Längste Dauer			**Kürzeste Dauer**	
T-Online International	23h		Drägerwerk	2h 05 min
WEB.DE	16h		IDS Scheer	2h 30 min
mobilcom	12h 35 min		Pfeiffer Vacuum Technology	2h 30 min

Quelle: Schutzgemeinschaft der Kapitalanleger e.V.

Abbildung 7: Längste und kürzeste Dauer der Hauptversammlungen des Jahres 2004 in dem jeweiligen Börsensegment

DAX				
Längste Dauer			**Kürzeste Dauer**	
DaimlerChrysler	12h 12 min		MAN	3h
Commerzbank	11h 30 min		Fresenius Medical Care	3h
Siemens	9h 45 min		Deutsche Börse	3h 30 min
M-DAX				
Längste Dauer			**Kürzeste Dauer**	
Wella	14h		comdirect bank	2h
WCM	13h 43		Puma	2h
IVG Immobilien	13h 30 min		Fielmann	2h 10 min
S-DAX				
Längste Dauer			**Kürzeste Dauer**	
Dyckerhoff	13h 20 min		AIG	0h 40 min
Klöckner-Werke	8h 30 min		DIS	1h 40 min
Phoenix	5h 40 min		Deutsche Euroshop/Hawesko	2h
Tech-DAX				
Längste Dauer			**Kürzeste Dauer**	
mobilcom	13h 58 min		United Internet	2h
Software	4h 50 min		Drägerwerk	2h 15 min
WEB.DE	4h 45 min		Evotec OAI/SAP SI	2h 20 min

Quelle: Schutzgemeinschaft der Kapitalanleger e.V.

Abbildung 8: Längste und kürzeste Dauer der Hauptversammlungen des Jahres 2003 in dem jeweiligen Börsensegment

DAX				
Längste Dauer			**Kürzeste Dauer**	
HypoVereinsbank	13h 15 min		Altana/Dt. Börse	03h
Commerzbank	11h 40 min		Schering	03h 30 min
Bayer	11h		Adidas/Henkel	03h 50 min
M-DAX				
Längste Dauer			**Kürzeste Dauer**	
Wella	10h 30 min		Puma	1h 50 min
Fraport	10h 15 min		Medion	2h
Norddt. Affinerie	07h 45 min		Beiersdorf	2h 20 min
S-DAX				
Längste Dauer			**Kürzeste Dauer**	
DAB Bank/ACG	06h		AIG	00h 45 min
EM.TV	05h 15 min		MPC	01h 45 min
MVV Energie	05h		DIS/Fielmann/Hawesko	02h
Tech-DAX				
Längste Dauer			**Kürzeste Dauer**	
Mobilcom	04h 45 min		Pfeiffer Vacuum	02h 20 min
WEB.DE	04h 40 min		SAP SI	02h 30 min
Aixtron	04h 30 min		Singulus	03h 15 min

Quelle: Schutzgemeinschaft der Kapitalanleger e.V.

Abbildung 9: Hauptversammlungspräsenzen der DAX-Unternehmen von 2000 bis 2008

DAX-Unternehmen	2000	2001	2002	2003	2004	2005	2006	2007	2008
adidas	46,19[1421]	30,00	31,52	21,17	26,94	26,94	39,67	44,10	52,98
Allianz	60,60	58,83	46,73	39,97	37,15	34,82	39,61	42,49	40,17
BASF	46,00	43,50	36,85	31,32	34,98	34,49	38,41	48,37	51,41
Bayer	38,20	36,00	33,20	36,51	32,54	35,21	42,03	56,90	61,62
BMW	66,65	64,04	66,57	65,90	63,96	55,04	73,52	77,80	75,23
Commerzbank	55,97	55,93	58,93	57,31	46,53	39,39	40,87	43,55	46,04
Continental	37,06	40,64	41,66	33,57	34,44	23,55	39,84	47,35	53,07
Daimler	39,64	37,65	38,25	38,84	43,79	37,84	38,73	39,19	42,45
Deutsche Bank	31,92	34,45	35,79	38,75	31,98	25,47	40,70	42,53	33,20
Deutsche Börse	-	65,50	63,40	44,63	31,55	59,76	44,86	53,00	51,70
Deutsche Lufthansa	35,40	33,50	40,71	46,37	34,24	41,40	36,34	54,14	47,81
Deutsche Post	-	76,19	77,37	79,35	72,21	74,19	68,54	67,15	71,59
Deutsche Postbank	-	-	-	-	-	78,37	78,75	71,41	67,85
Deutsche Telekom	75,86	69,52	56,45	59,44	63,53	54,47	50,20	57,56	58,56
e.on	-	38,92	39,59	31,73	34,97	26,09	42,97	54,20	52,93
Fresenius Medical Care	64,80	51,06	62,41	64,98	65,00	63,80	60,39	73,84	73,28
Henkel[1422]	-	66,17	62,87	56,79	58,05	57,17	62,22	66,94	54,67
Hypo Real Estate Holding	-	-	-	-	42,72	28,40	39,78	54,49	50,40
Infineon	-	74,74	41,67	31,88	17,59	48,19	54,39	52,91	60,05
Linde	54,40	52,78	54,19	50,06	50,72	49,74	54,23	66,55	69,30
MAN	53,80	50,62	56,80	45,74	44,23	34,50	39,20	63,50	62,66
Merck	-	-	19,14	22,90	43,30	28,61	41,52	58,85	54,96
Metro	87,53	61,19	65,36	65,00	65,27	67,40	72,59	73,34	80,75
Münchener Rück	69,84	65,62	53,67	57,49	44,89	42,49	43,24	45,17	45,06
RWE	66,99	65,09	66,10	61,63	59,03	56,52	61,39	64,50	66,27
SAP	56,30	50,85	55,27	58,02	59,52	54,04	62,08	57,55	62,70
Siemens	24,68	25,79	36,40	47,51	32,67	32,30	37,49	41,00	48,45
ThyssenKrupp	64,14	61,00	59,86	61,63	56,14	54,03	52,59	57,65	64,97
TUI	39,36	37,21	42,21	54,18	37,10	35,04	37,70	47,12	71,49
Volkswagen	34,39	36,99	34,24	29,00	31,83	33,90	59,67	60,36	57,86
Durchschnittswerte[1423]	**52,04**	**52,47**	**50,91**	**49,39**	**45,44**	**44,98**	**49,43**	**56,12**	**57,65**

Quelle: Schutzgemeinschaft der Kapitalanleger e.V.

1421 Alle Angaben in %; Stand: 09. September 2008.

1422 Gesamtpräsenz aus Vorzugs- und Stammaktien, sonst Stammaktien.

1423 Durchschnittliche Hauptversammlungspräsenz bezogen auf die DAX-Zusammensetzung des Jahres (für die Jahre 2000 bis 2003 bezogen auf 2003).

Literaturverzeichnis

***Acher, Anton*:** Auskunftspflicht über Vorstandsbezüge?, BB 1960, S. 428-430

***Aha, Christoph/Hirschberger, Max*:** Anmerkung zu OLG München, Beschluss vom 19.5.2006 - 23 W 1411/06, DB 2006, S. 1610

***Arnold, Michael*:** Kann das Fragerecht durch den Versammlungsleiter beschränkt werden?, AG-Report 2003, S. 329

***ders.*:** Die Hauptversammlungssaison 2006 – insbesondere nach dem UMAG, AG-Report 2005 S. 527-531

***ders./Born, Felix*:** Fragezeitbeschränkung in der HV bei satzungsmäßiger Ermächtigung nach UMAG, AG-Report 2006, S. 352-356

***Assmann, Heinz-Dieter*:** Rechtsanwendungsprobleme des Insiderrechts, AG 1997, S. 50-58

***ders./Schneider, Uwe*:** Wertpapierhandelsgesetz, 4. Auflage, Köln 2006 (zit.: *Bearbeiter*, in: Schneider-Assmann, WpHG, 4. Aufl. 2006, § Rn.)

***Atzler, Elisabeth*:** Hedge-Fonds lassen Deutschland AG zittern, Financial Times Deutschland vom 21.4.2005, S. 19

***dies.*:** Deutsche Vorstände fürchten neue Anlegermacht, Financial Times Deutschland vom 18.4.2005, S. 20

***Bachmann, Gregor*:** § 131 AktG 1/00, Anmerkung zu LG München I, Urteil vom 14.10.1999 - 5HK O 8024/98, EWiR 2000, S. 157-148

***Ballerstedt, Kurt*:** Der gemeinsame Zweck als Grundbegriff des Rechts der Personengesellschaften, JuS 1963, S. 253-263

***Bälz, Henning*:** Der Auskunftsanspruch gemäß § 131 AktG und das Informationsbedürfnis des Aktionärs als Verbandsmitglied und Kapitalanleger, Frankfurt a.M. 2001

***Barz, Carl Hans*:** Das Auskunftsrecht nach §§ 131/132 AktG in der Rechtsprechung, in: Festschrift für Möhring, München 1975, S. 153-171

***ders.*:** Grenzen des Auskunftsrechtes des Aktionärs, BB 1957, S. 1253-1256

***Baumbach, Adolf/Hueck, Alfred/Hueck, Götz*:** Aktiengesetz, 13. Auflage, München 1968 (zit.: *Baumbach/Hueck*, AktG, 13. Aufl. 1968, § Rn.)

***ders./Hueck, Alfred*:** GmbH-Gesetz, 18. Auflage München 2006 (zit.: Baumbach/Hueck/*Bearbeiter*, GmbHG, 18. Aufl. 2006, § Rn.)

***Baums, Theodor*:** Empfiehlt sich eine Neuregelung des aktienrechtlichen Anfechtungs- und Organhaftungsrechts, insbesondere der Klagemöglichkeiten von Aktionären? Gutachten F für den 63. Deutschen Juristentag in Leipzig 2000, München 2000

***ders./Vogel Hans-Gert/Tacheva, Maja*:** Rechtstatsachen zur Beschlusskontrolle im Aktienrecht, ZIP 2000, S. 1649-1655

***ders./Keinath, Astrid/Gajek, Daniel,*:** Fortschritte bei Klagen gegen Hauptversammlungsbeschlüsse? Eine empirische Studie, ZIP 2007, S. 1629-1650

***ders./Wymeersch, Eddy*:** Shareholder voting rights and practices in Europe and the United States, The Hague 1999

***Bayer, Walter*:** Aktionärsklagen de lege lata und de lege ferenda, NJW 2000, S. 2609-2619

***ders.*:** Aktionärsrechte und Anlegerschutz, in: Hommelhoff/Lutter/Schmidt/Schön/Ulmer (Hrsg.), Corporate Governance, Gemeinschaftssymposien der Zeitschriften ZHR/ZGR, Heidelberg 2002, S. 137-163

***ders.*:** Informationsrechte bei der Verschmelzung von Aktiengesellschaften, AG 1988, S. 323-331 *ders.*: Kapitalerhöhung mit Bezugsrechtausschluss und Vermögensschutz der Aktionäre nach § 255 Abs. 2 AktG, ZHR 163 (1999), S. 505-553

ders.: Materielle Schranken und Kontrollinstrumente beim Einsatz des genehmigten Kapitals mit Bezugsrechtausschluss, ZHR 168 (2004), S. 132-173

ders.: Die praktische Relevanz des Auskunftsverweigerungsrechts, AG-Report 2007, S. R79-R84

Beck'sches Handbuch der AG: Müller, Welf/Rödder, Thomas (Hrsg.), München 2004 (zit.: *Bearbeiter*, in: Hdb AG, 2004, § Rn.).

***Becker, Michael*:** Verwaltungskontrolle durch Gesellschafterrechte: eine vergleichende Studie nach deutschem Verbandsrecht und dem amerikanischen Recht der corporation, Tübingen 1997

***Benner-Heinacher, Jella*:** Kollidiert die Auskunftspflicht des Vorstandes mit dem Insidergesetz?, DB 1995, S. 765-766

***Bettermann, August*:** Anfechtung und Kassation, ZZP 88 (1975), S. 365-438

***Bezzenberger, Gerold*:** Die Geschäftsordnung der Hauptversammlung, ZGR 1998, S. 352-366

Bonner Kommentar: Grundgesetz, Band 3: Art. 6-14, Heidelberg (zit.: *Bearbeiter*, in: Bonner Kommentar, Art. Rn. EL Jahr)

***Bork, Reinhard*:** § 131 AktG 3/99, Anmerkung zu BVerfG vom 20.9.1999 - 1 BvR 636/95, EWiR 1999, S. 1035-1036

ders.: Streitgegenstand der Beschlussmängelklage im Gesellschaftsrecht, NZG 2002, S. 1094-1095

ders.: Beschlußverfahren und Beschlußkontrolle nach dem Referentenentwurf eines Gesetzes zur Bereinigung des Umwandlungsrechts, ZGR 1993, S. 343-365

***Brandes, Helmut*:** Die Rechtsprechung des Bundesgerichtshofs zur Aktiengesellschaft, WM 1994, S. 2177-2189

***Brandner, Erich/Bergmann, Alfred*:** Anfechtungsklage und Registersperre, in: Festschrift für Bezzenberger, Berlin 2000, S. 59-69

***Brandt, Ulrich*:** Die Hauptversammlung der Europäischen Aktiengesellschaft (SE), Frankfurt a.M. 2004

***Brost, Marc/v. Heusinger, Robert/Storn, Arne*:** Werner Seiferts teurer Traum, Die Zeit vom 12.5.2005, S. 27-28

***Brunst, Phillip, W.*:** Umsetzungsprobleme der Impressumspflicht bei Webangeboten, MMR 2004, S. 8-13

***Büchel, Helmut*:** Neuordnung des Spruchverfahrens, NZG 2003, S. 793-804

***Buchta, Jens/Sasse, Marc*:** Freigabeverfahren bei Anfechtungsklagen gegen Squeeze-out-Beschlüsse, DStR 2004, S. 958-962

***Budde, Wolfgang Dieter/Steuber, Elgin*:** Rechnungslegung im Spannungsfeld zwischen Gläubigerschutz und Information der Gesellschafter, AG 1996, S. 542-550

***Bungert, Hartwin*:** Die UMAG-Hauptversammlung aus Sicht des Praktikers, in: Gesellschaftsrechtliche Vereinigung (Hrsg.), Gesellschaftsrecht in der Diskussion 2004, Band 9, Köln 2005, S. 59-101 (zit.: *Bungert*, in: VGR 2004, 2005, S.)

ders.: Unternehmensvertragsbericht und Unternehmensvertragsprüfung gemäß § 293a ff. AktG (Teil I), DB 1995, S. 1449-1456

***Burgi, Martin*:** Die Enteignung durch „teilweisen" Rechtsentzug als Prüfstein für die Eigentumsdogmatik, NVwZ 1994, S. 527-534

***Butzke, Volker*:** Die Hauptversammlung der Aktiengesellschaft, 4. Auflage, Stuttgart 2001 (zit.: *Butzke*, HV AG, 4. Aufl. 2001, Kap. Rn.)

Claussen, Carsten: Aktienrechtsreform 1997, AG 1996, S. 481-494

Decher, Christian: Information im Konzern und Auskunftsrecht der Aktionäre gem. § 131 Abs. 4 AktG, ZHR 158 (1994), S. 473-494

ders.: Die Überwindung der Registersperre nach § 16 Abs. 3 UmwG, AG 1997, S. 388-396

Deuss, Peter: Das Auskunftsrecht des Aktionärs, Köln 1961

Deutscher Anwaltsverein: DAV-Stellungnahme zum RegE UMAG, ZIP 2005, S. 774-780

Diekmann, Hans/Leuering, Dieter: Der Referentenentwurf eines Gesetzes zur Unternehmensintegrität und Modernisierung des Anfechtungsrechts (UMAG), NZG 2004, S. 249-257

Dier, Christian/Fürhoff, Jens: Die geplante Marktmissbrauchsrichtlinie, AG 2002, S. 604-610

Dietrich, Christian: Voraussetzungen und Inhalte einer Geschäftsordnung der Hauptversammlung, NZG 1998, S. 921-929

Döring, Claus: Aktionärsdemokratie à la Hedgefonds, Börsen-Zeitung vom 5.3.2005, S. 8

Dorpalen, Andreas: Die Treupflicht des Aktionärs, ZHR 102 (1936), S. 1-32

Dreier, Horst: Grundgesetz Kommentar, Band I Artikel 1-19 GG, Tübingen 1996

Easterbrook, Frank H./Fischel, Daniel R.: The Economic Structure of Corporate Law, Cambridge, Mass., 1991

Ebenroth, Carsten-Thomas: Das Auskunftsrecht des Aktionärs und seine Durchsetzung im Prozess, Bielefeld 1970

ders./Koos, Stefan: Die Verfassungsmäßigkeit des Auskunftsverweigerungsrechts gem. § 131 Abs. 3 AktG bei Aktionärsanfragen bezüglich stiller Reserven, BB 1995, Beilage 8, S. 1-14

ders./Wilken, Oliver: Zum Auskunftsrecht des Aktionärs im Konzern, BB 1993, S. 1818-1823

Eidenmüller, Horst: Kapitalgesellschaftsrecht im Spiegel der ökonomischen Theorie, JZ 2001, S. 1041-1051

Einsele, Dorothee: Wertpapiere im elektronischen Bankgeschäft, WM 2001, S. 7-16

Eisenberg, Melvin Aron: Corporations and other business organizations, 9. Auflage, New York, NY, 2005

Ek, Ralf: Prozessleitfaden für die Hauptversammlung, München 2005

Ekkenga, Jens: Kapitalmarktrechtliche Aspekte der Investor Relations, NZG 2001, S. 1-8

Emmerich, Volker/Habersack, Mathias: Aktien- und GmbH-Konzernrecht, 5. Auflage, München 2008

Erman, Walter: Einige Fragen zur Hauptversammlung der Aktiengesellschaft, AG 1964, S. 101-102

Ernst, Stefan: Hacker, Cracker & Computerviren, Köln 2004

Fleischer, Holger: Das Gesetz zur Unternehmensintegrität und Modernisierung des Anfechtungsrechts, NJW 2005, S. 3525-3530

Flume, Werner: Körperschaftliche juristische Person und Personenverband, in: Festschrift für Kegel, Stuttgart 1987, S. 147-161

Franken, Paul/Heinsius, Theodor: Das Spannungsverhältnis der allgemeinen Publizität zum Auskunftsrecht des Aktionärs, in: Festschrift für Budde, München 1995, S. 213-242

Friedewald, Rolf: Die personalistische Aktiengesellschaft, Köln 1991

Fritzsche, Michael/Dreier, Peter/Verfürth, Ludger: SpruchG – Kommentar zum Spruchverfahrensgesetz, Berlin 2004 (zit.: *Fritzsche/Dreier/Verfürth*, SpruchG, 2004, § Rn.)

Fuhrmann, Lambertus/Linnerz, Markus: Das überwiegende Vollzugsinteresse im aktien- und umwandlungsrechtlichen Freigabeverfahren, ZIP 2004, S. 2306-2311

Gantenberg, Philipp: Die Reform der Hauptversammlung durch den Regierungsentwurf eines Gesetzes zur Unternehmensintegrität und Modernisierung des Anfechtungsrechts – UMAG, DB 2005, S. 207-212

Ganzer, Uwe F.H/ Borsch Uwe: Zur Hinterlegungsfähigkeit girosammelverwahrter AG-Anteile, AG 2003, S. 269-271

Geißler, Markus: Der aktienrechtliche Auskunftsanspruch im Grenzbereich des Missbrauchs, NZG 2001, S. 539-545

Gessler, Ernst: Auskunftsrecht des Aktionärs, DB 1957, S. 1254-1259

Geßler, Jörg/Hefermehl, Wolfgang/Eckhardt, Ulrich/Kropff, Bruno: Kommentar zum Aktiengesetz, Band II: § 76-147 AktG, 1973/1974, München (zitiert: *Bearbeiter*, in: Geßler/Hefermehl/Eckhardt/Kropff, AktG, 1974, § Rn.)

Goette, Wulf: Anmerkung zu BGH , Urteil vom 12.11.2001, II ZR 225/99, DStR 2002, S. 1314

Götz, Jürgen: Die unbefugte Weitergabe von Insidertatsachen, DB 1995, S. 1949-1953

Goutier, Klaus/Knopf, Rüdiger/Tulloch, Anthony: Kommentar zum Umwandlungsrecht, Heidelberg 1996 (*Bearbeiter*, in: Goutier/Knopf/Tulloch, UmwR, 1996, § Rn)

Göz, Philipp/Holzborn, Timo: Die Aktienrechtsreform durch das Gesetz für Unternehmensintegrität und Modernisierung des Anfechtungsrechts – UMAG, WM 2006, S. 157-164

Grage, Katja: Das Auskunftsrecht des Aktionärs unter besonderer Berücksichtigung von Minderheitsbeteiligungen als Gegenstand aktienrechtlicher Auskunftsbegehren, Köln 1999

Groß, Bernhard: Informations- und Auskunftsrecht der Aktionäre, AG 1997, S. 97-107

Großfeld, Bernhard/Möhlenkamp, Andreas: Zum Auskunftsrecht des Aktionärs, ZIP 1994, S. 1425-1428

ders./Spennemann, Gert: Die Teilnahmeberechtigung mehrerer gesetzlicher Vertreter von Gesellschaften in Mitgliederversammlungen von Kapitalgesellschaften und Genossenschaften, AG 1979, S. 128-135

Großkommentar AktG: Hrsg.: Hopt, Klaus/Wiedemann, Herbert; §§ 1-53, 4. Auflage Berlin 2004; § 53a AktG, 4. Auflage Berlin 2004; Vor §§ 118-120, 4. Auflage, Berlin 1999; §§ 131, 132 AktG, 4. Auflage, Berlin 2001; §§ 241-255, 4. Auflage, Berlin 1996; §§ 291-410 AktG, 3. Auflage, Berlin 1975 (zit.: *Bearbeiter*, in: GroßK AktG, Aufl. Jahr, § Rn.)

Grundmann, Stefan: Wettbewerb der Regelgeber im Europäischen Gesellschaftsrecht – jedes Marktsegment hat seine Struktur, ZGR 2001, S. 783-832

ders.: Der Treuhandvertrag, München 1996

Grüner, Michael: Zeitliche Einschränkung des Rede- und Fragerechts auf Hauptversammlungen, NZG 2000, S. 770-779

Guyon, Yves: Droit des affairs, tome I: Droit commercial général et Sociétés, 10. Auflage, Paris 1998

Habersack, Mathias: Europäisches Gesellschaftsrecht im Wandel, NZG 2004, S. 1-9

Handelsblatt Wirtschaftslexikon: Wirtschaftslexikon – Das Wissen der Betriebswirtschaftslehre, Band 1, Stuttgart 2006 (zit.: *Bearbeiter*, in: Wirtschaftslexikon, 2006, S.)

Hansen, Herbert: Der deutsche Aktienmarkt, AG-Sonderheft 10/1996

Happ, Wilhelm/Freitag/Angelika: Die Mitternachtsstund' als Anfechtungsgrund?, AG 1998, S. 493-497

***Heermann, Peter W.*:** Auswirkungen einer Behebbarkeit oder nachträglichen Korrektur von gerügten Verfahrensmängeln auf das Unbedenklichkeitsverfahren nach § 16 Abs. 3 UmwG, ZIP 1999, S. 1861-1873

***Hefermehl, Wolfgang*:** Umfang und Grenzen des Auskunftsrechts des Aktionärs in der Hauptversammlung, in: Festschrift für Duden, München 1977 S. 109-135

***Heidel, Thomas*:** Aktienrecht und Kapitalmarktrecht, 2. Auflage, Bonn 2007 (zit.: *Bearbeiter*, in: AnwK-AktR, 2. Aufl. 2007, § , Rn.)

***Heider, Karsten*:** Die Beschränkung des Rede- und Fragerechts der Aktionäre gemäß UMAG, in: Fachschrift zum Inkrafttreten des Gesetzes zur Unternehmensintegrität und Modernisierung des Anfechtungsrechts (UMAG), Hrsg.: Haubrok Corporate Events, München 2005, S. 42-48

***Heinrich, Erbo/Theusinger, Ingo*:** Anfechtung wegen Informationsmängeln und Freigabeverfahren nach dem UMAG – ein ungeklärtes Verhältnis, BB 2006, S. 449-453

***Hellwig, Hans-Jürgen*:** Der Auskunftsanspruch des Aktionärs nach unrichtiger Auskunftserteilung, in: Festschrift für Budde, München 1995, S. 265-286

***Hemeling, Peter*:** Die Durchführung der Hauptversammlung – die Chance des UMAG nutzen!, AG 2004, S. 262-263

***Hengeler, Hans/Kreifels, Max*:** Absicht und Wirklichkeit im Referentenentwurf eines Aktiengesetzes, in: Hengeler (Hrsg.), Beiträge zur Aktienrechtsreform, Heidelberg 1959, S. 11-41

***Henn, Günter*:** Handbuch des Aktienrechts, 7. Auflage, Heidelberg 2002 (zit.: *Henn*, Handbuch des Aktienrechts, 7. Aufl. 2002, Rn.)

***ders.*:** Die Wahrung der Interessen der Aktionäre innerhalb und außerhalb der Hauptversammlung, BB 1982, S. 1185-1194

***Hennerkes, Brun-Hagen/Kögel, Rainer*:** Eine Geschäftsordnung für die Hauptversammlung, DB 1999, S. 81-85

***Henze, Hartwig*:** Aspekte und Entwicklungstendenzen der aktienrechtlichen Anfechtungsklage in der Rechtsprechung des BGH, ZIP 2002, S. 97-109

***ders.*:** Pünktlich zur Hauptversammlungssaison: Ein Rechtssprechungsüberblick zu Informations- und Auskunftsrechten, BB 2002, S. 893-903

***ders.*:** Die dosierte Einschränkung der aktienrechtlichen Anfechtungsklage in der Rechtsprechung des Bundesgerichtshofes, in: Festschrift für Hadding, Berlin 2004, S. 409-426

***Herdt, Hans*:** Daimlers Außerordentliche, Börsen-Zeitung vom 22.9.1998, S. 1

***Hirschberger, Max/Weiler, Lothar*:** Das Freigabeverfahren für Hauptversammlungsbeschlüsse nach dem UMAG-Entwurf (§246a AktG-E) – Ein Aus für „räuberische" Aktionäre?, DB 2004, S. 1137-1139

***Hirte, Heribert*:** Informationsmängel und Spruchverfahren, ZHR 167 (2003), S. 8-34

***ders.*:** Ad-hoc-Publizität im System des Aktien- und Börsenrechts, in: Das Zweite Finanzmarktförderungsgesetz in der praktischen Umsetzung, Bankrechtstag 1995, Berlin 1996, S. 47-93

***ders.*:** Die Behandlung unbegründeter oder missbräuchlicher Gesellschafterklagen im Referentenentwurf eines Umwandlungsgesetzes, DB 1993, S. 77-80

***ders.*:** Die Europäische Aktiengesellschaft – ein Überblick nach In-Kraft-Treten der deutschen Ausführungsgesetzgebung (Teil II), DStR 2005 S. 700-704

***Hoenike, Mark/Hülsdunk, Lutz*:** Die Gestaltung von Fernabsatzverträgen im elektronischen Geschäftsverkehr nach neuem Recht, MMR 2002, S. 415-420

***Hoffmann-Becking, Michael*:** Rechtsschutz bei Informationsmängeln im Unternehmensvertrags- und Umwandlungsrecht, in: RWS-Forum Gesellschaftsrecht 2001, Köln 2001, S. 55-70

***Hölters, Wolfgang/Deilmann, Barbara/Buchta, Jens*:** Die kleine Aktiengesellschaft, 2. Auflage, München 2002

***Holzborn, Timo/Bunnemann, Jan*:** Änderungen durch den Regierungsentwurf für das UMAG, BKR 2005, S. 51-58

***Hommelhoff, Peter*:** Anlegerinformationen im Aktien-, Bilanz- und Kapitalmarktrecht, ZGR 2000, S. 748-775

***ders.*:** Zur Kontrolle strukturändernder Gesellschafterbeschlüsse, ZGR 1990, S. 447-476

***Hopt, Klaus J.*:** Aktionärskreis und Vorstandsneutralität, ZGR 1993, S. 534-566

***ders.*:** Grundsatz- und Praxisprobleme nach dem Wertpapierhandelsgesetz, ZHR 159 (1995), S. 135-163

***ders.*:** Insiderwissen und Interessenkonflikte im europäischen und deutschen Bankrecht, in: Festschrift für Heinsius, Berlin 1991, S. 289-322

***ders.*:** Der Kapitalanlegerschutz im Recht der Banken, München 1975

***Horrowitz, Hugo*:** Recht des Aktionärs auf Auskunft in der Hauptversammlung, JW 1916, S. 887-889

***Hoß, Dirk*:** Web-Impressum und Wettbewerbsrecht, CR 2003, S. 687-691

***Hueck, Götz*:** Der Grundsatz der gleichmäßigen Behandlung im Privatrecht, München 1958

***Hüffer, Uwe*:** Minderheitsbeteiligungen als Gegenstand aktienrechtlicher Auskunftsbegehren, ZIP 1996, S. 401-411

***ders.*:** Aktiengesetz, 8. Auflage2008, 6. Auflage 2004, München (zit.: *Hüffer*, AktG, Aufl. Jahr, § Rn.)

***ders.*:** Beschlußmängel im Aktienrecht und im Recht der GmbH – eine Bestandsaufnahme unter Berücksichtigung der Beschlüsse von Leitungs- und Überwachungsorganen, ZGR 2001, S. 833-874

***ders./Schmidt-Assmann, Eberhard/Weber, Martin*:** Anteilseigentum, Unternehmenswert und Börsenkurs, München 2004

***Ihrig, Hans-Christoph/Erwin, Holger*:** Anwendung des Freigabeverfahrens nach § 246a AktG auf „Altbeschlüsse" und bereits eingetragene Beschlüsse, BB 2005, S. 1973-1978

***Isensee, Josef/Kirchhof, Paul*:** Handbuch des Staatsrechts, Band V, 2. Auflage 2000; Band VI, 2. Auflage 2001, Heidelberg. (zit.: *Bearbeiter*, in: Isensee/Kirchhof, Hdb StaatsR, Bd., Aufl. Jahr, § Rn.)

***Issing, Otmar*:** Kleineres Eigentum – Grundlage unserer Wirtschaftsordnung, in: Issing/Leisner, „Kleineres Eigentum", Göttingen 1976, S. 7-50

***Jaeger, Carsten*:** Die Europäische Aktiengesellschaft – europäischen oder internationalen Rechts, Baden-Baden 1994

***Jäger, Axel*:** Die Entwicklung der Judikatur zur AG in den Jahren 2000-2003, NZG 2003, S. 1033-1044

***ders.*:** Aktiengesellschaft, München 2004

***Jahn, Joachim*:** UMAG: Das Aus für „räuberische Aktionäre oder neues Erpressungspotenzial?, BB 2005, S. 5-13

***ders.*:** Ein Kleinaktionär kann ein Unternehmen in den Ruin treiben, FAZ vom 25.11.2004, S. 24

***Jänig, Ronny*:** Aktienrechtliche Sonderprüfung und UMAG, BB 2005, S. 949-955

ders.: Die aktienrechtliche Sonderprüfung, Baden-Baden 2005

Jannott, Dirk/Frodermann, Jürgen: Handbuch der Europäischen Aktiengesellschaft, Heidelberg 2005, (zit.: *Bearbeiter*, in: Jannott/Frodermann, Handbuch SE-AG, 2005, § Rn.)

Jarass, Hans/Pieroth, Bodo: Grundgesetz, 9. Auflage, München 2007 (zit.: *Bearbeiter*, in: Jarass/Pieroth, GG, 9. Aufl. 2007, Art. Rn.)

Joussen, Peter: Auskunftspflicht des Vorstandes nach § 131 AktG und Insiderrecht, DB 1994, S. 2485-2489

ders.: Der Auskunftsanspruch des Aktionärs, AG 2000, S. 241-257

Jung, Peter: Individualschutz durch Wirtschaftsgrundrechte im Gesellschaftsrecht, JZ 2001, S. 1004-1015

Kallmeyer, Harald: Umwandlungsgesetz Kommentar, 3. Auflage, Köln 2006 (zit.: *Bearbeiter*, in: Kallmeyer, UmwG, 3. Aufl. 2006, § Rn.)

Keil, Tilo: Mißbräuchliches Aktionärsverhalten, ZIP 1989, S. 1500-1505

Kempen, Bernhard: Der Eingriff des Staates in das Eigentum, Köln 1991

Keul, Thomas: Anfechtungsklage und Überwindung der Registersperre im Rahmen eines Squeeze-Out, ZIP 2003, S. 566-569

Kiem, Roger: Umwandlungsrecht – Rückschau und Entwicklungstendenzen nach drei Jahren Praxis, in: RWS-Forum Gesellschaftsrecht 1997, Köln 1997, S. 105-131

Kieninger, Eva-Maria: Wettbewerb der Privatrechtsordnungen im Europäischen Binnenmarkt, Tübingen 2002

Kiethe, Kurt: Abkauf von Anfechtungsklagen der Aktionäre – neuere Tendenzen rechtsmissbräuchlichen Verhaltens räuberischer Aktionäre, NZG 2004, S. 489-494

ders.: Der Bestätigungsbeschluss nach § 244 AktG – Allheilmittel oder notwendiges Korrektiv?, NZG 1999, S. 1086-1092

Kinzl, Ulrich-Peter: Rückwärtsberechnung von Fristen im Aktienrecht – keine Besserung durch den Entwurf eines Gesetzes zur Unternehmensintegrität und Modernisierung des Aktienrechts (UMAG), NZG 2004, S. 701-703

Kirschner, Lars: BB-Forum: UMAG passiert Bundesrat – Letzter Feinschliff für das Sonderprüfungsrecht?, BB 2005, S. 1865-1867

Klauss, n. N.: Der arme Aktionär und seine Fragen, BB 1957, S. 732-736

Klöcker, Ingo/Frowein, Georg: Spruchverfahrensgesetz, Köln 2004, (zit.: *Klöcker/Frowein*, SpruchG, 2004, § Rn.)

Klöhn, Lars: Zum Pflichtangebot und Spruchverfahren beim regulären Delisting, ZBB 2003, S. 208-218

Knappmann, Lutz: Anfechtungsklagen – Robin Hood und die Räuber, Manager-Magazin vom 26.11.2004, abrufbar unter www.manager-magazin.de/geld/geldanlage/0,2828,329714,00.html (zuletzt abgerufen am 10.1.2009)

Kölner Kommentar zum Aktiengesetz: Hrsg.: Wolfgang Zöllner, Band 1: §§ 1-147, 1. Auflage, Köln 1985; Band 2: §§ 148-290, 1. Auflage, Köln 1976; (zit.: *Bearbeiter*, in: KölnKomm, Jahr, § Rn.); Band 1: §§ 1-75, 2. Auflage, Köln 1986/1988; Band 6: §§ 15-22, §§ 291-328 AktG und Meldepflichten nach §§ 21ff. WpHG, SpruchG, 3. Auflage 2004 (zit.: *Bearbeiter*, in: KölnKomm, Aufl. Jahr, § Rn.)

Kort, Michael: Die Registereintragung gesellschaftsrechtlicher Strukturänderungen nach dem Umwandlungsgesetz und nach dem Gesetz zur Unternehmensintegrität und Modernisierung des Aktienrechts (UMAG), BB 2005, S. 1577-1582

***Kösters, Friedrich*:** Das Unbedenklichkeitsverfahren nach § 16 Abs. 3 UmwG, WM 2000, S. 1921-1929

***Kraft, Alfons/Kreutz, Peter*:** Gesellschaftsrecht, 11. Auflage, Neuwied 2000

***Krause, Hartmut*:** Wie lang ist ein Monat? – Fristberechnung am Beispiel des § 5 III UmwG, NJW 1999, S. 1448-1449

***Krieger, Gerd*:** Aktionärsklage zur Kontrolle des Vorstands- und Aufsichtsratshandelns, ZHR 163 (1999), S. 343-363

***Krystek, Ulrich/Müller, Michael*:** Investor Relations, DB 1993, S. 1785-1789

***Kübel, Joseph*:** Anfechtungsrecht und Streitwert, AG 1958, S. 28-29

***Kubis, Dietmar*:** Die „formunwirksame" schriftliche Auskunftserteilung nach § 131 AktG, in: Festschrift für Kropff, Düsseldorf 1997, S. 171-189

***Kübler, Friedrich*:** Transparenz am Kapitalmarkt, AG 1977, S. 85-92

***ders.*:** Aktiengesellschaft und Privateigentum, ZHR 131 (1968) S. 255-265

***Kümpel, Siegfried*:** Bank- und Kapitalmarktrecht, 3. Auflage, Köln 2004 (zit.: *Kümpel*, BuK, 3. Aufl. 2004, Rn.)

***Kuthe, Thorsten*:** BB-Gesetzgebungsreport: Die Fortsetzung der Aktienrechtsreform durch den Entwurf eines Gesetzes zur Unternehmensintegrität und Modernisierung des Anfechtungsrechts, BB 2004, S. 449-451

***Kuthe, Thorsten*:** Konkrete Beschränkung des Rede- und Fragerechts der Aktionäre durch Satzung unzulässig, BB 2008, S. 918

***Larenz, Karl/Canaris, Claus-Wilhelm*:** Methodenlehre der Rechtswissenschaft, 3. Auflage, Berlin 1995

***Lehmann, Julius*:** Soll bei einer zukünftigen Reform des Aktienrechts eine Annäherung an das englisch-amerikanische Recht in grundlegenden Fragen stattfinden?, in: Verhandlungen des 34. Deutschen Juristentages (Köln), Band I Gutachten, Berlin 1926, S. 258-331

***Lehmann, Jürgen*:** Mißbrauch des Auskunfts-, Frage- und Rederechts sowie im Spruchstellenverfahren, in: Timm, Mißbräuchliches Aktionärsverhalten, Köln 1990, S. 51-61

***Lerche, Peter*:** Übermaß und Verfassungsrecht, Köln 1961

***Leuering, Dieter*:** Zur Anwendbarkeit des UMAG auf anhängige Anfechtungsklagen, NZG 2005, S. 999-1001

***ders./Simon, Stefan*:** Aktienrechtsreform erfasst auch laufende Anfechtungsklagen, NJW-Spezial 2005, S. 315-316

***Link, Rainer*:** Die Hauptversammlung im Rahmen des Aktienmarketing und der Investor Relations, AG 1994, S. 364-369

***Linnerz, Markus*:** Ort, Terminierung und Dauer einer Hauptversammlung, NZG 2006, S. 208-211

***Lochner, Daniel*:** Anmerkung zu OLG Hamm, Beschluss vom 19.8.2005 - 8 W 20/05, ZIP 2006, S. 135-136

***Lommatzsch, Jutta*:** Bericht über die Diskussion der Referate Noack und Bungert, in: Gesellschaftsrechtliche Vereinigung (Hrsg.), Gesellschaftsrecht in der Diskussion 2004, Band 9, Köln 2005, S. 103-107 (zit.: *Lommatzsch*, in: VGR 2004, 2005, S.)

***Lommer, Sebastian*:** Das Auskunftsrecht des Aktionärs in Deutschland und die Informationsrechte der Gesellschafter der US-amerikanischen Public Business Corporation, Aachen 2005

***Luther, Martin*:** Überlegungen zur Handhabung von Auskunftsrecht und Auskunftspflicht in Hauptversammlungen von Publikums- und Aktiengesellschaften, in: Festschrift für Möhring, München 1975, S. 221-249

***Lutter, Marcus/Hommelhoff, Peter*:** Die Europäische Aktiengesellschaft, Köln 2005

***ders./Winter, Martin*:** Umwandlungsgesetz Kommentar, 4. Auflage, Köln 2009 (zit.: *Bearbeiter*, in: Lutter/Winter, UmwG, 4. Aufl. 2009, § Rn.)

***ders.*:** Gesellschaftsrecht und Kapitalmarkt, in: Festschrift für Zöllner, Köln 1998, S. 363-383

***Luttermann, Claus*:** § 131 AktG 2/99, Anmerkung zu BVerfG vom 20.9.1999 - 1 BvR 168/93, EWiR 1999, S. 1033-1034

***ders.*:** Anmerkung zu BGH Urteil vom 18.12.2000 - II ZR 1/99, BB 2001, S. 382-385

***Manz, Gerhard/Mayer, Barbara/Schröder, Albert*:** Europäische Aktiengesellschaft SE, Baden-Baden 2005, (zit.: *Bearbeiter*, in: Manz/Mayer/Schröder, SE-AG, Art. Rn.)

***Marsch-Barner, Reinhard*:** Zum Auskunftsrecht des Aktionärs in der Hauptversammlung, zugleich Anmerkung zum Beschluß des OLG Frankfurt vom 22.7.1983, WM 1984, S. 41-43

***ders./Schäfer, Frank*:** Handbuch börsennotierte AG, 2. Auflage, Köln 2009 (zit.: *Bearbeiter*, in: Marsch-Barner/Schäfer, börsennotierte AG, 2. Aufl. 2009, S.)

***Martens, Klaus-Peter*:** Leitfaden für die Leitung der Hauptversammlung einer Aktiengesellschaft, 3. Auflage, Köln 2003 (zit.: *Martens*, Leitfaden, 3. Aufl. 2003, S.)

***ders.*:** Die Reform der aktienrechtlichen Hauptversammlung, AG 2004, S. 238-245

***ders.*:** Missbrauch des Auskunfts-, Frage- und Rederechts sowie im Spruchstellenverfahren, in: Timm, Missbräuchliches Aktionärsverhalten, Köln 1990, S. 63-84

***ders.*:** Die Leitungskompetenzen auf der Hauptversammlung einer Aktiengesellschaft, WM 1981, S. 1010-1021

***Maunz, Theodor/Dürig, Günter*:** Grundgesetz, Band II: Art. 6-16a GG, Lieferungen 1 bis 52, 2008; Band III: Art. 17-27 GG, Lieferungen 1 bis 52, 2008, München (zit.: *Bearbeiter*, in: Maunz/Dürig, GG Kommentar, Bd., Art. Rn.)

***Max, Dietrich*:** Die Leitung der Hauptversammlung, AG 1991, S. 77-94

***Meilicke, Heinz/Heidel, Thomas*:** Das Auskunftsrecht des Aktionärs in der Hauptversammlung (Teil I), DStR 1992, S. 72-75

***ders./ ders.*:** Das Auskunftsrecht des Aktionärs in der Hauptversammlung (Teil II), DStR 1992, S. 113-118

***ders./ ders.*:** UMAG: „Modernisierung" des Aktienrechts durch Beschränkung des Eigentumsschutzes der Aktionäre, DB 2004, S. 1479-1487

***ders./ ders.*:** Verweigerung des Rechtsschutzes für außenstehende Aktionäre verstößt gegen Europäische Menschenrechtskonvention, BB 2003, S. 1805-1806

***Merkt, Hanno*:** Unternehmenspublizität, Tübingen 2001

***ders.*:** Das Europäische Gesellschaftsrecht und die Idee des „Wettbewerbs der Gesetzgeber", RabelsZ 59 (1995), S. 545-568

***ders./Göthel, Stephan*:** US-amerikanisches Gesellschaftsrecht, 2. Auflage, Frankfurt a.M. 2006

***Mertens, Hans-Joachim*:** Die Gestaltung von Verschmelzungs- und Verschmelzungsprüfbericht, AG 1990, S. 20-32

***Mertens, Hans-Joachim*:** Der Aktionär als Wahrer des Rechts? AG 1990, S. 49-55

***Mertens, Kai*:** Neue europäische Aktionärsdemokratie lässt Fragen offen, Börsen-Zeitung Nr. 42 vom 1.3.2006, S. 2

***Meyer-Landrut, Joachim*:** Der „Mißbrauch“ aktienrechtlicher Minderheits- oder Individualrechte, insbesondere des Auskunftsrechts, in: Festschrift für Schilling, Berlin 1973, S. 234-251

***Meyer-Löwy, Bernd*:** Das Auskunftsrecht des Aktionärs in der Hauptversammlung und seine Grenzen bei Fragenkatalogen und Massenauskünften, München 2000

***Mimberg, Jörg*:** Die Frist zur Einberufung der Hauptversammlung nach dem UMAG, AG 2005, S. 716-724

***Moritz, Hans-Werner/Dreier, Thomas*:** Rechts-Handbuch zum E-Commerce, 2. Auflage, Köln 2005 (zit.: *Bearbeiter*, in: Moritz/Dreier, E-Commerce, Teil Rn.)

***Mülbert, Peter O.*:** Abschwächungen des mitgliedschaftlichen Bestandsschutzes im Aktienrecht, in: Festschrift für Ulmer, Berlin 2003, S. 433-450

***ders.*:** Aktiengesellschaft, Unternehmensgruppe und Kapitalmarkt, 2. Auflage, München 1996

***Müller, Welf*:** Die Entscheidungsspielräume der Verwaltung einer Aktiengesellschaft im Verhältnis zu ihren Aktionären, in: Festschrift für Semler, Berlin 1993, S. 195-1215

Münchener Handbuch des Gesellschaftsrechts: Band 1 BGB-Gesellschaft, Offene Handelsgesellschaft, PartG, EWIV, 2. Auflage 2004; Band 4 Aktiengesellschaft, 3. Auflage 2007 und 2. Auflage 1999, München (zit.: *Bearbeiter*, in: Münch Hdb GesR, Bd., Aufl. Jahr, § Rn.)

Münchener Kommentar zum Aktiengesetz: Hrsg.: Kropff, Bruno/Semler, Johannes, Band 1: §§ 1-75, 3. Auflage 2008; Band 4: §§ 118-147 AktG, 2. Auflage 2004; Band 7: §§ 222-277, 2. Auflage, 2001; Band 8: §§ 278-328, 2. Auflage 2000, München (zit.: *Bearbeiter*, in: MüKo AktG, Aufl. Jahr, § Rn.)

Münchener Kommentar zum Bürgerlichen Gesetzbuch: Band 2: §§ 241-432, 5. Auflage 2007; Band 5: §§ 705-853, 4. Auflage 2004, München (zit.: *Bearbeiter*, in: MüKo BGB, Aufl. Jahr, § Rn.)

Münchener Kommentar zur Zivilprozessordnung: Band 1: §§ 1-510c, 3. Auflage 2008, München (zit.: *Bearbeiter*, in: MüKo ZPO, Aufl. Jahr, § Rn.)

***Mutter, Stefan*:** Auskunftsansprüche des Aktionärs in der HV, Köln 2002 (zit: *Mutter*, Auskunftsansprüche, 2002, S.)

***ders./Topf, Cornelia*:** Änderungen im Recht der Hauptversammlung durch das UMAG (Teil 3), AG-Report 2004, S. 259-260

***Netter, Oscar*:** Die auskunftsrechtliche Auskunftspflicht, Berlin 1928

***Neye, Hans-Werner*:** Das neue Spruchverfahrensrecht, BAnz. vom 14.8.2003, Nr. 150a

***Nitschke, Manfred/Bartsch, Hans-Jürgen*:** Über Bedeutung und Umfang des Auskunftsrechts, insbesondere im Zusammenhang mit Entlastungsbeschlüssen, AG 1969, S. 93-100

***Noack, Ulrich*:** Das Freigabeverfahren bei Umwandlungsbeschlüssen – Bewährung und Modell, ZHR 2000, S. 274-291

***ders.*:** Anmerkung zu KG, Beschluss vom 26.8.1993 - 2 W 6111/92, DZWiR 1994, S. 121-123

***ders.*:** Gesellschaftervereinbarungen bei Kapitalgesellschaften, Tübingen 1994 (zit.: *Noack*, Gesellschaftervereinbarungen, 1994, S.)

***ders.*:** Die Reform der Hauptversammlung – insbesondere durch das UMAG, in: Gesellschaftsrechtliche Vereinigung (Hrsg.), Gesellschaftsrecht in der Diskussion 2004, Band 9, Köln 2005, S. 37-57 (zit.: *Noack*, in: VGR 2004, 2005, S.)

***ders.*:** Neue Entwicklungen im Aktienrecht und moderne Informationstechnologie 2003-2005, NZG 2004, S. 297-303 *ders.*: Aktionärsrechte im EU-Kapitalbinnenmarkt – Bemerkung zur Konsultation der EU-Kommission, ZIP 2005, S. 325-331

ders.: Der Widerspruch des Aktionärs in der Hauptversammlung, AG 1989, S. 78-87

ders.: Hauptversammlung und Neue Medien, BB 1998, S. 2533-2540

ders.: Die Aktionärsrechte-Richtlinie, in: Festschrift für Westermann, 2008, S. 1203-1220

ders./Zetzsche, Dirk: Die Legitimation der Aktionäre bei Globalaktien und Depotverbuchung, AG 2002, S. 651-657

ders./ ders.: Die Informationsanfechtung nach der Neufassung des § 243 Abs. 4 AktG, ZHR 170 (2006), S. 218-246

ders./ ders.: Die Hauptversammlungslegitimation durch „Hinterlegung" bei girosammelverwahrten Inhaberaktien, WM 2004, S. 1-9

o. V.: Eine Handvoll Opponenten blockiert das Sanierungskonzept von Karstadt-Quelle, FAZ vom 14.11.2004, S. 15

o. V.: WestLB: Karstadt-Quelle wird gerettet, FAZ vom 25.11.2004, S. 19

o. V.: Weg für die Kapitalerhöhung bei Karstadt Quelle ist frei, FAZ vom 26.11.2004, S. 15

o. V.: Börse begrüßt die Einigung bei Karstadt-Quelle, FAZ vom 27.11.2004, S. 17

o. V.: Die Zeit der Gemütlichkeit für die Deutschland AG ist zu Ende, FAZ vom 8.3.2005, S. 23

o. V.: Fusion mit T-Online bleibt auf Eis, FAZ vom 11.2.2006, S. 15

o. V.: Teures Juraskript, FAZ vom 2.8.2006, S. 19

o. V.: Die Aktionäre werden umworben, FAZ, vom 21.9.2005, S. 25

Ott, Stephan: Informationspflichten im Internet und ihre Erfüllung durch das Setzen von Hyperlinks, WRP 2003, S. 945-955

Palandt, Otto: Bürgerliches Gesetzbuch, 68. Auflage, München 2009 (zit.: Palandt-*Bearbeiter*, 68. Aufl. 2009, § Rn.)

Pannier, Matthias: Harmonisierung der Aktionärsrechte in Europa, Berlin 2003

Papendick, Ulric: Celanese – Der Raubzug, Manager-Magazin Heft 9/2005, S. 58-66

Papier, Hans-Jürgen: Das Mitbestimmungsurteil des Bundesverfassungsgerichts – Eine kritische Würdigung aus verfassungsrechtlicher Sicht, ZGR 1979, S. 444-470

Paschos, Nikolaos/Neumann, Kai-Uwe: Die Neuregelungen des UMAG im Bereich der Durchsetzung von Haftungsansprüchen der Aktiengesellschaft gegen Organmitglieder, DB 2005, S. 1779-1786

Pawlowski, Hans-Martin: Methodenlehre für Juristen, 3. Auflage, Heidelberg 1999 (zit.: *Pawlowski*, Methodenlehre, 3. Aufl. 1999, Rn.)

Pelzer, Karen Christina: Das Auskunftsrecht der Aktionäre in der Europäischen Union, Köln 2003

Pentz, Andreas: Übersicht zu höchstrichterlichen Entscheidungen zum Aktienrecht 2004, BB 2005, S. 1397-1408

Pieroth, Bodo/Schlink/Bernhard: Grundrechte Staatsrecht II, 22. Auflage, Heidelberg 2006 (zit.: *Pieroth/Schlink*, Staatsrecht II, 22. Aufl. 2006, Rn.)

Pinner, Albert: Die Minderheitenrechte der Aktionäre und das Reichsgericht, JW 1916, S. 988-991

Pluskat, Sorika, Auswirkungen der Aktionärsrichtlinie auf das deutsche Aktienrecht, WM 2007, S. 2135-2142

Pohle, Klaus: Publizitätsverhalten und Investor Relations, in: IdW, Neuorientierung der Rechenschaftslegung, Düsseldorf 1995, S. 69-80

Priester, Hans-Joachim: Neue Entwicklungen im Recht der Hauptversammlung, DNotZ 2006, S. 403-418

Puszkajler, Karl Peter: in: Verhandlungen des 63. Deutschen Juristentages Leipzig 2000, Sitzungsberichte Band II/2, München 2000, S. O 108-O 112 (zit.: *Puszkajler*, in: Verhandlungen 63. DJT, 2000, S.)

Quack, Karlheinz: Beschränkungen der Redezeit und des Auskunftsrechts des Aktionärs, AG 1985, S. 145-149

Raiser, Thomas: Die Europäische Aktiengesellschaft und die nationalen Gesetze, in: Festschrift für Semler, Berlin 1993, S. 277-297

ders.: Das Recht der Gesellschafterklagen, ZHR 153 (1989), S. 1-34

ders./Veil, Rüdiger: Recht der Kapitalgesellschaften, 4. Auflage, München 2006

Ratschow, Eckart, Die Aktionärsrechte-Richtlinie – neue Regeln für börsennotierte Gesellschaften, DStR 2007, S. 1402-1408

Reichert, Jochem: Aktionärsrechte und Anlegerschutz – Stellungnahme zu den Vorschlägen der Corporate Governance Kommission, in: Hommelhoff/Lutter/Schmidt/Schön/Ulmer (Hrsg.), Corporate Governance, Gemeinschaftssymposien der Zeitschriften ZHR/ZGR, Heidelberg 2002, S. 165-201

Reinicke, Gerhard: Das Auskunftsrecht des Aktionärs, in: Hengeler (Hrsg.), Beiträge zur Aktienrechtsreform, Heidelberg 1959, S. 117-146

Reinicke, Jürgen: Rechtsstellung, Rechte und Pflichten des Vorsitzenden einer Hauptversammlung, Bamberg 1982

Rettmann, Stephanie: Die Rechtmäßigkeitskontrolle von Verschmelzungsbeschlüssen, Köln 1998

Rieckers, Oliver: Einfluss angefochtener Bestätigungsbeschlüsse auf anhängige und abgeschlossene Unbedenklichkeitsverfahren, BB 2005, S. 1348-1352

Riegger, Bodo: Hauptversammlung und Internet, ZHR 165 (2001), S. 204-218

ders./Schockenhoff, Martin: Das Unbedenklichkeitsverfahren zur Eintragung der Umwandlung ins Handelsregister, ZIP 1997, S. 2105-2113

Ringleb, Henrik-Michael/Kremer, Thomas/Lutter, Marcus/v. Werder, Axel: Kommentar zum Deutschen Corporate Governance Kodex, 3. Auflage, München 2008 (zit.: *Bearbeiter*, in: Ringleb/Kremer/Lutter/v.Werder, DCGK-Komm, 3. Aufl. 2008, Rn.)

Saenger, Ingo: Zum Auskunftsanspruch des Aktionärs über Minderheitsbeteiligungen, DB 1997, S. 145-151

ders.: Hinzuziehung von Stellvertreter oder Beistand bei Beschlußfassung und Kontrolle im Gesellschaftsrecht, NJW 1992, S. 348-352

Schaaf, Andreas: Die Praxis der Hauptversammlung, 2. Auflage, Köln 1999 (zit.: *Schaaf*, Praxis der HV, 2. Aufl. 1999, Rn.)

ders.: Publikumshauptversammlung und Rederecht, ZIP 1997 S. 1324-1328

Schäfer, Frank: Kommentar zum Wertpapierhandelsgesetz, Börsengesetz mit BörsenZulV, Verkaufsprospektgesetz mit VerkProspV, Stuttgart 1998 (*Bearbeiter*, in: Schäfer, WpHG, § 14 WpHG Rn. 67)

Schäffer, Fritz: Die Aktienrechtsreform und ihre Probleme, BB 1958, S. 1253-1259

Schick: Anmerkung zu OLG Frankfurt a. M.: Zu den Grenzen von Satzungsregelungen, die das Rede- und Fragerecht von Aktionären in der Hauptversammlung beschränken, FD-HGR 2008, 258715

***Schiessl, Maximilian*:** Die Kontrollfunktion der aktienrechtlichen Anfechtungsklage, in: Gesellschaftsrechtliche Vereinigung (Hrsg.), Gesellschaftsrecht in der Diskussion 1999, Band 2, Köln 2000, S. 57-80 (zit.: *Schiessl*, in: VGR 1999, 2000, S.)

***Schimansky, Herbert/Bunte, Hermann-Josef/Lwowski, Hans-Jürgen*:** Bankrechts-Handbuch, Band II, München 2007, (zit.: *Bearbeiter*, in: Schimansky/Bunte/Lwowski, Bankrechts-Hdb, 3. Auflage 2007, § Rn.)

***Schindler, Oliver/Witzel, David*:** Bedarf es einer gesetzlichen Regelung des Anfechtungsrechts zur Bekämpfung räuberischer Aktionäre? - Stellungnahme zu den Empfehlungen der wirtschaftlichen Abteilung des 63. DJT, NZG 2001, S. 577-584

***Schlitt, Michael*:** Die gesellschaftsrechtlichen Voraussetzungen des regulären Delisting – Macrotron und die Folgen, ZIP 2004, S. 533-541

***Schmid, Christoph*:** Das umwandlungsrechtliche Unbedenklichkeitsverfahren und die Reversibilität registrierter Verschmelzungsbeschlüsse, ZGR 1997, S. 493-521

***Schmidt, Harry*:** Ausschluss der Anfechtung des Squeeze-Out-Beschlusses bei abfindungswertbezogenen Informationsmängeln, in: Festschrift für Ulmer, Berlin 2003, S. 543-556

***Schmidt, Jessica*:** Stimmrechtsvertretung und Stimmrechtsausübung „in absentia" in Deutschland und Großbritannien, NZG 2006, S. 487-491

***dies.*:** Die geplante Richtlinie über Aktionärsrechte und ihre Bedeutung für das deutsche Aktienrecht, BB 2006, S. 1641-1646

***Schmidt, Karsten*:** Gesellschaftsrecht, 4. Auflage, Köln 2002

***Schmidt, Karsten/Lutter Marcus*:** *Aktiengesetz Kommentar*, Band 1: §§ 1 - 149, Band 2: §§ 150 - 410, Köln 2008 (zitiert: *Bearbeiter*, in: K. Schmidt/Lutter, AktG, 2008, § Rn.)

***ders.*:** Informationsrechte in Gesellschaften und Verbänden, Heidelberg 1984

***ders.*:** Verfolgungspflichten, Verfolgungsrechte und Aktionärsklagen: Ist die Quadratur des Zirkels näher gerückt?, NZG 2005, S. 796-801

***Schmidt-Aßmann, Eberhard*:** Der Schutz des Aktieneigentums durch Art. 14 GG, in: Festschrift für Badura, Tübingen 2004, S. 1009-1029

***Schmolke, Klaus Ulrich*:** Der Lamfalussy-Prozess im Europäischen Kapitalmarktrecht – eine Zwischenbilanz, NZG 2005, S. 912-919

***Schön, Wolfgang*:** Gesellschaftsrecht nach Maastricht, ZGR 1995, S. 1-37

***ders.*:** Der Aktionär im Verfassungsrecht, in: Festschrift für Ulmer, Berlin 2003, S. 1359-1392

***Schorling, Peter*:** Der Konflikt von Insiderhandelsverbot und Ad-hoc-Publizität mit dem Auskunftsrecht des Aktionärs, Jena, 2001

***Schütz, Carsten*:** UMAG Reloaded, NZG 2005, S. 5-11

***ders.*:** Neuerungen im Anfechtungsrecht durch den Referentenentwurf des Gesetzes zur Unternehmensintegrität und Modernisierung des Aktienrechts (UMAG), DB 2004, S. 419-426

***Schwark, Eberhard/Geiser, Frank*:** Delisting, ZHR 161 (1997), S. 739-773

***Schwark, Eberhard*:** Kapitalmarktrechts-Kommentar, 3. Auflage, München 2004, (zit.: *Bearbeiter*/Schwark, KMRK, 3. Aufl. 2004, § Rn.)

***Schwarz, Christian*:** Zum Statut der Europäischen Aktiengesellschaft, ZIP 2001, S. 1847-1861

***ders.*:** SE-VO Kommentar, München 2006 (zit.: *Schwarz*, SE-VO, 2006, § Rn.)

***ders.*:** Empfiehlt sich eine Neuregelung des aktienrechtlichen Anfechtungs- und Organhaftungsrechts, insbesondere der Klagemöglichkeiten von Aktionären?, ZRP 2000, S. 330-337

Seibert, Ulrich: Aktienrechtsreform in Permanenz?, AG 2002, S. 417-420
ders.: UMAG und Hauptversammlung – Der Regierungsentwurf eines Gesetzes zur Unternehmensintegrität und Modernisierung des Anfechtungsrechts, WM 2005, S. 157-161
ders.: Aktionärsforum und Aktionärsforumsverordnung nach § 127a AktG, AG 2006, S. 16-23
ders./Schütz, Carsten: Der Referentenentwurf eines Gesetzes zur Unternehmensintegrität und Modernisierung des Aktienrechts – UMAG, ZIP 2004, S. 252-258
Seibt, Christoph: Kapitalmarktrechtliche Überlagerungen im Aktienrecht, in: Gesellschaftsrechtliche Vereinigung (Hrsg.), Gesellschaftsrecht in der Diskussion 2000, Band 3, Köln 2001 (zit.: *Seibt*, in: VGR 2000, 2001, S.)
ders.: Die Reform des Verfolgungsrecht nach § 147 AktG und des Rechts der Sonderprüfung, WM 2004, S. 2137-2146
Semler, Johannes/Stengel, Arndt: Umwandlungsgesetz, 2. Auflage, München 2007 (zit.: *Bearbeiter*, in: Semler/Stengel, 2. Aufl. 2007, § Rn.)
ders./Volhard, Rüdiger: Arbeitshandbuch für die Hauptversammlung, 2. Auflage, München 2003 (zit.: *Bearbeiter*, in: Semler/Volhard, ArbHdb HV, Aufl. Jahr, § Rn.)
Semmler, Paul: Inhalt und Grenzen des Auskunftsrechts des Aktionärs, Kassel 1970
Serfling, Klaus/Großkopff, Anne/Röder, Marko: Investor Relations in der Unternehmenspraxis, AG 1998, S. 272-280
Siems, Mathias: ECLR – Der anonyme Aktionär, ZGR 2003, S. 218-235
ders.: The Case against Harmonisation of Shareholder Rights, EBOR 6 (2005), S. 539-552
Siepelt, Stefan: Das Rederecht des Aktionärs und dessen Beschränkung, AG 1995, S. 254-261
Simon, Jürgen: Der „verschwundene" Aktionär, AG 1996, S. 540-542
Simon, Stefan/Zetzsche, Dirk: Aktionärslegitimation und Satzungsgestaltung, NZG 2005, S. 369-375
Sommer, Ulf: Hauptversammlung der Zukunft, Handelsblatt vom 11.4.2006, S. 15
Sosnitza, Olaf: Das Unbedenklichkeitsverfahren nach § 16 III UmwG, NZG 1999, S. 965-975
Spahlinger, Andreas/Wegen, Gerhard: Internationales Gesellschaftsrecht in der Praxis, München 2005 (zit.: *Bearbeiter*, in: Spahlinger/Wegen, Internationales Gesellschaftsrecht, 2005, Rn.)
Spindler, Gerald: Die Reform der Hauptversammlung und der Anfechtungsklage durch das UMAG, NZG 2005, S. 825-831
ders.: Haftung und Aktionärsklage nach dem neuen UMAG, NZG 2005, S. 865-872
ders.: Internet und Corporate Governance – ein virtueller T(R)aum?, ZGR 2000, S. 420-445
ders.: Kapitalmarktreform in Permanenz – Das Anlegerschutzverbesserungsgesetz, NJW 2004, S. 3449-3455
ders.: Stimmrecht und Teilnahme an der Hauptversammlung – Entwicklungen und Perspektiven in der EU und in Deutschland, in: Gesellschaftsrechtliche Vereinigung (Hrsg.), Gesellschaftsrecht in der Diskussion 2005, Band 10, Köln 2006, S. 31-64 (zit.: *Spindler*, in: VGR 2005, 2006, S.)
ders./Stilz, Eberhard: Kommentar zum Aktiengesetz, München 2007 (zit: *Bearbeiter*, in: Spindler/Stilz, AktG, 2007, § Rn.)
ders./Schmitz, Peter/Geis, Ivo: TDG Kommentar, München 2004 (zit.: *Bearbeiter*, in: Spindler/Schmitz/Geis, TDG, 2004, § Rn.)
Spitze, Alexander/Diekmann, Hans: Verbundene Unternehmen als Gegenstand des Interesses von Aktionären, ZHR 158 (1994), S. 447-472

***Staudinger, J. von*:** Kommentar zum Bürgerlichen Gesetzbuch mit Einführungsgesetzen und Nebengesetzen, EGBGB Art. 1, 2, 50-218, Berlin 2005 (zit.: Staudinger/*Bearbeiter*, Jahr, Art. Rn.)

***Steiner, Klaus*:** Die Hauptversammlung der Aktiengesellschaft, München 1995 (zit: *Steiner*, HV der AG, 1995, S.)

***Stumpf, Christoph A.*:** Grundrechtsschutz im Aktienrecht, NJW 2003, S. 9-15

***Stützle, Rudolf/Walgenbach, Joachim*:** Leitung der Hauptversammlung und Mitspracherechte der Aktionäre in Fragen der Versammlungsleitung, ZHR 155 (1991), S. 516-544

***Suhr, Dieter*:** Eigentumsinstitut und Aktieneigentum, Hamburg 1966

***Sustmann, Marco*:** § 327e AktG 1/04, Anmerkung zu OLG Düsseldorf, Beschluss vom 16.1.2004 - I-16 W63/03, EWiR 2004, S. 467-468

***Teichmann, Arndt*:** Der Nießbrauch an Gesellschaftsanteilen, ZGR 1972, S. 1

***Timm, Wolfram*:** Mißbräuchliche Aktionärsklage einschließlich Abfindungsregelungen, in: Timm, Mißbräuchliches Aktionärsverhalten, Köln 1990, S. 1-33

***Traichel, Christian*:** Das Freigabeverfahren kann Unternehmen retten, FAZ vom 16.8.2006, S. 21

***Tröger, Tobias*:** Neues zur Anfechtung bei Informationspflichtverletzungen, NZG 2002, S. 211-213

***Trouet, Klaus*:** Die Hauptversammlung – Organ der Aktiengesellschaft oder Forum der Aktionäre?, NJW 1986, S. 1302-1307

***v. Mangoldt, Hermann/Klein, Friedrich/Starck, Christian*:** Das Bonner Grundgesetz, Band 1: Präambel, Artikel 1 bis 19 GG, 5. Auflage, München 2005 (zit.: *Bearbeiter*, in: v. Mangoldt/Klein, Bonner GG, 5. Aufl. 2005, Art. Rn.)

***v. Falkenhausen, Joachim/Kocher, Dirk*:** Nachschieben von Gründen bei der aktienrechtlichen Anfechtungsklage, ZIP 2003, S. 426-429

***Veil, Rüdiger*:** Klagemöglichkeiten bei Beschlussmängeln der Hauptversammlung nach dem UMAG, AG 2005, S. 567-577

***Vetter, Eberhard*:** Squeeze-Out – Der Ausschluß der Minderheitsaktionäre aus der Aktiengesellschaft nach den §§ 327 a - 327 f AktG, AG 2002, S. 176-190

***ders.*:** Abfindungswertbezogene Informationsmängel und Rechtsschutz, in: Festschrift für Wiedemann, München 2002

***Vetter, Jochen*:** Ausweitung des Spruchverfahrens, ZHR 168 (2004), S. 8-54

***von Falkenhayn, York*:** Das Recht des Aktionärs auf wertbezogene Information bei Strukturveränderungen, München, 2005

***Waclawik, Erich*:** Hilfe zur Selbsthilfe? – Der Beitritt von Aktionären als Nebenintervenienten im aktienrechtlichen Anfechtungsprozess, WM 2004, S. 1361-1369

***Wadewitz, Sabine*:** Hauptversammlung – und keiner geht hin, Börsen-Zeitung vom 9.6.2005, S. 9

***Wagner, Franz*:** § 243 AktG 1/05, Anmerkung zu BGH, Urteil vom 18.10.2004 - II ZR 250/02 (OLG Düsseldorf), EWiR 2005, S. 241-242

***ders.*:** Klagefrist und Streitgegenstand bei Anfechtungs- und Nichtigkeitsklagen nach der Entscheidung des BGH vom 22.7.2002, II ZR 286/01, DStR 2003, S. 468-472

***Wand, Peter/Tillmann, Tobias*:** EU-Richtlinienvorschlag zur Erleichterung der Ausübung von Aktionärsrechten, AG 2006, S. 443-450

***Weißhaupt, Frank*:** Modernisierung des Informationsmängelrechts in der Aktiengesellschaft nach dem UMAG-Regierungsentwurf, WM 2004, S. 705-713

ders.: Informationspflichten bei Ausgleichs- und Abfindungsangeboten in der börsennotierten Aktiengesellschaft, Der Konzern 2004, S. 474-482

ders.: Informationsmängel in der Hauptversammlung: die Neuregelungen durch das UMAG, ZIP 2005, S. 1766-1773

ders.: Kompensationsbezogene Informationsmängel in der Aktiengesellschaft, Frankfurt a.M. 2003

Weitemeyer, Birgit: Der BGH stärkt das Auskunftsrecht der Aktionäre nach einer Fusion, NZG 2005, S. 341-343

Wenger, Ekkehard: Anmerkung zu KG, Beschluss vom 26.8.1993 - 2 W 6111/92, ZIP 1993, S. 1622-1625

ders.: § 210 UmwG 1/01, Anmerkung zu BGH, Urteil vom 18.12.2000 - II ZR 1/99, EWiR 2001 S. 331-332

Werner, Winfried: Fehlentwicklungen in aktienrechtlichen Auskunftsstreitigkeiten, in: Festschrift für Heinsius, Berlin 1991, S. 911-930

Wiesner, Peter: Corporate Governance und kein Ende, ZIP 2003, S. 977-980

Wilde, Christian: Informationsrechte und Informationspflichten im Gefüge der Gesellschaftsorgane, ZGR 1998, S. 423-465

Wilhelmi, Sylvester: Probleme zum aktienrechtlichen Auskunftsrecht, NJW 1968, S. 731-733

Wilsing, Hans-Ulrich: Neuerungen des UMAG für die aktienrechtliche Beratungspraxis, ZIP 2004, S. 1082-1089

ders.: Der Regierungsentwurf des Gesetzes zur Unternehmensintegrität und Modernisierung des Aktienrechts, DB 2005, S. 35-41

ders.: Bundesregierung erleichtert Aktionärsklagen, FAZ vom 24.11.2004, S. 23

ders./Kruse, Tobias: Anfechtbarkeit von Squeeze-Out- und Eingliederungsbeschlüssen wegen abfindungswertbezogener Informationsmängel, DB 2002, S. 1539-1543

Wohlleben, Hermann: Informationsrechte des Gesellschafters, Köln 1988

Woitke, Thomas: Das „Wie" der Anbieterkennzeichnung gemäß § 6 TDG, NJW 2003, S. 871-873

Wolff, Martin: Reichsverfassung und Eigentum, in: Festschrift für Kahl, Tübingen 1923

Würdinger, Hans: Aktienrecht, Karlsruhe 1959

Zöller, Richard: Zivilprozessordnung, 27. Auflage, Köln 2009 (zit.: Zöller/*Bearbeiter*, ZPO, 27. Aufl. 2009, § Rn.)

Zöllner, Wolfgang: Aktienrechtsreform in Permanenz – Was wird aus den Rechten des Aktionärs?, AG 1994, S. 336-342

ders.: Zur Problematik der aktienrechtlichen Anfechtungsklage, AG 2000, S. 145-157

ders.: Kontrollrechte des einzelnen Aktionärs: Beschränkung, Erweiterung und Mißbrauchsbekämpfung, in: Reformbedarf im Aktienrecht, 4. Deutsch-Österreichisches Symposion zum Gesellschaftsrecht vom 22. und 23. Oktober 1993 auf dem Lämmerbuckel, ZGR Sonderheft 1994, S. 147-166 (zit.: *Zöllner*, Reformbedarf im Aktienrecht, 1994, S.)

ders./Hanau Hans: Die verfassungsrechtlichen Grenzen der Beseitigung von Mehrstimmrechten bei Aktiengesellschaften, AG 1997, S. 206-219

ders./Noack, Ulrich: Zulässigkeitsgrenzen des gesetzgeberischen Eingriffs in Gesellschafterrechte, AG 1991, S. 157-165

Gesetzesmaterialien

AktG 1965, BGBl. I, S.: Aktiengesetz vom 6.9.1965, BGBl. I, S. 1089-1184

Begr. RegE AktG 1965, abgedr. bei Kropff, S.: Begründung des Regierungsentwurfs zum Aktiengesetz vom 6.9.1965, BT-Drucksache 4/171, S. 92 ff., 300 ff., abgedruckt in *Kropff, Bruno*, Aktiengesetz, Textausgabe des Aktiengesetzes vom 6.9.1965 und des Einführungsgesetzes zum Aktiengesetz vom 6.9.1965 mit Begründung des Regierungsentwurfs und Bericht des Rechtsausschusses des Deutschen Bundestages, Düsseldorf 1965

Begr. RegE des KapAEG, BR-Drucks. 967/96, S.: Begründung zum Entwurf eines Gesetzes zur Verbesserung der Wettbewerbsfähigkeit deutscher Konzerne an internationalen Kapitalmärkten und zur Erleichterung der Aufnahme von Gesellschafterdarlehen (Kapitalaufnahmeerleichterungsgesetz – KapAEG), BR-Drucksache 967/96, S. 8 ff., Bundesrat Drucksachen, Band 28, Bonn 1996

Begr. RegE eines Gesetzes zur Regelung von öffentlichen Angeboten zum Erwerb von Wertpapieren und von Unternehmensübernahmen, BT-Drucks. 14/7034, S.: Begründung zum Entwurf eines Gesetzes zur Regelung von öffentlichen Angeboten zum Erwerb von Wertpapieren und von Unternehmensübernahmen vom 5.10.2001, BT-Drucksache 14/7034, S. 27 ff., Verhandlungen des Deutschen Bundestages, 14. Wahlperiode, Drucksachen Band 683, Berlin 2001

Begr. RegE KonTraG, BT-Drucks. 13/9712, S.: Begründung zum Entwurf eines Gesetzes zur Kontrolle und Transparenz im Unternehmensbereich (KonTraG) vom 28.1.1998, BT-Drucksache 13/9712, S. 11 ff., Verhandlungen des Deutschen Bundestages, 13. Wahlperiode, Drucksachen Band 598, Berlin 1998

Begr. RegE Spruchverfahrensneuordnungsgesetz, BT-Drucks. 15/371, S.: Begründung zum Entwurf eines Gesetzes zur Neuordnung des gesellschaftsrechtlichen Spruchverfahrens (Spruchverfahrensneuordnungsgesetz) vom 29.1.2003, BT-Drucksache 15/371, S. 11 ff., Verhandlungen des Deutschen Bundestages, 15. Wahlperiode, Drucksachen Band 717, Berlin 2003

Begr. RegE UMAG, BT-Drucks. 15 /5092, S.: Begründung zum Entwurf eines Gesetzes zur Unternehmensintegrität und Modernisierung des Anfechtungsrechts (UMAG), BT-Drucksache 15/5092, S. 10 ff., Verhandlungen des Deutschen Bundestages, 15. Wahlperiode, Drucksachen Band 764, Berlin 2005

Begr. RegE UmwBerG, BT-Drucks. 12/6699, S.: Begründung zum Entwurf eines Gesetzes zur Bereinigung des Umwandlungsrechts (UmwBerG) vom 1.2.1994, BT-Drucksache 12/6699, S. 71 ff., Verhandlungen des Deutschen Bundestages, 12. Wahlperiode, Drucksachen Band 488, Berlin 1994 (auch abgedruckt bei *Ganske, Joachim*: Umwandlungsrecht, Regierungsentwürfe des Gesetzes zur Bereinigung des Umwandlungsrechts und des Gesetzes zur Änderung des Umwandlungssteuerrechts, 2. Auflage, Düsseldorf 1995)

Begr. zum Entwurf eines Gesetzes betreffend die KGaA und AG (1884): Begründung zum Entwurf eines Gesetzes betreffend die KGaA und AG (1884), abgedruckt bei *Schubert/Hommelhoff*, Hundert Jahre modernes Aktienrecht, ZGR-Sonderheft 4, 1985, S. 404, 467

DAV-Stellungnahme RefE UMAG, NZG 2004, S.: Handelsrechtsausschuss des DAV: Stellungnahme zum Referentenentwurf eines Gesetzes zur Unternehmensintegrität und Modernisierung des Anfechtungsrechts (UMAG), NZG 2004, S. 555-567

DAV-Stellungnahme RegE UMAG, ZIP 2005, S.: DAV Stellungnahme 21/05 zum Regierungsentwurf UMAG vom März 2005, ZIP 2005, S. 774-780

Gesetz über Kapitalerhöhung aus Gesellschaftsmitteln und über Gewinn- und Verlustrechnung v. 23.12.1959, BGBl. I, S.: Gesetz über die Kapitalerhöhung aus Gesellschaftsmitteln und über die Gewinn- und Verlustrechnung vom 23.12.1959, BGBl. I, S. 789-795

Regierungskommission „Corporate Governance", BT-Drucks. 14/7515, Rn.: Bericht der Regierungskommission „Corporate Governance", Unternehmensführung – Unternehmenskontrolle – Modernisierung des Aktienrechts vom 14.8.2001, BT-Drucksache 14/7515, Unterrichtung des Deutschen Bundestages durch die Bundesregierung, 14. Wahlperiode, Drucksachen Band 688, Berlin 2001

Stellungnahme SdK, S.: Stellungnahme der Schutzgemeinschaft der Kleinaktionäre e.V. (SdK) zum Entwurf eines Gesetzes zur Unternehmensintegrität und Modernisierung des Anfechtungsrechts, S. 11, abrufbar unter http://sdk.softbox.de/pdf/umag.pdf, zuletzt abgerufen am 10.1.2009

RegE AktG v. 13.6.1960, BT-Drucks. 3/1915, S.: Entwurf eines Aktiengesetzes vom 13.6.1960, BT-Drucksache 3/1915, S. 2 ff., Verhandlungen des Deutschen Bundestages und Bundesrates, 3. Wahlperiode (1957-1961), Mikrofiche-Edition, München

RegE AktG v. 3.2.1962, BT-Drucks. 4/171, S.: Entwurf eines Aktiengesetzes vom 3.2.1962, BT-Drucksache 4/171, S. 2 ff., Verhandlungen des Deutschen Bundestages und Bundesrates, 4. Wahlperiode (1961-1965), Mikrofiche-Edition, München

RegE AktG, v. 12.4.1965, BT-Drucks. 4/3296, S.: Zusammenstellung des von der Bundesregierung eingebrachten Entwurfs eines Aktiengesetzes – Drucksache IV/171 – mit den Beschlüssen des 12. Ausschusses vom 12.4.1965, S. 3 ff., Verhandlungen des Deutschen Bundestages und Bundesrates, 4. Wahlperiode (1961-1965), Mikrofiche-Edition, München

„Kleine AG" v. 2.8.1994, BGBl. I, S.: Gesetz für kleine Aktiengesellschaften und zur Deregulierung des Aktienrechts vom 2.8.1994, BGBl. I, S. 1961-1962

StückAG v. 25.3.1998, BGBl. I, S.: Gesetz über die Zulassung von Stückaktien (Stückaktiengesetz – StückAG) vom 25.3.1998, BGBl. I, S. 590-595

KonTraG v. 27.4.1998, BGBl. I, S.: Gesetz zur Kontrolle und Transparenz im Unternehmensbereich (KonTraG) vom 27.4.1998, BGBl. I, S. 786-794

NaStraG v. 18.1.2001, BGBl. I, S.: Gesetz zur Namensaktie und zur Erleichterung der Stimmrechtsausübung (Namensaktiengesetz – NaStraG) vom 18.1.2001, BGBl. I, S. 123-126

TransPuG v. 19.7.2002, BGBl. I, S.: Gesetz zur weiteren Reform des Aktien- und Bilanzrechts, zu Transparenz und Publizität (Transparenz- und Publizitätsgesetz) vom 19.7.2002, BGBl. I, S. 2681-2687

RefE UMAG v. 28.1.2004, S.: Referentenentwurf eines Gesetzes zur Unternehmensintegrität und Modernisierung des Anfechtungsrechts (UMAG) vom 28.1.2004, abgedruckt in: NZG-Sonderbeilage zu Heft 4/2004 (Hinweis des Verfassers: dort wird der RefE versehentlich als RegE bezeichnet)

AnSVG v. 28.10.2004, BGBl. I, S.: Gesetz zur Verbesserung des Anlegerschutzes (Anlegerschutzverbesserungsgesetz – AnSVG) vom 28.10.2004, BGBl. I, S. 2630-2651

WpAIV v. 13.12.2004, BGBl. I, S.: Verordnung zur Konkretisierung von Anzeige-, Mitteilungs- und Veröffentlichungspflichten sowie der Pflicht zur Führung von Insiderverzeichnissen nach dem Wertpapierhandelsgesetz (Wertpapierhandelsanzeige- und Insiderverzeichnisverordnung – WpAIV) vom 13.12.2004, BGBl. I, S. 3376 -3380

UMAG v. 22.9.2005, BGBl. I,S.: Gesetz zur Unternehmensintegrität und Modernisierung des Anfechtungsrechts (UMAG) vom 22.9.2005, BGBl. I, S. 2082-2808

EU-Dokumente

1. Konsultationspapier, S.: Konsultationspapier der Generaldirektion Binnenmarkt vom 16.9.2004, Einführung einer angemessenen Regelung zur Stärkung der Aktionärsrechte (abrufbar unter http://europa.eu.int/comm/internal_market/company/docs/shareholders/consultation_de.pdf, zuletzt abgerufen am 10.1.2009)

2. Konsultationspapier, S.: Second consultation by the Services of the Internal Market Directorate General vom 13.5.2005, Fostering an appropriate regime for shareholders rights (abrufbar unter http://europa.eu.int/comm/internal_market/company/docs/shareholders/consultation2_en.pdf, zuletzt abgerufen am 10.1.2009)

Aktionärsrechte-RL, S.: Richtlinie 2007/36/EG des Europäischen Parlaments und des Rates vom 11. Juli 2007 über die Ausübung bestimmter Rechte von Aktionären in börsennotierten Gesellschaften, Abl. EG Nr. L 184 vom 14.7.2007, S. 17 ff.

Aktionsplan, S.: Mitteilung der Kommission an den Rat und das Europäische Parlament – Modernisierung des Gesellschaftsrechts und Verbesserung der Corporate Governance in der Europäischen Union – Aktionsplan, KOM (2003) 284 endgültig, vom 21.5.2003 (abrufbar unter http://eur-lex.europa.eu/LexUriServ/LexUriServ.do? uri=COM:2003:0284:FIN:DE:PDF, zuletzt abgerufen am 10.1.2009)

Bericht High Level Group, S.: Bericht der hochrangigen Gruppe von Experten auf dem Gebiet des Gesellschaftsrechts über moderne gesellschaftsrechtliche Rahmenbedingungen in Europa vom 4.11.2002 (abrufbar unter http://europa.eu.int/comm/internal_market/company/docs/modern/report_de.pdfzuletzt abgerufen am 10.1.2009)

Final report Cross-Border Voting, S.: Final report of the Expert Group on Cross-Border Voting in Europe, August 2002 (abrufbar unter http://www.jura.uni-duesseldorf.de/dozenten/noack/texte/normen/amsterdam/final.pdf, zuletzt abgerufen am 10.1.2009)

Folgenabschätzung, S.: Annex to the proposal for a directive of the European Parliament and of the Council of the exercise of voting rights by shareholders of companies having their registered office in a Member State and whose shares are admitted to trading on a regulated market and amending Directive 2004/109/EC, Impact Assessment, SEC (2006) 181, vom 17.2.2006 (abrufbar unter http://europa.eu.int/comm/internal_ market/company/docs/shareholders/comm_native_sec_2006_0181_en.pdf, zuletzt abgerufen am 10.1.2009)

Fünfter RL-Vorschlag: Dritte Änderung des Vorschlags für eine fünfte Richtlinie des Rates nach Art. 54 EWG-Vertrag über die Struktur der Aktiengesellschaft sowie die Befugnisse und Verpflichtungen der Organe vom 20.11.1991, KOM (91) 372 endgültig = ABl. EG C 321 vom 12.12.1991, S. 9 ff.

Gemeinsame Stellungnahme BDI, S.: Gemeinsame Stellungnahme BDI, BDA, DIHK, GDV, DAI zum Vorschlag für eine Richtlinie des Europäischen Parlaments und des Rates über die Ausübung der Stimmrechte durch Aktionäre von Gesellschaften, die ihren eingetragenen Sitz in einem Mitgliedstaat haben und deren Aktien zum Handel auf einem geregelten Markt zugelassen sind, sowie zur Änderung der Richtlinie 2004/109/EG, KOM(2005) 685 endgültig, vom 8. März 2006 (abrufbar unter https://www.bdi-online.de/Dokumente/Gem_StN_RL_Vorschlag_AktionaersR. endg..doc, zuletzt abgerufen am 10.1.2009)

Lamfalussy-Report, S.: Schlussbericht des Ausschusses der Weisen über die Regulierung der europäischen Wertpapiermärkte vom 15. Februar 2001 (abrufbar unter http://europa.eu.int/comm/internal_market/securities/docs/lamfalussy/wisemen/final-report-wise-men_de.pdf, zuletzt abgerufen am 10.1.2009)

Marktmissbrauchs-RL, S.: Richtlinie 2003/6/EG des Europäischen Parlaments und des Rates vom 28.1.2003 über Insider-Geschäfte und Marktmanipulation (Marktmissbrauch), Abl. L 96 vom 12.4.2003, S. 16 ff.

MiFID-RL: Richtlinie 2004/39/EG des Europäischen Parlaments und des Rates vom 21.4.2004 über Märkte für Finanzinstrumente, zur Änderung der Richtlinien 85/611/EWG und 93/6/EWG des Rates und der Richtlinie 200/12/EG des Europäischen Parlaments und des Rates und zur Aufhebung der Richtlinie 93/22/EWG des Rates, Abl. EG Nr. L 145 vom 30.4.2004, S. 1 ff.

OGAW-Richtlinie: Richtlinie 85/611/EWG des Rates vom 20.12.1985 zur Koordinierung der Rechts- und Verwaltungsvorschriften betreffend bestimmte Organismen für gemeinsame Anlagen in Wertpapieren (OGAW), Abl. L 375 vom 31.12.1985, S. 3, zuletzt geändert durch die Richtlinien 2001/107/EG und 2001/108/EG des Europäischen Parlaments und des Rates vom 21. Januar 2002, Abl. L 41 vom 13.2.2002, S. 20 und S. 34

SE-Statut 1970: Unterrichtung der gesetzgebenden Körperschaften gemäß Artikel 2 des Gesetzes zu den Gründungsverträgen der Europäischen Gemeinschaften betreffend den Vorschlag der Kommission für eine Verordnung des Rates über die Satzung einer Europäischen Aktiengesellschaft vom 19.8.1970, BT-Drucksache 6/1109, S. 1 ff., Verhandlungen des Deutschen Bundestages und Bundesrates, 6. Wahlperiode (1969-1972), Mikrofiche-Edition, München

SE-Statut 1975: Erläuterung der Kommission, Geänderter Vorschlag einer Verordnung des Rates über das Statut für Europäische Aktiengesellschaften vom 2.6.1975, BT-Drucksache 7/3717, S. 192 ff., Verhandlungen des Deutschen Bundestages und Bundesrates, 7. Wahlperiode (1972-1976), Mikrofiche-Edition, München

SE-Statut 1989: Begründung der Kommission, Vorschlag für eine Verordnung (EWG) des Rates über das Statut der Europäischen Aktiengesellschaft, 25.8.1989, KOM (89) 268 endgültig – SYN 218, S. 1 ff.

SE-Statut 1991: Unterrichtung durch die Bundesregierung, Geänderter Vorschlag für eine Verordnung (EWG) des Rates über das Statut der Europäischen Aktiengesellschaft vom 30.7.1991 – KOM (91) 174 endg., BT-Drucksache 12/1004, S. 1 ff., Verhandlungen des Deutschen Bundestages, 12. Wahlperiode, Drucksachen Band 431, Berlin 1991

SE-VO: Verordnung (EG) Nr. 2157/2001 des Rates vom 8.10.2001 über das Statut der Europäischen Gesellschaft (SE), Abl. EG L 294 vom 10.11.2001, S. 1 ff.

Stellungnahme Arbeitsgruppe Europäisches Gesellschaftsrecht, S.: Zur Entwicklung des Europäischen Gesellschaftsrechts: Stellungnahme der Arbeitsgruppe Europäisches Gesellschaftsrecht (Group of German Experts on Corporate Law) zum Report of the High Level Group of Company Law Experts on a modern Regulatory Framework for Company Law in Europe, ZIP 2003, S. 863-880

Stellungnahme BayJM zur 2. Konsultation, S.: Stellungnahme des Bayerischen Staatsministeriums der Justiz zum 2. Konsultationsdokument vom 13.5.2005 „Fostering an appropriate regime for shareholders′ rights“ – Second consultation document by the Services of the Internal Market Directorate General", vom 11.Juli 2005 (abrufbar unter http://circa.europa.eu/Public/irc/markt/markt_consultations/library?l=/ company_law/shareholders_rights&vm=detailed&sb=Title, zuletzt abgerufen am 10.1.2009)

Stellungnahme DAV, NZG 2006, S.: Handelsrechtsausschuss des Deutschen Anwaltsvereins: Stellungnahme zum Vorschlag der EG-Kommission für eine Richtlinie des Europäischen Parlaments und des Rates über die Ausübung der Stimmrechte durch Aktionäre von Gesellschaften, die ihren eingetragenen Sitz in einem Mitgliedstaat haben und deren Aktien zum Handel auf einem geregelten Markt zugelassen sind, sowie zur Änderung der Richtlinie 2004/109/EG, NZG 2006, S. 577-579

Stellungnahme DSW zur 2. Konsultation, S.: Deutsche Schutzvereinigung für Wertpapierbesitz (DSW), DSW's Position on the Second Consultation by the Services of the Internal Market Directorate General – Fostering an appropriate regime for shareholders' rights" – Second consultation document by the Services of the Internal Market Directorate General, vom Juli 2005 (abrufbar unter http://circa.europa.eu/Public/irc/markt/markt_consultations/library?l=/company_law/shareholders_rights&vm=detailed&sb=Title, zuletzt abgerufen am 10.1.2009)

Stellungnahme ZKA zur 2. Konsultation, S.: Stellungnahme des Zentralen Kreditausschusses zum Konsultationspapier der Europäischen Union „Fostering an appropriate regime for shareholders' rights" – Second consultation document by the Services of the Internal Market Directorate General – vom 13. Mai 2005, vom 11. Juli 2005 (abrufbar unter http://circa.europa.eu/Public/irc/markt/markt_consultations/library?l=/company_law/shareholders_rights&vm=detailed&sb=Title, zuletzt abgerufen am 10.1.2009)

Vorschlag Aktionärsrechte-RL, S.: Vorschlag für eine Richtlinie des Europäischen Parlaments und des Rates über die Ausübung der Stimmrechte durch Aktionäre von Gesellschaften, die ihren eingetragenen Sitz in einem Mitgliedstaat haben und deren Aktien zum Handel auf einem geregelten Markt zugelassen sind, sowie zur Änderung der Richtlinie 2004/109/EG, KOM (2005) 685 endgültig, vom 5.1.2006 (abrufbar unter http://ec.europa.eu/internal_market/company/shareholders/indexa_de.htm, zuletzt abgerufen am 10.1.2009)

Schriften zum Wirtschafts- und Medienrecht, Steuerrecht und Zivilprozeßrecht

Herausgegeben von Jürgen Costede und Gerald Spindler

Band 1 Reiner Fu: Die stille Gesellschaft im internationalen Steuerrecht aus deutscher Sicht. 1997.

Band 2 Kirsten Forsblad: Restschuldbefreiung und Verbraucherinsolvenz im künftigen deutschen Insolvenzrecht. 1997.

Band 3 Vassilios Tountopoulos: Die Reichweite der registerrechtlichen Gründungsprüfung einer AG. Eine Untersuchung unter rechtsvergleichendem Aspekt. 1998.

Band 4 Franc Pfahl: Die Maßgeblichkeit der Handelsbilanz, ein dem Steuerbilanzrecht vorgegebenes Grundprinzip? Von der Notwendigkeit einer steuerrechtlichen Begründung der durch § 5 Abs. 1 EStG in das Steuerrecht übernommenen handelsrechtlichen Vorschriften der Gewinnermittlung. 1999.

Band 5 Michael Schröder: Die Wertpapierhandelsaufsicht nach dem Zweiten Finanzmarktförderungsgesetz. 1998.

Band 6 Daniela Hasche: Die Sachgründung der GmbH. 1999.

Band 7 Oliver Wendt: Die rechtliche Problematik von Strahlenschäden. Rechtliche und rechtstatsächliche Aspekte der Haftung für Strahlenschäden unter Einbeziehung der Vorfälle in der strahlentherapeutischen Abteilung des Universitäts-Krankenhauses Eppendorf. 2000.

Band 8 Susanne Matussek: Zum Werbungskostenbegriff im Einkommensteuerrecht. 2000.

Band 9 Klaas Ziervogel: Rufausbeutung im Rahmen vergleichender Werbung. Veränderungen im Zuge der gesetzlichen Regelung vergleichender Werbung. 2002.

Band 10 Sven Wortberg: Lösungsklauseln und Insolvenz. 2003.

Band 11 Eva Ullrich: Die Zurechnung von Buchgutschriften. Zufluß und Leistungsfähigkeit im Einkommensteuerrecht. 2004.

Band 12 Carmen Werner: Einkommensteuerrechtliche Zurechnungen bei mittelbaren Beteiligungen an Personengesellschaften. 2003.

Band 13 Ulf Andreas Nissen: Die Online-Videokonferenz im Zivilprozess. 2004.

Band 14 Oliver Wiegmann: Grund, Grenzen und Wirkungsweise des § 105 InsO. 2004.

Band 15 Holger Seidler: Eigene Aktien. Eine Analyse des Aktien-, Handelsbilanz- und Kapitalmarktrechts zur Ermittlung von Deregulierungspotential und Regulierungsbedarf. 2004.

Band 16 Stefan Eck: Providerhaftung von Konzernunternehmen. Rechtliche Zusammenschau von Konzernunternehmen bei der Verbreitung rechtsverletzender Informationen im Internet. 2004.

Band 17 Frauke Fasold: Die einkommensteuerliche Problematik der Buchwertfortführung. Übertragung stiller Reserven und Gewinnrealisierung im Einkommensteuerrecht. 2005.

Band 18 Thomas Linke: Selbstregulierte Streitlösung für deutsche Domains. 2005.

Band 19 Malte Abel: Pfändungsschutz nach § 851 ZPO. Speziell die Pfändung zweckgebundener Forderungen. 2005.

Band 20 Harriet Eidam: Typische Risiken des elektronischen Rechtsgeschäftsverkehrs. 2005.

Band 21 Katharina Schmitz: Haftung für Links. Zur Verantwortlichkeit des Hyperlinksetzers und Suchmaschinenbetreibers unter besonderer Berücksichtigung von Verkehrs- und Garantenpflichten. 2006.

Band 22 Thomas Miserre: Rundfunk-, Multimedia- und Telekommunikationsrecht. Abgrenzung der Anwendungsbereiche von Art. 5 I 2 GG, Rundfunkstaatsvertrag, Teledienstegesetz, Mediendienstestaatsvertrag und Telekommunikationsgesetz. 2006.

Band 23 Mona Bandehzadeh: Jugendschutz im Rundfunk und in den Telemedien. Eine Würdigung des Staatsvertrages über den Schutz der Menschenwürde und den Jugendschutz in Rundfunk und Telemedien unter verfassungsrechtlichen Aspekten. 2007.

Band 24 Judith Volkmann: Mediation im Zivilprozess. Rechtliche Rahmenbedingungen für ein gerichtsinternes Mediationsangebot. 2006.

Band 25 Tino Grattenthaler: Die Vergütung von Vorstandsmitgliedern in Aktiengesellschaften. Eine grundlegende Betrachtung mit ausgesuchten Schwerpunkten aus rechtswissenschaftlicher Sicht. 2007.

Band 26 Till Dunckel: Online-Auktionen und Wettbewerbsrecht. 2007.

Band 27 Lena Katharina Landsmann: Die stille Gesellschaft in der Insolvenz. 2007.

Band 28 Jan Riebeling: Der Einsatz von Informations- und Kommunikationstechnologie im Insolvenzverfahren. 2007.

Band 29 Daniela Stiegel: Aktienoptionen als Vergütungselement aus arbeitsrechtlicher Sicht. Eine Vergütungsform an der Schnittstelle von Arbeits- und Gesellschaftsrecht. 2007.

Band 30 Jia Li: Nutzungen und Nutzungsrechte im Einkommensteuerrecht. 2007.

Band 31 Olaf Koglin: Opensourcerecht. Die urheber- und schuldrechtlichen Beziehungen zwischen Lizenzgeber und Lizenznehmer bei Open Source Software am Beispiel der General Public License (GPL). 2007.

Band 32 Katharina Padberg: Die Bedeutung des Börsenkurses für die Höhe von Barabfindungen. 2008.

Band 33 Karl Friedrich Balz: No-Shop-Vereinbarungen nach amerikanischem und deutschem Recht. 2008.

Band 34 Sascha Teichert: Die Besteuerung in- und ausländischer Investmentfonds nach dem Investmentsteuergesetz. Unter besonderer Beachtung der steuerrechtlichen Behandlung der Veräußerungs- bzw. Rückgabegewinne i.S. des § 8 InvStG sowie des Sondervermögens mit zusätzlichen Risiken (Hedgefonds) i.S. der §§ 112 ff. InvG. 2009.

Band 35 Stefan Zimmermann: E-Commerce, Verbraucherschutz und die Entwicklung Intelligenter Agenten. 2008.

Band 36 Zhe Huang: Zur Lehre von der Geschäftsgrundlage nach altem und neuem Recht. 2009.

Band 37 Torben Speier: Insiderhandel und Ad-hoc-Publizität nach Anlegerschutzverbesserungsgesetz. Rechtliche Grundlagen und ausgewählte Fragen in einem veränderten kapitalmarktrechtlichen Gewand. 2009.

Band 38 Stefan Rieger: Eigenkapitalersatz in mehrstufigen und mehrfachen Beteiligungsverhältnissen. Ein Beitrag zu den Grundlagen und Grenzen des Eigenkapitalersatzgedankens. 2009.

Band 39 Arnaud Lionel Ngassa Djomo: Die Corporate Governance aus Sicht der Rechtsvergleichung zwischen Deutschland und Kamerun. 2009.

Band 40 Matthias Lack: Rechtsfragen des individuellen Auskunftsrechts des Aktionärs nach dem Gesetz zur Unternehmensintegrität und Modernisierung des Anfechtungsrechts. 2009.

www.peterlang.de

FSC
www.fsc.org
MIX
Papier | Fördert
gute Waldnutzung
FSC® C083411

Kolibri 360 GmbH
Ferdinand-Jühlke-Straße 7
99095 Erfurt, Deutschland
produktsicherheit@kolibri360.de

Druck:
CPI Druckdienstleistungen GmbH
im Auftrag der
Kolibri 360 GmbH
Ferdinand-Jühlke-Str. 7
99095 Erfurt